What is 新HSK PT?

▶ 전문적인 커리어를 내세운 "Pro Team"
▶ 완벽한 교육을 의미하는 "Perfect Teaching"
▶ 밀착형 커리큘럼을 의미하는 "Personal Training"

新HSK PT 3단계 코칭 시스템!

1단계 워밍업
본격적인 수업을 위한 준비 학습 어휘PT

2단계 집중훈련
두뇌를 불태우는 초집중 학습 전략PT&실전PT

3단계 스트레칭
주요 표현을 정리하는 마무리 학습 마무리PT

新HSK PT 종합서는 PT 코칭 시스템에 따라 파트 1, 2, 3의 유형별, 부분별 학습에서 영역별 학습으로의 전개, 그리고 실전 모의고사로 이어지는 단계별 학습법을, 그리고 Day별 학습에서는 듣기, 독해, 쓰기 각 영역을 골고루 학습하는 것을 기본으로 하여 먼저 어휘력을 강화하고 전략을 익힌 후, 실전과 복습으로 구성된 20일 Daily 학습법을 담았습니다.
기존의 학습 스타일을 탈피하여 더욱 효과적이고 체계적으로 구성한 커리큘럼으로 新HSK PT와 함께 학습하는 여러분이 꼭 HSK 합격의 목표를 달성하기를 바랍니다.

HSK 목표 달성을 도와줄 20일 완벽 코칭 시스템!
오프라인 수업을 그대로! 매일매일 강의 영상으로 1:1 개인 과외!

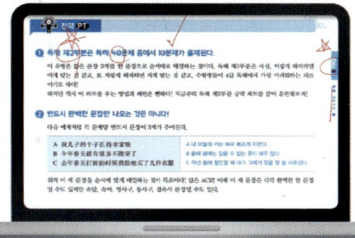

◀ HSK PT의 선생님을 직접 만나보세요!

◀ HSK PT 강의 영상을 지금 바로 확인하세요!

👉 20일간 매일매일 세 영역을 골고루 코칭 영상과 함께 학습!
👉 저자가 직접 꼼꼼하게 짚어주는 전략 포인트와 문제 풀이 해설!
👉 시사중국어사 홈페이지 및 유튜브 등에서 PC와 스마트폰으로 간편하게 시청!

新HSK 20일 PT 코칭 프로그램
데일리 체크

Daily Check

Day 1	Day 2	Day 3	Day 4	Day 5
듣기 ☐ 독해 ☐ 쓰기 ☐	듣기 ☐ 독해 ☐ 쓰기 ☐	듣기 ☐ 독해 ☐ 쓰기 ☐	듣기 ☐ 독해 ☐ 쓰기 ☐	듣기 ☐ 독해 ☐ 쓰기 ☐

Day 6	Day 7	Day 8	Day 9	Day 10
듣기 ☐ 독해 ☐ 쓰기 ☐	듣기 ☐ 독해 ☐ 쓰기 ☐	듣기 ☐ 독해 ☐ 쓰기 ☐	듣기 ☐ 독해 ☐ 쓰기 ☐	듣기 ☐ 독해 ☐ 쓰기 ☐

Day 11	Day 12	Day 13	Day 14	Day 15
듣기 ☐ 독해 ☐ 쓰기 ☐	듣기 ☐ 독해 ☐ 쓰기 ☐	듣기 ☐ 독해 ☐ 쓰기 ☐	듣기 ☐ 독해 ☐ 쓰기 ☐	듣기 ☐ 독해 ☐ 쓰기 ☐

Day 16	Day 17	Day 18	Day 19	Day 20
듣기 ☐ 독해 ☐ 쓰기 ☐	듣기 ☐ 독해 ☐ 쓰기 ☐	듣기 ☐	독해 ☐	쓰기 ☐

➕ Day	➕ Day
실전 모의고사 1회 ☐ 오답 확인 ☐	실전 모의고사 2회 ☐ 오답 확인 ☐

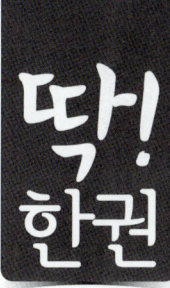

체계적인 20일 코칭 시스템

新 HSK PT
퍼스널 트레이닝

우선경 저

PT 학습서 5급

딱! 한권 新HSK PT 5급

초판발행	2017년 12월 5일
1판 3쇄	2020년 3월 5일
저자	우선경
책임 편집	가석빈, 최미진, 高霞, 하다능, 박소영
펴낸이	엄태상
디자인	박경미
조판	이서영
콘텐츠 제작	김선웅, 전진우
마케팅	이승욱, 오원택, 전한나, 왕성석
온라인 마케팅	김마선, 김제이, 조인선
경영기획	마정인, 조성근, 최성훈, 정다운, 김다미, 전태준, 오희연
물류	유종선, 정종진, 윤덕현, 양희은, 신승진
펴낸곳	시사중국어사(시사북스)
주소	서울시 종로구 자하문로 300 시사빌딩
주문 및 교재 문의	1588-1582
팩스	(02)3671-0500
홈페이지	http://www.sisabooks.com
이메일	book_chinese@sisadream.com
등록일자	1988년 2월 13일
등록번호	제1 - 657호

ISBN 979-11-5720-089-4 14720
　　　979-11-5720-086-3 (set)

* 이 책의 내용을 사전 허가 없이 전재하거나 복제할 경우 법적인 제재를 받게 됨을 알려 드립니다.
* 잘못된 책은 구입하신 서점에서 교환해 드립니다.
* 정가는 표지에 표시되어 있습니다.

머리말

몇 년 전만 해도 新HSK는 중국어 전공자에 한해서 선택적으로 학습하는 경우가 많았습니다. 하지만 최근에는 NEW토익과 함께 취업 준비의 필수 조건 중 하나가 되었으며, 직장에서도 업무·승진을 위해 중국어에 도전하는 등 다양한 계층에서 다양한 목적으로 新HSK는 활용되고 있습니다.

중국어 관련 시험이 여러 방면에서 뜨겁게 주목되고 있는 이 시점에, 시중에는 출제경향에서 벗어난 학습교재가 의외로 많습니다. 출간된 지 오래되었거나 학습량은 방대하지만 출제 범위에서 벗어나거나 학습자가 어떤 식으로 공부해야 하는지 정확히 짚어주지 않거나 등의 문제점들을 발견할 수 있습니다.

단기간에 목표한 것을 달성하기 위해서는 최신 출제 난이도와 정확한 경향 분석, 핵심 해설이 수록된 완벽한 新HSK 교재 한 권이면 충분합니다. 2010년 新HSK가 시행된 이후부터 하루도 빠짐없이 현장수업을 통해 연구한 HSK PT 커리큘럼은 초단기 목표 달성을 위한 최고의 길잡이가 될 것입니다.

본 교재는 다음과 같은 특징이 있습니다.

첫째, 딱! 20일 완성 학습 프로그램
- 1일~14일 전 영역 유형 완벽 파악 → 15일~17일 전 영역 핵심 출제 패턴 총정리 →
- 18일~20일 전 영역 미니 모의고사로 완벽 적응 → 시험 전 실전 모의고사를 통한 마무리 실력 점검

체계적인 단계별 구성으로 20일 동안 개인 트레이닝을 받듯이 유형과 분석, 전략 학습, 실전 다지기 및 마무리까지 완벽하게 학습할 수 있습니다.

둘째, 매일 전 영역을 고루 다루는 유일무이 학습 프로그램
영역별로 공부하지 않습니다. 20일 학습기간 동안 매일 新HSK 5급 듣기·독해·쓰기 전 영역의 출제 경향과 문제 유형을 학습하면서 세 영역이 고루 성장할 수 있도록 구성하였습니다.

셋째, 출제 경향에 벗어나는 유형은 과감하게 삭제! 나오는 것만 풀어낸 학습 프로그램
新HSK 5급 시험을 단 한 번에 합격할 수 있는 정확한 출제 경향 분석으로 시험에 출제된 유형만을 뽑아놓은 新HSK 5급 맞춤 종합서입니다.

넷째, 현장수업에서만 얻을 수 있는 어휘PT/전략PT/PT팁/PT시크릿 4가지 노하우!
HSK5급을 처음 시작하는 학생들이 현장수업에서 배울 수 있는 내용을 그대로 담았습니다. 혼자서도 이해하고 학습할 수 있도록 각 영역마다 상세한 설명과 노하우를 제시하였습니다.

항상 新HSK 5급을 좀 더 효과적으로 잘 가르치기 위하여 많은 고민과 연구를 했습니다. 〈新HSK PT 5급〉으로 시험을 준비하는 수험생분들에게 본 교재가 5급 고득점 합격을 시작으로, 나아가 6급 합격의 길도 열어줄 수 있기를 기원합니다.

본 책을 집필하는 과정에서 아낌없는 격려와 도움을 준 HSK PT팀의 고강민·이주희 선생님, 그리고 더 좋은 책을 만들기 위해 애써주신 편집부에 깊은 감사를 드립니다. 아울러 좋은 강의를 할 수 있도록 항상 지지해주시며 본 교재를 집필할 수 있는 기회를 주신 시사중국어학원 엄태상 원장님, 심우익 부원장님께 이 자리를 빌어 감사의 말씀을 전하고 싶습니다. 마지막으로 사랑하는 가족들과 남편에게도 감사의 마음을 전합니다.

저자 우선경

이 책의 차례

📖 본책

- 차례 4
- 이 책의 특징 및 활용법 6
- 新HSK 5급 20일 학습법 및 20일 프로그램 10
- 新HSK 소개 12
- 新HSK 5급 Q&A 14
- 新HSK 5급 영역별 전략 소개 16

PART 01

Day 1	듣기 제1·2부분 ①	장소 - "여기는 어디?"	32
	독해 제1부분 ①	명사 - "빈칸 앞을 주목하라"	36
	쓰기 제1부분 ①	기본 어순(1) - "주·술·목"	42
Day 2	듣기 제1·2부분 ②	인물/직업 - "정체를 파악하라"	47
	독해 제1부분 ②	동사 - "빈칸 뒤의 짝꿍 찾기"	51
	쓰기 제1부분 ②	기본 어순(2) - "관형어·부사어"	57
Day 3	듣기 제1·2부분 ③	숫자/날짜/계산 - "메모하고 기억하라"	61
	독해 제1부분 ③	형용사 - "문장 속 섬세한 묘사"	65
	쓰기 제1부분 ③	보어(1) - 결과보어·방향보어·가능보어	71
Day 4	듣기 제1·2부분 ④	날씨/일기예보 - "슈퍼컴이 되어 보자!"	76
	독해 제1부분 ④	접속사 - "문장 간의 블루투스"	80
	쓰기 제1부분 ④	보어(2) - 정도보어·동량보어·시량보어	85
Day 5	듣기 제1·2부분 ⑤	컴퓨터/인터넷 - "전문 용어, 어렵지 않다!"	90
	독해 제1부분 ⑤	부사/전치사 - "문장의 완성美 더하기"	94
	쓰기 제1부분 ⑤	把구문	100
Day 6	듣기 제1·2부분 ⑥	회사 - "입사부터 퇴사까지"	105
	독해 제2부분 ①	주제 - "처음과 마지막을 주목하라"	109
	쓰기 제1부분 ⑥	被구문	114
Day 7	듣기 제1·2부분 ⑦	병원/통증 - "어디가, 어떻게, 왜 아픈가"	119
	독해 제2부분 ②	명언/속담 - "풀이가 따라붙는다"	123
	쓰기 제1부분 ⑦	연동문	128
Day 8	듣기 제1·2부분 ⑧	어기/어투 - "심리 상태를 파악하라"	132
	독해 제2부분 ③	유머/이야기 - "웃음 속에 감동이 있다"	136
	쓰기 제1부분 ⑧	겸어문	140
Day 9	듣기 제1·2부분 ⑨	일상 화제 - "생활 밀착형 대화"	144
	독해 제2부분 ④	지식/상식/문화 - "HSK 안의 백과사전"	148
	쓰기 제1부분 ⑨	비교문	153
Day 10	듣기 제1·2부분 ⑩	강조와 반어법 - "재차 확인하기"	157
	독해 제2부분 ⑤	동의어/핵심 표현 - "다른 표현, 같은 의미"	161
	쓰기 제1부분 ⑩	존현실문	166
Day 11	듣기 제1·2부분 ⑪	관용어 - "의미를 파악하라"	170
	독해 제3부분 ①	주제/제목/목적 - "포인트를 찾아라"	174
	쓰기 제1부분 ⑪	是……的 강조구문	180

Day 12	듣기 제2부분 ①	이야기 - "세부 내용과 주제 파악"	184
	독해 제3부분 ②	핵심 표현 - "따옴표, 밑줄 표시"	189
	쓰기 제1부분 ⑫	쓰기 1부분 핵심 요약 정리	196
Day 13	듣기 제2부분 ②	설명문 - "무엇을 설명하고 있는가"	202
	독해 제3부분 ③	힌트 - "질문 속에 답이 있다"	207
	쓰기 제2부분 ①	원고지 사용법 & 출제 1순위 - 학습/시험 주제	213
Day 14	듣기 제2부분 ③	논설문 - "네 생각을 말해 봐"	220
	독해 제3부분 ④	배제 - "오답, 오답, 오답, 정답!"	225
	쓰기 제2부분 ②	제시어 작문 - 졸업/면접/취업 주제	231

* 쓰기 영역은 PART 01과 PART 02의 구분 없이 제1부분 학습(1일~12일) 후 제2부분 학습(13일~17일)으로 이어집니다.

PART 02

Day 15	듣기 제1·2부분 ①	"A는 B이다!" 핵심 표현의 동의어를 찾아라!	236
	독해 제1부분	고정 표현만 외워도 정답이 보인다!	240
	쓰기 제2부분 ③	제시어 작문 - 회사(계약/업무/입·퇴사) 주제	246
Day 16	듣기 제1·2부분 ②	난이도 5개, 다음어만 정복하면 끝!	251
	독해 제2부분	핵심 표현과 동의어를 찾아라!(feat. 빈출 양사)	255
	쓰기 제2부분 ④	사진 작문 - 이벤트(생일/선물/파티) 주제	261
Day 17	듣기 제2부분	알게 되면 1초 정답! 핵심 다의어 23	267
	독해 제3부분	주제 문제, 교훈을 찾으면 정답이 보인다!	272
	쓰기 제2부분 ⑤	사진 작문 - 병원/건강 주제	280

PART 03

Day 18	듣기	듣기 영역 Final	288
Day 19	독해	독해 영역 Final	296
Day 20	쓰기	쓰기 영역 Final	310

📖 해설서

PART 01 실전 PT 해설 6
PART 02 실전 PT 해설 77
PART 03 실전 PT 해설 100
실전 모의고사 1회 해설 132
실전 모의고사 2회 해설 171

이 책의 특징

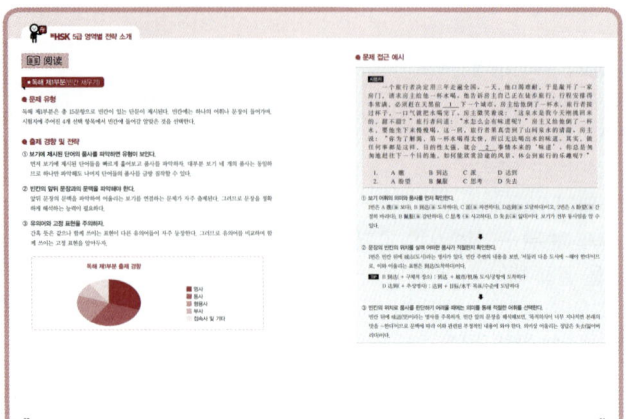

新HSK 5급 영역별 전략 소개
'知彼知己, 百戰百勝!'
5급 시험에 어떤 문제들이 나오는지 각 영역 및 부분별 문제유형을 소개하고 그에 따른 최근 출제경향을 100% 공개하였습니다. 실제 문제를 분석하면서 풀이 전략까지 꼼꼼히 제시하여 20일 학습을 시작하기 전에 워밍업 하기에 좋습니다.

PART 01

어휘 PT
외국어 학습의 기본은 어휘! 그날 배울 어휘를 미리 학습해두면 예제도, 문제도 술술~ 풀립니다. 시험 전 어휘PT만 쓱~ 훑어보아도 큰 도움이 됩니다.

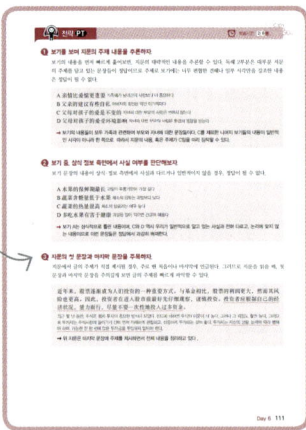

전략 PT
시험 필수 전략만을 뽑아 간단명료하게 설명하였습니다. 모범생의 잘 정리된 노트처럼 이해하기 쉽게 예문과 함께 제시하였습니다.

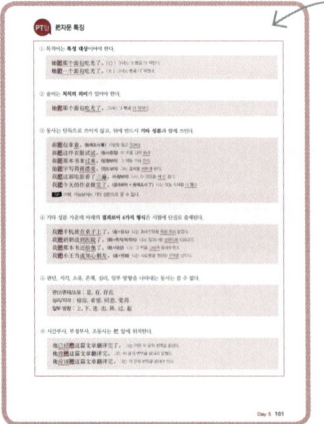

PT팁
전략PT와 함께 꼭 알아야 할 주제별 추가 어휘 및 표현들을 따로 모아 정리해놓았습니다. 병음 표기 및 예문 추가로 학습의 이해도를 높였습니다.

예제
전략PT로 익힌 내용을 그대로 적용하여 예제를 풀어본 후, 상세한 해설로 문제에 좀더 자세히 접근하여 실력을 높여보세요.

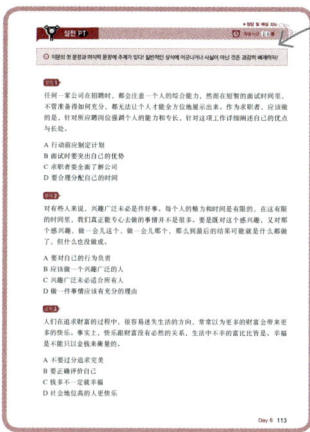

실전 PT

영역별 주어진 학습이 끝났다면 실전 PT로 마무리해보세요. 전략PT에서 학습했던 내용을 적용하여 풀면 문제가 착착 풀립니다.

마무리 PT

하루 학습의 마무리 정리 코너입니다. 하루치 빈출어휘들을 반복 학습하여 확실한 내 실력으로 만들어보세요.

PART 02 ~ 03

PT★ 시크릿

다년간의 기출문제를 분석하여 빈출하였거나 또는 답이 됐던 어휘와 구문들을 영역별로 정리하였습니다. 新HSK PT 선생님들만의 시크릿 공식으로 최고득점에 도전하세요.

실전 PT 미니 모의고사

영역별·부분별 모든 학습을 끝내고 마무리 실력 점검을 할 수 있습니다. 전략PT와 시크릿PT 등 新HSK PT로 학습했던 내용에 집중해서 미니 모의고사를 풀어보세요.

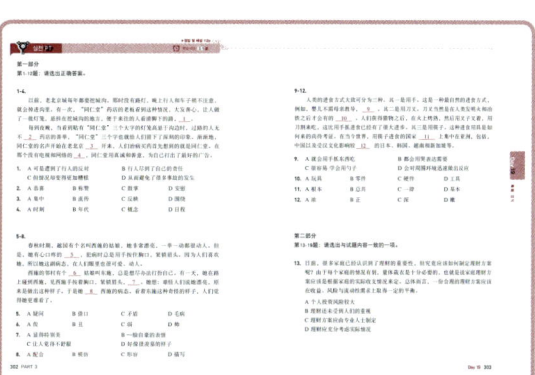

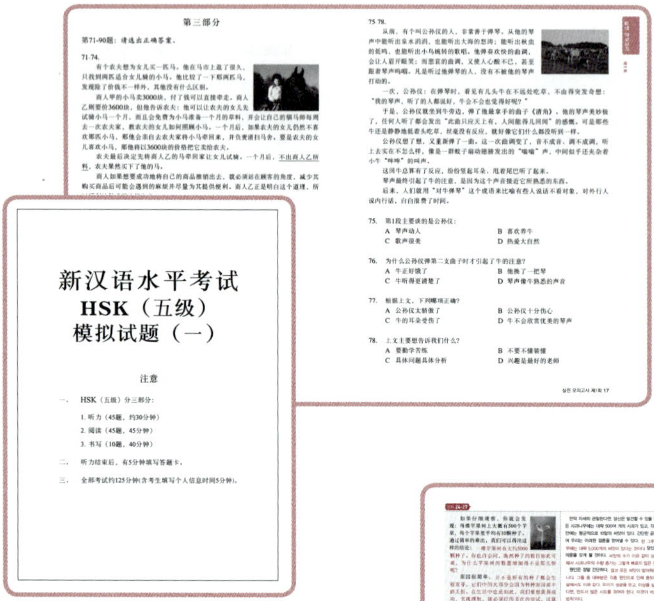

이 책의 특징

실전 모의고사 2세트(별책)

최신 기출문제를 모아 최고의 실전 모의고사 2세트를 뽑아냈습니다.
시험 보기 전에 꼼꼼히 풀어보고 맞은 부분과 틀린 부분을 체크하여 여러 번 학습해보세요.

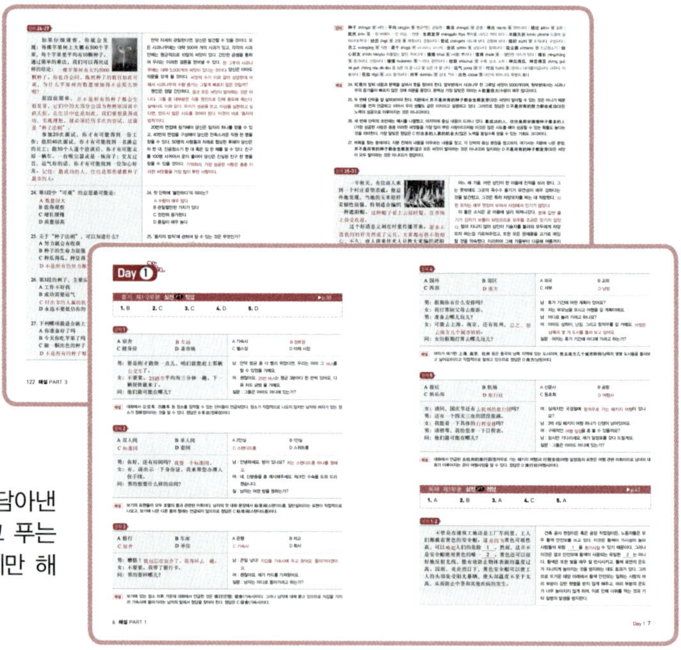

해설서(별책)

이보다 더 상세하고 친절할 수 없다!
新HSK PT 선생님들만의 노하우를 그대로 담아낸 해설서! 상세한 해설은 물론 문제를 공략하고 푸는 법이 고스란히 담겨 있습니다. 해설서를 읽기만 해도 실력이 쌓입니다.

PT 어휘집(별책)

新HSK 5급 필수어휘 2,500개는 기본! 다년간 빈출했던 주요 어휘들을 모두 모아놓은 시험 준비에 꼭 필요한 금쪽같은 어휘집으로 시험장으로 가는 발걸음이 가벼워집니다!

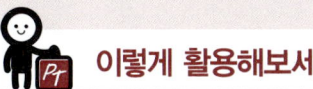 이렇게 활용해보세요!

❶ PT 학습서 학습할 때

+ PT 학습서
+ MP3 파일
+ 20일 코칭 영상
+ 해설서
+ 시사중국어사 온라인 카페에서 스터디 참가!

① PT 학습서로 학습하고!
② 20일 코칭 영상을 보며 복습하고!
③ MP3 파일을 들으며 문제를 풀고!
④ 해설서로 마무리하고!
⑤ 친구들과 같이 공부하고!

❷ 실전 모의고사를 풀 때

+ 실전 모의고사 2세트
+ MP3 파일
+ 해설서

① MP3 파일을 들으며 실전 모의고사 풀고!
② 해설서로 마무리하고!

❹ 시험장에서

+ PT 어휘집
+ MP3 파일

① 시험 전날에도, 시험장에 가는 길에도, 시험장에서도! PT 어휘집으로 최종 확인!
② MP3 파일로 들으면서 시험 준비 끝!

❸ 도서관·지하철에서 스마트폰으로

+ 20일 코칭 영상
+ MP3 파일
+ PT 어휘집

① 20일 코칭 영상을 어디서든 Play!
② MP3 파일을 들으며 귀로 쏙쏙!
③ PT 어휘집으로 단어 외우기!

新HSK 5급 PT 학습 20일 코칭 시스템

20일 동안 매일 新HSK 5급 듣기/독해/쓰기 전 영역을 모두 다루면서 어느 한 영역에도 치우치지 않게 체계적으로 학습합니다. 新HSK 5급을 처음 공부하는 학습자도 고득점 공략에 도전할 수 있습니다.

PT 학습법 ❶단계
1일~14일차,
각 영역의 유형별 공략비법
최근 시험에 출제되고 있는 출제 경향 및 시험의 전망을 완벽히 정리하였습니다. 14일 꾸준하게 학습한다면 시험에 출제되는 모든 비법을 확실하게 마스터할 수 있습니다. 중요한 것은 매일 '듣기/독해/쓰기'를 고루 학습해야 한다는 것입니다. 본 교재는 매일 전 영역을 균형있게 학습함으로써 더욱 효율적으로 학습할 수 있도록 하였습니다.

⬇

PT 학습법 ❷단계
15일~17일차,
실전 다지기에 돌입
15일부터 17일 3일간, 앞에서 학습했던 시험 유형과 비법들을 다시 한번 점검하면서, 핵심포인트를 정리하는 시간입니다. 14일간의 학습 비법을 한 번에 정리하여 다양한 문제를 통해 그 동안 학습한 비법이 실전에 적용되는지 확인하면서 실전 다지기에 돌입합니다.

	Day 1	Day 2	Day 3
	유형별 비법학습	유형별 비법학습	유형별 비법학습
1주	듣기 제1·2부분 ① 독해 제1부분 ① 쓰기 제1부분 ①	듣기 제1·2부분 ② 독해 제1부분 ② 쓰기 제1부분 ②	듣기 제1·2부분 ③ 독해 제1부분 ③ 쓰기 제1부분 ③
	Day 6	**Day 7**	**Day 8**
	유형별 비법학습	유형별 비법학습	유형별 비법학습
2주	듣기 제1·2부분 ⑥ 독해 제2부분 ① 쓰기 제1부분 ⑥	듣기 제1·2부분 ⑦ 독해 제2부분 ② 쓰기 제1부분 ⑦	듣기 제1·2부분 ⑧ 독해 제2부분 ③ 쓰기 제1부분 ⑧
	Day 11	**Day 12**	**Day 13**
	유형별 비법학습	유형별 비법학습	유형별 비법학습
3주	듣기 제1·2부분 ⑪ 독해 제3부분 ① 쓰기 제1부분 ⑪	듣기 제2부분 ① 독해 제3부분 ② 쓰기 제1부분 ⑫	듣기 제2부분 ② 독해 제3부분 ③ 쓰기 제2부분 ①
	Day 16	**Day 17**	**Day 18**
	실전 다지기	실전 다지기	영역별 최종점검
4주	듣기 제1·2부분 ② 독해 제2부분 쓰기 제2부분 ④	듣기 제2부분 독해 제3부분 쓰기 제2부분 ⑤	듣기 영역 최종 정리

Day 4	Day 5
유형별 비법학습	유형별 비법학습
듣기 제1·2부분 ④ 독해 제1부분 ④ 쓰기 제1부분 ④	듣기 제1·2부분 ⑤ 독해 제1부분 ⑤ 쓰기 제1부분 ⑤
Day 9	**Day 10**
유형별 비법학습	유형별 비법학습
듣기 제1·2부분 ⑨ 독해 제2부분 ④ 쓰기 제1부분 ⑨	듣기 제1·2부분 ⑩ 독해 제2부분 ⑤ 쓰기 제1부분 ⑩
Day 14	**Day 15**
유형별 비법학습	실전 다지기
듣기 제2부분 ③ 독해 제3부분 ④ 쓰기 제2부분 ②	듣기 제1·2부분 ① 독해 제1부분 ① 쓰기 제2부분 ③
Day 19	**Day 20**
영역별 최종점검	영역별 최종점검
독해 영역 최종 정리	쓰기 영역 최종 정리

PT 학습법 ❸단계

**18일~20일차,
전 영역을 최종 점검**

마지막 3일은 영역별로 미니 모의고사 형식의 최종 마무리 학습을 합니다. 그 동안 공부한 학습 비법 중에서도 더욱 빈번하게 출제되고 있는 패턴들을 한눈에 볼 수 있도록 정리해 놓았습니다. 18일은 듣기 전 영역, 19일은 독해 전 영역, 20일은 쓰기 전 영역을 집중적으로 학습하여 시험에 반드시 출제되는 핵심 중의 핵심만을 쏙쏙! 골라 학습하는 시간입니다. 시험 직전에는 이 부분만을 반복해서 학습하여도 좋은 점수를 받을 수 있습니다.

PT 학습법 ❹단계

**실전 모의고사 2세트로
실전 테스트를 진행**

20일차 진도를 따라 열심히 공부해 나갔다면, 이제 실제 기출문제를 100% 활용한 실전 모의고사 테스트를 실시하여 실전 감각을 익힙니다. 반드시 시간에 맞춰 실전과 같이 테스트를 진행한다면 시험에서 당황하지 않게 되어 좋은 점수를 받을 수 있습니다.

 **新HSK 소개**

新HSK는 제1언어가 중국어가 아닌 사람의 중국어 능력을 평가하기 위해 만들어진 중국 정부 유일의 국제 중국어능력 표준화 시험으로, 생활, 학습, 업무 등 실생활에서의 중국어 운용능력을 중점적으로 평가하는 시험입니다.

1. 시험 구성

新HSK는 국제 중국어능력 표준화 시험으로, 중국어가 모국어가 아닌 학생들이 생활, 학습, 업무 면에서 중국어로 교류하는 능력을 중점적으로 테스트합니다. 新HSK는 필기시험과 구술시험의 두 가지 부분으로 나누어지고, 필기시험과 구술시험은 서로 독립적입니다. 필기시험은 1급, 2급, 3급, 4급, 5급과 6급 시험으로 나누어지고, 구술시험은 초급, 중급, 고급으로 나누어지며 구술시험은 녹음의 형식으로 이루어집니다.

필기 시험	구술 시험
新HSK(1급)	新HSK(초급)
新HSK(2급)	
新HSK(3급)	新HSK(중급)
新HSK(4급)	
新HSK(5급)	新HSK(고급)
新HSK(6급)	

2. 시험 등급

新HSK의 각 등급에 따른 단어 수와 중국어 학습 능력 수준은 아래의 표와 같습니다.

新HSK	단어 수	중국어 학습 능력 수준
1급	150	매우 간단한 중국어 단어와 구문을 이해하고 사용할 수 있으며, 구체적인 의사소통 요구를 만족시키며, 한 걸음 더 나아간 중국어 능력을 구비합니다.
2급	300	익숙한 일상생활을 주제로 하여 중국어로 간단하게 바로 의사소통 할 수 있으며, 초급 중국어의 우수한 수준에 준합니다.
3급	600	중국어로 생활, 학습, 비즈니스 등 방면에서 기본적인 의사소통 임무를 수행할 수 있으며, 중국에서 여행할 때도 대부분의 의사소통을 할 수 있습니다.
4급	1,200	중국어로 비교적 넓은 영역의 주제로 토론을 할 수 있고, 비교적 유창하게 원어민과 대화할 수 있습니다.
5급	2,500	중국어로 신문과 잡지를 읽고, 영화와 텔레비전을 감상할 수 있으며, 중국어로 비교적 높은 수준의 강연을 할 수 있습니다.
6급	5,000이상	중국어로 된 소식을 가볍게 듣고 이해할 수 있고, 구어체나 문어체의 형식으로 자신의 견해를 자유롭게 표현할 수 있습니다.

3. 접수 방법
① **인터넷 접수** : HSK 한국사무국 홈페이지(http://www.hsk.or.kr)에서 접수
② **우편접수** : 구비서류를 동봉하여 등기우편으로 접수
　＊구비서류 : 응시원서(사진 1장 부착) + 사진 1장 + 응시비 입금 영수증
③ **방문접수** : 서울공자아카데미에서 접수

4. 접수 확인 및 수험표 수령 안내
① **접수 확인** : 모든 응시자는 접수를 마친 후 HSK 홈페이지에서 접수 확인 후 수험표를 발급합니다.
② **수험표 수정** :
　수험표는 홈페이지 나의 시험정보 〈접수내역〉 창에서 접수 확인 후 출력 가능합니다.
　우편접수자의 수험표는 홈페이지를 통해 출력 가능하며, 방문접수자의 수험표는 접수 시 방문접수 장소에서 발급해 드립니다.

5. 성적 결과 안내
인터넷 성적 조회는 시험일로부터 1개월 후이며, HSK 성적표는 '성적 조회 가능일로부터 2주 후' 발송됩니다.

6. 주의사항
접수 후에는 응시등급, 시험일자, 시험장소의 변경이 불가능합니다.
고시장은 학교 사정과 정원에 따라 변동 및 조기 마감될 수 있습니다. (변경 시 홈페이지 공지)
천재지변·특수상황 등 이에 준하는 상황 발생시 시험일자의 변경이 가능합니다. (변경 시 홈페이지 공지)
HSK 정기시험은 관련규정에 근거하여 응시 취소신청이 가능합니다.

新HSK 5급 Q&A

Q 新HSK 5급 구성과 시험시간 배점은 어떻게 되나요?

A 新HSK 5급은 총 100문제로 듣기·독해·쓰기 세 영역으로 나뉩니다. 100문항을 약 120분 동안 풀어야 합니다. 각 영역별로 배점은 100점이며, 총 300점 만점에 180점 이상이면 新HSK 5급 합격증을 받을 수 있습니다. 듣기 영역이 끝난 후에는 5분의 답안 작성시간이 따로 주어집니다.

시험 내용		문항수 / 배점		시험시간
1 듣기	제1부분	20	45 문항	약 30분
	제2부분	25		
듣기 영역에 대한 답안 작성시간				5분
2 독해	제1부분	15	45 문항	45분
	제2부분	10		
	제3부분	20		
3 쓰기	제1부분	8	10 문항	40분
	제2부분	2		
총계		100 문항		약 120분

Q 몇 점이면 합격인가요?

A 新HSK 5급은 듣기·독해·쓰기 세 영역으로 총 100문항, 300점 만점입니다. 여기서 영역별 과락 없이 총점 180점 이상이면 5급 합격증을 취득할 수 있습니다. 하지만 성적표에는 각 영역별로 성적이 모두 표시되고 있어 어떤 영역이 현저히 점수가 좋지 않은 것은 피하는 것이 좋습니다. 최근에는 200점 이상을 요구하는 곳이 많으므로 200점 이상은 넘길 수 있도록 공부하는 것이 좋습니다.

Q 얼마나 공부하면 新HSK 5급을 취득할 수 있나요?

A 중국어를 시작한 지 2~3달 만에 新HSK 5급에 도전하여 합격하는 경우가 있습니다. 단기간이라도 집중 공략한다면 가능한 일입니다. 중국어 학습 기간이 적다고 고민하지 말고, 20일 동안 매일 정확한 시간을 투자하여 본 교재를 열심히 학습하세요. 어려운 부분은 끙끙거리지 말고 잠깐 넘겨도 좋습니다. 이해가 잘 되는 부분은 정확하게 반복하여 숙지하고, 어려운 부분은 체크해두고 잠시 넘어가면서 꾸준히 20일을 버티는 것이 중요합니다. 20일을 알차게 학습했다면 新HSK 5급을 취득할 수 있습니다.

Q 이 교재 한 권으로 정말 新HSK 5급을 취득할 수 있을까요?

A 이 책에 실린 모든 문제는 실제 기출문제를 가공한 문제이므로 현재 시험 출제경향을 100% 담았다고 할 수 있습니다. 시험에서 반복적으로 빠지지 않고 출제되는 유형과 표현들을 집중적으로 분석하였습니다. 또한 20일 만에 5급 합격자를 배출한 경험과 노하우가 모두 담겨 있으므로 이 교재에서 벗어나는 유형은 나오지 않는다고 자부합니다. 학습자 여러분이 20일 커리큘럼을 잘 따라와 준다면 반드시 新HSK 5급의 합격자가 될 수 있습니다.

Q 新HSK 5급 시험의 난이도는 어떻게 되나요?

A 新HSK의 출제경향과 시험의 난이도는 해마다 달라지고 있으며, 다양한 표현과 새로운 유형들이 출제되고 있습니다. 하지만 급수마다 출제되는 어휘가 정해져 있으므로 기본에 충실하면 새로운 문제 유형에도 유연하게 대처하여 고득점 취득이 가능합니다.

Q IBT HSK는 무엇인가요?

A 기존에는 대부분 新HSK 시험 방식이 종이시험 방식(PBT)이었습니다. 하지만 최근에는 컴퓨터를 사용하여 문제를 푸는 IBT 역시 많은 수험생들이 선택하여 시험을 치르고 있습니다. PBT 방식이든, IBT 방식이든 모두 같은 공인 급수입니다. 자신에게 맞는 방식을 선택하여 시험에 응시하세요.

Q 시험일자와 접수방법이 어떻게 되나요?

A 기존에는 新HSK 시험이 매달 1회씩, 1년에 12회가 실시되었습니다. 지금은 컴퓨터를 사용하여 시험에 응시하는 IBT가 생기면서 시험 응시의 기회는 더욱 많아졌습니다. HSK시험을 시행하는 기관이 각각 다르므로 정확한 시험 일정과 접수 방식을 HSK 한국사무국 홈페이지(www.hsk.or.kr)를 통해 확인하는 것이 좋습니다.

听力

★듣기 제1부분(짧은 대화 지문) / 제2부분(긴 대화 지문)

● 문제 유형

듣기 제1부분은 총 20문항이며, 모든 문제는 한 번씩 들려준다. 20문항 모두 두 사람의 대화로 이루어져 있으며, 짧은 두 문장으로 구성되어 있다. 세 번째 사람이 대화와 관련된 질문을 한다. 응시자는 시험지에 주어진 4개의 선택 항목 중에서 질문에 대한 정답을 고른다.

듣기 제2부분은 총 25문항이다. 그 중 10문항은 제1부분과 같은 대화 형식이고, 15문항은 서술형 지문이다. 본 책에서는 듣기 제1부분과 듣기 제2부분의 대화 형식을 공부하도록 구성하였다. 제2부분의 대화 형식은 제1부분보다 더 긴 대화를 나눈다. 역시 두 사람이 번갈아 두 번씩 대화를 나누며 마지막에 대화와 관련된 질문을 하면 응시자는 시험지에 주어진 4개의 선택 항목 중에서 질문에 대한 정답을 고르면 된다.

● 출제 경향 및 전략

① **일상생활에서 벌어지는 내용들이 출제된다.**
  대화 유형이므로 무거운 주제보다는 일상생활에서 일어나는 다양한 내용들이 출제된다. 회사생활이라면 야근, 출장, 업무 등이 언급되며, 취미 활동이라면 테니스, 탁구, 산책, 등산, 여행에 관한 내용들이 언급된다. 이 외에도 날씨, 교통 상황 등에 관한 일상적인 내용들이 출제되고 있다.

② **인물·직업·신분 관계를 파악하는 내용들이 출제된다.**
  특히 대화하고 있는 사람의 직업·신분을 묻는 내용도 많이 출제되고 있다. 대부분 그 사람의 신분을 녹음에서 그대로 들려주는 경우가 많기 때문에 보기를 보고 인물·직업·신분·관계를 묻는다는 판단이 서면 녹음을 잘 들어보자. 어렵지 않게 정답을 찾을 수 있다.

③ **난이도가 높은 관용어, 반어문, 어기어투 등 세부적인 질문이 출제된다.**
  男的主要是什么意思? (남자가 한 말의 의미는 무엇인가?), 女的怎么了? (여자는 어떠한가?) 他们在谈论什么? (그들은 무슨 이야기를 하고 있는가?) 등 대화를 깊이 있게 이해해야만 풀 수 있는 세부적인 내용을 묻는 유형도 출제된다.

● **문제 접근 전략**

시험지			
A 头晕	B 着凉了	C 气色很好	D 昨晚失眠了

① 녹음을 듣기 전, 제시된 4개의 보기항을 먼저 확인하고, 어떤 주제가 나올지 미리 예상한다.
   녹음을 듣기 전, 시험지에서 정답이 들어있는 보기항 4개를 먼저 확인할 수 있으므로 보기항을 미리 확인하여 어떠한 내용이 나올지를 예상한다.

↓

② 4개의 보기항에서 눈에 더 잘 들어오는 보기를 체크하고, 아는 어휘 위주로 집중해서 들어본다.
   A는 '머리가 어지럽다', B는 '감기에 걸렸다', C는 '안색이 좋다', D는 '어제저녁에 잠을 이루지 못했다'이다. 이 중에서 아는 어휘가 있으면 체크하고, 모르는 어휘가 있으면 표시해둔다. 녹음에서 우선적으로 알고 있는 어휘에 집중해서 듣도록 해보자.

↓

녹음

男：你怎么了？脸色不太好。
女：感冒了。昨天晚上就不太舒服。
问：女的怎么了？

③ 녹음이 끝나면 질문을 통해 무엇을 묻는 것인지 확인한다.
   남자가 '당신 왜 그래요? 안색이 좋지 않아요.'라고 하자 여자가 '감기 걸렸어요. 어제저녁부터 몸이 좋지 않네요.'라고 대답했으므로 B, C의 단어들과 연관성이 있다는 것을 알 수 있다. 질문은 여자는 어떠한가를 묻고 있다.

↓

④ 체크한 보기가 들리면 그것이 정답일 확률이 높다. 보기에서 일치하는 어휘가 없다면, 내가 의미를 몰라 체크하지 못한 어휘 중에 정답이 있을 가능성이 있다.
   보기 C, D는 지문의 어휘와 같거나 비슷한 의미의 표현들이 쓰이긴 했지만, 정답 문장의 내용과는 일치하지 않는다. 또한 여자가 감기에 걸렸다고 했으므로 지문과 부합하는 의미로 B가 정답이 된다는 것을 알 수 있다.

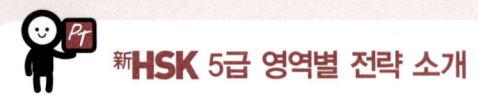

★듣기 제2부분(서술형 지문)

● **문제 유형**

듣기 제2부분의 후반부 15문항은 서술형 지문이다. 지문이 끝나고 2~3개의 질문이 이어진다. 질문에 알맞은 정답을 보기에서 각각 고르면 된다.

● **출제 경향 및 전략**

① 에피소드, 설명문, 논설문 등 다양한 주제가 출제된다.
　에피소드는 예측하기 힘든 재미있는 주제들이 등장하며, 설명문은 어느 정도의 상식이 통하는 내용이 출제되고, 논설문은 화자의 생각이 많이 반영되어 있다. 제3부분의 마지막 긴 독백 유형은 다양한 주제들이 출제된다.

② 주제를 묻는 문제뿐만 아니라, 내용의 세부적인 내용을 묻는 것도 출제된다.
　'화자의 뜻은?', '문장 중에서 它가 가리키는 것은?' 등 지문의 전체적인 내용 이외에도 좀 더 구체적이고 세부적인 것을 묻는 것이 출제된다.

듣기 제2부분(서술형) 출제 경향
- 에피소드
- 설명문
- 논설문

● **문제 접근 예시**

> 시험지
>
> 1. A 挑出甜食　　　　　B 检查零食是否过期
>   C 把手擦干净　　　　D 先询问零食的价钱
> 2. A 当垃圾扔了　　　　B 放进了口袋
>   C 拿去买零食　　　　D 交给了外公

① 녹음을 듣기 전, 빠르게 2개의 질문에 해당하는 8개의 보기항을 먼저 확인하고 어떤 주제가 나올지 미리 예상한다.
　하나의 녹음 원문에 질문은 2개이므로 8개의 항을 빠르게 확인하고 눈에 더 잘 띄는 어휘를 체크한다.

녹음

侄子六岁了，活泼可爱。他自从认识了数字后，就养成了一个习惯，吃零食前要先看看零食是否过期了。一天，他捡到了一个五角钱的硬币。兴奋地拿到我们的面前炫耀。可当他仔细一看，发现那个硬币是1999年的时，立即伤心起来，并顺手将硬币丢进了垃圾桶。还自言自语道："真可惜！这钱早过期了。"

1. 侄子吃零食前，有什么习惯?
2. 侄子看到那个硬币的年份后，是怎么做的?

② 대부분 첫 번째 질문에 대한 답은 앞부분에, 두 번째 질문에 대한 답은 뒷부분에 출제되므로 녹음 앞부분은 첫 번째 질문에 해당하는 보기항에 집중하고, 녹음의 뒷부분은 두 번째 질문에 해당하는 보기항에 집중한다.

질문이 두 개이면, 녹음의 순서대로 정답이 언급되는 경우가 많으므로 앞부분에서 첫 번째 질문의 답을 찾고, 뒷부분에서는 두 번째 보기항에서 언급하는 어휘를 찾아 정답으로 추측한다.

⬇

③ 녹음에서 들리는 어휘가 있으면 보기항에 빠르게 체크한다.

내용이 잘 들리지 않더라도 어휘 하나하나에 신경을 써보자. 정답이 되는 보기항의 어휘가 녹음에서 그대로 들릴 확률이 높기 때문에 녹음과 보기항에서 일치하는 어휘가 있으면 체크해 놓는다.

⬇

④ 녹음이 끝나면 체크했던 어휘를 살펴보면서, 질문을 듣고 정답이 옳은지를 점검한다.

이야기의 순서대로 문제가 출제된다는 점을 기억하자. 첫 번째 문제는 지문의 초반에서 정답을 찾아야 한다. 질문은 侄子吃零食前, 有什么习惯?(조카는 간식을 먹기 전에 어떤 습관이 있는가?)이다. 조카는 숫자를 알게 된 후부터 간식의 유통기한을 확인하는 버릇이 생겼다고 했으므로 정답은 B 检查零食是否过期(간식의 기한이 지났는지 검사한다)임을 알 수 있다.

두 번째 질문은 侄子看到那个硬币的年份后, 是怎么做的?(조카는 동전의 연도를 본 후, 어떻게 했는가?)이다. 지문에서 첫 번째 문제의 정답을 들은 후, 바로 다음 내용과 보기에 집중하며 들어야 한다. 또한 보기 가운데 정답을 제외한 나머지 보기의 내용은 지문에서 아예 언급되지 않는 경우가 많다. 이야기의 마지막 부분에 조카는 동전의 연도를 보고 기한이 지난 줄 잘못 알고 쓰레기통에 던졌으므로 정답은 A 当垃圾扔了(쓰레기로 여겨서 버렸다)이다. 나머지 보기의 내용은 지문에서 언급하지 않았다.

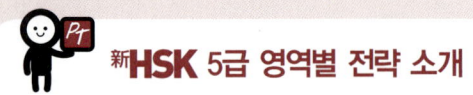

新HSK 5급 영역별 전략 소개

阅读

★독해 제1부분 (빈칸 채우기)

● 문제 유형

독해 제1부분은 총 15문항으로 빈칸이 있는 단문이 제시된다. 빈칸에는 하나의 어휘나 문장이 들어가며, 시험지에 주어진 4개 선택 항목에서 빈칸에 들어갈 알맞은 것을 선택한다.

● 출제 경향 및 전략

① **보기에 제시된 단어의 품사를 파악하면 유형이 보인다.**
먼저 보기에 제시된 단어들을 빠르게 훑어보고 품사를 파악하자. 대부분 보기 네 개의 품사는 동일하므로 하나만 파악해도 나머지 단어들의 품사를 금방 짐작할 수 있다.

② **빈칸의 앞뒤 문장과의 문맥을 파악해야 한다.**
앞뒤 문장의 문맥을 파악하여 어울리는 보기를 연결하는 문제가 자주 출제된다. 그러므로 문장을 정확하게 해석하는 능력이 필요하다.

③ **유의어와 고정 표현을 주의하자.**
간혹 뜻은 같으나 함께 쓰이는 표현이 다른 유의어들이 자주 등장한다. 그러므로 유의어를 비교하며 함께 쓰이는 고정 표현을 알아두자.

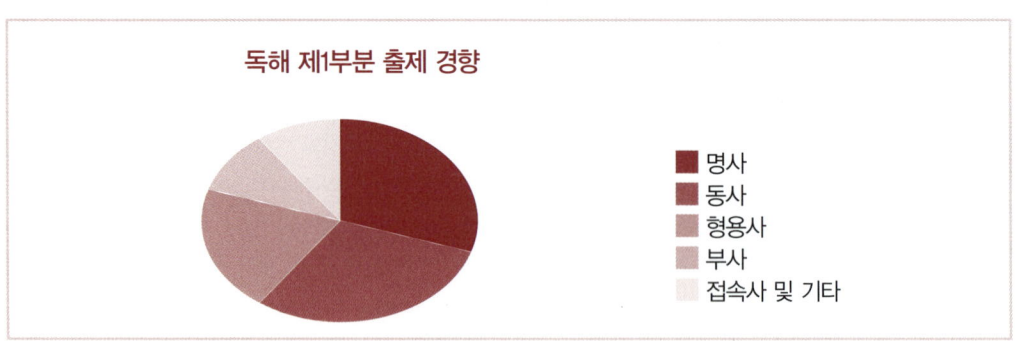

● 문제 접근 예시

> **시험지**
>
> 　　一个旅行者决定用三年走遍全国。一天，他口渴难耐，于是敲开了一家房门，请求房主给他一杯水喝。他告诉房主自己正在徒步旅行，行程安排得非常满，必须赶在天黑前 __1__ 下一个城市。房主给他倒了一杯水，旅行者接过杯子，一口气就把水喝完了。房主微笑着说：“这泉水是我今天刚挑回来的，甜不甜？”旅行者问道：“水怎么会有味道呢？”房主又给他倒了一杯水，要他坐下来慢慢喝。这一回，旅行者果真尝到了山间泉水的清甜。房主说：“你为了解渴，第一杯水喝得太快，所以无法喝出水的味道。其实，做任何事都是这样，目的性太强，就会 __2__ 事情本来的‘味道’。你总是匆匆地赶往下一个目的地，如何能欣赏沿途的风景、体会到旅行的乐趣呢？”
>
> 1.　A 瞧　　　B 到达　　　C 派　　　D 达到
> 2.　A 盼望　　B 佩服　　　C 思考　　D 失去

① 보기 어휘의 의미와 품사를 먼저 확인한다.

　1번은 A 瞧(동 보다), B 到达(동 도착하다), C 派(동 파견하다), D 达到(동 도달하다)이고, 2번은 A 盼望(동 간절히 바라다), B 佩服(동 감탄하다), C 思考(동 사고하다), D 失去(동 잃다)이다. 보기가 전부 동사임을 알 수 있다.

② 문장의 빈칸의 위치를 살펴 어떠한 품사가 적절한지 확인한다.

　1번은 빈칸 뒤에 城市(도시)라는 명사가 있다. 빈칸 주변의 내용을 보면, '서둘러 다음 도시에 ~해야 한다'이므로, 이와 어울리는 표현은 到达(도착하다)이다.

> **TIP**　B 到达(+ 구체적 장소) : 到达 + 城市/机场 도시/공항에 도착하다
> 　　　　D 达到(+ 추상명사) : 达到 + 目标/水平 목표/수준에 도달하다

③ 빈칸의 위치로 품사를 판단하기 어려울 때에는 의미를 통해 적절한 어휘를 선택한다.

　빈칸 뒤에 味道(맛)이라는 명사를 주목하자. 빈칸 앞의 문장을 해석해보면, '목적 의식이 너무 지나치면 본래의 맛을 ~한다'이므로 문맥에 따라 이와 관련된 부정적인 내용이 와야 한다. 의미상 어울리는 정답은 失去(잃어버리다)이다.

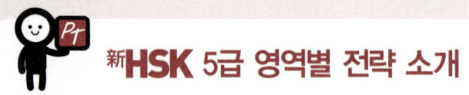

★독해 제2부분(단문 독해)

● 문제 유형

제2부분은 총 10문항이다. 모든 문제는 하나의 단문과 4개의 선택 항목으로 구성되어 있다. 단문의 내용과 일치하는 것을 보기에서 선택한다.

● 출제 경향 및 전략

① **보기를 보며 지문의 주제 내용을 추론하자.**
　　보기의 내용을 먼저 빠르게 훑어보면, 지문의 대략적인 내용을 추론할 수 있다. 독해 2부분은 대부분 지문의 주제를 담고 있는 문장들이 정답이므로, 주제로 보기에는 너무 편협한 견해나 일부 시각만을 강조한 내용은 정답이 될 수 없다.

② **보기 중, 상식·정보 측면에서 사실 여부를 판단하자.**
　　보기 문장의 내용이 상식·정보 측면에서 사실과 다르거나 일반적이지 않을 경우, 정답이 될 수 없다.

③ **지문의 첫 문장과 마지막 문장을 주목하자.**
　　지문에서 글의 주제가 직접 제시될 경우, 주로 맨 처음이나 마지막에 언급된다. 그러므로 지문을 읽을 때, 첫 문장과 마지막 문장을 주의 깊게 보면 글의 주제를 빠르게 파악할 수 있다.

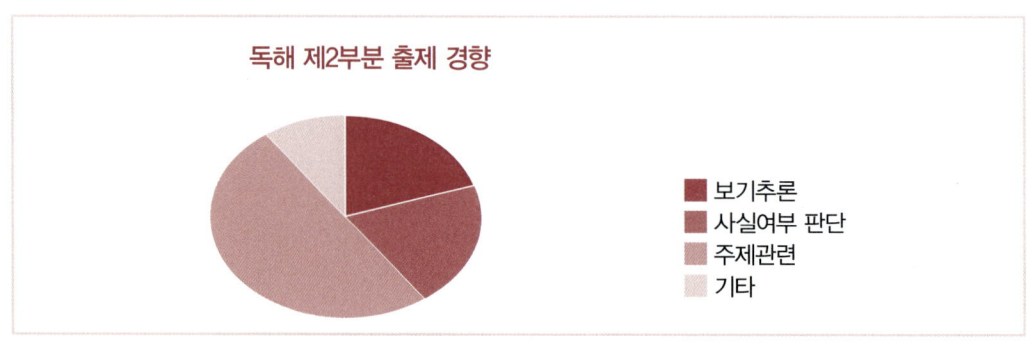

● 문제 접근 예시

> 시험지
> 　　人们常常跟别人谈上几分钟，就可以猜出对方的职业，比如："您看起来像位律师。""您是位记者吧？"这些话在日常生活中经常可以听到。<u>这种判断通常是根据一个人说话时所表现出来的职业特点做出的。</u>
>
> A 不要议论别人
> B 律师很受人们尊敬
> C 要善于听取别人的意见
> D 谈话表现出一个人的职业特点

① 보기 내용을 파악한다.
　A 다른 사람을 험담해서는 안 된다
　B 변호사는 사람들에게 존경을 받는다
　C 다른 사람의 의견에 귀를 기울여야 한다
　D 대화는 한 사람의 직업적 특징을 나타낸다
　→ 다른 사람과의 의견이나 대화 혹은 직업적 특징에 관련 내용이라는 것을 알 수 있다.

② 주제 관련 문제일 경우, 지문의 첫 내용 혹은 마지막 내용에 정답이 있다.
　주제는 일반적으로 첫 문장과 마지막 문장에 제시된다. 위 지문은 앞부분에서 먼저 현상에 대한 예시를 들고 마지막에 이어서 현상의 원인, 즉 주제를 말하고 있다. 우리가 어떤 사람의 직업이나 하는 일을 추측해낼 수 있는 것은 대화 중에 무의식적으로 직업적 특징이 표출되기 때문이다. 이와 일치하는 내용은 D이다. 나머지 보기의 내용은 지문의 주제와 거리가 멀다.

★ 독해 제3부분(장문 독해)

● 문제 유형

제3부분은 총 20문항이다. 모든 문제에는 장문의 글과 아래에 이어서 네 개의 질문과 보기가 제시된다. 보기 항목 중에서 질문에 대한 알맞은 정답을 선택한다.

● 출제 경향 및 전략

① **먼저 무엇을 묻고 있는지 확인하자.**
　질문의 유형에 따라 전략적으로 지문을 봐야 한다. 특히 지문의 세부적인 내용을 묻는 질문이라면 정답과 관련된 내용을 그대로 보여주는 문제이다. 질문이 곧 정답을 찾는 열쇠이자 결정적인 힌트이므로 질문을 읽었다면, 지문에서 질문과 같은 내용을 빠르게 찾아 앞뒤 내용을 확인한 후 보기에서 일치하는 정답을 찾자.

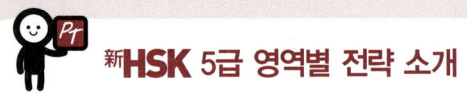

② 주제(의도, 목적)를 묻고 있다면, 첫 단락과 마지막 단락에 주목하자.
글의 주제는 보통 글의 첫머리에서 강조하여 제시되거나 글의 마지막 부분에서 정리·요약의 형태로 제시된다. 주제를 묻는 문제일 경우, 글의 첫 단락과 마지막 단락을 잘 파악하면 정답을 쉽게 찾을 수 있다.

③ 핵심 표현의 동의 표현도 알아야 한다.
지문에서 핵심 표현에 밑줄을 긋고, 보기에서 똑같은 의미를 가진 표현을 묻는 문제가 자주 출제되고 있다. 성어나 속담의 뜻을 중국어 표현으로 알아두고, 같은 의미를 가진 동의어 표현도 함께 알아두는 것이 좋다.

④ 보기 내용과 지문 내용을 대조하며 오답을 제거해야 한다.
질문이 '지문을 통해 알 수 있는 것은 무엇인가?', '윗글에 근거하여 다음 중 옳은 것은 무엇인가?' 등의 유형이라면, 보기 내용과 지문 내용을 하나하나 대조하여 오답은 제거하고 지문과 일치하는 정답 하나만 남겨야 하는 문제이다.

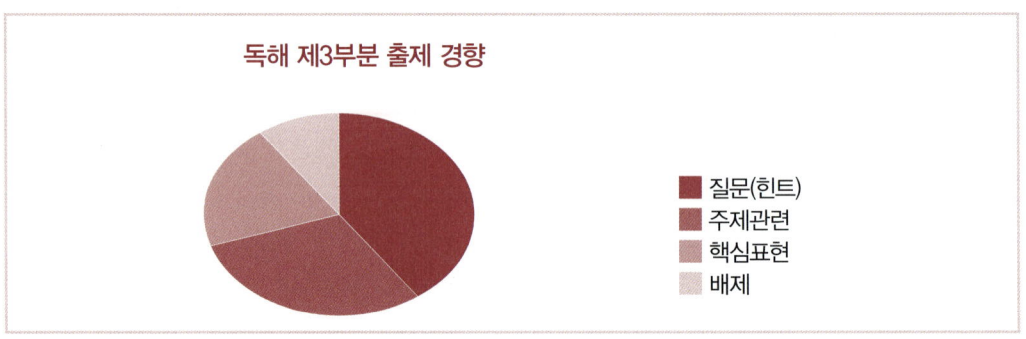

● 문제 접근 예시

> 시험지
>
> 　　一家公司新雇了三个推销员。公司老板一直想找机会来考核他们的业务能力。一天，他在面包店里发现了三个即将过期的面包。看着面包，他突然想到了一个好主意。他将面包买下然后带回公司，对那三个推销员说："我刚买的面包快过期了！你们试试能否把它们退掉。"一小时后，三个推销员都回来了。第一个说："面包的包装袋上清楚地印着那家商店的名字，而且我反复向店主解释是您早上买的，但店主却因我没有购买凭证，不同意退。"第二个接着说："我和你遇到的情况一样，所以我只能放弃了。"第三个推销员说："因为你们已经去过了，所以当店主看到我手里的面包时，还未等我开口便告诉我退不了。无奈之下，我在面包店里转了一圈，看到一瓶果酱的价格正好和面包的一样，于是就跟店主说'我不是来退面包的，只是想用它换一瓶果酱，我特别喜欢这种果酱'。店主愣了一下后，竟然答应了。所以，我带了一瓶果酱回来。"老板当即决定奖励第三个推销员，并对另外两个推销员说："想要做好推销工作，必须能转变思路，适时采用迂回技巧。你们三人当中，只有他做到了。"

1. 公司老板买下那三个面包的目的是:
   A 给员工当早餐
   B 打击竞争对手
   C 考查员工能力
   D 故意为难店主

2. 上文主要想告诉我们什么道理?
   A 要利用自己的优势
   B 过程比成绩意义大
   C 诚信是销售的核心
   D 要学会转换思路

① 반드시 질문을 먼저 확인한 후, 무엇을 묻는 문제인지를 빠르게 파악하고, 질문에 따른 정답이 있는 부분을 찾아나간다.

1번은 사장이 세 개의 빵을 산 목적을 묻고 있다. 질문에 이미 회사 사장님이 빵 세 개를 샀다는 힌트가 있다. 사장은 직원들의 능력을 시험해보고 싶어했고, 그러던 차에 어느날 빵집에서 유통기한이 지난 빵을 사게 된다. 그러므로 정답은 C이다.

⬇

② 주제를 묻고 있다면, 첫 단락과 마지막 단락에 주목해야 한다.

2번은 지문에서 말하고자 하는 도리, 즉 주제를 묻고 있다. 주제는 첫 단락이나 마지막 단락에 나오는 경우가 많다. 마지막 단락에서 사장이 세 번째 직원에게 상을 주는 이유를 말하고 있다. 판매 영업을 잘하기 위해서는 사고의 전환이 필요하다고 강조하고 있다. 이것이 곧 지문 전체의 주제이다. 그러므로 정답은 D이다. A, B, C는 지문의 내용과 관련이 없다.

书写

★쓰기 제1부분(제시어 배열하여 문장 만들기)

● 문제 유형

제1부분은 총 8문항이다. 모든 문제는 여러 개의 단어가 제시되고, 주어진 단어를 사용하여 하나의 문장을 만든다.

● 출제 경향 및 전략

① 중국어의 기본 문장구조를 정확히 알고 배열하는 문제가 가장 많이 출제된다.

8문제 중 기본 문장구조를 묻는 문제가 4~5개 정도 출제되므로 중국어 기본 어법구조를 정확히 파악하는 것이 중요하다. 중국어의 주어, 술어, 목적어, 그리고 부사어와 관형어의 위치를 묻는 문제가 출제된다.

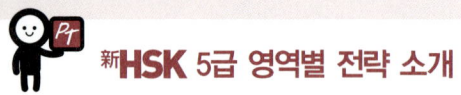

② 중국어의 특수 문장구조를 파악하는 문제가 출제된다.
중국어는 기본 문장구조를 제외하고 자신만의 고유한 어법적 특징을 가진 특수구문이 있다. 예를 들면 把구문, 被구문, 让(사역구문), 比(비교문) 등 자신만이 가진 고유의 어법 법칙을 정확히 알고 완벽하게 배열할 수 있는지 묻는 문제가 3~4문항 정도 출제된다.

● 문제 접근 예시

> 시험지
>
> 理由   说服对方   他的   不能

① 제시된 4~5개의 어휘를 보고, 기본 문장구조 배열 문제인지, 특수 문장구조 배열 문제인지 파악한다.
제시 어휘를 살펴보면 특이한 특수 문형이 보이지 않기 때문에 기본 문장구조에 따라 배열한다.

⬇

② 기본 문장구조 배열이면 주어, 술어, 목적어를 찾고, 부사어와 관형어를 차례대로 배치시킨다.
[품사분석] 理由 명 이유 | 说服 동 설득하다 | 对方 명 상대방 | 他 대 그 | 能 조동 ~할 수 있다
[문장구조] [관형어(他的) + 주어 + 부사어(不能) + 술어(동) + 목적어]
[해설] 제시 단어에 술어와 목적어가 함께 있는 说服对方를 먼저 찾고, 나머지 단어 理由와 不能을 주어와 부사어로 배치한다.
[정답] 他的理由不能说服对方。 그의 이유는 상대방을 설득할 수 없다.

⬇

③ 특수 문장구조 배열이면 어떤 어법 문제인지 확인하고, 그 어법에 맞는 배열 순서에 따라 문장을 완성한다.
특수 문장구조이면 그 어법에 맞는 고유한 순서를 그대로 적용하여 문장을 완성시켜야 한다.

★쓰기 제2부분(제시어 작문/사진 작문)

● 문제 유형

제2부분은 총 2문항이다. 첫 번째 문항에서는 몇 개의 단어가 제시되며, 제시된 단어들을 사용하여 80자 내외로 단문을 작성한다. 두 번째 문항에서는 하나의 사진이 제시되며, 사진을 바탕으로 80자 내외로 단문을 작성한다.

● 출제 경향 및 전략

① **문장 부호와 원고지 사용법을 제대로 알자.**
문장 부호의 사용과 원고지 사용법을 준수하지 않으면 감점 요인이 된다! 우리말과 문장 부호가 다른 것은 물론, 원고지 사용법도 다르므로 글쓰기의 기본부터 알아두자.

② **제시 단어의 품사와 의미를 파악하자.**
첫 번째 문항인 제시어 작문은 먼저 각 제시어들의 품사와 의미를 파악한다. 제시어를 활용하여 문장을 만들 때 어떤 위치에 놓아야 하는지, 어떤 단어와 호응해야 하는지 등의 쓰임을 정확히 알아야 한다.

③ **제시어를 2~3개씩 짝을 지어 한 문장으로 만들자.**
제시어는 모두 5개이다. 서로 호응하거나 의미를 연결 지을 수 있다면 2~3개씩 연관 지어 한 문장 안에 넣어보자. 총 10개의 문장을 쓴다고 가정했을 때, 어휘 제한 없이 자유롭게 쓸 수 있는 문장이 7~8개로 많아진다. 또한 이렇게 제시어를 2~3개씩 묶어서 주제나 중심 내용으로 잡아주면 글의 줄거리를 쉽게 구상할 수 있다.

④ **사진을 분석하고 육하원칙에 따라 자유롭게 구상하자.**
두 번째 문항인 사진 작문에서는 먼저 사진을 분석해야 한다. 사진 속 상황, 분위기, 배경, 등장 인물 등의 요소들을 살펴보고, 특징을 잡아내야 한다. 사진의 상황을 파악했다면, 주제를 정하자. 한 장의 사진이지만 보는 사람에 따라 다양한 상황을 상상할 수 있다. 사진의 내용을 어떻게 풀어낼 것인지 먼저 대략적인 스토리 구상을 해보자. 무엇보다 사진의 분위기와 상황이 내가 작성한 글 안에서도 충분히 공감할 수 있도록 해야 한다.

⑤ **1인칭 시점에서 글을 작성하자.**
사진 작문에서는 꼭 사용해야 하는 제시어가 없으므로 자유롭게 글을 쓸 수 있다. 설명문, 논설문, 수필 등 글의 종류에도 제한이 없다. 하지만 우리가 가장 익숙하게 쓸 수 있는 글은 일기이므로 일상과 관련지어 1인칭 시점에서 작성하는 것이 가장 쉽다.

⑥ **제시어 작문과 사진 작문에 각각 15분씩!**
쓰기 영역에 주어지는 시간은 모두 40분이다. 단어 순서 배열 문제에 10분, 작문에 30분을 활용하는 것이 이상적이다. 제시어 작문과 사진 작문에 각각 15분씩 분배하는 것이 적합하다.

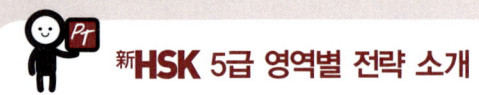

新HSK 5급 영역별 전략 소개

● 문제 접근 예시

> **시험지**
>
> 毕业   工作   机会   应聘   简历

① 제시 단어의 품사와 의미를 파악한다.

[품사분석] 毕业 동 졸업하다 | 工作 명 일 동 일하다 | 机会 명 기회 | 应聘 동 지원하다 | 简历 명 이력, 이력서

⬇

② 단어를 2~3개씩 짝을 지어 중심내용과 줄거리를 구상한다.

[스토리구상] ▶ 줄거리 : ① 大学毕业   대학을 졸업하다
                    ② 找工作   구직하다, 직장을 구하다
                    ③ 写简历   이력서를 쓰다
          ▶ 주제 : 得到应聘机会   입사 지원 기회를 얻다

⬇

③ 1인칭 시점에서 글을 쓰고 15분 안에 완성할 수 있도록 주의한다.

		我	马	上	就	要	大	学	毕	业	了	。	所	以	我	最	近	为	了
找	工	作	,	一	直	在	写	简	历	。	其	实	写	简	历	也	很	难	,
不	仅	要	写	清	楚	自	己	的	信	息	,	还	要	突	出	地	写	出	自
己	的	特	色	。	写	出	好	的	简	历	,	招	聘	公	司	看	到	了	,
我	才	可	以	得	到	好	的	应	聘	机	会	。							

[해석] 나는 곧 대학을 졸업한다. 그래서 최근에 취업을 하기 위하여, 줄곧 이력서를 쓰고 있는 중이다. 사실 이력서를 쓰는 것도 매우 어렵다. 자신의 정보를 정확하게 써야 할 뿐만 아니라, 또한 자신의 특색을 두드러지게 써야 한다. 이력서를 잘 작성해야 채용회사에서 보고, 좋은 입사 지원 기회를 얻을 수 있다.

시험지

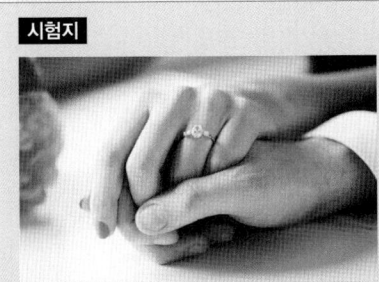

① 사진을 분석한다.
　[사진분석] 반지를 끼고 있는 손과 다른 사람의 손이 서로 맞잡고 있는 다정한 분위기이다. 사랑, 연애, 결혼, 프러포즈 등과 같은 단어와 주제를 떠올릴 수 있다.

② 육하원칙에 따라 자유롭게 구상한다.
　[스토리구상] ▶ 줄거리 : ① 男朋友给我打电话　남자친구가 전화를 걸다
　　　　　　　　　　　② 约一起吃饭　함께 식사하기로 약속하다
　　　　　　　　　　　③ 拿着花和戒指出现　꽃과 반지를 들고 나타나다
　　　　　　　▶ 중심내용 : 他向我求婚　그가 나에게 프러포즈를 하다

③ 1인칭 시점에서 글을 쓰고 15분 안에 완성할 수 있도록 주의한다.

	今	天	是	我	一	生	难	忘	的	日	子	。	早	上	的	时	候	,
男	朋	友	给	我	打	电	话	约	我	一	起	吃	晚	饭	,	所	以	下	班
后	,	我	去	了	我	们	预	订	的	饭	店	。	突	然	,	男	朋	友	穿
着	西	服	,	手	里	拿	着	花	和	戒	指	出	现	了	。	他	向	我	求
婚	了	。	我	当	然	很	开	心	地	答	应	了	。						

[해석] 오늘은 내 일생의 잊을 수 없는 날이다. 아침에 남자친구가 나에게 전화해 함께 저녁을 먹자고 했다. 그래서 퇴근 후에 나는 우리가 약속한 호텔에 갔다. 갑자기 남자친구가 정장을 입고, 손에 꽃과 반지를 들고 나타났다. 그가 나에게 청혼했다. 나는 당연히 기쁘게 승낙했다.

新HSK
PT 5급

PART 01
유형별 학습

DAY 1 ~ DAY 14

- **어휘PT**   예제와 실전PT의 어휘 미리 보기
- **전략PT**   HSK PT만의 핵심 전략 정리
- **PT팁**   전략을 탄탄히 채워주는 팁
- **예제**   맞춤 예제로 전략 완벽 이해
- **실전PT**   맞춤 기출문제로 실력 다지기
- **마무리PT**   핵심표현 짚어보기로 마무리

Day 1

듣기 제1·2부분 ❶ | 짧은 대화/긴 대화
장소 – "여기는 어디?"

어휘 PT ○ Track 01-1　　학습시간 10분

예제 1
- 宿舍 sùshè 명 기숙사
- 邮局 yóujú 명 우체국
- 图书馆 túshūguǎn 명 도서관
- 实验室 shíyànshì 명 실험실
- 论文 lùnwén 명 논문

예제 2
- 餐厅 cāntīng 명 음식점, 식당
- 博物馆 bówùguǎn 명 박물관
- 健身房 jiànshēnfáng 명 헬스클럽, 헬스장
- 退房 tuìfáng 동 체크아웃 하다
- 付款 fùkuǎn 동 지불하다
- 刷卡 shuākǎ 동 카드를 긁다

문제 1
- 车站 chēzhàn 명 정류장, 정거장, 터미널, 역
- 菜市场 cài shìchǎng 명 청과 시장, 야채 시장
- 要是A，就B yàoshi A, jiù B 접 만약 A라면, B할 것이다
- 赶上 gǎnshàng 동 시간에 대다, 시간에 맞추다
- 公交车 gōngjiāochē 명 버스
- 不要紧 búyàojǐn 형 괜찮다, 문제 될 것이 없다
- 平均 píngjūn 형 평균의, 평균적인
- 趟 tàng 양 차례, 번(왕래한 횟수를 세는 데 쓰임)

문제 2
- 双人间 shuāngrénjiān 명 2인실
- 单人间 dānrénjiān 명 1인실
- 标准间 biāozhǔnjiān 명 일반실, 스탠더드룸
- 套间 tàojiān 명 스위트룸
- 出示 chūshì 동 제시하다
- 身份证 shēnfènzhèng 명 신분증
- 办理 bànlǐ 동 처리하다
- 入住 rùzhù 동 체크인하다
- 手续 shǒuxù 명 수속

문제 3
- 车库 chēkù 명 차고
- 单位 dānwèi 명 직장, 회사(=公司)
- 糟糕 zāogāo 형 큰일 나다, 망했다, 엉망이다
- 钱包 qiánbāo 명 지갑

문제 4
- 国外 guówài 명 국외, 외국
- 郊区 jiāoqū 명 (도시의) 변두리, 교외, 외곽
- 假期 jiàqī 명 휴가 기간
- 安排 ānpái 명 안배 동 안배하다
- 陪 péi 동 동반하다
- 南京 Nánjīng 지명 난징
- 杭州 Hángzhōu 지명 항저우
- 总之 zǒngzhī 접 총괄하면, 요컨대, 어쨌든
- 转转 zhuànzhuan 동 구경하다, 둘러보다

문제 5
- 报社 bàoshè 명 신문사
- 俱乐部 jùlèbù 명 클럽, 동호회
- 旅行社 lǚxíngshè 명 여행사
- 国庆节 Guóqìng jié 명 국경절
- 旅行团 lǚxíngtuán 명 단체 여행, 패키지 여행
- 四天三夜 sì tiān sān yè 3박 4일
- 报满 bàomǎn 신청이 꽉 차다
- 行程 xíngchéng 명 여정, 일정

 전략 PT 학습시간 20분

❶ 가장 먼저 보기를 파악하자.

듣기 영역에서 보기는 어떤 내용의 지문이 출제될지 미리 유추할 수 있는 중요한 부분이다. 보기 A, B, C, D 가 모두 장소라면 분명히 장소를 묻는 문제임을 미리 알 수 있다.

❷ 특정 장소와 관련된 표현들을 알아두자.

특정 장소에서 자주 쓰이는 동작이나 상태 표현을 잘 알아두면, 장소가 직접적으로 언급되지 않는 대화문에서 장소를 쉽게 유추할 수 있다.

> 男: 我要提前退房, 可以吗?
> 女: 可以, 请稍等。
> 问: 他们可能在哪儿?
>
> A 宾馆　　　B 机场　　　C 饭店　　　D 超市
>
> → 退房(체크아웃하다)는 호텔에서 주로 쓰는 어휘이다. 이외에 登记(체크인하다), 单人间(1인실), 双人间(2일실) 등의 어휘들이 대화에서 언급된다면 대화가 이루어지고 있는 장소가 호텔임을 금방 알 수 있다.

❸ 장소 뒤에 붙는 방위사 표현도 주의하자.

듣기 지문이나 보기에서 일반명사 뒤에 방위사가 붙은 장소 명사 표현도 자주 등장한다.

> A 桌子上 책상 위　　B 抽屉里 서랍 안　　C 椅子下 의자 아래　　D 洗衣机里 세탁기 안

❹ 어떤 장소를 묻는지 정확히 체크하자.

대화에서 장소가 직접적으로 언급되지 않는 경우도 있지만, 여러 개의 장소가 언급될 경우, 대화 내용과 질문에 유의해야 한다. 각 대화 인물이 있는 장소나 가리키는 장소가 다른 경우도 있으므로 질문에 따라 어떤 장소를 묻는지 정확히 체크해야 한다.

> TIP 대부분 현재 장소를 묻는 경우가 많다.

❺ 장소를 묻는 질문의 유형을 파악하자.

> 问: 女的现在在哪儿?　여자는 지금 어디에 있는가?
> 问: 男的要去哪儿?　남자는 어디에 가려고 하는가?
> 问: 他们想去什么地方?　그들은 어디에 가려고 하는가?
> 问: 对话可能发生在什么地方?　대화가 이루어지고 있는 장소는 어디인가?

PT팁 장소 관련 빈출 어휘

Track 01-2

商店 shāngdiàn 상점	书店 shūdiàn 서점	机场 jīchǎng 공항	站台 zhàntái 플랫폼
银行 yínháng 은행	公园 gōngyuán 공원	火车站 huǒchēzhàn 기차역	学院 xuéyuàn 학부, 단과대학
医院 yīyuàn 병원	音乐会 yīnyuèhuì 음악회	地铁站 dìtiězhàn 지하철역	停车场 tíngchēchǎng 주차장
理发店 lǐfàdiàn 미용실	美术馆 měishùguǎn 미술관	体育馆 tǐyùguǎn 체육관	会议室 huìyìshì 회의실
警察局 jǐngchájú 경찰서	电影院 diànyǐngyuàn 영화관	游泳馆 yóuyǒngguǎn 수영장	房地产 fángdìchǎn 부동산

예제 1 짧은 대화

Track 01-3

A 宿舍 B 邮局 C 图书馆 D 实验室	A 기숙사 B 우체국 C 도서관 D 실험실
男：喂，你现在在宿舍吗？ 女：我不在宿舍，我在图书馆写论文呢，有什么事吗？ 问：女的现在在哪儿？	남: 여보세요. 당신 기숙사에 있나요? 여: 저는 기숙사에 있지 않아요. 도서관에서 논문을 쓰고 있어요. 무슨 일이 있어요? 질문: 여자는 지금 어디에 있는가?

해설 대화에서 宿舍(기숙사), 图书馆(도서관) 두 개의 장소 명사가 언급되었다. 질문은 여자가 현재 머무르고 있는 장소를 물었으므로 在图书馆写论文(도서관에서 논문을 쓰다)에 주의하여 정답을 찾으면 된다.

정답 C

예제 2 긴 대화

Track 01-4

A 餐厅 B 宾馆 C 博物馆 D 健身房	A 음식점 B 호텔 C 박물관 D 헬스클럽
男：你好，我要退房，现在可以结账吗？ 女：当然，请问您怎么付款？ 男：我刷信用卡。 女：好的。 问：他们现在最可能在哪儿？	남: 안녕하세요. 체크아웃을 하려고요. 지금 계산 가능한가요? 여: 물론입니다. 어떻게 계산하실 건가요? 남: 신용카드로 계산할게요. 여: 알겠습니다. 질문: 그들은 지금 어디에 있는가?

해설 退房(퇴실하다, 체크아웃 하다)과 같이 장소를 쉽게 유추할 수 있는 어휘를 잘 듣도록 하자. 이 표현과 어울리는 장소는 호텔이다.

TIP 退房 표현이 나올 경우, 정답은 대부분 宾馆이다.

정답 B

실전 PT

Track 01-5

▶정답 및 해설 6p

학습시간 20분

보기를 먼저 확인하고, 대화 중 언급되는 장소에 주목하자. 장소 어휘가 두 개 이상 제시되면 현재 있는 장소에 더 집중하자.

[제1부분 짧은 대화]

문제 1
A 宿舍
B 车站
C 健身房
D 菜市场

문제 2
A 双人间
B 单人间
C 标准间
D 套间

문제 3
A 银行
B 车库
C 宿舍
D 单位

[제2부분 긴 대화]

문제 4
A 国外
B 郊区
C 西部
D 南方

문제 5
A 报社
B 机场
C 俱乐部
D 旅行社

독해 제1부분 ❶ | 빈칸 채우기
명사 – "빈칸 앞을 주목하라!"

어휘 PT

학습시간 **1 0** 분

예제 1-3

단어	병음	품사·뜻
著名	zhùmíng	형 저명하다, 유명하다
曾经(…过)	céngjīng(…guò)	일찍이 (~한 적 있다)
波折	bōzhé	명 우여곡절
感觉	gǎnjué	동 느끼다, 생각하다
良好	liánghǎo	형 좋다, 양호하다
等待	děngdài	동 기다리다
公布	gōngbù	동 공포하다, 공표하다
录取	lùqǔ	동 채용하다, 합격시키다
竟然	jìngrán	부 뜻밖에, 놀랍게도, 의외로
失望	shīwàng	형 실망하다
收到	shōudào	동 받다
通知书	tōngzhīshū	명 통지서
意外	yìwài	형 의외의, 뜻밖의
询问	xúnwèn	동 물어보다, 알아보다
清楚	qīngchu	형 분명히 하다, 명백하게 하다
来龙去脉	láilóng qùmài	성 일의 전후 관계, 자초지종
志愿表	zhìyuànbiǎo	명 지원서
杂乱	záluàn	형 엉망이다, 난잡하다
看上去	kàn shàngqù	보아 하니
一笔一划	yìbǐ yìhuá	또박또박(글씨를 쓰다)
工工整整	gōnggōng zhěngzhěng	형 매우 반듯하고 또박또박하다
消息	xiāoxi	명 소식
程度	chéngdù	명 정도 (= 水平 수준)
经验	jīngyàn	명 경험
理由	lǐyóu	명 이유
收据	shōujù	명 영수증
名单	míngdān	명 명단
简历	jiǎnlì	명 이력서
合同	hétong	명 계약서
能力	nénglì	명 능력
角度	jiǎodù	명 각도, 관점
用途	yòngtú	명 용도
字迹	zìjì	명 필적, 글

문제 1-2

단어	병음	품사·뜻
不管	bùguǎn	접 ~에 관계없이, ~을 막론하고
建筑	jiànzhù	명 건축물 동 (건물, 도로 등을) 건설하다
工地	gōngdì	명 공사현장
工厂	gōngchǎng	명 공장
车间	chējiān	명 작업장
安全帽	ānquánmào	명 안전모
可视性	kěshìxìng	명 가시성
唤起	huànqǐ	동 환기시키다, 불러일으키다
危险	wēixiǎn	명 위험 동 위험하다
唯一	wéiyī	형 유일한
反射	fǎnshè	동 반사하다
光线	guāngxiàn	명 빛, 광선
有效	yǒuxiào	형 유효하다, 유용하다
防止	fángzhǐ	동 방지하다
表面	biǎomiàn	명 표면, 겉, 외관
温度	wēndù	명 온도
因而	yīn'ér	접 그러므로, 그런 까닭에, 따라서
炎炎烈日	yányán lièrì	강렬한 태양, 뙤약볕, 무더위
头部	tóubù	명 머리 부위
免受	miǎnshòu	동 받지 않다, 당하지 않다
暴晒	bàoshài	동 강한 햇볕에 오래 쪼이다
不至于	búzhìyú	동 ~에 이르지 않다, ~에 미치지 않다
中暑	zhòngshǔ	동 더위 먹다
疾病	jíbìng	명 병, 질병
意识	yìshí	명 의식
知识	zhīshi	명 지식
智慧	zhìhuì	명 지혜
气氛	qìfēn	명 분위기
结论	jiélùn	명 결론
理由	lǐyóu	명 이유, 까닭
后果	hòuguǒ	명 (부정적인) 결과
借口	jièkǒu	명 구실, 핑계 동 구실로 삼다

문제 3-5

- 小鸡 xiǎojī 명 병아리
- 老鹰 lǎoyīng 명 독수리
- 蓝天 lántiān 명 파란 하늘
- 飞过 fēiguò 동 날아다니다
- 羡慕 xiànmù 동 부러워하다
- 于是 yúshì 접 이리하여
- 对A来说 duì A lái shuō A의 입장에서 말하면
- 生存 shēngcún 명 생존 동 생존하다
- 技能 jìnéng 명 기능
- 适应 shìyìng 동 적응하다
- 不断 búduàn 부 끊임없이
- 追求 zhuīqiú 동 추구하다 (+추상명사)
- 同时 tóngshí 부 동시에
- 脱离 tuōlí 동 벗어나다
- 实际 shíjì 명 현실, 실제
- 适合 shìhé 동 어울리다, 적합하다
- 翅膀 chìbǎng 명 날개
- 胳膊 gēbo 명 팔
- 肩膀 jiānbǎng 명 어깨
- 脑袋 nǎodài 명 머리
- 士兵 shìbīng 명 병사, 사병
- 傻瓜 shǎguā 명 바보
- 胆小鬼 dǎnxiǎoguǐ 명 겁쟁이
- 目标 mùbiāo 명 목표 (追求~)
- 意见 yìjiàn 명 의견 (征求~)
- 困难 kùnnan 명 어려움, 곤란
- 标准 biāozhǔn 명 표준, 기준

전략 PT

학습시간 20분

① 보기에 제시된 단어의 품사를 파악하자.

먼저 보기에 제시된 단어들을 빠르게 훑어보고 품사를 파악하자. 대부분 보기 네 개의 품사는 동일하므로 하나만 파악해도 나머지 단어들의 품사를 금방 짐작할 수 있다.

② 빈칸 앞의 동사나 전치사, 혹은 양사를 확인하자.

보기 단어의 품사가 모두 명사라면 지문의 빈칸 앞에 어떤 단어가 있는지 확인해야 한다. 동사나 양사, 혹은 전치사가 있다면 이들과 호응하는 명사를 유추하여 보기에서 찾아볼 수 있다.

在征求_____之前，我们必须要有一个属于自己的清楚的想法。

A 疑问　　　　B 意见　　　　C 矛盾　　　　D 毛病

→ 빈칸 바로 앞에 오는 征求는 '구하다', '묻다'라는 의미의 동사이다. 征求와 함께 잘 쓰이는 명사(목적어)로는 征求意见(의견을 묻다), 征求方案(방안을 구하다) 등이 있다.

③ 빈칸 뒤의 술어(동사 혹은 형용사)를 확인하자.

빈칸 뒤에 술어가 있을 경우, 술어와 관련 있는 주어나 시간명사를 찾는 문제가 출제되기도 한다.

_____小王把300两银子全偷走了。

A 从前　　　　B 目前　　　　C 暂时　　　　D 半夜

→ 빈칸 뒤에 偷走(훔쳐가다)가 나오므로 이 술어와 어울리는 시간명사를 찾으면 半夜이다.

④ 동의어와 빈출 표현을 알아두자.

명사 관련 문제일 경우, 명사의 의미를 묻기도 하지만, 동의어를 찾는 문제나 혹은 고정표현 관련 문제(호응 관계를 묻는 문제)가 자주 출제된다. 그러므로 빈출 명사의 쓰임과 호응하는 관련 어휘들을 학습해두자.

PT팁 명사 빈출 어휘

观点 guāndiǎn 관점 (= 角度 jiǎodù 각도)	相反的观点 상반된 관점 表明观点 관점을 밝히다
关键 guānjiàn 관건 (= 核心 héxīn 핵심)	关键的时刻 결정적 순간 成功的关键 성공의 관건
情况 qíngkuàng 상황	经济情况 경제사정(상황) 紧急情况 응급상황
缺点 quēdiǎn 단점 (↔ 优点 yōudiǎn 장점)	发现缺点 결점을 발견하다 接受缺点 결점을 받아들이다

疑问 yíwèn 의문	提出疑问 의문을 제기하다 毫无疑问 전혀 의문이 없다
意见 yìjiàn 의견	发表意见 의견을 발표하다 征求意见 의견을 구하다
矛盾 máodùn 모순	主要矛盾 주요 갈등(모순) 解决矛盾 모순을 해결하다
毛病 máobìng 흠, 결점, 병, 문제점	找毛病 결점을 찾다 有毛病 병이 있다 出毛病 문제가 생기다
程度 chéngdù 정도, 수준 (=水平 shuǐpíng 수준)	文化程度 문화 수준 危险程度 위험 정도(수위)
理由 lǐyóu 이유	主要理由 주요 이유 说明理由 이유를 설명하다
名单 míngdān 명단	合格名单 합격자 명단 嘉宾名单 귀빈 명단
简历 jiǎnlì 이력, 이력서	工作简历 근무 경력 投简历 이력서를 제출하다
合同 hétong 계약서	签合同 계약서에 서명하다 租房合同 임대 계약서
能力 nénglì 능력 (=本领 běnlǐng / 本事 běnshì / 两下子 liǎngxiàzi 능력, 재능, 솜씨, 기술)	交际能力 사교 능력 解决能力 해결 능력
用途 yòngtú 용도	用途广泛 용도(쓰임새)가 광범위하다 用途不同 용도(쓰임새)가 다르다
意识 yìshí 의식	唤起意识 의식을 환기시키다 经济意识 경제의식
知识 zhīshi 지식	知识丰富 지식이 풍부하다 基础知识 기초지식
目标 mùbiāo 목표	设定目标 목표를 세우다 达到目标 목표를 달성하다
困难 kùnnan 곤란, 어려움	克服困难 어려움을 극복하다 面临困难 어려움에 직면하다
消息 xiāoxi 정보, 소식	等待消息 소식을 기다리다 告诉消息 정보를 알려주다
标准 biāozhǔn 표준, 기준	制定标准 기준을 설정하다 标准答案 모범답안

예제 1-3

著名作家茅盾先生，原名沈德鸿。他考北京大学时曾经经历过一段小"波折"。 他参加完入学考试后，自我感觉良好，便在家安心等待录取　1　。没想到成绩公布的那天，录取　2　上竟然没他的名字，他失望极了。但不久后他又收到了北大的入学通知书，不过上面写着"沈德鸣"三个字。他感到非常意外，于是跑去学校询问。一问才搞清楚事情的来龙去脉——原来他填写的志愿表上，因为　3　杂乱，"鸿"字看上去像"鸣"字。 此后，他写字都是一笔一划、工工整整的。	저명한 작가인 마오둔 선생은 본명이 선더훙이다. 그는 베이징대학의 입학 시험을 치를 때, 일찍이 작은 '우여곡절'을 겪었다. 그는 입학시험을 마친 후, 스스로 잘했다고 느끼고 집에서 마음 편히 합격　1　을 기다렸다. 그러나 생각지도 않게 성적이 발표되는 날, 합격　2　에는 그의 이름이 없었다. 그는 무척 실망했다. 그러나 얼마 지나지 않아 그는 베이징대학의 입학통지서를 받았다. 그런데 윗면에는 '선더밍'이라는 세 글자가 쓰여 있었다. 그는 매우 의아하게 생각하여 학교로 찾아가 문의했다. 그제야 그는 일의 자초지종을 정확하게 이해할 수 있었다. 알고 보니 그가 지원서에 이름을 적을 때　3　가 엉망이었던 탓에 '훙' 글자가 '밍'으로 보였던 것이다. 그 후, 그는 글씨를 항상 글자마다 또박또박 반듯하게 썼다.
1. A 消息　B 程度　C 经验　D 理由 2. A 收据　B 名单　C 简历　D 合同 3. A 能力　B 角度　C 用途　D 字迹	1. A 소식　B 정도　C 경험　D 이유 2. A 영수증　B 명단　C 이력서　D 계약서 3. A 능력　B 각도　C 용도　D 글씨

해설

1. 빈칸 앞에 동사 等待(기다리다)를 확인하자. 내용을 보면, '합격 ~을(를) 기다리다'이므로 이와 어울리는 표현은 보기 중 A 消息(소식)이다.

> **TIP** B 程度 : 文化程度 문화 수준 (= 水平 정도, 수준)
> C 经验 : 积累经验 경험을 쌓다, 总结经验 경험을 총결하다

2. 빈칸의 바로 앞에 있는 단어가 录取(합격)이다. 보기의 어휘 가운데 录取(합격)와 호응하여 사용할 수 있는 표현은 B 名单(명단)이다.

> **TIP** A 收据 : 开收据 영수증을 발급하다 / 保管收据 영수증을 보관하다
> D 合同 : 签合同 계약서에 서명하다

3. 빈칸 바로 뒤에 杂乱(엉망이다, 난잡하다)이라는 술어가 나온다. 또한 빈칸 뒤의 문장을 보면, "鸿"字看上去像"鸣"字('홍' 글자는 '밍'으로 보인다)라고 했으므로, 글자를 잘못 인식할 정도로 엉망으로 썼다는 내용을 추론할 수 있다. 그러므로 알맞은 표현은 D 字迹(글씨)이다.

> **TIP** A 能力 : (= 本领/本事/两下子 능력, 재능, 솜씨, 기술)
> B 角度 : 从…… 角度(= 观点) ~한 관점에서(= 观点 관점)

정답 1. A　2. B　3. D

실전 PT

▶정답 및 해설 7p
학습시간 20분

○ 문제를 풀 때, 지문을 처음부터 끝까지 읽지 말고, 먼저 보기를 확인하자. 그리고 빈칸 앞뒤의 내용을 파악하여 보기를 보며 정답을 찾도록 하자.

문제 1-2

不管是在建筑工地还是工厂车间里，工人们都戴着黄色的安全帽。这是因为黄色可视性高，可以唤起人们的危险 __1__ 。然而，这并不是安全帽使用黄色的唯一 __2__ 。黄色还可以很好地反射光线，能有效防止物体表面的温度过高。因而，炎炎烈日下，黄色安全帽可以使工人的头部免受阳光暴晒，使头部温度不至于太高，从而防止中暑和其他疾病的发生。

1. A 意识　　　　B 知识　　　　C 智慧　　　　D 气氛

2. A 结论　　　　B 理由　　　　C 后果　　　　D 借口

문제 3-5

一只小鸡看到一只老鹰在高高的蓝天上飞过，十分羡慕。于是它问母鸡："妈妈，我们也有一对 __3__ ，为什么不能像鹰那样高高地飞在蓝天上呢？""真是个小 __4__ 。"母鸡回答说："飞得高对我们来说没什么用。蓝天上没有谷粒，也没有虫子。"

每个人都有自己的生存技能和与之相适应的环境，我们在不断追求更高 __5__ 的同时，也不能脱离实际。适合自己的才是最好的。

3. A 翅膀　　　　B 胳膊　　　　C 肩膀　　　　D 脑袋

4. A 士兵　　　　B 兄弟　　　　C 傻瓜　　　　D 胆小鬼

5. A 目标　　　　B 意见　　　　C 困难　　　　D 标准

쓰기 제1부분 ❶ | 단어 순서 배열
기본어순(1) – "주·술·목"

전략 PT

학습시간 20분

❶ 각 단어의 품사를 파악한다.
제시된 단어의 품사를 파악하면 대략적인 문장 성분을 알 수 있고, 그에 따라 임의로 제시된 표현들을 순서대로 알맞게 배열할 수 있다.

❷ 문장 구조를 생각하며 술어를 먼저 파악한다.
술어는 문장 성분 중에 가장 중요한 필수 성분이므로 제시된 어휘 중 술어를 가장 먼저 파악해야 한다. 술어의 품사 및 의미에 따라 주어와 목적어의 위치가 정해진다.

주어(主语)	문장에서 설명하려는 주체를 나타내며, '–은/–는/–이/–가'에 해당하는 부분이다.	我看书。 小李很漂亮。
술어(谓语)	주어의 동작, 상태, 성질 등을 설명하며, '–하다/–이다'에 해당하는 부분이다.	他很帅。 小张学习汉语。
목적어(宾语)	술어의 동작 대상이 되며, '–을/–를'에 해당하는 부분이다.	我看书。 小王喝咖啡。

❸ 술어와의 관계에 따라 주어와 목적어를 배열한다.
술어와의 관계에 따라 문장 구조의 필수 성분인 주어와 목적어를 배열하여 문장을 완성한다.

❹ 기본어순

① [주어 + 술어(동) + 목적어]

```
我     +  看    +  书。
대명사  +  동사   +  명사
나        보다       책        → 나는 책을 본다.
```

② [주어 +부사어 + 술어(형)]

```
他     +  很     +  帅。
대명사  +  정도부사  +  형용사
그        매우       잘생기다    → 그는 매우 잘생겼다.
```

TIP 술어가 형용사일 경우, 주로 부사어(정도부사/부정부사)와 함께 쓰며, 뒤에 목적어를 쓸 수 없다.

 **품사**

명사 (名词)	사람, 사물의 명칭, 시간, 장소를 나타내는 단어 - 고유명사 : 中国, 青岛, 小王, 黄山 - 일반명사 : 家, 同学, 老师, 茶 - 시간명사 : 去年, 今天, 星期五, 八点 - 방위명사 : 上, 左边, 前边, 里边
대명사 (代词)	사람이나 사물을 가리키거나 그 이름을 대신하는 단어 - 인칭대사 : 我, 你, 他, 她, 它, 我们, 你们, 他们 - 지시대사 : 这, 那, 这些, 那么, 这样 - 의문대사 : 什么, 谁, 怎么, 哪, 怎么样
수사 (数词)	수를 나타내는 단어 - 기수(수량을 나타냄) : 一, 二, 三, 十, 百, 千, 万 - 서수(순서를 나타냄) : 第一, 第二, 第三课, 四楼 - 어림수(대략적인 수) : 两三天, 五六十
양사 (量词)	사람, 사물 혹은 시간이나 동작의 횟수를 세는 단위 - 명량사(명사를 세는 양사) : 个, 家, 只, 件 - 동량사(동작의 횟수를 세는 양사) : 次, 趟, 顿
동사 (动词)	동작, 존재, 감각, 심리활동 등을 나타내는 단어 - 看, 听, 有, 在, 喜欢, 爱, 担心
능원동사/조동사 (能愿动词 / 助动词)	동사 앞에서 동사를 돕는 단어, 가능, 바람, 능력 등을 나타내는 단어 - 能, 会, 要, 想, 愿意, 应该, 可以
형용사 (形容词)	사람이나 사물의 성질, 상태를 나타내는 단어 - 好, 大, 快, 早, 认真
부사 (副词)	동사, 형용사 앞에서 동작/상태의 범위, 시간, 정도, 어기, 부정 등을 나타내는 단어 - 都, 很, 已经, 不, 才, 再

조사
(助词)
	주로 동사, 형용사, 혹은 문장 끝에 붙어 부가적 의미, 문법 관계 또는 어기를 나타내는 단어(구체적인 뜻은 없으며, 문장의 의미 파악을 돕는다.)
	- 구조조사(앞뒤의 문법적 구조를 제시) : 관형어 + 的 + 주어/목적어
	                                       부사어 + 地 + 술어
	                                       술어 + 得 + 보어
	- 동태조사(동작이나 상황의 상태) : 了(완료), 着(지속), 过(경험)
	- 어기조사(문장 끝에서 화자의 단정, 추정, 의문, 명령, 강조 등의 어조) : 吗, 呢, 吧, 啊

전치사(개사) (介词)	명사, 대명사 등과 결합하여 전치사구를 이룸. 술어 앞에서 장소, 방향, 시간, 목적, 원인, 방식, 대상, 비교 등을 나타내는 단어 - 从, 跟, 在, 把, 向
접속사 (连词)	두 개 이상의 단어, 구, 문장 등을 연결하는 단어 - 和, 因为, 所以, 虽然, 但是

의성어 （拟声词）	사람, 사물, 자연의 소리를 흉내내는 단어 – 汪汪, 哈哈, 叮当
감탄사 （感叹词）	감정을 나타내거나, 혹은 누군가를 부르거나 응답하는 경우에 사용되는 단어 – 啊, 喂, 嗯, 哎呀, 哇

예제 1

冠军　　韩国队　　获得了

분석 [품사분석] 冠军 명 우승 / 韩国队 명 한국팀 / 获得 동 얻다, 획득하다
[문장구조] [주어 + 술어(동) + 목적어]

해설 술어로 적합한 것은 **获得了**(얻었다, 획득했다)이며, 冠军(우승)과 韩国队(한국 팀)을 문맥에 맞게 각각 주어와 목적어 자리에 배치한다.

> **TIP** 获得 + 冠军 : 우승을 얻다(우승하다)

정답 韩国队获得了冠军。 한국팀이 우승을 획득했다.

예제 2

司机的　　熟练　　驾驶技术　　非常

분석 [품사분석] 司机 명 기사 / 熟练 형 능숙하다 / 驾驶技术 명 운전 기술 / 非常 부 매우
[문장구조] [주어 + 부사어 + 술어(형)]

해설 술어가 될 수 있는 것은 **熟练**밖에 없다. 부사 非常을 술어 앞에 배치하여 '매우 능숙하다'라는 말을 만들고, 司机的는 명사 앞에서 꾸며주는 말이므로 驾驶技术 앞에 놓아 주어로 만든다.

> **TIP** 技术/动作 + 熟练 : 기술·동작이 능숙하다

정답 司机的驾驶技术非常熟练。 (운전)기사의 운전 기술이 매우 능숙하다.

실전 PT

▶정답 및 해설 9p
학습시간 20분

제시된 단어, 또는 구의 품사와 기본 문장구조(주어, 술어, 목적어)를 파악하여 문장을 완성해보자.

문제 1 当时的情景   那张照片   记录了

문제 2 打破了   世界纪录   妹妹

문제 3 足球赛场上的   非常   气氛   热烈

문제 4 动作   熟练   弟弟的   相当

문제 5 妈妈   地道   做的鸡汤   真

 마무리 PT 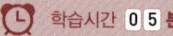 학습시간 **0 5** 분

1 出示 + 身份证/学生证 : 신분증/학생증을 제시하다
请**出示**一下**身份证**。
신분증을 제시해주세요.

2 办理 + 手续 : 수속을 처리하다
我来帮您**办理**入住**手续**。
체크인 수속을 도와드리겠습니다.

3 唤起 + 意识 : 의식을 환기시키다(불러일으키다)
这是因为黄色可视性高，可以**唤起**人们的危险**意识**。
이것은 황색이 가시성이 높아서, 사람들의 위험 의식을 환기시킬 수 있기 때문이다.

4 并 + 不/没/非/无 : 결코 ~하지 않다
这**并不**是安全帽使用黄色的唯一 理由。
이것은 결코 안전모에 황색을 사용하는 유일한 이유가 아니다.

5 对A来说 : A의 입장에서 말하면
飞得高**对**我们**来说**没什么用。
높이 나는 것은 우리 입장에서 말하면 아무런 쓸모가 없다.

6 追求 + 目标 : 목표를 추구하다
我们不断**追求**更高**目标**。
우리는 끊임없이 더욱 높은 목표를 추구한다.

7 适合 + 목적어 : ~에 적합하다
适合自己的才是最好的。
자신에게 적합한 것이 가장 좋은 것이다.
* 유의어 合适는 형용사이므로 목적어를 받을 수 없다.

8 获得 + 冠军 : 우승을 얻다
韩国队**获得**了**冠军**。
한국팀이 우승을 얻었다.

9 打破 + 纪录 : 기록을 깨다
妹妹**打破**了世界**纪录**。
여동생이 세계기록을 깼다.

10 技术/动作 + 熟练 : 기술/동작이 능숙하다(숙련되다)
弟弟的**动作**相当**熟练**。
남동생의 동작이 상당히 능숙하다.

Day 2

듣기 제1·2부분 ❷ | 짧은 대화/긴 대화

인물/직업 – "정체를 파악하라!"

어휘 PT ● Track 02-1   🕐 학습시간 1 0 분

예제 1
- 经理 jīnglǐ 명 매니저, 지배인
- 主任 zhǔrèn 명 주임
- 秘书 mìshū 명 비서
- 大夫 dàifu 명 의사(=医生)
- 下班 xiàbān 동 퇴근하다
- 加班 jiābān 동 초과근무를 하다

예제 2
- 编辑 biānjí 명 편집자
- 导演 dǎoyǎn 명 감독
- 模特(儿) mótè(r) 명 모델
- 遇到 yùdào 동 만나다
- 报社 bàoshè 명 신문사
- 打交道 dǎ jiāodao 동 교류하다(和A打交道)

문제 1
- 警察 jǐngchá 명 경찰
- 护士 hùshi 명 간호사
- 总经理 zǒngjīnglǐ 명 최고 경영자, 사장
- 合作商 hézuòshāng 명 협력 업체
- 处理 chǔlǐ 동 처리하다
- 文件 wénjiàn 명 문서

문제 2
- 亲戚 qīnqi 명 친척
- 同事 tóngshì 명 동료
- 前辈 qiánbèi 명 선배, 연장자
- 合开 hékāi 동 공동으로 개점하다
- 生意 shēngyì 명 장사
- 多亏 duōkuī 동 덕택이다
- 姑姑 gūgu 명 고모
- 经验 jīngyàn 명 경험
- 丰富 fēngfù 형 풍부하다

문제 3
- 母亲 mǔqīn 명 모친, 어머니
- 姥姥 lǎolao 명 외할머니
- 婆婆 pópo 명 시어머니
- 抱 bào 동 들다, 안다, 지니다
- 包裹 bāoguǒ 명 소포
- 裤子 kùzi 명 바지
- 降温 jiàngwēn 기온이 떨어지다
- 厚 hòu 형 두껍다
- 寄 jì 동 부치다

문제 4
- 销售员 xiāoshòuyuán 명 판매원
- 演员 yǎnyuán 명 배우
- 主持人 zhǔchírén 명 진행자, 사회자
- 行业 hángyè 명 직업, 직종, 업종
- 怪不得 guàibude 어쩐지
- 身材 shēncái 명 몸매
- 转行 zhuǎnháng 동 직업을 바꾸다
- 东奔西走 dōngbēn xīzǒu 동분서주하다, 이리저리 뛰어다니다
- 辛苦 xīnkǔ 형 고생스럽다, 고되다
- 稳定 wěndìng 형 안정적이다
- 状态 zhuàngtài 명 상태

문제 5
- 厂长 chǎngzhǎng 명 공장장
- 部长 bùzhǎng 명 부장
- 主席 zhǔxí 명 의장, 위원장
- 竞选 jìngxuǎn 명 경선, 선거
- 演讲 yǎnjiǎng 명 연설, 강연 동 연설하다, 강연하다
- 领导能力 lǐngdǎo nénglì 명 리더십
- 出色 chūsè 형 훌륭하다
- 支持 zhīchí 동 지지하다

❶ 보기를 통해 유형을 파악하자.

보기를 통해 문제 유형을 파악하자! 보기에 모두 인물 혹은 직업, 관계와 관련된 표현이 제시됐다면, 대화 인물들의 신분이나 하고자 하는 일 등을 염두에 두고 녹음 지문을 듣도록 한다.

❷ 직업과 관계를 나타내는 어휘와 특정 관련 표현을 알아두자.

직업이나 관계를 유추할 수 있는 특정 관련 표현들을 알아두면 문제를 푸는 시간을 단축할 수 있다.

❸ 성별에 주의하여 듣자.

듣기 지문은 남녀 간의 대화로 이루어져 있다. 성별과 인물 간의 관계에 주의하여 남자에 관련된 이야기와 여자에 관련된 이야기를 구분하여 체크해야 한다.

> 男: 这次出差, 叫马秘书和我一起去吧。
> 女: 好的, 我马上通知马秘书。
> 问: 谁要出差?
> A 男的　　　B 男的和女的　　C 男的和马秘书　　D 女的和马秘书

❹ 인물·직업 관련 질문의 유형을 파악하자.

> 问: 男的给谁打电话?　남자는 누구에게 전화하는가?
> 问: 女的可能是做什么工作的?　여자의 직업은 무엇인가?
> 问: 女的最可能从事什么职业?　여자는 어떤 일에 종사하는가?
> 问: 男的可能是什么人?　남자는 어떤 사람인가?

PT팁　인물·직업 빈출 어휘　　　● Track 02-2

인물(관계)	夫妻 fūqī 부부(=两口子) 老公 lǎogōng 남편 老婆 lǎopó 부인 邻居 línjū 이웃 同事 tóngshì 동료		顾客 gùkè 고객 客户 kèhù 바이어, 손님 患者 huànzhě 환자(=病人) 乘客 chéngkè 탑승객 职员 zhíyuán 직원
직업	司机 sījī 기사 导演 dǎoyǎn 감독 导游 dǎoyóu 여행 가이드 理发师 lǐfàshī 이발사 服务员 fúwùyuán 종업원 售货员 shòuhuòyuán 판매원		律师 lǜshī 변호사 秘书 mìshū 비서 会计 kuàijì 회계원, 경리 记者 jìzhě 기자 播音员 bōyīnyuán 아나운서 空中小姐 kōngzhōng xiǎojiě 여승무원

48　PART 1

| 예제 1 | 짧은 대화 | | Track 02-3 |

A 李经理	A 이 매니저
B 李主任	B 이 주임
C 李秘书	C 이 비서
D 李大夫	D 이 의사

| 女：刚才下班的时候，我好像忘记带手机了。
男：李秘书还在公司加班，我打电话吧。
问：男的给谁打电话？ | 여: 방금 퇴근할 때, 휴대전화를 잊고 나온 것 같아요.
남: 이 비서가 아직 회사에서 야근하고 있어요. 제가 전화해볼게요.
질문: 남자는 누구에게 전화하는가? |

해설 인물 관련 문제는 대화에서 언급했던 표현이 보기에 그대로 제시되어 정답이 되는 경우가 많으므로 난이도가 낮은 편이다. 여기서는 보기에 제시된 인물들의 성이 모두 같고 뒤에 붙는 직업과 직급을 나타내는 표현들이 다른 것에 주의해야 한다. 정답은 대화에서 직접 언급된 C 李秘书(이 비서)이다.

정답 C

| 예제 2 | 긴 대화 | | Track 02-4 |

A 编辑	A 편집자
B 导演	B 감독
C 老师	C 선생님
D 模特	D 모델

| 女：我昨天早上在路上遇到小马了。
男：是吗？他现在做什么工作？
女：在一家报社做编辑。
男：太好了。他一直很喜欢和文字打交道。
问：小马现在从事什么职业？ | 여: 저는 어제 아침에 길에서 샤오마를 만났어요.
남: 그래요? 그는 지금 어떤 일을 하고 있나요?
여: 한 신문사에서 편집자로 일하고 있어요.
남: 정말 잘 됐네요. 그는 줄곧 글로 교감하는 것을 좋아했어요.
질문: 샤오마는 현재 어떤 일에 종사하는가? |

해설 보기가 모두 직업을 나타내는 표현들로 제시되어 있다. 대화 중 A 编辑(편집자)를 직접 언급했으므로 정답을 쉽게 찾을 수 있다.

정답 A

실전 PT

Track 02-5

▶정답 및 해설 10p

학습시간 2 0 분

◎ 보기를 파악하고, 대화에서 언급하는 인물 혹은 직업에 주목하자. 간혹 성별에 따른 질문이 나올 수 있으므로 남녀 각각의 대화를 확인하면서 풀어보자.

[제1부분 짧은 대화]

문제 1
A 经理
B 警察
C 护士
D 秘书

문제 2
A 亲戚
B 同事
C 前辈
D 同学

[제2부분 긴 대화]

문제 3
A 母亲
B 姥姥
C 姑姑
D 婆婆

문제 4
A 销售员
B 演员
C 模特
D 主持人

문제 5
A 厂长
B 总经理
C 部长
D 主席

독해 제1부분 ❷ | 빈칸 채우기
동사 – "빈칸 뒤의 짝꿍 찾기"

어휘 PT
학습시간 10분

예제 1-3

走遍	zǒubiàn	동	곳곳을 두루 다니다
全国	quánguó	명	전국
口渴	kǒukě	형	목이 마르다
难耐	nánnài	형	참을 수 없다, 견디기 어렵다
敲门	qiāomén	동	문을 두드리다
请求	qǐngqiú	동	부탁하다, 요청하다
徒步	túbù	동	걸어가다, 도보하다
旅行	lǚxíng	동	여행하다
安排	ānpái	동	안배하다, 짜다
行程	xíngchéng	명	일정
接	jiē	동	받다
一口气	yìkǒuqì	부	단숨에, 한번에
微笑	wēixiào	명	미소
挑水	tiāoshuǐ	동	물을 지다
果真	guǒzhēn	부	과연
山间	shānjiān	명	산간
清甜	qīngtián	형	시원하고 감미롭다
泉水	quánshuǐ	명	샘물
无法	wúfǎ	동	방법이 없다
任何	rènhé	대	어떠한, 무슨
目的性	mùdìxìng	명	목적성
本来	běnlái	형	본래의, 원래의
匆匆	cōngcōng	형	총총히(바쁜 모양)
目的地	mùdìdì	명	목적지
如何	rúhé	대	어떻게, 어째서, 어떠한
欣赏	xīnshǎng	동	감상하다
沿途	yántú	명	길가
风景	fēngjǐng	명	풍경
体会	tǐhuì	동	체득하다, 경험하여 알다
乐趣	lèqù	명	즐거움, 기쁨, 재미
瞧	qiáo	동	보다, 구경하다
到达	dàodá	동	~에 도착하다
派	pài	동	파견하다
达到	dádào	동	도달하다(+추상명사)
吸	xī	동	끌어당기다, 흡수하다
挑	tiāo	동	고르다
闻	wén	동	듣다, (들어서) 알다, 냄새를 맡다
倒	dào	동	따르다, 붓다
盼望	pànwàng	동	간절히 바라다
佩服	pèifú	동	탄복하다, 감탄하다
思考	sīkǎo	동	사고하다, 깊이 생각하다
失去	shīqù	동	잃다

문제 1-3

老虎	lǎohǔ	명	호랑이
抓住	zhuāzhù	동	잡다
狡猾	jiǎohuá	형	교활하다
狐狸	húli	명	여우
美餐	měicān	명	맛있는 음식
骗	piàn	동	속이다
天帝	tiāndì	명	옥황상제
山林	shānlín	명	산림, 숲
百兽	bǎishòu	명	백수, 온갖 짐승
如果A, 那么B	rúguǒ A, nàme B		만약 A한다면, B할 것이다
证据	zhèngjù	명	증거
连忙	liánmáng	부	얼른, 급히, 재빨리
相信	xiāngxìn	동	믿다
随	suí	동	뒤따르다, 쫓다
森林	sēnlín	명	삼림, 숲
亲眼	qīnyǎn	부	직접 자신의 눈으로 (보다)
样子	yàngzi	명	모습
办法	bànfǎ	명	방법
尾随其后	wěisuí qíhòu		그 뒤를 따르다
深处	shēnchù	명	깊은 곳
纷纷	fēnfēn	부	잇따라, 계속해서
逃命	táomìng	동	도망치다, 달아나다(=逃跑/逃走)

以为	yǐwéi	동 ~인 줄 알다, ~라고 착각하다
提出	tíchū	동 제기하다
享受	xiǎngshòu	동 즐기다, 누리다
欣赏	xīnshǎng	동 감상하다
承担	chéngdān	동 맡다, 담당하다, 책임지다
吃惊	chījīng	동 놀라다
表扬	biǎoyáng	동 칭찬하다
原谅	yuánliàng	동 양해하다, 용서하다, 이해하다
疼爱	téngài	동 매우 귀여워하다
害怕	hàipà	동 두려워하다, 무서워하다
尊敬	zūnjìng	동 존경하다
爱惜	àixī	동 아끼다
尊重	zūnzhòng	동 존중하다

组织	zǔzhī	명 조직 동 조직하다
执行	zhíxíng	동 집행하다
扔掉	rēngdiào	동 던져버리다, 내버리다, 포기하다
脱掉	tuōdiào	동 벗어버리다
失掉	shīdiào	동 잃다, 잃어버리다, 놓치다
命令	mìnglìng	동 명령하다
失望	shīwàng	동 실망하다
责备	zébèi	동 탓하다, 책망하다
称赞	chēngzàn	동 칭찬하다

문제 4-6

英明	yīngmíng	형 영명하다, 현명하고 지혜롭다
公开	gōngkāi	동 공개하다 형 공개적인
选拔	xuǎnbá	동 선발하다
法官	fǎguān	명 법관
毛遂自荐	máosuì zìjiàn	성 스스로 자기를 추천하다
贵族	guìzú	명 귀족
曾经	céngjīng	부 일찍이, 이전에
南征北战	nánzhēng běizhàn	성 남쪽을 정벌하고 북쪽을 토벌하다, 각지를 다니면서 많은 전쟁을 치르다
武士	wǔshì	명 무사
领	lǐng	동 이끌다, 인솔하다
池塘	chítáng	명 연못
漂浮	piāofú	동 뜨다
橙子	chéngzi	명 오렌지
数	shǔ	동 세다, 헤아리다
陛下	bìxià	명 폐하
表态	biǎotài	동 태도를 표명하다
直接	zhíjiē	명 직접적으로, 바로
仍旧	réngjiù	부 여전히, 변함없이
径直	jìngzhí	부 곧장, 직접
切开	qiēkāi	동 절개하다
合适	héshì	형 적합하다, 어울리다
轻易	qīngyì	형 수월하다, 경솔하게, 함부로
下结论	xià jiélùn	결론을 내리다
真相	zhēnxiāng	명 진상, 실상
陪伴	péibàn	동 함께 하다
协调	xiétiáo	동 형 어울리다, 조율하다

❶ 보기를 파악하자.

보기에 나오는 각 단어나 표현들은 같은 품사이거나 유사한 형태로 제시된다. 동사를 묻는 문제라면 보기 모두가 동사일 경우가 대부분이다. 각 동사를 보고 호응하여 쓰이는 표현들을 빠르게 떠올려 보자.

❷ 빈칸 뒤의 명사를 확인하자.

지문의 빈칸 뒤에 명사가 있는지 확인하고, 명사와 어울리는 동사를 유추하면서 보기의 단어들을 연결해보면 가장 어울리는 표현을 찾을 수 있다.

> 聪明人说完就_____着马回家。
>
> A 牵　　　　　B 背　　　　　C 提　　　　　D 摇
>
> → 빈칸 뒤에 명사 马(말)가 있다. 马와 어울리는 동사를 떠올리면, '말을 타다(骑马)' 혹은 '말을 끌다(牵马)'가 있다. 보기에는 牵이 제시되어 있고, 다른 보기의 단어들은 马와 함께 쓰이지 않는다.

❸ 유의어에 주의하자.

보기에 제시된 각 동사의 뜻이 같거나 비슷해도 서로 호응하는 명사가 다르므로 각각의 동사 유의어들과 함께 쓰이는 고정표현을 기억해 두자.

 동사 빈출 어휘와 유의어 표현

达到 dádào 도달하다 (+추상명사)	达到目标 목표에 도달하다 达到水平 수준에 도달하다
到达 dàodá 도착하다 (+장소)	到达城市 도시에 도착하다 到达机场 공항에 도착하다
失去 shīqù 잃다, 잃어버리다	失去味道 맛을 잃다 失去信心 자신감을 잃어버리다
消失 xiāoshī 자취를 감추다, 사라지다	消失不见 보이지 않다
提供 tígōng 제공하다	提供条件 조건을 제공하다 提供服务 서비스를 제공하다
提出 tíchū 제기하다	提出要求 요구를 제기하다 提出意见 의견을 제기하다
享受 xiǎngshòu 누리다, 즐기다	享受生活 생활을 즐기다 享受幸福 행복을 누리다
欣赏 xīnshǎng 감상하다	欣赏音乐 음악을 감상하다 欣赏作品 작품을 감상하다

尊重 zūnzhòng 존중하다	尊重意见 의견을 존중하다 尊重选择 선택을 존중하다
尊敬 zūnjìng 존경하다	尊敬人 사람을 존경하다
认为 rènwéi ~라고 여기다	단순 추측이나 생각과 사실이 일치하는 판단일 경우 我认为他是韩国人 그가 한국인이라고 생각한다(사실 – 한국인이다)
以为 yǐwéi ~인 줄 알다, ~라고 착각하다	생각과 사실이 다를 경우 我以为他是韩国人 그가 한국인인 줄 알았다(착오 – 한국인이 아니다)
表示 biǎoshì 나타내다, 표현하다 (+사상/심리)	表示祝贺 축하를 나타내다 表示感谢 감사를 표하다
出示 chūshì 제시하다 (+구체적 물품)	出示身份证 신분증을 제시하다 出示护照 여권을 제시하다
采取 cǎiqǔ 취하다, 채택하다	采取措施 조치를 취하다 采取态度 태도를 취하다
采用 cǎiyòng 채용하다, 응용하다	采用方法 방법을 채용하다 采用技术 기술을 채용하다
掌握 zhǎngwò 장악하다, 숙달하다	掌握技术 기술을 숙달하다 掌握方法 방법을 숙달하다
把握 bǎwò 잡다, 파악하다 (+추상명사)	把握机会 기회를 잡다 把握本质 본질을 파악하다
面临 miànlín 직면하다 (+추상명사)	面临困难 어려움에 직면하다 面临问题 문제에 직면하다
面对 miànduì 직면하다, 대면하다 (+추상/구체적 명사)	面对困难 어려움에 마주하다 面对人 사람과 마주하다

 예제 1-3

　　一个旅行者决定用三年走遍全国。一天，他口渴难耐，于是敲开了一家房门，请求房主给他一杯水喝。他告诉房主自己正在徒步旅行，行程安排得非常满，必须赶在天黑前　1　下一个城市。房主给他　2　了一杯水，旅行者接过杯子，一口气就把水喝完了。房主微笑着说："这泉水是我今天刚挑回来的，甜不甜？"旅行者问道："水怎么会有味道呢？"房主又给他倒了一杯水，要他坐下来慢慢喝。这一回，旅行者果真尝到了山间泉水的清甜。
　　房主说："你为了解渴，第一杯水喝得太快，所以无法喝出水的味道。其实，做任何事都是这样，目的性太强，就会　3　事情本来的'味道'。你总是匆匆地赶往下一个目的地，如何能欣赏沿途的风景、体会到旅行的乐趣呢？"

　　한 여행자가 3년 동안 전국을 돌아다니며 여행하기로 결정했다. 그는 갈증을 참을 수 없어서 어느 집의 문을 두드렸고, 물 한 잔을 부탁했다. 그는 집주인에게 자신이 지금 여행 중이며, 여행 일정이 빠듯하여 어두워지기 전에 서둘러 다음 도시에　1　해야 한다고 말했다. 집주인은 그에게 물 한 잔을　2　, 여행자는 잔을 건네받고 단숨에 마셔버렸다. 집주인이 웃으며 말하길 "이 샘물은 내가 오늘 막 떠온 건데, 달지요?" 여행자가 묻기를, "물이 어떻게 맛이 있을 수 있죠?" 집주인은 그에게 또 한 잔의 물을 주면서 앉아서 천천히 마시도록 했다. 이번에는 여행자가 과연 산속 샘물의 감미로운 맛을 맛보았다.
　　집주인이 말하길, "당신은 갈증을 풀기 위해서 첫 번째 잔의 물을 매우 빨리 마셨습니다. 그래서 물의 맛을 느낄 방법이 없었지요. 사실 어떠한 일을 하는 것은 모두 이와 같습니다. 목적의식이 너무 지나치면 일의 본래의 '맛'을　3　됩니다. 당신이 언제나 급하게 다른 목적지로 이동한다면, 어떻게 길가의 풍경을 감상하고 여행의 즐거움을 느낄 수 있겠습니까?"

1. A 瞧　　B 到达　　C 派　　D 达到
2. A 吸　　B 挑　　C 闻　　D 倒
3. A 盼望　　B 佩服　　C 思考　　D 失去

1. A 보다　　B 도착하다　　C 파견하다　　D 도달하다
2. A 흡수하다　　B 고르다　　C 듣다　　D 따르다
3. A 간절히 바라다　　B 감탄하다
　　C 사고하다　　　　D 잃다

해설
1. 빈칸 뒤에 城市(도시)라는 명사가 있다. 빈칸 주변의 내용을 보면, '서둘러 다음 도시에 ~해야 한다'이므로, 이와 어울리는 표현은 B 到达(도착하다)이다.

　　TIP　B 到达(+ 구체적 장소) : 到达 + 城市/机场 도시/공항에 도착하다
　　　　D 达到(+ 추상명사) : 达到 + 目标/水平 목표/수준에 도달하다

2. 빈칸 뒤에 목적어로 보이는 一杯水(물 한 잔)와 호응하여 사용할 수 있는 표현은 D 倒(따르다)이다.

　　TIP　D 倒 : 부 오히려, 도리어　형 거꾸로되다, 뒤집히다　동 붓다, 따르다
　　　　(倒는 의미가 다양하므로 상황에 따라 적절하게 해석하는 것이 중요하다.)

3. 빈칸 뒤에 味道(맛)이라는 명사를 주목하자. 빈칸 앞의 문장을 해석해보면, '목적의식이 너무 지나치면 본래의 맛을 ~한다'이므로 문맥에 따라 이와 관련된 부정적인 내용이 와야 한다. 의미상 어울리는 정답은 D 失去(잃어버리다)이다.

정답　1. B　2. D　3. D

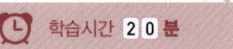

> 동사는 문장 내에서 주로 술어로 쓰이기 때문에 뒤에 함께 쓰이는 명사 혹은 구의 의미를 잘 파악하면 정답을 쉽게 찾을 수 있다. 단, 쓰임새가 비슷한 유의어를 주의하자.

문제 1-3

　　有一天，老虎抓住一只狡猾的狐狸，心想，今天可以 __1__ 一顿美餐了。可狐狸骗老虎说："我是天帝派到山林中来做百兽之王的，你如果吃了我，那么天帝是不会 __2__ 你的。"老虎问："你是百兽之王，有什么证据？"狐狸连忙说："你要是不相信我，就可以随我到森林中去走一走，我让你亲眼看看百兽害怕我的样子。"

　　老虎想这倒也是个办法，所以就让狐狸在前面走路，自己尾随其后，一起向森林深处走去。动物们远远地看见老虎来了，都纷纷逃命。老虎不知道动物们是 __3__ 自己而逃跑的，还以为它们是害怕狐狸才逃走的。

1. A 提出　　　　B 享受　　　　C 欣赏　　　　D 承担
2. A 吃惊　　　　B 表杨　　　　C 原谅　　　　D 疼爱
3. A 害怕　　　　B 尊敬　　　　C 爱惜　　　　D 尊重

문제 4-6

　　一位英明的国王公开选拔法官，有三个人毛遂自荐：一个是贵族，一个是曾经 __4__ 国王南征北战的武士，还有一个是普通的教师。

　　国王领着他们来到池塘边，池塘上漂浮着几个橙子。国王问贵族："池塘里一共漂着几个橙子？"贵族走到近前数了数，回答："一共是六个，陛下。"国王没有表态，又问了武士同样的问题。武士甚至没有走近，直接说："我也看到六个，陛下！"国王仍旧没有说话，又转向教师。教师并没有急于回答，他 __5__ 鞋子，径直走进池塘里，把橙子拿了出来。"陛下，一共是三个橙子。因为它们都被从中间切开了。"国王非常高兴， __6__ 道："只有你才是合适的人选。只有你知道不能轻易地下结论，因为我们看到的并不都是事情的真相。"

4. A 陪伴　　　　B 协调　　　　C 组织　　　　D 执行
5. A 吃掉　　　　B 扔掉　　　　C 脱掉　　　　D 失掉
6. A 命令　　　　B 失望　　　　C 责备　　　　D 称赞

쓰기 제1부분 ❷ | 단어 순서 배열
기본어순(2) – "관형어·부사어"

전략 PT

 학습시간 30분

❶ 각 단어의 품사를 파악하자.
제시된 단어, 혹은 구의 품사와 구조를 파악하면 대략적인 문장 성분을 알 수 있고, 그에 따라 순서대로 알맞게 배열할 수 있다.

❷ 중심어(주어·술어·목적어)를 먼저 파악하자.
주어, 술어, 목적어를 먼저 파악하여 문장 구조를 만들면 나머지 제시어들의 쓰임과 위치를 쉽게 알 수 있다.

❸ 수식어(관형어·부사어)의 품사에 따라 순서대로 중심어 앞에 배열하자.
중심어를 꾸며주는 수식어가 여러 개 올 경우, 품사나 특징에 따라 순서대로 배열하는 것이 중요하다.

관형어(定语)	'한정어'라고 하며, 주어, 목적어의 앞에서 이를 제한 또는 수식한다.	我们班的老师姓禹。
부사어(状语)	'상황어'라고 하며, 술어(동사/형용사) 앞에서 이를 수식한다.	他已经走了。

❹ 관형어와 부사어의 어순
① 관형어 [소유/소속(的) + 지시대명사 + 수사 + 양사 + 각종 구(的)/명사 + 중심어(주어/목적어)]

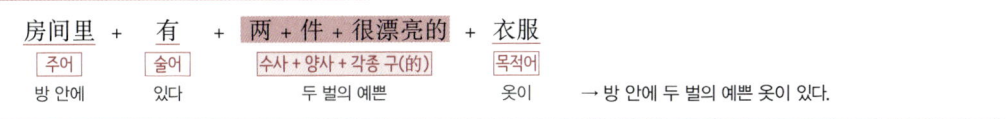
→ 방 안에 두 벌의 예쁜 옷이 있다.

② 부사어 [시간명사 + 부사 + 조동사 + 전치사구 + 동작묘사(地) + 중심어(술어)]

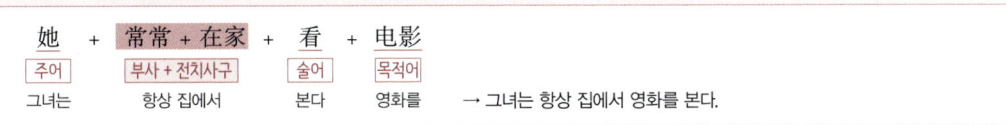
→ 그녀는 항상 집에서 영화를 본다.

TIP 1. 수식어(관형어·부사어)의 종류는 매우 다양하다. 2~3개의 수식어가 함께 사용될 때, 순서를 헷갈리지 않고 배열하는 것이 중요하다. 시험에서 빈출도가 가장 높은 관형어는 [수사 + 양사 + 각종 구(的)]이고, 부사어는 [부사 + 조동사 + 전치사구]이다.
2. 부사어에서 시간명사는 유일하게 위치 변동이 가능하다. 원래 자리인 술어 앞도 가능하지만, 문장 맨 앞에도 올 수 있다.

❺ 중국어 문장의 어순

부사어	+	관형어	+	주어	+	부사어	+	술어	+	보어	+	관형어	+	목적어
今天早上		我的		妹妹		在厨房		吃		完了		两个		苹果。
오늘 아침		나의		여동생이		주방에서		먹었다				두 개의		사과를

→ 오늘 아침에 나의 여동생이 주방에서 사과 두 개를 먹었다.

 예제 1

| 这个 | 利润 | 比较高 | 项目的 |

분석 [품사분석] 这个 [대] 이, 이것 / 利润 [명] 이윤 / 比较 [부] 비교적 / 高 [형] 높다 / 项目 [명] 항목
[문장구조] [관형어(这个项目的) + 주어 + 부사어 + 술어(형)]

해설 문장의 기본 뼈대가 되는 주어와 술어는 利润+高(이윤이 높다)이다. 술어 부분에 부사어와 함께 있는 比较高를 배치하고, 주어 利润 앞에 관형어를 적절히 배치하면 这个项目的利润 이 된다.

정답 这个项目的利润比较高。 이 항목의 이윤은 비교적 높다.

 예제 2

| 理由 | 说服对方 | 他的 | 不能 |

분석 [품사분석] 理由 [명] 이유 / 说服 [동] 설득하다 / 对方 [명] 상대방 / 他 [대] 그 / 能 [조동] ~할 수 있다
[문장구조] [관형어(他的) + 주어 + 부사어(不能) + 술어(동) + 목적어]

해설 제시 단어에 술어와 목적어가 함께 있는 说服对方을 먼저 찾고, 관형어와 주어로 他的理由를, 부사어로 不能을 배치한다.

정답 他的理由不能说服对方。 그의 이유는 상대방을 설득할 수 없다.

실전 PT

▶정답 및 해설 14p
학습시간 20분

> 문장의 구조에서 관형어와 부사어의 위치를 파악하며 완전한 문장을 만들어 보자.

문제 1   海鲜   妹妹   过敏   对

_____

문제 2   工作   非常   小王的   突出   表现

_____

문제 3   他   工作   销售部门   在

_____

문제 4   印象   给我   留下了   舅舅的话   深刻的

_____

문제 5   接待   500名   那个餐厅每天   顾客   可以

_____

 **마무리 PT** 학습시간 05분

1 多亏了 + 대상 : ~덕분이다, 덕택이다

多亏了我姑姑，她经验丰富，很会做菜。
고모 덕분이에요. 그녀는 경험도 풍부하고 요리도 잘하거든요.

2 A和B打交道 : A와 B가 교류하다, 가까이 하다

她一直很喜欢和文字打交道。
그녀는 줄곧 글로 교감하는 것을 좋아했다.

3 到达 + 구체적 장소 : ~에 도착하다

必须赶在天黑前到达下一个城市。
해가 넘어가기 전에 서둘러 도시에 도착해야 한다.

4 享受 + 生活/幸福/待遇 : 생활/행복/대접을 즐기다

今天可以享受一顿美餐了。
오늘은 맛있는 음식을 즐길 수 있다.

5 如果/要是A(가정), 那么/就B(결과) : 만약 A한다면, B할 것이다

"你如果吃了我，那么天帝是不会原谅你的。"
"네가 나를 먹는다면 옥황상제가 너를 용서하지 않을 거야."

6 选拔 + 法官/领导/人才 : 법관/리더/인재를 선발하다

一位英明的国王公开选拔法官。
어느 현명한 국왕이 공개적으로 법관을 선발했다.

7 对A过敏 : A에 알레르기 반응을 일으키다

妹妹对海鲜过敏。
여동생은 해산물에 알레르기 반응이 있다.

8 表现突出 : 품행이나 성적이 돋보이다

小王的工作表现非常突出。
샤오왕의 업무 태도가 매우 돋보인다.

9 在A(销售/人事/营销)部门工作 : ~(영업/인사/마케팅)부서에서 일하다

他在销售部门工作。
그는 영업부서에서 일한다.

10 留下 + 印象 : 인상을 남기다

舅舅的话给我留下了深刻的印象。
삼촌의 말은 나에게 깊은 인상을 남겼다.

Day 3

듣기 제1·2부분 ❸ | 짧은 대화/긴 대화
숫자/날짜/계산 – "메모하고 기억하라!"

어휘 PT Track 03-1 학습시간 10분

예제 1
- 月底 yuèdǐ 명 월말
- 月初 yuèchū 명 월초
- 中旬 zhōngxún 명 중순
- 好像 hǎoxiàng 부 마치 ~인 것 같다 동 닮다
- 读书 dúshū 동 학교를 다니다, 공부하다
- 签证 qiānzhèng 명 비자

예제 2
- 拍 pāi 동 찍다
- 部 bù 양 부, 편
- 整整 zhěngzhěng 부 온전히, 꼬박
- 男主角 nán zhǔjué 명 남자 주인공
- 从A到B cóng A dào B A부터 B까지
- 演 yǎn 동 연기하다
- 不敢 bùgǎn 동 감히 ~할 수 없다
- 想像 xiǎngxiàng 명 상상 동 상상하다
- 精彩 jīngcǎi 형 훌륭하다
- 值得 zhídé ~할 만하다, ~할 만한 가치가 있다
- 影片 yǐngpiàn 명 영화(=电影)
- 空(儿) kòng(r) 명 시간, 여가, 틈(=时间)

문제 1
- 消费 xiāofèi 동 소비하다
- 刷卡 shuākǎ 동 카드를 긁다
- 付 fù 동 지불하다
- 现金 xiànjīn 명 현금
- 不够 búgòu 동 형 모자라다, 부족하다

문제 2
- 报名 bàomíng 동 접수하다
- 培训 péixùn 명 강습 동 강습하다
- 估计 gūjì 동 예측하다

문제 3
- 总共 zǒnggòng 부 모두, 전부
- 套 tào 양 세트
- 作品 zuòpǐn 명 작품
- 集 jí 명 편, 집, 회
- 科幻 kēhuàn 명 공상과학, SF
- 小说 xiǎoshuō 명 소설

문제 4
- 广东 Guǎngdōng 지명 광동
- 待 dāi 동 머물다, 체류하다
- 完全 wánquán 부 완전히
- 适应 shìyìng 형 적응하다
- 其他 qítā 명 다른 것(사람)
- 当地话 dāngdìhuà 명 현지 말(언어)
- 比较 bǐjiào 부 비교적 동 비교하다
- 难懂 nándǒng 형 이해하기 어렵다
- 最好 zuìhǎo 부 가장 바람직한 것은, ~하는 것이 제일 좋다
- 交流 jiāoliú 명 교류 동 교류하다

문제 5
- 年底 niándǐ 명 연말
- 上旬 shàngxún 명 상순, 초순
- 国庆节 Guóqìng jié 명 국경절
- 修好 xiūhǎo 동 건설되다, 건설하다
- 单位 dānwèi 명 회사(=公司)
- 往返 wǎngfǎn 명 왕복 동 왕복하다
- 缩短 suōduǎn 동 단축하다
- 节省 jiéshěng 동 절약하다
- 新闻 xīnwén 명 뉴스
- 通车 tōngchē 동 개통하다, 서로 오가다

전략 PT

❶ 보기에 숫자가 있다면 민감해져라!

숫자·날짜·계산 관련 문제는 보기가 모두 숫자나 날짜로 이루어져 있으므로 보기에 이와 관련된 표현이 있다면 일단 숫자나 수치에 민감해지자! 숫자·날짜·계산 관련 문제는 난이도가 높지 않지만 자칫하면 엉뚱한 답을 고르는 안타까운 실수를 하기 쉬운 유형이다.

❷ 숫자는 무조건 메모하자.

듣기 내용에 숫자 표현이 하나 이상, 여러 개가 나오는 경우, 헷갈리지 않도록 관련 내용을 메모해두면 정답을 쉽게 찾을 수 있다.

> 男：你们公司的实习期，一般是多长时间？
> 女：不同部门时间不一样。最短的三个月，最长的要半年。
> 问：女的公司的实习期，最短的是多长时间？

❸ 계산과 관련된 어휘에 주의하자.

대부분의 문제는 지문에서 언급되는 숫자나 날짜가 정답이다. 그러나 간혹 관련 어휘를 암기하여 사칙연산을 해야하는 문제가 출제되기도 한다.

❹ 숫자·날짜·계산 관련 질문의 유형을 파악하자.

> 问：男的什么时候出国？ 남자는 언제 출국하는가?
> 问：女的消费了多少钱？ 여자는 얼마를 소비했는가?
> 问：男的在广东待几年了？ 남자는 광둥에 몇 년을 머물렀는가?
> 问：那套作品集一共几本？ 그 작품집은 모두 몇 권인가?

PT팁 숫자·날짜·계산 빈출 어휘   ● Track 03-2

시간	目前 mùqián 현재, 지금(=现在) 礼拜 lǐbài 주, 요일(=星期/周) 早晨 zǎochen 새벽, 이른 아침 傍晚 bàngwǎn 저녁 무렵	晚点 wǎndiǎn 연착하다 耽误 dānwu 시간을 지체하다 来得及 láidejí 시간적 여유가 있다(=赶得上) 来不及 láibují 시간적 여유가 없다(=赶不上)
날짜	放假 fàngjià 방학하다 新年 xīnnián 신년(=元旦) 春节 Chūn jié 춘지에, 설날 国庆节 Guóqìng jié 국경절	中秋节 Zhōngqiūjié 추석 端午节 Duānwǔjié 단오절 妇女节 Fùnǚ jié 여성의 날(매년 3월 8일) 情人节 Qíngrén jié 밸런타인 데이
숫자·계산	增加 zēngjiā 증가하다 提高 tígāo 향상하다, 오르다 减少 jiǎnshǎo 감소하다	提前 tíqián 앞당기다, 미리 推迟 tuīchí 미루다, 연기하다 打折 dǎzhé 할인하다

 **예제 1** 짧은 대화   ● Track 03-3

A 本月初 B 下个月月底 C 本月中旬 D 本月月底	A 이번 달 초 B 다음 달 말 C 이번 달 중순 D 이번 달 말
男：我昨天好像看见小高了。他不是已经去国外读书了吗？ 女：还没。他的签证出了问题，要等到<u>下个月月底</u>才能走。 问：小高什么时候出国？	남: 어제 샤오가오를 본 것 같아요. 그는 이미 공부하러 해외로 가지 않았나요? 여: 아직이에요. 그의 비자에 문제가 생겨서 <u>다음 달 말</u>까지 기다렸다가 갈 수 있대요. 질문: 샤오가오는 언제 출국하는가?

해설	보기가 모두 날짜를 나타내는 표현이다. 대화에서 샤오가오가 출국하는 시기인 B 下个月月底(다음 달 말)를 직접 언급했으므로 비교적 쉽게 정답을 찾을 수 있다.
정답	B

예제 2 긴 대화   ● Track 03-4

A 拍了8年 B 拍了10年 C 拍了18年 D 拍了26年	A 8년 동안 찍었다 B 10년 동안 찍었다 C 18년 동안 찍었다 D 26년 동안 찍었다
女：<u>这部电影整整拍了10年呢</u>。男主角从8岁演到了18岁。 男：真不敢想象！那一定很精彩吧？ 女：对。是一部非常值得看的影片。 男：等有空儿了，我也去看看。 问：这部电影拍了多少年呢？	여: <u>이 영화는 10년간 찍었대요</u>. 남자 주인공이 8살부터 18살까지요. 남: 정말 감히 상상할 수 없네요. 그럼 분명히 훌륭하겠죠? 여: 네, 매우 볼만한 영화에요. 남: 시간이 있을 때 저도 보러 가야겠어요. 질문: 이 영화는 몇 년 동안 찍었는가?

해설	대화 지문을 듣는 동안 숫자와 관련된 내용을 메모해두는 것이 중요하다! 영화를 찍은 기간은 여자의 첫 대화 내용에 바로 언급된다. 뒤에 8살 때부터 18살 때까지 찍었다고 설명하고 있으므로 기간을 계산하면 10년이 된다.
정답	B

실전 PT ◎ Track 03-5   ▶정답 및 해설 15p   학습시간 2 0 분

> 보기에 나오는 숫자들을 확인하면서 대화에서 언급되는 숫자와 관련 내용을 메모하자. 대부분 대화에서 들리는 숫자가 정답이지만, 간혹 계산 문제가 나올 수 있으므로 주의하자!

[제1부분 짧은 대화]

문제 1
A 405元
B 450元
C 415元
D 504元

문제 2
A 7人
B 18人
C 70人
D 78人以上

문제 3
A 总共有9本
B 总共有6本
C 一共有19本
D 一共有16本

[제2부분 긴 대화]

문제 4
A 每周三
B 两年
C 三十一天
D 三年

문제 5
A 年底
B 三月上旬
C 国庆节前
D 五月中旬

독해 제1부분 ❸ | 빈칸 채우기
형용사 – "문장 속 섬세한 묘사"

어휘 PT 학습시간 10분

예제 1-3

猫头鹰	māotóuyīng	명	부엉이
眼珠	yǎnzhū	명	안구
转动	zhuǎndòng	동	돌다, 회전하다
极其	jíqí	부	극히, 매우
旋转	xuánzhuǎn	명	돌다, 회전하다
角度	jiǎodù	명	각도
左右	zuǒyòu	명	정도, 가량, 내외
视角	shìjiǎo	명	시각
具有	jùyǒu	동	가지고 있다
视野	shìyě	명	시야
鸟类	niǎolèi	명	조류
甚至	shènzhì	부/접	심지어
所有	suǒyǒu	형	모든, 전체의
算	suàn	동	~인 셈이다, ~라고 여겨지다
特征	tèzhēng	명	특징
无需	wúxū	동	~할 필요가 없다
移动	yídòng	동	이동하다
即可	jíkě		~하면, 바로 ~할 수 있다
观察	guānchá	동	관찰하다
周围	zhōuwéi	명	주변
情况	qíngkuàng	명	상황
保持	bǎochí	동	유지하다
捕获	bǔhuò	동	포획하다
猎物	lièwù	명	사냥감
犹豫	yóuyù	형	망설이다, 주저하다
坦率	tǎnshuài	형	솔직하다
天真	tiānzhēn	형	천진하다
灵活	línghuó	형	민첩하다
安静	ānjìng	형	조용하다, 고요하다
广泛	guǎngfàn	형	광범위하다, 폭넓다
过分	guòfèn	형	지나치다
热闹	rènao	형	시끌벅적하다
均匀	jūnyún	형	균등하다

문제 1-2

无奈	wúnài	동	어찌할 도리가 없다, 방법이 없다
有利	yǒulì	형	유리하다
详细	xiángxì	형	상세하다
抱	bào	동	안다
出名要趁早	chūmíng yào chèn zǎo		출세를 하려면 어릴 때부터 시작해야 한다
才艺	cáiyì	명	재능과 기예
活泼	huópō	형	활발하다
舞台	wǔtái	명	무대
或唱或跳	huò chàng huò tiào		노래하거나 춤을 추다
或写或画	huò xiě huò huà		글을 쓰거나 그림을 그리다
魅力	mèilì	명	매력
观众	guānzhòng	명	관중
竞争性	jìngzhēngxìng	명	경쟁성
过早	guòzǎo	형	너무 이르다(빠르다)
接触	jiēchù	동	접촉하다, 관계를 갖다
削弱	xuēruò	동	약화되다, 약해지다
原本	yuánběn	부	원래, 본래, 처음
美好	měihǎo	형	아름답다
一旦A就B	yídàn A jiù B		일단 A하면, B하다
播出	bōchū	동	방영하다, 방송하다
不得不	bùdébù	부	부득이, 어쩔 수 없이
面对	miànduì	동	직면하다, 마주하다
评价	píngjià	명	평가
无疑	wúyí	형	의심할 바 없다, 틀림이 없다
造成	zàochéng	동	초래하다, 야기하다
压力	yālì	명	스트레스, 부담
到底	dàodǐ	부	도대체
开启	kāiqǐ	동	열다, 개방하다
童年	tóngnián	명	어린 시절
困扰	kùnrǎo	동	귀찮게 굴다
值得	zhídé	동	~할 만한 가치가 있다

深思 shēnsī 동 깊이 생각하다
不够 búgòu 형 부족하다
十足 shízú 형 충분하다
清楚 qīngchu 형 명확하다, 분명하다, 정확하다
彻底 chèdǐ 형 철저하다
困难 kùnnan 형 어렵다
巨大 jùdà 형 거대하다, 극심하다
干脆 gāncuì 형 시원스럽다
普遍 pǔbiàn 형 보편적이다

문제 3-5

珍贵 zhēnguì 형 진귀하다, 귀중하다
遇到 yùdào 동 만나다
钻石 zuànshí 명 다이아몬드
权力 quánlì 명 권력
众说纷纭 zhòngshuō fēnyún 의견이 분분하다
弄 nòng 동 하다, 행하다
宝贝 bǎobèi 명 보물, 보배
走遍 zǒubiàn 돌아다니다
天涯海角 tiānyá hǎijiǎo 하늘과 바다 끝, 세상 끝
一无所获 yī wú suǒ huò 아무런 수확도 없다
傍晚 bàngwǎn 명 해질 무렵
望见 wàngjiàn 동 멀리 바라보다
透出 tòuchū 동 통과하다, 뚫고 들어오다
柔和 róuhé 형 부드럽다
灯光 dēngguāng 명 불빛
探望 tànwàng 동 방문하다, 문안하다
围坐 wéizuò 동 둘러앉다
流泪 liúlèi 동 눈물을 흘리다
严重 yánzhòng 형 심각하다, 엄중하다
舒适 shūshì 동 편안하다, 쾌적하다
紧急 jǐnjí 형 긴급하다, 긴박하다
实用 shíyòng 형 실용적이다
密切 mìqiè 형 밀접하다
温暖 wēnnuǎn 형 따뜻하다
巧妙 qiǎomiào 형 교묘하다
热腾腾 rèténgténg 형 따끈따끈하다
乐呵呵 lèhēhē 싱글벙글하다
胖乎乎 pànghūhū 통통하다
绿茸茸 lùróngróng 파릇파릇하다

① 보기를 파악하자.

형용사가 정답인 문제는 대부분 보기의 어휘가 모두 형용사이다. 간혹 다른 품사의 어휘가 섞여 있을 경우에는 빈칸 앞에 정도부사나 부정부사가 있는지 확인하자. 있다면 형용사가 정답이다.

② 빈칸의 앞뒤 문장과의 문맥을 파악하자.

형용사 중에서 정답을 고르는 문제는 고정 표현보다는 앞뒤 문장의 문맥을 파악하여 어울리는 보기를 연결하는 문제가 자주 출제된다. 그러므로 문장을 정확하게 해석하는 능력이 필요하다.

> 西施的邻村有个 _____ 姑娘叫东施，总是想尽办法打扮自己。
> A 俊　　　　B 丑　　　　C 弱　　　　D 帅

→ 有个 ___ 姑娘만 보면 빈칸에 알맞은 표현을 유추하기 어렵다. 빈칸이 있는 문장 전체를 살펴보면 '미녀 西施의 이웃 동네에 사는 东施라는 이름의 아가씨는 항상 자신을 꾸몄다'라는 내용이다. 문맥상 외모에 관련하여 어울리는 표현은 丑(못생기다)이다.

TIP 帅(멋지다, 잘생기다)는 여성보다는 남성을 수식하는 표현이다.

③ 유의어와 고정 표현을 알아두자.

형용사 관련 문제의 경우, 간혹 뜻은 같으나, 함께 쓰이는 표현이 다른 유의어들이 자주 등장한다. 그러므로 형용사 유의어를 비교하며 함께 쓰이는 고정 표현을 알아두자.

PT팁 형용사 빈출 어휘

热闹 rènao 시끌벅적하다	室内热闹 실내가 시끌벅적하다 教室热闹 교실이 시끌벅적하다
有利 yǒulì ~에 이롭다, ~유리하다	条件有利 조건이 유리하다 情况有利 상황이 유리하다
详细 xiángxì 상세하다	详细说明 상세하게 설명하다 详细报告 상세하게 보고하다
十足 shízú 충분하다	魅力十足 매력이 충분하다 信心十足 자신감이 넘치다
彻底 chèdǐ 철저하다, 완전하다	彻底解决 완전하게 해결하다 彻底理解 완전하게 이해하다
困难 kùnnan 어렵다	生活困难 생활이 어렵다 经济困难 경제가 어렵다
巨大 jùdà 거대하다	巨大压力 엄청난(거대한) 스트레스 巨大损失 엄청난(거대한) 손실

干脆 gāncuì 시원스럽다, 명쾌하다	答应干脆 대답이 시원스럽다 说话干脆 말이 시원스럽다
普遍 pǔbiàn 보편적이다	普遍真理 보편적인 진리 普遍意见 보편적인 의견
实用 shíyòng 실용적이다	实用设计 실용적인 디자인 实用商品 실용적인 상품
密切 mìqiè 밀접하다	密切关系 밀접한 관계 密切联系 밀접한 연관
温暖 wēnnuǎn 따뜻하다	温暖的阳光 따뜻한 햇빛 温暖的安慰 따뜻한 위로
巧妙 qiǎomiào 교묘하다	巧妙的方法 교묘한 방법 巧妙的手段 교묘한 수단

PT팁 형용사 빈출 유의어

过分(+언어/행동) guòfèn 지나치다	过分批评 지나치게 비평하다 过分紧张 지나치게 긴장하다
过度(+신체적 악영향) guòdù 과도하다	过度饮酒 과도한 음주 过度疲劳 과도한 피로
美 měi 아름답다	人美 사람이 아름답다
美好(+추상명사) měihǎo 아름답다	生活美好 생활(삶)이 아름답다 人生美好 인생이 아름답다
舒适(+환경/장소) shūshì 편안하다, 쾌적하다	环境舒适 환경이 편안하다
舒服(+건강/컨디션/신체) shūfu 편안하다	身体舒服 신체가 편안하다 肚子舒服 배가 편안하다
冷静(+판단/행동/대응) lěngjìng 냉정하다, 침착하다	冷静应对 침착하게 응대하다 冷静判断 냉정하게 판단하다
安静(+장소/분위기) ānjìng 조용하다	室内安静 실내가 조용하다 教室安静 교실이 조용하다
严重(+상황/결과/문제/상태) yánzhòng 심각하다	后果严重 결과가 심각하다 问题严重 문제가 심각하다
严格(+요구/태도/규정) yángé 엄격하다	要求严格 요구가 엄격하다 规定严格 규정이 엄격하다

 예제 1-3

猫头鹰的眼睛很大，眼珠却不会转动。但是猫头鹰的头部极其 __1__ ，可以旋转270度左右。这个旋转角度加上眼睛本身的视角，使猫头鹰几乎就具有了360度的视野。在鸟类甚至所有的动物中，猫头鹰的头部算是最灵活的。猫头鹰头部的这一特征使它无需移动身体，只转动头部即可观察周围的情况。这对它在夜里保持 __2__ ，捕获猎物非常 __3__ 。	부엉이의 눈은 매우 크지만, 안구가 회전하지 않는다. 그러나 부엉이의 머리 부분이 매우 __1__, 270도 정도의 회전이 가능하다. 이 회전 각도에 눈 자체의 시각이 더해지면, 부엉이는 거의 360도의 시야를 가지고 있다. 조류 가운데 심지어 모든 동물 중에서도 부엉이의 머리 부분은 가장 민첩한 편이다. 부엉이 머리 부분의 이 특징은 신체를 움직일 필요 없이 단지 머리 부분만 회전시키기만 하면 주위의 상황을 관찰할 수 있게 해준다. 이것은 밤중에 __2__ 을 유지하여 사냥감을 포획하는 데 광장히 __3__ .
1. A 犹豫　B 坦率　C 天真　D 灵活 2. A 安静　B 广泛　C 过分　D 热闹 3. A 均匀　B 无奈　C 有利　D 详细	1. A 망설이다　B 솔직하다 　　C 천진하다　D 민첩하다 2. A 조용하다　B 광범위하다 　　C 지나치다　D 시끌벅적하다 3. A 균등하다　B 방법이 없다 　　C 유리하다　D 상세하다

해설

1. 빈칸이 있는 문장을 살펴보면 주어가 猫头鹰的头部(부엉이의 머리 부분)이고, 뒤에 可以旋转270度左右(270도 회전할 수 있다)라는 내용이 나온다. 문맥상 보기 가운데 D 灵活(민첩하다)가 가장 적합하며, 다른 보기의 단어들은 주어와 어울리지 않는다. 또한 중간 부분에서 猫头鹰的头部算是最灵活的(부엉이 머리 부분은 가장 민첩한 편이다)이라는 내용이 다시 언급되고 있으므로 정답을 쉽게 찾을 수 있다.

2. 빈칸 앞에 保持(유지하다)는 [保持+상태]의 형태로 쓰인다. 보기 가운데 상태를 나타내는 표현은 A 安静(조용하다), D 热闹(시끌벅적하다)이다. 그중에 문맥상 잘 어울리는 표현은 A 安静(조용하다)이다.

   TIP C 过分 (+ 언어/행동) : 过分+批评/紧张　지나치게 비평하다/긴장하다
   　　　D (분위기/장소 +) 热闹 : 室内/教室+热闹　실내/교실이 시끌벅적하다

3. 빈칸의 위치는 술어이다. 빈칸이 위치한 문장의 앞부분에 가 있음을 확인하자. 앞서 말한 '부엉이의 특징은 부엉이가 밤중에 조용함을 유지하면서 사냥감을 포획하는 데 매우 ~하다'이므로 알맞은 표현은 C 有利(유리하다)이다.

정답 1. D　2. A　3. C

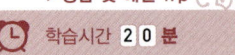

> 형용사 정답을 고르는 문제는 빈칸의 앞뒤 문장과의 문맥을 파악하는 것이 핵심이다. 문맥적으로 어울릴 만한 표현을 찾아 정답을 찾아보자.

문제 1-2

　　最近，许多家长抱着"出名要趁早"的想法让孩子参加各种才艺比赛。那些活泼可爱的孩子们在舞台上或唱或跳，或写或画，魅力　1　。但是，不少观众认为，这种竞争性强的比赛不应出现在孩子的世界里，孩子过早地接触社会化的东西会削弱他们世界里原本该有的美好。而且，节目一旦播出，孩子就不得不面对各种社会评价，这无疑会给他们造成　2　的压力。

　　"出名要趁早"到底是为孩子的未来开启了一扇大门，还是给孩子的童年带来了不必要的困扰，这很值得人们深思。

1. A 不够　　　　B 十足　　　　C 清楚　　　　D 彻底

2. A 困难　　　　B 巨大　　　　C 干脆　　　　D 普遍

문제 3-5

　　有个人想找世界上最珍贵的东西，他问遇到的每一个人："世上最珍贵的东西是什么呢？"黄金、美女、钻石、权力、知识……众说纷纭。为了弄清楚真正的宝贝是什么，这个人便决定走遍天涯海角去找。许多年过去，这个人走遍全世界却一无所获，也不　3　，不得不失望地回家。

　　冬天的傍晚，远远地，他就望见他家的小窗里透出　4　、柔和的灯光。向窗里探望，饭桌上有　5　的饭菜，家人围坐，有个座位空着，是给他留的。这个走遍天涯海角的人流泪了，他终于发现，原来世界上最珍贵的东西便是自己的家。

3. A 严重　　　　B 舒适　　　　C 快乐　　　　D 紧急

4. A 实用　　　　B 密切　　　　C 温暖　　　　D 巧妙

5. A 热腾腾　　　B 乐呵呵　　　C 胖乎乎　　　D 绿茸茸

쓰기 제1부분 ❸ | 단어 순서 배열
보어(1) – 결과보어·방향보어·가능보어

전략 PT

학습시간 30분

❶ 각 단어의 품사를 파악하자.
제시된 단어의 품사를 파악하면 대략적인 문장 성분을 알 수 있고, 그에 따라 순서대로 알맞게 배열할 수 있다.

❷ 술어를 보충 설명하는 보어를 파악하자.
문장 성분 가운데 가장 중요한 필수 성분인 술어를 먼저 파악한다. 술어와 비슷한 형태의 또 다른 제시어가 보인다면 보어인지 확인해보자. 결과보어, 방향보어, 가능보어, 정도보어는 대부분의 품사가 동사나 형용사인 경우가 많다.

| 보어(补语) | 술어 뒤에서 이를 보충 설명한다. | 我吃完了。 |

❸ 보어의 어순

① [주어 + 술어 + 결과보어 + 목적어]

```
我      +  看   +  完了   +  那本书。
주어       술어     결과보어    목적어
나         다 보았다          그 책        → 나는 그 책을 다 보았다.
```

② [주어 + 술어 + 방향보어 + 목적어]

```
爸爸    +  买   +  回来了  +  一件礼物
주어       술어     방향보어    목적어
아버지     사오셨다          선물        → 아버지는 선물을 사오셨다.
```

③ [주어 + 술어 + 가능보어 + 목적어]

```
我      +  吃   +  得完   +  这个菜
주어       술어     가능보어    목적어
나         다 먹을 수 있다    이 음식을    → 나는 이 음식을 다 먹을 수 있다.
```

PT팁 보어의 특징 1

결과보어

: 술어 뒤에서 동작·행위를 통해 결과가 생겼음을 나타낸다.

吃 [술어] + 完了 [결과보어]   다 먹었다

*자주 쓰이는 결과보어

住	사람/사물의 위치 고정	记住	기억하다
见	동작의 인식	看见	보다
完	동작의 완성	吃完	다 먹다(더 이상 먹지 않다)
好	동작의 완성(만족)	修好	잘 고치다, 다 고치다
掉	~해버리다	扔掉	버리다
光	모두 소모되었다	吃光	모두 먹어버리다
清楚	분명하다, 명확하다	看清楚	분명히 보다
到	장소에 도착하다	回到家	집에 도착하다

방향보어

: 술어 뒤에서 동작·행위의 방향이나 파생된 의미를 나타낸다.

吃 [술어] + 起来 [방향보어]   먹어보니
(起来:어떤 동작·행위가 시작되거나 발생함)

* 방향보어

上来	下来	进来	出来	回来	过来	起来
올라오다	내려오다	들어오다	나오다	돌아오다	지나오다	일어나다
上去	下去	进去	出去	回去	过去	
올라가다	내려가다	들어가다	나가다	돌아가다	지나가다	

*빈출 방향보어의 파생 의미

起来	어떤 동작, 행위가 시작되어 지속됨	下起雨来	비가 내리기 시작하다
	화자의 관점·생각·판단을 나타냄	看起来很漂亮	보기에 예쁘다
	좋은 방향으로의 변화	慢慢儿好起来	서서히 나아지다
	회상(알고 있던 것을 떠올림)	终于想起来他的名字	마침내 그의 이름이 생각나다
	한 데 모으다	把这些衣服收起来	옷들을 정리하다
下去	동작·상태의 지속(현재 → 미래)	坚持下去	계속하다, 견뎌나가다
下来	움직이고 있는 상태에서 정지	把车停下来	차를 멈추다
	동작·상태의 지속(과거 → 현재)	流传下来的故事	전해내려오는 이야기
	분리됨	把衣服脱下来	옷을 벗다
	강에서 약으로 변화	忽然安静下来	갑자기 조용해지다
	남겨둠	把情况记录下来	상황을 기록하다
出来	출현(새로운 것을 떠올림)	想出来好办法	좋은 방법을 생각해내다
	발견하다, 분별하다, 알아차리다	看出来	알아차리다, 알아보다
过来	비정상 → 정상	醒过来	깨어나다
过去	정상 → 비정상	一下子昏过去	순간 혼미해지다
上	시작, 계속	爱上 / 喜欢上	사랑에 빠지다/좋아하게 되다
	목적 달성	考上大学 / 选上	대학에 합격하다/선택하다
	부착, 합침	穿上 / 贴上	입다/붙이다, 부착하다
下	분리	脱下 / 撕下	벗다/뜯다, 떼어내다
	고정	写下 / 留下	쓰다/남기다
	수용	装下	넣다, 담다

PART 1

	: 술어 뒤에서 동작의 실현 가능과 불가능을 나타낸다.		
	吃 + 得了 먹을 수 있다 술어 + 가능보어		
	긍정	[술어 + 得 + 결과/방향보어] : ~할 수 있다 (가능) 我听得懂他的话。	
	부정	[술어 + 不 + 결과/방향보어] : ~할 수 없다 (불가능) 我听不懂他的话。	
가능보어	*빈출 가능보어		
	술어 + 得了/不了 (≒能/不能 + 술어)	긍정 : ~할 수 있다, ~할 것이다(가능/추측) 부정 : ~할 수 없다	去得了北京(能去北京) 베이징에 갈 수 있다 去不了北京(不能去北京) 베이징에 갈 수 없다
	술어 + 得上/不上	희망하는 조건 가능성	考得上大学 대학에 합격할 수 있다 考不上大学 대학에 합격할 수 없다
	술어 + 得起/不起	경제적인 상황의 가능성	买得起 살 수 있다 买不起 살 수 없다
	술어 + 得出来/不出来	결과 발견의 가능성	做得出来 할 수 있다, 해내다 做不出来 할 수 없다, 해내지 못하다
	술어 + 得起来/不起来	회상 가능성	记得起来 기억이 나다 记不起来 기억이 나지 않다
	술어 + 得/不得	긍정 : ~할 수 있다 부정 : ~해서는 안 된다(금지)	看得 볼 수 있다 看不得 볼 수 없다, 봐서는 안 된다

 예제 1

他这个人　　来晚了　　今天又

- 분석 [품사분석] 他 대 그 / 这个 대 이, 이것 / 人 명 사람 / 来 동 오다 / 晚 형 늦다 / 今天 명 오늘 / 又 부 또
  [문장구조] [주어 + 부사어 + 술어 + 결과보어]
- 해설 술어와 보어에 来晚了를 배치하고, 주어에 他这个人를 배치한다.
- 정답 他这个人今天又来晚了。 그는 오늘 또 늦게 왔다.

예제 2

他的脸　　想　　我　　不起来

- 분석 [품사분석] 他 대 그 / 脸 명 얼굴 / 想 동 생각하다 / 我 대 나 / 起来 보 (동사나 형용사 뒤에 쓰여 어떤 동작이 일어나거나 시작됨을 나타냄)
  [문장구조] [주어 + 술어 + 가능보어 + 목적어]
- 해설 술어와 보어에 想不起来를 배치하고, 주어에 我, 관형어와 목적어에 他的脸를 배치한다.
- 정답 我想不起来他的脸。 나는 그의 얼굴이 생각나지 않는다.

▶정답 및 해설 18p

학습시간 2 0 분

😊 제시된 단어, 또는 구의 품사와 기본 문장 구조(주어, 술어, 목적어), 보어를 파악하여 문장을 완성해보자.

문제 1   她   内容   得懂   课本的   看

_____

문제 2   都   眼睛   大家   闭上

_____

문제 3   逐渐   好起来   我的成绩   了

_____

문제 4   那部   从来没   他   中国电影   看完过

_____

문제 5   想   我   他的名字   突然   不起来

_____

 마무리 PT 학습시간 0 5 분

1 读书 : 학교를 다니다, 공부하다
他不是已经去国外读书了吗?
그는 이미 해외에서 공부하고 있지 않나요?

2 空儿 : 시간, 틈, 여가 (＝时间/工夫)
等有空儿了, 我也去看看。
시간이 나면 저도 보러 가야겠어요.

3 值得 ＋ 동사/주술구 : ~할 만한 가치가 있다
这很值得人们深思。
이것은 사람들이 깊이 생각할 만한 가치가 있다.

4 保持 ＋ 상태 : ~을 유지하다
这对它在夜里保持安静, 捕获猎物非常有利。
이것은 부엉이가 밤중에 조용함을 유지하고, 사냥감을 포획하는 데 매우 유리하다.

5 出名要趁早 : 출세를 하려면 어릴 때부터 시작해야 한다
最近, 许多家长抱着"出名要趁早"的想法让孩子参加各种才艺比赛。
최근에 많은 학부모들은 '출세를 하려면, 어릴 때부터 시작해야 한다'라는 생각으로 아이들을 각종 재능 대회에 참가시킨다.

6 或A或B : A하거나 혹은 B하다
那些活泼可爱的孩子们在舞台上或唱或跳, 或写或画。
활발하고 귀여운 아이들이 무대 위에서 노래를 부르거나 춤을 추거나, 혹은 글을 쓰거나 그림을 그린다.

7 造成 ＋ 부정적 결과 : ~을(를) 초래하다, 야기하다
这无疑会给他们造成巨大的压力。
이것은 의심할 여지없이 그들에게 극심한 스트레스를 초래할 것이다.

8 一旦A. 就B : 일단 A하면 B하다
节目一旦播出, 孩子就不得不面对各种社会评价。
프로그램이 일단 방영되면. 아이들은 각종 사회적 평가를 받지 않을 수 없다.

9 一无所获 : 아무런 수확도 없다
这个人走遍全世界却一无所获。
이 사람은 전 세계를 둘러봤지만, 오히려 아무런 수확이 없었다.

10 从来没 ＋ 술어 ＋ 过 : 여태껏 ~해본 적 없다
他从来没看完过那部中国电影。
그는 여태껏 그 중국 영화를 다 본 적이 없다.

Day 4

듣기 제1·2부분 ❹ | 짧은 대화/긴 대화
날씨/일기예보 – "슈퍼컴이 되어 보자!"

어휘 PT　　○ Track 04-1　　학습시간 10분

예제 1
- 大雾 dàwù 명 짙은 안개
- 下 xià 동 (비나 눈이) 내리다
- 大雪 dàxuě 명 대설, 폭설
- 大风 dàfēng 명 큰 바람, 강한 바람
- 大雨 dàyǔ 명 폭우
- 天气预报 tiānqì yùbào 명 일기예보
- 小心 xiǎoxīn 동 조심하다
- 开车 kāichē 명 (차를) 운전하다
- 别 bié 부 ~하지 마라(=勿)
- 担心 dānxīn 동 걱정하다

예제 2
- 雨量 yǔliàng 명 강우량
- 不错 búcuò 형 좋다, 괜찮다
- 场 chǎng 양 차례, 번
- 可惜 kěxī 형 아쉽다, 아깝다
- A不如B A bùrú B A는 B만 못하다, B가 더 낫다
- 户外 hùwài 명 집밖, 야외
- 白天 báitiān 명 낮, 대낮
- 划船 huáchuán 동 배를 젓다
- 主意 zhǔyi 명 생각, 아이디어

문제 1
- 停 tíng 동 멈추다
- 打雷 dǎléi 동 천둥이 치다
- 打闪 dǎshǎn 동 번개가 치다
- 咖啡厅 kāfēitīng 명 커피숍
- 聊天(儿) liáotiān(r) 동 수다를 떨다, 한담을 나누다
- 干燥 gānzào 형 건조하다

문제 2
- 及时 jíshí 형 시기적절하다
- 持续 chíxù 동 지속하다
- 降雨 jiàngyǔ 동 비가 내리다
- 范围 fànwéi 형 범위
- 广 guǎng 형 넓다, 광범하다
- 如 rú 동 ~와 같다
- 湿润 shīrùn 형 습윤하다
- 订 dìng 동 예약하다
- 机票 jīpiào 명 비행기표

문제 3
- 丢 diū 동 잃어버리다
- 退 tuì 동 환불하다, 취소하다
- 改成 gǎichéng ~으로 고치다, 변경하다

문제 4
- 打 dǎ 동 (손이나 기구로) 치다, 때리다, 두드리다
- 羽毛球 yǔmáoqiú 명 배드민턴
- 高温 gāowēn 명 고온
- 礼拜 lǐbài 명 주, 요일
- 格外 géwài 부 각별히, 유달리, 특히
- 本来 běnlái 부 본래, 원래
- 还是(…吧) háishi(…ba) ~하는 것이 좋겠다

문제 5
- 晚点 wǎndiǎn 동 연착하다
- 起飞 qǐfēi 동 이륙하다
- 发 fā 동 보내다, 전송하다
- 短信 duǎnxìn 명 문자 메시지
- 带 dài 동 챙기다, 지니다
- 钥匙 yàoshi 명 열쇠

① 보기를 보고 날씨를 예상해보자.

보기가 모두 날씨와 관련된 표현이라면 녹음 지문은 당연히 날씨에 대한 내용이다. 보기의 표현들이 들릴 때마다 하나씩 체크하도록 하자.

A 比较冷 비교적 춥다   B 很凉快 시원하다   C 很暖和 따뜻하다   D 下大雨 비가 많이 내리다

② 날씨·일기예보와 관련된 어휘에 주의하자.

날씨와 관련된 동사나 형용사 어휘가 대화에 언급될 경우, 보기와 같은 단어가 아닌, 동의어나 반의어로 나올 수 있으니 어휘에 주의해야 한다.

男：北京现在的天气怎么样？
女：我们这儿跟首尔一样，不太冷，挺好的。
问：现在天气怎么样？

A 很暖和   B 太冷了   C 不太好   D 不知道

→ 여자의 말에서 不太冷(춥지 않다)이라는 표현이 현재 날씨를 직접적으로 나타내고 있다. 보기에는 이와 똑같은 표현은 없지만 A 很暖和(따뜻하다)가 정답이다. 이와 같이 부정부사나 반의어를 활용하여 의미를 같게 만든 동의어 표현들이 종종 문제와 답으로 제시된다.

③ 날씨·일기예보 관련 질문의 유형을 파악하자.

问：周五天气怎么样？ 금요일 날씨는 어떠한가?
问：今天天气怎么样？ 오늘 날씨는 어떠한가?
问：男的觉得中国的春雨怎么样？ 남자가 생각하기에 중국의 봄비는 어떠한가?
问：根据对话，下列哪项正确？ 대화를 근거로 하여 다음 중 올바른 것은 무엇인가?

PT팁 날씨·일기예보 빈출 어휘   ● Track 04-2

晴天 qíngtiān 맑은 날씨	零上 língshàng 영상
阴天 yīntiān 흐린 날씨	零下 língxià 영하
雷阵雨 léizhènyǔ 천둥과 번개를 동반한 비	降温 jiàngwēn 기온이 떨어지다
晴转阴 qíng zhuǎn yīn 날씨가 맑다가 흐려지다	升温 shēngwēn 기온이 올라가다
阴转晴 yīn zhuǎn qíng 날씨가 흐렸다가 맑아지다(날씨가 개다)	彩虹 cǎihóng 무지개
晴转多云 qíng zhuǎn duō yún 맑았다가 구름이 많아짐	太阳晒 tàiyáng shài 햇볕이 내리쬐다

예제 1 짧은 대화 Track 04-3

A 有大雾 B 下大雪 C 有大风 D 下大雨	A 안개가 많이 끼다 B 눈이 많이 내리다 C 바람이 많이 불다 D 비가 많이 내리다
女：天气预报说，今天早上有大雾，你走高速不安全。 男：应该不会持续太久，我晚点儿出发。 问：今天早上天气怎么样？	여: 일기예보에서 오늘 아침에 안개가 많이 끼었대요. 고속도로로 가는 건 위험해요. 남: 오래 지속되지는 않을 거예요. 조금 늦게 출발하죠. 질문: 오늘 아침의 날씨는 어떠한가?

해설 보기가 모두 날씨를 나타내는 표현이므로 듣기 내용에서 날씨 표현들을 주의해서 들어야 한다. 대화에서 雾(안개)를 언급했으므로 정답은 A 有大雾이다.

정답 A

예제 2 긴 대화 Track 04-4

A 很冷 B 刮风 C 很好 D 雨量很少	A 매우 춥다 B 바람이 불다 C 매우 좋다 D 강우량이 적다
女：天气预报说，周五天气不错。咱们去看场电影吧。 男：只看电影太可惜了。不如先去户外运动一下，晚上再看电影。 女：行。那白天去公园划船怎么样？ 男：好主意。 问：周五天气怎么样？	여: 일기예보에서 금요일 날씨가 좋대요. 우리 영화 보러 가요. 남: 영화만 보기에는 아쉬워요. 먼저 야외 활동을 하고 저녁에 영화 보러 가는 것이 좋겠어요. 여: 그래요. 그럼 낮에 공원에 가서 배를 타는 게 어때요? 남: 좋은 생각이에요. 질문: 금요일 날씨는 어떠한가?

해설 보기가 모두 날씨 관련 어휘이다. 대화 중 언급된 不错와 동의어로 쓰이는 표현을 찾는 것이 중요하다. 不错(좋다, 괜찮다)와 의미가 같은 C 很好가 정답이다.

정답 C

실전 PT

○ Track 04-5

▶ 정답 및 해설 20p

학습시간 2 0 분

○ 대화 중 언급되는 날씨, 일기예보 관련 어휘에 유의해야 한다. 들리는 일기예보 표현이 정답일 경우가 많지만, 간혹 동의어, 반의어, 유의어가 나올 수 있으니 주의하자!

[제1부분 짧은 대화]

문제 1
A 有大雾
B 下雪了
C 大雨刚停
D 又打雷又打闪

문제 2
A 很及时
B 雨量很少
C 持续时间长
D 降雨范围广

문제 3
A 天气不好
B 女的没坐火车
C 下大雪
D 女的丢了机票

[제2부분 긴 대화]

문제 4
A 他们打羽毛球
B 下雨了
C 今天不太热
D 今天太热了

문제 5
A 有大雾
B 下大雪
C 有大风
D 下大雨

독해 제1부분 ❹ | 빈칸 채우기
접속사 – "문장 간의 블루투스"

어휘 PT　　학습시간 10분

예제 1-3

有助于 yǒuzhùyú	동 ~에 도움이 되다
入睡 rùshuì	동 잠에 들다
研究 yánjiū	동 연구하다
表明 biǎomíng	동 표명하다
浅睡眠 qiǎn shuìmián	얕은 잠을 자다
一旦A就B yídàn A, jiù B	일단 A하면 B하다
延长 yáncháng	동 늘이다, 연장하다
中途醒来 zhōngtú xǐnglái	중도에 깨어나다
次数 cìshù	명 횟수
增多 zēngduō	동 많아지다
断断续续 duànduàn xùxù	형 이어지다 끊어지다, 단속적으로
下半夜 xiàbànyè	밤중(자정 이후)
酒精 jiǔjīng	명 알코올
逐渐 zhújiàn	부 점점, 점차
消失 xiāoshī	동 소실되다, 사라지다
往往 wǎngwǎng	부 종종
导致 dǎozhì	동 초래하다, 야기하다
失眠 shīmián	동 불면증에 걸리다
状况 zhuàngkuàng	명 상황
总体 zǒngtǐ	명 전체, 총체
质量 zhìliàng	명 품질, 질
下降 xiàjiàng	동 떨어지다, 낮아지다
有益 yǒuyì	동 유익하다
实则 shízé	접 실은, 사실은
干扰 gānrǎo	동 방해하다
因而 yīn'ér	접 그러므로
虽然A, 可是B suīrán A, kěshì B	접 비록 A이지만, 그러나 B하다
反而 fǎn'ér	접 오히려, 도리어
何况 hékuàng	접 더군다나, 하물며
而且 érqiě	접 그리고, 게다가
为此 wèicǐ	접 그로 인해
除非A, 才B chúfēi A, cái B	접 오직 A해야만 B할 수 있다
哪怕A, 也B nǎpà A, yě B	접 설령 A라고 해도 B할 수 있다
甚至 shènzhì	부 심지어, ~까지도
并且 bìngqiě	접 그리고, 게다가
万一 wànyī	접 만일
可见 kějiàn	접 ~라는 것을 알 수 있다

문제 1-3

胃 wèi	명 위
健康 jiànkāng	명 건강
食物 shíwù	명 음식
消化 xiāohuà	동 소화하다
转变 zhuǎnbiàn	동 변하다, 바뀌다
营养成分 yíngyǎng chéngfèn	영양 성분
适应 shìyìng	동 적응하다
出毛病 chū máobìng	고장이 나다, 문제가 생기다
同样 tóngyàng	접 마찬가지로
保持 bǎochí	동 유지하다
优势 yōushì	명 우세
对待 duìdài	동 대응하다, 대하다
办法 bànfǎ	명 방법
拒绝 jùjué	동 거절하다
吸收 xīshōu	동 흡수하다, 받아들이다
活力 huólì	명 활력
最终 zuìzhōng	명 최후
融合 rónghé	동 융합하다
既然A, 就B jìrán A, jiù B	접 기왕 A한 바에야 B하다
因为A, 所以B yīnwèi A, suǒyǐ B	접 A이기 때문에 B하다
如果A, 那么B rúguǒ A, nàme B	접 만약 A라면, B할 것이다
另外 lìngwài	접 그밖에
先A, 然后B xiān A, ránhòu B	접 먼저 A하고, 그다음에 B하다
因此 yīncǐ	접 그로 인하여, 이 때문에
不仅A, 也B bùjǐn A, yě B	접 A할 뿐만아니라, B하다

	不是A, 而是B búshì A, érshì B [접] A가 아니라 B이다	
	只要A, 就B zhǐyàoA, jiùB [접] A하기만 하면, B할 수 있다	
	不是A, 就是B búshì A, jiùshì B [접] A 아니면 B이다(둘 중 하나이다)	

문제 4-6

随着 suízhe [동] ~에 따라서
经济 jīngjì [명] 경제
全球化 quánqiúhuà [명] 국제화, 글로벌화
发展 fāzhǎn [동] 발전하다
大家庭 dàjiātíng [명] 공동체
实际上 shíjìshàng 사실상
国家之间 guójiā zhī jiān 국가 간(사이)
仍然 réngrán [부] 여전히
存在 cúnzài [동] 존재하다
差异 chāyì [명] 차이
跨文化 kuà wénhuà 다문화, 서로 다른 문화
背景 bèijǐng [명] 배경
商务 shāngwù [명] 비즈니스
谈判 tánpàn [동] 협상하다, 교섭하다
双方 shuāngfāng [명] 쌍방, 양측, 양자
仅仅 jǐnjǐn [부] 단지, 오직
懂得 dǒngde [동] 알다, 이해하다
彼此 bǐcǐ [대] 피차, 서로, 상호
价值观 jiàzhíguān [명] 가치관
行为 xíngwéi [명] 행위
规范 guīfàn [명] 규범
正确 zhèngquè [형] 정확하다
产生 chǎnshēng [동] 생기다, 발생하다
误会 wùhuì [명] 오해
失礼 shīlǐ [동] 실례하다, 예의에 어긋나다
失去 shīqù [동] 잃다, 사라지다
促成 cùchéng [동] 서둘러 성사시키다
机会 jīhuì [명] 기회
不但A, 而且B búdàn A, érqiě B [접] A할 뿐만 아니라, B이다
其实 qíshí [접] 사실
相反 xiāngfǎn [접] 반대로, 거꾸로
无论A, 都B wúlùn A, dōu B [접] A에 상관없이 B하다
既A又B jìA yòuB [접] A하기도 하고 B하기도 하다
反正 fǎnzhèng [부] 어쨌든
然而 rán'ér [접] 그러나, 하지만, 그렇지만

전략 PT

⏱ 학습시간 **20**분

① 보기를 파악하자.
대다수의 접속사 문제는 보기 A, B, C, D가 전부 접속사이므로, 각각의 뜻을 정확하게 파악해야 한다.

② 빈칸 앞 혹은 뒤의 연결 구조를 확인하자.
빈칸의 앞 혹은 뒤에 선택, 조건, 인과, 목적, 점층 관계 등의 연결 구조가 있는지를 확인하면, 정답을 쉽게 찾을 수 있다.

_____ 他国经济健康发展，本国经济**才**能繁荣。

A 只要　　　　B 只有　　　　C 虽然　　　　D 即使

→ 빈칸 뒤의 문장에 才가 있으므로 보기 중 이와 함께 쓰이는 접속사 연결 표현은 只有이다.

TIP 只有/除非A, 才B   오직 A해야만 비로소 B하다

③ 접속사 관련 표현을 암기하자.
접속사 관련 문제는 빈칸 앞 혹은 뒤의 연결 구조와 고정 표현만 암기하면, 해석에 상관없이 3초안에 정답을 찾을 수 있다.

PT팁 접속사 빈출 표현

인과관계	因为/由于A, 所以/因此/为此/于是/因而B　A(원인)때문에 B(결과)하다 之所以A, 是因为B　A(결과)한 것은 B(원인) 때문이다
목적관계	为了A, B　A(목적)하기 위하여, B(행동)하다 A, 以便/是为了/好让B　A(행동)하는 것은 B(목적)를 위해서다 A, 省得/免得/以免B　A(행동)하는 것은 B(목적)를 피하기 위해서다
전환관계	虽然/尽管A, 但是/可是/却B　비록 A하지만 B하다 本来A, 但是/可是/不过B　본래는 A하지만 B하다
가설관계	如果/要是/假如A, 那么/就B　만약 A라면, 그러면 B이다 要不是A, 就B　만약 A가 아니었다면, B이다 即使/就算/哪怕A, 也B　설령 A라 할지라도 B하다
조건관계	只要A, 就B　A하기만 하면 곧 B하다 只有/除非A, 才B　오직 A해야만 비로소 B하다 无论/不管A, 也/都/反正B　A를 막론하고(A이든 상관없이) B하다
점층관계	不但/不仅/A, 而且/也/还B　A할 뿐만 아니라 게다가 B하다 不但不A, 反而/却B　A하지 않을 뿐만 아니라, 오히려 B하다 除了A(外/以外/之外), 还/也B　A를 제외하고, 또 B하다(A포함) 除了A(外/以外/之外), 都B　A를 제외하고, 모두 B하다(A배제)

병렬관계	又/既A, 又/也B A하기도 하고, B하기도 하다(상태 설명) 不是A, 而是B A(X)가 아니라 B(O)이다
선택관계	A或者/或B A 혹은 B A还是B A 아니면 B(의문문) 不是A, 就是B A가 아니면 B이다(추측) 与其A, 不如B A하느니, 차라리 B하는 게 낫다

예제 1-3

　　许多人认为，睡前饮酒有助于更好地入睡。然而研究却表明，睡前喝酒　1　能缩短入睡时间，可是也会使睡眠变浅。浅睡眠的时间一旦延长，中途醒来的次数就会增多，这样睡眠便会变得断断续续。　2　到了下半夜，酒精的作用逐渐消失后，往往还会引起失眠、多梦等状况，使睡眠的总体质量下降。
　　　3　，睡前饮酒看似对睡眠有益，实则可能干扰睡眠。

　　많은 사람들이 자기 전에 음주를 하는 것이 더 잘 잠들 수 있도록 돕는다고 생각한다. 그러나 연구 결과에서 오히려 잠을 자기 전에 술을 마시는 것은 　1　 잠에 드는 시간을 단축하지만, 얕은 잠을 자게 한다고 표명했다. 얕은 잠을 자는 시간이 늘어나면 자는 도중에 잠이 깨는 횟수가 증가하고, 이렇게 자는 잠은 끊어졌다 이어졌다를 반복한다. 　2　 한밤중이 되면 알코올의 작용이 점점 사라져 종종 불면증과 꿈을 많이 꾸는 등의 현상을 일으켜 수면의 전체적인 질을 떨어뜨린다.
　　　3　 수면 전 음주는 수면에 유익한 것처럼 보이지만 실제로는 수면을 방해한다.

1. A 因而　B 虽然　C 反而　D 何况
2. A 而且　B 为此　C 除非　D 哪怕
3. A 甚至　B 并且　C 万一　D 可见

1. A 그러므로　B 비록　C 오히려　D 하물며
2. A 게다가　B 그로 인해　C 오직　D 설령
3. A 심지어　　　　　B 그리고
　 C 만일　　　　　　D ~라는 것을 알 수 있다

해설

1. 빈칸 뒤에 있는 접속사 可是(하지만, 그러나)를 확인하자. 빈칸이 있는 문장과 뒤로 이어지는 문장의 내용을 확인하며 보기에서 可是와 함께 쓰이는 접속사를 찾자. 정답은 B虽然(비록)이다.
   TIP 虽然/虽说/尽管A, 可是/但是/不过B : 비록 A하지만, B하다

2. 빈칸 앞 문장의 내용이 中途醒来的次数就会增多, 这样睡眠便会变得断断续续와 같이 부정적인 내용이 언급되었고, 빈칸 뒤의 문장 역시 往往还会导致失眠、多梦等状况와 같이 부정적인 내용이 이어지고 있다. 이 두 문장을 연결해주는 점층 관계 접속사가 필요하므로 A而且(게다가)가 정답이다.

3. 지문의 마지막 문장, 맨 앞에 빈칸이 위치하고 있다. 따라서 전체 내용을 요약하거나 결론을 내리거나 정리하는 문장이므로 이같은 기능의 접속사가 와야 한다. 그러므로 정답은 문장을 정리하는 접속사인 D可见(이에 알 수 있듯이)이다. 보기 A, B, C는 문장을 이어가는 내용이다.

정답 1. B　2. A　3. D

> 빈칸 앞뒤의 연결 구조와 고정 표현만 암기하면 해석에 상관없이 3초 안에 정답을 찾을 수 있다.
> 문제를 전략적으로 빠르게 풀어보자!

문제 1-3

　　文化就像一个胃，__1__ 健康的话，各种食物都能接受，都能消化，并转变成自己身体所需要的各种营养。这个胃如果这也不能吃，那也不适应，那是胃自己出了毛病。__2__ 胃好，就需要它能够接受自己原来不适应的各种食物，而不是只让它吃它喜欢的那几样。同样，要保持自己的文化优势，对待其他文化最好的办法不是拒绝 __3__ 吸收。一个能吸收不同文化的胃才是健康的、有活力的，并且最终会把其他文化融合到自己的文化中去。

1. A 既然　　　B 因为　　　C 如果　　　D 另外
2. A 可是　　　B 先　　　　C 为了　　　D 因此
3. A 不仅　　　B 而是　　　C 只要　　　D 就是

문제 4-6

　　随着经济全球化的发展，世界日益成为一个大家庭。__4__ 实际上不同国家之间仍然存在着很多文化差异。因而，在跨文化背景下的商务谈判中，谈判双方仅仅懂得对方的语言是不够的，还要了解彼此之间的文化差异，接受与自己不同的价值观和行为规范。__5__，如果不能正确认识这些差异，在谈判中就可能产生不必要的误会，__6__ 失礼于人，又可能失去许多促成谈判成功的机会。

4. A 不但　　　B 其实　　　C 就算　　　D 但是
5. A 相反　　　B 由于　　　C 无论　　　D 只有
6. A 既　　　　B 反正　　　C 一旦　　　D 然而

보어(2) – 정도보어·동량보어·시량보어

쓰기 제1부분 ④ | 단어 순서 배열

전략 PT

 학습시간 30분

❶ 각 단어의 품사를 파악하자.

제시된 단어의 품사를 파악하면 대략적인 문장 성분을 알 수 있고, 그에 따라 순서대로 알맞게 배열할 수 있다.

❷ 보어의 예외적인 어순을 주의하자.

보어의 일반적인 어순은 [주어 + 술어 + 보어 + 목적어]이지만 경우에 따라 보어와 목적어의 순서가 바뀌는 등의 어순이 달라지기도 하므로 주의해야 한다.

❸ 정도보어·동량보어·시량보어는 특히 목적어에 주의해야 한다.

보어의 어순 규칙과 변화는 목적어에 의하여 결정되므로 문장에서 목적어의 품사와 의미를 빠르게 파악하는 것이 중요하다.

❹ 보어의 기본어순

① [주어 + 술어 + 得 + 정도보어]

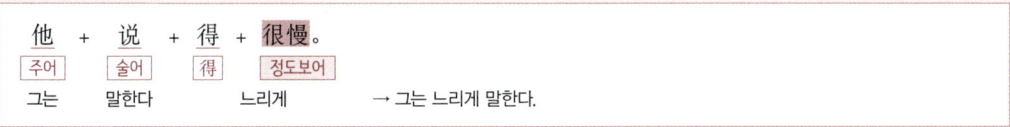

② [주어 + 술어 + 동량보어 + 목적어]

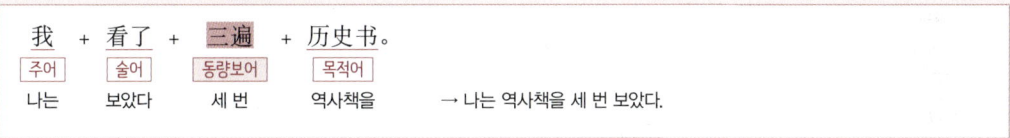

③ [주어 + 술어 + 시량보어 + 목적어]

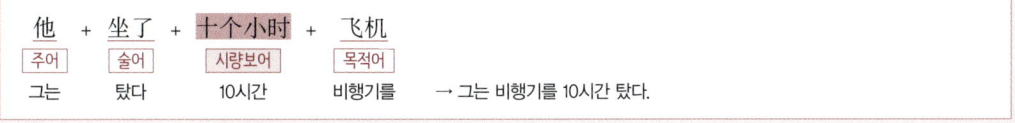

TIP 동량보어/시량보어는 목적어가 대명사일 경우, 반드시 목적어를 먼저 배열한다.
[주어 + 술어 + 목적어(대명사) + 동량보어/시량보어]

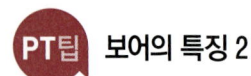 **보어의 특징 2**

정도보어	술어 뒤에서 동작·상태의 정도를 나타낸다. 吃 + 得 + 很多 많이 먹는다 [술어] [정도보어]		
	＊정도보어의 어순 비교		
	목적어가 없는 경우	[주어 + 술어 + 得 + 정도보어] 我吃得很多。	
	목적어가 있는 경우	[주어 + (술어) + 목적어 + 술어 + 得 + 정도보어] 我(吃)饭吃得很多。 TIP 목적어가 있는 경우 : 첫번째 술어는 생략할 수 있다.	
	＊정도보어의 고정 격식(정도가 심함을 나타냄)		
	술어 + 极了/死了/坏了	高兴极了。饿死了。累坏了。 -死了/坏了는 부정적인 의미를 나타낸다.	
	술어(형용사) + 得很	最近中国的天气冷得很。 -술어가 형용사일 때 쓰인다.	
	술어 + 得多/多了	这道题比那道题容易得多。 -得多/多了는 비교의 의미로 쓰인다.	
	술어 + 得 + 要命/要死	小李最近忙得要命。 -주로 부정적인 의미를 나타낸다.	
	술어 + 得 + 不得了/不行	-주로 부정적인 의미를 나타낸다.	
동량보어	술어 뒤에 수량사를 써서 동작이나 변화에 대한 횟수를 나타낸다. 吃了 + 一次 한 번 먹었다 [술어] [동량보어]		
시량보어	술어 뒤에 수량사를 써서 동작이나 변화에 대한 시간을 나타낸다. 吃了 + 一个小时 한 시간 동안 먹었다 [술어] [시량보어]		
	＊동량보어/시량보어의 어순		
	목적어가 일반 명사인 경우	[주어 + 술어 + 동량보어/시량보어 + 목적어(일반명사)] 我吃过一次北京烤鸭。	
	목적어가 대명사인 경우	[주어 + 술어 + 목적어(대명사) + 동량보어/시량보어] 我等了他一个小时。	

 **예제 1**

| 顺利 | 相当 | 讨论会 | 得 | 进行 |

분석 [품사분석] 顺利 [형] 순조롭다 / 相当 [부] 상당히 / 讨论会 [명] 토론회 / 得 [조] (동사나 형용사와 정도보어를 연결함) / 进行 [동] 진행하다
[문장구조] [주어 + 술어 + 得 + 정도보어]

해설 술어 进行 뒤에 得 + 相当顺利를 배치하고, 주어는 讨论会를 배치한다.

정답 讨论会进行得相当顺利。토론회는 순조롭게 진행되었다.

 **예제 2**

| 看了 | 电影 | 两个半小时 | 他 |

분석 [품사분석] 看 [동] 보다 / 电影 [명] 영화 / 两 [수] 둘, 2 / 半 [수] 반, 절반 / 小时 [명] 시간(시간 단위) / 他 [대] 그
[문장구조] [주어 + 술어 + 동량보어/시량보어 + 목적어(일반명사)]

해설 술어와 보어에 看了两个半小时를 배치하고, 주어는 他, 목적어는 电影를 배치한다.

정답 他看了两个半小时电影。그는 두 시간 반 동안 영화를 보았다.

> 정도보어는 기본어순 [주어 + 술어 + 得 + 정도보어]이 빈출도가 가장 높다! 또한 동량보어와 시량보어는 목적어가 인칭대명사일 경우, [주어 + 술어 + 목적어(인칭대명사) + 동량보어/시량보어]의 예외적인 어순을 헷갈리지 않도록 주의하자!

문제 1 系得   太   我的   紧了   安全带

_____

문제 2 小高   几次   名胜古迹   去过

_____

문제 3 活泼   表现得   很   在学校   小李

_____

문제 4 王老师刚才   两次   找过   你

_____

문제 5 这位   出色   表现得   女嘉宾   非常

_____

 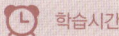

1 又A又B：A하기도 하고, B하기도 하다
又打雷又打闪。
천둥이 치고 번개가 치다.

2 及时：⸤부⸥ 즉시, 곧바로 ⸤형⸥ 시기적절하다, 때가 맞다
这场雨下得真及时。
이번 비는 정말 시기적절하다.

3 还是……吧：~하는 것이 좋다
还是明天去吧。
내일 가는 것이 좋겠다.

4 缩短 + 时间/距离：시간/거리를 단축하다
睡前喝酒虽然能缩短入睡时间，可是也会使睡眠变浅。
잠자기 전에 술을 마시는 것은 비록 잠드는 시간을 단축할 수 있지만, 숙면을 취할 수 없게 만든다.(얕은 잠을 자도록 한다)

5 导致 + 부정적 결과：~을 초래하다, ~을 야기하다
导致失眠、多梦等状况。
불면증, 많은 꿈을 꾸는 등의 현상을 초래한다.

6 出 + 毛病：고장이 나다, 문제가 생기다
这个胃如果这也不能吃，那也不适应，那是胃自己出了毛病。
위가 만약 이것도 먹지 못하고, 저것도 적응하지 못한다면, 위에 문제가 있는 것이다.

7 不是A，而是B：A가 아니고, B이다
对待其他文化最好的办法不是拒绝而是吸收。
다른 문화를 대하는 가장 좋은 방법은 거절하는 것이 아니라 받아들이는 것이다.

8 随着 + 变化/发展/推移：변화/발전/이동에 따라
随着经济全球化的发展，世界成为一个大家庭。
경제 국제화의 발전에 따라 세계는 하나의 공동체가 되었다.

9 产生误会：오해가 생기다
如果不能正确认识这些差异，在谈判中就可能产生不必要的误会。
만약 정확하게 차이를 인식하지 못한다면, 협상 중에 불필요한 오해가 생길 수 있다.

10 项目/手术/讨论会 + 进行得顺利：프로젝트/수술/토론회를 순조롭게 진행하다
讨论会进行得相当顺利。
토론회가 순조롭게 진행됐다.

Day 5

듣기 제1·2부분 ❺ | 짧은 대화/긴 대화
컴퓨터/인터넷 – "전문 용어, 어렵지 않다!"

어휘 PT — Track 05-1 — 학습시간 10분

예제 1
- 删除 shānchú 동 삭제하다
- 硬盘 yìngpán 명 하드 드라이브
- 满 mǎn 꽉 차다
- 系统 xìtǒng 명 시스템
- 打开 dǎkāi 동 열다, 켜다
- 邮件 yóujiàn 명 메일, 우편물
- 来得及 láidejí (시간적) 여유가 있다
- 黑屏 hēipíng 먹통으로 켜지지 않다, 블랙아웃
- 病毒 bìngdú 명 바이러스
- 重启 chóngqǐ 동 재시작하다
- 杀毒 shādú 동 바이러스를 죽이다

예제 2
- 必要 bìyào 명 필요 형 필요로 하다
- 纸质书 zhǐzhìshū 명 종이책
- 下载 xiàzài 동 다운로드하다
- 参考书 cānkǎoshū 명 참고서
- 电子书 diànzǐshū 명 전자도서
- 付费 fùfèi 동 비용을 지불하다
- 网 wǎng 명 인터넷
- 网址 wǎngzhǐ 명 웹사이트 주소
- 发给 fāgěi ~에게 보내다
- 稍等 shāoděng 동 잠깐 기다리다

문제 1
- 网站 wǎngzhàn 명 웹사이트
- 网络 wǎngluò 명 네트워크
- 状况 zhuàngkuàng 명 상황
- 软件 ruǎnjiàn 명 소프트웨어
- 上网 shàngwǎng 동 인터넷을 하다
- 连…都 lián…dōu 심지어 ~조차도
- 网页 wǎngyè 명 인터넷 홈페이지
- 网速 wǎngsù 명 인터넷 (서버의 데이터 처리) 속도
- 正常 zhèngcháng 형 정상적이다

문제 2
- 电子版 diànzǐbǎn 명 전자판
- 编辑 biānjí 명 편집자
- 免费 miǎnfèi 부 무료로
- 拷 kǎo 동 복사하다, 카피하다
- …不了 …bùliǎo ~할 수 없다

문제 3
- 坏 huài 형 망가지다
- 质量 zhìliàng 명 품질
- 移动硬盘 yídòng yìngpán 명 이동식 디스크, USB
- 丢 diū 동 잃어버리다
- 文件 wénjiàn 명 문서, 폴더
- 糟糕 zāogāo 형 큰일이다, 엉망진창이다
- 桌面 zhuōmiàn 명 바탕화면

문제 4
- 遇到 yùdào 동 만나다
- 麻烦 máfan 동 귀찮게 하다 형 번거롭다
- 一半儿 yíbànr 수 반, 절반, 1/2
- 处理 chǔlǐ 동 처리하다
- 数据 shùjù 명 데이터
- 算 suàn 동 계산하다
- 设计 shèjì 동 설치하다, 설계하다
- 程序 chéngxù 명 프로그램
- …多了 …duō le 훨씬 ~하다
- 省 shěng 동 줄이다, 절약하다

문제 5
- 查 chá 동 찾다
- 复印 fùyìn 동 복사하다
- 实验 shíyàn 동명 실험(하다)
- 报告 bàogào 명 보고 동 보고하다
- 整理 zhěnglǐ 동 정리하다
- 复杂 fùzá 형 복잡하다
- 分析 fēnxī 동 분석하다
- 好用 hǎoyòng 형 쓰기가 간편하다, 성능이(효과가) 좋다

 전략 **PT**　　　　　　　　　　　　　　　　　🕐 학습시간 **2 0** 분

① 보기의 표현들을 확인하고, 지문에서 들리면 체크하자.

보기에 컴퓨터와 관련된 어휘들로 이루어져 있다면, 전문 용어이므로 다소 어렵게 느껴질 수 있지만, 보기의 어휘들이 녹음 지문에서 들릴 때 잘 체크해두자.

> A 邮箱地址有误　메일 주소에 오류가 있다　　B 下载软件　프로그램을 다운로드하다
> C 使用电脑　컴퓨터를 사용하다　　　　　　　D 发邮件　메일을 보내다

② 컴퓨터와 관련된 표현들을 미리 익혀두자.

현재 기출 어휘에는 나와있지 않은 컴퓨터와 관련된 어휘가 대화에 자주 등장한다. 의미를 모를 경우 답을 찾기가 어려우므로 관련 어휘들을 익혀두자.

> 男：我刚打开一封邮件，还没来得及看，电脑就黑屏了。
> 女：可能是病毒邮件。你先重启一下电脑。然后杀毒吧。
>
> → 남녀의 대화문에 컴퓨터 관련 어휘들이 많이 등장하고 있다. 邮件(메일), 电脑(컴퓨터), 黑屏(다운되다, 블랙아웃되다), 病毒邮件(바이러스 메일), 重启(재부팅하다), 杀毒(바이러스를 없애다) 등, 이와 같은 표현들을 미리 알고 있다면 지문의 내용을 쉽게 이해하여 정답을 빨리 찾을 수 있다.

③ 지문의 표현과 보기의 표현이 다를 수 있다.

지문의 표현과 보기의 표현이 똑같이 나오는 경우도 있지만, 그렇지 않을 경우, 지문의 내용을 같은 의미로 다르게 표현하여 제시하기도 한다.

> 男：我刚打开一封邮件，还没来得及看，电脑就黑屏了。
> 女：可能是病毒邮件。你先重启一下电脑。然后杀毒吧。
> 问：电脑可能怎么了？
> A 中病毒了　　B 硬盘满了　　C 邮件删除了　　D 系统比较老
>
> → 지문에서 답이 찾는 핵심 표현은 病毒邮件(바이러스 메일)이다. 하지만 지문에서는 나오지 않는 中(당하다, 걸리다, 입다)을 써서 中病毒了(바이러스에 걸리다)가 답이 된다.

④ 컴퓨터 관련 질문의 유형을 파악하자.

> 问：那些数据处理得怎么样了？　그 데이터는 처리가 어떻게 되었는가?
> 问：女的认为电脑可能怎么了？　여자가 생각하기에 컴퓨터는 어떠한가?
> 问：男的正在做什么？　남자는 무엇을 하고 있는 중인가?
> 问：根据对话，下列哪项正确？　대화에 근거하여 다음 중 옳은 것은 무엇인가?

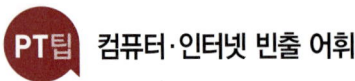

컴퓨터·인터넷 빈출 어휘 ○ Track 05-2

鼠标 shǔbiāo 마우스	点击 diǎnjī 클릭하다	硬件 yìngjiàn 하드웨어
光盘 guāngpán CD	复制 fùzhì 복사하다	软件 ruǎnjiàn 소프트웨어
优盘 yōupán USB	粘贴 zhāntiē 붙여넣다	文件隐藏 wénjiàn yǐncáng 숨김 파일
邮箱 yóuxiāng 메일함	设置 shèzhì 설치하다	杀毒软件 shādú ruǎnjiàn 백신 프로그램
文件夹 wénjiànjiā 폴더	删除 shānchú 삭제하다	

예제 1 짧은 대화 ○ Track 05-3

A 邮件删除了	B 硬盘满了	A 이메일을 삭제했다	B 하드 드라이브가 가득 찼다
C 中病毒了	D 系统比较老	C 바이러스에 걸렸다	D 시스템이 비교적 낡았다

男: 我刚打开一封邮件，还没来得及看，电脑就黑屏了。
女: 可能是病毒邮件。你先重启一下电脑。然后杀毒吧。
问: 女的认为电脑可能怎么了？

남: 제가 방금 메일을 열었는데, 볼 여유도 없이 컴퓨터가 블랙아웃이 되었어요.
여: 아마도 바이러스 메일인 것 같아요. 먼저 컴퓨터를 재부팅해봐요. 그런 다음에 바이러스를 제거하세요.
질문: 여자가 생각하기에 컴퓨터는 어떠한가?

해설 보기의 표현들을 잘 체크하면서 대화 내용을 들어야 한다. 대화는 남자가 바이러스 메일을 열고나서 컴퓨터가 블랙아웃이 되었다고 했으므로 바이러스 메일에 의해 컴퓨터가 바이러스에 걸렸다는 것을 알 수 있다. 정답은 C 中病毒了(바이러스에 걸렸다)이다.

정답 C

예제 2 긴 대화 ○ Track 05-4

A 没必要买纸质书	A 종이책을 구매할 필요가 없다
B 下载不了	B 다운로드할 수 없다
C 参考书太贵了	C 참고서가 너무 비싸다
D 电子书要付费	D 전자 도서는 비용을 지불해야 한다

男: 你上次说的那本参考书，在哪儿买的？我也想买一本。
女: 不用买纸质书。网上能下载。
男: 是吗？那你把网址发给我吧。
女: 好。稍等一下。
问: 女的是什么意思？

남: 당신이 지난번에 말했던 그 참고서는 어디에서 구매했어요? 저도 한 권 구매하고 싶어요.
여: 종이책을 구매할 필요 없어요. 인터넷에서 다운로드 수 있어요.
남: 그래요? 그럼 사이트 주소 좀 보내주세요.
여: 네, 잠시만 기다리세요.
질문: 여자의 말은 무슨 의미인가?

해설 지문에서 정답 부분이 보기에 그대로 제시되는 4급과는 달리, 5급은 보기에서 동의어나 유의어, 반의어를 사용하여 같은 의미를 다르게 표현하여 제시하는 경우가 많다. 대화에서 언급된 不用买와 같은 의미의 표현을 찾으면 A 没必要买纸质书(종이책을 구매할 필요가 없다)가 정답이다.

정답 A

실전 PT Track 05-5

컴퓨터와 관련된 특정 어휘들을 기억하면서 문제를 풀어보자.

[제1부분 짧은 대화]

문제 1
A 最新电影
B 一个网站
C 网络状况
D 一款软件

문제 2
A 有电子版
B 是一位编辑
C 上不了网
D 下载了很多电子书

문제 3
A 电脑坏了
B 电脑质量不好
C 移动硬盘丢了
D 那个文件被删除了

[제2부분 긴 대화]

문제 4
A 遇到了麻烦
B 完成一半儿了
C 已经处理完了
D 还需要时间

문제 5
A 查资料
B 复印文件
C 写实验报告
D 整理数据

독해 제1부분 ❺ | 빈칸 채우기
부사/전치사 – "문장의 완성美 더하기"

어휘 PT　　　학습시간 10분

예제 1-3

普遍	pǔbiàn	형 보편적인
认为	rènwéi	동 여기다, 생각하다
越A越B	yuè A yuè B	부 A할수록 B하다
记忆力	jìyìlì	명 기억력
差	chà	동 떨어지다, 표준에 못 미치다
并非	bìngfēi	부 결코 ~않다
如此	rúcǐ	대 이와 같다
国际语言学会	guójì yǔyán xuéhuì	국제언어학회
青少年	qīngshàonián	명 청소년
成年人	chéngniánrén	명 성인
世界语	shìjièyǔ	에스페란토(Esperanto-국제보조어)
情况	qíngkuàng	명 상황, 정황
比较	bǐjiào	부 비교적 동 비교하다
发现	fāxiàn	동 발견하다
前者	qiánzhě	명 전자
A不如B	A bùrú B	A는 B만 못하다, B가 더 낫다
后者	hòuzhě	명 후자
知识	zhīshi	명 지식
经验	jīngyàn	명 경험
丰富	fēngfù	형 풍부하다
基础	jīchǔ	명 기초, 밑바탕, 토대
建立	jiànlì	동 만들다, 구성하다, 세우다
广泛	guǎngfàn	형 광범위하다, 폭넓다
联系	liánxì	명 연계
心理学	xīnlǐxué	명 심리학
称为	chēngwéi	동 ~라고 부르다
联想	liánxiǎng	동 연상하다
以A为B	yǐ A wéi B	A를 B로 삼다
相应	xiāngyìng	동 상응하다 형 적절하다
提高	tígāo	동 향상하다, 높이다
仅仅	jǐnjǐn	부 단지, 다만, 오로지
忽然	hūrán	부 갑자기
稍微	shāowēi	부 약간, 조금

其实	qíshí	부 사실
简直	jiǎnzhí	부 정말이지
曾经(…过)	céngjīng(…guò)	일찍이 (~한적 있다)
至今	zhìjīn	부 지금까지
终于	zhōngyú	부 마침내
尽快	jǐnkuài	부 되도록 빨리
尤其	yóuqí	부 특히, 더욱
偶然	ǒurán	부 우연히, 뜻밖에

문제 1-3

偷	tōu	동 훔치다
拒绝	jùjué	동 거절하다
归还	guīhuán	동 돌려주다, 반환하다
一口咬定	yì kǒu yǎodìng	한 마디로 잘라 말하다, 단언하다
遮住	zhēzhù	덮다
双眼	shuāngyǎn	두 눈, 양쪽 눈
瞎	xiā	동 눈이 멀다, 실명하다
犹豫	yóuyù	형 주저하다, 망설이다
放下	fàngxià	동 내려놓다
蒙	méng	동 가리다, 덮다
记错	jìcuò	잘못 기억하다
辩解	biànjiě	동 해명하다, 변명하다
狡辩	jiǎobiàn	동 터무니없는 말로 억지를 쓰며 변명하다, 교활하게 변명하다
充分	chōngfèn	형 충분하다
说明	shuōmíng	동 증명하다, 입증하다, 명하다
牵马	qiānmǎ	동 말을 끌다
难道	nándào	부 설마 ~하겠는가?(반어법)
到底	dàodǐ	부 도대체
突然	tūrán	부 갑자기
再三	zàisān	부 여러 번, 거듭
逐渐	zhújiàn	부 점점, 점차
未必	wèibì	부 반드시 ~한 것은 아니다
竟然	jìngrán	부 뜻밖에, 의외로

	特意 tèyì 부 특별히, 일부러	
	急忙 jímáng 부 급히, 재빨리	
	多亏 duōkuī 동 은혜를 입다, 덕택이다	
문제 4-5	红叶谷 hóngyègǔ 명 홍엽곡	
	长白山 Chángbáishān 지명 백두산	
	山谷 shāngǔ 명 산골짜기	
	金秋 jīnqiū 명 금추, 가을	
	满山红叶 mǎnshān hóngyè 만산홍엽, 온 산이 단풍으로 붉게 물들다	
	绚丽 xuànlì 형 화려하고 아름답다	
	陶醉 táozuì 동 도취하다	
	吸引 xīyǐn 동 매료시키다, 유인하다 끌어당기다	
	众多 zhòngduō 형 아주 많다 (주로 사람이 많음을 가리킴)	
	游客 yóukè 명 관광객	
	观赏 guānshǎng 동 감상하다, 보고 즐기다	
	独特之处 dútè zhī chù 독특한 곳, 특별한 곳	
	原生态 yuánshēngtài 최초의 상태, 원시 생태	
	环境保护 huánjìng bǎohù 환경보호, 환경을 보호하다	
	充满 chōngmǎn 동 가득하다, 충만하다, 넘치다	
	原始 yuánshǐ 형 원시의, 원래의	
	古朴 gǔpǔ 형 옛스러움, 소박함	
	韵味 yùnwèi 명 우아한 맛, 정취, 운치	
	面积 miànjī 명 면적	
	整个 zhěnggè 명 온, 모든 것	
	区 qū 명 구역, 지역	
	山脉 shānmài 명 산맥	
	绵延 miányán 동 길게 이어져 있다, 끊임없다	
	叶密片薄 yèmì piànbó 잎이 촘촘하고 얇다	
	玲珑剔透 línglóng tītòu 성 정교하고 아름답다	
	且 qiě 접 ~마저도	
	色彩 sècǎi 명 색채	
	丰富 fēngfù 형 풍부하다	
	地理环境 dìlǐ huánjìng 지리 환경	
	及 jí 접 아울러, 및	
	气候 qìhòu 명 기후	
	生长周期 shēngzhǎng zhōuqī 생장주기	
	显得 xiǎnde 동 ~처럼 보인다	
	珍贵 zhēnguì 동 진귀하다, 귀중하다	
	陆续 lùxù 부 끊임없이, 부단히	

持续 chíxù 동 지속하다	
随 suí 전 ~에 따라	
飘落 piāoluò 동 흩날리며 떨어지다	
美景 měijǐng 명 아름다운 풍경	
消逝 xiāoshì 동 사라지다, 없어지다	
与A相符 yǔ A xiāngfú A와 서로 부합하다	
与A相比 yǔ A xiāngbǐ A와 서로 비교해볼 때	
与A打交道 yǔ A dǎjiāodào A와 교류하다, 왕래하다	
与A打招呼 yǔ A dǎzhāohu A와 인사하다	
于 yú 전 ~에, ~에서(+시간/장소/범위)	
由 yóu 전 ~로부터, ~가(+노선/장소/주체)	
沿 yán 전 ~에 따라(+길/노선)	
凭 píng 전 ~에 의거하여, 근거하여	

① 보기 어휘의 품사를 확인하자.
보기에 제시된 어휘의 품사가 모두 부사라면, 부사의 특징을 떠올리며 빈칸 주변의 문장들을 확인한다.

② 빈칸의 앞뒤 문맥을 파악한다.
부사와 전치사 관련 문제는 앞뒤 문장의 문맥을 파악하고 어울리는 보기를 연결하는 문제가 자주 출제된다. 그러므로 문장을 정확하게 해석하는 능력이 필요하다.

③ 빈칸 앞 혹은 뒤의 연결 구조를 확인한다.
빈칸의 앞 혹은 뒤에 부정부사 혹은 고정 표현의 연결 구조로 함께 쓰이는 표현이 자주 출제된다. 그러므로 빈칸 주변에 연결 구조가 있는지를 확인하면, 정답을 쉽게 찾을 수 있다.

> 这可能_____白色对光线的反射率较高、易于识别有关。
>
> A 往　　　　B 于　　　　C 根据　　　　D 与

→ 보기를 보고 전치사 관련 문제라는 것을 파악할 수 있다. 빈칸 뒤의 문장에 有关이 있으므로 보기 중 이와 함께 쓰이는 전치사는 与이다.

TIP 与/跟A有关/相关 A와 관계가 있다

PT팁 부사 빈출 어휘

시간	已经 yǐjīng 이미 | 曾经 céngjīng 일찍이 | 从来+不/没 cónglái + bù/méi 여태껏 ~한 적 없다 | 将 jiāng ~일 것이다 | 正在 zhèngzài ~하는 중이다 | 一直 yìzhí 줄곧 | 立刻 lìkè 즉시
범위	总共 zǒnggòng 전부, 총, 합계 | 一块儿 yíkuàir 함께 | 一切 yíqiè 모두 | 仅仅(=只/光) jǐnjǐn(=zhǐ/guāng) 단지, 다만, 오직 | 到处+都 dàochù + dōu 모든 곳, 어느 곳이나
빈도	往往 wǎngwǎng 종종 | 再三 zàisān 여러 번, 거듭 | 重新 chóngxīn 다시, 새로이 | 反复 fǎnfù 반복하다
부정	不 bù 아니다 | 没 méi 않았다 | 非 fēi 아니다 | 无 wú 없다 | 未 wèi 않았다 | 白 bái 헛되이 | 未必(=不一定) wèibì(=bù yídìng) 반드시 ~인 것은 아니다
어기	幸亏 xìngkuī 다행히 | 多亏 duōkuī 덕분이다 | 偏偏 piānpiān 하필이면 | 到底(=究竟) dàodǐ(=jiūjìng)도대체 | 毕竟 bìjìng 결국은 | 居然 jūrán 뜻밖에 | 竟然 jìngrán 의외로 | 干脆 gāncuì 차라리 | 反正 fǎnzhèng 어쨌든 | 简直 jiǎnzhí 정말이지 | 难道 nándào 설마 ~란 말인가? | 何必 hébì ~할 필요 있는가? | 却/倒 què/dào 오히려 | 千万 qiānwàn 제발, 절대로
상태/방식	逐渐 zhújiàn 점차 | 渐渐 jiànjiàn 점점 | 突然 tūrán 갑자기 | 忽然 hūrán 갑자기 | 仍然 réngrán 여전히 | 亲自 qīnzì 직접 | 特意 tèyì 특별히
정도	相当 xiāngdāng 상당히 | 极其 jíqí 극히 | 格外 géwài 유달리 | 稍微 shāowēi 약간 | 十分 shífēn 매우

 **전치사 빈출 표현**

给A带来B gěi A dàilái B A에게 B를 가져다주다	她给我们带来快乐。 그녀는 우리에게 즐거움을 가져다준다.
给A造成B gěi A zàochéng B A에게 B를 초래하다/야기하다	小王给公司造成了很大的损失。 샤오왕은 회사에 큰 손실을 초래했다.
给A提供B gěi A tígōng B A에게 B를 제공하다	公司给他提供了笔试或面试的机会。 회사는 그에게 필기 시험이나 면접의 기회를 제공했다.
与/跟A有关/相关 yǔ/gēn A yǒu guān/xiāngguān A와 관계가 있다	这可能与白色对光线的反射率较高、易于识别有关。 이것은 아마도 흰색이 빛에 대한 반사율이 높고, 식별하기 쉬운 것과 관련이 있을 것이다.
与/跟A打招呼 yǔ/gēn A dǎ zhāohū A와 인사를 하다	刚才我和她打招呼。 나는 방금 그녀와 인사했다.
与/跟A打交道 yǔ/gēn A dǎ jiāodao A와 교류를 하다	我喜欢跟人打交道。 나는 사람들과 교류하는 것을 좋아한다.
与A相符 yǔ A xiāngfú A와 서로 부합하다	这与父母的期待相符。 이것은 부모님의 기대에 부합한다.
对A来说 duì A láishuō A의 입장에서 말하면	飞得高对我们来说没什么用。 높이 나는 것은 우리의 입장에서 보면 아무런 필요가 없다.
拿A来说 ná A lái shuō A를 예를 들어 말하면	拿洗衣服来说，她没把衣服洗干净。 빨래로 예를 들면, 그녀는 빨래를 깨끗이 세탁하지 않았다.
为A而B wèi A ér B (목적)A를 위하여 B하다	他为了挣钱而努力工作。 그는 돈을 벌기 위해 열심히 일한다.
为A而B wèi A ér B (원인)A로 인해 B하다	那只狮子再不用为食物而发愁。 그 사자는 더 이상 음식으로 인해 걱정할 필요가 없다.
以A为 (=把A当作B) yǐ A wéi (=bǎ A dāngzuò B) A를 B로 삼다	记忆就是以联想为基础的。 기억은 연상을 기초로 한다.
把A称为B bǎ A chēngwéi B A를 B라고 부르다	心理学上把这种联系称为"联想"。 심리학에서는 이런 종류의 연계를 '연상'이라고 부른다.
从A起 cóng A qǐ A로부터 시작하여	从那一刻起，他重新打开那些落满灰尘的书卷。 그 순간부터 그는 다시 먼지가 가득 쌓인 책을 펼쳐보게 되었다.

从A出发 cóng A chūfā A로부터 출발하다	考试问题要从实际出发。 문제를 고려할 때에는 사실에서 출발해야 한다.
在A看来 zài A kàn lái A로 볼 때(주관적 판단)	在我看来，这件事一定会成功的。 내가 볼 때, 이 일은 반드시 성공할 것이다.
向A道歉 xiàng A dàoqiàn A에게 사과하다	小高向小李道歉。 샤오가오는 샤오리에게 사과했다.
向A征求意见 xiàng A zhēngqiú yìjiàn A에게 의견을 요구하다	高律师正在向对方征求意见。 가오 변호사는 상대방에게 의견을 묻는 중이다.

예제 1-3

人们普遍认为，人的年龄越大，记忆力就越差，__1__ 并非如此。国际语言学会 __2__ 对8至19岁的青少年与34岁以上的成年人学习世界语的情况做过一次比较，发现前者的记忆能力不如后者的好。这是因为成年人的知识和经验比较丰富，容易在已有知识的基础上，建立广泛的联系。心理学上 __3__ 这种联系称为"联想"。记忆就是以联想为基础的，人的知识与经验越丰富，就越容易建立联想，记忆力就会得到相应提高。

사람들은 보편적으로 사람의 연령이 많을수록 기억력이 떨어질 것이라고 생각한다. __1__ 결코 그렇지 않다. 국제언어학회에서 __2__ 8~19살의 청소년과 34살 이상의 성인들에게 에스페란토(Esperanto-국제 보조어)학습 상황에 대해 비교해 보았는데, 전자의 기억력이 후자의 기억력만 못하다는 것을 발견했다. 이것은 성인의 지식과 경험이 비교적 풍부하여 이미 가지고 있는 지식을 바탕으로 쉽게 광범위한 연계를 만들기 때문이다. 심리학에서는 이런 종류의 연계를 __3__ '연상'이라고 부른다. 기억은 연상을 기초로 하기 때문에 인간의 지식과 경험이 풍부할수록 연상을 만들기에 용이하며, 기억력도 이에 상응하여 향상될 것이다.

1. A 仅仅   B 忽然   C 稍微   D 其实
2. A 简直   B 曾经   C 至今   D 终于
3. A 向   B 把   C 对   D 与

1. A 단지   B 갑자기   C 약간   D 사실
2. A 정말로   B 일찍이   C 지금껏   D 결국
3. A ~에게/향하여   B ~을
   C ~에 대하여   D ~와

해설

1. 빈칸 뒤에 并非如此(결코 그렇지 않다)라는 말이 있다. 앞 내용과는 다른 내용을 언급하는 내용이므로 전환 관계의 의미를 갖고 있는 부사가 적합하다. 보기 가운데 가장 알맞은 표현은 D 其实(사실)이다.

2. 빈칸이 있는 문장을 살펴보면, 어느 학회에서 청소년과 성인을 대상으로 비교 실험을 해보았다는 내용이다. 이 문장에서 꼭 체크해야 하는 표현은 경험을 나타내는 동태조사 过(~한 적이 있다)이다. 보기 가운데 过와 함께 쓰이는 표현은 B 曾经(일찍이)이다.

  TIP 曾经 + 술어 + (过): 일찍이 ~한 적 있다

3. 보기의 어휘들이 모두 전치사이다. 빈칸이 있는 문장에 称为(~라고 부르다)라는 어휘를 발견했다면 정답은 쉽게 찾을 수 있다. 보기 중 이와 함께 쓰이는 전치사는 B 把(~을)이다.

  TIP 把A称为B : A를 B라고 부르다

정답 1. D   2. B   3. B

실전 PT

> 문제를 풀 때, 지문을 처음부터 끝까지 읽지 말고, 먼저 보기를 파악하자. 그리고 빈칸 앞뒤의 내용을 파악하여 정답을 찾도록 하자.

문제 1-3

　　有一天，有个聪明人的马被偷走了。他知道是谁偷的，就去向那个人要马，但那人拒绝归还，一口咬定说："这是我的马。"

　　聪明人用双手遮住了马的双眼，对那个偷马人说："要是这马真是你的，你 __1__ 知道马的哪只眼睛是瞎的。""右眼。"偷马人犹豫地说。聪明人放下蒙右眼的手，马的右眼 __2__ 没有瞎。"我记错了，马的左眼才是瞎的。"偷马人 __3__ 辩解道。聪明人又放下蒙左眼的手，马的左眼也没有瞎。"我又说错了……"偷马人还想狡辩。"不错，你是错了。这充分说明马不是你的。"聪明人说完就牵着马回家了。

1. A 一定　　　　B 难道　　　　C 到底　　　　D 突然

2. A 再三　　　　B 并　　　　　C 逐渐　　　　D 未必

3. A 竟然　　　　B 特意　　　　C 急忙　　　　D 多亏

문제 4-5

　　红叶谷是长白山的一个山谷。金秋九月，这里满山红叶，绚丽得令人陶醉，吸引了众多游客不远千里前来观赏。

　　与其他地方的红叶 __4__ ，红叶谷的独特之处在于"四绝"。一是这儿原生态环境保护得极好，充满原始与古朴的韵味。二是它面积大，整个红叶区 __5__ 长白山山脉绵延百余里。三是这儿的红叶叶密片薄，玲珑剔透，且色彩丰富。四是因受地理环境及气候的影响，这儿的红叶生长周期短，因而显得十分珍贵。秋分过后，树叶陆续转红，持续数日便随风飘落，红叶美景也随之消逝。

4. A 相符　　　　B 相比　　　　C 打交道　　　D 打招呼

5. A 于　　　　　B 由　　　　　C 沿　　　　　D 凭

쓰기 제1부분 ❺ | 단어 순서 배열하기
把구문

전략 PT

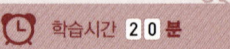 학습시간 20 분

❶ 把구문의 품사와 위치를 파악하자.

把의 품사는 전치사이다. 명사나 대사와 함께 전치사구를 이루어 문장에서 술어의 앞, 부사어 자리에 놓인다는 것을 기억하자.

把자문 (처치문)	사람이나 사물에 어떠한 동작을 가해 어떤 결과를 만들어 냈는지를 강조하는 문장	我把钥匙弄丢了。

❷ 把구문의 어순

[주어 + 부사 + 조동사 + [把 + 명사(목적어)] + 술어 + 기타 성분]

我们	+	应该	+	把那个作业	+	做	+	完
주어		조동사		전치사구[把/将 +명]		술어		기타성분
우리는		~해야 한다		그 숙제를		하다		완성하다 → 우리는 그 숙제를 끝내야 한다.

TIP 把 구문에서 빈출도가 가장 높은 문제는 시간부사, 부정부사, 조동사의 위치와 관련된 문제이다. 부사어의 어순에 따라 시간부사, 부정부사, 조동사는 把 앞에 위치한다는 것을 잊지말자!

❸ 우리말 어순과 비슷하다.

중국어의 기본 어순은 [주어 + 술어 + 목적어]이다. 그러나 把구문을 쓸 경우, [주어 + [把+목적어] + 술어]로 우리말과 어순이 비슷하다는 점을 기억하자.

❹ 将도 기억하자!

将은 HSK 5급에서 두 가지 품사의 쓰임이 있다. 하나는 把구문의 把와 같은 쓰임새의 동의어이다. 다른 하나는 부사로서 '~할 것이다'라는 의미이다. 문제의 제시어에 将이 나오면 어떤 품사의 쓰임새인지 확인하자.

我们应该将那个作业做完。 우리는 그 숙제를 끝내야 한다.
此次展览将持续至十月中旬。 이번 전람회는 10월 중순까지 지속될 것이다.

→ 첫 번째 문장은 把 구문의 어순대로 将 뒤에 목적어가 나온다. 두 번째 문장은 将 뒤에 목적어에 해당하는 명사가 없고, 술어에 해당하는 동사가 왔으므로 부사 '~할 것이다'의 쓰임이다.

PT팁 把자문 특징

① 목적어는 **특정 대상**이어야 한다.

> 她把那个面包吃光了。(O) 그녀는 그 빵을 다 먹었다.
> 她把一个面包吃光了。(X) 그녀는 빵을 다 먹었다.

② 술어는 **처치의 의미**가 있어야 한다.

> 她把那个面包吃光了。 그녀는 그 빵을 다 먹었다.

③ 동사는 단독으로 쓰이지 않고, 뒤에 반드시 **기타 성분**과 함께 쓰인다.

> 你把包拿着。(동태조사着) 가방을 들고 있어라.
> 你把这件衣服试试。(동사중첩) 이 옷을 입어 봐라.
> 你把那本书拿过来。(방향보어) 그 책을 가져 와라.
> 他把字写得很漂亮。(정도보어) 그는 글씨를 예쁘게 쓴다.
> 我把这部电影看了三遍。(수량보어) 나는 이 영화를 세 번 봤다.
> 我把今天的作业做完了。(결과보어 + 동태조사了) 나는 오늘 숙제를 다 했다.
>
> **TIP** 이때, 가능보어는 기타 성분으로 올 수 없다.

④ 기타 성분 가운데 아래의 **결과보어 4가지 형식**은 시험에 단골로 출제된다.

> 我把手机放在桌子上了。(在+장소) 나는 휴대전화를 책상 위에 놓았다.
> 我把奶奶送到医院了。(到+목적/목적지) 나는 할머니를 병원으로 데려갔다.
> 我把那本书还给他了。(给+대상) 나는 그 책을 그에게 돌려주었다.
> 我把小王当成知心朋友。(成+변화) 나는 샤오왕을 절친한 친구로 삼았다.

⑤ 판단, 지각, 소유, 존재, 심리, 일부 방향을 나타내는 동사는 쓸 수 없다.

> 판단/존재/소유 : 是, 有, 存在
> 심리/지각 : 相信, 希望, 同意, 觉得
> 일부 방향 : 上, 下, 进, 出, 回, 过, 起

⑥ 시간부사, 부정부사, 조동사는 把 앞에 위치한다.

> 他已经把这篇文章翻译完了。 그는 이미 이 글의 번역을 끝냈다.
> 他没把这篇文章翻译完。 그는 이 글의 번역을 끝내지 못했다.
> 他应该把这篇文章翻译完。 그는 이 글의 번역을 끝내야 한다.

예제 1

| 短信 | 删除了 | 那条 | 妹妹 | 把 |

[분석] [품사분석] 短信 명 문자 / 删除 동 삭제하다 / 那 대 그 / 条 양 개, 가닥 / 妹妹 명 여동생 / 把 전 ~을(를)
[문장구조] [주어 + 把 + 명사(목적어) + 술어 + 기타성분(了)]

[해설] 술어와 기타성분에 删除了를 배치하고, 주어는 妹妹, 把 뒤의 목적어로 那条短信을 놓는다.

[정답] 妹妹把那条短信删除了。여동생은 그 문자를 삭제했다.

예제 2

| 硬盘里了 | 把 | 弟弟 | 保存到 | 文件 |

[분석] [품사분석] 硬盘 명 하드 드라이브 / 里 명 안, 속 / 把 전 ~을(를) / 弟弟 명 남동생 / 保存 동 보존하다 / 到 동 (동사 뒤에 쓰여 목적에 도달했음을 나타냄) / 文件 명 문서
[문장구조] [주어 + 把 + 명사(목적어) + 술어 + 기타성분(到 + 목적지)]

[해설] 술어와 기타성분에 保存到硬盘里를 배치하고, 주어는 弟弟, 把 뒤의 목적어로 文件을 놓는다.

[정답] 弟弟把文件保存到硬盘里了。남동생은 문서를 하드 드라이브에 저장했다.

 실전 PT

○ 把 구문의 특징 중, 어순에 관련된 내용은 반드시 시험에 나온다! 그 중에서도 시험에는 자주 출제되는 결과보어 4가지 표현에 주의하며 문제를 풀어보자!

문제 1 ▶ 妻子   文件   把   删除了   电脑里的

_____

문제 2 ▶ 递给   请   毛巾   我   把

_____

문제 3 ▶ 资料   他   信封里了   放在   将

_____

문제 4 ▶ 调成   把   请   静音   手机

_____

문제 5 ▶ 把   她   下载了   那个软件

_____

 **마무리 PT**   🕐 학습시간 0 5 분

1 还没＋술＋(목)＋(呢)：아직 ~하지 않다

他还没下班(呢)。
그는 아직 퇴근하지 않았다.

2 주어(전자기기)＋黑屏：블랙아웃 되다

我刚打开一封邮件，还没来得及看，电脑就黑屏了。
방금 이메일을 열었는데, 미처 볼 여유도 없이 컴퓨터가 블랙아웃 되었어요.

3 连……都：심지어 ~조차도

我这儿连网页都打不开。
나는 심지어 홈페이지조차도 접속이 안 돼.

4 没关系(＝无所谓/不在乎/不介意)：괜찮다, 상관없다, 개의치 않다

没关系，我的移动硬盘里还有。
괜찮아. 내 USB에 또 있어.

5 设计＋程序：프로그램을 설치하다

我请人设计了一个程序。
나는 프로그램을 설치해달라고 요청했어.

6 越A越B：A할수록 B하다

人的年龄越大，记忆力就越差。
사람의 연령이 많을수록, 기억력이 떨어진다.

7 A不如B：A는 B만 못하다

发现前者的记忆能力不如后者的好。
전자의 기억력은 후자의 기억력만 못하다는 것을 발견했다.

8 拒绝＋归还：돌려주는 것을 거절하다

但那人拒绝归还，一口咬定说："这是我的马。"
그러나 그 사람은 돌려주지 않고, 단언하며 말하길: "이것은 제 말입니다."

9 遮眼：눈을 가리다(＝蒙眼)

聪明人用双手遮住了马的双眼。
총명한 사람은 두 손을 사용하여 말의 두 눈을 가렸다.

10 把A当成(＝当作/看作/作为)B：A를 B로 여기다/삼다(＝以A为B)

我把小王当成知心朋友。
나는 샤오왕을 허물없는 친구로 여긴다.

Day 6

듣기 제1·2부분 ❻ | 짧은 대화/긴 대화
회사 – "입사부터 퇴사까지"

 어휘 PT　　Track 06-1　　학습시간 10분

예제 1
- 退休 tuìxiū [동] 퇴직하다
- 太极拳 tàijíquán [명] 태극권
- 休假 xiūjià [동] 휴가를 보내다
- 辞职 cízhí [동] 사직하다

예제 2
- 日程 rìchéng [명] 일정
- 人员 rényuán [명] 인원
- 分配 fēnpèi [동] 분배
- 贷款 dàikuǎn [동] 대출하다
- 事宜 shìyí [명] 일, 업무, 사항
- 签约 qiānyuē [동] 계약하다, 서명하다
- 传真 chuánzhēn [명] 팩스
- 合约 héyuē [명] 계약, 협의
- 秘书 mìshū [명] 비서
- 安排 ānpái [동] 안배하다
- 预祝 yùzhù [동] 미리 축하하다
- 合作 hézuò [명] 합작, 협력 [동] 합작하다, 협력하다

문제 1
- 整体 zhěngtǐ [명] 전부, 일체
- 逻辑性 luójíxìng [명] 논리성
- 弱 ruò [형] 약하다
- 修改 xiūgǎi [동] 수정하다, 고치다
- 结构 jiégòu [명] 구조
- 合理 hélǐ [형] 합리적이다
- 份 fèn [양] 부, 통, 권(문건 등을 세는 단위)
- 报告 bàogào [명] 보고, 보고서 [동] 보고하다

문제 2
- 保持 bǎochí [동] 유지하다
- 联系 liánxì [명] 연락 [동] 연락하다
- 着急 zháojí [동] 조급해하다
- 一路顺风 yílù shùnfēng 가는 길이 순조롭기를 바라다, 하는 일이 모두 순조롭다

문제 3
- 办理 bànlǐ [동] 처리하다
- 交接 jiāojiē [동] 교체하다, 인수인계하다
- 手续 shǒuxù [명] 수속, 절차
- 考虑 kǎolǜ [동] 고려하다
- 中奖 zhòngjiǎng [동] (복권 등에) 당첨되다
- 涨 zhǎng [동] (수위나 물가 등이) 오르다
- 工资 gōngzī [명] 월급, 임금
- 差不多 chàbuduō [형] 비슷하다
- 通知 tōngzhī [동] 통보하다
- 加 jiā [동] 더하다, 보태다
- 薪水 xīnshuǐ [명] 급여, 임금
- 请客 qǐngkè [동] 한턱내다

문제 4
- 会计 kuàijì [명] 회계사
- 材料 cáiliào [명] 자료
- 交流处 jiāoliúchù [명] 교류처
- 转交 zhuǎnjiāo [동] 전달하다
- 专门 zhuānmén [부] 일부러, 전문적으로
- 趟 tàng [양] 차례, 번(왕복의 의미)
- 复印件 fùyìnjiàn [명] 복사본

문제 5
- 解雇 jiěgù [동] 해고하다
- 自信 zìxìn [형] 자신만만하다, 자신감 있다
- 部门 bùmén [명] 부서
- 升职 shēngzhí [동] 승진하다
- 研发部 yánfābù [명] 연구개발부
- 调 diào [동] 옮기다, 이동하다, 파견하다
- 销售部 xiāoshòubù [명] 영업부
- 压力 yālì [명] 스트레스
- 挑战性 tiǎozhànxìng [명] 도전성
- 打交道 dǎ jiāodào 교류하다(跟A打交道)

Day 6　105

❶ 보기를 파악하고 미리 예상해보자.

보기의 표현들이 주로 회사나 직장의 업무와 관련된 어휘로 이루어져 있다면 대화 인물의 직급이나 관계, 업무 일정과 보고, 사직 등과 관련된 사항들을 예상해보며 녹음 지문을 듣도록 한다.

> A 有员工想辞职 사직하려는 직원이 있다　　B 销售部换领导了 영업부의 책임자가 바뀌었다
> C 王秘书换部门了 왕 비서는 부서를 옮겼다　　D 女的是销售部员工 여자는 영업부 직원이다

❷ 회사와 관련된 어휘들을 정리해보자.

부서별, 상황별로 발생할 수 있는 일들을 떠올려보고, 관련된 표현들을 생각해보자. 특히 부서와 관련된 표현이 대화나 보기에서 자주 등장한다.

> 男：你为什么想应聘我们公司的销售职位?
> 女：我想从事有挑战的工作，而且我喜欢跟人打交道。

→ 대화를 통해 여자가 영업부에 지원했고, 그 이유로 도전적인 일과 사람들과 교류하는 것을 좋아한다고 했다. 이런 점은 영업부서의 업무 특징이라고 할 수 있다. 이처럼 부서와 부서의 업무 환경이나 특성 등이 함께 나오기도 한다.

❸ 회사 관련 질문의 유형을 파악한다.

> 问：男的为什么不能去出差? 남자는 왜 출장을 갈 수 없는가?
> 问：女的觉得那份报告怎么样? 여자가 생각하기에 그 보고서는 어떠한가?
> 问：男的认为销售工作怎么样? 남자가 생각하기에 영업 일은 어떠한가?
> 问：关于女的，可以知道什么? 여자에 관하여 알 수 있는 것은 무엇인가?

PT팁 회사 관련 빈출 어휘　　● Track 06-2

부서	人事部 rénshìbù 인사부 销售部 xiāoshòubù 영업부 营销部 yíngxiāobù 마케팅부	生产部 shēngchǎnbù 생산부 财务部 cáiwùbù 재무부 研发部 yánfābù 연구개발부
업무	业务 yèwù 업무 待遇 dàiyù 대우, 처우 录取 lùqǔ 채용, 채용하다 入职 rùzhí 입사하다 辞职 cízhí 사직하다	开会 kāihuì 회의, 회의를 하다 报告 bàogào 보고하다 安排 ānpái 안배하다, 일정을 짜다 合同 hétong 계약하다 办理手续 bànlǐ shǒuxù 수속을 처리하다
직급	社长 shèzhǎng 사장 (=经理 jīnglǐ) 队长 duìzhǎng 팀장 (=组长 zǔzhǎng) 领导 lǐngdǎo 상사 秘书 mìshū 비서	职员 zhíyuán 직원 同事 tóngshì 동료 上司 shàngsi 상사, 상급자 下属 xiàshǔ 부하 직원

예제 1 짧은 대화 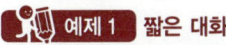 Track 06-3

A 退休了 B 在教人打太极拳 C 正在休假 D 辞职了	A 퇴직했다 B 태극권을 가르치고 있다 C 휴가 중이다 D 사직했다
男：王阿姨，您今天怎么这么早就下班了？ 女：我上个星期就退休了。现在正准备去公园学太极拳呢。 问：关于王阿姨，可以知道什么？	남: 왕씨 아주머니, 오늘 왜 이렇게 일찍 퇴근했어요? 여: 지난주에 퇴직했어요. 지금 공원에 가서 태극권을 배우려고 준비 중이에요. 질문: 왕씨 아주머니에 관하여 알 수 있는 것은 무엇인가?

해설 보기를 살펴보면, 退休(퇴직), 休假(휴가), 辞职(사직)과 같은 회사와 관련된 어휘들이 제시되었다. 어떤 주제의 대화인지 짐작해보면서 녹음 지문을 듣도록 하자. 대화에서 보기 A의 退休, B의 太极拳이라는 두 표현이 똑같이 언급되었다. 여자의 말에 의하면 왕씨 아주머니는 지난주에 퇴직을 했고, 지금은 공원에 태극권을 배우러 가는 길이다. 그러므로 A 退休了(퇴직했다)가 정답이다. B는 태극권을 가르치고 있는 것이 아니므로 정답이 될 수 없다.

정답 A

예제 2 긴 대화 Track 06-4

A 出差日程 B 人员分配 C 贷款事宜 D 签约时间	A 출장 일정 B 인원 배정 C 대출 업무 D 계약 시간
女：喂！李总，你传真过来的那份合约我看过了。没有问题！ 男：那我们定个时间签约吧？ 女：行，我让秘书来安排吧。 男：好的。预祝我们合作愉快！ 问：女的要让秘书安排什么？	여: 여보세요? 이 사장님, 팩스로 보내주신 그 계약서를 확인했어요. 문제 없습니다! 남: 그럼 우리 시간을 정해서 계약을 해야겠죠? 여: 네, 비서에게 일정을 잡으라고 할게요. 남: 좋습니다. 우리의 협력이 잘 되기를 바랍니다! 질문: 여자는 비서에게 어떤 일정을 잡도록 하는가?

해설 보기의 내용이 모두 업무와 관련된 표현들임을 확인하고 대화를 들어보자. 대화 내용은 여자가 남자와의 협약 계약서를 확인한 후에 계약 일정을 잡는 내용이다. 보기 A, B, C의 내용은 대화에서 언급되지 않았고, D의 签约时间(계약 시간(일정))이 그대로 언급되고 있으므로 비교적 쉽게 정답을 찾을 수 있다.

정답 D

실전 PT

Track 06-5

▶ 정답 및 해설 30p

학습시간 2 0 분

부서·입사·퇴직·사직·채용·보고 등 회사와 관련된 빈출 어휘들을 주의하며 문제를 풀어보자!

[제1부분 짧은 대화]

문제 1
A 整体不错
B 逻辑性很弱
C 不需要修改
D 结构不合理

문제 2
A 以后保持联系
B 让男的别着急
C 祝男的一路顺风
D 不希望男的辞职

문제 3
A 中奖了
B 有人请客
C 涨工资了
D 发奖金了

[제2부분 긴 대화]

문제 4
A 是会计
B 忘带材料了
C 是来送东西的
D 在交流处工作

문제 5
A 被解雇了
B 不太自信
C 换部门了
D 升职了

독해 제2부분 ❶ | 단문 독해–올바른 내용 찾기
주제 – "처음과 마지막을 주목하라"

어휘 PT

예제 1

鼓励	gǔlì	명 격려 동 격려하다
信任	xìnrèn	명 신임, 신뢰 동 신임하다, 신뢰하다
经历	jīnglì	동 겪다, 경험하다
挫折	cuòzhé	명 좌절, 실패 동 좌절하다, 실패하다
即使A, 也B	jíshǐ A, yě B	접 설령 A할지라도, B하다
竞争	jìngzhēng	명 경쟁 동 경쟁하다
失败	shībài	명 실패 동 실패하다
只要A, 就B	zhǐyào A, jiù B	접 A하기만 하면 B할 수 있다
付出	fùchū	동 (돈이나 대가를)지급하다, 들이다
努力	nǔlì	동 노력하다, 힘쓰다
给予	jǐyǔ	동 주다, 부여하다
肯定	kěndìng	명 인정 동 인정하다
赞赏	zànshǎng	명 칭찬 동 칭찬하다
有信心	yǒu xìnxīn	자신 있다(=有把握)
接受	jiēshòu	동 받아들이다, 수락하다
挑战	tiǎozhàn	명 도전
争取	zhēngqǔ	동 쟁취하다
胜利	shènglì	명 승리 동 승리하다
教育	jiàoyù	명 교육
自信	zìxìn	동 자신하다 형 자신감 있다, 자신만만하다
渴望	kěwàng	명 갈망
强烈	qiángliè	형 강렬하다
独自	dúzì	부 혼자서, 홀로, 단독으로
面对	miànduì	동 직면하다, 마주하다

예제 2

猜出	cāichū	동 추측해내다
对方	duìfāng	명 상대방
职业	zhíyè	명 직업
比如	bǐrú	접 예를 들어
看起来	kàn qǐlái	보아하니
像	xiàng	동 ~와 같다, 비슷하다
律师	lǜshī	명 변호사
记者	jìzhě	명 기자

判断	pànduàn	명 판단 동 판단하다
通常	tōngcháng	명 통상, 보통 형 일반적으로
根据	gēnjù	전 ~에 근거하여 동 근거하다
表现	biǎoxiàn	동 나타나다, 표현하다
特点	tèdiǎn	명 특징
议论	yìlùn	동 논하다, 입에 오르내리다
别人	biérén	대 남, 타인, 다른 사람
A受B尊敬	A shòu B zūnjìng	A가 B의 존경을 받다
善于	shànyú	~에 능숙하다, ~을 잘하다
听取	tīngqǔ	동 청취하다, 귀 기울이다
意见	yìjiàn	명 의견

문제 1

招聘	zhāopìn	동 채용하다, 뽑다
注意	zhùyì	동 주의하다
综合能力	zōnghé nénglì	종합 능력
然而	rán'ér	접 그러나
短暂	duǎnzàn	형 (시간이) 짧다
面试	miànshì	명 면접, 면접시험
不管A, 都B	bùguǎn A, dōu B	접 A에 상관없이 B하다
如何	rúhé	대 어떻게, 어떤
充分	chōngfèn	형 충분하다
无法	wúfǎ	동 방법이 없다
才能	cáinéng	명 재능
全方位	quánfāngwèi	명 각 방면, 모든 방면
展示	zhǎnshì	동 드러내다, 나타내다
作为	zuòwéi	동 ~(신분·자격)으로서
求职者	qiúzhízhě	명 구직자
针对	zhēnduì	동 겨냥하다
应聘	yìngpìn	동 지원하다, 초빙에 응하다
岗位	gǎngwèi	명 직장, 직위, 부서
强调	qiángdiào	동 강조하다
专长	zhuāncháng	명 특기

详细 xiángxì 형 상세하다, 자세하다
阐述 chǎnshù 동 서술하다
优点 yōudiǎn 명 우수한 점
长处 chángchu 명 장점
行动 xíngdòng 명 행동 동 행동하다
制定 zhìdìng 동 제정하다, 만들다
计划 jìhuà 명 계획
优势 yōushì 명 우세, 우수한 점, 장점
全面 quánmiàn 명 전면, 전반, 전체
了解 liǎojiě 동 알다, 이해하다
合理 hélǐ 형 합리적이다
分配 fēnpèi 동 분배하다

문제 2

对A来说 duì A lái shuō A의 입장에서 말하면
有些 yǒuxiē 대 어떠한
兴趣 xìngqù 명 취미
广泛 guǎngfàn 형 광범위하다, 폭넓다
未必 wèibì 부 반드시 ~인 것은 아니다
精力 jīnglì 명 정력
有限 yǒuxiàn 형 유한하다, 한계가 있다
专心 zhuānxīn 형 전념하다, 몰두하다, 열중하다
并不 bìng bù 결코 ~하지 않다
要是A, 那么B yàoshì A, nàme B 만약 A한다면, B할 것이다
既A, 又B jì A, yòu B A하기도 하고, B하기도 하다
成 chéng 동 완성하다
行为 xíngwéi 명 행위
负责 fùzé 동 책임지다, 맡다
适合 shìhé 동 적합하다, 어울리다
理由 lǐyóu 명 이유

문제 3

追求 zhuīqiú 동 추구하다
财富 cáifù 명 부
过程 guòchéng 명 과정
迷失 míshī 동 (방향·길 등을) 잃다, 잃어버리다
以为 yǐwéi 동 ~인 줄 알다, ~라고 착각하다
事实上 shìshíshàng 사실상
必然 bìrán 형 필연적이다
不幸 búxìng 형 불행하다
比比皆是 bǐbǐ jiēshì 무척 많다, 수두룩하다
衡量 héngliáng 동 판단하다, 평가하다
过分 guòfèn 형 지나치다
完美 wánměi 형 완벽하다, 완전하다
正确 zhèngquè 형 정확하다
评价 píngjià 동 평가하다
社会地位 shèhuì dìwèi 사회(적) 지위

❶ 보기를 보며 지문의 주제 내용을 추론하자.

보기의 내용을 먼저 빠르게 훑어보면, 지문의 대략적인 내용을 추론할 수 있다. 독해 2부분은 대부분 지문의 주제를 담고 있는 문장들이 정답이므로 주제로 보기에는 너무 편협한 견해나 일부 시각만을 강조한 내용은 정답이 될 수 없다.

> A 亲情比爱情更重要 가족애가 남녀간의 사랑보다 더 중요하다
> B 父亲的建议有些自私 아버지의 조언은 약간 이기적이다
> C 父母对孩子的爱是不变的 자녀에 대한 부모의 사랑은 변하지 않는다
> D 父母对孩子的爱受环境影响 자녀에 대한 부모의 사랑은 환경의 영향을 받는다
>
> → 보기의 내용들이 모두 가족과 관련하여 부모와 자녀에 대한 문장들이다. C를 제외한 나머지 보기들의 내용이 일반적인 시각이 아니라 한 쪽으로 치우쳐 있다. 따라서 지문의 내용, 혹은 주제가 C임을 미리 짐작할 수 있다.

❷ 보기 중, 상식·정보 측면에서 사실 여부를 판단해보자.

보기 문장의 내용이 상식·정보 측면에서 사실과 다르거나 일반적이지 않을 경우, 정답이 될 수 없다.

> A 水果的保鲜期最长 과일의 유통기한이 가장 길다
> B 蔬菜含糖量低于水果 채소의 당도는 과일보다 낮다
> C 蔬菜的热量很高 채소의 칼로리는 매우 높다
> D 多吃水果有害于健康 과일은 많이 먹으면 건강에 해롭다
>
> → 보기 A는 상식적으로 틀린 내용이며, C와 D 역시 우리가 일반적으로 알고 있는 사실과 전혀 다르고, 논리에 맞지 않는 내용이므로 이런 문장들은 정답에서 과감히 배제한다.

❸ 지문의 첫 문장과 마지막 문장을 주목하자.

지문에서 글의 주제가 직접 제시될 경우, 주로 맨 처음이나 마지막에 언급된다. 그러므로 지문을 읽을 때, 첫 문장과 마지막 문장을 주의 깊게 보면 글의 주제를 빠르게 파악할 수 있다.

> 近年来，股票逐渐成为人们投资的一种重要方式。与基金相比，股票的利润更大，然而其风险也更高。因此，投资者在进入股市前最好先仔细观察，谨慎投资。投资者应根据自己的经济状况，量力而行，尽量不要一次性地投入过多资金。
>
> 최근 몇 년 동안, 주식은 점차 투자의 중요한 방식이 되었다. 펀드에 비하면 주식의 이윤이 더 높다. 그러나 그 위험도 훨씬 높다. 그러므로 투자자는 주식시장에 들어가기 전에 먼저 자세하게 관찰하고, 신중하게 투자하는 것이 좋다. 투자자는 자신의 상황, 능력에 따라 행해야 하며, 가능한 한 한번에 많은 투자금을 투입하지 말아야 한다.
>
> → 위 지문은 마지막 문장에 주제를 제시하면서 전체 내용을 정리하고 있다.

예제 1

鼓励和信任是孩子在经历挫折之后最需要从父母那里得到的东西。孩子即使在竞争中失败了也没关系，只要父母能对他们所付出的努力给予肯定和赞赏，他们就会更有信心并愿意接受新的挑战，争取下一次的胜利。	격려와 신뢰는 아이들이 좌절을 겪은 후 부모로부터 가장 얻기를 필요로 하는 것이다. 아이가 설령 경쟁 중에 실패하더라도 괜찮다. 부모가 그들이 노력한 것에 대하여 인정과 칭찬을 해준다면, 그들은 더욱 자신감을 갖고, 새로운 도전을 받아들여, 다음에는 승리를 쟁취할 것이다.
A 家庭教育与学校教育应同时进行 B 父母的鼓励能让孩子变得自信 C 孩子对胜利的渴望比父母强烈 D 应让孩子独自去面对挫折	A 가정 교육은 학교 교육과 동시에 진행해야 한다 B 부모의 격려는 아이를 자신 있게 만든다 C 승리에 대한 아이의 갈망은 부모보다 강렬하다 D 아이가 홀로 좌절을 마주하도록 해야 한다

해설 먼저 보기의 내용을 살펴보자. 사실과 다르거나 일반적인 내용이 아닌 경우, 정답이 될 수 없음을 유의하자. A와 B는 일반적인 견해의 범주에서 벗어나지 않으므로 정답이 될 가능성이 높다. 그러나 C와 D는 일반적인 견해가 아닌 편향된 시각의 주장이므로 정답이 될 수 없다. 실제로 지문의 주제는 '부모의 격려와 신뢰는 아이에게 매우 중요하다'이다. A와 B 가운데 A는 지문에 언급되지 않았고, B가 지문의 주제와 일치한다.

정답 B

예제 2

人们常常跟别人谈上几分钟，就可以猜出对方的职业，比如："您看起来像位律师。" "您是位记者吧？"这些话在日常生活中经常可以听到。这种判断通常是根据一个人说话时所表现出来的职业特点做出的。	사람들은 종종 다른 사람과 몇 분 정도 이야기를 나누면, 상대방의 직업을 추측해낼 수 있다. 예를 들면, "당신은 보아하니 변호사 같군요.", "당신은 기자죠?" 이런 말들을 일상생활에서 자주 들을 수 있다. 이러한 판단은 통상적으로 한 사람이 말할 때 보여주는 직업적 특징을 근거로 한다.
A 不要议论别人 B 律师很受人们尊敬 C 要善于听取别人的意见 D 谈话表现出一个人的职业特点。	A 다른 사람을 험담해서는 안 된다 B 변호사는 사람들에게 존경을 받는다 C 다른 사람의 의견에 귀를 기울여야 한다 D 대화는 한 사람의 직업적 특징을 나타낸다

해설 보기의 내용을 먼저 살펴보고 지문의 주제를 찾아보자. 주제는 일반적으로 첫 문장과 마지막 문장에 제시된다. 위 지문은 앞부분에서 먼저 현상에 대한 예시를 들고 마지막에 이어서 현상의 원인, 즉 주제를 말하고 있다. 우리가 어떤 사람의 직업이나 하는 일을 추측해낼 수 있는 것은 대화 중에 무의식적으로 직업적 특징이 표출되기 때문이다. 이와 일치하는 내용은 D이다. 나머지 보기의 내용은 지문의 주제와 거리가 멀다.

정답 D

 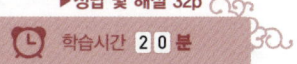

> 지문의 첫 문장과 마지막 문장에 주제가 있다! 일반적인 상식에 어긋나거나 사실이 아닌 것은 과감히 배제하자!

문제 1

任何一家公司在招聘时，都会注意一个人的综合能力，然而在短暂的面试时间里，不管准备得如何充分，都无法让个人才能全方位地展示出来。作为求职者，应该做的是，针对所应聘岗位强调个人的能力和专长，针对这项工作详细阐述自己的优点与长处。

A 行动前应制定计划
B 面试时要突出自己的优势
C 求职者要全面了解公司
D 要合理分配自己的时间

문제 2

对有些人来说，兴趣广泛未必是件好事。每个人的精力和时间是有限的，在这有限的时间里，我们真正能专心去做的事情并不是很多。要是既对这个感兴趣，又对那个感兴趣，做一会儿这个，做一会儿那个，那么到最后的结果可能就是什么都做了，但什么也没做成。

A 要对自己的行为负责
B 应该做一个兴趣广泛的人
C 兴趣广泛未必适合所有人
D 做一件事情应该有充分的理由

문제 3

人们在追求财富的过程中，很容易迷失生活的方向，常常以为更多的财富会带来更多的快乐。事实上，快乐跟财富没有必然的关系，生活中不幸的富比比皆是。幸福是不能只以金钱来衡量的。

A 不要过分追求完美
B 要正确评价自己
C 钱多不一定就幸福
D 社会地位高的人更快乐

쓰기 제1부분 ❻ | 단어 순서 배열
被 구문

전략 PT

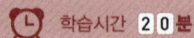 학습시간  분

❶ 被 구문의 문장 구조를 파악하자.

被의 품사는 전치사이며, 명사나 대명사 앞에 쓰여 전치사구를 이룬다. 이 전치사구는 문장에서 술어의 앞, 부사어 자리에 위치한다.

| 被 구문(피동문) | 被를 사용하여 '~에게~을 당하다'라는 피동을 나타내는 문장 | 我被虫子咬了。|

❷ 被 구문의 어순

[주어(동작의 대상) + 부사 + 조동사 + [被/让/叫 + 명사(목적어-행위자)] + 술어 + 기타 성분]

我	+	被虫子	+	咬	+	了
주어		전치사구[被+명]		술어		기타 성분
나는		벌레에게		물렸다		→ 나는 벌레에게 물렸다

TIP 被 구문에서 출제 빈도가 가장 높은 것은 목적어(행위자)가 생략된 문장이다. 목적어가 생략되었을 경우, 被 뒤에 술어가 바로 올 수 있다는 것을 기억하자! 또한 시간부사·부정부사·조동사의 위치가 被 앞에 위치한다는 것도 잊지 말자!

❸ 把 구문의 어순과 헷갈리지 않도록 주의하자.

把 구문에서는 주체(행위자)가 주어 자리에 놓이지만, 被 구문에서는 목적어 자리에 온다.

把 자문	我 + 把 + 钥匙 + 弄 + 丢了。
	주어 + 把 + 목적어 + 술어 + 기타 성분
	행위자(주체)　　　　　　　　　　　　　　　　→ 나는 열쇠를 잃어버렸다.
被 자문	我 + 被 + 虫子 + 咬 + 了。
	주어 + 被 + 목적어 + 술어 + 기타 성분
	동작의 대상　　　행위자(주체)　　　　　　→ 나는 모기한테 물렸다. (모기가 나를 물었다.)

❹ 让/叫를 주의하자.

让과 叫는 어법적 쓰임새가 두 가지가 있다. 하나는 被구문과 같이 피동의 의미이고, 다른 하나는 겸어문으로 사역의 의미를 갖는다. 어떤 의미로 쓰였는지 파악하는 것이 중요하다.

花瓶让他打破了。(被구문) 꽃병이 그에 의해 깨졌다.(그가 꽃병을 깨뜨렸다.)
谁让你进来的？(겸어문) 누가 널 들어오라고 했니?

没想到叫你猜对了。(被구문) 예상치 못하게 네가 맞췄다.
老板叫你来一趟。(겸어문) 사장님이 너를 한번 오라고 한다.

PT팁 被구문 특징

① 주어는 **한정적 대상**이어야 한다.

> 那个学生被老师批评了。（O）그 학생은 선생님께 야단맞았다.
> 一个学生被老师批评了。（X）학생이 선생님께 야단맞았다.

② **감각·인지·심리를 나타내는 동사**(일부 제외)가 뒤에 올 수 있다. 판단동사·조동사·방향을 나타내는 동사와 자동사는 함께 쓰이지 않는다.

> 那件事被他知道了。(知道/觉得/感到/怕/喜欢/看见) 그 일을 그가 알았다.

③ 동사는 단독으로 쓰이는 경우가 드물고, 대개 뒤에 **기타 성분**과 함께 쓰인다.

> 我的钱被小偷偷走了。(결과보어 + 동태조사) 내 돈을 도둑이 훔쳐갔다.

④ **시간부사, 부정부사, 조동사**는 被 앞에 위치한다.

> 今天的票已经被卖完了。　오늘의 표는 이미 다 팔렸다.
> 今天的票没被卖完。　오늘의 표는 다 팔리지 않았다.
> 今天的票应该被卖完。　오늘의 표는 다 팔려야 한다.

⑤ **목적어는 생략 가능**하다.

> 那本书被(他)借走了。　그 책은 (그가) 빌려갔다.

⑥ 被 대신 叫/让을 쓸 수 있지만, 이때 목적어(행위자)는 생략할 수 없다.

> 那本书被拿走了。
> 那本书叫人拿走了。
> 那本书让人拿走了。

예제 1

| 摔坏 | 数码相机 | 表弟 | 了 | 被 |

[분석]
[품사분석] 摔坏 [동] 떨어져서 망가지다 / 数码相机 [명] 디지털 카메라 / 表弟 [명] 사촌 남동생 / 了 [조] ~했다 / 被 [전] ~에게, ~에 의해
[문장구조] [주어 + 被 + 명사(목적어-행위자) + 술어 + 기타성분(了)]

[해설] 被구문임을 염두에 두고 술어와 기타성분을 찾으면 摔坏了가 적합하다. 주어는 数码相机를, 被와 목적어(행위자)는 被表弟로 짝을 지어 배치한다.

[정답] 数码相机被表弟摔坏了。디지털 카메라는 사촌동생에 의하여 망가졌다. (사촌동생이 디지털 카메라를 망가뜨렸다.)

예제 2

| 被 | 有些 | 删除了 | 已经 | 文件 |

[분석]
[품사] 被 [전] ~에게, ~에 의해 / 有些 [대] 어떤, 일부 / 删除 [동] 삭제하다 / 已经 [부] 이미 / 文件 [명] 문서
[문장구조] [주어 + 부사어 + 被 + 명사(목적어-행위자) + 술어 + 기타성분(了)]

[해설] 술어와 기타 성분에 删除了를 배치한다. 주어는 有些文件이 되고, 被 뒤에 오는 목적어(명사)가 없으므로 여기서는 생략됨을 알 수 있다. 부사어 已经은 被 앞에 배치한다.

[정답] 有些文件已经被删除了。일부 문서는 이미 삭제되었다.

실전 PT

> 被 구문의 문장 구조를 생각하며 완전한 문장을 만들어 보자.

문제 1 预订   6号桌   已经   了   被他人

_____

문제 2 他   被   录取   了   那家公司

_____

문제 3 打湿   那些资料   了   被   雨水

_____

문제 4 已经   小李犯的错误   被   发现了

_____

문제 5 小王   了   被   咬   小狗

_____

 마무리 PT   학습시간 05분

1. **办理 + 手续** : 수속을 처리하다
   我现在去办理交接手续。
   제가 지금 가서 인수인계 수속을 처리하겠습니다.

2. **加薪(=涨工资)** : 월급이 오르다, 인상되다
   今天公司通知我给我加薪了。
   오늘 회사에서 나에게 월급을 인상한다고 통보했다.

3. **跟A打交道** : A와 교류하다
   我喜欢有挑战性的工作，也很喜欢跟人打交道。
   저는 도전적인 일을 좋아하며, 사람들과 교류하는 것도 좋아합니다.

4. **即使A，也B** : 설령 A할지라도 B하다
   孩子即使在竞争中失败了也没关系。
   아이가 설령 경쟁 속에서 실패하더라도 괜찮다.

5. **经历/面对 + 挫折** : 좌절(실패)를 경험하다/직면하다
   不应让孩子独自去面对挫折。
   아이가 홀로 좌절을 마주하게 해서는 안 된다.

6. **阐述 + 优点/长处/立场/看法/观点** : 장점/입장/견해/관점을 서술하다
   详细阐述自己的优点与长处。
   자신의 우수한 점과 장점을 상세하게 서술하세요.

7. **善于 + 2음절 동사** : ~에 능숙하다, ~을 잘하다
   要善于听取别人的意见。
   다른 사람의 의견을 잘 경청해야 한다.

8. **分配 + 时间/业务/人员** : 시간/업무/인원을 분배하다
   要合理分配自己的时间。
   자신의 시간을 합리적으로 분배해야 한다.

9. **对A来说** : A의 입장에서 말하면
   对有些人来说，兴趣广泛未必是件好事。
   어떤 사람들의 입장에서 말하면, 흥미가 광범위한 것은 반드시 좋은 일이 아니다.

10. **追求 + 完美/目标/理想**(추상명사) : 완벽함/목표/이상을 추구하다
    不要过分追求完美。
    지나치게 완벽함을 추구하지 마라.

Day 7

듣기 제1·2부분 ❼ | 짧은 대화/긴 대화
병원/통증 – "어디가, 어떻게, 왜 아픈가"

어휘 PT ● Track 07-1 학습시간 10분

예제 1
- 皮肤 pífū 몡 피부
- 过敏 guòmǐn 동 알레르기 반응을 보이다
- 腿 tuǐ 몡 다리
- 疼 téng 형 아프다
- 脖子 bózi 몡 목
- 酸痛 suāntòng 형 쑤시고 아프다
- 礼拜 lǐbài 몡 주, 요일
- 胳膊 gēbo 몡 팔
- 受伤 shòushāng 동 상처를 입다
- 比较 bǐjiào 부 비교적 동 비교하다
- 严重 yánzhòng 형 심각하다
- 至少 zhìshǎo 부 적어도, 최소한
- 恢复 huīfù 동 회복하다

예제 2
- 晒黑 shàihēi 동 햇볕에 타다
- 胃疼 wèiténg 몡 위통
- 海鲜 hǎixiān 몡 해산물
- 多亏 duōkuī 동 덕택이다
- 丸 wán 양 알, 환(알약을 세는 단위)
- 管用 guǎnyòng 형 효과적이다, 유용하다
- 注意 zhùyì 동 주의하다

문제 1
- 疲劳 píláo 형 피곤하다, 피로하다
- 肠胃 chángwèi 몡 소화기관
- 不适 búshì 형 불편하다, 아프다(=不舒服)
- 牙疼 yáténg 몡 치통 형 이가 아프다
- 对面 duìmiàn 몡 맞은편
- 超市 chāoshì 몡 마트, 슈퍼
- 冰淇淋 bīngqílín 몡 아이스크림(=冰激凌)
- 着凉 zháoliáng 동 감기에 걸리다(=感冒)

문제 2
- 淡 dàn 형 싱겁다
- 后背 hòubèi 몡 등
- 痒 yǎng 형 간지럽다

문제 3
- 头晕 tóuyūn 동 머리가 어지럽다
- 嗓子 sǎngzi 몡 목구멍
- 失眠 shīmián 동 잠을 못 이루다, 불면증에 걸리다
- 声音 shēngyīn 몡 목소리
- 怪 guài 형 이상하다
- 发炎 fāyán 동 염증이 나다

문제 4
- 腰疼 yāoténg 몡 요통
- 痒 yǎng 형 가렵다, 간지럽다
- 红了一片 hóng le yí piàn 온통(전체, 전부) 붉다
- 咬 yǎo 동 물다
- 止痒 zhǐyǎng 동 가려움을 없애다, 가려움을 멈추다
- 效果 xiàoguǒ 몡 효능, 효과

문제 5
- 弄破 nòngpò 찢어지다, 파손되다
- 打碎 dǎsuì 동 부수다, 깨지다
- 流血 liúxiě 동 피를 흘리다, 피가 나다
- 擦 cā 동 닦다, 문지르다
- 玻璃 bōli 몡 유리
- 包 bāo 동 감다, 싸다
- 不要紧 búyàojǐn 형 괜찮다

전략 PT

1 보기를 보고 어떤 증상인지 파악하자.

보기에 통증이나 병원과 관련된 표현이 나왔다면 녹음 지문의 내용은 당연히 누군가 어디가 아프다는 내용이다. 누가 어디가 왜 아픈지, 지금은 상태가 어떤지 등의 상황들을 짐작해보며 들기 준비를 하자.

A 脖子疼 목이 아프다 B 胃难受 위가 불편하다
C 皮肤过敏 피부에 이상 반응이 생기다 D 胳膊酸痛 팔이 결리다

2 같은 의미를 지닌 다양한 표현들을 익혀두자.

병원·통증 관련된 어휘 중에도 같은 의미를 지니는 다양한 표현들이 있다. 대화에서 언급된 표현이 보기에서는 동의어나 유의어로 제시되는 경우가 종종 있으므로 다양한 표현들을 알아두자.

男: 你怎么了？脸色不太好。
女: 感冒了。昨天晚上就不太舒服。
问: 女的怎么了？

A 头晕 B 着凉了 C 气色很好 D 昨晚失眠了

→ 대화에서의 感冒와 보기 B의 着凉 모두 '감기에 걸리다'라는 뜻이다.

3 병원·통증과 관련된 질문의 유형을 파악하자.

问: 女的怎么了？ 여자는 어떠한가?
问: 男的怎么了？ 남자는 어떠한가?
问: 关于女的，下列哪项正确？ 여자에 관하여 다음 중 옳은 것은 무엇인가?
问: 关于男的，可以知道什么？ 남자에 관하여 알 수 있는 것은 무엇인가?

PT팁 병원·통증 빈출 어휘   ● Track 07-2

신체 부위	肺 fèi 폐 胸 xiōng 가슴, 흉부 腰 yāo 허리 肩膀 jiānbǎng 어깨	手指 shǒuzhǐ 손가락 心脏 xīnzàng 심장 肌肉 jīròu 근육 心理 xīnlǐ 심리
증상	发烧 fāshāo 열이 나다 发炎 fāyán 염증이 생기다 出血 chūxiě 출혈하다, 피가 나다	扭伤 niǔshāng 삐다, 접질리다 传染 chuánrǎn 전염하다, 감염시키다 中病毒 zhòng bìngdú 바이러스에 걸리다
진료	治疗 zhìliáo 치료하다 体检 tǐjiǎn 신체검사(하다) 住院 zhùyuàn 입원하다	打针 dǎzhēn 주사를 놓다, 주사를 맞다 开药 kāiyào 약을 처방하다 做手术 zuò shǒushù 수술을 하다

예제 1 짧은 대화 Track 07-3

A 皮肤过敏 B 腿很疼 C 胳膊受伤了 D 脖子酸痛	A 피부에 알레르기 반응이 일어나다 B 다리가 아프다 C 팔에 상처를 입었다 D 목이 쑤시고 아프다
女: 都三个礼拜了，我的胳膊还是很疼。 男: 医生说，你的胳膊受伤比较严重，至少得休息两个月，才能完全恢复。 问: 女的怎么了？	여: 벌써 3주가 지났어요. 팔이 여전히 아파요. 남: 의사가 말하길, 당신 팔의 상처가 비교적 심각해서 적어도 2개월은 쉬어야 완전히 회복할 수 있대요. 질문: 여자는 어떠한가?

해설 보기에는 皮肤(피부), 腿(다리), 胳膊(팔), 脖子(목)과 관련한 통증 내용이 나와있다. 통증 부위를 잘 확인하고 대화를 들어보자. 여자가 팔이 아프다고 했으므로 통증 부위를 바로 확인할 수 있다. 이어서 남자는 의사의 말을 인용하여 팔의 상처가 비교적 심각하다고 말한다. 그러므로 C 胳膊受伤了가 정답이 된다.

정답 C

예제 2 긴 대화 Track 07-4

A 晒黑了 B 胃疼 C 不爱吃海鲜 D 现在不过敏了	A 햇볕에 탔다 B 위가 아프다 C 해산물을 좋아하지 않는다 D 현재 알레르기 반응이 나타나지 않는다
男: 王老师，谢谢您，多亏您给我那丸药，很管用。 女: 别客气，好了吗？皮肤不过敏了？ 男: 一个星期就好了。 女: 那就好。还得注意，别吃海鲜。 问: 关于男的，可以知道什么？	남: 왕 선생님, 감사합니다. 선생님께서 그 약을 처방해주신 덕에 효과가 있었어요. 여: 별말씀을요. 좋아졌나요? 알레르기 반응이 없어졌나요? 남: 일주일이 되니 좋아졌어요. 여: 그럼 잘 됐네요. 그래도 주의해야 해요. 해산물은 먹지 마세요. 질문: 남자에 관하여 알 수 있는 것은 무엇인가?

해설 보기의 내용들을 먼저 살펴보고 녹음 지문을 들어보자. 두 남녀의 대화를 통해 남자가 해산물 알레르기가 있으며, 여자(의사)가 처방해준 약을 먹고 현재는 알레르기 반응이 가라앉았음을 알 수 있다. 대화에서 A와 B는 언급되지 않았고, C의 해산물은 좋아하지 않는 게 아니라, 당분간 피해야 할 음식이다. 남자에 관하여 대화 내용과 일치하는 것은 D이다.

정답 D

 실전 PT　　Track 07-5　　정답 및 해설 35p　　학습시간 20분

대화 중 병원·통증에 관련 어휘가 언급되고, 보기에 같은 의미인 동의어의 표현을 찾는 문제가 자주 등장하고 있다. 어휘에 주의하며 문제를 풀어보자!

[제1부분 짧은 대화]

문제 1　A 很疲劳
　　　　　B 肠胃不适
　　　　　C 感冒了
　　　　　D 牙疼

문제 2　A 胃疼
　　　　　B 想吃海鲜
　　　　　C 觉得菜太淡
　　　　　D 觉得过敏了

문제 3　A 头晕
　　　　　B 着凉了
　　　　　C 嗓子不舒服
　　　　　D 昨晚失眠了

[제2부분 긴 대화]

문제 4　A 腰疼
　　　　　B 喝醉了
　　　　　C 胳膊痒
　　　　　D 胃不舒服

문제 5　A 胃疼
　　　　　B 经常失眠
　　　　　C 把手弄破了
　　　　　D 把窗户打碎了

독해 제2부분 ❷ | 단문 독해—올바른 내용 찾기
명언/속담 – "풀이가 따라붙는다"

어휘 PT 학습시간 10분

예제 1

学而不思则罔，思而不学则殆
xué ér bù sī zé wǎng, sī ér bù xué zé dài
배우기만 하고 생각하지 않으면 얻는 것이 없고, 생각만 하고 배우지 않으면 위태롭다

掌握 zhǎngwò 동 숙달하다, 장악하다(~知识/方法)
积极 jījí 형 적극적이다, 진취적이다, 긍정적이다
思考 sīkǎo 동 사고하다, 생각하다
理解 lǐjiě 동 알다, 이해하다
真正 zhēnzhèng 형 진정한, 참된, 진짜의
含义 hányì 명 함의
相反 xiāngfǎn 접 반대로, 거꾸로, 오히려
踏实 tāshi 형 착실하다, 성실하다
钻研 zuānyán 동 깊이 연구하다
取得 qǔdé 동 얻다(~效果/成绩)
养成 yǎngchéng 동 기르다
习惯 xíguàn 명 습관
分开 fēnkāi 동 나누다, 분리하다, 가르다
遇到 yùdào 동 만나다
及时 jíshí 부 즉시, 신속히
发问 fāwèn 동 질문하다, 문제를 제기하다

예제 2

成就 chéngjiù 동 성취하다, 이루다, 완성하다
一番事业 yì fān shìyè 한 가지 사업
一屋不扫，何以扫天下
yì wū bù sǎo, héyǐ sǎo tiānxià
집 안을 다스리지 않고 어떻게 천하를 다스리겠는가?
由A而成的 yóu A ér chéng de A로 이루어지다, A로부터 되다
累积 lěijī 동 쌓다, 누적하다, 축적하다
局面 júmiàn 명 국면, 형세, 양상
出现 chūxiàn 명 출현 동 출현하다
离不开 líbukāi 동 떨어질 수 없다, 없어서는 안 되다
连A都 lián A dōu 심지어 A조차도
无从说起 wúcóng shuōqǐ 말할 방법이 없다
细心 xìxīn 형 세심하다

合作 hézuò 동 합작하다, 협력하다
良好 liánghǎo 형 좋다, 양호하다
基础 jīchǔ 명 기초, 토대, 기반

문제 1

孔子 Kǒngzǐ 인명 공자
曾 céng 부 일찍이
对于不明白的事，必定要问清楚
duìyú bù míngbai de shì, bìdìng yào wèn qīngchu
내가 이해하지 못한 일은 반드시 정확하게 물어봐야 한다
热爱 rè'ài 동 열렬히 사랑하다, 엄청 좋아하다
必然 bìrán 부 반드시, 분명히, 꼭
请教 qǐngjiào 동 가르침을 청하다
相辅相成 xiāngfǔ xiāngchéng 상부상조하다, 서로 도와서 일이 잘 되도록 하다
哪怕 nǎpà 접 설령 ~일지라도
只要A，就B zhǐyào A, jiù B 접 A하기만 한다면, B할 것이다
深刻 shēnkè 형 깊다, 깊이가 있다
谦虚 qiānxū 형 겸손하다, 겸허하다
怀疑 huáiyí 동 의심하다
独立 dúlì 동 독립하다, 독자적으로 하다

문제 2

师傅领进门，修行靠个人
shīfu lǐng jìnmén, xiūxíng kào gèrén
스승이 문으로 안내하면 수행은 스스로 해야 한다
作用 zuòyòng 명 역할, 영향
有限 yǒuxiàn 형 유한하다, 한계가 있다
靠 kào 동 의거하다, 기대다
不懈 búxiè 형 꾸준하다
恰当 qiàdàng 형 알맞다, 적합하다
变A为B biàn A wéi B A가 B로 변하다
互动 hùdòng 동 상호 작용하다
至关 zhìguān 지극히, 매우
重要 zhòngyào 동 지극히 중요하다

	注重	zhùzhòng	동	중시하다, 중점을 두다
	适当	shìdàng	형	적절하다, 적합하다, 알맞다
	听取	tīngqǔ	동	청취하다, 귀담아듣다
	意见	yìjiàn	명	의견, 견해
	纠正	jiūzhèng	동	바로잡다, 고치다
	错误	cuòwù	명	잘못

문제 3

民无信不立	mín wú xìn bú lì		인민의 믿음이 없으면 디디고 일어날 수 없다
市场经济	shìchǎng jīngjì		시장경제
企业诚信	qǐyè chéngxìn		기업 신용
具有	jùyǒu	동	지니다
价值	jiàzhí	명	가치
道德	dàodé	명	도덕
法律	fǎlǜ	명	법, 법률
肯定	kěndìng	명	인정, 긍정
无形财产	wúxíng cáichǎn		무형 재산
组成	zǔchéng	동	구성하다
部分	bùfen	명	부분
基石	jīshí	명	토대, 기초, 근원, 초석
进行	jìnxíng	동	진행하다
商业	shāngyè	명	비즈니스, 상업
活动	huódòng	명	활동, 행사
竞争	jìngzhēng	동	경쟁하다
手段	shǒuduàn	명	수단
金质名片	jīnzhì míngpiàn		금장 명함
深化	shēnhuà	동	심화시키다
改革	gǎigé	명/동	개혁 / 개혁하다
关键	guānjiàn	명	관건, 핵심
象征	xiàngzhēng	명	상징

❶ 보기를 먼저 살펴보자.

먼저 보기의 문장들을 살펴보자. 명언이나 옛날 속담을 인용한 지문의 보기 내용은 일반적으로 모두 올바른 주장일 경우가 많다. 그 중에서 지문에서 언급한 명언이나 속담의 뜻과 일치하는 것을 찾아야 한다.

❷ 인용구의 뒷 부분을 주목하자.

지문에서 인용하는 명언·속담은 주로 고전에 나오는 글귀이므로 쉽게 이해하기 어렵다. 하지만 인용 글귀 뒤에 이를 풀이하는 예시나 설명이 반드시 제시된다. 그러므로 명언·속담에 관련된 문장이 어렵더라도 겁먹지 말고 침착하게 지문을 읽어보자.

❸ 핵심 표현에 주의하자.

지문과 보기가 같은 단어 혹은 내용이 나올 경우 정답을 쉽게 찾을 수 있지만, 간혹 지문의 내용을 비유해서 표현하거나 동의어 혹은 반의어로 정답을 표현할 경우 어려울 수 있으므로 핵심 표현의 의미를 보기와 견주어 잘 파악해야 한다.

PT팁 명언·속담 빈출 표현

己所不欲，勿施于人 yǐ suǒ bú yù, wù shīyú rén	[격언] 내가 원하지 않는 바를 남에게 행하지 마라 (공자, 논어/자기관리 명언)
机会只留给有准备的人 jīhuì zhǐ liúgěi yǒu zhǔnbèi de rén	[격언] 준비된 자에게만 기회가 온다 (루이 파스퇴르/성공 명언)
人贵有自知之明 rén guì yǒu zìzhī zhī míng	[격언] 사람은 누구나 자기 자신을 정확히 아는 것이 중요하다
只有想不到，没有做不到 zhǐyǒu xiǎngbúdào, méiyǒu zuòbúdào	[격언] 단지 생각을 못할 뿐이지, 해내지 못할 일은 없다
一分耕耘，一分收获 yì fēn gēngyún, yì fēn shōuhuò	[격언] 뿌린대로 거둔다 [비유] 노력한 만큼 성과를 얻는다
失败是成功之母 shībài shì chénggōng zhī mǔ	[격언] 실패는 성공의 어머니다 [비유] 성공을 하기까지는 부단한 노력과 실패를 겪기 마련이다
近朱者赤，近墨者黑 jìn zhūzhě chì, jìn mòzhě hēi	[성어] 주사(朱砂)에 가까이 있으면 붉게 물들고, 먹에 가까이 있으면 검게 물든다 [비유] 좋은 사람을 가까이 하면 좋게 변하고, 나쁜 사람과 가까이 하면 나쁘게 변한다
螳螂捕蝉，黄雀在后 tángláng bǔ chán, huángquè zài hòu	[성어] 사마귀가 매미를 잡았지만 참새가 뒤에서 노리고 있다 [비유] 눈앞의 이익만 보고 뒤에 닥칠 재난은 돌아보지 못하다
三人行，必有我师 sān rén xíng, bì yǒu wǒ shī	[성어] 세 사람이 길을 걸으면, 그 중에 반드시 자신의 스승이 될 만한 사람이 있다 [비유] 사람은 마땅히 겸허하게 다른 사람에게 배워야 한다.
只要功夫深，铁杵磨成针 zhǐyào gōngfu shēn, tiěchǔ móchéng zhēn	[속담] 공을 들여 열심히 노력하면 절굿공이도 갈아서 바늘을 만들 수 있다 [비유] 굳은 의지로 시간을 들이면 반드시 일을 성공할 수 있다, 지성이면 감천이다
捡了芝麻，丢了西瓜 jiǎn le zhīma, diū le xīguā	[속담] 참깨는 주웠으나 수박을 잃다. 기와 한 장 아껴서 대들보 썩힌다. [비유] 대단히 어리석다 (＝因小失大)

예제 1

中国有句古话叫"学而不思则罔，思而不学则殆"，意思是说，只掌握知识本身而不积极思考，就无法理解其中的真正含义；相反，如果只思考却不踏踏实实地学习和钻研，也无法取得理想的学习效果。只有将学习和思考结合起来，才能真正学到知识。	중국의 옛 격언에 '배우기만 하고 생각하지 않으면 얻는 것이 없고, 생각만 하고 배우지 않으면 위태롭다'라는 말이 있다. 지식 그 자체만을 숙달하고 적극적으로 생각하지 않으면 그 지식에 담긴 진정한 의미를 이해할 방법이 없다는 것을 말한다. 반대로, 만약 단지 생각만 하고 성실하게 학습하고 연구하지 않는다면, 이상적인 학습 효과를 얻을 방법이 없다. 오직 학습과 생각이 함께 이루어져야만 비로소 진정한 지식을 얻을 수 있다.
A 要养成良好的阅读习惯 B 学习和思考不能分开 C 遇到难题要及时发问 D 思考比学习更重要	A 좋은 독해 습관을 길러야 한다 B 학습과 생각은 나눌 수 없다 C 어려운 문제를 만나면 즉시 질문을 제기해야 한다 D 생각은 학습보다 더욱 중요하다

해설 보기를 언뜻 보면 모두 올바른 주장처럼 보인다. 하지만 지문에서 인용한 글귀의 의미와 일치하는 것을 찾아야 한다. 인용구만 보고도 그 뜻을 이해했다면 바로 보기에서 답을 찾을 수 있지만, 그렇지 않다면 인용구 바로 뒤에 이어지는 풀이를 살펴보자. 지문의 내용은 학습과 지식의 균형을 강조하고 있다. A, C는 지문과 관련이 없는 내용이며, D는 지문의 내용과 달리 어느 한 가지만을 강조하고 있다. 그러므로 정답은 B이다.

TIP 보기 D처럼 비교하여 한 면만 강조하는 내용은 오답인 경우가 많다.

정답 B

예제 2

人人都希望成就一番大事业，却很少有人对小事感兴趣，但"一屋不扫，何以扫天下？"大成就往往是由小成绩累积而成的，"扫天下"局面的出现往往离不开"扫一屋"。如果连"一屋"都扫不好，"扫天下"就更无从说起了。	사람들은 모두 한 가지 큰 일을 이루는 것을 희망한다. 작은 일에 대해 흥미를 느끼는 사람은 매우 적다. 그러나 '집안을 다스리지 않고, 어찌 천하를 다스리겠는가?' 큰 일을 이루는 것은 보통 작은 성과를 쌓는 것으로부터 이루어진다. '천하를 다스리는' 상황의 발생은 종종 '집 안을 다스리는 것'과 분리할 수 없다. 만약 '집'조차 잘 다스리지 못한다면, '천하를 다스리는 것'은 더 이상 어떻게 말할 수가 없다.
A 做事要细心 B 要多与人合作 C 要养成良好的卫生习惯 D 做好小事是成就大事业的基础	A 일을 할 때 세심해야 한다 B 많은 사람과 협력해야 한다 C 양호한 위생 습관을 길러야 한다 D 작은 일을 잘 하는 것은 큰 일의 기반을 이루는 것이다

해설 보기 문장의 내용이 모두 올바른 주장이다. 지문의 인용 글귀와 바로 뒤의 풀이를 보면, '집안을 잘 다스려야 나라를 잘 다스릴 수 있다'라는 글귀로 보기 D와 뜻이 일치한다. 보기에서는 지문의 어휘들을 그대로 사용하지 않았지만 결국 같은 의미이므로 이와 같은 문제들도 유의하자. 나머지 보기의 내용은 지문과 관련이 없다.

TIP B 与A合作 : A와 협력하다
C 养成 : 养成 + 习惯/性格/品质　습관/성격/인품을 기르다

정답 D

> 어려운 명언이나 속담이 나오는 경우, 뒤에 반드시 설명이나 풀이가 제시된다. 안심하고 문제를 풀어보자!

문제 1

孔子曾说：“我对于不明白的事，必定要问清楚。”一个真正热爱学习的人，遇到问题时必然喜欢向别人请教。问和学是相辅相成的，哪怕是再简单的问题，只要别人理解得比你深刻，你就应该谦虚地向别人学习。

A 要学习孔子的怀疑精神
B 遇到问题应虚心向人请教
C 要养成独立思考的好习惯
D 要经常复习旧知识

문제 2

有句话叫"师傅领进门，修行靠个人"。它的意思是说，教师的作用是有限的，学生要想学到更多东西，必须靠自身的不懈努力，掌握恰当的学习方法，在学习的过程中变被动为主动，这样才能取得好的成绩。

A 课堂上的师生互动至关重要
B 学生应更注重自身的努力
C 教师要适当听取学生的意见
D 教师要及时纠正学生的错误

문제 3

孔子说：“民无信不立。”在市场经济中，企业诚信具有经济学价值，是对企业在道德、法律等方面的肯定，是企业无形财产的重要组成部分。诚信是企业发展的基石，是企业进行各种商业活动的最强竞争手段，也是企业家的"金质名片"。

A 大部分企业都需要深化改革
B 人才是企业竞争的关键
C 诚信对企业发展极其重要
D 金质名片是企业家地位的象征

쓰기 제1부분 ❼ | 단어 순서 배열
연동문

전략 PT
학습시간 20분

❶ 하나의 주어에 술어가 두 개 이상이라면 연동문!

제시된 단어 가운데 술어가 두 개 이상이라면 연동문을 만드는 문제이다. 연동문이란 한 문장에 술어가 두 개 이상이 쓰여 행위나 동작이 연속적으로 발생한 것을 나타내거나 원인, 목적, 수단 등의 관계를 나타낸다.

연동문	하나의 주어에 2개 이상의 술어로 구성된 문장	我想去中国学习汉语。

❷ 연동문의 어순

① [주어 + 부사 + 조동사 + 술어1 + 목적어1 + 술어2 + 목적어2]

> 我 + 想 + 去 + 中国 + 学习 + 汉语
> 주어 + 조동사 + 술어1+목적어1 + 술어2+목적어2
> 나는 ~하고 싶다 중국에 가다 중국어를 공부하다 → 나는 중국에 가서 중국어를 공부하고 싶다.

② 조동사, 부정부사, 시간명사의 위치는 일반적으로 첫 번째 술어 앞에 위치한다.

> 我想去图书馆看书。 나는 도서관에 가서 책을 보고 싶다.
> 我不想去图书馆看书。 나는 도서관에 가서 책을 보고 싶지 않다.
> 我明天想去图书馆看书。 나는 내일 도서관에 가서 책을 보고 싶다.

❸ 동작이 일어나는 순서대로 배열하라.

연동문은 기본적으로 동작이 일어나는 순서대로 술어를 배열한다. 해석 역시 어순대로 한다.

> 我明年要去中国留学。 나는 내년에 중국에 가서 유학한다.
>   동작1 동작2
> 我去银行取钱买数码相机。 (동작순서) 나는 은행에 가서 돈을 뽑아 디지털 카메라를 산다.
>   동작1 동작2 동작3
> 他们去体育馆踢足球。 (원인/목적) 그들은 체육관에 가서 축구를 한다.
>   동작1   동작2
> 我每天坐公共汽车去学校。 (방식/수단/도구) 나는 매일 버스를 타고 학교에 간다.
>   동작1   동작2

❹ 有/没有연동문은 다르다!

有/没有연동문은 '~(두 번째 술어와 목적어)할 ~(첫 번째 목적어)이 있다/없다'로 해석하므로 일반 연동문과 다르다는 점을 기억하자!

> 我有时间陪你。 나는 너와 함께 할 시간이 있다.

128 PART 1

연동문의 형태

동작이 순서대로 발생하는 연동문	我去银行取钱买数码相机。 나는 은행에 가서 돈을 뽑아 디지털 카메라를 산다.
술어2가 술어1의 원인·목적인 연동문	他们去体育馆踢足球。 그들은 체육관에 가서 축구를 한다.(그들은 축구를 하러 체육관에 간다.)
술어1이 술어2의 방식·수단·도구인 연동문	我每天坐公共汽车去学校。 나는 매일 버스를 타고 학교에 간다.
有/没有 연동문 [주어 + 有/没有 + 목적어1 + 술어2 + 목적어2]	我有理由反对你的意见。 나는 네 의견에 반대하는 이유가 있다.

예제 1

我们一会儿　　律师　　咨询一下　　去找

분석 [품사분석] 我们 때 우리 / 一会儿 몡 잠시 / 律师 몡 변호사 / 咨询 동 의논하다 / 一下 양 ~해보다, 좀 ~하다 / 去 동 가다 / 找 동 찾다
[문장구조] [주어 + 부사어 + 술어1 + 목적어1 + 술어2 + 보어]

해설 동작이 순서대로 발생하는 연동문이다. 첫 번째 술어와 목적어는 去找律师이고, 두 번째 술어와 보어는 咨询一下가 된다. 주어와 부사어 자리에 我们一会儿을 배치한다.

정답 我们一会儿去找律师咨询一下。우리는 곧 변호사를 찾아가서 의논할 것이다.

예제 2

上班　　小李天天　　自行车　　骑

분석 [품사분석] 上班 동 출근하다 / 小李 인명 샤오리 / 天天 부 매일 / 自行车 몡 자전거 / 骑 동 타다
[문장구조] [주어 + 부사어 + 술어1 + 목적어1 + 술어2 + 목적어2]

해설 술어1이 술어2의 방식·수단·도구인 연동문이다. '자전거를 타다'의 '타다'는 骑이다. 骑自行车 첫 번째 술어와 목적어로 배치하고, 上班은 두 번째 술어 자리에 배치한다. 小李와 시간부사를 주어부에 배치하여 문장을 완성한다.

정답 小李天天骑自行车上班。샤오리는 매일 자전거를 타고 출근한다.

 실전 PT

▶ 정답 및 해설 38p
학습시간 2 0 분

> 연동문의 특징, '하나의 주어에 2개 이상의 술어'를 기억하자. 有/没有연동문의 어순에도 주의하며 문제를 풀어보자.

문제 1 已经   下决心   戒烟了   小高

_____

문제 2 找一下   他一会儿   去体育馆   王教练

_____

문제 3 解决   舅舅   办法   这样的问题   有

_____

문제 4 靠   老鼠   控制   平衡   尾巴

_____

문제 5 来   找过他   这里   老王   曾经

_____

 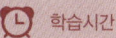

1 又A又B : A하기도 하고 B하기도 하다
脸上**又**红**又**痒。
얼굴이 빨갛고 가렵다.

2 如果A，那(么)B : 만약 A라면, B이다
如果真是过敏，**那**得去医院看看。
만약 정말 알레르기 반응이 나타난다면 병원에 가서 진찰을 받아야 한다.

3 只有A，才B : 오직 A해야만 B할 수 있다
只有将学习和思考结合起来，**才**能真正学到知识。
오직 학습과 생각이 함께 이루어져야만 비로서 진정한 지식을 얻을 수 있다.

4 遇到 + 难题/困难/危险/问题/机会 : 난제/어려움/위험/문제/기회를 만나다(맞닥뜨리다)
遇到难题要及时发问。
어려운 문제를 만나면 즉시 질문을 제기해야 한다.

5 A比B更…… : A는 B보다 더욱 ~하다
思考**比**学习**更**重要。
생각은 학습보다 더욱 중요하다.

6 由A而成 : A로부터 이루어지다, A로부터 되다
大成就往往是**由**小成绩累积**而成**的。
큰 업적은 종종 작은 성과들이 쌓여서 이루어진다.

7 向A请教 : A에게 가르침을 청하다
遇到问题应虚心**向**人**请教**。
문제에 직면했을 때 겸손하게 다른 사람에게 가르침을 청해야 한다.

8 掌握 + 方法/技术/语言 : 방법/기술/언어를 장악(파악)하다
掌握恰当的学习**方法**。
적절한 학습 방법을 파악해야 한다.

9 注重 + 努力/实践/信用/能力 : 노력/실천/신용/능력을 중시하다
学生应更**注重**自身的**努力**。
학생은 자신의 노력에 더욱 중점을 두어야 한다.

10 具有 + 价值/文化/历史(추상명사) : 가치/문화/역사를 가지고 있다
企业诚信**具有**经济学**价值**。
기업의 신용은 경제학적 가치를 지니고 있다.

Day 8

듣기 제1·2부분 ❽ | 짧은 대화/긴 대화
어기/어투 – "심리 상태를 파악하라"

어휘 PT Track 08-1 학습시간 10분

예제 1
- 吃惊 chījīng 동 놀라다
- 讨厌 tǎoyàn 동 싫어하다
- 幸好 xìnghǎo 부 다행히, 운 좋게
- 发 fā 동 보내다, 전송하다
- 短信 duǎnxìn 명 문자, 메시지
- 不然 bùrán 접 그렇지 않으면
- 白 bái 부 헛되이
- 趟 tàng 양 번, 차례(왕복)
- 怕 pà 동 걱정하다

예제 2
- 安慰 ānwèi 동 위로하다
- 自信 zìxìn 동 자신하다 형 자신만만하다
- 关机 guānjī 동 (휴대전화·PC 등 기계의) 전원을 끄다
- 单位 dānwèi 명 회사(=公司)
- 出毛病 chū máobìng 고장 나다, 문제가 생기다 (=出问题)
- 电池 diànchí 명 배터리

문제 1
- 航班 hángbān 명 항공편
- 晚点 wǎndiǎn 동 연착하다
- 起飞 qǐfēi 동 이륙하다
- 赶得上 gǎndeshàng 시간에 댈 수 있다, 늦지 않다 (=来得及)
- 耽误 dānwù 동 지체하다, 늦다
- …不了 …bùliǎo ~할 수 없다(가능보어)

문제 2
- 坚持 jiānchí 동 견지하다, 고수하다
- 骄傲 jiāo'ào 동 거만하다
- 劝 quàn 동 권하다
- 干脆 gāncuì 부 아예, 차라리
- 放弃 fàngqì 동 포기하다
- 轻易 qīngyì 부 함부로

문제 3
- 赞成 zànchéng 동 찬성하다
- 推辞 tuīcí 동 거절하다
- 反对 fǎnduì 동 반대하다
- 无所谓 wúsuǒwèi 상관없다
- 婚礼 hūnlǐ 명 결혼식, 혼례
- 导师 dǎoshī 명 지도 교수
- 主持 zhǔchí 동 주관하다, 사회를 보다
- 要是A, 那B yàoshi A, nà B 접 만약 A라면, B이다
- 再…不过了 zài…búguò le 더 이상 ~할 수 없다, 가장 ~하다

문제 4
- 期待 qīdài 동 기대하다
- 佩服 pèifú 동 탄복하다, 감탄하다
- 想念 xiǎngniàn 동 그리워하다
- 春游 chūnyóu 명 봄소풍
- 棒 bàng 형 대단하다, 훌륭하다, 멋지다
- 赶紧 gǎnjǐn 부 급히, 서둘러, 재빨리

문제 5
- 表扬 biǎoyáng 동 칭찬하다, 표창하다
- 操心 cāoxīn 동 걱정하다, 애를 태우다
- 可惜 kěxī 형 섭섭하다, 아쉽다, 애석하다
- 俱乐部 jùlèbù 명 클럽, 동호회
- 摄影 shèyǐng 동 (사진·영화 등을) 찍다, 촬영하다
- 体验 tǐyàn 동 체험하다, 경험하다
- 接 jiē 동 마중하다, 맞이하다
- 心情 xīnqíng 명 심정, 기분, 감정

 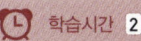 

❶ 보기를 보고 심리를 파악해보자.

어기·어투, 기분을 묻는 문제는 보기가 심리동사와 관련된 어휘로 제시되는 경우가 많다. 지문을 들을 때 보기의 표현들을 보며 대화 인물들의 심리를 주의하며 듣도록 한다.

> A 愉快 유쾌하다　　B 自豪 자랑스럽다　　C 不安 불안하다　　D 惭愧 창피하다

❷ 어기·어투를 잘 파악하자.

대화에서 심리 상태를 나타내는 어휘나 표현이 직접적으로 나온다면 정답을 찾기가 쉽지만, 그렇지 않을 경우, 화자의 어기·어투를 잘 파악해야 기분, 심정, 감정 등의 심리 상태를 알 수 있다.

> 男：我听说放了暑假你要去旅游？
> 女：算是吧，我女朋友在北京读研究生，我去看看她。
> 问：男的是什么意思？
>
> → 여행을 가냐고 묻는 여자의 말에 남자가 算是吧(그런 셈이에요)라고 대답했다. 동의에 관련된 어기 표현으로 북경으로 여행을 간다는 것을 알 수 있다.

❸ 어기·어투 관련 질문의 유형을 파악한다.

> 问：男的是什么语气（口气）？ 남자의 어투는 어떠한가?
> 问：女的是什么态度？ 여자의 태도는 어떠한가?
> 问：女的现在心情怎么样？ 여자의 현재 마음은 어떠한가?
> 问：男的是什么意思？ 남자의 의미는 무엇인가?

PT팁 어기·어투를 나타내는 빈출 표현　　　　　　　　Track 08-2

불평·책망	别提了 bié tí le 됐다, 그만해라 都怪你 dōu guài nǐ 다 네 탓이다
동의	谁说不是 shéi shuō bú shì 누가 아니래 可不是吗 kě bú shì ma 그러게 말이야 算是吧 suàn shì ba 그런 셈이지 我也这么认为 wǒ yě zhème rènwéi 나도 그렇게 생각해(=我也这么想)
부정	算了 suàn le 됐다, 그만해라 谁说的 shéi shuō de 누가 그래? 不会(吧) bú huì (ba) 그럴리가 없다 哪儿啊 nǎr a 절대 아니다, 결코 아니다 说到哪儿去了 shuōdào nǎr qù le 무슨 소리야
상관없음	没关系 méi guānxi 상관있다　　不在乎 bú zàihu 상관없다, 개의치 않다 无所谓 wúsuǒwèi 상관없다　　不介意 bú jièyì 상관없다, 개의치 않다

불확실	说不定 shuōbudìng 확실치 않다, 단언할 수 없다, 아마도 说不准 shuōbuzhǔn 확실치 않다, 단언할 수 없다, 아마도
단호	一定要…… yídìng yào…… 반드시 ~해야 한다 非……不可 fēi……bùkě ~하지 않으면 안 된다

예제 1 짧은 대화   Track 08-3

A 吃惊 B 担心 C 感谢 D 讨厌	A 놀라다 B 걱정하다 C 감사하다 D 싫어하다
女：幸好你昨晚给我打了个电话，不然我就要白跑一趟了。 男：我也是昨天下午才接到的通知，怕你不知道，就赶紧告诉你。 问：女的是什么语气？	여: 당신이 어제저녁에 전화를 줘서 다행이에요. 그렇지 않으면 헛걸음할 뻔했어요. 남: 저도 어제 오후에 받은 공지예요. 당신이 모를까 봐 급하게 알려준 거예요. 질문: 여자의 어투는 어떠한가?

해설 보기의 어휘가 모두 심리동사이므로 화자의 감정을 이해하는 것이 핵심이다. 대화 중 여자의 첫 마디에서 幸好는(다행히, 운이 좋게도) 긍정적인 의미의 내용과 함께 사용되므로 보기 가운데 가장 알맞은 것은 C 感谢(감사하다)이다.

정답 C

예제 2 긴 대화   Track 08-4

A 生气 B 高兴 C 安慰 D 自信	A 화가 나다 B 기쁘다 C 위로하다 D 자신만만하다
男：我中午给你打电话，你怎么一直关机呢？ 女：别提了，我昨天才充的电，今早到单位就没电了，也不知道是不是手机出了毛病。 男：也有可能是电池的问题，你换块儿新电池试试。 女：好吧。 问：女的现在心情怎么样？	남: 점심에 당신에게 전화했는데, 어째서 줄곧 휴대전화가 꺼져 있었나요? 여: 말도 마요. 어제 배터리를 충전시켰는데, 오늘 아침에 회사에 도착하니까 배터리가 없더라고요. 휴대전화에 문제가 생긴 건 아닌지 모르겠어요. 남: 아마도 충전기 문제일 거예요. 새 충전기로 바꿔보세요. 여: 그럴게요. 질문: 여자는 현재 기분이 어떠한가?

해설 보기의 심리 표현들을 먼저 살펴보고 대화를 듣자. 여자의 기분을 묻고 있으므로 전화기가 꺼져 있었던 이유에 대해 여자가 하는 말을 잘 들어야 한다. 여자의 첫 마디에 别提了(말도 마라)는 불평이나 불만을 나타내는 표현이므로 보기 가운데 가장 알맞은 것은 A 生气(화가 나다)이다.

정답 A

○ 대화 중 언급되는 심리동사에 주의하자. 만족, 불평, 부정, 긍정 등을 나타내는 어기·어투 표현도 주의하자!

[제1부분 짧은 대화]

문제 1
A 航班晚点了
B 可以放心
C 有些担心
D 他们没赶上飞机

문제 2
A 要坚持
B 不要太骄傲
C 劝男的放弃
D 想想别的办法

문제 3
A 赞成
B 推辞
C 反对
D 无所谓

[제2부분 긴 대화]

문제 4
A 期待
B 失望
C 佩服
D 想念

문제 5
A 表扬
B 操心
C 可惜
D 希望

독해 제2부분 ❸ | 단문 독해–올바른 내용 찾기
유머/이야기 – "웃음 속에 감동이 있다"

어휘 PT 학습시간 10분

예제 1
- 智慧 zhìhuì 명 지혜
- 精确 jīngquè 형 정밀하고 확실하다, 정확하다
- 判断力 pànduànlì 명 판단력
- 经验 jīngyàn 명 경험 동 체험하다
- 积累 jīlěi 명 축적 동 쌓이다, 축적되다
- 真诚 zhēnchéng 형 진실하다, 성실하다
- 无数 wúshù 형 무수하다, 매우 많다
- 铺垫 pūdiàn 명 배경, 바탕
- 攀上 pānshàng 동 오르다, 기어오르다
- 巅峰 diānfēng 명 정상, 최고봉, 산꼭대기
- 避免 bìmiǎn 동 피하다, 면하다
- 离不开 líbukāi 동 떨어뜨릴 수 없다
- 普遍 pǔbiàn 형 보편적으로, 일반적으로
- 缺乏 quēfá 동 결여되다, 결핍되다
- 通过 tōngguò 전 ~을 통해
- 获得 huòdé 동 얻다, 획득하다

예제 2
- 财主 cáizhǔ 명 부자
- 豆腐 dòufu 명 두부
- 一边A一边B yìbiān A yìbiān B A하면서 B하다
- 命 mìng 명 운명, 목숨, 수명
- 邻居 línjū 명 이웃
- 抬头 táitóu 동 고개를 들다
- 连A都 lián A dōu 심지어 A조차도
- 小气 xiǎoqì 형 인색하다
- 延长 yáncháng 동 연장하다
- 寿命 shòumìng 명 수명
- 营养 yíngyǎng 명 영양 동 영양을 보충하다

문제 1
- 孙子 sūnzi 명 손자
- 毫不犹豫 háobù yóuyù 조금도 주저하지 않다
- 点头 diǎntóu 동 고개를 끄덕이다
- 不耐烦 bú nàifán 형 귀찮다
- 幼儿园 yòu'éryuán 명 유치원

문제 2
- 老公 lǎogōng 명 남편(=丈夫)
- 下棋 xiàqí 동 바둑을 두다
- 抱怨 bàoyuàn 동 원망하다
- 赢 yíng 동 이기다
- 趾高气扬 zhǐgāo qìyáng 의기양양하다, 우쭐거리다
- 输 shū 동 패하다
- 骂 mà 동 욕하다
- 接着 jiēzhe 부 잇따라, 연이어
- 同 tóng 전 ~과(와)
- 追求 zhuīqiú 동 추구하다
- 完美 wánměi 형 완벽하다, 완전하다

문제 3
- 沙滩 shātān 명 모래사장, 백사장
- 散步 sànbù 동 산책하다
- 海星 hǎixīng 명 불가사리
- 潮水 cháoshuǐ 명 밀물과 썰물, 조석
- 冲 chōng 동 향하다
- 岸上 ànshàng 명 물가, 해안
- 拾 shí 동 줍다
- 使劲儿 shǐjìnr 부 힘껏
- 抛 pāo 동 던지다
- 成千上万 chéngqiān shàngwàn 성 수천 수만
- 救 jiù 동 구하다
- …得了 …deliǎo ~할 수 있다
- 也许 yěxǔ 부 어쩌면, 아마도
- 全部 quánbù 부 전부, 전체, 모두
- …分之… …fēnzhī… ~분의 ~
- 对A而言 duì A éryán A의 입장에서 말하면
- 奇迹 qíjì 명 기적
- 懂得 dǒngde 동 알다, 이해하다
- 珍惜 zhēnxī 동 귀중히 여기다
- 一帆风顺 yì fān fēngshùn 일이 순조롭게 진행되다 (순풍에 돛을 올리다)
- 尽量 jǐnliàng 부 가능한 한, 되도록, 될 수 있는 대로

❶ 보기를 먼저 살펴보자.

먼저 보기의 내용을 살펴보며 이야기 지문의 주제나 내용을 대략 예상해보자. 보기에는 주제와 관련된 내용이 나올 수도 있고, 이야기의 세부적인 내용에 대해서도 나올 수 있다.

> A 要学会释放压力 스트레스를 푸는 것을 배워야 한다
> B 小船被风浪打翻了 작은 배는 풍파에 뒤집혔다
> C 适当负重的生命更有意义 적당히 무거운 짐을 짊어진 삶이 더욱 의의가 있다
> D 父亲是位很有经验的水手 아버지는 연륜이 있는 선원이다
>
> → 보기 A와 C는 아마도 주제에 관련된 내용이고, B와 D는 이야기의 세부적인 내용임을 짐작할 수 있다. 또한 보기에서 언급한 小船(배), 风浪(풍파), 负重的生命(무거운 짐을 짊어진 삶), 有经验(연륜이 있다) 등의 표현을 통해 항해와 인생에 대한 이야기임을 짐작할 수 있다.

❷ 대화의 마지막 대답, 혹은 지문의 마지막 문장에 정답이 있다!

유머·이야기로 된 지문은 대부분 대화로 이루어져 있다. 인물간에 질문과 대답이 오갈 때 대답 부분에서 이야기의 주제, 혹은 정답이 되는 내용이 제시되는 경우가 많다. 또한 지문의 마지막 부분에 이야기를 정리하면서 주제, 혹은 정답 내용이 드러나는 경우도 많으므로 이에 주의하자.

> 父子俩驾着一艘小船准备回家，突然海上风浪大作，小船摇摇晃晃眼看就要翻了。儿子惊慌失措，这时父亲大喊："快往船舱里灌水！"当船舱的水位到达一定高度时，奇迹出现了，小船不再摇晃了。行船如此，生命也如此，负重的生命也许更有韧性、更有意义。
>
> 아버지와 아들 두 사람이 작은 배를 몰며 집으로 돌아가고 있었다. 갑자기 바다에 풍랑이 크게 일어 배가 휘청휘청하다가 곧 뒤집힐 것 같았다. 아들은 놀라고 당황하여 어찌할 바를 몰랐고, 이때 아버지가 큰소리로 외쳤다. "빨리 배 안으로 물을 넣어라!" 배 안에 수위가 일정한 높이에 이르렀을 때, 기적이 나타났다. 배가 더 이상 휘청이지 않았다. 항해 중인 배가 이렇듯, 삶도 이와 같다. 무거운 짐을 짊어진 삶이 어쩌면 더욱 끈기가 있고 더욱 의의가 있다.
>
> → 위 지문은 아버지와 아들이 항해하던 중 풍랑을 만나지만 아버지의 기지로 위기를 모면하는 이야기이다. 지문의 마지막 부분에서 인생을 항해에 비유하며 주제 제시와 함께 이야기를 마무리짓고 있다.

예제 1

一个年轻人问一位成功的商人："你的智慧是从哪里来的？"商人回答："来自精确的判断力。""那判断力从哪里来？"商人回答："来自经验的积累。""那你的经验又从哪里来？"商人真诚地回答："来自无数错误的判断。"没有错误的铺垫，谁也无法攀上成功的巅峰。	한 젊은이가 성공한 상인에게 물었다. "당신의 지혜는 어디서 나온 것입니까?" 상인이 대답했다. "정확한 판단력에서 나옵니다.""그 판단력은 어디서 나오나요?" 상인이 대답했다. "경험의 축적에서 나옵니다.""그럼 그 경험은 또 어디서 나옵니까?" 상인이 진실하게 대답하기를, "무수한 잘못된 판단으로부터 나옵니다." 잘못의 기반이 없으면, 누구도 성공의 정상에 올라갈 방법이 없다.
A 错误是可以避免的 B 成功离不开错误的经验 C 年轻人普遍缺乏判断力 D 智慧可以通过学习来获得	A 실수는 피할 수 있다 B 성공은 실수의 경험과 떨어질 수 없다 C 젊은이들은 보편적으로 판단력이 부족하다 D 지혜는 학습을 통하여 얻을 수 있다

해설 지문은 한 젊은이와 상인의 대화로 이루어져 있다. 성공을 원하는 젊은이의 질문에 상인은 '지혜는 판단력에서 나오고, 판단력은 경험에서 나오며, 경험은 수 차례의 잘못된 판단에서 나온다'라고 대답한다. 대화가 끝나고 지문의 마지막에 이야기의 주제를 요약한 문장이 나온다. '잘못의 바탕이 없으면, 성공할 수 없다'와 같은 의미를 나타내는 것은 B의 '성공은 실수의 경험과 떨어질 수 없다'이다.

정답 B

예제 2

古时候有个财主，每次他请客，总是做一桌的豆腐给大家吃，一边吃还一边说："豆腐就是我的命。"有一次，他的邻居请他吃饭，桌子上有肉也有豆腐，可是财主只吃肉不吃豆腐，邻居问他："豆腐不是你的命吗？你怎么不吃呢？"财主头也不抬，大声说："有肉吃，我连命都不要了。"	옛날에 부자가 있었는데, 그는 손님을 초대할 때마다 언제나 모두에게 두부 한 상을 대접했다. 두부를 먹으면서 말하기를, "두부는 곧 나의 운명이요."라고 했다. 한 번은 그의 이웃이 그에게 밥을 대접했다. 식탁 위에는 고기도 있고 두부도 있었다. 그런데 부자는 오로지 고기만 먹고 두부는 먹지 않았다. 이웃이 그에게 물었다. "두부는 당신의 운명이라고 하지 않았나요? 당신은 어째서 두부를 먹지 않는 거죠?" 부자는 고개도 들지 않고, 큰소리로 말했다. "먹을 고기가 있다면, 운명도 필요 없소."
A 财主非常小气 B 财主喜欢吃豆腐 C 多吃豆腐可以延长寿命 D 豆腐的营养价值比肉高	A 부자는 매우 인색하다 B 부자는 두부 먹는 것을 좋아한다 C 두부를 많이 먹으면 수명을 연장할 수 있다 D 두부의 영양 가치는 고기보다 높다

해설 손님에게 항상 두부만 대접하는 한 부자가 이웃으로부터 식사 초대를 받았는데, 두부는 거들떠보지도 않고, 고기만 먹었다는 내용이다. 이야기의 마지막 부분에 이웃이 부자에게 어째서 그렇게 좋아하던 두부는 먹지 않느냐고 물었다. 고기만 있다면 그 무엇도 필요없다는 대답에서 부자가 정말 두부를 좋아했던 것이 아니라 남을 대접할 때 매우 인색했음을 알 수 있다. 보기 B는 사실이 아니고, C와 D는 지문에 언급되지 않았다. 정답은 A이다.

정답 A

 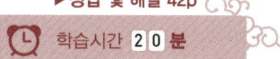

> 대화로 구성되어 있는 지문이 많이 출제된다. 정답은 주로 마지막 대사, 혹은 질문에 대한 대답에 있다는 점을 주목하자! 또한 마지막 문장에 중요한 부분이 오기도 한다.

문제 1

小孙子刚开始学认字，奶奶问他："广字底下一个木是什么字？"小孙子毫不犹豫地回答："床。"奶奶点了点头，又问："那广底下两个木呢？"小孙子认真地想了想，回答说："一个木是床，两个木当然是双人床了。"

A 奶奶有点儿不耐烦
B 小孙子刚上幼儿园
C 小孙子在学习成语
D 小孙子认识的字不多

문제 2

妻子问："老公，怎么不见你和老王下棋了呢？"丈夫抱怨起来："你愿意和一个赢了就趾高气扬，输了就要骂人的人下棋吗？""噢，当然不愿意。我明白了，"妻子接着说，"他也不愿意同这样的人下。"

A 输赢不是最重要的
B 过程比结果更重要
C 老公不喜欢和老王下棋
D 老公是个追求完美的人

문제 3

爷爷带着孙女在沙滩散步，看见许多海星被潮水冲到岸上。孙女拾起一只海星，使劲儿把它抛回海里。爷爷问："海滩上有成千上万的海星，你救得了一个，救得了一万个吗？"孙女回答："也许我救的只是全部的万分之一，但对那只海星而言就是全部，它活了下来。"

A 要相信奇迹
B 失去才懂得珍惜
C 生活不会一帆风顺
D 应该尽量帮助别人

쓰기 제1부분 ❽ | 단어 순서 배열
겸어문

전략 PT

학습시간 20분

❶ 행위자가 둘, 동사가 두 개라면 겸어문을 의심하자.

제시된 표현 가운데 주어가 되는 행위자가 둘, 술어가 되는 동사 역시 두 개라면 겸어문을 의심하자. 겸어문이란 한 문장에 두 개 이상의 동사가 있고, 첫 번째 동사의 목적어가 두 번째 동사의 주어가 되는 문장이다.

겸어문	첫 번째 동사(겸어동사)의 목적어가 두 번째 동사의 주어가 되는 문장	妈妈让我打扫房间。

❷ 겸어동사를 확인하자.

겸어문에서 첫 번째 동사를 겸어동사라고 부른다. 겸어동사에는 让, 叫, 使와 같은 사역동사와 喜欢, 爱와 같은 심리동사, 그리고 有가 있다. 이 가운데 특히 사역동사가 있는 겸어문 문제가 가장 많이 출제된다는 점을 기억하자! 또한 겸어동사가 없다면 겸어문이 성립되지 않는다. 그러므로 어떤 겸어동사가 있는지 파악한 후에, 어순에 맞게 배치하자.

사역동사	让/叫/使/令/派/(邀)请/求/逼……	这个消息使大家很高兴。 이 소식은 모두를 기쁘게 했다.
심리동사	喜欢/祝贺/讨厌/原谅/批评/嫌……	爸爸批评我成绩不好。 아버지는 내가 성적이 좋지 않다고 야단치셨다.
有/没有	有/没有 (有/没有 겸어문은 비주술문으로 나오는 경우가 있다. 이런 경우 주어가 없으므로 有/没有로 문장이 시작된다.)	没有人知道小王生气的原因。 샤오왕이 화를 내는 이유를 아는 사람이 없다.

❸ 겸어문의 어순

① [주어 + 부사 + 조동사 + 겸어동사(술어1) + 겸어 + 동사2(술어2) + (목적어2)]

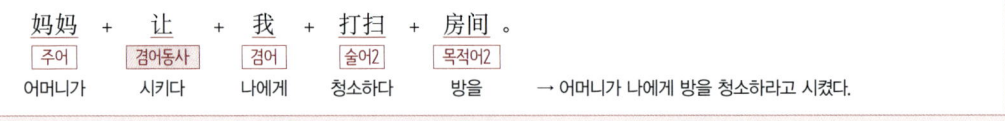

→ 어머니가 나에게 방을 청소하라고 시켰다.

TIP 겸어문은 겸어동사가 반드시 필요하며, 목적어2는 생략 가능하다.

② 부사, 부정부사, 조동사는 일반적으로 술어1 앞에 온다.

妈妈不让我跟他吵架。 엄마는 나를 그와 싸우지 못하게 했다.

PT팁 겸어문의 해석

★ 문장에서는 겸어동사가 첫번째 술어이지만, 해석은 뒤에 오는 두 번째 술어부터 한다.

> 这个消息**使**大家很高兴。 이 소식은 모두를 기쁘게 했다.
> 爸爸**批评**我成绩不好。 아버지는 내가 성적이 좋지 않다고 야단치셨다.
> **没有**人知道小王生气的原因。 샤오왕이 화가 난 이유를 아는 사람이 없다.

예제 1

| 蔬菜 | 医生 | 他 | 多吃 | 让 |

- **[분석]** [품사분석] 蔬菜 명 야채 / 医生 명 의사 / 多 형 많다 / 吃 동 먹다 / 让 동 시키다
  [문장구조] [주어 + 겸어동사(술어1) + 겸어 + 동사2(술어2) + (목적어2)]
- **[해설]** 겸어동사 让과 겸어 他를 함께 쓰고, 술어2와 목적어2로는 多吃蔬菜를, 주어로 医生을 배치한다.
- **[정답]** 医生让他多吃蔬菜。 의사는 그에게 야채를 많이 먹으라고 했다.

예제 2

| 使我 | 启发 | 演讲 | 深受 | 优老师的 |

- **[분석]** [품사분석] 使 동 ~하도록 하다 / 我 대 나 / 启发 명 깨달음, 영감 / 演讲 명 강연 / 深受 동 깊이 받다 / 优 명 요우(성) / 老师 명 선생님
  [문장구조] [주어 + 겸어동사(술어1) + 겸어 + 동사2(술어2) + (목적어2)]
- **[해설]** 겸어동사 使과 겸어 我를 함께 쓰고, 술어2와 목적어2로는 深受启发를, 관형어와 주어로 优老师的演讲을 배치한다.
- **[정답]** 优老师的演讲使我深受启发。 요우 선생님의 강연은 나로 하여금 깊은 깨우침을 받도록 했다.

 실전 PT

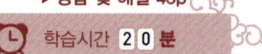 정답 및 해설 43p
학습시간 2 0 분

◎ 겸어문에 자주 쓰이는 사역동사와 어순을 기억하며 문장을 완성해보자.

문제 1   使   感到好奇   他的行为   姑姑

_____

문제 2   结果   实验的   吃惊   令人

_____

문제 3   要   小高   出席   讨论会   邀请专家

_____

문제 4   他的   佩服   令人   表现

_____

문제 5   婴儿的   觉得   微笑   让人   很温暖

_____

1 白 : 부 헛되이, 쓸데없이 부 무료로
幸好你昨晚给我打了个电话，不然我就要白跑一趟了。
당신이 어제 저녁에 전화를 줘서 다행이에요. 그렇지 않았으면 헛걸음할 뻔했어요.

2 出 + 毛病 : 고장이 나다, 문제가 생기다
我昨天才充的电，今早到单位就没电了，也不知道是不是手机出了毛病。
어제 배터리를 충전시켰는데, 오늘 아침에 회사에 도착하니까 배터리가 없더라고요. 휴대전화에 문제가 생긴 게 아닌지 모르겠어요.

3 要/就/快/就要/快要……了 : 곧 ~할 것이다, 막~하려 하다
还有两个小时飞机就要起飞了。
두 시간만 있으면 비행기가 이륙할 거예요.

4 赶得上(＝来得及) : (시간에) 댈 수 있다, 늦지 않다(↔赶不上/来不及)
我们还能赶得上吗?
우리 시간에 맞출 수 있을까요?

5 干脆 : 부 아예, 차라리 형 시원스럽다, 명쾌하다
我看我干脆放弃好了。
제가 보기에 저는 차라리 포기하는 게 좋겠어요.

6 积累 + 经验/财富/知识 : 경험/부/지식을 쌓다
商人回答："来自经验的积累。"
상인이 대답했다. "경험의 축적에서 나옵니다."

7 攀上 + 巅峰 : 정상에 오르다
没有错误的铺垫，谁也无法攀上成功的巅峰。
잘못(실수)의 기반이 없으면, 아무도 성공의 정상에 올라갈 방법이 없다.

8 一边A，一边B : A하면서 B하다(동시동작)
一边吃还一边说："豆腐就是我的命。"
먹으면서 말하기를, "두부는 곧 나의 운명이오."

9 对A而言 : ~에게는, ~에게 있어서, ~에 대해 말하면
但对那只海星而言它就是全部。
그러나 그 불가사리에게는 그것이 곧 전부이다.

10 A使B深受启发 : A가 B로 하여금 깊은 깨우침을 받게 하다
优老师的演讲使我深受启发。
요우 선생님의 강연은 나로 하여금 깊은 깨우침을 받도록 했다.

Day 9

듣기 제1·2부분 ❾ | 짧은 대화/긴 대화
일상 화제 – "생활 밀착형 대화"

어휘 PT Track 09-1 학습시간 10분

예제 1
- 家务 jiāwù 몡 집안일
- 投资 tóuzī 몡 투자
- 婚礼 hūnlǐ 몡 결혼식, 혼례
- 电视连续剧 diànshì liánxùjù 몡 TV 드라마
- 分工 fēngōng 동 분업하다, 분담하다
- 负责 fùzé 동 맡다, 담당하다, 책임지다
- 洗衣服 xǐ yīfu 옷을 빨래하다
- 打扫卫生 dǎsǎo wèishēng 청소하다

예제 2
- 乐器 yuèqì 몡 악기
- 书法 shūfǎ 몡 서예
- 戏剧 xìjù 몡 연극
- 美术 měishù 몡 미술
- 门 mén 양 가지, 종(악기를 세는 단위)
- 笛子 dízi 몡 피리

문제 1
- 辞职 cízhí 동 사직하다
- 录取 lùqǔ 동 채용하다, 합격시키다, 뽑다
- 简历 jiǎnlì 몡 이력서
- 面试 miànshì 몡 면접, 면접시험 동 면접을 보다
- 结果 jiéguǒ 몡 결과
- 公布 gōngbù 동 발표하다, 공표하다
- 综合 zōnghé 몡 종합

문제 2
- 拍照 pāizhào 동 사진을 찍다
- 相机 xiàngjī 몡 사진기, 카메라
- 冲洗 chōngxǐ 동 현상하다, 씻어내다
- 合影 héyǐng 몡 단체 사진 동 단체 사진을 찍다
- 按 àn 동 누르다

문제 3
- 结婚 jiéhūn 몡 결혼 동 결혼하다
- 打算 dǎsuàn 동 ~할 예정이다, ~할 계획이다
- 国庆节 Guóqìng jié 몡 국경절

문제 4
- 结账 jiézhàng 동 (물건을) 계산하다
- 合同 hétong 몡 계약서
- 租房 zūfáng 몡 임대 동 임대하다
- 签字 qiānzì 동 서명하다, 사인하다

문제 5
- 种花 zhònghuā 동 꽃을 심다
- 留 liú 동 남다, 남기다
- 继续 jìxù 동 계속하다
- 开 kāi 동 열다, 개업하다
- 花店 huādiàn 몡 꽃집
- 征求 zhēngqiú 동 구하다, 묻다
- 意见 yìjiàn 몡 의견
- 尊重 zūnzhòng 동 존중하다

① 보기를 보고 지문의 화제가 무엇인지 짐작해보자.

다양한 일상 화제로 이루어진 대화라면 보기에도 다양한 일상 소재가 제시된다. 하지만 큰 주제 안에서 소주제들이 보기로 제시되는 경우가 많으므로 보기를 보면 대략 어떤 범주의 화제가 나올지 짐작할 수 있다. 예를 들면 보기가 쇼핑, 영화, 운동 등으로 제시되었다면 대화의 큰 주제는 취미나 여가활동일 것이다.

> A 看演出 공연을 보다　B 看电影 영화를 보다　C 逛街 쇼핑하다　D 玩儿游戏 게임하다
>
> → 보기의 내용들이 공연과 영화 관람, 쇼핑, 게임 등으로 취미와 여가활동에 관한 표현들이다. 따라서 지문의 내용이 취미나 여가활동에 관한 대화임을 짐작할 수 있다.

② 일상에서 일어나는 다양한 화제와 관련된 표현들을 정리해두자.

일상 화제는 연애, 결혼, 집안일, 취미, 쇼핑 등 매우 다양하다. 특히 결혼 소식이나 결혼식 참석, 집안일과 관련된 대화 지문이 많이 출제된다. 관련 표현들을 미리 정리해두면 좋다.

③ 일상 화제와 관련된 질문의 유형을 알아보자.

问：他们在谈论哪个话题? 그들은 어떤 화제를 이야기하고 있는가?
问：他们在做什么? 그들은 무엇을 하는 중인가?
问：女的怎么了? 여자는 어떠한가?
问：女的有什么打算? 여자는 어떤 계획이 있는가?

PT팁 일상 화제 빈출 어휘　◎ Track 09-2

결혼	结婚 jiéhūn 명 결혼 동 결혼하다 | 办婚礼 bàn hūnlǐ 예식을 올리다, 혼인을 치르다 | 蜜月旅行 mìyuè lǚxíng 신혼여행
TV	演员 yǎnyuán 명 배우 | 导演 dǎoyǎn 명 감독 | 男/女主角 nán/nǚ zhǔjué 명 남/여주인공 | 连续剧 liánxùjù 명 드라마, 연속극(=电视剧) | 演出 yǎnchū 명 공연
취미	爱好 àihào 명 취미 | 运动 yùndòng 동 운동하다 | 玩游戏 wán yóuxì 게임을 하다 | 乐器 yuèqì 명 악기 | 弹钢琴 tán gāngqín 피아노를 치다 | 书法 shūfǎ 명 서예 | 戏剧 xìjù 명 연극 | 美术 měishù 명 미술 | 拍照 pāizhào 동 사진을 찍다 | 装修 zhuāngxiū 동 장식하고 꾸미다, 인테리어하다
구직	面试 miànshì 명 면접 동 면접을 보다 | 简历 jiǎnlì 명 이력서 | 录取结果 lùqǔ jiéguǒ 채용 결과
명절/기념일	过年 guònián 설을 지내다(=过春节) | 包饺子 bāo jiǎozi 만두를 빚다 | 中秋节 Zhōngqiū jié 추석 | 生日晚会 shēngrì wǎnhuì 생일 파티
구매	逛街 guàngjiē 쇼핑하다 | 打折 dǎzhé 동 할인하다 | 优惠 yōuhuì 특혜, 우대 | 讲价 jiǎngjià 동 가격을 흥정하다 | 付款 fùkuǎn 동 돈을 지불하다 | 发票 fāpiào 명 영수증 | 退货 tuìhuò 동 반품하다 | 过期 guòqī 기한이 지나다 | 质量问题 zhìliàng wèntí 품질 문제
계약	签字 qiānzì 동 서명하다 | 合同 hétong 명 계약서

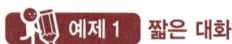 **예제 1** 짧은 대화　　　　　　　　　　　　　　　　　　　　　　Track **09-3**

A 家务 B 投资 C 婚礼 D 电视连续剧	A 집안일 B 투자 C 결혼식 D TV 드라마
男：你们俩家务一般是怎么分工的? 女：我负责洗衣服，打扫卫生，他负责做饭，他很会做菜。 问：他们在谈论哪个话题?	남: 당신 둘은 집안일을 보통 어떻게 분담하나요? 여: 저는 빨래와 청소를 맡고 있어요. 그가 밥을 지어요. 요리를 굉장히 잘하거든요. 질문: 그들은 어떠한 화제를 이야기하고 있는가?

| 해설 | 각 보기의 어휘들이 서로 전혀 관련이 없으므로 대화를 잘 들어야 한다. 하지만 오히려 대화의 주제만 빨리 파악한다면 나머지 관련없는 보기들을 확실하게 배제할 수 있으므로 정답을 쉽게 찾을 수 있다. 대화에서 남자의 말 중에 家务(집안일)라는 단어를 들었다면 바로 정답을 찾을 수 있다. 또한 여자가 언급하고 있는 일들도 모두 집안일의 종류이므로 정답은 A이다. |

| 정답 | A |

예제 2 긴 대화　　　　　　　　　　　　　　　　　　　　　　Track **09-4**

A 乐器 B 书法 C 戏剧 D 美术	A 악기 B 서예 C 연극 D 미술
女：我想学一门乐器，你说我学什么好呢? 男：这要看你的兴趣了。 女：我一直想学笛子。但听说笛子很难学。 男：不会。我小时候学过。可以教你。 问：女的想学什么?	여: 저는 악기를 하나 배우고 싶어요. 어떤 악기가 좋을까요? 남: 그건 당신의 흥미를 봐야죠. 여: 저는 줄곧 피리를 배워보고 싶었어요. 하지만 피리는 배우기가 어렵대요. 남: 그럴 리가요. 저는 어렸을 때 배운 적이 있어요. 가르쳐줄 수 있어요. 질문: 여자는 무엇을 배우고 싶어 하는가?

| 해설 | 보기가 모두 예술과 관련된 취미 활동에 대한 표현이다. 여자는 첫 대화 문장에서 바로 악기를 배우고 싶다고 했다. 그 뒤로 배우고 싶은 악기와 남자가 가르쳐주겠다는 내용이 이어지고 있다. 질문에 대한 정답은 대화 처음에 이미 언급된 것과 같이 A 乐器(악기)이다. |

| 정답 | A |

 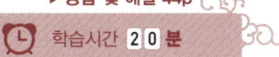

실전 PT ● Track 09-5 ▶정답 및 해설 44p 학습시간 20분

> 화제 문제는 일상적인 내용이 나오는 것이 특징이다. 보통은 가정이나 행사에 관련 내용이 자주 나온다. 보기를 파악하고 지문과 부합하는 정답을 골라보자!

[제1부분 짧은 대화]

문제 1
A 想辞职
B 成绩很好
C 没被录取
D 没投简历

문제 2
A 拍照
B 修相机
C 冲洗照片
D 教他使用相机

문제 3
A 回家
B 结婚
C 坐火车
D 去旅行

[제2부분 긴 대화]

문제 4
A 面试
B 结账
C 签合同
D 买房子

문제 5
A 学种花
B 留在亲人身边
C 继续读书
D 开花店

독해 제2부분 ④ | 단문 독해-올바른 내용 찾기
지식/상식/문화 – "HSK 안의 백과사전"

어휘 PT

학습시간 10분

예제 1

忍冬 rěndōng	명	인동 덩굴
药用 yàoyòng	명	약용
中草药 zhōngcǎoyào	명	한약재
因此 yīncǐ	접	그로 인해, 그러므로
《本草纲目》běncǎo gāngmù		「본초강목」(중국 명나라 때의 약학서)
称之为 chēng zhī wéi		~라고 부르다
治疗 zhìliáo	동	치료하다
热病 rèbìng	명	열병
发热 fārè	동	발열하다, 온도가 올라가다
嗓子 sǎngzi	명	목구멍, 목
疼痛 téngtòng	형	아프다
效果 xiàoguǒ	명	효과
显著 xiǎnzhù	형	현저하다, 뚜렷하다
香味 xiāngwèi	명	향
浓 nóng	형	진하다
用来 yònglái		~에 사용하다
治 zhì	동	치료하다, 다스리다
头疼 tóuténg	명 두통 동	머리가 아프다

逐渐 zhújiàn	부	점점
受到 shòudào	동	받다
欢迎 huānyíng	동	환영하다
规则 guīzé	명	규칙
适合 shìhé	동	적합하다, 어울리다
影响 yǐngxiǎng	명 영향 동	영향을 주다
范围 fànwéi	명	범위
逐步 zhúbù	부	한 걸음 한 걸음, 점차
扩大 kuòdà	동	확대하다, 넓히다(↔缩小)

문제 1

农业部 nóngyèbù	명	농업부
发布 fābù	동	발포하다, 선포하다
消息 xiāoxi	명	소식
称 chēng	동	말하다
启动 qǐdòng	동	시작하다, 시행하다
马铃薯 mǎlíngshǔ	명	감자
主粮化 zhǔliánghuà		주식량화, 주식화
战略 zhànlüè	명	전략
推进 tuījìn	동	추진하다
加工 jiāgōng	동	가공하다
馒头 mántou	명	만터우, 찐빵
米粉 mǐfěn	명	쌀가루
项目 xiàngmù	명	항목
稻米 dàomǐ	명	쌀
小麦 xiǎomài	명	밀
玉米 yùmǐ	명	옥수수
预计 yùjì	동	예측하다
作为 zuòwéi		~로써
消费 xiāofèi	동	소비하다

예제 2

围棋 wéiqí	명	바둑
起源 qǐyuán	동	기원하다
公元前 gōngyuánqián		기원전
策略 cèlüè	명	책략, 전술
棋类游戏 qílèi yóuxì	명	보드 게임
属于 shǔyú		~에 속하다
琴棋书画 qínqí shūhuà	성	각종 문예 특기
修身养性 xiūshēn yǎngxìng	성	몸과 마음을 닦고 교양을 쌓다
必修课 bìxiūkè	명	필수 이수 과목
亚太 yàtài	명	아시아와 태평양
地区 dìqū	명	지역, 지구
广泛 guǎngfàn	동	광범(위)하다, 폭넓다
流行 liúxíng	동	유행하다

문제 2

南京 Nánjīng	지명	난징
传统 chuántǒng	명	전통
丝织 sīzhī	명	실크, 견직물
工艺品 gōngyìpǐn	명	공예품

用料	yòngliào	몡 원자재
讲究	jiǎngjiū	동 중요시하다, 신경쓰다
织工	zhīgōng	명 직조 작업
精细	jīngxì	형 정교하고 섬세하다
典雅	diǎnyǎ	형 우아하다
富丽	fùlì	형 매우 화려하다, 웅장하고 아름답다
瑰丽	guīlì	형 놀랄 만큼 아름답다
彩云	cǎiyún	명 꽃구름
云锦	yúnjǐn	명 구름비단
苏州	Sūzhōu	지명 쑤저우
宋锦	sòngjǐn	명 비단의 명칭
四川	Sìchuān	지명 쓰촨
蜀锦	shǔjǐn	명 비단의 명칭
名锦	míngjǐn	명 명품 비단
因A而B	yīn A ér B	A로 인해 B하다
制作	zhìzuò	동 제작하다
失传	shīchuán	동 실전하다, 전해내려오지 않다

문제 ③

列车	lièchē	명 열차
省会城市	shěnghuì chéngshì	성도 도시
哈尔滨	Hā'ěrbīn	지명 하얼빈
海口	Hǎikǒu	지명 하이커우
线路	xiànlù	명 노선
运行	yùnxíng	명 운행
沿途	yántú	부 길을 따라
经过	jīngguò	동 경유하다, 거치다
省份	shěngfèn	명 성(행정 단위)
秋季	qiūjì	명 가을, 가을철
旅客	lǚkè	명 관광객
不仅A, 还B	bùjǐn A, hái B	A할 뿐만 아니라, B하다
欣赏	xīnshǎng	동 감상하다
风光	fēngguāng	명 풍경
银装素裹	yínzhuāng sùguǒ	은백색으로 덮이다
金黄耀眼	jīnhuáng yàoyǎn	황금빛으로 눈부시다
麦浪梯田	màilàng tītián	밀밭의 물결(파도)
一望无垠	yíwàng wúyín	끝없이 멀고 넓다
碧海蓝天	bìhǎi lántiān	푸른 바다와 하늘
相距	xiāngjù	동 서로 떨어지다
开通	kāitōng	동 개통하다
途经	tújīng	동 ~을 거치다, 경유하다
县	xiàn	명 현(행정 단위)

❶ 보기를 먼저 살피고, 지문을 읽을 때 보기의 내용과 비교하자.

역시 보기의 내용을 통해 지문의 주제나 내용을 미리 짐작해볼 수 있다. 보기 문장의 중심 단어나 문장의 대략적인 내용을 잘 기억하면서 지문을 읽도록 한다. 지문을 읽으면서 각 보기의 내용과 빠르게 비교·대조해 보자. 지문의 내용과 다르거나 아예 언급되지 않은 내용의 보기는 정답에서 제외하고, 지문과 일치하는 것을 빠른 속도로 찾는 것이 중요하다.

❷ 사실에 근거한 글이라는 것에 주의하자.

지식·상식·문화에 관련된 문제는 사실을 바탕으로 한 설명문이다. 그러므로 일반적으로 알고 있는 사실에 대한 내용일 경우, 지문을 모두 읽지 않고도 상식적으로 어긋나는 보기는 미리 배제할 수 있다.

> 研究表明，用牛奶服药不科学。牛奶会影响人体对药物的吸收速度，还容易在药物表面形成覆盖膜，使牛奶中的钙与镁等矿物质离子与药物发生化学反应，生成非水溶性物质，这样会降低药效。所以，在服药前后的一到两小时内不宜饮用牛奶。
>
> 연구에 의하면, 우유를 마시고 약을 먹는 것은 비과학적이라고 한다. 우유는 인체가 약물을 흡수하는 속도에 영향을 줄 수 있고, 또한 약물 표면에 덮개막을 형성하기 쉽다. 이것은 우유 안의 칼슘과 마그네슘 등의 무기질 이온이 약물과 화학 반응을 일으켜 비수용성 물질이 만들어낸다. 이렇게 해서 약효를 떨어뜨릴 수 있다. 그러므로 약을 복용하기 전후 1~2시간 내에 우유를 마시는 것은 적절하지 않다.
>
> A 饭前一小时不应服药　1시간 전에 약을 복용해서는 안 된다
> B 用牛奶服药会降低药效　우유를 사용해서 약을 복용하는 것은 약효를 떨어뜨릴 수 있다
> C 牛奶会破坏药物表面的覆盖膜　우유는 약물 표면의 덮개막을 손상시킬 수 있다
> D 牛奶可促进人体对药物的吸收　우유는 인체에 약물이 흡수되는 것을 촉진시킨다
>
> → 전략 1, 2를 통해 보기 A, C, D는 사실과 다를 뿐 아니라, 지문의 내용과 일치하지 않으므로 정답이 B라는 것을 쉽게 알 수 있다.

예제 1

忍冬是一种药用价值极高的中草药。由于忍冬花初开为白色，后变为黄色，因此《本草纲目》中又称之为"金银花"。它常被用于治疗各种热病，如身体发热、嗓子疼痛等，效果十分显著。	인동 덩굴은 일종의 약용으로의 가치가 높은 한약재 중 하나이다. 인동 덩굴은 처음 개화할 때 흰색이었다가 나중에 노란색으로 바뀌기 때문에 「본초강목」에서는 '금은화'라고도 부른다. 열병을 치료하는 데 사용이 되는데, 몸에 많이 열이 나거나 목구멍에 통증이 있을 때 효과가 뚜렷하게 나타난다.
A 金银花的香味很浓 B 金银花是一种药材 C 金银花只在冬季开花 D 金银花可用来治头疼	A 금은화의 향은 매우 진하다 B 금은화는 일종의 약재다 C 금은화는 오직 겨울에만 개화한다 D 금은화는 두통을 치료하는 데 사용한다

해설 보기를 먼저 살펴보면 지문이 금은화에 관한 내용임을 알 수 있다. 보기에서 설명하고 있는 특징과 일치하는 부분이 있는지 지문을 잘 살피자. 지문의 첫 번째 문장에서 忍冬(인동 덩굴)이 일종의 약초라고 했다. 뒤이어 忍冬이 金银花(금은화)라고도 불린다고 했으므로 B가 지문과 일치하는 내용임을 알 수 있다. A와 C는 지문에 언급되지 않았고, D는 두통이 아니라 열병이나 목구멍 통증에 효과가 있다고 했으므로 일치하지 않는다.

정답 B

예제 2

围棋起源于公元前6世纪的中国。它是一种策略性二人棋类游戏，属于中国古代琴棋书画"四艺"之一，是当时上层人士修身养性的一项必修课。如今，围棋在亚太地区广泛流行，并逐渐受到世界各地人们的欢迎。	바둑은 기원전 6세기에 중국에서 기원되었다. 그것은 두 사람이 하는 일종의 전략적인 보드게임으로써 중국 고대의 '4대 예술' 중 하나이며, 당시에 상류층 인사들이 심신을 닦고 교양을 쌓는 필수과목이었다. 오늘날 바둑은 아시아 태평양 지역에서 넓게 유행하고 있으며 아울러 점차적으로 세계 각지의 사람들의 환영을 받고 있다.
A 围棋规则复杂 B 围棋适合4人玩儿 C 围棋有1000多年的历史 D 围棋的影响范围正逐步扩大	A 바둑의 규칙은 복잡하다 B 바둑은 네 사람이 놀기에 적합하다 C 바둑은 천여 년의 역사를 가지고 있다 D 바둑의 영향 범위는 점차 확대되고 있다

해설 보기가 모두 바둑에 대한 설명이다. 보기에서 언급한 바둑의 특징을 기억하며 지문을 보자. 마지막 문장에서 현재 바둑은 아시아 지역에서 유행하고 있으며, 점차 세계인의 환영을 받고 있다고 했다. 이 부분의 내용과 일치하는 보기는 D이다. 보기 A는 본문에 언급되지 않았고, B와 C는 지문의 내용과 일치하지 않는다.

정답 D

 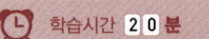

> 역사·문화·지식과 관련된 지문은 일반적으로 사실을 바탕으로 한 내용이므로 보기만 봐도 정답을 쉽게 찾을 수 있지만, 모르는 내용일 경우, 보기와 본문을 비교하며 정답을 찾도록 하자.

문제 1

2015年1月6日，中国农业部发布消息称，中国将启动马铃薯主粮化战略，推进把马铃薯加工成馒头、面条儿、米粉等主食的项目，马铃薯将成为稻米、小麦、玉米外的又一主粮。预计2020年50%以上的马铃薯将作为主粮消费。

A 玉米营养价值最高
B 马铃薯未来将成为主粮
C 中国人偏爱低热量食物
D 挑食对健康有害

문제 2

南京云锦是中国传统的丝织工艺品，用料讲究，织工精细。因其色彩典雅富丽，美如天上瑰丽的彩云，故名"云锦"，它与苏州的宋锦、四川的蜀锦一起并称为中国三大名锦。

A 云锦因美如彩云而得名
B 云锦制作工艺已失传
C 云锦的名声已不如从前
D 云锦是南京三大名锦之一

문제 3

快1124次列车连接着中国最北和最南的两个省会城市哈尔滨和海口。该线路全长4424公里，运行时间为64小时零7分，沿途经过12个省份。如果秋季乘坐这趟列车，旅客一路上不仅可以欣赏到银装素裹的北国风光、金黄耀眼的麦浪梯田，还能看到一望无垠的碧海蓝天。

A 秋季乘坐这趟列车可欣赏美景
B 哈尔滨与海口相距上万公里
C 该趟列车目前还未开通
D 该趟列车途经12个县

쓰기 제1부분 ❾ | 단어 순서 배열
비교문

전략 PT 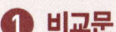 학습시간 20분

❶ 비교문
비교문은 자주 출제되는 문형이다. 특히 우리가 가장 많이 알고 있고, 시험에도 가장 보편적으로 출제되는 비교 문형은 比가 들어가는 문형이다.

비교문	주로 두 대상의 특징, 정도상의 차이를 나타내어 비교의 결과를 보여주는 문장	我比他高。

❷ 비교문의 기본 어순
[A(주어) + 比 + B(비교대상) + 술어]

> 我 + 比 + 他 + 高。
> 주어 + 비교표현 + 비교대상 + 술어
> 나는 ~보다 그 크다 → 나는 그보다 키가 크다.

❸ 비교문의 특징(정도부사·보어·부정부사의 위치)

① **[A(주어) + 比 + B(비교대상) + (还/更/都/再) + 술어]**

还, 更, 再, 都와 같은 정도부사를 사용하여 비교의 의미를 강조한다. 단, 很, 非常, 十分과 같은 정도부사는 사용하지 않는다.

> 我比他很高。(X)
> 我比他还高。(O) 나는 그보다 키가 더 크다.
>
> 她比谁都聪明。 그녀는 어느 누구보다도 똑똑하다.
> → 比+의문대명사(비교대상)+都:최상급 (어떤 ~보다도)제일 ~하다

② **[A(주어) + 比 + B(비교대상) + 술어 + 보어(很多/得多/多了/一点/一些……)]**

술어 뒤에 주어와 비교 대상의 차이를 보다 확연하게 혹은 구체적으로 나타내는 보어를 쓰기도 한다.

> 小高比小王漂亮多了。 샤오가오는 샤오왕보다 더 예쁘다.
> 姐姐比妹妹大三岁。 언니(누나)는 동생보다 세 살 더 많다.

③ **[A(주어) + 不 + 比 + B(비교대상) + 술어]**

부정부사는 반드시 比 앞에 온다.

> 他不比我矮。 그는 나보다 작지 않다.

Day 9 153

PT팁 비교문의 형태

형식	예문
A (不)比 B + [还/更/都/再] + 술어 + 보어 A는 B보다 (얼마만큼) ~하다	小李比小马高一点儿。 샤오리는 샤오마보다 (키가) 조금 크다.
A (没)有 B + [这么/那么] + 술어 A는 B만큼 그렇게 ~하다(하지 않다)	这本书没有那本书厚。 이 책은 저 책만큼 두껍지 않다.
A (不)像 B + [这么/那么] + 술어 A는 B처럼 그렇게 ~하다(하지 않다)	她长得像妈妈那么漂亮。 그녀는 엄마처럼 그렇게 예쁘다.
A 不如 B A는 B만 못하다, B가 더 낫다	坐汽车不如坐飞机。 자동차를 타는 것보다 비행기를 타는 것이 낫다.
A 跟(和)B 一样/不一样 A는 B와 같다(같지 않다)	她的书包跟我的不一样。 그녀의 책가방은 내 것과 다르다.
一 + 양사 + 比 + 一 + 양사 점점 ~하다, 모두 ~하다	他的汉语一天比一天好了。 그의 중국어는 나날이 좋아지고 있다.
越来越/愈来愈 점점 더 ~하다	学汉语的人越来越多。 중국어를 배우는 사람들이 점점 더 많아지고 있다.
越A越B A할수록 B하다	我觉得汉语越学越有意思。 내 생각에 중국어는 배울수록 재미있다.

예제 1

更	今天的	比昨天	冷	天气

분석
[품사분석] 更 뷔 훨씬, 더욱 / 今天 몡 오늘 / 比 젠 ~보다 / 昨天 몡 어제 / 冷 혱 춥다 / 天气 몡 날씨
[문장구조] [A(주어) + 比 + B(비교대상)+ [还 / 更 / 都 / 再] + 술어]

해설 술어에 更冷를 놓고, 주어로 今天的天气, 주어 뒤에 比와 비교 대상인 比昨天을 배치한다.

정답 今天的天气比昨天更冷。 오늘의 날씨는 어제보다 훨씬 춥다.

예제 2

灵活	不	我的手脚	比小王

분석
[품사분석] 灵活 혱 민첩하다 / 不 뷔 ~않다 / 手脚 몡 손과 발 / 比 젠 ~보다 / 小王 인명 샤오왕
[문장구조] [A(주어) + 不 +比 + B(비교대상)+ 술어]

해설 술어에 灵活를 놓고, 주어로 我的手脚, 주어 뒤에 比와 비교 대상인 比小王을 배치한다. 부정부사 不는 比 앞에 놓는다.

정답 我的手脚不比小王灵活。 나의 손발은 샤오왕보다 민첩하지 않다.

 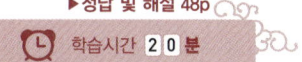

○ 비교문의 어순, 형태, 규칙 등에 주의하여 완벽한 비교문을 만들어보자.

문제 1 很多   那家工厂的   生产规模比   以前   大了

_____

문제 2 和   他的   性格   从前   一样

_____

문제 3 小高在   比我   更出色   业务方面

_____

문제 4 那么   糟糕   并   结果   没有想象的

_____

문제 5 安徽的   哪儿都   比   风景   美

_____

 마무리 PT

1 ……了没？ : ~했나요? 안 했나요? (완료-정반의문문)
你怎么样？被录取了没？
당신은 어때요? 합격했나요?

2 征求 + 意见 : 의견을 구하다
我事先征求过他们的意见。
나는 사전에 그들의 의견을 구했다.

3 A对B有害 : A는 B에 해롭다
挑食对健康有害。
편식은 건강에 해롭다.

4 欣赏 + 秋景/风光/麦浪梯田 : 풍경/밀밭의 물결을 감상하다
旅客可我们都可以欣赏美丽的秋景。
우리는 모두 아름다운 가을 경치를 감상할 수 있다.

5 不仅A，还B : A할 뿐만 아니라 또한 B하다
一路上不仅可以欣赏到银装素裹的北国风光，还能看到一望无垠的碧海蓝天。
길 위로 은백색으로 뒤덮인 북부의 풍경을 감상할 수 있을 뿐만 아니라, 또한 끝없이 멀고 넓은 푸른 바다와 하늘도 볼 수 있다.

6 因A而B : A하여 B하다
云锦因美如彩云而得名。
구름비단은 꽃구름과 같이 아름다워서 이름을 얻게 되었다.

7 A不如B : A는 B만 못하다, B가 더 낫다
云锦的名声已不如从前。
구름비단의 명성은 이미 예전만 못하다.

8 还 + 未/没 + 술어 : 아직 ~하지 않았다
该趟列车目前还未开通。
이 열차는 현재 아직 개통되지 않았다.

9 A并没有B那么…… : A는 B만큼 결코 그렇게 ~하지 않다
结果并没有想象的那么糟糕。
결과는 결코 상상한 것만큼 그렇게 엉망이지 않다.

10 A比B(의문대명사)都…… : A는 B보다도 ~하다 (최상급 → A가 최고다)
安徽的风景比哪儿都美。
안후이의 풍경은 어느 곳보다 아름답다.(가장 아름답다)

Day 10

듣기 제1·2부분 ⑩ | 짧은 대화/긴 대화
강조와 반어법 – "재차 확인하기"

어휘 PT — Track 10-1 — 학습시간 10분

예제 1
- 浇水 jiāoshuǐ 동 물을 뿌리다, 물을 주다
- 花粉 huāfěn 명 꽃가루
- 过敏 guòmǐn 동 알레르기 반응을 일으키다
- 母亲节 Mǔqīn jié 명 어머니날 (매년 5월 둘째 주 일요일)
- 束 shù 양 다발, 묶음
- 鲜花 xiānhuā 명 꽃, 생화

예제 2
- 过期 guòqī 동 기한을 넘기다, 기한이 지나다
- 缺乏 quēfá 동 부족하다, 결핍하다, 결여되다
- 资金 zījīn 명 자금
- 节假日 jiéjiàrì 명 명절과 휴일, 공휴일
- 限制 xiànzhì 동 제한하다
- 使用 shǐyòng 동 사용하다, 쓰다
- 对象 duìxiàng 명 대상, 상대
- 正好 zhènghǎo 부 딱, 마침
- 楼下 lóuxià 명 아래층
- 俱乐部 jùlèbù 명 클럽, 동호회
- 办卡 bànkǎ 동 카드를 발급하다
- 本人 běnrén 명 나, 본인
- 记名 jìmíng 동 이름을 적다, 기명하다

문제 1
- 大自然 dàzìrán 명 대자연
- 地理 dìlǐ 명 지리
- 连…都 lián…dōu 심지어 ~조차도
- 基本 jīběn 형 기본의, 기본적인, 근본적인
- 常识 chángshí 명 상식
- 从小 cóngxiǎo 부 어릴 때부터, 어린 시절부터

문제 2
- 秘书 mìshū 명 비서
- 修改 xiūgǎi 동 수정하다
- 合同 hétong 명 계약서

- 签 qiān 동 계약하다, 서명하다
- 陪 péi 동 모시다, 동반하다
- 对方 duìfāng 명 상대방, 상대편

문제 3
- 筷子 kuàizi 명 젓가락
- 胃 wèi 명 위(소화기관)
- 盒饭 héfàn 명 도시락
- 零食 língshí 명 간식
- 肚子 dùzi 명 배, 복부

문제 4
- 加入 jiārù 동 가입하다
- 搞 gǎo 동 ~을 하다
- 活动 huódòng 명 행사, 활동
- 演出 yǎnchū 명 공연 동 공연하다
- 冰球 bīngqiú 명 아이스하키
- 滑冰 huábīng 동 스케이트를 타다
- 定期 dìngqī 형 정기적으로, 정기적인
- 举办 jǔbàn 동 개최하다, 거행하다, 열다
- 通常 tōngcháng 형 일반적이다, 보통이다
- 邀请 yāoqǐng 명 요청, 초청 동 초청하다
- 恐怕 kǒngpà 부 아마 ~일 것이다

문제 5
- 填写 tiánxiě 동 써 넣다, 기입하다
- 钢笔 gāngbǐ 명 만년필
- 由 yóu 전 ~이, ~에서
- 专家 zhuānjiā 명 전문가
- 指导 zhǐdǎo 동 지도하다
- 高考 gāokǎo 명 중국의 대학 입학 시험
- 志愿 zhìyuàn 동 지원하다
- 还没(…呢) hái méi(…ne) 아직 ~하지 않다
- 早就 zǎojiù 부 진작에, 벌써
- 改革 gǎigé 명 개혁 동 개혁하다

 전략 PT  학습시간 2 0 분

1 보기 표현에서의 부정부사를 주의하자.

보기에 부정부사 没나 不, 또는 강조를 나타내는 부사나 어휘가 있다면 듣기 지문을 들을 때에도 특별히 강조하는 부분이나 반어법을 사용한 표현을 주의해서 들어야 한다.

A 没有筷子 젓가락이 없다　　B 现在不饿 지금은 배가 고프지 않다
C 饭变凉了 밥이 식었다　　　D 胃很难受 위가 불편하다

2 대화 지문을 들을 때, 강조 반어 표현을 주의하자.

강조 표현은 부사로 의미를 표현하는 경우도 있고, 이중부정을 통하여 긍정의 의미를 나타내는 경우도 있다. 이러한 표현들을 숙지하고 주의해야 한다.

女: 不是只限本人使用吗?
男: 不是, 谁去都可以, 这卡是不记名的。

→ 不是……吗? 는 본인이 알고 있는 것을 확인하기 위해 되물어보는 가장 일반적인 반어 표현이다. 谁……都는 '누구나'로 불특정 다수를 지칭한다.

3 강조·반어문 관련 질문의 유형을 파악하자.

问: 根据对话, 下列哪项正确? 대화에 근거하여 다음 중 옳은 것은 무엇인가?
问: 关于男的, 可以知道什么? 남자에 관하여 알 수 있는 것은 무엇인가?
问: 男的觉得……怎么样? 남자가 생각하기에 ~은 어떠한가?
问: 女的是什么意思? 여자가 한 말의 의미는 무엇인가?

PT팁 강조문·반어문 빈출 표현　　○ Track 10-2

강조	千万 qiānwàn 제발, 부디, 절대로 非……不可 fēi……bùkě 반드시 ~해야 한다(=一定要) 不得不 bùdebù 부득이, 어쩔 수 없이 连……都/也 lián……dōu/yě 심지어 ~조차도 一点儿+也/都+不…… yìdiǎnr yě/dōu bù…… 전혀/조금도 ~하지 않다
반어	不是……吗? bú shì……ma? ~이 아니니? 难道……吗? nándào……ma? 설마 ~인가? 何必……呢? hébì……ne? 굳이 ~할 필요가 있니? 哪有……? nǎ yǒu……? ~이 어디에 있니?

예제 1 짧은 대화   Track 10-3

A 太贵了 B 没时间浇水 C 家里没有花瓶 D 她妈妈对花粉过敏	A 너무 비싸다 B 물을 줄 시간이 없다 C 집에 꽃병이 없다 D 그녀의 어머니는 꽃가루에 알레르기 반응을 일으킨다
男: 明天是母亲节，我们去给你妈买束鲜花，怎么样？ 女: 千万别，我妈对花粉过敏。 问: 女的为什么不让买鲜花？	남: 내일은 어머니의 날이에요. 당신 어머니께 꽃다발을 사드리는 게 어때요? 여: 절대 안 돼요. 어머니는 꽃가루에 알레르기 반응이 있어요. 질문: 여자는 왜 꽃을 못 사게 하는가?

해설 보기의 내용으로 보아 꽃(식물)에 대한 이야기가 나올 것을 미리 짐작하며 지문을 들어보자. 남자는 여자의 어머니께 꽃을 사 드리려고 하지만, 여자는 반대한다. 여자는 첫 마디에 千万别(절대 ~하지 마라)라고 강한 부정·금지의 뜻을 나타내고 있다. 이어서 어머니가 꽃가루 알레르기 반응이 있음을 설명하고 있으므로 정답은 D이다.

정답 D

예제 2 긴 대화   Track 10-4

A 过期了 B 缺乏资金 C 节假日不能用 D 不限制使用对象	A 기한이 지났다 B 자금이 부족하다 C 공휴일에는 사용할 수 없다 D 대상에 사용 제한이 없다
女: 天真热，我们去游泳吧？ 男: 好啊，我正好在楼下那家俱乐部办了一张游泳卡。 女: 不是只限本人使用吗？ 男: 不是，谁去都可以，这卡是不记名的。 问: 关于游泳卡，可以知道什么？	여: 날이 더워요. 우리 수영 갈래요? 남: 좋아요. 마침 아래층 클럽에서 수영 카드를 만들었어요. 여: 본인에게만 사용이 제한되는 게 아니에요? 남: 아니에요. 누구나 가능해요. 이 카드는 무기명이거든요. 질문: 수영 카드에 관하여 알 수 있는 것은?

해설 보기의 내용을 먼저 살펴본 뒤 대화를 들어보면, 대화에서 남자가 발급받은 수영 카드에 대해 여자는 반어법을 사용하여 不是只限本人使用吗?(본인 이외에는 제한이 되죠?)라고 묻는다. 이어지는 남자의 대답에서 谁去都可以(누구나 가능하다)라고 강조하여 말하고 있으므로 보기 가운데 같은 의미인 D가 정답이다. 나머지 보기의 내용은 대화에서 언급하지 않았다.

정답 D

강조·반어문 문제는 부정부사와 관련 표현이 많은 것이 특징이다. 보기와 지문의 부정부사의 의미를 파악하여 부합하는 정답을 골라보자!

[제1부분 짧은 대화]

문제 1
A 喜欢大自然
B 地理很有趣
C 地理学得不好
D 了解一些地理常识

문제 2
A 是秘书
B 正在修改合同
C 下午要去签合同
D 没陪王总去签合同

문제 3
A 没有筷子
B 现在不饿
C 饭变凉了
D 胃很难受

[제2부분 긴 대화]

문제 4
A 加入俱乐部
B 搞活动
C 看演出
D 打冰球

문제 5
A 考试前填写
B 用钢笔填写
C 成绩出来后填写
D 由专家指导填写

독해 제2부분 ❺ | 단문 독해 – 올바른 내용 찾기
동의어/핵심 표현 – "다른 표현, 같은 의미"

어휘 PT

학습시간 10분

예제 1

단어	병음	품사	뜻
如今	rújīn	명	오늘날, 현재
打工度假	dǎgōng dùjià		워킹 홀리데이
成为	chéngwéi	동	~이 되다
时尚	shíshàng	명	시대적 유행(=流行)
正式	zhèngshì	형	정식의, 정규의
利用	lìyòng	동	이용하다
开阔	kāikuò	동	넓히다
视野	shìyě	명	시야
期间	qījiān	명	기간
当地	dāngdì	명	현지
赚取	zhuànqǔ	동	획득하다, 벌다
耽误	dānwù	동	지체하다, 시기를 놓치다
缓解	huǎnjiě	동	완화되다, 완화시키다
压力	yālì	명	스트레스, 부담, 압력
就业	jiùyè	동	취업하다
冒险	màoxiǎn	명	모험
行为	xíngwéi	명	행위

简单	jiǎndān	형	간단하다
优美	yōuměi	형	우아하고 아름답다
深受	shēnshòu	동	깊이 받다, 크게 입다
喜爱	xǐài	동	좋아하다, 사랑하다
民间	mínjiān	명	민간
普及率	pǔjílǜ	명	보급률
乐器	yuèqì	명	악기
普通人	pǔtōngrén	명	보통 사람, 일반사람
…不起	…buqǐ		~할 수 없다(경제적 원인)
越来越	yuèláiyuè		더욱더, 점점 더, 갈수록

예제 2

二胡	èrhú	명	얼후, 이호(호금의 일종)
发出	fāchū	동	(소리를) 내다
乐音	yuèyīn	명	음악소리, 악음, 악기소리
丰富	fēngfù	형	풍부하다
表现力	biǎoxiànlì	명	표현력
称A为B	chēng A wéi B		A를 B라고 부르다
小提琴	xiǎotíqín	명	바이올린
音色	yīnsè	명	음색
略	lüè	부	약간, 조금, 다소
带	dài	동	띠다, 함유하다
忧伤	yōushāng	형	침울하다, 고뇌하다
适于	shìyú	동	~에 알맞다, 적합하다
表达	biǎodá	동	표현하다
情感	qínggǎn	명	감정
深沉	shēnchén	형	깊다
制作	zhìzuò	동	제작하다

문제 1

唐代	Tángdài		당 왕조, 당대
古典诗歌	gǔdiǎn shīgē		고전시, 고전시가
发展	fāzhǎn	동	발전하다
全盛时期	quánshèng shíqī		전성시기(=繁荣时期)
伟大	wěidà	형	위대하다
诗人	shīrén	명	시인
保存	bǎocún	동	보존하다
《全唐诗》	Quántángshī		「전당시」(중국 청대에 편찬된 당시(唐诗) 전집)
题材	tícái	명	소재
广泛	guǎngfàn	형	광범위하다, 폭넓다
涉及	shèjí	동	포함하고 있다, 미치다, 관계되다
自然	zìrán	명	자연
社会	shèhuì	명	사회
情感	qínggǎn	명	감정, 느낌
各个	gège	대	각각의
方面	fāngmiàn	명	방면, 분야, 부분
创作	chuàngzuò	동	창작하다
方法	fāngfǎ	명	방법
现实主义	xiànshí zhǔyì	명	현실주의
流派	liúpài	명	파, 유파, 분파
浪漫主义	làngmàn zhǔyì	명	낭만주의
经典	jīngdiǎn	명	고전

Day 10

作品 zuòpǐn 몡 작품
两者兼具 liǎngzhě jiānjù 양자를 골고루 갖추고 있다
因而 yīn'ér 접 그러므로, 그런 까닭에, 따라서
优秀 yōuxiù 형 우수하다
遗产 yíchǎn 몡 유산
对外贸易 duìwài màoyì 몡 대외 무역
发达 fādá 동 발달하다
关注 guānzhù 동 주시하다, 관심을 가지다

문제 2
樱桃 yīngtáo 몡 앵두
酸 suān 형 시큼하다, 시다
甜 tián 형 달콤하다, 달다
食品 shípǐn 몡 식품
加工 jiāgōng 동 가공하다
通常 tōngcháng 형 일반적이다, 보통이다.
即食 jíshí 동 곧바로 먹을 수 있다(=直接吃)
新鲜 xīnxiān 형 신선하다
难于 nányú ~하기 어렵다, ~하기 쉽지 않다(=不易)
价格 jiàgé 몡 가격
产量 chǎnliàng 몡 생산량
有助于 yǒuzhùyú 동 ~에 도움이 되다
消化 xiāohuà 동 소화하다

문제 3
刘半农 Liú Bànnóng 인명 리우반농
著名 zhùmíng 형 저명하다, 유명하다
创作 chuàngzuò 동 창작하다
题为 tíwéi 제목은 ~이다
《教我如何不想她》 jiào wǒ rúhé bù xiǎng tā 그녀를 잊는 법을 알려줘요
谱成 pǔchéng 동 곡을 붙이다
歌曲 gēqǔ 몡 가곡
传唱 chuánchàng 동 유전되어 불리어지다
开来 kāilái 동 계속 이어지다(방향보어)
流传 liúchuán 동 유전하다, 대대로 전해 내려오다
至今 zhìjīn 부 지금까지
指代 zhǐdài 동 대신 지칭하다
普遍 pǔbiàn 형 보편적인, 일반적인
认可 rènkě 동 승낙하다, 인가하다
收入 shōurù 동 수록하다, 포함하다
平等 píngděng 몡 평등 동 동일한 대우를 받다
纪念 jìniàn 몡 기념 동 기념하다

 학습시간 **2 0** 분

① 핵심어를 찾고 동의어 표현을 찾아라.

앞에서 반복·강조하여 말했듯이 보기의 내용을 빠르게 훑어보고 지문으로 넘어가자. 동의 표현을 찾는 문제는 지문에서 정답이 되는 표현이 보기에서 그대로 제시되지 않고 같은 의미의 다른 어휘 표현으로 제시된다. 그러므로 지문에서 정답을 찾는 핵심어와 의미가 같은 동의 표현을 보기에서 놓치지 말아야 한다.

② 첫 문장과 마지막 문장을 주목하자.

동의 표현을 찾는 문제에서 첫 문장에 핵심 표현을 주고 그에 따른 내용을 설명하거나, 마지막 문장에서 전체 내용을 정리하면서 핵심 표현을 언급하는 지문이 종종 출제된다. 보기의 내용과 대조하면서 지문의 첫 문장, 혹은 마지막 문장을 주목하자.

> 西双版纳位于云南省的最南端，它保留着一片中国最完整、物种最丰富的热带雨林。在这片仅占全国国土面积1/500的土地上，生存着全国1/4的野生动物物种和1/6的野生植物物种。它因此被誉为"物种基因库"和"森林生态博物馆"。
>
> 시솽반나는 윈난성의 가장 남쪽에 위치한다. 시솽반나는 중국에서 가장 완벽하고, 생물의 종류가 가장 풍부한 열대 우림을 보존하고 있다. 이곳은 전체 국토 면적에서 겨우 1/500의 땅을 차지하지만, 전국의 1/4의 야생동물과 1/6의 야생식물이 생존하고 있다. 그래서 '생물의 보고'와 '삼림 생태 박물관'이라고 불린다.
>
> A 西双版纳开发空间不大　시솽반나는 개발공간이 크지 않다
> B 西双版纳旅游业非常发达　시솽반나는 관광업이 매우 발달했다
> C 西双版纳物种丰富　시솽반나는 생물의 종류가 풍부하다
> D 西双版纳处在云南中部　시솽반나는 윈난성 중부에 위치하고 있다

→ 보기에 공통으로 언급한 핵심어는 西双版纳이다. 여기서 지문이 西双版纳에 관한 내용임을 알 수 있다. 첫 문장에 언급된 物种最丰富的热带雨林이 보기 C와 동의 표현으로 정답을 쉽게 찾을 수 있다. 또한 지문 마지막에 언급된 "物种基因库"와 "森林生态博物馆"은 시솽반나를 비유하는 동의 표현이다.

예제 1

如今，"打工度假"已成为一种时尚。很多年轻人往往会在学业完成之后、开始正式工作之前，利用大约一年的时间到国外旅行，以开阔视野。在此期间，他们会在当地打工赚取旅行费用。	오늘날 '워킹 홀리데이'는 이미 하나의 시대적 유행이 되었다. 많은 청년들이 종종 학업을 마친 후, 정규적인 일을 시작하기 전에 시야를 넓히기 위해 대략 1년의 시간을 해외여행으로 이용한다. 이 기간에는 그들은 현지에서 일을 하면서 여행 비용을 벌 수 있다.
A 打工度假会耽误毕业 B 打工度假能缓解就业压力 C 打工度假在年轻人中很流行 D 打工度假是一种冒险行为	A 워킹 홀리데이는 졸업을 지체시킬 수 있다 B 워킹 홀리데이는 취업 스트레스를 완화시킨다 C 워킹 홀리데이는 젊은이들 사이에서 매우 유행이다 D 워킹 홀리데이는 일종의 모험 행위이다

[해설] 워킹 홀리데이에 관한 내용이다. 각 보기에서 말하는 워킹 홀리데이에 대한 설명을 잘 기억하면서 지문을 보자. 첫 번째 문장에서 워킹 홀리데이가 하나의 시대적 유행이라는 주제 내용이 나온다. 이어서 이것이 많은 젊은이들이 직장을 얻기 전에 시야를 넓히고 동시에 여행 경비도 충당할 수 있는 방법임을 말하고 있다. 보기 A, D와 같은 부정적인 시각의 내용은 지문에서 언급되지 않았고, B에 대해서도 언급하지 않았다. 남은 보기 C가 답이 되는 이유는 流行(유행하다)이라는 표현과 지문의 첫 문장에 나오는 时尚(시대적 유행, 시대적 트렌드)이 같은 의미의 표현이기 때문이다.

[정답] C

예제 2

二胡发出的乐音有着丰富的表现力，有人称它为"中国的小提琴"。由于二胡的音色听起来略带忧伤，因而适于表达深沉的情感。二胡制作简单、价格便宜、容易学会而又音色优美，深受中国人的喜爱，是中国民间普及率很高的乐器。	얼후는 풍부한 표현력을 가지고 있어서 어떤 이들은 그것을 '중국의 바이올린'이라고 부른다. 얼후의 음색을 들어보면 우울함을 띠고 있기 때문에 깊은 감정을 표현하는 데 적합하다. 얼후는 제작이 간단하고 가격이 저렴하며 쉽게 습득할 수 있고, 또한 음색이 아름다워 중국인의 깊은 사랑을 받고 있는, 중국 민간 보급률이 매우 높은 악기이다.
A 普通人买不起二胡 B 二胡在中国很受欢迎 C 二胡比小提琴更有表现力 D 越来越多的年轻人喜欢上了二胡	A 일반 사람들은 얼후를 구매할 수 없다 B 얼후는 중국에서 환영을 받는다 C 얼후는 바이올린보다 표현력을 더 가지고 있다 D 갈수록 많은 젊은이들이 얼후를 좋아하고 있다

[해설] 중국의 현악기 얼후에 관한 내용이다. 보기의 내용을 기억하면서 지문을 보자. 얼후는 바이올린과 같은 풍부한 표현력을 가지고 있으며, 제작이 쉽고, 가격도 저렴하며, 배우기 쉬운 특징을 갖고 있다. 또한 음색이 아름다워 중국인의 사랑을 받는 악기이다. 이와 같은 내용에 근거하여 보기 A, C, D는 지문과 일치하지 않는다. 마지막 부분에서 언급한 深受中国人的喜爱에서 深受喜爱(깊은 사랑을 받다, 환영받다)는 보기 B의 很受欢迎(환영받다)이 동의 표현이므로 정답은 B이다.

[정답] B

 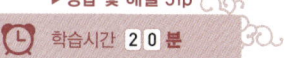

> 동의어·핵심표현 관련 문제는 보기를 파악하고, 본문 내용과 같은 의미를 담고 있는 보기를 정답으로 고르는 것이 핵심이다. 동의어·핵심표현 관련어휘를 미리 공부한다면 본문을 다 읽지 않고, 보기 파악 후, 본문에서 같은 표현의 정답을 쉽게 찾을 수 있다!

문제 1

唐代是中国古典诗歌发展的全盛时期。这一时期有很多伟大的诗人，他们的作品多保存在《全唐诗》中。诗的题材很广泛，涉及自然、社会、情感等各个方面。在创作方法上，有现实主义流派，也有浪漫主义流派，很多经典作品则两者兼具，因而成为优秀的文学遗产。

A 唐代的对外贸易很发达
B 唐诗更多关注个人情感
C 唐代是古典诗歌的繁荣时期
D《全唐诗》多为现实主义作品

문제 2

樱桃是一种季节性水果，它主要分为酸樱桃和甜樱桃两种，前者主要用于食品加工，而后者则通常是即食水果，也就是说可以直接吃。新鲜的樱桃难于保存，因而其市场价格也比较高。

A 樱桃不易保存
B 樱桃的产量很大
C 酸樱桃有助于消化
D 酸樱桃的价格比甜樱桃高

문제 3

刘半农是中国著名的文学家、语言学家。1920年他创作了一首题为《教我如何不想她》的小诗，后经赵元任谱成歌曲，在国内传唱开来，流传至今。这首诗中第一次用"她"字来指代女性，后来"她"字得到人们的普遍认可，被收入词典。

A 赵元任发明了"她"字
B 赵元任认为男女应该平等
C 用"她"字指代女性始于刘半农
D 将"她"收入词典是为了纪念刘半农

쓰기 제1부분 ⑩ | 단어 순서 배열
존현실문

전략 PT

학습시간 2 0 분

❶ 장소나 불특정 대상이 있다면 존현실문을 의심하자.

제시된 어휘 가운데 장소나 불특정 대상이 있다면 존현실문을 의심하자. 존현실문이란, 어떤 장소에 불특정한 사람이나 사물이 존재하거나 나타나거나 사라짐을 나타내는 문장이다.

존현실문	어떤 장소에 불특정 대상(사람·사물)이 존재, 출현, 소실함을 나타내는 문장	门口站着几个人。

❷ 주어에 반드시 사람이 와야 하는 것은 아니다.

일반적으로 문장을 만들 때 사람을 주어로 놓아야 한다는 고정관념을 갖지만, 존현실문은 장소가 주어로 놓이고 목적어 자리에 불특정 대상(사람이나 사물)을 배치한다.

门口站着几个人。 입구에 몇 사람이 서 있다.

> **TIP** 주어가 장소명사일 때, 장소명사 앞에 전치사 从, 在는 쓰지 않는다.

❸ 了의 위치를 주의하자.

존현실문에서 了는 동태조사로 술어 뒤에 위치한다.

公司里来了新职员。 회사에 신입사원이 들어왔다.

❹ 존현실문의 어순

[주어(장소) + 술어(존재/출현/소실동사 + 了/着) + 목적어(불특정 대상)]

门口 + 站着 + 几个人。
주어　　술어　　목적어
입구　　서 있다　몇 사람　→ 입구에 몇 사람이 서 있다.

> **TIP** 문제 제시어에 장소명사가 나올 경우, 전치사 从, 在가 없다면 90% 이상이 존현실문일 확률이 높다!

PT팁 존현실문의 특징

① **존재** : 대부분의 동사는 지속의 의미를 지니고 있으며, 동태조사 着를 동반할 수 있다.

[주어(장소) + 술어 (존재 동사+(着)) + 목적어 (불특정대상)]
墙上挂着一幅地图。 벽에 지도 하나가 걸려 있다.
门前停着一辆自行车。 문 앞에 자전거가 세워져 있다.

② **출현/소실** : 물체의 이동과 관계 있는 동사를 쓰며, 방향보어, 결과보어, 동태조사 了를 동반할 수 있다.

[주어(장소) + 술어(출현/소실을 나타내는 동사 + (了)) + 목적어(불특정대상)]
前面走来了一个人。 앞쪽에서 한 사람이 걸어왔다.
礼堂里挤满了人。 강당에 사람으로 꽉 찼다.

③ 불특정 대상이 목적어로 오며, 수량구를 동반하는 경우가 많다.

书架上少了三本书。 책장에 책 세 권이 줄었다.
公司里来了三个新职员。 회사에 세 명의 신입사원이 들어왔다.

예제 1

| 小两口 | 住着 | 隔壁 | 一对 |

- **분석** [품사분석] 小两口 명 젊은 부부 / 住 동 살다, 거주하다 / 着 조 ~하고 있다 / 隔壁 명 이웃집 / 对 양 쌍, 짝
  [문장구조] [주어(장소) + 술어(존재 동사+(着))+ 목적어(불특정 대상)]
- **해설** 술어에 住着를 배치하고, 주어는 隔壁, 목적어(불특정 대상)는 一对小两口이다
- **정답** 隔壁住着一对小两口。 이웃집에 한 쌍의 젊은 부부가 살고 있다.

예제 2

| 欢声笑语 | 教室里 | 充满 | 了 |

- **분석** [품사분석] 欢声笑语 즐거운 노랫소리와 웃음소리 / 教室 명 교실 / 里 명 안, 속 / 充满 동 가득하다
  [문장구조] [주어(장소) + 술어 (출현/소실을 나타내는 동사 + (了)) + 목적어 (불특정 대상)]
- **해설** 술어에 充满了를 배치하고, 주어는 教室里, 목적어(불특정 대상)는 欢声笑语이다.
- **정답** 教室里充满了欢声笑语。 교실은 즐거운 노랫소리와 웃음소리로 가득 찼다.

 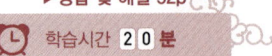

> 존현실문에서는 장소가 주어 자리에, 불특정 대상이 목적어 자리에 오는 것을 기억하자!

문제 1 ▶ 墙角　　一些木盒子　　着　　堆

문제 2 ▶ 街道上　　气氛　　圣诞节的　　充满了

문제 3 ▶ 两瓶　　摆　　桌子上　　饮料　　着

문제 4 ▶ 一层厚厚的　　窗台上　　灰尘　　落了

문제 5 ▶ 树上　　走了　　飞　　三只鸟

 **마무리 PT**　　학습시간 05분

1. **没时间 + 술어2 + 목적어2** : (술어2+목적어2)할 시간이 없다
   没时间浇水。
   물을 줄 시간이 없다.

2. **A对B过敏** : A는 B에 알레르기 반응을 일으키다
   她妈妈对花粉过敏。
   그녀의 어머니는 꽃가루에 알레르기 반응을 일으킨다.

3. **의문대명사 + 都/也** : ~든지, ~라도(불특정 다수를 가리킴)
   谁去都可以，这卡是不记名的。
   누구나 가능해요. 이 카드는 무기명이에요.

4. **恐怕 + 부정적 추측** : 아마도 ~일 것이다
   谢谢你的邀请，但我这学期恐怕没时间。
   초대는 고맙지만, 저는 이번 학기에 아마 시간이 없을 것 같아요.

5. **开阔 + 视野** : 시야를 넓히다/확대하다
   开始正式工作之前，利用大约一年的时间到国外旅行，以开阔视野。
   정규적인 일을 시작하기 전에 시야를 넓히기 위해 대략 1년의 시간을 이용하여 해외여행을 간다.

6. **缓解 + 压力/紧张/疲劳** : 스트레스/긴장/피로를 완화시키다
   打工度假能缓解就业压力。
   워킹 홀리데이는 취업 스트레스를 완화시킬 수 있다.

7. **很受欢迎** : 깊은 사랑을 받다, 환영을 받다(=深受喜爱)
   二胡在中国很受欢迎。
   얼후는 중국에서 매우 환영을 받는다.

8. **不易(=难于) + 2음절 동사** : ~하기 어렵다
   樱桃不易保存。
   앵두는 보관하기 어렵다.

9. **……不起** : ~할 수 없다(경제적 요인)
   普通人买不起二胡。
   일반 사람들은 얼후를 구매할 수 없다.

10. **A(행동)，是为了B(목적)** : A하는 것은 B하기 위해서이다.
    将"她"收入词典是为了纪念刘半农。
    '그녀'를 사전에 수록한 것은 리우반농을 기념하기 위해서이다.

Day 11

듣기 제1·2부분 ⑪ | 짧은 대화/긴 대화
관용어 – "의미를 파악하라"

어휘 PT ● Track 11-1 학습시간 10분

예제 1
- 缺乏 quēfá [동] 부족하다, 결핍되다, 결여되다
- 个性 gèxìng [명] 개성
- 背景 bèijǐng [명] 배경
- 暗 àn [형] 어둡다
- 突出 tūchū [동] 두드러지다, 돋보이다
- 抽象 chōuxiàng [형] 추상적이다
- 教授 jiàoshòu [명] 교수
- 整体来说 zhěngtǐ láishuō 전체적으로 말하자면
- 美中不足 měizhōng bùzú 전체적으로 훌륭한 가운데 조금 부족한 점이 있다, 옥에 티가 있다
- 缺点 quēdiǎn [명] 결점, 단점

예제 2
- 厨师 chúshī [명] 요리사
- 口味 kǒuwèi [명] 입맛
- 清淡 qīngdàn [형] 싱겁다
- 酒吧 jiǔbā [명] 호프집
- 搜 sōu [동] 찾다, 조사하다
- 菜谱 càipǔ [명] 메뉴, 레시피
- 差点儿 chàdiǎnr [부] 하마터면 ~할 뻔하다(희망하지 않은 일이 실현될 뻔하다)
- 拜师学艺 bàishī xuéyì 스승을 모시고 기예를 배우다

문제 1
- 退休 tuìxiū [동] 퇴직하다
- 年龄 niánlíng [명] 나이, 연령
- 坚持 jiānchí [동] 견지하다, 고수하다
- 辛苦 xīnkǔ [형] 고생스럽다, 고되다, 수고롭다
- 演出 yǎnchū [명] 공연 [동] 공연하다
- 演员 yǎnyuán [명] 배우
- 舍不得 shěbudé [동] 아쉬워하다, 섭섭해하다
- 舞台 wǔtái [명] 무대

문제 2
- 充足 chōngzú [형] 충분하다, 충족하다
- 完善 wánshàn [동] 완벽하게 하다, 완전하게 하다

- 加强 jiāqiáng [동] 강화하다
- 宣传 xuānchuán [동] 광고하다, 홍보하다
- 重新 chóngxīn [부] 다시, 재차, 새로이
- 研发 yánfā [동] 연구개발하다
- 不仅A, 也B bùjǐn A, yě B A할 뿐만 아니라, 또한 B하다
- 投入 tóurù [동] 투자하다
- 资金 zījīn [명] 자금
- 来不及 láibují (시간이 부족하여) ~할 겨를이 없다, 여유가 없다(↔来得及)
- 改进 gǎijìn [동] 개선하다, 개량하다
- 实际 shíjì [형] 현실적이다, 실제에 부합되다

문제 3
- 充电器 chōngdiànqì [명] 충전기
- 型号 xínghào [명] 모델
- 电池 diànchí [명] 건전지, 배터리
- 糟糕 zāogāo [형] 큰일나다, 엉망이다
- 不要紧 búyàojǐn [형] 괜찮다

문제 4
- 尽快 jǐnkuài [부] 되도록 빨리
- 贷款 dàikuǎn [동] 대출하다
- 一A就B yī A jiù B A하자마자 B하다
- 看中 kànzhòng 마음에 들다, 좋아하다, 매혹되다 (=看上/看上眼)
- 布局 bùjú [명] 구도
- 装修 zhuāngxiū [명] 인테리어 [동] 장식하고 꾸미다
- 风格 fēnggé [명] 스타일, 풍격

문제 5
- 烫 tàng [동] 파마하다
- 尝试 chángshì [동] 시도해보다, 경험해보다
- 发型 fàxíng [명] 헤어 스타일
- 适合 shìhé [동] 적합하다
- 舍得 shěde [동] 아까워하지 않다, 미련이 없다 (↔舍不得)

❶ 보기도 요령껏 보자!

지문의 내용을 미리 파악하기 위해 보기를 먼저 빠르게 살펴봐야 한다는 점은 이제 기본이다! 보기의 내용이 긍정적인지, 부정적인지, 공통된 소재가 있는지 등을 빠르게 파악하는 요령을 연습하자.

❷ 관용어 표현과 동의 표현을 알아두자.

관용어는 단어 본래의 뜻과 비슷한 의미를 나타내기도 하지만, 글자 자체의 직접적인 뜻과는 전혀 다른 의미를 나타내는 경우도 많다. 또한 대화에서 언급하는 관용어 표현은 보기에서 똑같이 제시되지 않고 동의 표현이 나오는 경우가 많다. 다양한 관용어를 정리해두고, 의미가 같은 동의 표현을 함께 알아두자!

❸ 관용어 표현을 묻는 질문의 유형을 파악하자.

问：根据对话，可以知道什么？ 대화에 근거하여 알 수 있는 것은 무엇인가?
问：关于女的，可以知道什么？ 여자에 관하여 알 수 있는 것은 무엇인가?
问：女的是什么意思？ 여자가 한 말의 의미는 무엇인가?
问：男的是什么意思？ 남자가 한 말의 의미는 무엇인가?

 관용어 빈출 표현　　　　　Track 11-2

舍得 shěde (↔舍不得)	아까워하지 않다, 미련이 없다	拿主意 ná zhǔyi (=决定, 下决心)	결정하다
有信心 yǒu xìnxīn (=有把握)	자신이 있다	发脾气 fā píqì (=闹脾气)	성질을 부리다, 화를 내다
差点儿 chàdiǎnr	하마터면 ~할 뻔하다 (희망하지 않은 일이 실현될 뻔하다)	走弯路 zǒu wānlù	길을 돌아가다, 시간과 정력을 낭비하다
用不着 yòngbuzháo (=没必要, 不需要)	~할 필요가 없다	炒鱿鱼 chǎo yóuyú (=开除, 解雇)	해고하다
不见得 bújiàndé (=不一定, 未必)	반드시 ~인 것은 아니다	开夜车 kāi yèchē (=熬夜)	(학업이나 일로 인해)밤을 새다
不简单 bù jiǎndān (=了不起, 棒, 行, 厉害)	대단하다, 훌륭하다, 굉장하다	出毛病 chū máobìng	고장이 나다, 문제가 생기다 (有毛病 병이 있다)
不要紧 búyàojǐn (=没问题, 不严重)	문제 없다, 괜찮다, 대수롭지 않다	挑毛病 tiāo máobìng (=找毛病)	흠·결점을 꼬집어내다
不在乎 bú zàihu (=没关系, 无所谓, 不介意)	상관없다, 개의치 않다	赶得上 gǎndeshàng (↔赶不上)	(시간에) 맞출 수 있다 (=来得及 ↔ 来不及)
不怎么样 bù zěnmeyàng (=不太好)	그다지 좋지 않다, 그저 그렇다	胡说 húshuō (=瞎说, 胡说八道)	거짓말하다, 헛소리를 하다
两口子 liǎng kǒuzi (=夫妻)	부부 (小两口 젊은 부부 / 老两口 나이 든 부부 / 那口子 남편 혹은 아내)	说闲话 shuō xiánhuà (=议论别人)	뒷말하다, 험담하다

 **예제 1** 짧은 대화　　　　　　　　　　　　　　　　　　　　　● Track 11-3

A 缺乏个性 B 背景暗 C 人物不突出 D 太抽象	A 개성이 부족하다 B 배경이 어둡다 C 인물이 돋보이지 않는다 D 너무 추상적이다
女：张教授，您觉得这幅画儿怎么样？ 男：整体来说，还不错。但美中不足的是，背景有些暗。 问：男的认为那幅画儿有什么缺点？	여: 장 교수님, 이 그림을 어떻게 생각하세요? 남: 전체적으로 말하자면 괜찮습니다. 하지만 옥의 티는 배경이 약간 어둡네요. 질문: 남자는 그 그림의 결점이 무엇이라고 생각하는가?

해설　보기의 내용이 모두 부정적이다. 원가의 단점을 나열하고 있음을 확인하고 지문을 들어보자. 대화는 어떤 그림에 대한 남자의 의견이 주요 내용이다. 그리고 남자가 생각하는 그림의 결점이 무엇인지 묻고 있다. 남자의 말에서 美中不足가 바로 '옥의 티', 즉 '결점'을 의미한다. 이어서 배경이 약간 어둡다고 했으므로 정답은 B이다.

정답　B

예제 2 긴 대화　　　　　　　　　　　　　　　　　　　　　● Track 11-4

A 男的当过厨师 B 女的口味清淡 C 男的开过酒吧 D 女的很会做菜	A 남자는 요리사였다 B 여자의 입맛은 싱겁다 C 남자는 술집을 운영했었다 D 여자는 요리를 잘한다
男：你在网上搜什么呢？这么认真。 女：我想学做菜，正在找菜谱呢。 男：做菜？我可以教你。 女：对啊。我差点儿忘了，你以前是厨师，那我可要拜师学艺了。 问：根据对话，下列哪项正确？	남: 인터넷으로 뭘 그렇게 열심히 찾고 있어요? 여: 요리를 배우고 싶어서 레시피를 찾는 중이에요. 남: 요리요? 내가 가르쳐줄 수 있어요. 여: 맞네요. 하마터면 잊을 뻔했어요. 당신은 예전에 요리사였잖아요. 그럼 스승님으로 모시고 잘 배울게요. 질문: 대화에 근거하여 다음 중 옳은 것은?

해설　보기를 살펴보면, 남자와 여자에 대한 설명이 각각 있다. 지문을 들을 때 남자와 여자의 상황을 구분하여 들어야 하며, 마지막 질문도 남자에 관한 것인지, 여자에 관한 것인지도 주의 깊게 들어야 한다. 대화는 요리를 배우고 싶어하는 여자가 예전에 요리사였던 남자에게 요리를 배우려는 내용이다. 여자의 말 중에 我差点儿忘了의 差点儿을 주의하자. 差点儿은 관용어로서 '~할 뻔했다'의 의미이다. 여자는 남자가 이전에 요리사였다는 것을 잊지 않고 기억하고 있다. 그러므로 정답은 A이다. 나머지 보기의 내용은 대화에서 정확하게 언급하지 않았으므로 알 수 없다.

정답　A

 실전 PT ● Track 11-5   ▶정답 및 해설 54p   학습시간 20분

> 관용어의 의미를 정확히 알고 있다면 문제를 쉽게 풀 수 있다. 만약 관용어의 의미를 잘 모르겠다면 관용어 앞뒤 내용들을 잘 듣도록 하자!

[제1부분 짧은 대화]

문제 1
- A 想拍电影
- B 热爱音乐
- C 未到退休年龄
- D 仍在坚持表演

문제 2
- A 应开发新产品
- B 时间还很充足
- C 应完善老产品
- D 要加强宣传

문제 3
- A 男的带充电器了
- B 女的没有充电器
- C 他俩手机型号是一样的
- D 没有电池

[제2부분 긴 대화]

문제 4
- A 对房子很满意
- B 请男的看房
- C 想尽快住新房
- D 想贷款购房

문제 5
- A 心情很差
- B 烫头发了
- C 剪短发了
- D 钱包丢了

독해 제3부분 ❶ | 장문 독해-질문에 알맞은 정답 찾기
주제/제목/목적 – "포인트를 찾아라"

어휘 PT
학습시간 10분

예제 1

| 雇 gù 동 고용하다
| 推销员 tuīxiāoyuán 명 판매원
| 老板 lǎobǎn 명 사장, 주인
| 考核 kǎohé 동 시험하다
| 业务能力 yèwù nénglì 업무 능력
| 即将 jíjiāng 부 곧, 머지않아
| 过期 guòqī 동 기한을 넘기다, 기일이 지나다
| 好主意 hǎo zhǔyi 좋은 생각
| 能否 néngfǒu 동 ~할 수 있는가
| 退掉 tuìdiào 동 환불하다, 반품하다
| 装袋 zhuāngdài 명 포장 봉지
| 印 yìn 동 새기다
| 反复 fǎnfù 부 거듭, 반복하여 동 거듭하다, 반복하다
| 解释 jiěshì 동 해명하다, 설명하다
| 凭证 píngzhèng 명 증거
| 情况 qíngkuàng 명 상황
| 放弃 fàngqì 동 포기하다
| 还未 hái wèi 아직 ~하지 않다
| 开口 kāikǒu 동 입을 열다
| 无奈 wúnài 동 어찌할 방법이 없다
| 之下 zhīxià 명 ~의 아래
| 转圈 zhuàn 동 돌다, 회전하다
| 圈 quān 명 고리, 환, 테
| 果酱 guǒjiàng 명 과일잼
| 愣 lèng 동 멍해지다, 어리둥절하다, 얼빠지다
| 竟然 jìngrán 부 뜻밖에, 의외로
| 答应 dāying 동 수락하다
| 奖励 jiǎnglì 동 상을 주다, 표창하다
| 转变 zhuǎnbiàn 동 전환하다, 바꾸다(=转换)
| 思路 sīlù 사고의 맥락, 사고의 방향
| 适时 shìshí 형 시기적절하다, 제때에 하다
| 迂回 yūhuí 동/형 우회하다
| 采用 cǎiyòng 동 채택하다, 응용하다

| 技巧 jìqiǎo 명 기예, 기술, 테크닉
| 打击 dǎjī 동 타격을 주다, 의욕이나 기를 꺾다
| 竞争对手 jìngzhēng duìshǒu 경쟁 상대
| 考查 kǎochá 동 확인하다, 검사하다
| 故意 gùyì 부 고의로, 일부러
| 为难 wéinán 동 난처하게 하다 형 난처하다
| 店主 diànzhǔ 명 주인, 점주
| 优势 yōushì 명 우세, 장점
| 诚信 chéngxìn 형 성실하다, 신용을 지키다
| 核心 héxīn 명 핵심, 포인트
| 意义 yìyì 명 의의, 의미, 가치

문제 1-2

| 骆驼 luòtuo 명 낙타
| 证明 zhèngmíng 동 증명하다
| 园子 yuánzi 명 정원
| 围墙 wéiqiáng 명 엔담, 빙 둘러싼 담
| 茂盛 màoshèng 형 무성하다
| 枝叶 zhīyè 명 가지와 잎
| 伸出 shēnchū 동 내밀다, 뻗어나오다
| 抬头 táitóu 동 고개를 들다(↔低头)
| 扒 bā 동 긁다
| 脖子 bózi 명 목
| …不着 …bùzháo ~할 수 없다(가능보어)
| 摇头 yáotóu 동 고개를 흔들다(↔点头)
| 不肯 bùkěn 동 ~하려 하지 않다
| 认输 rènshū 동 패배를 인정하다, 항복하다
| 窄 zhǎi 형 좁다
| 大模大样 dàmú dàyàng 성 거들먹거리다
| 跪 guì 동 무릎을 꿇다, 꿇어 앉다
| 钻 zuān 동 뚫다, 파고들다, 들어가다
| 长处 chángchù 명 장점(↔短处)
| 智慧 zhìhuì 명 지혜
| 秘密 mìmì 명 비밀

문제 3

陶瓷艺人 táocí yìrén 명 도예가
陶罐 táoguàn 명 도자기 항아리, 도자기 단지
烧制 shāozhì 동 가마에 넣어 굽다
艘 sōu 양 척(선박을 세는 단위)
轮船 lúnchuán 명 배(증기선), 선박
航行 hángxíng 동 항해하다, 운항하다
途中 túzhōng 명 도중
强烈 qiángliè 형 강력하다
风暴 fēngbào 명 폭풍
打碎 dǎsuì 동 부수다, 깨지다
做生意 zuò shēngyì 동 장사를 하다
梦想 mèngxiǎng 명 꿈
随之 suízhī 따라서
破碎 pòsuì 동 산산조각이 나다, 잘게 부수어지다
提议 tíyì 동 제의하다
A不如B A bùrú B A는 B만 못하다
四处 sìchù 명 도처, 여러 곳, 사방
见识 jiànshi 동 견문(지식)을 넓히다, 경험을 늘이다
痛哭 tòngkū 동 통곡하다, 목놓아 울다
一番 yì fān 양 한바탕, 한차례
难道 nándào 부 설마, 설마 ~란 말인가
心疼 xīnténg 동 아까워하다, 애석해하다
心平气和 xīnpíng qìhé 성 마음을 가라앉히다
不幸 búxìng 형 불행하다
岂不…吗 qǐbù…ma 어찌 ~이 아닌가?
道理 dàolǐ 명 일리, 이치, 도리, 근거
意外 yìwài 형 의외의, 뜻밖에
建筑 jiànzhù 명 건축물
碎片 suìpiàn 명 조각, 단편
装饰 zhuāngshì 동 장식하다, 인테리어 하다
工地 gōngdì 명 공장
不但没A, 反而B búdàn méi A, fǎn'ér B A하지 않을 뿐만 아니라 오히려 B하다
亏本 kuīběn 동 손해보다, 밑지다
赚 zhuàn 동 (돈을) 벌다
大笔 dàbǐ 형 거액의, 큰 몫의
良好 liánghǎo 형 양호하다, 좋다
心态 xīntài 명 심리 상태
谦虚 qiānxū 명 겸손 형 겸손하다
进步 jìnbù 명 진보 동 진보하다

勇于 yǒngyú 동 용감하게 ~하다
承担 chéngdān 동 맡다, 감당하다, 책임지다
责任 zérèn 명 책임
赞美 zànměi 동 찬미하다, 칭찬하다

 전략 PT

① 질문이 무엇인가.

독해3부분에서 질문의 유형은 몇 가지로 정해져 있다. 지문을 읽기 전에 먼저 문제항으로 내려가서 질문 내용이 무엇인지 빠르게 확인하자. 질문의 유형에 맞게 전략적으로 지문을 봐야 한다.

② 주제(의도 목적)를 묻고 있다면, 첫 단락과 마지막 단락에 주목하자.

글의 주제는 보통 글의 첫머리에서 강조하여 제시되거나 글의 마지막 부분에서 정리·요약의 형태로 제시된다. 주제를 묻는 문제일 경우, 글의 첫 단락과 마지막 단락을 잘 파악하면 정답을 쉽게 찾을 수 있다.

③ 제목을 묻고 있다면, 지문의 주인공을 찾자.

제목을 묻는 경우, 대부분 지문에 중심 화제가 되는 대상이 있다. 대상이 둘 이상인 경우도 있지만, 전체 내용을 기준으로 지문에서 비중을 가장 많이 차지하고 있는 대상이 제목을 장식할 주인공이다. 그러므로 알맞은 제목을 찾기 위해서는 지문의 주인공을 찾아야 한다.

　　从前有个人叫乐广，他有位好朋友，一有空儿就到他家里聊天儿。可是，有很长一段时间，朋友都没来，乐广就登门去看望他。一进门，就见朋友倚坐在床上，脸色蜡黄，乐广忙问朋友怎么了。朋友开始支支吾吾不肯说，乐广再三追问后，才说："那天在你家喝酒，我看见酒杯里有条蛇在游动。当时害怕极了，不敢喝，可你再三劝饮，出于礼貌，我只好喝了下去。从那以后，我就总觉得肚子里有条蛇在乱窜，什么都吃不下。"乐广觉得很奇怪，酒杯里怎么会有蛇呢？回到家后，他在屋内走来走去，分析原因。突然他看见墙上挂着一张弓，心想：是不是这张弓的缘故呢？于是他倒了一杯酒，放在桌子上，移动了几个位置，终于看见那张弓的影子清晰地投映在酒杯中。随着酒的晃动，那张弓就像一条蛇在游动。
　　为了治好朋友的病，乐广立刻请朋友来到家中。他让朋友坐在上次的位置，仍用上次的酒杯为他倒了满满一杯酒，问道："你看酒杯里有什么？"朋友低头一看，立刻惊叫起来："蛇！又是上次那条蛇！"乐广哈哈大笑，指着墙壁上的弓说："你抬头看看，那是什么？"朋友看看弓，再看看杯中的"蛇"影，恍然大悟，顿时觉得浑身轻松，病也全好了。
　　成语"杯弓蛇影"就是由此而来的，人们用它来比喻疑神疑鬼，虚惊一场，自己吓自己。

　　옛날이 낙광이라는 사람이 있었는데, 시간이 있을 때마다 그를 찾아와 담소를 나누는 친구가 있었다. 하지만 한동안 친구가 찾아오지 않자 낙광이 그를 찾아갔다. 문을 들어서자마자 안색이 누렇게 떠서 침대에 기대어 앉은 친구를 보았다. 낙광이 친구에게 어떻게 된 일인지 급히 묻자, 친구는 우물쭈물하며 머뭇거렸다. 낙광이 거듭해서 묻자 그제서야 말했다. "자네 집에서 술을 마시던 그날, 술잔 안에서 꿈틀대는 뱀을 보았네. 그때는 무서워 죽을 지경이어서 마실 엄두도 못 냈지만, 자네가 몇 번씩 권하는 바람에 예의상 부득이하게 마셔버렸네. 그날 이후 내내 뱃속에서 뱀이 돌아다니는 것 같은 느낌이 들고, 아무것도 먹을 수가 없네." 낙광은 이상하게 생각했다. 술잔에 어떻게 뱀이 있을 수 있다는 말인가? 집에 돌아온 후 그는 집안을 이리저리 거닐며 원인을 분석했다. 문득 그는 벽에 걸린 활을 보았고 속으로 생각했다. 저 활이 원인일까? 그래서 그는 술 한 잔을 따르고 탁자 위에 놓고는 위치를 몇 번 옮겨 보았고, 마침내 활의 그림자가 술잔 안에 또렷하게 비치는 것을 보았다. 술이 넘실댈 때마다 활의 그림자는 한 마리의 뱀처럼 꿈틀댔다.
　　친구의 병을 낫게 하기 위해 낙광은 즉시 친구를 집으로 불렀다. 그는 친구를 지난번 그 자리에 앉히고, 다시 그를 위해 지난번의 술잔에 술을 가득 따르며 물었다. "술잔 안에 무엇이 보이는가?" 친구는 고개를 숙여 보더니, 곧 겁에 질려 소리쳤다. "뱀이다! 또 그 지난번의 뱀이야!" 낙광은 크게 웃고는 벽에 걸린 활을 가리키며 말했다. "고개를 들어 보게. 저것은 무엇인가?" 친구는 활을 보고, 잔 속의 '뱀' 그림자를 다시 보았다. 문득 모든 것을 깨달았고, 곧바로 몸이 가뿐해지는 것을 느꼈으며, 병도 완전히 나았다.
　　고사성어 '잔이 비친 뱀 모양의 그림자'는 여기서 유래했다. 사람들은 이 말을 사용하여 의심이 심하여 괜히 스스로 혼자 놀라는 사람을 비유한다.

➜ 지문을 한번 읽어보고 적절한 제목을 떠올려보자. 지문은 고사성어 杯弓蛇影(쓸데없는 걱정을 하다, 괜히 놀라다)의 유래에 얽힌 이야기이다. 등장인물은 낙광과 그의 친구지만 이야기의 중심 흐름에는 술잔 속에 비친 뱀이 많은 비중을 차지하고 있다. 만약 위 지문에 대한 제목을 묻는다면 酒杯里的蛇(술잔 속의 뱀)와 같은 말이 가장 적절하다.

④ 주제 제목을 묻는 질문의 유형을 파악하자.

제목: 最适合做上文标题的是? 윗글의 제목으로 가장 알맞은 것은?
제목: 上文主要想告诉我们什么? 윗글에서 우리에게 알려주고자 하는 것은 무엇인가?
제목: 上文主要谈的是? 본문에서 이야기하고 있는 것은?
목적: 写这篇文章的目的是什么? 이 글을 쓴 목적은 무엇인가?
중심내용: 上文主要争论什么? 윗글에서 논쟁하는 것은 무엇인가?

예제 1

一家公司新雇了三个推销员。公司老板一直想找机会来考核他们的业务能力。一天，他在面包店  里发现了三个即将过期的面包。看着面包，他突然想到了一个好主意。他将面包买下然后带回公司，对那三个推销员说："我刚买的面包快过期了！你们试试能否把它们退掉。"

一小时后，三个推销员都回来了。第一个说："面包的包装袋上清楚地印着那家商店的名字，而且我反复向店主解释是您早上买的，但店主却因我没有购买凭证，不同意退。"第二个接着说："我和你遇到的情况一样，所以我只能放弃了。"

第三个推销员说："因为你们已经去过了，所以当店主看到我手里的面包时，还未等我开口便告诉我退不了。无奈之下，我在面包店里转了一圈，看到一瓶果酱的价格正好和面包的一样，于是就跟店主说'我不是来退面包的，只是想用它换一瓶果酱，我特别喜欢这种果酱'。店主愣了一下后，竟然答应了。所以，我带了一瓶果酱回来。"

老板当即决定奖励第三个推销员，并对另外两个推销员说："想要做好推销工作，必须能转变思路，适时采用迂回技巧。你们三人当中，只有他做到了。"

한 회사에서 세 명의 판매원을 고용했다. 회사 사장은 기회만 되면 일꾼들의 능력을 시험해 보려고 했다. 하루는 사장이 한 빵집에서 곧 기한이 다 될 세 개의 빵을 발견했다. 빵을 보고, 그는 갑자기 좋은 생각이 떠올랐다. 그는 빵을 사서 회사로 가져와 세 명의 판매원에게 말했다. "제가 방금 산 빵이 곧 상할 것 같습니다. 여러분이 이 빵을 다시 환불할 수 있는지 확인해주세요(시도해주세요)."

한 시간 후 세 사람은 다시 돌아왔다. 첫 번째 사람이 말하길, "빵의 포장 겉면에는 그 상점 상표가 명확하게 적혀있어 그곳에 찾아가 주인에게 아침에 구매하였다고 거듭 설명하였지만, 주인은 영수증이 없다며 환불해주지 않았습니다." 두 번째 사람은 "저도 똑같아요. 그래서 어쩔 수 없이 포기했어요"라고 말했다.

세 번째 판매 직원이 말했다. "당신들이 이미 다녀왔기 때문에 가게 주인이 내 손에 있는 빵을 보고는 내가 말하기도 전에 환불이 안 된다고 했습니다. 어찌할 도리를 모르고 있는 중에 가게 안을 한번 둘러보다가 과일 잼의 가격이 마침 빵의 가격과 동일한 것을 발견했습니다. 그래서 바로 주인에게 '나는 빵을 환불하러 온 것이 아니라, 과일 잼 한 병과 바꾸고 싶을 뿐이며, 이 잼을 특히 좋아한다'고 말했습니다. 주인은 잠시 멍하니 있다가 뜻밖에도 수락했습니다. 그래서 저는 과일 잼 한 병을 가져왔습니다."

사장은 세 번째 직원에게 상을 주기로 결정하고, 나머지 두 명의 직원에게 말했다. "판매 업무를 잘 하고 싶다면, 반드시 사고를 전환하여 적절한 때에 우회 기술을 사용할 수 있어야 합니다. 당신들 세 사람 중에 오직 그만 해냈습니다."

1. 上文主要想告诉我们什么道理?
   A 要利用自己的优势
   B 过程比成绩意义大
   C 诚信是销售的核心
   D 要学会转换思路

1. 윗글에서 우리에게 알려주고자 하는 도리는 무엇인가?
   A 자신의 우수한 점을 이용해야 한다
   B 과정이 결과보다 의의가 크다
   C 신용을 지키는 것이 영업의 핵심이다
   D 생각의 방향을 바꾸는 법을 배워야 한다

해설 1. 지문에서 말하고자 하는 도리, 즉 주제를 묻고 있다. 주제는 첫 단락이나 마지막 단락에 나오는 경우가 많다. 마지막 단락에 사장이 세 직원에게 상을 주는 이유를 말하면서 판매 영업을 잘하기 위해서는 사고의 전환이 필요하다고 강조하고 있다. 이것이 곧 지문 전체의 주제이다. 그러므로 정답은 D이다. A, B, C는 지문의 내용과 관련이 없다.

정답 1. D

 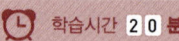

> 제목은 본문의 주인공을 찾는 것이 핵심이고, 주제는 첫 단락과 마지막 단락을 주목해야 한다. 질문을 통하여 문제를 잘 파악한다면 정답을 쉽게 찾을 수 있다!

문제 **1-2**

骆驼长得高，羊长得矮。骆驼说："长得高好。"羊说："不对，长得矮才好呢。"骆驼说："我可以做一件事情，证明高比矮好。"羊说："我也可以做一件事情，证明矮比高好。"他们俩走到一个园子旁边。园子四面有围墙，里面种了很多树，茂盛的枝叶伸出墙外来。骆驼一抬头就吃到了树叶。羊抬起前腿，扒在墙上，脖子伸得老长，还是吃不着。骆驼说："你看，这可以证明了吧，高比矮好。"羊摇了摇头，不肯认输。他们俩又走了几步，看见围墙上有个又窄又矮的门。羊大模大样地走进门去吃园子里的草。骆驼跪下前腿，低下头，往门里钻，怎么也钻不进去。羊说："你看，这可以证明了吧，矮比高好。"骆驼摇了摇头，也不肯认输。他们俩找老牛评理。老牛说："你们俩都只看到自己的长处，看不到自己的短处，这是不对的。"

1. 骆驼和羊在争论什么？

   A 谁长得高
   B 园子里有什么
   C 高好还是矮好
   D 谁的经验更丰富

2. 最适合做上文标题的是：

   A 骆驼和羊
   B 谁更聪明
   C 老牛的智慧
   D 园子里的秘密

문제 3

甲和乙是两个住在乡下的陶瓷艺人。一天，他们听说城里人喜欢用陶罐，便决定将烧制好的陶罐拿到城里去卖。于是他们雇了一艘轮船来运送陶罐。

没想到，轮船航行途中遇到了强烈的风暴，陶罐全部打碎了，他们想去城里做生意的梦想也随之破碎了。

这时候，甲提议："我们出来一趟不容易，不如先去城里住一晚，明天四处走走，好好见识一下。"而乙痛哭一番后，问甲："你还有心思去城里逛，难道你就不心疼我们辛辛苦苦烧出来的那些陶罐吗？"

甲心平气和地说："那些陶罐碎了，我们已经很不幸了。如果我们还因此而不快乐，岂不是更加不幸吗？"乙虽无奈，但他觉得甲的话很有道理，就答应跟甲去城里转转。

在城里，他们意外地发现，有些建筑的墙面竟然是用陶罐碎片装饰的。于是，他们便将船上的那些碎片拿到建筑工地上去卖。结果他们不但没有因为陶罐破碎而亏本，反而赚了一大笔钱。

3. 上文主要想告诉我们什么？

　　A 良好的心态很重要
　　B 要勇于承担责任
　　C 谦虚才能进步
　　D 要经常赞美他人

쓰기 제1부분 ⑪ | 단어 순서 배열하기
是……的 강조 구문

전략 PT
학습시간 20분

① 是와 的가 있다면 강조구문을 의심하자.

제시된 어휘 가운데 是와 的가 있다면 강조구문임을 의심해야 한다.

| 是……的 강조구문 | 이미 발생한 동작, 혹은 이미 알고 있는 사실에 대한 부차적 내용인 시간, 장소, 방식, 목적, 주체 등을 강조하는 문장 | 我们是去年毕业的。 |

② 是……的 구문의 어순

① [주어 + 是 + [강조내용 : 시간/장소/방식/목적/주체] + 술어 + (목적어) + 的]

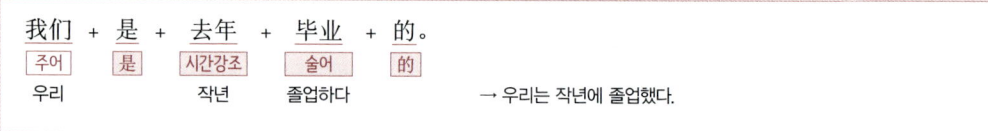

→ 우리는 작년에 졸업했다.

> **TIP** 是……的 강조구문 중 시간을 강조할 경우, 시간 명사가 강조 내용이므로 [주어 + 是 + [시간] + 술어 + (목적어) + 的]로 배열해야 한다. 평서문처럼 주어의 앞 혹은 뒤에서는 시간 강조구문이 될 수 없다.

③ 是……的 구문인지 是 구문인지를 구분하자.

是……的 구문의 형태는 是가 있는 일반 문장과 거의 유사하여 헷갈리기 쉽다. 주어와 술어, 목적어를 제외하고, 是……的의 필수 내용인 강조 내용(시간/장소/방식/목적/주체)을 확인하자.

시간	[주어 + 是 + [시간] + 술어 + (목적어) + 的] 他是什么时候回国的? 그는 언제 귀국했어요? 他是三月十三号回国的。 그는 3월 13일에 귀국했어요.
장소	[주어 + 是 + [장소] + 술어 + (목적어) + 的] 你是从哪儿来的? 당신은 어디에서 왔어요? 我是从中国来的。 저는 중국에서 왔어요.
방식	[주어 + 是 + [방식] + 술어 + (목적어) + 的] 她是怎样来的? 그녀는 어떻게 왔나요? 她是坐飞机来的。 그녀는 비행기를 타고 왔어요.
목적	[주어 + 是 + [목적] + 술어 + (목적어) + 的] 她是为什么(怎么)来的? 그녀는 왜 왔나요? 她是为那件事来的。 그녀는 그 일 때문에 왔어요.
주체	[주어 + 是 + [주체] + 술어 + 的] 这本书是谁写的? 이 책은 누가 쓴 건가요? 这本书是王教授写的。 이 책은 왕 교수가 쓴 것이에요.

 是……的 구문의 특징

① 是는 생략할 수 있다. 단, 지시대명사(这/那)가 주어이거나 혹은 부정문일 때는 생략할 수 없다!

我不是跟家人一起去的。(O) 저는 가족과 함께 가지 않았어요.
我不跟家人一起去的。(X)

② 이미 발생한 일에 대해서만 사용한다.

他们俩是什么时候结婚的? 그들 두 사람은 언제 결혼했어요?
他们俩什么时候结婚? 그들 두 사람은 언제 결혼해요?

예제 1

长途汽车　　是　　姑姑　　去的　　坐

분석 [품사분석] 长途汽车 명 장거리 버스 / 是 동 ~이다 / 姑姑 명 고모 / 去 동 가다 / 坐 동 타다
[문장구조] [주어 + 是 + [방식] + 술어 + (목적어) + 的]

해설 술어로 적합한 것은 去的이며, 주어는 姑姑, 是 뒤에 오는 방식으로 교통수단인 坐长途汽车을 배치한다.

정답 姑姑是坐长途汽车去的。 고모는 장거리 버스를 타고 가셨다.

예제 2

退休　　的　　舅舅是　　去年

분석 [품사분석] 退休 동 퇴직하다 / 的 조 ~의 / 舅舅 명 삼촌 / 是 동 ~이다 / 去年 명 작년
[문장구조] [주어 + 是 + [시간] + 술어 + (목적어) + 的]

해설 술어로 退休的를 배치하고, 주어는 舅舅, 是 뒤에 오는 시간으로 去年을 배치한다.

정답 舅舅是去年退休的。 삼촌은 작년에 퇴직하셨다.

실전 PT

● 是……的 구문은 주어와 술어, 목적어를 제외한 강조 내용(시간/장소/방식/목적/주체)이 있어야 한다. 또한, 是……的 구문에서 시간명사의 위치를 반드시 기억하자!

문제 1 ▶ 制作   高师傅   的   这条项链是

_____

문제 2 ▶ 去年六月   的   举行   我们俩的   婚礼是

_____

문제 3 ▶ 这个技术   创造的   是   小李

_____

문제 4 ▶ 专门为你   这副耳环   是   买的

_____

문제 5 ▶ 这个故事   下来的   是从   流传   古代

_____

 **마무리 PT** 　　　　　　　　　　　　　　🕐 학습시간 05분

1 差点儿 : 하마터면 ~할 뻔하다(희망하지 않은 일이 실현될 뻔하다)
我差点儿忘了，你以前是厨师，那我可要拜师学艺了。
하마터면 잊을 뻔했네요. 당신은 예전에 요리사였죠. 그럼 스승으로 모시고 잘 배울게요.

2 来不及 : (시간이 부족하여) ~할 겨를이 없다, 여유가 없다(↔来得及)
重新研发新产品的话不仅需要投入更多资金，时间也来不及。
신상품을 새로 연구 개발하는 것은 더 많은 자금을 투입해야 할 뿐만 아니라 시간도 없다.

3 我也这么认为 : 나도 그렇게 생각한다(동의)(=我也这么想)
我也这么认为，还是改进我们现有产品更实际些。
나도 그렇게 생각해요. 현재 상품을 개선하는 것이 더욱 현실적이에요.

4 能否 : ~할 수 있을지 없을지
你们试试能否把它们退掉。
이 빵을 다시 환불할 수 있는지 없는지 확인해보세요.

5 只能 : 부득이, 어쩔 수 없이(=不得不, 只好, 只得, 不得已)
我和你遇到的情况一样，所以我只能放弃了。
저도 상황이 똑같아요. 그래서 어쩔 수 없이 포기했어요.

6 又A又B : A하기도 하고 B하기도 하다
他们俩又走了几步，看见围墙上有个又窄又矮的门。
그들 둘은 몇 걸음 더 걸어가서 벽에 있는 좁고 작은 문을 보았다.

7 看到 + 长处/短处 : 장점/단점을 보다
你们俩都只看到自己的长处，看不到自己的短处，这是不对的。
너희 둘은 단지 자신의 장점만 보고, 자기의 단점을 보지 않는다. 그것은 옳지 않다.

8 难道……吗？ : 설마 ~란 말인가?
难道你就不心疼我们辛辛苦苦烧出来的那些陶罐吗？
설마 우리가 고생해서 구운 저 도자기들이 아깝지 않은 거예요?

9 岂不……吗？ : 어찌 ~이 아닌가?
如果我们还因此而不快乐，岂不是更加不幸吗？
만약 우리가 이 때문에 계속 즐겁지 않다면 어찌 불행이 더해지지 않겠는가?

10 不但没A，反而B : A하지 않을 뿐만 아니라, 오히려 B하다
结果他们不但没有因为陶罐破碎而亏本，反而赚了一大笔钱。
결과적으로 그들은 손해를 보지 않았을 뿐만 아니라, 오히려 목돈을 벌었다.

Day 12

듣기 제2부분 ❶ | 서술형 지문
이야기 – "세부 내용과 주제 파악"

어휘 PT 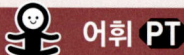 ● Track 12-1   학습시간 1 0 분

예제 1-2

挑出	tiāochū	동 골라내다, 가려내다
甜食	tiánshí	명 단 음식
检查	jiǎnchá	동 검사하다
零食	língshí	명 간식, 군것질, 주전부리
是否	shìfǒu	부 ~인지 아닌지
过期	guòqī	동 기한이 지나다
擦	cā	동 닦다
干净	gānjìng	형 깨끗하다
询问	xúnwèn	동 물어보다, 알아보다
垃圾	lājī	명 쓰레기
扔	rēng	동 던지다, 내버리다
口袋	kǒudài	명 주머니
外公	wàigōng	명 외조부, 외할아버지
侄子	zhízi	명 조카
活泼	huópō	형 활발하다
自从	zìcóng	전 ~로부터
数字	shùzì	명 숫자
养成	yǎngchéng	동 기르다
捡	jiǎn	동 줍다
硬币	yìngbì	명 동전
兴奋	xīngfèn	형 흥분하다
面前	miànqián	명 면전, 눈 앞
炫耀	xuànyào	동 자랑하다
立即	lìjí	부 바로, 금방, 즉시
伤心	shāngxīn	동 상심하다, 슬퍼하다
顺手	shùnshǒu	부 손이 가는대로
丢	diū	동 내던지다, 내버리다
垃圾桶	lājītǒng	명 쓰레기통
自言自语	zìyán zìyǔ	혼잣말을 하다, 중얼거리다
可惜	kěxī	형 아쉽다, 안타깝다

문제 1-2

直立	zhílì	동 곧게 서다, 직립하다
坚决	jiānjué	형 단호하다
抵抗	dǐkàng	동 저항하다, 대항하다
低头	dītóu	동 고개를 숙이다
让路	rànglù	동 양보하다, 비켜주다
躲	duǒ	동 숨다
芦苇	lúwěi	명 갈대
粗壮	cūzhuàng	형 굵고 단단하다, 튼실하다
大树	dàshù	명 큰 나무
刮断	guāduàn	동 (바람에) 꺾이다
狂风	kuángfēng	명 광풍, 사납게 부는 바람
弱小	ruòxiǎo	형 약소하다
受到	shòudào	동 받다
损失	sǔnshī	명 손실 동 손해를 보다, 손실되다
任何	rènhé	대 어떠한, 무슨
好奇	hàoqí	형 호기심을 갖다, 궁금하게 생각하다
避免	bìmiǎn	동 피하다
冲击	chōngjī	명 충격
仗	zhàng	동 의지하다, 의존하다, 등에 업다
冒险	màoxiǎn	동 모험하다
抵挡	dǐdǎng	동 저항하다, 저지하다, 막아내다
危险	wēixiǎn	명 위험 형 위험하다
也许	yěxǔ	부 어쩌면
迎风	yíngfēng	동 바람을 맞받다

문제 3-5

经营	jīngyíng	동 경영하다
无奈	wúnài	동 어찌 해 볼 도리가 없다, 방법이 없다
要求	yāoqiú	동 요구하다
严格	yángé	형 엄격하다
能力	nénglì	명 능력
厨师	chúshī	명 요리사, 셰프

懂礼貌 dǒng lǐmào 예의를 알다, 예의바르다
成长 chéngzhǎng 동 성장하다, 자라다
接触 jiēchù 동 접하다
大自然 dà zìrán 명 대자연
得到 dédào 동 얻다, 받다
肯定 kěndìng 동 긍정적이다, 좋게 인정하다
富裕 fùyù 형 부유하다
名望 míngwàng 명 명망, 명성
家庭 jiātíng 명 가정
智商 zhìshāng 명 지능지수
城 chéng 명 도시, 시
打工 dǎgōng 동 일하다, 아르바이트를 하다
专门 zhuānmén 부 전문적으로
负责 fùzé 동 맡다, 담당하다
削 xiāo 동 깎다
土豆皮 tǔdòupí 명 감자 껍질
干活 gànhuó 동 (육체적) 노동을 하다, 일하다
符合 fúhé 동 부합하다, 일치하다
感到 gǎndào 동 느끼다
幸福 xìngfú 명 행복 형 행복하다
对…来说 duì…láishuō ~의 입장에서 말하면
接受 jiēshòu 동 받아들이다
缺点 quēdiǎn 명 결점, 단점
痛苦 tòngkǔ 명 고통 형 고통스럽다, 괴롭다
体面 tǐmiàn 명 체면 형 떳떳하다, 체면이 서다
期待 qīdài 동 기대하다
相符 xiāngfú 동 서로 부합하다, 서로 일치하다
和…相比 hé…xiāngbǐ ~와 비교하다
胜出 shèngchū 동 이기다, 승리하다
面子 miànzi 명 면목, 체면
竞争 jìngzhēng 명 경쟁
非…不可 fēi…bùkě 반드시 ~해야 한다(=一定要)

❶ 보기 파악에 공을 들이자!

서술형 지문 듣기는 본 지문이 끝나고 질문이 나올 때까지 그 내용을 정확하게 기억하기가 쉽지 않다. 그러므로 보기에 대한 뜻과 병음을 미리 파악해놓고, 듣기 내용과 동일한 내용의 보기가 있다면 바로 체크하여 정답을 찾을 수 있도록 해야 한다. 질문을 듣지 않더라도, 네 개의 보기 가운데 정답과 관련된 내용이 하나만 있는 경우가 많으므로 보기만 제대로 파악해도 정답은 쉽게 찾을 수 있다.

❷ 지문의 흐름에 따라 문제도 순서대로!

서술형 지문에 이어지는 2~3개의 질문은 지문의 내용 흐름에 따라 묻기 때문에 정답도 지문에서 차례대로 언급된다. 그러므로 첫 번째 문제에 대한 정답이 들렸다면 바로 다음 문제의 보기에 집중하자.

❸ 이야기로 된 지문이 주로 출제된다.

서술형 지문에서 특히 이야기로 된 지문이 많이 출제된다. 이야기는 유머, 교훈, 인물, 성공 스토리 등 주제가 다양하다. 무엇보다 전체적인 스토리 라인을 이해하는 것이 중요하다.

❹ 이야기 지문은 세부 내용과 주제를 묻는다.

이야기 지문은 지문 속에 정답 표현이 직접적으로 언급되는 경우가 많다. 주로 이야기의 세부적인 내용을 묻거나 이야기의 주제를 묻는 질문이 나오며, 세부 내용에 대한 질문은 지문의 초반에서 중반부에, 주제·결말·교훈을 묻는 질문은 지문의 후반이나 마지막 문장에서 정리 및 요약 형태로 제시된다는 것을 기억하자.

> 小时候，每次上学前母亲总是说："快点儿，不然要迟到了。"我点点头抓起书包就往外跑。这时母亲又会说："慢点儿，别摔倒了！"我心理想'我到底是该快，还是该慢呢？'。长大后，我终于明白了这个道理。女人一旦做了母亲就变得矛盾了。在她们眼里孩子永远是孩子。永远需要关怀和呵护。"快点儿！"是母亲希望孩子在人生道路上迈开大步向前走。"慢点儿！"是母亲希望孩子走得更稳一些。"快点！""慢点！"这看似矛盾的话，其实融入了母亲对孩子浓浓的爱。
>
> 어릴 적 매번 등교하기 전에 어머니는 항상 "서둘러, 그렇지 않으면 지각할 거야."라고 말씀하셨다. 나는 고개를 끄덕이며 책가방을 들고 밖으로 뛰어나갔다. 이때 어머니는 또 "천천히, 넘어지면 안 돼!"라고 말씀하셨다. 나는 속으로 생각했다. '도대체 서둘러야 하는 거야, 아니면 천천히 해야 하는 거야?' 성인이 된 후, 나는 마침내 이 도리를 알게 되었다. 여자는 일단 엄마가 되면 모순적으로 변한다. 그녀의 눈에 아이는 영원히 아이다. 영원히 관심과 보호가 필요하다. "서둘러!"는 어머니께서 아이가 인생의 길 위에서 큰 발걸음을 내딛어 용감하게 앞으로 나아가길 바라는 것이고, "천천히"는 어머니께서 아이가 더욱 안전하게 걸어가기를 바라는 것이다. "서둘러!" "천천히"는 모순된 말처럼 보이지만, 실은 아이에 대한 어머니의 깊은 사랑이 녹아든 것이다.

1. 小时候我对母亲的话怎么想的?　　어릴 적 나는 어머니의 말을 어떻게 생각했는가?
2. 母亲的话里有什么道理?　　어머니의 말에는 어떤 도리가 있는가?

→ 1번 문제는 이야기의 세부 내용을 묻는 문제로 지문의 초중반 부분에서 답을 찾을 수 있다. 2번 문제는 이야기의 화자가 말하고자 하는 주제를 묻는 질문이다. 지문의 마지막에서 정답을 찾을 수 있다.

❺ 이야기 지문의 질문 유형을 파악하자.

问：……前，有什么习惯？　～전에 어떤 습관이 있는가?
问：……后，是怎么做的？　～후에 어떻게 했는가?
问：关于那位母亲，可以知道什么？　그 어머니에 관하여 알 수 있는 것은 무엇인가?
问：根据这段话，下列哪项正确？　이 글에 근거하여 다음 중 옳은 것은?

예제 1-2

🔊 Track 12-2

1. A 挑出甜食
   B 检查零食是否过期
   C 把手擦干净
   D 先询问零食的价钱

2. A 当垃圾扔了
   B 放进了口袋
   C 拿去买零食
   D 交给了外公

1. A 단 음식을 가려낸다
   B 간식이 기한이 지났는지 검사한다
   C 손을 깨끗이 닦는다
   D 먼저 간식의 가격을 묻는다

2. A 쓰레기로 여겨서 버렸다
   B 주머니에 넣었다
   C 가져가서 간식을 샀다
   D 외할아버지께 건넸다

侄子六岁了，活泼可爱。他自从认识了数字后，就养成了一个习惯，吃零食前要先看看零食是否过期了。一天，他捡到了一个五角钱的硬币。兴奋地拿到我们的面前炫耀。可当他仔细一看，发现那个硬币是1999年的时，立即伤心起来，并顺手将硬币丢进了垃圾桶。还自言自语道："真可惜！这钱早过期了。"

1. 侄子吃零食前，有什么习惯？
2. 侄子看到那个硬币的年份后，是怎么做的？

조카는 6살이 되어 활발하고 귀엽다. 그는 숫자를 알게 된 후부터 한 가지 습관이 생겼는데, 간식을 먹기 전에 먼저 간식이 기한이 지났는지 확인했다. 하루는 그가 5마오짜리 동전을 줍고 흥분하여 우리 눈 앞에 가져와 자랑했다. 하지만 그가 (동전을) 자세히 보고, 그 동전이 1999년의 것이라는 것을 발견했을 때, 바로 상심하여 곧바로 동전을 쓰레기통에 던졌다. 그리고 혼잣말로 중얼거렸다. "정말 아쉽다! 이 동전은 기한이 한참 지났어."

1. 조카는 간식을 먹기 전에 어떤 습관이 있는가?
2. 조카는 동전의 연도를 본 후, 어떻게 했는가?

[해설]
1. 이야기의 순서대로 문제가 출제된다는 점을 기억하자. 첫 번째 문제는 지문의 초반에서 정답을 찾아야 한다. 조카는 숫자를 알게 된 후부터 간식의 유통기한을 확인하는 버릇이 생겼다고 했으므로 정답은 B 检查零食是否过期(간식의 기한이 지났는지 검사한다)이다.

2. 보기 가운데 정답을 제외한 나머지 보기의 내용은 지문에서 아예 언급되지 않는 경우가 많다. 이야기의 마지막 부분에 조카는 동전의 연도를 보고 기한이 지난 줄 잘못 알고 쓰레기통에 던졌으므로 정답은 A 当垃圾扔了(쓰레기로 여겨서 버렸다)이다. 나머지 보기의 내용은 지문에서 언급하지 않았다.

[정답] 1. B 2. A

> 보기의 병음과 뜻을 미리 파악하고, 듣기 지문과 동일한 내용이 있다면 즉시 정답을 체크하자.
> 지문이 길어질수록 내용을 기억하기 쉽지 않으므로 전략에 따라 문제를 풀어보자!

문제 1 A 直立不动
        B 坚决抵抗
        C 低头让路
        D 躲到树后

문제 2 A 芦苇很粗壮
        B 芦苇被吹走了
        C 大树被刮断了
        D 那天风力很小

문제 3 A 帮她找儿子
        B 借给她一些钱
        C 教儿子经营饭店
        D 给儿子一份工作

문제 4 A 对儿子很无奈
        B 对儿子要求严格
        C 清楚儿子的能力
        D 希望儿子成为厨师

문제 5 A 懂礼貌
        B 快乐地成长
        C 接触大自然
        D 得到父母的肯定

독해 제3부분 ❷ | 장문 독해-질문에 알맞은 정답 찾기
핵심 표현 – "따옴표, 밑줄 표시"

어휘 PT

학습시간 10분

예제 1-2

明代	Míngdài	명조, 명조 시기
科学家	kēxuéjiā	몡 과학자
书籍	shūjí	몡 서적
偶然	ǒurán	부 우연히, 뜻밖에
得知	dézhī	동 알게되다, 이해하다
宋代	Sòngdài	송대
著作	zhùzuò	몡 저서, 저작, 작품
《梦溪笔谈》	Mèngxī bǐtán	「몽계필담」(중국의 송나라의 정치가 심괄의 저서)
打听	dǎting	동 물어보다, 알아보다
撞倒	zhuàngdǎo	동 부딪쳐 넘어뜨리다, 부딪쳐 넘어지다
道歉	dàoqiàn	동 사과하다
边A边B	biān A biān B	A하면서 B하다
捡	jiǎn	동 줍다
一口气	yìkǒuqì	부 단숨에, 한번에
心切	xīnqiè	형 마음이 절실하다, 절박하다
残缺不全	cánquē bù quán	모자라(손상되어) 완전하지 않다
后半部	hòubànbù	몡 후반부
纸浆店	zhǐjiāngdiàn	펄프 상점
拆散	chāisàn	동 따로 떼어 흩어놓다, 분해하다
泡	pào	동 담가두다
急切	jíqiè	형 긴박하다, 다급하다
捞	lāo	동 건지다, 끌어올리다
掏出	tāochū	동 꺼내다, 끄집어 내다
递	dì	동 건네다, 넘겨주다
店主	diànzhǔ	몡 상점 주인, 점주
废书	fèishū	몡 폐서, 헌 책
值	zhí	동 가치가 있다, 할 만하다
不了	bùliǎo	~할 수 없다
讲述	jiǎngshù	동 이야기하다, 서술하다
寻找	xúnzhǎo	동 찾다, 구하다
经过	jīngguò	몡 경과, 과정
打动	dǎdòng	동 감동시키다, 마음을 움직이다
赶忙	gǎnmáng	부 서둘러, 재빨리
水池	shuǐchí	몡 못, 저수지
捧	pěng	동 두 손으로 받쳐들다
湿淋淋	shīlínlín	형 물이 뚝뚝 떨어지다, 흠뻑 젖다
小心翼翼	xiǎoxīn yìyì	조심하고 신중하여 추호도 소홀함이 없다, 매우 조심스럽다
分开	fēnkāi	동 나누다, 분리하다
晾干	liànggān	동 그늘이나 바람에 말리다
装订	zhuāngdìng	동 제본하다, 장정하다
梦寐以求	mèngmèi yǐqiú	성 꿈 속에서도 바라다, 간절히 갈망하다
化学	huàxué	몡 화학
编写	biānxiě	동 창작하다, 저술하다, 집필하다
《天工开物》	Tiāngōng kāiwù	「천공개물」(농업과 수공업 생산에 관한 종합적인 과학 기술서)
奠定	diàndìng	동 닦다, 다지다
基础	jīchǔ	몡 기반, 기초
坚实	jiānshí	형 견실하다, 견고하다, 튼튼하다
续写	xùxiě	동 이어 쓰다
提出	tíchū	동 제기하다, 제의하다
请求	qǐngqiú	몡 요구, 부탁 동 부탁하다, 요청하다
完美无缺	wánměi wúquē	성 완전무결하다, 전혀 흠잡을 데가 없다
迫切	pòqiè	형 절실하다, 절박하다

문제 1

一直	yìzhí	부 계속, 줄곧
以来	yǐlái	몡 이래, 동안
范仲淹	Fàn Zhòngyān	인명 판중옌(중국 북송 시기 정치가이자 학자)
形象	xíngxiàng	몡 형상, 이미지, 인상
熟知	shúzhī	동 숙지하다, 익히 알다
才华	cáihuá	몡 재능, 재주
经济头脑	jīngjì tóunǎo	경제 관념
杭州	Hángzhōu	지명 항저우
做官	zuòguān	동 관직에 오르다, 관리가 되다

| 饥荒 jīhuāng 명 생활고, 빚, 채무
| 物价 wùjià 명 물가
| 飞涨 fēizhǎng 동 폭등하다
| 困难 kùnnán 명 빈곤, 곤란, 애로, 어려움
| 官府 guānfǔ 명 지방 관청, 지방 행정기관
| 此时 cǐshí 명 이때, 지금, 이 시각
| 行政 xíngzhèng 명 행정
| 手段 shǒuduàn 명 수단
| 控制 kòngzhì 동 통제하다
| 粮价 liángjià 명 곡물 가격
| 身为 shēn wéi ~인, ~로서, ~의 신분으로
| 主政 zhǔzhèng 동 정무를 주관하다
| 官员 guānyuán 명 관리
| 压低 yādī 동 낮추다, 내리게 하다
| 不但不A, 反而B búdàn bù A, fǎn'ér B A하지 않을 뿐만 아니라 오히려 B하다
| 商贩 shāngfàn 명 소상인
| 为何 wéihé 부 무엇 때문에, 왜
| 出乎意料 chūhū yìliào 성 뜻밖이다, 예상을 벗어나다
| 接下来 jiē xiàlái 다음으로, 이어서
| 上涨 shàngzhǎng 동 오르다
| 四面八方 sìmiàn bāfāng 성 사방팔방, 각 방면
| 有利可图 yǒulì kětú 성 취할 이익이 있다, 중간에서 이익을 꾀할 수 있다
| 运往 yùnwǎng ~로 운송하다, ~를 향하여 운반하다
| 饱和 bǎohé 형 최고조에 달하다, 포화 상태에 이르다
| 随之 suízhī 더불어, 따라서
| 回落 huíluò 동 하락세로 돌아서다
| 度过 dùguò 동 (시간을)보내다, 지내다
| 荒年 huāngnián 명 흉년
| 高明 gāomíng 형 출중하다, 뛰어나다
| 规律 guīlǜ 명 규율, 법칙, 규칙
| 纯粹竞争 chúncuì jìngzhēng 순수 경쟁, 완전 경쟁 (=完全竞争)
| 指 zhǐ 동 가리키다, 나타내다
| 市场调节 shìchǎng tiáojié 시장 조정(조절)
| 显然 xiǎnrán 형 명백하다, 분명하다, 뚜렷하다
| 懂得 dǒngdé 동 알다, 이해하다
| 道理 dàolǐ 명 이치, 도리, 법칙, 규율
| 不利于 búlìyú 이롭지 않다, 해롭다
| 公平 gōngpíng 형 공정하다, 공평하다
| 竞争 jìngzhēng 동 경쟁하다

| 由A提出 yóu A tíchū A가 제기하다, 제시하다
| 损害 sǔnhài 동 손해를 끼치다
| 利益 lìyì 명 이익
| 消费者 xiāofèizhě 명 소비자
| 物价 wùjià 명 물가

문제 2-3

| 左看右看 zuǒ kàn yòu kàn 이리저리 둘러보다
| 耐心 nàixīn 형 참을성이 있다, 인내심이 강하다
| 又A又B yòu A yòu B A하기도하고 B하기도하다
| 无论 wúlùn 접 ~에 상관없이, 관계없이, 막론하고
| 挑毛病 tiāo máobìng 흠이나 결점을 골라내다
| 面 miàn 명 얼굴
| 带 dài 동 띠다, 머금다
| 微笑 wēixiào 명 미소 동 미소짓다
| 不急不躁 bùjí búzào 조급하거나 초조하지 않다
| 贬低 biǎndī 동 가치를 깎아내리다, 얕잡아보다
| 的确 díquè 부 확실히, 분명히
| 如此 rúcǐ 대 이와 같다
| 缺点 quēdiǎn 명 결점, 단점
| 根本 gēnběn 부 전혀, 절대, 결코
| 评价 píngjià 동 평가하다
| 诉苦 sùkǔ 동 하소연하다, 호소하다
| 横挑鼻子竖挑眼 héng tiāo bízi shù tiāo yǎn 온갖 트집을 다 잡다, 사사건건 흠을 잡다
| 打断 dǎduàn 동 끊다, 막다, 중단하다
| 表情 biǎoqíng 명 표정
| 严肃 yánsù 형 엄숙하다
| 腿脚 tuǐjiǎo 명 발
| 灵活 línghuó 형 재빠르다, 민첩하다
| 判断 pànduàn 동 판단하다
| 进口 jìnkǒu 동 수입하다
| 熟透 shútòu 형 (과실이) 잘 익다

① 핵심 표현의 위치를 확인하자!

여기서 핵심 표현은 지문에서 "따옴표 속 표현"이나 밑줄 친 표현을 가리킨다. 또는 지문의 주제어가 되기도 한다. 문제에서 핵심 표현의 의미를 묻고 있다면, 일단 지문에서 핵심 표현의 위치를 빠르게 확인하자.

② 핵심 표현의 주변을 살펴라!

지문을 보지 않고도 보기 중에 핵심 표현과 분명하게 같은 의미의 내용이 있다면 바로 정답으로 체크해도 좋다. 하지만 핵심 표현이 일반 어휘일 경우, 단어 자체의 일차적인 뜻보다는 지문에서 문맥상의 의미를 묻는 것이므로 이런 때는 지문에서 핵심 표현의 앞과 뒤, 주변을 주의 깊게 살펴보자. 설명이나 비유 내용이 반드시 있을 것이다. 그래도 의미를 모르겠다면, 지문의 전체 내용을 고려하여 핵심 표현이 비유하는 의미를 파악하자. 핵심 표현이 어려운 속담이나 성어일 경우에도 앞 혹은 뒤에 설명 내용이 제시되므로 같은 방법으로 의미를 파악하자.

③ 핵심 표현의 동의 표현도 알아야 한다.

지문에서 핵심 표현의 뜻을 찾았다고 해도 보기에서 똑같은 표현으로 제시되지 않는 경우도 있다. 그러므로 어휘를 공부할 때, 성어나 속담의 뜻을 중국어 표현으로 알아두고, 같은 의미를 가진 동의어 표현도 함께 알아두는 것이 좋다.

④ 핵심 표현의 의미를 묻는 질문의 유형을 파악하자.

第6段中 "……" 指的是： 여섯 번째 단락의 "……"은 …무엇인가?
关于 "……"，可以知道？ "……"에 관하여 알 수 있는 것은?
第5段中画线部分 "……" 的意思最可能是： 다섯 번째 단락에 밑줄 친 "……"의 의미는 무엇인가?

예제 1-2

明代科学家宋应星从小便爱阅读科学书籍。15岁那年，他偶然得知宋代沈括写了一部科学著作——《梦溪笔谈》，于是经常到处打听这本书。

一天，宋应星不小心撞倒了一个行人，那人手中的小吃也掉到了地上。他边道歉边帮忙捡。突然，他眼前一亮，包小吃的纸上竟有"梦溪笔谈"4个字！

宋应星忙问那人小吃是从哪儿买的，问清楚后，他一口气跑了好几里路，才追上卖小吃的老人。老人见他爱书心切，就翻出一本残缺不全的《梦溪笔谈》给他，书少了后半部。老人告诉他，书是从一个纸浆店要来的。

宋应星又跑到纸浆店，正好看见《梦溪笔谈》的后半部已和其他书一起被拆散泡在水池中。眼看书就要被打成纸浆了，他急切地对店主说："求您快把那本《梦溪笔谈》捞上来吧。"他还掏出身上所有的钱递给店主。店主不解地说："孩子，这一池废书也值不了这么多钱啊！"

于是，宋应星讲述了自己寻找这本书的经过，店主被他好学的精神打动了，赶忙让人从水池中捞出那半部书。宋应星捧着湿淋淋的书回到家后，小心翼翼地将纸一页页分开、晾干，然后装订好。他终于得到了梦寐以求的书！

宋应星从《梦溪笔谈》中学到了天文、数学、化学等科学知识，这为他后来编写《天工开物》一书奠定了坚实的基础。

명대 과학자였던 송응성은 어렸을 때부터 과학서적을 탐독했다. 15세가 되던 해에 그는 우연히 송대의 심괄이 과학저서 「몽계필담」을 썼다는 것을 알게 되었다. 그리하여 이 책에 대해 여기저기 물어보고 다녔다.

어느 날, 송응성은 부주의하여 한 행인과 부딪쳐 넘어졌고, 그 사람의 손에 있던 간식도 바닥에 떨어졌다. 그는 사과하며 줍는 것을 도왔다. 갑자기 그의 눈이 번뜩였다. 간식을 감싼 종이에 뜻밖에도 '몽계필담' 네 글자가 적혀있었다.

송응성은 서둘러 그 사람에서 간식을 어디서 샀는지 물었다. 확실히 묻고 난 후, 그는 단숨에 몇 리의 길을 뛰어가서야 간식을 파는 노인을 따라잡았다. 노인은 그가 책을 사랑하는 마음이 절실하다는 것을 알고는 곧바로 훼손된 「몽계필담」을 찾아내어 그에게 주었다. 책은 후반부가 없었다. 노인은 그에게 책이 어떤 종이 상점에서 온 것이라고 말해주었다.

송응성은 다시 종이 상점으로 뛰어갔다. 때마침 「몽계필담」의 후반부가 이미 다른 책과 함께 해체되어 물에 잠겨있는 것을 보았다. 곧 책이 펄프로 만들어지려고 했다. 그는 다급하게 상점 주인에게 말했다. "빨리 그 「몽계필담」을 끌어올려주세요." 그는 수중에 가진 모든 돈을 털어서 주인에게 주었다. 주인은 이해하지 못하며 말했다. "얘야, 이 쓸모없는 책은 이렇게 많은 돈의 가치가 없단다!"

이리하여 송응성은 자신이 이 책을 찾은 과정을 설명했고, 주인은 학문을 좋아하는 그의 태도에 감동을 받아서 급히 사람을 시켜 물 속에 있는 그 절반의 책을 건져 올리게 했다. 송응성은 흠뻑 젖은 책을 두 손으로 받쳐들고 집에 돌아온 뒤, 매우 조심스럽게 종이 한 장, 한 장을 분리하고, 그늘에서 말린 다음 제본했다. 그는 마침내 꿈에서도 바랐던 책을 얻은 것이다!

송응성은 「몽계필담」에서 천문학, 수학, 화학 등의 과학지식을 배웠고, 이것은 후에 그가 「천공개물」을 집필하는 데 탄탄한 바탕이 되었다.

1. 第1段中画线部分"打听"的意思最可能是：
   A 想找《梦溪笔谈》
   B 续写了《梦溪笔谈》
   C 从小就爱好《天工开物》
   D《天工开物》残缺不全

2. 第5段中画线部分"梦寐以求"的意思最可能是：
   A 共同的梦想
   B 提出请求
   C 完美无缺
   D 追切地希望

1. 첫 번째 단락의 밑줄 친 '물어보다'의 의미는 무엇인가?
   A 「몽계필담」을 찾고 싶다
   B 「몽계필담」을 이어서 썼다
   C 어려서부터 「천공개물」을 좋아했다
   D 「천공개물」은 손상되어 완전하지 않다

2. 다섯 번째 단락의 밑줄 친 '꿈 속에서 바라다'의 의미는 무엇인가?
   A 공동의 꿈
   B 요구를 제기하다
   C 완전무결하다
   D 간절하게 바라다

해설

1. 밑줄 친 표현의 의미를 묻고 있다. 우선 밑줄 친 표현의 위치를 확인하면, 첫 번째 단락 마지막 부분이다. 밑줄 표현이 있는 문장을 보면 책에 대해서 물어보고 다녔다고 했고, 그 책은 바로 앞 문장에서 언급한 《梦溪笔谈》(『몽계필담』)이다. 그러므로 정답은 A 想找《梦溪笔谈》(『몽계필담』을 찾고 싶다)이다.

   TIP 打听 : 물어보다, 탐문하다, 알아보다

2. 밑줄 친 표현은 성어 표현이다. 해당 표현이 있는 다섯 번째 단락의 해당 문장을 확인하자. '마침내 ~한 책을 얻었다'라는 문장으로 어떤 책인지를 파악하면 된다. 앞에서 화자는 이 책을 수소문하며 찾아다녔고, 우연한 기회에 책이 파기되기 직전에 간신히 책을 얻게 되었다. 그러므로 화자가 이 책을 간절하게 원했음을 알 수 있다. 정답은 '간절히 바라다', '갈망하다'와 의미가 같은 D 迫切地希望(절실하게 희망하다)이다. 물론, 지문을 보기 전에 이 성어의 뜻을 알고 있었다면 보기만 보고도 정답을 바로 찾을 수 있다.

   TIP 梦寐以求 : 꿈 속에서도 바라다, 간절히 바라다, 갈망하다

정답 1. A 2. D

▶정답 및 해설 61p

학습시간 20분

> 따옴표 속 표현이나 밑줄 친 표현의 의미를 파악하는 문제는 보기에서 바로 같은 의미를 찾아보고, 지문에서 해당 표현의 주변의 내용을 살피도록 한다.

문제 1

　一直以来，范仲淹都是以文学家的形象为人们所熟知，但其实，他不但有文学才华，还很有经济头脑。

　范仲淹在杭州做官时，当地发生了饥荒，物价飞涨，百姓生活十分困难。按常理，官府此时就应该运用行政手段控制粮价。然而，身为杭州主政官员的范仲淹不但不去压低粮价，反而要求当地商贩提高粮价。众人都不理解他为何要这么做。

　事情接下来的发展却出乎人们的意料。杭州粮价上涨的消息很快就传到四面八方，许多外地粮商见有利可图，纷纷将大米运往杭州。没多久，杭州的粮食市场就饱和了，粮价也随之回落。这样一来，杭州百姓最终度过了荒年。

　这正是范仲淹的高明之处。他所运用的这种规律，在经济学上叫"完全竞争"，又叫"纯粹竞争"。它是指商品的价格完全受市场调节，量少了价格就走高，量多了价格就走低。范仲淹当时虽然不知道"完全竞争"这个名词，但他显然是懂得其中的道理的。

1. 关于"完全竞争"，可以知道什么？

    A 不利于公平竞争
    B 最早由范仲淹提出
    C 损害了消费者利益
    D 物价受市场调节

문제 2-3

　　一个卖苹果的人遇到一个麻烦的老太太。"这么难看的苹果也要5块钱一斤？"老太太拿起一个苹果左看右看。卖苹果的人很耐心地解释："其实这苹果很不错，你可以去别家比较比较。"老太太说："4块，不然我不买。"

　　卖苹果的笑着说："不能再便宜了。""可你的苹果个头不大，颜色也不好，多丑啊。""要是又大又红又漂亮，就要卖10块钱一斤了。"

　　无论老太太怎么挑苹果的毛病，卖苹果的始终面带微笑、不急不躁地解释。老太太虽然嫌苹果这不好那不好，最终还是5块钱一斤买了。

　　老太太离开后，我问卖苹果的："她这么贬低你的苹果，你怎么不生气？"卖苹果的说："我为什么要生气呀？挑毛病的人才是真正想买货的人。"

　　的确如此，那位老太太，虽然嘴里说的是苹果的缺点，但心里对"丑苹果"还是比较满意的。如果她不想买，根本不关心苹果的好坏，更不会花时间去评价。

　　一个小师弟结婚才半年，就跑过来找我诉苦，说妻子对他是"横挑鼻子竖挑眼"，几乎每天都要挑出他一大堆毛病：饭后不洗碗、睡前不洗脚……没等小师弟说完，我就打断了他，把上面的故事告诉了他。

　　"你就是那个'丑苹果'。和老太太的心理一样，你妻子对你还是满意的。你和'丑苹果'不同的是，它生来就是那副丑样子，已经无法改变了，而你可以改变，变成一个完美的'苹果'。"

2. 第6段中"横挑鼻子竖挑眼"是什么意思？

　　A 表情很严肃

　　B 腿脚很灵活

　　C 从各方面找毛病

　　D 无法判断苹果的好坏

3. 第7段中'丑苹果'是什么意思？

　　A 特别酸

　　B 是进口的

　　C 已经熟透了

　　D 长得不太好看

쓰기 제1부분 ⑫ | 단어 순서 배열하기
쓰기 제1부분 핵심 요약 정리

전략 PT

 학습시간 30분

집중 PT | 전 | 략 | 노 | 트 |

❶ 제시어의 품사와 뜻을 파악하자.

제시어의 품사와 뜻을 파악하면 대략적인 문장 성분을 알 수 있고, 그에 따라 어순에 맞게 배열할 수 있다.

❷ 중심어(주어·술어·목적어)를 먼저 파악하자.

기본 어순의 필수 성분인 주어, 술어, 목적어를 먼저 파악하여 문장의 뼈대를 세우면 나머지 어휘들의 위치를 쉽게 알 수 있다.

주어(主语)	술어(谓语)	목적어(宾语)
문장에서 설명하려는 주체 -은/-는/-이/-가	주어의 동작, 상태, 성질 -하다/-이다	술어의 동작 대상 -을/-를

❸ 수식어(관형어·부사어)와 보어의 쓰임새에 맞게 배열하자.

중심어를 꾸며주는 수식어가 여러 개 올 경우, 술어를 보충 설명하는 보어가 있을 경우, 각 쓰임에 맞게 배열해야 한다.

관형어(定语)	부사어(状语)	보어(补语)
주어, 목적어의 앞에서 제한 또는 수식	술어(동사/형용사) 앞에서 수식	술어 뒤에서 보충 설명

※ 중국어 문장 어순

부사어	+	관형어	+	주어	+	부사어	+	술어	+	보어	+	관형어	+	목적어
今天早上 오늘 아침		我的 나의		妹妹 여동생은		在厨房 주방에서		吃 먹었다		完了		两个 두 개의		苹果。 사과를

→ 오늘 아침에 나의 여동생은 주방에서 사과 두 개를 먹었다.

❹ 특수구문의 어순에 주의하자.

특수구문은 표현에 제한이 있을 뿐만 아니라, 상황에 따라 예외적으로 일반 어순과 달라지는 경우가 종종 있으므로 파트1의 쓰기 영역 전략 PT 내용을 잘 학습해두자.

把 구문 (처치문)	사람이나 사물에 어떠한 동작을 가해 어떤 결과를 만들어 냈는지를 강조하는 문장
	어순 [주어 + 부사 + 조동사 + [把/将 + 명사(목적어)] + 술어 + 기타성분]
	예문 我把手机放在桌子上了。 나는 휴대전화를 책상 위에 놓았다. 他已经把这篇文章翻译完了。 그는 이미 이 글의 번역을 끝냈다.
	TIP 把 구문에서 빈출도가 가장 높은 문제는 시간부사, 부정부사, 조동사의 위치와 관련된 문제이다. 부사어의 어순에 따라 시간부사, 부정부사, 조동사는 把 앞에 위치한다는 것을 잊지말자!

被 구문 (피동문)	被를 사용하여 '~에게~을 당하다'라는 피동을 나타내는 문장	
	어순	[주어(동작의 대상) + 부사 + 조동사 + [被/让/叫 +명사(목적어–행위자)] + 술어 + 기타성분]
	예문	那本书被(他)借走了。 그 책은 (그가) 빌려갔다. 今天的票没被卖完。 오늘의 표는 다 팔리지 않았다.
	TIP	被구문에서 출제 빈도가 가장 높은 것은 목적어(행위자)가 생략된 문장이다. 목적어가 생략되었을 경우, 被 뒤에 술어가 바로 올 수 있다는 것을 기억하자! 또한 시간부사·부정부사·조동사의 위치가 被 앞에 위치한다는 것도 잊지 말자!
연동문	하나의 주어에 2개 이상의 술어로 구성된 문장	
	어순	[주어 + 부사 + 조동사 + 술어1 + 목적어1 + 술어2 + 목적어2]
	예문	我明天想去图书馆看书。 나는 내일 도서관에 가서 책을 보고 싶다. 我有理由反对你的意见。 나는 네 의견에 반대하는 이유가 있다.
	TIP	일반 연동문은 동작의 순서에 따라 작문하고 어순대로 해석하지만, 有/没有연동문은 有/没有부터 작문하되 해석은 뒤에서부터 한다는 것을 잊지 말자.
겸어문	첫 번째 동사(겸어동사)의 목적어가 두 번째 동사의 주어가 되는 문장	
	어순	[주어 + 부사 + 조동사 + 겸어동사(술어1) + 겸어 + 동사2(술어2) + (목적어2)]
	예문	这个消息使大家很高兴。 이 소식은 모두를 기쁘게 했다. 妈妈不让我跟他吵架。 엄마는 나를 그와 싸우지 못하게 했다.
	TIP	겸어문은 겸어동사가 반드시 필요하며, 목적어2는 생략 가능하다. 사역동사가 있는 겸어문 문제가 가장 많이 출제된다.
비교문	주로 두 대상의 특징, 정도상의 차이를 나타내어 비교의 결과를 보여주는 문장	
	어순	[A(주어) + (不) + 比 + B(비교대상) + 술어 + 보어]
	예문	姐姐比妹妹大三岁。 언니(누나)는 동생보다 세 살 더 많다. 他不比我矮。 그는 나보다 작지 않다.
	TIP	가장 보편적으로 출제되는 비교 문형은 比가 들어가는 문형이다. 比 비교문은 다른 비교문과 달리 보어를 동반할 수 있다는 점을 기억하자!
존현실문	어떤 장소에 불특정 대상(사람·사물)이 존재, 출현, 소실함을 나타내는 문장	
	어순	[주어(장소) + 술어(존재/출현/소실동사 + 了/着) + 목적어(불특정 대상)]
	예문	门口站着几个人。 입구에 몇 사람이 서 있다. 公司里来了新职员。 회사에 신입사원이 들어왔다.
	TIP	문제 제시어에 장소명사가 나올 경우, 전치사 从, 在가 없다면 90% 이상이 존현실문일 확률이 높다!
是……的 강조구문	이미 발생한 동작의 시간, 장소, 방식, 목적, 주체 등을 강조하는 문장	
	어순	[주어 + 是 + [강조내용 : 시간/ 장소/방식/목적/주체] + 술어 + (목적어) + 的]
	예문	我们是去年毕业的。 우리는 작년에 졸업했다. 我不是跟家人一起去的。 나는 가족과 함께 가지 않았다.
	TIP	긍정의 강조구문에서 是는 생략할 수 있지만, 지시대명사(这/那)가 주어이거나 혹은 부정문일 때는 생략할 수 없다!

▶ 꼭! 알아야 할 다의어 표현

제시어에 다의어가 나올 경우, 다른 제시어와 함께 문장을 만들 때 어떤 쓰임으로 쓰이는지 신중하게 살펴봐야 한다. 다의어의 의미와 쓰임새를 알면 정확한 위치에 단어를 배열할 수 있다. (★ 중요 표시)

1	肯定	① 부 확실히, 틀림없이, 반드시	她肯定会失望的。 주어 + 肯定 + 조동 + 술어 그녀는 틀림없이 실망할 것이다.
		② 동 인정하다 ★	同事们肯定了他的成绩。 주어 + 肯定 + 목적어 동료들은 그의 성과를 인정했다.
2	有些	① 대 일부, 어떤 것(사람)	有些人喜欢散步。 有些 + 주어 + 술어 + 목적어 어떤 사람들은 산책하는 것을 좋아한다.
		② 부 조금, 약간	他的态度有些悲观。 주어 + 有些 + 술어 그의 태도는 약간 비관적이다.
3	千万	① 부 부디, 제발, 절대로	你明天千万不能迟到。 주어 + 부사어 + 千万 + 술어 내일은 절대 늦으면 안 된다.
		② 형 엄청나다	价值千万。 주어 + 千万 가치가 엄청나다.
4	干脆	① 부 아예, 차라리	我们干脆放弃好了。 주어 + 干脆 + 술어 우리는 차라리 포기하는 것이 좋겠다.
		② 형 시원스럽다, 명쾌하다	小东答应得很干脆。 주어 + 술어 + 得 + 干脆 (정도보어) 샤오둥은 시원스럽게 수락했다.

▶ 꼭! 알아야 할 고정 표현

호응하여 쓰이는 짝꿍 어휘들을 잘 알아두자. 이런 고정 표현들의 형태와 쓰임새를 외워두면 제시어의 쓰임새와 문장 구조를 더 쉽고 빠르게 파악할 수 있다.

1	征求 + 意见/看法 의견/견해를 구하다	他正在征求别人的意见。 주어 + 征求 + 목적어 그는 다른 사람의 의견을 묻는 중이다.
2	显得 + 부사 + 형용사 ~인 것처럼 보인다	我的姥姥显得很年轻。 주어 + 显得 + 술어(부사 + 형용사) 우리 할머니는 매우 젊어 보인다.
3	值得 + 주술구/동사 ~할 만한 가치가 있다, ~할 만하다	这种态度确实值得表扬。 주어 + 부사어 + 值得 + 동사 이러한 태도는 확실히 칭찬할 만하다.
4	难以 + 동사(2음절) ~하기 어렵다	这次比赛的结果难以估计。 주어 + 难以 + 동사 이번 시합의 결과는 예측하기 어렵다.
5	曾经 + 술어(+ 过) 일찍이 ~한 적이 있다(경험)	我曾经去过上海。 주어 + 曾经 + 술어 + 过 + 목적어 나는 이전에 상하이에 가본 적이 있다.
6	从来 + 没/不 + 술(+ 过) 여태껏 ~해본 적이 없다(경험)	小东从来没这么后悔过。 주어 + 从来 + 没 + 술어 + 过 샤오둥은 여태껏 이렇게 후회해본 적이 없다.
7	一直 + 在 + 술어 줄곧 ~하는 중이다	会议一直在进行。 주어 + 一直 + 在 + 술어 회의는 줄곧 진행되고 있다.
8	명사 + 之一 ~중의 하나	这部电视剧是他的代表作品之一。 주어 + 술어 + 목적어(명사) + 之一 이 드라마는 그의 대표 작품 중 하나이다.

> 이제까지 배운 다양한 문형의 어순 특징과 꼭 알아야 할 다의어&고정 표현을 기억하며 빈출 문제들을 풀어보자!

문제 1ㅣ 这个古董   肯定   得到了   专家的

문제 2ㅣ 表情   不耐烦   有些   显得   妹妹的

문제 3ㅣ 征求   学生们的   正在   意见   孙老师

문제 4ㅣ 文章   我们   值得   参考   他写的

문제 5ㅣ 我儿子   没   狮子   从来   看过

문제 6ㅣ 价格   在下落   一直   股票的

문제 7ㅣ 被   有些   分析了   已经   数据

문제 8ㅣ 一家   一直在   日用品店   老高   经营

문제 9ㅣ 做过   他   记者   曾经   报社的

문제 10ㅣ 她   是   作家   我采访过的   之一

 **마무리 PT** — 학습시간 05분

1 是否 : ~인지 아닌지
检查零食**是否**过期。
간식이 (유통)기한을 넘겼는지 아닌지를 검사한다.

2 负责 + A : A를 맡다, A를 담당하다
负责削土豆皮。
감자 깎는 일을 맡다.

3 A与B不相符 : A는 B와 부합하지 않는다
这**与**父母的体面和期待**不相符**。
이것은 부모님의 체면과 기대에 부합하지 않는다.

4 非……不可 : 반드시 ~해야 한다(＝一定要)
非让自家的孩子考第一名**不可**。
반드시 자기 아이가 1등을 해야 한다.

5 边A边B : A하면서 B하다(동시동작)
他**边**道歉**边**帮忙捡。
그는 사과하며 줍는 것을 도와주었다.

6 주어 + 不能再 + 술어 + 了 : 주어는 더 이상 ~할 수 없다
苹果**不能再**便宜**了**。
사과(사과의 가격)는 더 이상 저렴하게 할 수 없다.

7 根本 + 不 : 전혀 ~하지 않다
她**根本不**关心苹果的好坏。
그녀는 사과의 좋고 나쁨에 전혀 관심이 없다.

8 挑 + 毛病 : 흠이나 결점을 골라내다
挑出他一大堆**毛病**。
그의 결점을 한 무더기 골라내다.

9 不但A，还B : A할 뿐만 아니라, 또한 B하다
他**不但**有文学才华，**还**很有经济头脑。
그는 문학적 재능이 있을 뿐만 아니라, 경제적 관념도 가지고 있다.

10 出乎意料 : 예상을 빗나가다(＝没想到)
出乎人们的**意料**。
사람들의 예상을 빗나가다.

Day 13

듣기 제2부분 ❷ | 서술형 지문
설명문 – "무엇을 설명하고 있는가"

어휘 PT　　○ Track 13-1　　학습시간 10분

예제 1-2

新鲜程度	xīnxiān chéngdù	신선도
分量	fènliàng	명 무게, 중량
产地	chǎndì	명 생산지
口味	kǒuwèi	명 맛
蔬菜	shūcài	명 채소
营养	yíngyǎng	명 영양 동 영양을 섭취하다
根部	gēnbù	명 뿌리 부분
利于	lìyú	~에 이롭다, ~에 도움이 되다
消化	xiāohuà	동 소화하다
然而	rán'ér	접 그러나
挑选	tiāoxuǎn	동 고르다, 선발하다, 선택하다
关注	guānzhù	동 중시하다, 주목하다
价格	jiàgé	명 가격
味道	wèidào	명 맛
忽略	hūlüè	동 등한시하다, 소홀히하다
价值	jiàzhí	명 가치, 값어치
如何	rúhé	대 어떻게, 어째서, 왜 어쩌면
直观	zhíguān	형 직관의, 직관적으로
研究	yánjiū	동 연구하다
人员	rényuán	명 인원, 요원
答案	dá'àn	명 답, 해답
根据	gēnjù	전 ~에 의거하여
判断	pànduàn	명 판단, 판단력 동 판단하다
成分	chéngfèn	명 성분
分析	fēnxī	명 분석 동 분석하다
现象	xiànxiàng	명 현상
与…密切相关	yǔ…mìqiè xiāngguān	~과 밀접한 관련이 있다(=与…有关)
深	shēn	형 (색깔이) 진하다, 짙다
A高于B	A gāoyú B	A는 B보다 높다
浅	qiǎn	형 (색깔이) 옅다

문제 1-2

倾听	qīngtīng	동 귀를 기울여 듣다, 경청하다
睡眠	shuìmián	명 잠, 수면 동 잠자다
有氧运动	yǒuyǎng yùndòng	유산소 운동
饮食	yǐnshí	명 음식 동 음식을 먹고 마시다
规律	guīlǜ	명 규율, 법칙 형 규율에 맞다
长期	chángqī	명 장기간, 장시간
待	dāi	동 (어떤 곳에) 머물다
室内	shìnèi	명 실내
熬夜	áoyè	동 밤새다
对于…而言	duìyú…éryán	~에게 있어서, ~의 입장에서 말하면
体力	tǐlì	명 체력, 힘
方式	fāngshì	명 방식, 방법
脑力	nǎolì	명 사고력, 이해력
处于	chǔyú	동 처하다, 놓이다
兴奋	xīngfèn	명 흥분 동 형 흥분하다
状态	zhuàngtài	명 상태
过多	guòduō	형 과다하다, 너무 지나치게 많다
酸性	suānxìng	명 산성
代谢物质	dàixiè wùzhì	대사물질
清除	qīngchú	동 깨끗이 없애다
从而	cóng'ér	접 따라서, 이리하여
使	shǐ	동 (~에게) 시키다, ~하게 하다
恢复	huīfù	동 회복하다
精力	jīnglì	명 정신과 체력
单纯	dānchún	형 단순하다 부 오로지, 단순히
依靠	yīkào	동 의지하다, 기대다
缓解	huǎnjiě	동 완화하다, 호전되다
疲劳	píláo	형 피로하다, 지치다
对于…来说	duìyú…láishuō	~에 대해 말하자면
最佳	zuìjiā	형 최적이다, 가장 좋다

문제 3-4

呼吸 hūxī 명 호흡 동 호흡하다
困难 kùnnan 명 곤란, 어려움 형 곤란하다, 어렵다
皮肤 pífū 명 피부
痒 yǎng 형 가렵다, 간지럽다
不停 bùtíng 동 멈추지 않다, 끊임없다
流泪 liúlèi 동 눈물을 흘리다
触电 chùdiàn 동 감전되다, 전기가 통하다
般 bān 조 ~같은, ~와 같은 정도의
难受 nánshòu 형 괴롭다, 불편하다
吸尘 xīchén 동 먼지를 빨아들이다
制药 zhìyào 동 약을 제조하다
放电 fàngdiàn 동 전기(에너지)를 방출하다
南亚 Nán Yà 지명 남아시아
假如 jiǎrú 접 만약, 만일, 가령
碰到 pèngdào 동 부딪치다, 충돌하다, 건드리다
立刻 lìkè 부 즉시, 곧, 바로
像…一样 xiàng…yíyàng 마치 ~과 같다
既A，又B jì A, yòu B A하기도 하고, B하기도 하다
蓄电 xùdiàn 동 전기를 모아두다, 축전하다
电流 diànliú 명 전류
半夜 bànyè 명 심야, 한밤중
植物学家 zhíwùxuéjiā 명 식물학자
推测 tuīcè 동 추측하다
存在 cúnzài 동 존재하다
热能 rènéng 명 열 에너지
光能 guāngnéng 명 빛 에너지
转化 zhuǎnhuà 동 바꾸다, 전환하다
电能 diànnéng 명 전기 에너지
机制 jīzhì 명 체제, 구조, 시스템
如何 rúhé 대 어떻게
以及 yǐjí 접 및, 아울러, 그리고
生长 shēngzhǎng 명 성장, 생장 동 성장하다
无法 wúfǎ 동 방법이 없다, 할 수 없다
解释 jiěshì 동 설명하다, 해명하다

❶ 서술형 지문의 공통 사항! 보기를 파악하고, 지문의 흐름을 타라!

12일차 듣기 전략에서 언급했듯이 서술형 지문의 공통 사항을 기억하자. 긴 지문의 내용을 잘 기억하기 위해서는 먼저 보기 표현의 뜻과 병음을 확인하여 듣기 지문의 내용과 질문을 미리 파악하자. 그리고 듣기 지문이 시작되면 지문의 흐름에 따라 보기의 내용들이 언급되는지 체크하자.

❷ 동의어와 비유 표현을 알자.

서술형 지문 15문항 중, 대략 10개 문항은 순차적으로 언급되는 단어와 보기의 단어가 동일하여 비교적 쉽게 정답을 찾을 수 있지만, 나머지 5개 미만의 문항은 보기에서 지문의 단어와 같은 의미를 나타내는 동의어나 비유의 표현으로 제시된다.

❸ 설명문 지문, 무엇을 설명하고 있는가.

설명문으로 된 지문은 일상생활, 상식, 문화, 심리, 사회, 과학, 자연 등 여러 분야를 다룬다. 무엇보다 설명하는 대상이 무엇인지 파악해야 하며, 어떤 특징을 설명하고 있는지 파악해야 한다. 이야기 지문보다는 비교적 생소하고 어려운 단어, 전문 용어들이 나오기도 하지만 정답을 찾는 데 큰 영향을 주지는 않는다.

> 行为心理学把一个人形成巩固新习惯或新理念至少需要21天的现象称为"21天效应"。就是说一个人的动作或想法如果重复21天就会形成习惯。比如你想通过跑步锻炼身体，前7天需要刻意提醒自己，7到21天头脑中就会形成想跑步的意识，坚持21天后自然就形成习惯了。
>
> 행위심리학에서는 한 사람이 견고한 습관 혹은 새로운 이념을 형성하는 데 최소 21일이 필요한 현상을 '21일 효과'라고 부른다. 즉, 한 사람이 동작 혹은 생각을 21일 동안 반복하면 습관이 된다는 것이다. 예를 들어 당신이 달리기를 통하여 신체를 단련하고 싶다면, 7일 전에 자신을 일깨우는 것이 필요하다. 7~21일까지 당신의 뇌에 달리기를 하고 싶다는 의식이 형성될 것이다. 21일 동안 이것을 지속한 후에는 자연스럽게 습관이 형성된다.
>
> 根据这段话，下列哪项正确？ 이 글에 근거하여 다음 중 옳은 것은?
> A 第21天最关键 21일째가 가장 관건이다
> B 坏习惯很难改掉 나쁜 습관은 고치기 어렵다
> C 越熟悉的越容易忘记 익숙할수록 쉽게 잊는다
> D 养成新习惯至少要21天 새로운 습관을 키우려면 적어도 21일이 필요하다
>
> → '심리학'이나 '21일 효과' 등 지문의 내용이 얼핏 어렵게 느껴지지만, 습관을 형성하려면 최소 21일이 필요하다는 간단한 내용에 대한 설명이다. 이처럼 특정 어휘의 뜻보다는 전체적인 중심 내용을 파악하는 것이 정답을 찾는 데 더 효과적이다.

❹ 설명문 지문의 질문 유형을 파악하자.

问：……有什么作用？ ~은(는) 어떠한 작용을 하는가?
问：这段话中，……指的是什么？ 이 글에서 ~이 가리키는 것은 무엇인가?
问：关于那个调查，可以知道什么？ 그 조사에 관하여 알 수 있는 것은 무엇인가?
问：这段话主要谈什么？ 이 글에서 말하고자 하는 것은 무엇인가?

 예제 1-2　　　　　　　　　　　　　　　　　　　　　　　　　　　　Track 13-2

1. A 新鲜程度
   B 分量
   C 产地
   D 口味

2. A 蔬菜根部营养不高
   B 蔬菜营养与其颜色有关
   C 多吃蔬菜利于消化
   D 深色蔬菜更受欢迎

买蔬菜是很多人每天要做的事情。然而人们挑选蔬菜时，往往只关注价格与味道，而忽略了营养价值。那么如何才能比较直观地挑选营养价值较高的蔬菜呢？对此，研究人员给出了答案。根据蔬菜的颜色来判断，他们通过对多种蔬菜的营养成分进行分析，发现了一个有趣的现象。蔬菜的营养价值与其颜色密切相关。颜色深的营养价值要高于颜色浅的。

1. 人们买菜时，往往更关注什么？
2. 这段话中，有趣的现象指的是什么？

---

1. A 신선도
   B 무게
   C 생산지
   D 맛

2. A 채소의 뿌리 부분은 영양이 높지 않다
   B 채소의 영양은 그 색깔과 관계가 있다
   C 채소를 많이 먹는 것은 소화에 이롭다
   D 짙은색 채소는 더욱 환영을 받는다

채소를 사는 것은 많은 사람들이 매일 하는 일이다. 그러나 사람들은 채소를 고를 때, 흔히 가격과 맛만 중요하게 여기고, 영양 가치는 등한시한다. 그러면 어떻게 해야 비교적 직관적으로 영양 가치가 보다 높은 채소를 고를 수 있을까? 이에 대해 연구학자들이 해답을 제시했다. 채소의 색깔을 근거로 판단하여, 그들은 여러 가지 채소의 영양 성분 분석을 통해 하나의 흥미로운 현상을 발견했다. 채소의 영양 가치는 그 색깔과 밀접한 관련이 있고, 색깔이 짙은 채소의 영양 가치는 색깔이 옅은 것보다 높았다.

1. 사람들이 채소를 살 때, 흔히 중시하는 것은 무엇인가?
2. 이 글에서 흥미로운 현상이 가리키는 것은 무엇인가?

해설

1. 위 지문의 중심 화제는 채소이다. 그리고 영양 가치가 높은 채소를 선별하는 방법에 대해 연구학자의 분석을 토대로 설명하고 있다. 첫 번째 질문의 답은 지문의 초반에 있다. 사람들은 매일 채소를 사며, 채소를 살 때 흔히 价格(가격)와 味道(맛)를 중요하게 여긴다고 했다. 보기에 지문과 똑같은 단어가 나오진 않았지만 보기 D의 口味와 味道는 동의어이므로 정답은 D이다. 나머지 보기의 어휘는 지문에서 언급하지 않았다.

2. 두 번째 질문의 정답은 당연히 첫 번째 질문의 정답이 있었던 부분보다 뒷부분에서 찾아야 한다. 지문에서 有趣的现象(흥미로운 현상)이라는 표현 뒤에 바로 그 현상을 말하고 있다. 채소의 영양 가치는 채소의 색깔과 밀접한 관련이 있다고 했으므로 이와 같은 의미인 B 蔬菜营养与其颜色有关(채소의 영양은 그 색깔과 관계가 있다)가 정답이다. 듣기에서 언급된 내용이 바로 정답이 되는 비교적 쉬운 문제이다. 나머지 보기의 내용은 언급하지 않았다.

TIP　与A密切相关　A와 밀접한 관련이 있다(=与A有关)

정답　1. D　2. B

실전 PT Track 13-3 학습시간 20분

> 지문의 흐름을 따라 질문에 대한 답이 순차적으로 제시되므로 첫 번째 문제의 보기 중 일치하는 내용이 들리면 체크하고 바로 다음 문제에 집중하자. 난이도가 높을 경우, 보기에서 동의어나 비유 표현으로 제시될 수 있으니 주의하자!

문제 1 A 与人交流
B 倾听
C 睡眠
D 有氧运动

문제 2 A 久坐不动
B 饮食不规律
C 长期待在室内
D 熬夜过多

문제 3 A 呼吸困难
B 皮肤痒
C 不停地流泪
D 触电般难受

문제 4 A 能吸尘
B 能制药
C 会发光
D 会放电

독해 제3부분 ❸ | 장문 독해-질문에 알맞은 정답 찾기
힌트 – "질문 속에 답이 있다"

어휘 PT

학습시간 1 0 분

예제 1-2

百花怒放 bǎihuā nùfàng 성 꽃이 만발하다, 온갖 꽃이 흐드러지게 피다
万紫千红 wànzǐ qiānhóng 성 온갖 꽃이 만발하여 울긋불긋한 모양
唯独 wéidú 부 오직, 홀로, 유독
色素 sèsù 명 색소
光照 guāngzhào 명 일조
细胞液 xìbāoyè 명 세포액
呈 chéng 동 (어떤 색깔이나 상태를) 나타내다, 띠다
愈A愈B yù A yù B A할수록 B하다
碱性 jiǎnxìng 명 알칼리성, 염기성
反射 fǎnshè 동 반사하다
热量 rèliàng 명 열량, 칼로리
光波 guāngbō 명 광파
避免 bìmiǎn 동 피하다, 면하다
灼伤 zhuóshāng 동 화상을 입다
假如A，那么B jiǎrú A, nàme B 접 만약 A하다면, B할 것이다
吸收 xīshōu 동 흡수하다
快速 kuàisù 형 빠르다, 신속하다
升温 shēngwēn 동 기온이 올라가다
组织 zǔzhī 명 조직
受到 shòudào 동 받다, 얻다
破坏 pòhuài 동 파괴되다, 손상시키다
昆明 Kūnmíng 지명 쿤밍(곤명)
世界园艺博览园 shìjiè yuányì bólǎnyuán 세계 원예 박람원
老虎须 lǎohǔ xū 호랑이 수염
花瓣 huābàn 명 꽃잎
基部 jībù 명 토대 부분
细丝 xìsī 명 실
土壤 tǔrǎng 명 토양
结构 jiégòu 명 구조

문제 1-2

船夫 chuánfū 명 뱃사공, 선부
划桨 huájiǎng 동 노를 젓다
风吹 fēngchuī 동 바람을 쐬다
费力 fèilì 동 힘을 쓰다
于是 yúshì 접 그래서, 그리하여
漂 piāo 동 이리저리 떠다니다, 표류하다, 떠돌다
轻松 qīngsōng 동 홀가분하다, 가뿐하다 형 수월하다
麻烦 máfan 형 귀찮다, 번거롭다
使劲儿 shǐjìnr 동 힘을 쓰다
加大 jiādà 동 늘리다, 더하다
力度 lìdù 명 힘의 세기, 역량
行驶 xíngshǐ 동 운항하다, 달리다
既然 jìrán 접 기왕 ~한 바에야
留 liú 동 남기다, 남겨두다
桨 jiǎng 명 노
扔 rēng 동 던지다, 내버리다
风停 fēngtíng 동 바람이 멎다
喊 hǎn 동 외치다
不管 bùguǎn 동 돌보지 않다, 상관하지 않다
余音 yúyīn 명 여음
飘来 piāolái 동 흩날려오다, 휘날려오다
…不了 …bùliǎo ~할 수 없다
赶时间 gǎn shíjiān 시간에 맞추다, 시간을 재촉하다
目的地 mùdìdì 명 목적지
减轻 jiǎnqīng 동 줄다, 감소하다
重量 zhòngliàng 명 무게
破 pò 동 파손되다, 찢어지다
洞 dòng 명 구멍, 굴, 동굴
落水 luòshuǐ 동 물에 떨어지다, 물에 빠지다
吹 chuī 동 바람이 불다
翻 fān 동 뒤집다, 뒤집히다

문제 3-5

制作 zhìzuò 동 제작하다
笛子 dízi 명 피리
木匠 mùjiang 명 목공, 목수
砍 kǎn 동 베다, 찍다
竹子 zhúzi 명 대나무
苦笑 kǔxiào 명 쓴웃음을 지은 얼굴 동 쓴웃음을 짓다
骗 piàn 동 속이다, 기만하다
粗细 cūxì 명 굵기
适宜 shìyí 형 알맞다 동 적합하다
厚薄 hòubó 명 두께
均匀 jūnyún 형 균일하다, 고르다
质感 zhìgǎn 명 질감
光滑 guānghuá 형 매끄럽다
竹节 zhújié 명 죽절, 대의 마디
明显 míngxiǎn 형 뚜렷하다, 분명하다
千挑万选 qiāntiāo wànxuǎn 고르고 고르다
相中 xiāngzhòng 동 마음에 들다, 보고 반하다
经不起 jīngbuqǐ 동 감당할 수 없다, 견딜 수 없다
吹奏 chuīzòu 동 악기를 불다, 악기를 연주하다
困惑 kùnhuò 형 곤혹하다, 당혹하다
难道 nándào 부 설마 ~란 말인가?
凡是 fánshì 부 대체로, 모든
经历 jīnglì 명 경험, 경력 동 겪다, 체험하다
寒冬 hándōng 명 추운 겨울
散漫 sǎnmàn 형 산만하다, 제멋대로이다
骤冷 zhòulěng 명 급랭
风刀霜剑 fēngdāo shuāngjiàn 성 바람이 칼날과 같이 살을 에고, 서릿발이 검과 같이 살을 찌르다
严 yán 형 심하다, 지독하다, 극렬하다
相 xiāng 부 서로, 함께, 상호
逼 bī 동 위협하다
质地 zhìdì 명 재질
走调 zǒudiào 동 곡조가 맞지 않다
霜冻雪侵 shuāngdòng xuěqīn 서리, 얼어붙는 추위
裂痕 lièhén 명 균열, 금
蛀 zhù 동 좀먹다, 좀이 쏠다
风霜雨雪 fēngshuāng yǔxuě 비바람(고난, 시련)
千锤百炼 qiānchuí bǎiliàn 성 수많은 단련과 검증을 거치다

奏出 zòuchū 연주해내다
辨别 biànbié 동 판별하다, 구별하다
好坏 hǎohuài 형 좋고 나쁘다
答应 dāying 명 응답하다, 수락하다, 승낙하다
请求 qǐngqiú 명 요구, 부탁 동 요청하다, 부탁하다
建筑 jiànzhù 명 건축, 건물

❶ 질문은 정답을 찾는 열쇠!

독해 3부분에서 질문의 내용은 매우 중요하다. 질문의 유형에 따라 전략적으로 지문을 봐야한다. 특히 지문의 세부적인 내용을 묻는 질문이라면 정답과 관련된 내용을 그대로 보여주는 문제이다. 질문이 곧 정답을 찾는 열쇠이자 결정적인 힌트가 된다! 질문을 읽었다면, 지문에서 질문과 같은 내용을 빠르게 찾아 앞뒤 내용을 확인한 후 보기에서 일치하는 정답을 찾자.

飞机即将起飞时，一位乘客请求空姐给他倒一杯水吃药。空姐微笑着说："先生，为了您的安全，请稍等片刻，¹等飞机进入平稳飞行状态后，我会立刻给您送水。"15分钟后，飞机早已飞行平稳，这时，空姐突然意识到：糟了，忘记给那位客人送水了！她来到客舱，小心翼翼地把水送到那位乘客跟前，微笑着说："先生，实在抱歉，由于我的疏忽，耽误了您吃药的时间。"乘客生气地指着手表说："你看看，这都过了多久了？"在接下来的飞行中，²为了表示歉意，每次去客舱时，空姐都会特意走到那位乘客跟前，微笑着询问他是否需要帮助。然而，那位乘客始终不理会她。快到目的地时，那位乘客向空姐要留言本，他要投诉这名空姐，此时空姐虽然很委屈，但仍然微笑着说道："先生，请允许我再次向您表达真诚的歉意，无论您提什么意见，我都欣然接受！"那位乘客脸色一紧，似乎想说什么，却没有开口，他接过留言本就写了起来。

飞机落地后，乘客陆续离开了，空姐紧张地翻开那本留言本，³让她惊讶的是，那位乘客写得并不是投诉信，而是一封表扬信。信中写到："在整个飞行过程中，你表现出的真诚，特别是你的十二次微笑，深深地打动了我，使我最终决定将投诉信改成表扬信。下次如果有机会，我还将乘坐你的这趟航班！"

비행기가 곧 이륙하려고 할 때, 승객 한 명이 승무원에게 약 먹을 물 한 잔을 부탁했다. 승무원이 웃으며 말하길, "손님의 안전을 위해 잠시만 기다려주세요. ¹비행기가 안정적인 운항 상태가 된 후에 바로 가져다 드리겠습니다." 15분 후 비행기는 이미 안정이 되었을 때, 승무원은 문득 생각났다. '아차, 그 승객에게 물을 주는 걸 잊어버렸어!' 그녀는 객실로 와서 조심스럽게 물을 그 손님의 곁에 주면서, 웃으며 말하길, "선생님, 정말 죄송합니다. 제 실수 때문에 약 먹을 시간이 지체되었어요." 승객은 화를 내며 자신의 손목시계를 가리키며 말했다. "보세요. 시간이 얼마나 지났는지요." 비행은 계속되었고, ²미안한 마음을 표시하기 위하여 매번 객실을 갈 때, 승무원은 일부러 그 승객 곁으로 가서 웃으면서 그 사람이 도움이 필요한지를 물었다. 그러나 그 승객은 시종일관 그녀에게 눈길도 주지 않았다. 목적지에 거의 도착할 즈음, 그 승객은 승무원에게 메시지를 남길 종이를 요구했다. 그는 그 여승무원을 고발하려고 했다. 이때 승무원은 억울하지만 그래도 변함없이 미소를 지으며 말했다. "손님, 다시 한번 진심으로 사과드립니다. 선생님이 어떠한 의견을 제기해도 저는 기꺼이 받아들이겠습니다." 그 승객의 얼굴이 굳어지며, 마치 무언가를 말하고 싶어 했지만, 입은 열지 않았다. 그는 종이를 받아든 후 바로 적기 시작했다.

비행기가 착륙한 후, 승객은 잇따라 떠나갔다. 승무원은 긴장하며 그 종이를 펼쳐 보았다. ³놀랍게도 그 승객이 쓴 것은 결코 불평하는 편지가 아닌, 한 통의 칭찬 편지였다. 편지에 쓰여 있기를, '비행하는 동안, 당신은 진실함을 보여주었습니다. 특히 당신의 열두 번의 미소가 저를 깊이 감동시켰습니다. 결국 불평의 글을 칭찬의 글로 바꾸게 했죠. 다음에 기회가 있다면, 저는 다시 당신의 항공편을 타고 싶습니다.'

1. 空姐本来答应什么时候给那位乘客送水？　승무원은 언제 승객에게 물을 주기로 했는가?
2. 在飞行途中，空姐是如何向那位乘客表达歉意的？　비행 중 승무원은 승객에게 어떻게 사과의 뜻을 표현했는가?
3. 根据第2段，空姐为什么感到很惊讶？　두 번째 단락에 근거하여 승무원은 왜 놀랐는가?

→ 질문이 세부 내용을 묻고 있다면 질문의 내용을 잘 읽어두자. 질문의 요지를 파악한 다음, 질문에 나온 어휘나 표현이 있는 곳을 지문에서 빠르게 찾아 정답을 체크할 수 있도록 한다.

❷ 힌트를 주는 질문의 유형을 파악하자.

问：经历过寒冬的竹子怎么样？　겨울을 겪은 대나무는 어떠한가?
问：船夫为什么把桨扔掉了？　뱃사공은 왜 노를 던져버렸는가?
问：花儿是如何避免自身被灼伤的？　꽃은 어떻게 자신이 화상입는 것을 피하는가?

 예제 1-2

春天，百花怒放、万紫千红，却唯独没有黑色的花儿，这是为什么呢？

花儿的颜色是由色素及光照等条件决定的。当植物细胞液色素为酸性时，开出来的花儿便呈红色，酸性愈强，花儿的颜色愈红；当细胞液色素为碱性时，花儿呈蓝色，碱性较强时呈蓝黑色；而当细胞液色素为中性时，花儿呈紫色；如果植物细胞液不含色素，则花儿呈白色。

我们平时看到的花儿多为红、黄、橙、白等颜色，这是由于这些花儿能够反射阳光中含热量较多的红、橙、黄三种颜色的光波，以避免自身被灼伤。在自然界中，黑色的花儿是不存在的。假如黑色的花儿存在，那么它就会吸收阳光中的全部光波，导致快速升温，花儿的组织就会很容易受到破坏。

至于我们有时候所看到的"黑花"，实际上是接近黑色的深红或深紫色的花儿。例如，在昆明世界园艺博览园中，有一种名为老虎须的花儿，它的花瓣基部就长着数十条紫得发黑的细丝，是一种极为少见的"黑花"。

봄에는 온갖 꽃이 만발하여 울긋불긋하다. 하지만 유일하게 검은색 꽃은 없다. 이것은 왜 그럴까?
꽃의 색은 색소와 광조 등의 조건에 의해 결정된다. 식물 세포액 색소가 산성일 때, 피어나는 꽃은 빨간색을 띤다. 산성이 강할수록 꽃의 색은 붉다. 세포액 색소가 염기성일 때, 꽃은 남색을 띤다. 염기성이 비교적 강할 때는 푸르스름한 검은색을 띤다. 세포액 색소가 중성일 때, 꽃은 자줏빛을 띤다. 만약 식물 세포액이 색소를 함유하고 있지 않다면 꽃은 흰색을 띤다.
우리가 평소에 보는 꽃은 대부분 빨강, 노랑, 주황, 흰색 등이다. 이것은 이 꽃들이 햇빛 속의 열량이 비교적 많은 빨강, 주황, 노랑 세 가지 색의 광파를 반사하여 자신의 몸이 화상을 입는 것을 피하기 때문이다. 자연계에서 검은색의 꽃은 존재하지 않는다. 만약 검은색의 꽃이 존재한다면, 그 꽃은 햇빛 속 모든 광파를 흡수하고, 빠르게 가열되어 꽃의 조직이 쉽게 손상을 입을 수 있다.
우리가 종종 보게 되는 '검은 꽃'은 실제로 검은색에 가까운 짙은 빨강 또는 짙은 보라색의 꽃이다. 예를 들어, 윈난성 쿤밍시에 있는 관광지에는 호랑이수염 꽃이 있는데, 이 꽃잎의 기부에는 검은 자줏빛을 띤 가느다란 실 10개가 길게 늘어져 있다. 이것이 극히 보기드문 '검은 꽃'이다.

---

1. 下列哪项属于花色形成的决定性因素？
   A 色素   B 温度   C 土壤   D 降水

2. 花儿是如何避免自身被灼伤的？
   A 延长花期
   B 吸取大量养分
   C 不断改变内部组织结构
   D 反射含热量较多的光波

1. 다음 중 꽃의 색을 형성하는 결정적 요소는 무엇인가?
   A 색소   B 온도   C 토양   D 강수

2. 꽃은 어떻게 자신이 화상을 입는 것을 피하는가?
   A 개화 시기를 연장한다
   B 대량의 양분을 흡수한다
   C 끊임없이 내부 조직 구조를 바꾼다
   D 열량이 높은 광파를 반사한다

해설
1. 질문에서 언급한 내용이 정답을 찾는 중요한 힌트가 된다. 질문의 내용대로 '꽃의 색을 결정하는 요소'가 있는 부분을 지문에서 빠르게 찾자. 두 번째 단락의 첫 문장에 花儿的颜色是由色素及光照等条件决定的(꽃의 색은 색소와 광조 등의 조건에 의해 결정된다)고 했다. 色素(색소)와 光照(광조)를 보기에서 찾으면, 정답은 A이다.

TIP 由…决定 : ~에 의해 결정되다

2. 질문의 내용과 같은 부분을 지문에서 빠르게 찾는 것이 핵심이다. 꽃이 화상을 피하는 방법을 언급한 곳을 찾으면, 세 번째 단락에 以避免自身被灼伤(자신이 화상을 입는 것을 피하기 위하여)이 질문의 내용과 일치한다. 이 구절의 앞부분을 보면 反射阳光中含热量较多的……光波(햇빛 속의 열량이 높은 ~광파를 반사한다)고 했다. 그러므로 정답은 D이다.

TIP 以… : ~하기 위하여(以 뒤에 오는 내용이 以 앞부분에 대한 목적을 나타냄)

정답 1. A   2. D

실전 PT

> 질문은 정답을 찾는 열쇠이다! 질문의 내용을 지문에서 빠르게 찾자!

문제 1-2

　　船夫在河里划着桨。风吹过来，对船夫说："我送你一程吧，这样你就不用这么费力了。"船夫高兴地说："好呀好呀。"于是，风吹着船，船往前漂去船夫虽然轻松了，可还是觉得划桨是件很麻烦的事情，便对风说："风啊，你能不能再使点儿劲儿？这样我就不用划桨了。"风说："可以呀。"于是，风加大了力度，吹着船在河里快速地行驶着。

　　船夫感觉舒服极了，心想：既然有风了，我留着桨还有什么用呢？于是，船夫将桨扔进了河里。

　　过了一会儿，风停了，船在河里不动了。

　　船夫急了，大喊道："风啊，你可不能扔下我不管呀。"风的余音从远处飘来："我帮得了你一时，却帮不了你一世啊。"

1. 船夫为什么让风再使点儿劲儿？

　　A 天气太热
　　B 为了赶时间
　　C 快要下雨了
　　D 不想自己划船

2. 船夫为什么把桨扔掉了？

　　A 桨坏了
　　B 觉得用不着了
　　C 已经到目的地了
　　D 想减轻船的重量

> 문제 3-5

有年夏天，家里来了一个会制作笛子的木匠，在我家干了半个月的活儿。一天，我到山上砍了根竹子，请他帮我做一支笛子。他苦笑道："不是每根竹子都能做成笛子的。"我觉得他是在骗我，我找的那根竹子粗细适宜，厚薄均匀，质感光滑，竹节也不明显，是我千挑万选才相中的，为什么不能做成笛子呢？

他解释说："这是今年的竹子，就算做成了笛子，也经不起吹奏。"我更加困惑了：今年的竹子怎么了？难道非要放旧了再拿来做？东西不都是越新鲜越好吗？他看出了我的困惑，接着讲道："你不知道，凡是用来做笛子的竹子都需要经历寒冬。因为竹子在春夏长得太散漫，只有到了冬天，气温骤冷，天天'风刀霜剑严相逼'，它的质地才会改变，做成笛子吹起来才不会走调。而当年生的竹子，没有经过霜冻雪侵，虽然看起来长得不错，可是用来制作笛子的话，不但音色会差许多，而且还会出现小裂痕，虫子也很喜欢蛀这样的竹子。"

其实，人生就好比是这根用来做笛子的竹子，只有历经了风霜雨雪、千锤百炼，才能奏出动人的曲子。

3. 作者请木匠帮什么忙？

　　A 做笛子　　　　　　　B 种竹子
　　C 教他吹笛子　　　　　D 辨别竹子的好坏

4. 作者为什么觉得木匠在骗他？

　　A 木匠技术太差　　　　B 木匠态度不好
　　C 他认为自己找的竹子很好　　D 他见木匠答应了别人的请求

5. 经历过寒冬的竹子：

　　A 少有裂痕　　　　　　B 不够粗壮
　　C 表面更光滑　　　　　D 不适合做建筑材料

쓰기 제2부분 ❶ | 작문
원고지 사용법 & 출제 1순위 - 학습/시험 주제

전략 PT

⏰ 학습시간

❶ 문장 부호와 원고지 사용법을 얕보지 마라.

문장 부호의 사용과 원고지 사용법을 준수하지 않으면 감점 요인이 된다! 우리말과 문장 부호가 다른 것은 물론, 원고지 사용법도 다르므로 글쓰기의 기본부터 알아두자.

❷ 단어 2,500개는 반.드.시. 암기하자! (5급 필수 어휘 1,300개)

제시어를 활용하여 글을 작성하는 99번을 잘 쓰기 위해서는 제시되는 어휘들을 잘 알고 있어야 한다. 제시어는 필수어휘 2,500개의 범위 안에서 나오므로 필수어휘를 완벽하게 외워두자. 쓰임이나 호응 단어들도 함께 공부하자.

❸ 75~90字 내외(80字)로 작성하자.

HSK 5급 작문은 80자 글쓰기가 규정이다. 글이 너무 짧아도 혹은 길어도 안 된다. 실제 답안지의 원고지는 112칸(16열×7행)이 제공되지만 75~90자가 가장 이상적이다.

❹ 모범답안을 활용하자. (입력 → 출력, 모방 → 창작)

처음부터 완벽한 글을 작성하는 것은 쉽지 않다. 단어량도 부족하고, 외국어로 글을 작성한다는 것도 매우 부담스운 일이므로 처음에는 문장력이 완벽하게 갖춰진 올바른 모범답안을 외우는 것으로 시작하자. 모범답안을 상황에 따라 3~4개 정도 반복하여 따라쓰고, 외워서도 반복하여 써보자. 쓰다보면 자신도 모르게 문장력이 생긴다. 똑같은 문형에 어휘만 교체하여 다른 주제로 글쓰기에 응용할 수도 있으므로 매우 효과적인 방법이다.

❺ 접속사를 활용하자.

문장과 문장을 자연스럽게 연결하려면 인과·전환·점층 등의 접속사를 쓰는 것이 좋다. 그리고 정확하게 인지한 어법을 작문에 활용하면 좋은 글을 작성할 수 있다.

❻ 먼저 간략하게 2~3줄로 스토리 라인을 만들자.

원고지에 본격적으로 글을 쓰기 전에 스토리를 구상하여 서론·본론·결론에 따라 간략하게 내용을 정리해보자. 우리말로 줄거리를 길게 적어놓고 옮기는 것은 무의미하다. 그것을 그대로 중국어로 옮기기는 더더욱 어렵다. 그러므로 대략적인 글의 구성만 2~3줄로 정리하고, 바로 중국어로 적어나가자.

❼ 제시어 작문과 사진 작문에 각각 15분씩!

쓰기 영역에 주어지는 시간은 모두 40분이다. 단어 순서 배열 문제에 10분, 작문에 30분을 활용하는 것이 이상적이다. 제시어 작문과 사진 작문에 각각 15분씩 분배하는 것이 적합하다.

❶ 글자를 크고 올바르게 작성하자.

글자를 알아볼 수 없을 경우, 좋은 글을 써도 고득점을 받을 수 없다.

❷ 쉽고 정확한 표현만 사용하자.

정확하지 않은 표현을 써서 문장의 어법이나 내용이 이상할 경우, 오히려 감점을 당할 수 있다. 그러므로 쉽고 정확한 표현만 작성하는 것이 중요하다.

❸ 비하발언, 편파적인 의견은 작성하지 말자.

부정적인 글 보다는 긍정적으로 작성하는 것이 좋다.

❹ 1인칭 시점에서 글을 작성하자.

우리가 가장 많이 써본 글은 하루 일과를 작성하는 일기이다. 그러므로 본인의 입장에서 1인칭 시점으로 쓰는 글이 가장 자연스럽고 매끄럽다.

PT팁 문장부호

句号 마침표	。	평서문의 끝에 사용한다. 我今天早上八点起床。
逗号 쉼표	，	문장을 나눌 때 사용한다. 天气这么好，我们在附近逛逛吧。
顿号 모점	、	단어 혹은 구를 병렬로 나열할 때 사용한다. 我喜欢苹果、西瓜、葡萄等水果。
问号 물음표	？	의문문 혹은 반어문에 사용한다. 今天天气怎么样？
叹号 느낌표	！	감탄문이나 명령문에 사용한다. 今天天气真不错呀！
引号 따옴표	" "	대화나 인용문에 사용한다. 他说：" 明天早上八点见面。"
冒号 쌍점	：	시간, 항목 등을 제시하거나 대화문, 인용문을 시작할 때 사용한다. 营业时间：10：00-18：00 他说：" 明天早上八点见面。"
破折号 줄표	──	앞의 내용을 보충 설명할 때 사용한다. 我有缓解压力的方法──听音乐。

PT팁 원고지 사용법

① 첫 두 칸은 띄고 세 번째 칸부터 작성한다.

② 중국어는 한 칸에 한 자씩 작성한다.

③ 문장 부호는 한 칸에 하나씩 작성한다.

④ 문장 부호 두 개가 연달아 올 경우, 한 칸에 두 개를 함께 작성한다.

⑤ 첫 번째 칸은 대개 문장 부호를 작성하지 않으므로, 마지막 칸에 중국어와 문장 부호를 함께 작성한다.

⑥ 숫자는 한 칸에 두 자씩, 한자로 적을 경우 한 칸에 하나씩 작성한다.

| 他 | 说 | : | " | 12 | 月 | 24 | 号 | 六 | 点 | 见 | 面 | 吧。" |

⑦ 중국어는 띄어쓰기 없이 작성한다.

전략 PT

학습시간 **15**분

1 주어진 소스를 분석하자.

작문은 자유 주제로 글을 쓰는 것이 아니라, 주어진 어휘와 사진을 각각 활용하여 출제 의도와 주제에 맞게 작성해야 한다. 제시어 작문에서는 먼저 각 제시어들의 품사와 의미를 파악하고, 사진 작문에서는 사진 속 상황을 잘 관찰해야 한다.

2 1인칭 시점에서 글을 작성하자.

글을 작성할 때 어떤 종류의 글로 써야 하는지는 제한이 없다. 하지만 우리가 가장 익숙하게 쓸 수 있는 글이 일기이므로 일상과 관련지어 1인칭 시점에서 작성하는 것이 가장 쉽다.

3 긍정적인 방향으로 작성하고, 최종 확인하자!

글을 작성한 후에 전체 글을 검토하는 것도 중요하다. 내용의 앞뒤 연결이 어색하거나, 혹은 비하 발언, 편파적인 의견 등, 다소 부정적인 시각이나 내용보다는 긍정적인 글을 쓰는 것이 좋은 점수를 얻을 수 있다.

4 각 15분씩! 80자를 완성하라!

제시어 작문과 사진 작문, 각 15분씩, 80자의 글을 두 편 완성하는 것이 무엇보다 중요하다! 평소에 주제를 정해놓고, 15분 동안 글의 스토리 라인을 구상하여 한 편의 완전한 글을 써보는 연습을 많이 하자.

5 작문 최다 빈출 주제 1순위는 바로 "학습"!

자주 출제되는 주제들 가운데서도 학습에 관련된 문제가 많이 등장한다. 학교 생활, 시험, 졸업, 중국어 공부 등 학습과 관련된 주제는 시험 전에 꼭 공부하고 암기하자.

PT팁 학습·시험 주제 관련 표현

认真 rènzhēn [형] 열심히다, 성실하다	通过 tōngguò [동] 통과하다	开夜车 kāiyèchē (밤새워) 일하다, 공부하다(=熬夜)
努力 nǔlì [형] 노력하다	进步 jìnbù [명] 진보 [동] 진보하다	准备考试 zhǔnbèi kǎoshì 시험을 준비하다
复习 fùxí [동] 복습하다	支持 zhīchí [동] 지지하다	期中考试 qīzhōng kǎoshì 중간고사
预习 yùxí [동] 예습하다	鼓励 gǔlì [동] 격려하다	期末考试 qīmò kǎoshì 기말고사
语言 yǔyán [명] 언어	教授 jiàoshòu [명] 교수	取得成绩 chéngjì 성적을 얻다 (取得=得到)
及格 jígé [동] 합격하다	多亏 duōkuī [동] 은혜를 입다, 덕분이다	
合格 hégé [동] 합격이다	被录取 bèi lùqǔ 채용되다, 고용되다	
汉语 Hànyǔ [명] 중국어	有信心 yǒu xìnxīn 자신 있다(=有把握)	

我很喜欢学习A 나는 A를 공부하는 것을 좋아한다	我很喜欢学习汉语。 나는 중국어를 공부하는 것을 좋아한다.
马上就要……了 곧 ~이다, 곧 ~할 것이다	马上就要期中考试了。 곧 중간고사이다.
多亏了A，我的B水平有了很大的进步 A 덕분에 나의 B의 수준이 매우 향상되었다	多亏了教授，我的语言水平有了很大的进步。 교수님 덕분에 나의 언어 수준이 매우 향상되었다.
A向B表达感激之情 A가 B에게 감사의 마음을 표현하다	我向教授表达了我的感激之情。 나는 교수님께 감사의 마음을 표현했다.

예제 1

제시된 글은 중국어 학습과 관련하여 1인칭 시점에서 작성한 글이다. 학습과 관련된 제시어나 사진이 나왔다면 다음과 같은 글을 쓸 수 있도록 하자. 주제와 내용을 생각하며 원고지 사용법에 맞게 아래 원고지에 직접 작성해보자.

> 　　我很喜欢学习汉语。所以最近我在学习HSK 5级。开始学习的时候，很困难，我有点儿担心了。但是，学院的优老师一直鼓励我，而且帮助我学习。多亏了优老师，我的汉语水平有了很大的进步。"优老师，谢谢！"

원고지 작성 예시 [학습 관련 유형]

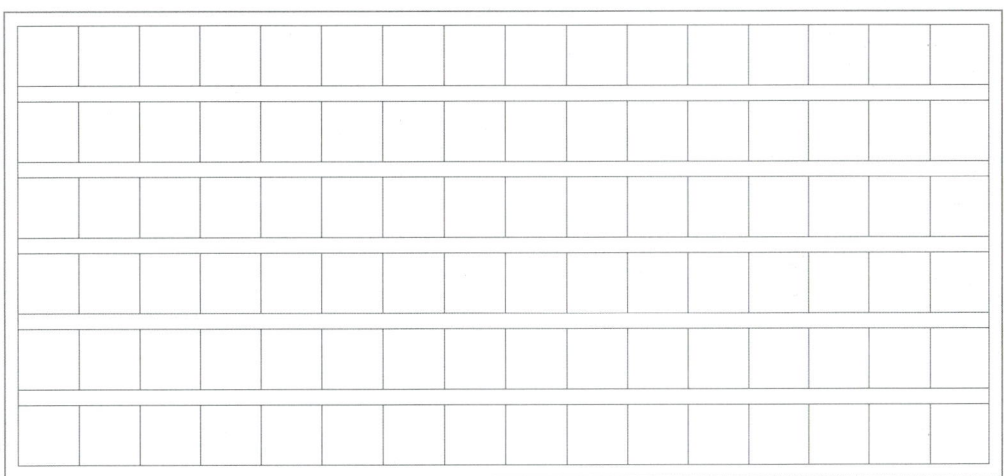

해석 나는 중국어 공부하는 것을 좋아한다. 그래서 최근에는 HSK5급를 공부하고 있다. 처음 공부를 시작했을 때, 매우 어려웠고, 약간 걱정이 되었다. 그러나 학원의 우 선생님이 줄곧 나를 격려해주었고, 내가 공부하는 것도 도와주었다. 우 선생님 덕분에 나의 중국어 실력이 많이 향상되었다 "우 선생님, 감사합니다!"

 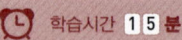

▶정답 및 해설 70p

🙂 사진의 내용에 따라 작성한 아래의 글을 원고지 사용법에 맞게 직접 작성해보자!

[시험 관련 유형]

下个星期，期末考试就要开始了。所以，每天放学之后，我都会去咖啡厅复习功课。我最担心的就是数学考试，因为我不太喜欢数学老师。怎么办？没有办法，我只有更认真地学习，才可以得到100分。加油！

마무리 PT

1 对A进行分析 : A에 대하여 분석을 진행하다
对多种蔬菜的营养成分进行分析。
여러 채소의 영양 성분에 대하여 분석을 진행했다.

2 与A相关 : A와 관계가 있다(=与A有关)
蔬菜的营养价值与其颜色密切相关。
채소의 영양 가치는 그 색깔과 밀접한 관계가 있다.

3 A高于B : A는 B보다 높다
颜色深的营养价值要高于颜色浅的。
색깔이 짙은 것의 영양 가치는 색깔이 옅은 것보다 높다.

4 对于A而言 : A의 입장에서 말하면
对于体力劳动而言，睡觉是一种有效的休息方式。
육체 노동자의 입장에서 말하자면, 잠을 자는 것은 일종의 효과적인 휴식 방법이다.

5 A(대상) + 是 + B(설명 내용) : A는 B이다
保护地球是每个人的责任。 / 春节是一个传统的节日。
지구를 보호하는 것은 모든 사람의 책임이다. / 설날은 하나의 전통명절이다.

6 虽然A，可(是)B : 비록 A하지만, 그러나 B하다(전환 관계)
船夫虽然轻松了，可还是觉得划桨是件很麻烦的事情。
뱃사공은 비록 (노 젓기가) 수월해졌지만, 여전히 노를 젓는 것은 귀찮은 일이라고 생각했다.

7 술어 + 极了 : 매우 ~하다
船夫感觉舒服极了。
뱃사공은 매우 편안함을 느꼈다.

8 干活儿 : 노동을 하다, 일을 하다
木匠在我家干了半个月的活儿。
목수는 우리 집에서 보름 동안 일을 했다.

9 不但/不仅A，而且/也/还B : A할 뿐만 아니라 게다가 B하다
不但音色会差许多，而且还会出现小裂痕，虫子也很喜欢蛀这样的竹子。
음색이 현저히 떨어질 뿐만 아니라 틈이 생길 수도 있고, 벌레들도 이러한 대나무를 갉아먹기 좋아한다.

10 只有A，才B : 오직 A해야만 B할 수 있다
只有历经了风霜雨雪、千锤百炼，才能奏出动人的曲子。
오직 비바람과 수많은 시련과 고난을 경험해야 비로소 사람을 감동시킬만한 곡을 연주할 수 있다.

Day 14

듣기 제2부분 ❸ | 서술형 지문

논설문 – "네 생각을 말해 봐"

어휘 PT ● Track 14-1 학습시간 10분

예제 1-2

询问	xúnwèn	동 물어보다, 알아보다
应聘	yìngpìn	동 지원하다, 응시하다
部门	bùmén	명 부서
思考	sīkǎo	동 사고하다, 생각하다
缺点	quēdiǎn	명 결점, 단점
保留	bǎoliú	동 보존하다, 남겨 두다
重新	chóngxīn	부 다시, 재차, 새로
查阅	cháyuè	동 열람하다, 찾아서 읽다
退给	tuìgěi	동 돌려주다
求职者	qiúzhízhě	명 구직자
推荐	tuījiàn	동 추천하다
求职	qiúzhí	동 구직하다
录用	lùyòng	동 채용하다, 고용하다
提供	tígōng	동 제공하다
笔试	bǐshì	명 필기시험
面试	miànshì	명 면접시험
获得	huòdé	동 얻다
经验	jīngyàn	명 경험 동 경험하다, 체험하다
一方面A，另一方面B	yì fāngmiàn A, lìng yì fāngmiàn B	한편으로 A하고, 다른 한편으로는 B하다
体现	tǐxiàn	동 구현하다, 체현하다
礼貌	lǐmào	명 예의, 예절
创造	chuàngzào	동 발명하다, 만들다
表明	biǎomíng	동 표명하다, 밝히다
诚意	chéngyì	명 진심
依然	yīrán	부 여전히
就业	jiùyè	동 취업하다
简历	jiǎnlì	명 이력서
进入	jìnrù	동 들어오다, 진입하다
视野	shìyě	명 시야

문제 1-3

讲	jiǎng	동 중시하다, 추구하다
诚信	chéngxìn	형 성실하다, 신용을 지키다
突出	tūchū	형 돋보이다, 두드러지다
优点	yōudiǎn	명 장점
亲切	qīnqiè	형 친절하다
领导	lǐngdǎo	명 상사
批评	pīpíng	동 혼내다
耽误	dānwu	동 지체하다
进度	jìndù	명 진도
损害	sǔnhài	동 손실을 입다, 손상시키다
利益	lìyì	명 이익
原则	yuánzé	명 원칙
过分	guòfèn	형 지나치다
追求	zhuīqiú	동 추구하다
发挥	fāhuī	동 발휘하다
优势	yōushì	명 장점
人际	rénjì	명 사람과 사람 사이
交往	jiāowǎng	명 교제, 왕래 동 교제하다, 왕래하다
留给	liúgěi	동 남기다, 남겨주다
对象	duìxiàng	명 상대, 대상
印象	yìnxiàng	명 인상
A甚至B	A shènzhì B	A하고, 심지어 B하다
直接	zhíjiē	형 직접적인
单位	dānwèi	명 회사, 직장
整体	zhěngtǐ	명 전체, 전부
形象	xíngxiàng	명 이미지, 형상
是否	shìfǒu	부 ~인지 아닌지
完美	wánměi	형 완벽하다, 훌륭하다
以及	yǐjí	접 및, 아울러, 그리고
起初	qǐchū	명 처음, 최초

能否 néngfǒu 동 ~할 수 있을지 없을지
维持 wéichí 동 유지하다
末轮效应 mòlún xiàoyìng 명 끝인상 효과(최신 효과)
强调 qiángdiào 동 강조하다
结尾 jiéwěi 명 결말, 마무리
完善 wánshàn 형 완벽하다
要求 yāoqiú 명 요구 동 요구하다
塑造 sùzào 동 묘사하다, 형상화하다
始终如一 shǐzhōng rúyī 성 시종일관, 처음부터 끝까지 한결같다
拿…来说 ná…láishuō ~을 예로 들어 말하면
送客 sòngkè 동 손님을 배웅하다
礼仪 lǐyí 명 예의, 예절과 의식
告别 gàobié 동 떠나다, 작별 인사를 하다
送别 sòngbié 동 배웅하다, 송별하다
处理 chǔlǐ 동 처리하다
接待 jiēdài 동 접대하다
前功尽弃 qiángōng jìnqì 성 공든 탑이 무너지다, 성취와 공로가 모두 쓸모없게 되다

문제 4-5

计划 jìhuà 명 계획 동 계획하다
行动 xíngdòng 명 행동 동 행동하다
距离 jùlí 명 거리
独自 dúzì 부 단독으로, 혼자서
习惯成自然 xíguàn chéng zìrán 습관이 천성이 되어 버리다
模仿 mófǎng 동 모방하다
直线 zhíxiàn 명 직선 형 곧다
与众不同 yǔzhòng bùtóng 성 다른 사람과 다르다, 남보다 뛰어나다
成功 chénggōng 명 성공 동 성공하다
无论 wúlùn 접 ~에 관계없이
像 xiàng 동 ~과(와) 같다, 비슷하다, 닮다
迷失 míshī 동 잃다
方向 fāngxiàng 명 방향
固执 gùzhi 형 완고하다, 고집스럽다
大多数 dàduōshù 형 대다수, 대부분의
忽略 hūlüè 동 소홀히 하다, 등한시하다
事实 shìshí 명 사실
获得 huòdé 동 얻다, 획득하다

❶ 먼저 보기 파악은 기본!

듣기 시험에서 먼저 보기를 꼼꼼히 빠르게 살피는 것은 이제 기본이다! 습관적으로 보기에 눈을 돌리자!

❷ 논설문 지문, 첫 문장과 마지막 문장에 귀 기울이자.

논설문으로 된 지문은 화자가 어떤 주장을 하고 있는가가 중요하다. 일반적으로 화자의 중심 생각은 첫 문장에 주장하는 바를 작성하고 이어서 그에 따른 근거를 제시하거나, 혹은 화자의 생각을 차례로 나열한 후 마지막에 생각을 정리하면서 핵심 주장을 언급한다. 그러므로 첫 문장과 마지막 문장에 집중하자.

❸ 속담, 관용어 표현을 두려워 하지 말자.

설명문 지문과 마찬가지로 필수어휘에 포함되지 않는 전문 용어가 주제어나 핵심 표현으로 등장하거나, 주장에 대한 전제, 혹은 근거로 속담이나 성어, 관용어를 인용할 수 있다. 하지만 앞 혹은 뒤에 이를 설명하는 내용이 반드시 언급되므로 지문의 전체 내용과 주제 의견을 파악하는 것에 더 집중하자.

> 在我看来，老板没有糟糕的，关键在于你怎样去和他进行沟通。比如，如何才能得到老板的信任。<u>自以为"将在外，君命有所不受"，就不将一些工作细节告知老板，这样做，会使老板心里不踏实</u>。结果，老板常常主动地来向你询问，这样反而更麻烦。我的做法是，凡事都主动向老板报告。我的老板很少主动打电话给我，百分之八十都是我跟他通电话，或者写邮件给他，向他汇报进展。你越是邀请老板多参与你的工作，他越觉得你是可以被信任的。久而久之，老板就会对你说："这些事情你不需要再告诉我了。"可见，你的工作方式越透明，老板就会给你更多的管理空间。
>
> 내가 생각하기에 나쁜 사장은 없다. 관건은 당신이 어떻게 그와 소통하느냐이다. 예를 들면, 어떻게 해야 사장의 신임을 얻을 수 있는가. 제 딴에는 '장수가 전쟁터에 있을 때에는 <u>임금의 명을 받들지 않아도 된다</u>'라고 생각하여(착각하여), 일의 세부사항을 사장에게 알리지 않으면, 사장은 안심할 수 없다. 결국 사장은 자주 당신에게 주동적으로 물을 것이고, 오히려 더 귀찮아질 것이다. 나의 방법은, 어떠한 일이든 적극적으로 사장에게 보고하는 것이다. 사장은 나에게 전화를 적게 걸고, 80%는 그와 통화를 하고, 혹은 그에게 메일을 보내 진전 상황을 보고한다. 당신이 사장에게 일을 도와달라고 청할수록, 그는 당신이 신임 받을 만한 사람이라고 생각할 것이다. 시간이 지나면 사장은 당신에게 말할 것이다. "이 일들은 당신이 나에게 더 이상 보고할 필요가 없습니다." 여기서 알 수 있듯이 당신의 업무 방식이 투명하다면, 사장은 당신에게 더 많은 관리 권한을 줄 것이다.
>
> 说话人是怎样与老板沟通的？ 화자는 어떻게 사장과 소통하는가?
> A 只说细节　오직 세부 사항만 말한다
> B 主动报告　주동적으로 보고한다
> C 老板高兴时再沟通　사장님이 기분 좋을 때 소통한다
> D 主要通过邮件沟通　주로 이메일을 통하여 소통한다

➡ 지문과 같이 금방 이해하기 어려운 속담이 나와도 뒤에 이에 대한 설명이 이어지므로 글의 문맥과 전체적인 내용 흐름을 파악하는 데 더 집중해야 한다. 또한 위와 같은 문제를 풀기 위해서는 속담의 의미를 알면 분명 도움이 되지만 정답을 찾는 결정적인 요소는 아니다.

❹ 논설문 지문의 질문 유형을 파악하자.

> 问: ……时，怎么做？　~일 때, 어떻게 하는가?
> 问: ……会怎样处理？　~은 어떻게 처리하는가?
> 问: 这段话主要谈什么？　이 글에서 말하고자 하는 것은 무엇인가?
> 问: 这段话中，……是什么？　이 글에서 ~은 무엇인가?

 예제 1-2 Track 14-2

1. A 写感谢信
   B 电话询问原因
   C 应聘其他部门
   D 思考自己的缺点

2. A 保留
   B 重新查阅
   C 退给求职者
   D 推荐给其他公司

1. A 감사의 편지를 쓴다
   B 전화로 원인을 묻는다
   C 다른 부서에 지원한다
   D 자신의 결점을 생각한다

2. A 남겨둔다
   B 다시 열람한다
   C 구직자에게 돌려준다
   D 다른 회사에 추천한다

有些求职者在接到自己没有被录用的通知书时，也会给公司写一封感谢信，感谢公司为他提供了笔试或面试的机会，使他获得了求职经验。这一方面体现了求职者的礼貌，另一方面，也是给自己的未来创造机会，表明自己依然有到该公司就业的诚意。很多公司会保留这些应聘者的简历，当他们再需要人才时，那些写过感谢信的人会首先进入他们的视野。

1. 根据这段话，接到自己没有被录用的通知书，应该怎么做？
2. 公司会怎样处理这些求职者的简历？

어떤 구직자들은 자신이 채용되지 않았다는 통지서를 받았을 때에도 회사에 감사의 편지를 쓴다. 그에게 필기시험 혹은 면접을 볼 기회를 제공해주고, 그로 하여금 구직 경험을 얻게 해 준 것에 대해 회사에 감사해하는 것이다. 이것은 한편으로는 구직자로서의 예의를 표시하고, 다른 한편으로는 자신이 여전히 그 회사에 취업을 하고자 하는 진심을 명확히 표현함으로써 자신의 미래를 위한 기회를 만드는 것이다. 많은 회사들이 이런 지원자의 이력서를 보유해두고, 그들이 다시 인재가 필요할 때, 감사의 편지를 쓴 그 사람들이 우선적으로 그들의 시야에 들어올 것이다.

1. 이 글에 근거하여 불합격 통지서를 받았을 때, 어떻게 해야 하는가?
2. 회사는 이런 구직자들의 이력서를 어떻게 처리하는가?

해설 1. 첫 번째 질문에 대한 답은 첫 문장에서 바로 찾을 수 있다. '감사의 편지를 쓴다'라는 내용이 보기에서도 똑같이 제시되어 있으므로 정답은 보기 A 写感谢信(감사의 편지를 쓴다)이다. 나머지 보기의 내용은 지문에서 언급하지 않았다. 논설문 지문에서 화자는 주로 주장하는 바를 지문의 처음과 마지막에 강조하여 나타낸다. 강조 문장이 곧 질문의 정답이 될 확률이 크므로 첫 문장과 마지막 문장에 집중하는 것을 잊지 말자.

2. 두 번째 질문의 정답은 지문의 후반부에서 찾아야 한다. 지문의 마지막 부분에 많은 회사들이 감사의 편지를 쓴 탈락 지원자의 이력서를 보유해둔다고 했으므로 정답은 A 保留(남겨둔다)이다. 나머지 보기의 처리 방법은 언급되지 않았다.

정답 1. A   2. A

 실전 PT　　Track 14-3　　

> 논설문은 첫 문장이나 마지막 문장에 주장하는 바를 제시한다! 생소한 전문 용어나 속담, 성어, 관용어 표현이 나와도 당황하지 말고 전체적인 내용을 파악하는 데 집중하자!

문제 1   A 讲诚信
　　　　B 突出优点
　　　　C 要始终如一
　　　　D 对人要亲切

문제 2   A 被领导批评
　　　　B 耽误工作进度
　　　　C 损害个人利益
　　　　D 影响整个接待工作

문제 3   A 交朋友的原则
　　　　B 最后印象的重要性
　　　　C 不要过分追求完美
　　　　D 怎样发挥自己的优势

문제 4   A 先计划后行动
　　　　B 走距离最短的路
　　　　C 走别人走过的路
　　　　D 独自一个人走路

문제 5   A 习惯成自然
　　　　B 模仿并不容易
　　　　C 人生不会是直线
　　　　D 与众不同更易成功

독해 제3부분 ❹ | 장문 독해-질문에 알맞은 정답 찾기
배제 – "오답, 오답, 오답, 정답!"

어휘 PT

학습시간 15분

예제 1-2

据说	jùshuō	동	말하는 바에 의하면 ~라 한다, 전해지는 말에 의하면 ~라 한다
诞生	dànshēng	동	생기다, 탄생하다
篮板	lánbǎn	명	(농구의) 백보드
钉	dìng	동	고정하다, 붙이다, 박다
底儿	dǐr	명	밑, 바닥
篮筐	lánkuāng	명	(농구 골대의) 바스켓, 골대
投进	tóujìn	동	투입하다, 던져 넣다
踩	cǎi	동	밟다, 딛다
梯子	tīzi	명	사다리
专门	zhuānmén	부/형	전문적으로, 전문적이다
负责	fùzé	동/형	책임지다, 책임을 다하다
为此	wèicǐ	접	이 때문에, 그런 까닭에
不得不	bùdebù	부	부득이, 어쩔 수 없이(=只好)
断断续续	duànduàn xùxù		끊어졌다 이어졌다 하다
缺少	quēshǎo	동	부족하다
激烈	jīliè	형	격렬하다, 치열하다
紧张	jǐnzhāng	형	긴장하다, 긴박하다
气氛	qìfēn	명	분위기
顺畅	shùnchàng	형	순조롭다, 원활하다
理想	lǐxiǎng	형	이상적이다
发明家	fāmíngjiā	명	발명가
制造	zhìzào	동	제작하다
机器	jīqì	명	기계
一次次	yí cìcì		매번, 번번이
不辞	bùcí	동	마다하지 않다, 거절하지 않다
劳苦	láokǔ	형	고생스럽다, 힘쓰다
大惑不解	dàhuò bùjiě	성	도무지 이해가 되지 않다, 크나큰 의혹이 풀리지 않다
去掉	qùdiào	동	없애 버리다, 빼 버리다
如梦初醒	rúmèng chūxǐng	성	(어떤 일이나 이치를 알지 못하다가) 방금 깨닫다
篮网	lánwǎng	명	농구 네트
样式	yàngshì	명	스타일

有识之士	yǒushí zhī shì	명	식견이 탁월한 사람, 유식한 사람
困扰	kùnrǎo	동	괴롭히다, 성가시게 하다
无形	wúxíng	형	무형의, 보이지 않는
思维	sīwéi	명/동	사고, 사유, 생각하다, 사유하다
定式	dìngshì	명	고정 방식, 정형화된 관념
结实	jiēshí	형	견고하다, 단단하다
禁锢	jìngù	동	구속하다, 속박하다, 막다
囚禁	qiújìn	동	가두다, 수감하다
场地	chǎngdì	명	장소, 운동장
窄	zhǎi	형	좁다
广泛	guǎngfàn	형	광범위하다, 폭넓다
应用	yìngyòng	동	응용하다, 이용하다, 활용하다

문제 1-2

科学家	kēxuéjiā	명	과학자
诗人	shīrén	명	시인
搭乘	dāchéng	동	탑승하다
互	hù	부	서로, 상호
相识	xiāngshí	명/동	구면, 아는 사람, 서로 알다
无聊	wúliáo	형	심심하다, 지루하다
玩儿	wánr	동	놀다, 즐기다, (운동·게임 등을) 하다
游戏	yóuxì	명	게임, 놀이
搭腔	dāqiāng	동	말상대하다, 대꾸하다, 응대하다
对方	duìfāng	명	상대방
赢	yíng	동	이기다, 획득하다
委婉	wěiwǎn	형	(말·소리 등이) 부드럽다, 완곡하다
拒绝	jùjué	동	거절하다
仍	réng	부	여전히
死心	sǐxīn	동	단념하다, 포기하다
答应	dāyìng	동	동의하다, 승낙하다
直接	zhíjiē	형	직접, 바로
迷惑	míhuò	동	현혹되다, 매혹되다, 미혹시키다
计算	jìsuàn	동	계산하다

只好	zhǐhǎo	부 부득이, 어쩔 수 없이
耸肩	sǒngjiān	동 어깨를 으쓱하다
得意	déyì	형 득의양양하다
获得	huòdé	동 얻다, 획득하다
赞美	zànměi	동 칭찬하다, 칭송하다
感激	gǎnjī	동 감격하다
公平	gōngpíng	형 공평하다

문제 3-4

聚会	jùhuì	명 모임, 집회
走访	zǒufǎng	동 방문하다
亲友	qīnyǒu	명 친척과 친구
捧	pěng	양 아름, 웅큼(두 손으로 받쳐 드는 것)
鲜花	xiānhuā	명 꽃, 생화
赴约	fùyuē	동 약속한 장소로 가다, 약속한 사람을 만나러 가다
两手空空	liǎngshǒu kōngkōng	두 손이 텅 비다, 빈손이다
早已	zǎoyǐ	부 일찍이, 이미
请求	qǐngqiú	명 요구, 부탁 동 요청하다, 부탁하다
无奈	wúnài	동 어쩔 수 없다, 방법이 없다
路旁	lùpáng	명 길가, 길 옆
自动售水机	zìdòng shòushuǐjī	명 음료 자동 판매기
滚出	gǔnchū	동 굴러 나오다
灵机一动	língjī yídòng	성 영감이 떠오르다, 기지를 발휘하다
再三	zàisān	부 여러 번, 거듭
着手	zhuóshǒu	동 착수하다, 시작하다
研制	yánzhì	동 연구 제작하다, 개발하다
大功告成	dàgōng gàochéng	성 큰 성공을 거두다, 대사를 이루다
普通	pǔtōng	형 보통이다, 일반적이다
基础	jīchǔ	명 기초, 토대, 바탕
箱体	xiāngtǐ	명 상자의 모양, 상자의 체적
体积	tǐjī	명 체적, 부피
扩大	kuòdà	동 확대하다
湿度	shīdù	명 습도
控制	kòngzhì	동 통제하다, 조절하다
适当	shìdàng	형 적당하다, 알맞다
范围	fànwéi	명 범위
正面	zhèngmiàn	명 정면, 앞면
采用	cǎiyòng	동 채용하다, 채택하다
材料	cáiliào	명 재료

玻璃	bōli	명 유리
透过	tòuguò	동 통과하다, 투과되다
受到	shòudào	동 받다, 얻다
广大	guǎngdà	형 (사람 수가) 많다, (면적·규모가) 크다
尤其	yóuqí	부 더욱이, 특히
养老院	yǎnglǎoyuàn	명 양로원, 경로당
餐馆	cānguǎn	명 음식점, 식당
公寓	gōngyù	명 아파트, 기숙사
需求量	xūqiúliàng	명 수요량
供不应求	gōng bú yìng qiú	성 공급이 수요를 따르지 못하다, 공급이 달리다
添置	tiānzhì	동 추가 구입하다, 더 사들이다
定时	dìngshí	부 제때에, 때맞추어
补充	bǔchōng	동 보충하다, 추가하다
调换	diàohuàn	동 갈다, 교체하다
花卉	huāhuì	명 꽃, 화초, 화훼
经营	jīngyíng	동 경영하다, 운영하다
实体店	shítǐdiàn	명 오프라인 매장
利润	lìrùn	명 이윤
燃眉之急	ránméi zhī jí	성 상황이 매우 긴박하다, 눈썹에 불이 붙은 것처럼 다급한 상황
收获	shōuhuò	동 얻다, 수확하다
财富	cáifù	명 부, 재산, 자산
拥有	yōngyǒu	동 소유하다, 보유하다, 가지다
宁静	níngjìng	형 고요하다, 조용하다, 평온하다
夜晚	yèwǎn	명 밤
维修	wéixiū	동 수리하다, 보수하다, 고치다
费用	fèiyòng	명 비용
浇水	jiāoshuǐ	동 관개하다, 물을 뿌리다
顾客	gùkè	명 고객
关闭	guānbì	동 (기업·가게 등이) 문을 닫다, 폐업하다
包装	bāozhuāng	동 포장하다
难以	nányǐ	부 ~하기 어렵다

❶ 보기 내용과 지문 내용을 대조하며 오답 제거하기!

질문이 '지문을 통해 알 수 있는 것은 무엇인가?', '윗글에 근거하여 다음 중 옳은 것은 무엇인가?' 등의 유형이라면, 보기 내용과 지문 내용을 하나하나 대조하여 오답은 제거하고 지문과 일치하는 정답 하나만 남겨야 하는 문제이다. 13일차의 힌트 문제는 질문에서 힌트를 얻어 바로 지문에서 정답을 찾을 수 있었지만, 배제 문제는 보기 내용의 일치 여부를 하나하나 확인해야 하므로 다소 시간이 소요된다는 점을 염두해두자.

❷ 질문을 정확히 보자!

질문이 '알 수 있는 것'을 묻고 있는지, '알 수 없는 것'을 묻고 있는지, 혹은 '옳은 것'을 묻고 있는지, '옳지 않은 것'을 묻고 있는지 정확히 확인하자. 일반적으로 지문의 내용과 일치하는 것을 찾는 문제가 많이 출제되므로 옳지 않은 것을 묻는 문제에 옳은 내용을 골라서 틀리는 경우가 많다. 이런 안타까운 실수를 하지 않도록 각별히 주의하자!

❸ 보기의 핵심 표현을 지문에서 찾자.

배제 문제는 지문을 전체적으로 봐야 한다. 하지만 여기에도 전략이 있다! 먼저 각 보기에서 주어나 주요 단어 등 핵심 표현을 체크하고 기억하자. 그런 다음 지문을 빠르게 훑으면서 보기에 나왔던 핵심 표현이 나오면 보기의 내용과 대조하며 일치 여부를 확인하자.

> 　　石头寨是贵州省的一个少数民族村庄，<u>村里的道路、小桥和房屋等几乎都是用石块儿建成的</u>，甚至连村民家中的用具也都是用石头做成的。这里仿佛是一个"石头王国"。
> 　　石头寨最引人入胜的要数石屋了，石屋一般沿着山坡修建，层层叠叠，十分整齐。
> 　　<u>石头寨附近有很多石山</u>，它们<u>为建造石屋提供了天然的石料资源</u>，通过就地取材建成的石屋，不仅外表美观大方，而且舒适耐用，不怕火灾，特别是它们节约土地和能源的优点，一直受到建筑专家的称赞。另外，经过长期的建筑实践，石头寨造就了大批的能工巧匠。
>
> 석두채는 귀주성의 한 소수민족의 마을이다. 마을의 도로, 작은 다리, 가옥 등 거의 모든 것이 돌로 만들어졌다. 심지어 마을 주민 집안의 도구조차 모두 돌을 이용해 만들어졌다. 이곳은 마치 '돌로 만든 왕국'과 같다.
> 석두채에서 가장 주목을 끄는 요소로 석옥을 꼽는다. 석옥은 보통 산비탈을 따라 층층이 질서 정연하게 지어져있다.
> 석두채 부근에는 돌산이 많다. 그것들은 석옥을 건조하기 위한 천연의 석재 자원을 제공하고, 현지에서 얻은 재료를 통해 만든 석옥은 겉모양이 아름답고 우아할 뿐만 아니라, 편안하고 오랜 기간 사용할 수 있으며 화재 걱정이 없다. 특히 이것은 토지와 에너지를 절약하는 장점이 있고, 줄곧 건축 전문가의 찬사를 받아왔다. 그밖에 장기간의 건축 실행을 거쳐 석두채는 훌륭한 장인들을 많이 육성해냈다.
>
> 关于石头寨，可以知道：
> A <u>房屋主要用木材建筑</u> (가옥의 건축 재료)　　B <u>干燥少雨</u> (기후)
> C <u>石料资源丰富</u> (석재 자원)　　D <u>经济落后</u> (경제 상황)
>
> → 지문은 石头寨(석두채)라는 어느 마을에 관한 내용이다. 보기에서 각각의 핵심 표현을 찾아 지문에서 확인하자. A는 첫 번째 단락에서 확인할 수 있다. 가옥의 건축 재료는 石块儿(돌)이므로 오답이다. C는 세 번째 단락에서 확인할 수 있다. 丰富(풍부하다)라는 표현이 직접적으로 나오지는 않지만, 很多石山(바위산이 많다)이라고 했으므로 석재 자원이 많음을 알 수 있다. B와 D는 지문에서 언급하지 않았다.

❹ 오답 보기함을 배제하며 풀어야 하는 질문의 유형을 파악하자.

关于……，可以知道(什么)?　　~에 관하여 알 수 있는 것은 무엇인가?
根据上文，下列哪项正确?　　윗글에 근거하여 다음 중 옳은 것은?
根据上文，下列哪项不正确?　　윗글에 근거하여 다음 중 옳지 않은 것은?

예제 1-2

据说篮球运动刚诞生的时候，篮板上钉的是有底儿的篮筐。每当球投进的时候，就有一个人踩在梯子上专门负责把球拿出来。为此，比赛不得不断断续续地进行，缺少了激烈紧张的气氛。为了让比赛更顺畅地进行，人们想了很多取球方法，但都不太理想。有一位发明家甚至制造了一种机器，只要机器在篮筐下面一拉就能把球弹出来，不过这种方法还是没能让篮球比赛紧张激烈起来。

有一天，一位父亲带着儿子去看球赛。小男孩儿看到大人们一次次不辞劳苦地取球，大感不解："为什么不把篮筐的底儿去掉呢？"人们这才如梦初醒，于是就有了今天我们看到的篮网样式。

去掉篮筐的底儿，就这么简单，但那么多有识之士都没有想到，这个简单的"难题"就这样困扰了人们很多年。可见，无形的思维定式就像那个结实的篮筐，禁锢着我们的头脑，而我们的思维也像篮球一样被"囚禁"在了篮筐里。

전해지는 바에 의하면 농구가 처음 생겼을 때, 백보드에 붙어있는 골대는 바닥이 있었다고 한다. 그래서 공이 들어갈 때마다 사다리를 디디고 공을 꺼내는 일을 담당하는 사람이 있었다. 이 때문에 경기는 계속 끊길 수밖에 없었고, 격렬하고 긴장된 분위기는 결여되었다. 경기가 순조롭게 진행될 수 있도록 사람들은 공을 받을 수 있는 여러 가지 방법을 생각했다. 하지만 모두 이상적이지 않았다. 한 발명가가 기계를 골대 밑에 두고, 잡아당기면 바로 공이 튕겨 나오게 하는 기계를 만들었지만 그것 또한 경기의 긴장감을 조성하기에는 부족했다.

어느 날 한 아버지가 아들을 데리고 경기를 보러 왔다. 아이는 어른들이 고생하면서 계속 공을 회수하는 것을 보고 도무지 이해가 되지 않았다. "왜 골대 바닥을 없애지 않는 거예요?" 사람들은 그제야 꿈에서 깨어난 듯 깨달았고, 그리하여 오늘날 우리가 보는 농구 네트가 생겨났다.

농구 골대 바닥을 뚫는다는 것은 쉬운 생각이다. 하지만 그렇게 많은 지식인들도 생각해내지 못했고, 이 간단한 '난제'가 수년간 사람들을 이렇게 괴롭혔던 것이다. 무형의 정형화된 사고 방식은 저 견고한 농구 골대와 같아서 우리의 두뇌를 구속하여 우리의 생각 또한 농구공처럼 똑같이 농구 골대에 갇힌 것과 같다고 볼 수 있다.

---

1. 关于刚诞生的篮球运动，可以知道：
   A 篮筐是有底儿的
   B 比赛场地非常窄
   C 比赛气氛很紧张
   D 球员还要负责取球

2. 根据上文，下列哪项正确？
   A 小男孩儿发明了篮网
   B 取球机器现在被广泛应用
   C 小男孩儿觉得捡球很好玩儿
   D 人们为快速取球做了很多努力

1. 농구가 막 생겼을 때에 관하여 알 수 있는 것은?
   A 농구 골대에 바닥이 있었다
   B 경기장이 매우 좁았다
   C 경기 분위기가 매우 긴장되었다
   D 선수는 공 받는 일도 해야 했다

2. 윗글에 근거하여 다음 중 옳은 것은?
   A 남자아이가 농구 네트를 발명했다
   B 공을 받는 기계는 현재 널리 활용되고 있다
   C 남자아이는 공을 줍는 것이 매우 재미있다고 생각한다
   D 사람들은 공을 빨리 받기 위하여 매우 노력했다

해설

1. 질문에 따라 농구 경기 초기의 상황을 알맞게 설명한 것을 찾아야 한다. 첫 번째 단락 첫 문장에 백보드에 붙어있는 골대에 바닥이 있었다고 했다. 정답은 A이다.

   TIP B 경기장의 규모에 대해서는 언급하지 않았다.
   C 공 받는 일 때문에 경기의 흐름과 분위기가 계속 끊겨 긴장감이 부족했다.
   D 공 받는 일을 전담하는 사람이 따로 있었다.

2. 배제 문제 중에 가장 많이 출제되는 질문 유형이다. 지문의 내용과 일치하는 보기를 찾아보자. 보기에 남자아이에 관한 내용과 골대에 들어간 공을 받는 것에 대해 나와 있다. 보기의 내용을 기억하며 지문을 살펴보면, 첫 번째 단락에 사람들이 경기를 순조롭게 진행하기 위해 공을 빨리 받기 위한 여러 가지 노력들이 언급되었다. 정답은 D이다.

   TIP A 남자아이는 농구 네트를 발명하지 않았다. 농구 골대의 바닥을 없애는 아이디어를 냈을 뿐이다.
   B 공을 받는 기계는 여전히 경기의 긴장감을 높이지 못해 상용되지 않았다.
   C 남자아이는 공을 줍는 행위를 의아하게 생각했다.

정답 1. A 2. D

실전 PT

> 배제 문제는 보기 내용과 지문 내용을 대조하며 오답을 제거하는 것이 관건이다. 질문을 정확히 보고, 보기의 핵심 표현을 지문에서 찾아가며 문제를 풀어보자!

문제 1-2

一位科学家跟一位诗人搭乘同一列火车，两人互不相识。因为很无聊，科学家对诗人说："你要不要跟我玩儿个游戏？"诗人看了看科学家，没有搭腔。

科学家继续说："我是科学家，我们互相问对方问题，答不出来的要给5块钱，怎么样？"诗人想自己不太容易赢科学家，于是委婉地拒绝了。

科学家仍不死心："这样好了，你答不出来只要给我5块，如果我答不出来，就给你50块，这样可以了吧？"诗人于是答应了他。

科学家问："地球到月亮之间有多少公里？"诗人答不出来，直接拿了5块给科学家。

接着，诗人问："什么东西上山时是四条腿，下山时是五条腿？"科学家迷惑地看着诗人，拿出了几张纸，开始在上面计算着，一直到火车到站的时候，他也没算出答案是什么，只好拿了50块给诗人。

科学家最后便问："那答案是什么？告诉我吧。"

只见诗人耸耸肩，拿了5块钱给他，然后得意地走了。

1. 关于诗人，可以知道什么？

   A 提了两个问题　　　　　　B 最后赢了40块钱
   C 懂得很多科学知识　　　　D 获得了科学家的赞美

2. 根据上文，下列哪项正确？

   A 科学家很感激诗人　　　　B 诗人认为游戏不公平
   C 科学家比诗人先上火车　　D 诗人也不知道问题的答案

문제 3-4

人们参加聚会或走访亲友时，习惯送上一大捧鲜花。但不少人往往忙到很晚才下班，去赴约时才发现自己两手空空。而这时花店早已关门，他们只好打电话请求帮忙，有家花店的老板就经常接到这种电话，他感到非常无奈。

一天，这位花店老板到路旁的自动售水机买水，看着瓶子从售水机里滚出，他灵机一动：为什么自己不发明自动售花机呢？

再三考虑之后，他便开始着手研制，不到一年就大功告成。他在普通自动售货机的基础上，将箱体体积扩大了一倍，同时将箱内的温度、湿度控制在适当范围内。箱体正面同样采用玻璃材料，透过玻璃可以看到箱内的鲜花和盆花，自动售花机一推向市场，就立刻受到广大顾客的欢迎，尤其是在医院、养老院、餐馆、公寓等鲜花需求量大的地方，经常供不应求。于是，花店老板在这些地方添置了更多的自动售花机，并定时补充、调换花卉。

这样的经营方式比实体店经营利润更高，花店老板在解决顾客燃眉之急的同时，收获了财富，他也终于拥有了宁静的夜晚。

3. 关于自动售花机，可以知道：

   A 体积比普通售货机大
   B 仅底部是用玻璃做的
   C 维修费用高
   D 能自动浇水

4. 根据上文，下列哪项正确？

   A 自动售花机方便了顾客
   B 老板决定关闭实体店
   C 学校附近自动售花机最多
   D 花卉包装问题难以解决

쓰기 제2부분 ❷ | 제시어 작문
졸업/면접/취업 주제

어휘 PT

활용 표현

离开 líkāi 동 떠나다	大学毕业 dàxué bìyè 대학을 졸업하다
分别 fēnbié 동 헤어지다	参加面试 cānjiā miànshì 면접에 참가하다
紧张 jǐnzhāng 형 긴장하다	压力很大 yālì hěn dà 스트레스가 많다, 부담이 크다
应聘 yìngpìn 동 지원하다	态度很好 tàidù hěn hǎo 태도가 좋다
招聘 zhāopìn 동 모집하다, 채용하다	得到机会 dédào jīhuì 기회를 잡다
舍不得 shěbude 부 아쉽게도, 안타깝게도	前途一片光明 qiántú yí piàn guāngmíng 앞날이 밝다, 앞길이 창창하다
写简历 xiě jiǎnlì 이력서를 쓰다	希望我可以成功 xīwàng wǒ kěyǐ chénggōng 성공할 수 있기를 바라다
投简历 tóu jiǎnlì 이력서를 제출하다	做好了充分的准备 zuòhǎo le chōngfēn de zhǔnbèi 충분한 준비를 했다
写信息 xiě xìnxī 정보를 쓰다	
找工作 zhǎo gōngzuò 구직하다, 직업을 구하다	

전략 PT

❶ 제시 단어의 품사와 의미를 살펴보자.

먼저 각 제시어들의 품사와 의미를 파악하자. 제시어를 활용하여 문장을 만들 때 어떤 위치에 놓아야 하는지, 어떤 단어와 호응해야 하는지 등의 쓰임새를 정확히 파악하자.

❷ 단어를 2~3개씩 짝을 지어 한 문장을 만들자.

제시어는 모두 5개이다. 서로 호응하거나 의미를 연결시킬 수 있다면 2~3개씩 연관을 지어 한 문장 안에 넣어보자. 총 10개의 문장을 쓴다고 가정했을 때, 어휘 제한 없이 자유롭게 쓸 수 있는 문장이 7~8개로 많아진다. 이렇게 제시어를 2~3개씩 묶어서 주제나 중심 내용으로 잡아주면 글의 줄거리를 쉽게 구상할 수 있다.

❸ 졸업·면접·취업 관련 주제의 모범답안을 외워두자.

졸업, 혹은 면접이나 취업 준비와 같은 주제로 글을 쓸 수 있는 제시어들도 자주 등장한다. 큰 주제 안에서 구체적인 소주제들을 정리하여 각각의 스토리 라인을 잡고 글 쓰는 것을 연습해본 후, 모범답안을 만들자. 여러 개의 모범답안을 외워서 쓰기 연습을 꾸준히 하다보면 고정 표현이나 문형의 활용이 가능해진다.

 **예제 1**

| 毕业 | 工作 | 机会 | 应聘 | 简历 |

[분석]

[품사분석] 毕业 동 졸업하다 / 工作 명 일 동 일하다 / 机会 명 기회 / 应聘 동 지원하다 / 简历 명 이력, 이력서

[스토리구상] ▶줄거리 : ① 大学毕业 대학을 졸업하다
　　　　　　　　　　② 找工作 구직하다, 직장을 구하다
　　　　　　　　　　③ 写简历 이력서를 쓰다
　　　　　▶주제 : 得到应聘机会 입사 지원 기회를 얻다

[활용문형]

马上就要……了 곧 ~이다, 곧 ~할 것이다	马上就要大学毕业了。 곧 대학을 졸업한다.
一直 + 在 + 술어 줄곧 ~하는 중이다	我一直在写简历。 나는 줄곧 이력서를 쓰고 있는 중이다.
为了A(목적), B(행동) A 하기 위하여 B하다	我最近为了找工作，一直在参加面试。 나는 요즘 취업하기 위해 줄곧 면접에 참가하고 있다.
不仅(仅)/不光/不但A, 而且/还/也 B A할 뿐만 아니라, 또한 B하다	写简历不仅要写清楚自己的信息，还要突出地写出自己的特色。 이력서를 쓰는 것은 자신의 정보를 정확하게 써야 할 뿐만 아니라, 또한 자신의 특색을 두드러지게 써야 한다.

[모범답안] **[취업 관련 유형]**

		我	马	上	就	要	大	学	毕	业	了	。	所	以	我
最	近	为	了	找	工	作	，	一	直	在	写	简	历	。	其
实	写	简	历	也	很	难	，	不	仅	要	写	清	楚	自	己
的	信	息	，	还	要	突	出	地	写	出	自	己	的	特	色。
写	出	好	的	简	历	，	招	聘	公	司	看	到	了	，	我
才	可	以	得	到	好	的	应	聘	机	会	。				

[해석] 나는 곧 대학을 졸업한다. 그래서 최근에 취업을 하기 위하여 줄곧 이력서를 쓰고 있는 중이다. 사실 이력서를 쓰는 것도 매우 어렵다. 자신의 정보를 정확하게 써야 할 뿐만 아니라, 또한 자신의 특색을 두드러지게 써야 한다. 이력서를 잘 작성해서 채용 회사에서 열람해야 좋은 입사 지원 기회를 얻을 수 있다.

실전 PT

▶정답 및 해설 75p
학습시간 30분

> 졸업·면접·취업 주제와 관련하여 제시어의 품사와 호응 어휘 표현을 떠올려보고, 스토리를 구상하여 80자 작문을 완성해보자!

[면접 관련 유형]

문제 1 面试   压力   参加   认真   成功

[졸업 관련 유형]

문제 2 毕业   分别   前途   互相   光明

 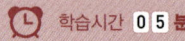

1 越A越B : A할수록 B하다
你**越**是邀请老板多参与你的工作，他**越**觉得你是可以被信任的。
당신이 사장에게 당신의 일을 도와달라고 청할수록, 그는 당신이 신임할 만한 사람이라고 생각할 것이다.

2 一方面A，另一方面B : 한편으로는 A하고, 다른 한편으로는 B하다
这**一方面**体现了求职者的礼貌，**另一方面**也是给自己的未来创造机会，表明自己依然有到该公司就业的诚意。
이것은 한편으로는 구직자로서의 예의를 표시하고, 다른 한편으로는 자신이 여전히 그 회사에 취업을 하고자 하는 진심을 명확히 표현함으로써 자신의 미래를 위한 기회를 만드는 것이다.

3 是否 : ~인지 아닌지   能否 : ~할 수 있을지 없을지
它甚至直接决定着单位或个人的整体形象**是否**完美以及起初完美的形象**能否**维持。
그것은 심지어 단체 혹은 개인의 전체 이미지가 완벽한지 아닌지, 그리고 처음의 완벽한 이미지를 유지할 수 있는지 없는지를 결정한다.

4 拿A来说 : A를 예로 들어 말하면
拿送客礼仪**来说**，每次告别时，我们都要以将会再次见面的心情来送别对方。
손님을 배웅하는 것을 말하자면, 매번 이별을 할 때 우리는 모두 다시 만날 수 있다는 마음으로 상대방을 보내야 한다.

5 追求 + 完美/理想/目标(추상명사) : 완벽/이상/목표를 추구하다
不要过分**追求完美**。
지나치게 완벽함을 추구하지 마라.

6 不得不 : 부득이, 어쩔 수 없이(= 只能/只好/只得/不得已)
为此，比赛**不得不**断断续续地进行，缺少了激烈紧张的气氛。
이 때문에 경기는 계속 끊길 수밖에 없었고, 격렬하고 긴장된 분위기는 결여되었다.

7 A像B一样 : A는 B와 같다
我们的思维也**像**篮球**一样**被"囚禁"在了篮筐里。
우리의 생각 또한 농구공처럼 똑같이 농구 골대에 '갇힌' 것과 같다.

8 采用 + 材料/技术/方法 : 재료/기술/방법을 채택하다
箱体正面同样**采用**玻璃**材料**。
상자의 정면은 동일한 유리 재료를 택했다.

9 收获 + 财富/粮食 : 부(재산)/양식을 얻다
花店老板在解决顾客燃眉之急的同时，**收获**了**财富**，他也终于拥有了宁静的夜晚。
꽃집 사장님은 다급한 상황에 놓인 고객의 문제를 해결한 동시에 부를 얻었고, 그는 결국 편안한 밤을 보낼 수 있게 되었다.

10 难以 + 解决/理解/想象/拒绝(2음절 동사) : 해결/이해/상상/거절하기 어렵다
花卉包装问题**难以解决**。
꽃 포장 문제는 해결하기 어렵다.

PART 02
부분별 강화

DAY 15 ~ DAY 17

- **어휘PT** 　예제와 실전PT의 어휘 미리 보기
- **전략PT** 　HSK PT만의 핵심 전략 정리
- **PT시크릿** 　기출 핵심 어휘 제시
- **실전PT** 　다양한 문제로 실력 다지기

Day 15

듣기 제1·2부분 ❶ | 짧은 대화/긴 대화
"A는 B이다!" 핵심 표현의 동의어를 찾아라!

어휘 PT   ○ Track 15-1   학습시간 10분

문제 1
- 客厅 kètīng 명 거실
- 信封 xìnfēng 명 편지 봉투
- 装着 zhuāngzhe 동 담겨있다
- 卧室 wòshì 명 침실
- 乱放 luànfàng 동 늘어놓다
- 阳台 yángtái 명 베란다

문제 2
- 划船 huáchuán 동 배를 젓다(배를 타다)
- 开玩笑 kāi wánxiào 동 농담하다
- 晕船 yùnchuán 동 뱃멀미하다
- 失眠 shīmián 동 잠을 못 이루다, 불면증에 걸리다

문제 3
- 中 zhòng 동 받다, 당하다, 걸리다
- 病毒 bìngdú 명 바이러스
- 报告 bàogào 명 보고, 보고서 동 보고하다
- 实验 shíyàn 명 실험 동 실험하다
- 白忙 báimáng 형 헛수고하다
- 光盘 guāngpán 명 CD
- 程序 chéngxù 명 프로그램
- 升级 shēngjí 동 업데이트하다, 향상시키다
- 连接 liánjiē 동 연결하다

문제 4
- 蚊子 wénzi 명 모기
- 咬 yǎo 동 물다
- 痒 yǎng 형 간지럽다
- 抓 zhuā 동 긁다
- 蚊虫 wénchóng 명 모기
- 叮咬 dīngyǎo 동 (모기 등이) 물다, 쏘다
- 药水 yàoshuǐ 명 약, 물약
- 摔伤 shuāishāng 동 떨어져서 다치다
- 迷路 mílù 동 길을 잃다
- 皮肤 pífū 명 피부
- 过敏 guòmǐn 동 알레르기 반응을 보이다 형 예민하다

문제 5
- 宣传册 xuānchuáncè 명 팸플릿
- 印 yìn 동 인쇄하다, 찍다
- 剩 shèng 동 남다
- 不够 búgòu 형 부족하다

문제 6
- 开幕式 kāimùshì 명 개막식
- …不了 …bùliǎo ~할 수 없다(가능보어)
- 外地 wàidì 명 외지
- 采访 cǎifǎng 동 인터뷰하다, 취재하다
- 婚礼 hūnlǐ 명 결혼식, 혼례
- 宴会 yànhuì 명 연회, 파티
- 照顾 zhàogù 동 돌보다, 보살피다
- 病人 bìngrén 명 환자

문제 7
- 年纪轻轻 niánjì qīngqīng 나이가 어리다
- 工厂 gōngchǎng 명 공장
- 了不起 liǎobuqǐ 형 대단하다, 훌륭하다 (=棒/行/不简单/厉害)
- 共同 gòngtóng 형 공동의, 공통의 부 함께, 더불어
- 经营 jīngyíng 동 경영하다, 운영하다
- 股东 gǔdōng 명 주주
- 羡慕 xiànmù 형 부러워하다
- 合开 hékāi 동 동업하다, 함께 열다
- 规模 guīmó 명 규모

문제 8
- 项目 xiàngmù 명 프로젝트, 사업
- 把握 bǎwò 명 자신, 가망, 믿음(=信心)
- 保证 bǎozhèng 동 보증하다, 보장하다
- 按时 ànshí 부 제때에
- 缺乏 quēfá 동 결핍되다, 결여되다
- 资金 zījīn 명 자금
- 批准 pīzhǔn 동 승인하다, 허가하다
- 专家 zhuānjiā 명 전문가

전략 PT

학습시간 20분

집중 PT | 전 | 략 | 노 | 트 |

① 시험이 시작되면 가장 먼저 보기 탐색!

시험이 시작되면, 시험지를 넘기자마자 해야 할 일이 바로 보기 탐색이다! 듣기 지문이 나올 때까지 가만히 기다리지 말고 눈을 빠르게 굴려보자. 보기에서 지문의 유형과 내용을 미리 짐작할 수 있는 많은 힌트를 얻을 수 있다는 사실을 잊지 말고, 보기에 제시된 표현의 병음과 의미를 확인하며 문제를 풀 준비를 하자.

② 남녀의 말과 상황을 구분하여 듣자!

남녀 간의 대화이므로 남자에 관련된 이야기와 여자에 관련된 이야기를 구분해야 한다. 남녀 공통의 화제에 대한 질문을 하기도 하지만, '남자에 관하여……' 혹은 '여자에 관하여……'의 식으로 많이 질문하므로 대화를 들을 때 성별로 관련 내용을 체크하자.

③ 주요 표현은 적으면서, 숫자는 무조건 메모하기!

지문을 들으며 주요 표현은 짧고 간단하게 메모하는 것도 좋은 습관이다. 만약 숫자나 날짜가 들리면 반드시 메모하자. 대부분은 들리는 숫자나 날짜가 정답이 되는 쉬운 문제이지만, 간혹 계산을 해야 할 경우에는 사칙연산을 정확히 해야만 정답을 찾을 수 있다.

④ 주제별 어휘량을 늘리자.

장소·인물·숫자·날씨·회사·컴퓨터 등 일상 화제에 대한 주제별 관련 어휘들을 잘 학습해두자. 요령과 전략도 중요하지만 들리는 만큼 점수도 올라간다!

⑤ 질문의 유형을 알아두자.

14일차까지 언급했던 질문의 각 유형들을 잘 기억해두자. 또한 질문에 언급되는 의문대명사를 잘 듣고 무엇을 묻고 있는지 정확히 알아야 한다. 谁/什么/什么时候/哪儿/为什么/怎么样 등의 육하원칙에 따라 질문 유형을 파악할 수 있다.

▶ 근의어 최다 빈출 표현 20

○ Track 15-2

듣기 1·2부분(대화 지문)에서 지문에 나오는 어휘가 보기에 동일하게 나오는 경우도 있지만 의미가 가깝거나 근의어로 대체되는 경우가 많다. 뜻을 아는 것도 중요하지만 어떤 어휘로 나오든 답을 찾을 수 있도록 근의어도 정리하고 암기하자.

1	反馈 fǎnkuì (정보나 반응이) 되돌아오다, 피드백하다	联系 liánxì 연락하다(답장을 하다)
2	拍照 pāizhào 사진을 찍다	合影 héyǐng 함께 사진을 찍다
3	加薪 jiāxīn 임금이 오르다	涨工资 zhǎng gōngzī 승급하다, 월급이 오르다

4	上礼拜 shàng lǐbài 지난주	上星期 shàng xīngqī 지난주
5	熬夜 áoyè 밤새다, 철야하다	开夜车 kāiyèchē 밤을 새워 공부하다(일하다), 밤을 꼬박 새우다
6	艳 yàn 산뜻하다, 아름답다	鲜艳 xiānyàn 아름답다, 화려하다
7	读书 dúshū 공부하다, 학습하다	学习 xuéxí 학습하다, 공부하다, 배우다
8	降雪 jiàngxuě 눈이 내리다	下雪 xiàxuě 눈이 내리다
9	迷上了 míshàng le 반했다	爱上了 àishàng le 사랑하게 되었다, 반했다
10	没电了 méi diàn le 배터리가 없다	关机了 guānjī le 휴대전화가 꺼지다
11	偶遇 ǒuyù 뜻하지 않게 만나다, 우연히 만나다	碰见 pèngjian (우연히) 만나다, 마주치다, 부딪치다
12	怪不得 guàibude 어쩐지, 과연, 그러기에	难怪 nánguài 어쩐지, 과연, 그러기에
13	踏实 tāshi 마음이 놓이다, 편안하다, 안정되다	放心 fàngxīn 마음을 놓다, 안심하다
14	不可思议 bùkě sīyì 불가사의하다, 이해할 수 없다, 상상할 수 없다	吃惊 chījīng 놀라다
15	赶得上 gǎndeshàng 시간에 맞출 수 있다, 늦지 않다 赶不上 gǎnbushàng (시간이 부족하여) ~할 시간이 없다, (정해진 시간에) 맞추지 못하다, 늦다	来得及 láidejí 늦지 않다, 제 시간에 맞추다 来不及 láibují (시간이 부족하여) 돌볼 틈이 없다, 제 시간에 맞출 수 없다
16	打喷嚏 dǎ pēntì 재채기를 하다	感冒 gǎnmào 감기에 걸리다
17	肠胃不好 chángwèi bù hǎo 소화기관이 안 좋다	消化不良 xiāohuà bùliáng 소화불량
18	风趣 fēngqù 재미있다	幽默 yōumò 유머러스하다
19	那口子 nà kǒuzi (누군가의) 남편 혹은 아내	丈夫 zhàngfu 남편 / 妻子 qīzi 아내
20	杰出 jiéchū 걸출하다, 남보다 뛰어나다, 출중하다	出色 chūsè 특별히 좋다, 대단히 뛰어나다, 보통을 넘다

 실전 PT　　Track 15-3　　　　　　　　▶정답 및 해설 77p

> 5급 듣기에서는 여러 가지 의미를 지닌 다의어가 자주 출제된다. 각 유형별 지문의 특징을 파악하고, 다의어 관련 문제를 다양하게 풀어보며 실전 감각을 익혀보자!

[제1부분 짧은 대화]

문제 1
A 卧室
B 客厅
C 阳台
D 书房

문제 5
A 3000
B 16000
C 20000
D 23000

문제 2
A 晕船
B 想去划船
C 爱开玩笑
D 经常失眠

문제 6
A 要参加婚礼
B 单位有宴会
C 要照顾病人
D 要去外地采访

문제 3
A 中病毒了
B 无法读光盘
C 程序不能升级
D 连不上网

문제 7
A 很羡慕女的
B 自己不懂经营
C 工厂是合开的
D 工厂规模小

문제 4
A 摔伤了
B 在山上迷路了
C 被蚊子咬了
D 皮肤过敏

문제 8
A 缺乏资金
B 很有把握
C 方案还没批准
D 应该听听专家的意见

독해 제1부분 | 빈칸 채우기
고정 표현만 외워도 정답이 보인다!

어휘 PT
학습시간 10분

문제 1-3

蜜蜂 mìfēng 명 꿀벌
群居 qúnjū 동 무리 지어 살다
通常 tōngcháng 부 보통, 일반적으로
蜂窝 fēngwō 명 벌집
空间 kōngjiān 명 공간
狭小 xiáxiǎo 형 협소하다
光线 guāngxiàn 명 광선, 빛
阴暗 yīn'àn 형 어둡다, 어두컴컴하다
湿度 shīdù 명 습도
条件 tiáojiàn 명 조건
适宜 shìyí 동 적합하다
微生物 wēishēngwù 명 미생물
生长 shēngzhǎng 동 생장하다, 자라나다
储存 chǔcún 동 모아두다, 저장하다
花粉 huāfěn 명 꽃 가루
蜂蜜 fēngmì 명 꿀
因此 yīncǐ 접 그로 인해
腐败 fǔbài 동 부패하다, 썩다
变坏 biànhuài 동 상하다, 나쁘게 변하다
原来 yuánlái 부 원래
蜂胶 fēngjiāo 명 밀랍, 프로폴리스
物质 wùzhì 명 물질
病菌 bìngjūn 명 병균
霉菌 méijūn 명 곰팡이
抑制 yìzhì 명 억제 동 억제하다
杀灭 shāmiè 동 소멸하다, 죽이다
作用 zuòyòng 명 작용 동 작용하다
清洁 qīngjié 형 청결하다
保存 bǎocún 동 보존하다, 저장하다
维持 wéichí 동 유지하다, 지키다
群体 qúntǐ 명 단체
良药 liángyào 명 좋은 약, 좋은 해결책
照常 zhàocháng 동 평소대로 하다, 평소와 같다

迟早 chízǎo 부 조만간, 머지않아
随时 suíshí 부 즉시, 수시로, 언제나
资源 zīyuán 명 자원
细节 xìjié 명 세부 사항, 사소한 부분
程序 chéngxù 명 프로그램, 순서
组织 zǔzhī 동 조직하다
迎接 yíngjiē 동 맞이하다, 마중하다
吸收 xīshōu 동 흡수하다

문제 4-6

湖泊 húbō 명 호수
河流 héliú 명 강, 하천
结冰 jiébīng 동 얼음이 얼다, 결빙하다
溶入 róngrù 동 녹아들다
物质 wùzhì 명 물질
含有 hányǒu 동 함유하다
盐分 yánfèn 명 염분
淡水 dànshuǐ 명 담수, 민물
另外 lìngwài 부 별도로, 따로, 달리, 그 밖에
流动性 liúdòngxìng 명 유동성
原料 yuánliào 명 원료
资源 zīyuán 명 자원
具备 jùbèi 동 갖추다, 구비하다, 완비하다
结合 jiéhé 동 결합하다
集合 jíhé 동 집합하다
总共 zǒnggòng 부 모두, 합쳐서
至少 zhìshǎo 부 적어도, 최소한
再三 zàisān 부 거듭, 여러 번

문제 7-10

判罚 pànfá 동 (관련 규정에 의하여) 처벌하다
规则 guīzé 명 규칙
根本 gēnběn 부 전혀
按照 ànzhào 전 ~에 따라, ~에 의해 동 의거하다
规定 guīdìng 명 규정, 규칙 동 규정하다, 정하다
罚球 fáqiú 명 자유투 동 자유투를 던지다

裁判员 cáipànyuán [명] 심판

伸 shēn [동] 펴다, 내밀다

手指 shǒuzhǐ [명] 손가락

秒 miǎo [명] 초

违例 wéilì [동] 규칙이나 관례를 위반하다

犯规 fànguī [동] 규칙을 위반하다

球队 qiúduì [명] 팀

手势 shǒushì [명] 손짓, 손동작

示意 shìyì [동] 뜻을 표시하다

引起 yǐnqǐ [동] 오해를 야기하다

误会 wùhuì [명] 오해

凡是 fánshì [부] 무릇, 대체로 다, 모든

格外 géwài [부] 각별히, 특별히

总算 zǒngsuàn [부] 마침내, 드디어, 대체로

对于 duìyú [전] ~에 대하여

通过 tōngguò [전] ~을 통하여

自从 zìcóng [전] ~에서부터, ~로부터

形象 xíngxiàng [명] 형상

位置 wèizhì [명] 위치, 지위

形势 xíngshì [명] 형세, 상황

精彩 jīngcǎi [형] 훌륭하다, 멋지다

改变 gǎibiàn [동] 변하다, 바꾸다

打扰 dǎrǎo [동] 방해하다, 지장을 주다

전략 PT

집중 PT | 전 | 략 | 노 | 트 |

1 보기 어휘의 품사를 파악하자.

독해 1부분은 한 문제의 보기에 대부분 같은 품사의 어휘들이 제시된다. 그러므로 보기를 미리 파악하면 명사·동사·형용사·부사 등 이들 가운데 어떤 유형의 문제인지 알 수 있다.

2 유의어를 주의하자.

보기에 비슷한 의미를 가진 두 단어가 함께 제시되는 경우가 있다. 이런 경우, 둘 중 하나가 정답이다. 두 단어의 의미는 비슷하지만 차이점을 분명히 알고 있는지를 확인하는 것이 출제자의 의도이므로 유의어를 잘 파악해두는 것이 중요하다.

3 접속사 표현을 정리해 두자.

접속사 관련 문제는 빈칸 앞 혹은 뒤에 선택, 조건, 인과, 목적, 점층 관계 등의 연결 구조가 있는지를 확인하면 해석에 상관없이 3초 안에 정답을 찾을 수 있다. 그러므로 접속사 관련 표현을 반드시 암기해야 한다.

4 빈칸의 앞뒤를 꼼꼼히 살피자.

빈칸 주변에 동사가 있는지, 명사가 있는지 등을 꼼꼼히 살피고, 앞뒤 문장의 문맥을 파악하여 가장 적절한 보기를 찾도록 한다.

▶ 반드시 외우자! 빈출 고정 표현 24

독해 1부분은 고정 표현의 짝을 찾는 문제가 많이 출제된다. 빈칸 뒤에 목적어가 있다면 이에 어울리는 술어(동사)를 찾아야 하고, 빈칸 앞에 동사가 있다면 이와 호응하는 목적어(명사)를 찾아야 한다. 그러므로 빈칸의 앞뒤를 확인하는 것이 독해 1부분 문제의 핵심 전략이다.

1	含有 + 盐分/成分/维生素 염분/성분/비타민을 함유하다	海水里面含有不少盐分。 바닷물은 많은 염분을 함유하고 있다.
2	吸收 + 空气/水分/冲击 공기/수분/충격을 흡수하다	一旦下雨就会吸收大量水分。 일단 비가 내리면 대량의 수분을 흡수할 것이다.
3	保存 + 文件/文物/食物/数据 문서/문물/음식/데이터를 보존(저장)하다	它是蜜蜂清洁蜂窝环境、保存食物、维持群体健康的良药。 그것은 꿀벌이 벌집 안의 환경을 청결히 하고, 식물을 보존하며, 집단이 건강을 지키는 좋은 해결책이다.
4	引起 + 误会/肥胖/注意 오해/비만/주의를 야기하다	人与人之间如果缺少交流，可能就会引起误会。 사람들 간에 만약 교류가 부족하면, 오해를 야기할 수 있다.
5	保持 + 冷静/安静/联系/健康 냉정/정숙/연락/건강을 유지하다	爬山可以减肥，保持健康。 등산은 다이어트도 되고, 건강도 유지할 수 있다.

6	把握 + 机会/现在/时间 기회/현재/시간을 잡다	面试时应把握好时间。 면접을 볼 때 좋은 시간을 잡아야 한다.	
7	创造 + 机会/环境/记录/奇迹 기회/환경/기록/기적을 만들다	那本书创造了销售奇迹。 그 책은 판매 기적을 만들었다.	
8	处理 + 事情/问题/情况 일/문제를 처리하다	他善于处理紧急情况。 그는 긴급한 상황을 처리하는 데 능숙하다.	
9	达到 + 水平/目的/效果 수준/목적/효과에 이르다	为了达到目的，他连周末都不休息。 목적에 도달하기 위하여 그는 심지어 주말도 쉬지 않는다.	
10	担任 + 解说员/主角 해설위원/주인공을 맡다	他担任本场比赛的解说员。 그는 본 시합의 해설의원을 맡고 있다.	
11	缓解 + 愤怒/压力/疲劳/痛苦 분노/스트레스/피로/고통을 완화시키다	缓解父亲的工作压力。 아버지의 업무 스트레스를 완화시키다.	
12	建立 + 关系/系统/制度 관계/체계/제도를 만들다	决定与这家公司建立长期的合作关系。 이 회사와 장기적인 협력 관계를 맺기로 결정했다.	
13	接触 + 社会/大自然 사회/대자연을 접하다	因此我们要多接触社会。 그러므로 우리는 사회를 많이 접해야 한다.	
14	接待 + 顾客/客人/嘉宾 손님/귀빈을 접대하다	那家餐厅每天可以接待2000名顾客。 그 음식점은 매일 2,000명의 고객을 접대할 수 있다.	
15	养成 + 习惯/性格/品质 습관/성격/성품을 기르다	习惯一旦养成很难被改变。 습관이 일단 형성되면 고치기 어렵다.	
16	深受 + 喜爱/欢迎 사랑/환영을 깊게 받다	二胡在中国深受喜爱。 얼후는 중국에서 매우 환영을 받는다.	
17	面对 + 情况/现实/危险 상황/현실/위험에 직면하다	面对危险要保持冷静。 위기에 직면하면 냉정을 유지해야 한다.	
18	感到 + 疲倦/头痛/温暖/惊讶/孤独 피곤/두통/따뜻함/놀람/외로움을 느끼다	经常熬夜的人常会感到疲倦·头痛。 자주 밤을 새는 사람은 늘 피곤함과 두통을 느낀다.	
19	经营 + 生意/酒吧 장사를 하다/술집을 경영하다	小马一直在经营一家酒吧。 샤오마는 줄곧 호프집을 경영하고 있다.	
20	克服 + 困难/失败 어려움/실패를 극복하다	困难是可以克服的。 어려움은 극복할 수 있다.	
21	流传 + 故事 이야기가 전해지다	这是古代流传下来的一个故事。 이것은 고대에서 전해내려오는 이야기이다.	
22	明确 + 目的/方向 목적/방향을 명확하게 하다	要明确最终的目的是什么。 최종적인 목적이 무엇인지를 명확하게 해야 한다.	
23	佩服 + 勇气/能力 용기/능력에 탄복하다	他的勇气让大家佩服。 그의 용기는 모두를 탄복하게 했다.	
24	确定 + 日期/人员 날짜/인원을 확정하다	确定后天活动的出席人员吗? 모레 행사에 참석하는 인원이 확정되었나요?	

 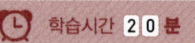

> 독해 1부분은 보기 어휘의 품사를 정확하게 파악하고, 빈칸의 앞뒤에 고정표현이 있는지를 파악하는 것이 핵심이다. 전략 PT 과 시크릿 PT 을 토대로 문제를 풀어보자!

문제 1-3

　　蜜蜂喜欢群居，__1__ 一个蜂窝内生活着数万只蜜蜂。蜂窝往往空间狭小、光线阴暗，其内部的温度和湿度等 __2__ 都非常适宜微生物的生长。不过，储存在蜂窝内的花粉、蜂蜜等却不会因此而腐败变坏。

　　原来，蜂窝内有一种叫蜂胶的物质，这种物质对蜂窝内的病菌、霉菌等微生物都有较强的抑制和杀灭作用，它是蜜蜂清洁蜂窝环境、__3__ 食物、维持群体健康的良药。

1. A 照常　　　　B 迟早　　　　C 通常　　　　D 随时
2. A 条件　　　　B 资源　　　　C 细节　　　　D 程序
3. A 组织　　　　B 迎接　　　　C 吸收　　　　D 保存

문제 4-6

　　冬天，许多湖泊和河流都会结冰，但海水却极少结冰，这是为什么呢？原来，一般情况下，水在零度就会结冰，但如果水里溶入了一些其他 __4__ ，例如盐，那么它结冰的温度就会降到零度以下。由于海水里面 __5__ 不少盐分，所以海水结冰的温度要比一般的淡水低，在冬天也就不太容易结冰了。__6__ ，海水的流动性很强，这也使得海水不易结冰。

4. A 事物　　　　B 物质　　　　C 原料　　　　D 资源
5. A 具备　　　　B 结合　　　　C 含有　　　　D 集合
6. A 另外　　　　B 总共　　　　C 至少　　　　D 再三

문제 7-10

在篮球比赛中，我们会发现球场上 7 没有穿一、二、三号球衣的运动员。为什么会这样呢？原来这与比赛中的判罚规则有关。 8 比赛规定，罚球时，裁判员伸出一根手指，表示罚一次，伸出两根手指，表示罚两次。如果有队员三秒违例，裁判员会伸出三根手指。而当队员犯规或球队换人时，裁判员也是用手势示意队员的 9 。所以，如果场上设一、二、三号队员的话， 10 。

7. A 凡是　　　　B 根本　　　　C 格外　　　　D 总算
8. A 对于　　　　B 通过　　　　C 自从　　　　D 按照
9. A 形象　　　　B 位置　　　　C 号码　　　　D 形势
10. A 会使比赛更精彩　　　　　C 就很容易引起误会
    B 比赛规则不能改变　　　　D 就会打扰观众看比赛

쓰기 제2부분 ❸ | 제시어 작문
회사(계약/업무/입·퇴사) 주제

어휘 PT
학습시간 0 5 분

활용 표현

加班 jiābān 통 근무 시간 외에 일을 하다	简历 jiǎnlì 명 약력
开会 kāihuì 통 회의하다, 회의를 열다	计划书 jìhuàshū 명 계획서
会议 huìyì 명 회의	查资料 cházīliào 자료를 찾다
上网 shàngwǎng 통 인터넷을 하다	签合同 qiān hétong 계약서에 서명하다
客户 kèhù 명 고객, 손님	准备资料 zhǔnbèi zīliào 자료를 준비하다
经理 jīnglǐ 명 사장, 책임자, 지배인	忙着工作 mángzhe gōngzuò 일하느라 바쁘다
老板 lǎobǎn 명 상점의 주인, 기업주	相信能力 xiāngxìn nénglì 능력을 믿다
领导 lǐngdǎo 명 지도자 통 지도하다, 이끌다	交换意见 jiāohuàn yìjiàn 의견을 교환하다
上司 shàngsi 명 상사	重视机会 zhòngshì jīhuì 기회를 중시하다
组长 zǔzhǎng 명 팀장	重视细节 zhòngshì xìjié 세부사항을 중시하다
小组 xiǎozǔ 명 팀	负责工作 fùzé gōngzuò 일을 맡다/담당하다
商量 shāngliang 통 상의하다	完成任务 wánchéng rènwù 임무를 완성하다
工资 gōngzī 명 급여	向…汇报 xiàng…huìbào ~에게 보고하다
薪水 xīnshui 명 임금	给…安排工作 gěi…ānpái gōngzuò ~에게 일자리를 마련해 주다
开除 kāichú 통 해고하다	
辞职 cízhí 통 사직하다	

전략 PT
학습시간 2 0 분

❶ 제시어를 단순 나열해서는 안 된다.
99번 문제의 출제 의도는 제시 단어로 문장을 구성할 수 있는 능력을 파악하는 것이다. 그러므로 단어를 단순히 나열해서는 안 된다. 글 안에서 적재적소에 배치하여 완전한 문장들로 완전한 글을 작성해야 한다.

❷ 제시어의 쓰임새에 맞게 써야 한다.
단어의 의미나 품사, 쓰임새를 잘못 사용하면 감점 요소가 된다. 만약 잘 알지 못하는 단어가 나왔다면, 그 단어는 제외하고 쓰는 것이 오히려 감점을 당할지라도 더 안전하다.

❸ 회사 관련 주제의 모범답안을 외워두자.
회사·비즈니스와 관련된 주제로 글을 쓸 수 있는 제시어들도 자주 등장한다. 업무, 계약, 입사·퇴사와 같은 소주제들로 모범답안을 만들어 활용하자.

 **예제 1**

| 开会 | 负责 | 错误 | 保证 | 细节 |

해설 [품사분석] **开会** 동 (회의를) 열다, 개최하다 / **负责** 동 맡다, 담당하다 / **错误** 명 착오, 잘못, 실수 / **保证** 동 보장하다, 보증하다 / **细节** 명 세부 사항

[스토리구상] ▶ 줄거리 : ① 公司**开会** 회사에서 회의를 열다
② **负责**重要的部分 중요한 부분을 맡다
③ 出现**错误** 착오가 나타나다, 실수가 발생하다
▶ 중심내용 : 我**保证**, 以后工作时, 一定要重视**细节**
나는 장담하건대, 앞으로 일할 때 반드시 세부 사항을 중시할 것이다

[활용문형]

负责 + 部分/经营/项目/任务 부분/경영/프로젝트/임무를 맡다	我负责一个重要的部分。 나는 중요한 부분을 맡았다.
重视 + 细节/机会/教育/道德 세부사항/기회/교육/도덕을 중요시하다	我没重视细节。 나는 세부사항을 소홀히 했다. (세부사항을 중요시 여기지 않았다.)
一定要······(=非······不可) 반드시 ~해야 한다	一定要重视细节。 반드시 세부사항을 중요시 여겨야 한다.

모범답안 **[업무 관련 유형]**

		今	天	早	上	公	司	开	大	会	了	。	会	上	，
我	负	责	一	个	重	要	的	部	分	。	但	是	由	于	我
没	重	视	细	节	，	我	负	责	的	部	分	出	现	了	错
误	。	因	为	我	的	错	误	，	公	司	有	了	很	大	的
损	失	，	我	真	的	很	惭	愧	。	我	保	证	，	以	后
工	作	时	，	一	定	要	重	视	细	节	。				

해설 오늘 아침에 회사에서 큰 회의를 열었다. 회의에서 나는 중요한 부분을 맡게 되었다. 하지만 내가 세부사항을 소홀히 하여, 내가 맡은 부분에서 실수가 발생했다. 나의 실수 때문에 회사에는 아주 큰 손실이 생겼다. 정말 부끄럽고 창피했다. 나는 장담하건대, 다음에 일할 때는 반드시 세부 사항을 중요시할 것이다.

→ 예제1의 참고 답안을 외워서 원고지 칸에 직접 작성해보자!

실전 PT

▶정답 및 해설 82p
학습시간 30분

> 예제의 내용을 응용하거나 혹은 업무·회사 관련 어휘와 표현을 활용하여 80자 작문을 완성해보자!

[계약 관련 유형]

문제 1 项目　　成功　　计划　　终于　　合同

[입·퇴사 관련 유형]

문제 2 辞职　　发展　　加强　　有利　　职员

 **마무리 PT** — 학습시간 05분

1 千万别 : 절대 ~하지 마라
你千万别用手抓。
절대 손으로 만지지 마세요.

2 有把握 : 자신 있다, 확신하다(=有信心)
这个项目很重要，你们到底有没有把握？
이 프로젝트는 굉장히 중요해요. 도대체 자신이 있는 겁니까?

3 空间狭小 : 공간이 협소하다
蜂窝往往空间狭小。
벌집은 흔히 공간이 협소하다.

4 保存 + 食物/文件/遗产/文物 : 음식/문서/유산/문물을 보존하다
它是蜜蜂清洁蜂窝环境、保存食物、维持群体健康的良药。
그것은 꿀벌이 벌집 안의 환경을 청결히 하고, 음식물을 보존하고, 집단의 건강을 지키는 좋은 해결책이다.

5 根本 + 不/没 : 전혀 ~하지 않다, 절대 ~하지 않다
我们会发现球场上根本没有穿一、二、三号球衣的运动员。
우리는 경기장에서 1, 2, 3번 옷을 입은 운동선수가 전혀 없다는 것을 발견할 수 있다.

6 与A有关 : A와 관련이 있다
这与比赛中的判罚规则有关。
이것은 시합의 판정 규칙과 관련이 있다.

7 负责 + 部分/经营/项目/任务 : 부분/경영/프로젝트/임무를 맡다
我负责一个重要的部分。
나는 중요한 부분을 맡았다.

8 重视 + 细节/机会/教育/道德 : 세부사항/기회/교육/도덕을 중요시하다
我没重视细节。(＝忽视细节)
나는 세부 사항을 중시하지 않았다.(= 세부 사항을 소홀히 하다)

9 一定要……(＝非……不可) : 반드시 ~해야 한다
一定要完成任务。
반드시 임무를 완성해야 한다.

10 会……的 : ~할 것이다(추측/확신)
我一定不会让您失望的。
나는 절대 너를 실망시키지 않을 것이다.

Day 16

듣기 제1·2부분 ❷ | 짧은 대화/긴 대화
난이도 ★ 5개, 다음어만 정복하면 끝!

어휘 PT ● Track 16-1   학습시간 10분

문제 1	祝贺 zhùhè [동] 축하하다, 경하하다 自由泳 zìyóuyǒng [명] 자유형 比赛 bǐsài [명] 시합 [동] 시합하다 夺冠 duóguàn [동] 우승을 쟁취하다 状态 zhuàngtài [명] 상태 稳定 wěndìng [형] 안정적이다, 안정되다
문제 2	风俗 fēngsú [명] 풍속 好运 hǎoyùn [명] 행운 怪不得 guàibude [부] 어쩐지(=难怪) 打折 dǎzhé [동] 가격을 깎다, 할인하다 优惠 yōuhuì [형] 혜택의, 우대의 理发师 lǐfàshī [명] 이발사
문제 3	合适 héshì [형] 어울리다, 적합하다 租 zū [동] 임대하다, 세내다 房子 fángzi [명] 집, 건물 合同 hétong [명] 계약서 单位 dānwèi [명] 직장, 회사(=公司)
문제 4	时尚 shíshàng [명] 시대적 유행 合理 hélǐ [형] 합리적이다, 도리에 맞다 保修期 bǎoxiūqī [명] 보증 수리 기간 质量 zhìliàng [명] 질, 품질 退货 tuìhuò [동] 물건을 물리다, 반품하다 免费 miǎnfèi [동] 무료로 하다, 돈을 받지 않다 维修 wéixiū [동] 수리하다, 손질하다 登机 dēngjī [동] 비행기에 탑승하다 接待 jiēdài [동] 접대하다 顾客 gùkè [명] 고객, 손님 安装 ānzhuāng [동] 설치하다, 장착하다 书架 shūjià [명] 책꽂이
문제 5	包裹 bāoguǒ [명] 소포, 보따리 日用品 rìyòngpǐn [명] 일용품 充电器 chōngdiànqì [명] 충전기 牛仔裤 niúzǎikù [명] 청바지
문제 6	实习 shíxí [동] 실습하다 暂时 zànshí [명] 잠깐, 잠시, 일시 招(聘) zhāo(pìn) [동] 채용하다, 모집하다(↔应聘) 讲座 jiǎngzuò [명] 강좌
문제 7	中旬 zhōngxún [명] 중순 休年假 xiū niánjià 연차를 쓰다 云南 Yúnnán [지명] 윈난(운남) 旅行团 lǚxíngtuán [명] 여행팀 自助游 zìzhùyóu [명] 자유여행
문제 8	做伴 zuòbàn [동] 동반하다 键盘 jiànpán [명] 건반, 키보드 开 kāi [동] 발급하다 发票 fāpiào [명] 영수증

 전략 PT  학습시간 20분

집중 PT | 전 | 략 | 노 | 트 |

① 어기·어투에 주의하자.

어기 어투에 관련된 표현이 나올 경우, 그 의미를 이해하지 못하면 정답을 찾을 수 없는 경우가 많다. 그러므로 시험에 자주 출제되는 어기·어투 표현을 알아두자.

② 일상 화제에 관련된 빈출 표현에 주의하자.

일상 화제에 대한 소재들은 매우 광범위하다. 하지만 시험에 자주 출제되는 단골 주제들은 꼭 기억해두자. 특히 결혼식 참석에 관련된 내용이나 가정 안에서 일어나는 상황과 관련된 대화가 많이 출제된다.

③ 강조·반어 표현에 주의하자.

강조는 주로 부사를 이용하거나 이중부정을 통하여 긍정의 의미를 강조한다. 반어법 표현 또한 매우 다양하므로 빈출 표현들을 정리하여 외워두자. 강조와 반어 표현에서는 대화 중의 질문과 대답을 모두 잘 들어야만 올바른 정답을 고를 수 있다.

④ 관용어 표현에 주의하자.

관용어는 그 단어의 직접적인 뜻과 같은 의미를 나타내는 경우도 있지만, 대부분은 단어의 직접적인 뜻과 전혀 다른 의미를 나타낸다. 빈출 표현을 정리하여 암기하자.

⑤ 접속사 표현에 주의하자.

대화 중의 접속사 표현은 주의하자. 간혹 전환 관계 접속사가 쓰인다면 앞뒤 내용은 서로 상반되는 내용이 출현하게 된다. 평소에 잘 들리지 않는 접속사 표현들에 익숙해지도록 하자.

전환관계	· 虽然/尽管A, 但是/可是/却B 비록 A하지만 B하다 · 本来A, 但是/可是/不过B 본래는 A하지만, 그러나 B하다
가설관계	· 如果/要是/假如A, 那么/就B 만약 A라면, 그러면 B이다 · 要不是A, 就B 만약 A가 아니었다면, B이다 · 即使/就算/哪怕A, 也B 설령 A라 할지라도 B하다
조건관계	· 只要A, 就B A하기만 하면 곧 B하다 · 只有/除非A, 才B 오직 A해야만 비로소 B하다 · 无论/不管A, 也/都/反正B A를 막론하고(A이든 상관없이) B하다

▶ 다음어 빈출 표현 13 - 난이도 ★★★★★

○ Track 16-2

듣기 문제는 오로지 듣기에만 의존하여 어휘의 의미를 파악하고 이해해야 한다. 다음어가 나올 경우, 그 단어의 병음이나 그 의미를 몰라서 듣고 나서도 내용을 이해하지 못하거나 오답을 체크하는 경우가 많다. 역대 빈출 다음어 표현 13개를 완벽하게 암기하여 시험에 대비하자!

1	系	① 系 xì 명 학과	经济系踢得真棒。 경제학과는 축구를 잘한다.
		② 系 jì 동 매다	你的领带系得太紧了。 당신의 넥타이는 너무 조이게 매어졌다.
2	给	① 给 gěi 동 주다	明天还给你。 내일 돌려줄게.
		② 给 jǐ 동 공급하다	供给减少。 공급이 감소했다.
3	中	① 中奖 zhòngjiǎng 동 (복권 등에) 당첨되다	我中奖了。 나는 복권에 당첨되었다.
		② 集中 jízhōng 동/형 집중하다, 모으다	这些都集中在一起了。 이것들이 모두 모여 있다.
4	累	① 累 lèi 동/형 피곤하다	我有点儿累。 나는 약간 피곤하다.
		② 积累 jīlěi 동 쌓다	他积累了很多经验。 그는 많은 경험을 쌓았다.
5	差	① 差不多 chàbuduō 부 거의 형 비슷하다	他们的年龄和经验都差不多。 그들의 나이와 경험은 모두 비슷하다.
		② 出差 chūchāi 동 출장 가다	这次出差，我和王秘书一起去吧。 이번 출장은 제가 왕 비서와 함께 갈게요.
6	场	① 场合 chǎnghé 명 장소	我们要顾及周围的环境、场合。 우리는 주변 환경과 장소도 고려해야 한다.
		② 一场春梦 yì cháng chūnmèng 일장춘몽	一场春梦 일장춘몽, 인간 세상의 덧없음
7	角	① 角度 jiǎodù 명 각도(관점)	每个人看问题的角度不同。 사람마다 문제를 보는 각도(관점)가 다르다.
		② 角色 juésè 명 역할	她对角色的把握令人佩服。 그녀의 역할에 대한 자신감은 사람들을 탄복하게 했다.
8	会	① 会计 kuàijì 명 회계, 경리	他是会计。 그는 회계원이다.
		② 学会 xuéhuì 동 습득하다	我们应该学会控制自己的情绪。 우리는 자신의 감정을 통제하는 것을 배워야 한다.
9	着	① 睡着 shuìzháo 동 잠이 들다	孩子已经睡着了。 아이는 이미 잠이 들었다.
		② 着手 zhuóshǒu 동 착수하다, 시작하다	着手搜集材料。 자료를 수집하기 시작하다.
10	得	① 得 dé 동 얻다	要取得好成绩，就得努力学习。 좋은 성적을 얻으려면 열심히 공부해야 한다.
		② 得 děi 조동 ~해야 한다	要取得好成绩，就得努力学习。 좋은 성적을 얻으려면 열심히 공부해야 한다.
11	发	① 理发 lǐfà 동 이발하다	该去理发店了。 미용실에 가야 한다.
		② 发表 fābiǎo 동 발표하다	发表论文。 논문을 발표하다.
12	假	① 假话 jiǎhuà 명 거짓말	他从来不说假话。 그는 여태껏 거짓말을 하지 않았다.
		② 假期 jiàqī 명 휴가, 휴일, 방학기간	假期你有什么安排吗? 휴가 기간에 당신은 어떤 일정이 있나요?
13	行	① 行业 hángyè 명 직업, 업종	他们从事服装行业。 그들은 의류업에 종사한다.
		② 举行 jǔxíng 동 거행하다	开幕式将于本月中旬举行。 개막식은 이번 달 중순에 거행될 것이다.

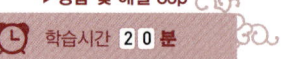

> 다음어는 읽는 발음에 따라서 뜻이 달라진다. 그러므로 발음마다 각각의 뜻을 알아두어야 정확한 의미에 따른 정답을 맞출 수 있다.

[제2부분 긴 대화]

문제 1
A 参加了网球赛
B 成绩不稳定
C 得了第二名
D 比赛时状态好

문제 2
A 是礼拜天
B 有打折优惠
C 理发师是新来的
D 希望得到好运气

문제 3
A 买新房子了
B 换新单位了
C 房东要卖房子
D 房东要涨租金

문제 4
A 登机
B 修空调
C 接待顾客
D 安装书架

문제 5
A 零食
B 日用品
C 充电器
D 牛仔裤

문제 6
A 他们是兄妹
B 他们在听讲座
C 女的在找工作
D 男的要去应聘

문제 7
A 没年假
B 没去过云南
C 没朋友做伴
D 不能一起去

문제 8
A 女的没带钱
B 刷卡机坏了
C 男的在付款
D 现在不能开发票

독해 제2부분 | 단문 독해
핵심 표현과 동의어를 찾아라! (feat. 빈출 양사)

어휘 PT
학습시간 10분

문제 1
- 十里不同风，百里不同俗 shí lǐ bù tóng fēng, bǎi lǐ bù tóng sú 십 리마다 풍속이 다르고, 백 리마다 풍습이 다르다
- 因素 yīnsù 명 요소
- 差异 chāyì 명 차이, 다른 점
- 相似性 xiāngsìxìng 명 유사성

문제 2
- 婴儿 yīng'ér 명 영아, 젖먹이
- 具备 jùbèi 동 갖추다
- 视力 shìlì 명 시력
- 视觉系统 shìjué xìtǒng 시각 기관
- 胎儿期 tāi'érqī 명 태아기
- 光源 guāngyuán 명 빛, 광원
- 自动 zìdòng 형 자발적으로
- 逐步 zhúbù 부 점차, 점진적으로
- 建立 jiànlì 동 세우다, 만들다
- 只是…而已 zhǐshì…éryǐ 단지 ~일 뿐이다
- 完善 wánshàn 형 완벽하다, 완전하다
- 避免 bìmiǎn 동 피하다
- 刺激 cìjī 명 자극

문제 3
- 补充 bǔchōng 동 보충하다
- 能量 néngliàng 명 에너지
- 生活节奏 shēnghuó jiézòu 생활 리듬
- 上班族 shàngbānzú 명 직장인
- 过于 guòyú 부 지나치게, 과도하게
- 仓促 cāngcù 형 촉박하다, 황급하다
- 营养 yíngyǎng 명 영양 동 영양을 섭취하다
- 均衡 jūnhéng 동 고르다, 균형을 이루다
- 赶走 gǎnzǒu 동 쫓다, 쫓아 내다
- 瞌睡 kēshuì 동 졸리다, 졸다
- 恢复 huīfù 동 회복하다
- 体力 tǐlì 명 체력
- 不宜 bùyí 동 적당하지 않다
- 加重 jiāzhòng 동 가중하다, 심해지다

문제 4
- 负担 fùdān 명 부담, 책임 동 부담하다, 책임지다
- 消化 xiāohuà 명 소화 동 소화하다
- 吨 dūn 양 톤
- 巨轮 jùlún 명 대형 선박
- 打翻 dǎfān 동 뒤집히다, 전복되다
- 根基 gēnjī 명 기초, 기본, 기반
- 负重 fùzhòng 동 무거운 짐을 짊어지다, 맡다
- 危险 wēixiǎn 형 위험하다
- 压力效应 yālì xiàoyìng 압력 효과
- 得过且过 déguò qiěguò 성 아무 생각 없이 살다, 되는 대로 살다
- 暴风雨 bàofēngyǔ 명 폭풍우
- 载货 zàihuò 동 화물을 적재하다(싣다)
- 狂风巨浪 kuángfēng jùlàng 세찬 바람과 큰 파도
- 勇于 yǒngyú 동 용감하게 ~하다
- 接受 jiēshòu 동 받아들이다, 받다
- 挑战 tiǎozhàn 명 도전 동 도전하다, 맞서다
- 未必 wèibì 부 반드시 ~한 것은 아니다
- 减压 jiǎnyā 동 스트레스를 줄이다
- 面对 miànduì 동 직면하다
- 保持 bǎochí 동 유지하다
- 冷静 lěngjìng 형 침착하다, 냉정하다

문제 5
- 熬夜 áoyè 동 밤새다, 철야하다
- 疲倦 píjuàn 형 피곤하다, 지치다
- 免疫力 miǎnyìlì 명 면역력
- 下降 xiàjiàng 동 떨어지다
- 无所谓 wúsuǒwèi 상관 없다, 개의치 않다
- 毛病 máobìng 명 병, 질병
- 显现 xiǎnxiàn 동 드러나다, 나타나다
- 后悔 hòuhuǐ 동 후회하다
- 来不及 láibují 동 (시간적 여유가) 없다, 부족하다, 늦다
- 伤害 shānghài 동 상하게 하다, 해치다
- 失眠 shīmián 동 잠을 못 이루다, 불면증에 걸리다

집중 PT | 전 | 략 | 노 | 트 |

① 보기를 파악하자.

보기를 파악하면, 본문의 대략적인 내용을 추론할 수 있다. 혹은 상식적으로 이해될만한 보기가 나올 경우, 간혹 보기만 읽어도 정답이 나오는 경우가 있기 때문에 반드시 보기를 먼저 파악해야 한다.

② 지문의 첫 문장과 마지막 문장을 주목하자.

독해 2부분은 중심 내용 찾기, 즉 주제를 찾는 문제가 많다. 주제는 주로 지문의 처음 혹은 마지막 부분에 간접적으로 드러나거나 직접적으로 언급되는 경우가 많다. 그러므로 본문의 첫 문장과 마지막 문장을 파악하면 정답을 쉽게 찾을 수 있다.

③ 함정에 주의하자.

본문의 내용과 보기가 보통 같은 단어로 구성되어 있는 경우가 많다. 세심하게 파악하지 않으면 생김새만 비슷하고 내용은 전혀 다른 오답을 고를 수 있으니 주의해야 한다.

④ 명언·교훈에 관한 문장의 뒤를 주목하자.

명언·교훈에 관련된 문제는 보통 명언·교훈을 언급하고 그 뒤에 설명하는 내용이 언급된다. 그러므로 명언·교훈에 관련한 문장이 어렵더라도 그 뒤의 설명 내용만 잘 파악한다면 정답을 쉽게 찾을 수 있다.

⑤ 지식·상식·문화는 사실에 근거한 글에 주의하자.

지식·상식·문화에 관련된 문제는 사실을 바탕으로 한 설명문이다. 그러므로 지식·상식·문화적으로 알고 있는 내용이 나왔을 경우, 본문을 보지 않고 보기만 보고도 문제를 풀 수 있다. 뿐만 아니라 상식적으로 어긋나는 보기를 미리 제한할 수 있다.

▶ 꼭 알아야 할 핵심 표현&근의어 표현 12

보기에서 지문과 같은 단어나 같은 표현의 내용이 나올 경우, 정답을 쉽게 찾을 수 있지만, 간혹 지문의 내용을 비유해서 표현하거나 동의어로 제시되는 경우, 핵심 표현의 의미를 보기와 비교하여 잘 파악하는 것이 중요하다.

1	分布 fēnbù 분포하다, 널려있다	居多 jū duō 다수를 차지하다
2	主食 zhǔshí 주식	主粮 zhǔliáng 주요식량
3	时尚 shíshàng 시대적 유행	流行 liúxíng 유행, 유행하다
4	欣赏风光 xīnshǎng fēngguāng 풍광을 감상하다	欣赏美景 xīnshǎng měijǐng 아름다운 경치를 감상하다
5	很受欢迎 hěn shòu huānyíng 환영받다, 인기가 많다	深受喜爱 shēnshòu xǐ'ài 사랑받다, 인기가 많다

6	全盛时期 quánshèng shíqī 전성시기		繁荣时期 fánróng shíqī 번영(시)기, 개화기
7	不易保存 búyì bǎocún 보존하기 쉽지 않다		难于保存 nányú bǎocún 보존하기 어렵다
8	高营养 gāo yíngyǎng 영양이 높다		营养丰富 yíngyǎng fēngfù 영양이 풍부하다
9	物产富饶 wùchǎn fùráo 생산물이 풍부하다		物产丰富 wùchǎn fēngfù 생산물이 풍부하다
10	更好的社会 gèng hǎo de shèhuì 더 나은 사회		美好社会 měihǎo shèhuì 아름다운 사회
11	应用广泛 yìngyòng guǎngfàn 응용이 광범위하다		使用方便 shǐyòng fāngbiàn 사용이 편리하다
12	没规矩, 不成方圆 méi guīju, bù chéng fāngyuán 규범을 지키지 않으면 일을 이룰 수 없다		遵守规则和制度 zūnshǒu guīzé hé zhìdù 규칙과 제도를 엄수하다 规矩和制度不能缺 guīju hé zhìdù bù néng quē 규칙과 제도는 없어서는 안 된다

▶ 독해 1·2·3부분 빈출 양사 표현 21

5급에 해당하는 양사의 쓰임새를 알아두자. 정답으로 양사를 찾는 문제가 매 회 출제되지는 않지만, 어떤 지문에나 항상 등장한다. 학습자들이 소홀히 생각하기 쉽지만 정작 문제에 출제되었을 때, 양사인지 아닌지, 어떤 것을 세는 양사인지 그 쓰임새를 몰라 헷갈려하는 경우가 많다. 시험에 나왔던 빈출 양사를 꼭 짚어보고 가자.

1	头 tóu	마리, 필, 두	三头牛 소 세 마리 两头驴子 당나귀 두 필
2	只 zhī	마리, 척, 개, 쪽, 짝	一只羊 양 한 마리 一只船 배 한 척 一只箱子 상자 한 개 一只袜子 양말 한 짝 (한 쌍인 물건에서 하나만 가리킬 때)
3	尾 wěi	마리 (물고기를 세는 단위)	一尾鲜鱼 생선 한 마리
4	条 tiáo	개, 마리, 조, 항목, 보루 (강·길·생선·항목 등 주로 기다란 것을 세는 단위)	一条黄瓜 오이 한 개 两条裤子 바지 두 벌 五条规定 5개 조항의 규정 一条儿烟 담배 한 보루
5	根 gēn	개 (가늘고 긴 것을 헤아리는 단위)	两根儿牙签 이쑤시개 두 개 一根儿葱 파 한 개
6	份 fèn	부, 통, 권/벌, 세트/조각 (신문·잡지·문건 등을 세는 단위/ 배합하여 한 벌이 되는 것을 세는 단위/ 전체를 나눈 부분을 세는 단위)	一份杂志 한 권의 잡지 两份盒饭 도시락 두 개 三份西瓜 수박 세 조각
7	部 bù	부, 편/대 (서적이나 영화 편 수 등을 세는 단위/ 기계나 차량을 세는 단위)	两部工具书 참고서 두 부 一部电影 영화 한 편 一部汽车 자동차 한 대

8	张 zhāng	장/개 (종이·가죽 등을 세는 단위/ 활을 세는 단위/ 입·얼굴 등을 세는 단위/ 책상이나 탁자 등을 세는 단위)	一张纸 종이 한 장 两张弓 활 두 개 三张桌子 탁자 세 개
9	段 duàn	토막, 도막/구간, 구역, 구획/ 한동안, 얼마간, 기간, 단계, 시기 (가늘고 긴 물건의 도막/ 시간이나 공간의 일정한 거리)	一段木头 나무 한 토막 一段路 한 구간의 길 一段时间 얼마 간의 시간
10	层 céng	층, 겹 (중첩, 누적된 물건을 세는 단위)	三层小楼 삼층 짜리 작은 건물
11	群 qún	무리, 떼 (사람이나 동물 무리)	一群狮子 사자 한 무리
12	顿 dùn	번, 차례, 끼, 바탕 (식사·질책·권고 등을 세는 단위)	一天吃三顿饭 하루에 세 끼 식사를 하다 批评了一顿 한바탕 혼이 나다
13	句 jù	마디, 구, 편 (언어·시문을 세는 단위)	我来读几句诗 내가 시 몇 구를 읊겠다 他就说了三句话 그는 딱 세 마디 말만 했다
14	首 shǒu	수 (시(詩)·노래 등을 세는 단위)	两首诗 시 두 수
15	棵 kē	그루, 포기 (식물을 세는 단위)	两棵树 나무 두 그루
16	颗 kē	알 (둥글고 작은 알맹이 모양과 같은 것을 세는 단위)	一颗钻石 다이아몬드 한 알
17	顶 dǐng	개, 채, 장 (꼭대기가 있는 물건을 세는 단위)	一顶帽子 모자 한 개
18	封 fēng	통, 꾸러미	两封信 편지 두 통
19	匹 pǐ	필 (비단·천 등의 길이 단위/ 말·노새 등의 가축을 세는 단위)	两匹马 말 두 필
20	台 tái	대/편, 회, 차례 (기계·차량·설비 등을 세는 단위/ 연극·공연 따위를 세는 단위)	一台电脑 컴퓨터 한 대 一台话剧 한 편의 연극
21	座 zuò	좌, 동, 채 (부피가 크거나 고정된 물체를 세는 단위)	一座桥 다리 한 개

실전 PT

> 핵심 표현 문제는 밑줄 친 핵심내용의 의미를 파악하는 문제로, 보기에서 동의어를 찾거나, 핵심표현의 앞 혹은 뒤의 내용을 파악하면 쉽게 정답을 맞출 수 있다.

문제 1

俗话说"十里不同风，百里不同俗"，意思是指不同地方的人因受到不同的气候、经济和文化等因素的影响，在衣、食、住、行各方面都会产生很大的差异，从而形成比较独特的风俗习惯。

A 不同民族的文化存在很大相似性
B 传统文化越来越不受关注
C 习惯一旦养成很难被改变
D 风俗习惯的形成受到经济的影响

문제 2

很多人认为婴儿出生后才具备视力，其实，视觉最早发生的时间是胎儿期。研究发现，5、6个月的胎儿在母亲体内接受到光源时，就会自动转向光源。这一时期，胎儿的视觉系统已开始逐步建立，只是不够完善而已。

A 胎儿可以感受到光源
B 胎儿要避免光的刺激
C 视觉系统越早形成越好
D 胎儿的性格受母亲的影响

문제 3

不少人都喜欢喝下午茶，下午茶对补充人体能量大有好处。现代社会生活节奏快，上班族的午餐经常吃得太少或者过于仓促，而一份营养均衡的下午茶，不仅能赶走瞌睡，还有助于恢复体力。

A 中午不宜吃得过饱
B 午餐要注意营养均衡
C 喝下午茶有助于补充能量
D 喝下午茶会加重消化负担

문제 4

百万吨的巨轮很少会被打翻,被打翻的常常是那些根基轻的小船。船在负重时是最安全的,空船则最危险,这就是"压力效应"。那些得过且过,没有一点儿压力的人,就像暴风雨中没有载货的船,往往更容易被狂风巨浪打翻。

A 要勇于接受挑战
B 有压力未必是坏事
C 人要学会给自己减压
D 面对危险要保持冷静

문제 5

经常熬夜的人常会感到疲倦、头痛,时间久了,还会发现免疫力也在下降。许多年轻人觉得无所谓,可他们不知,到老的时候,身体的许多毛病就会显现出来,到时候再后悔就来不及了。

A 熬夜对身体伤害大
B 老年人要多补充营养
C 免疫力下降会让人失眠
D 年轻人体力恢复得更快

쓰기 제2부분 ❹ | 사진 작문
이벤트(생일/선물/파티) 주제

어휘 PT

 학습시간 0 5 분

활용 표현	
请 qǐng 동 초대하다	生日礼物 shēngrì lǐwù 생일 선물
生日 shēngrì 명 생일	打开盒子 dǎkāi hézi 상자를 열다
晚会 wǎnhuì 명 파티, 연회, 만찬	穿着西服 chuānzhe xīfú 정장을 입다
特意 tèyì 부 특별히	给…打电话 gěi…dǎ diànhuà ~에게 전화를 걸다
亲手 qīnshǒu 부 직접, 손수	难忘的日子 nánwàng de rìzi 잊을 수 없는 날, 잊지못할 날
心意 xīnyì 명 호의, 성의	做好充分的准备 zuòhǎo chōngfèn de zhǔnbèi 충분한 준비를 했다
祝贺 zhùhè 동 축하하다	
热情 rèqíng 형 친절하다	为…准备礼物 wèi…zhǔnbèi lǐwù ~를 위해 선물을 준비하다
求婚 qiúhūn 동 구혼하다, 프로포즈하다	
拿着花 názhe huā 꽃을 들고 있다	礼轻情意重 lǐ qīng qíngyì zhòng 선물이 작아도 성의는 깊다(성의가 더 중요하다)
庆祝生日 qìngzhù shēngrì 생일을 축하하다	

전략 PT

  학습시간 2 0 분

❶ 사진을 분석하자.
먼저 사진을 분석하자. 사진 속 상황, 분위기, 배경, 등장 인물 등의 요소들을 살펴보고, 특징을 잡아내자.

❷ 육하원칙에 따라 자유롭게 구상하자.
사진의 상황을 파악했다면, 주제를 정하자. 한 장의 사진이지만 사람에 따라 다양한 상황들을 상상할 수 있다. 사진의 내용을 어떻게 풀어낼 것인지 먼저 대략적인 스토리를 구상해보자. 무엇보다 사진의 분위기와 상황이 내가 작성한 글 안에서도 충분히 공감할 수 있어야 한다.

❸ 1인칭 시점에서 일기 형식으로 글을 작성하자.
꼭 사용해야 하는 제시어가 없으므로 더 자유롭게 글을 쓸 수 있다. 어떤 종류의 글을 써도 제한이 없지만 우리가 가장 익숙하게 쓸 수 있는 일기 형식으로 일상과 관련지어 1인칭 시점에서 작성하는 것이 가장 쉽다.

❹ 이벤트 관련 주제의 모범답안을 외워두자.
축하·이벤트 주제들로 모범답안을 만들자. 선물이나 꽃 이미지, 혹은 파티나 즐거운 분위기의 사진에서 공통으로 활용할 수 있는 표현이나 문형들을 정리하면 좋다.

예제 1

[해설]

[사진파악] 반지를 끼고 있는 손과 다른 사람의 손이 서로 맞잡고 있는 다정한 분위기이다. 사랑, 연애, 결혼, 프러포즈 등과 같은 단어와 주제를 떠올릴 수 있다.

[스토리구상] ▶줄거리 : ① 男朋友给我打电话 남자친구가 전화를 걸다
② 约一起吃饭 함께 식사하기로 약속하다
③ 拿着花和戒指出现 꽃과 반지를 들고 나타나다
▶중심내용 : 他向我求婚 그가 나에게 프러포즈를 하다

[활용문형]

……是难忘的日子 ~은(는) 잊을 수 없는 날이다	今天是我一生难忘的日子。 오늘은 내 일생의 잊을 수 없는 날이다.
A给B打电话 A는 B에게 전화를 걸다	男朋友给我打电话。 남자친구가 나에게 전화를 걸다.
A向B求婚 A는 B에게 청혼하다	他向我求婚了。 그가 나에게 청혼을 했다.

[유사 주제 빈출 사진]

 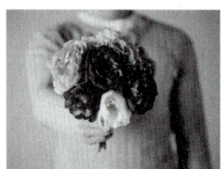 

[모범답안] **[생일·선물·이벤트 관련 유형]**

			今	天	是	我	一	生	难	忘	的	日	子	。	早	上
的	时	候	，	男	朋	友	给	我	打	电	话	约	我	一	起
吃	晚	饭	。	所	以	下	班	后	，	我	去	了	我	们	约
定	的	饭	店	。	突	然	，	男	朋	友	穿	着	西	服	，
手	里	拿	着	花	和	戒	指	出	现	了	。	他	向	我	求
婚	了	。	我	当	然	很	开	心	地	答	应	了	。		

[해석] 오늘은 내 일생의 잊을 수 없는 날이다. 아침에 남자친구가 나에게 전화해 함께 저녁을 먹자고 했다. 그래서 퇴근 후에, 나는 우리가 약속한 호텔에 갔다. 갑자기 남자친구가 정장을 입고, 손에 꽃과 반지를 들고 나타났다. 그는 나에게 청혼했다. 나는 당연히 기쁘게 수락했다.

→ 외워서 원고지 칸에 직접 작성해보자!

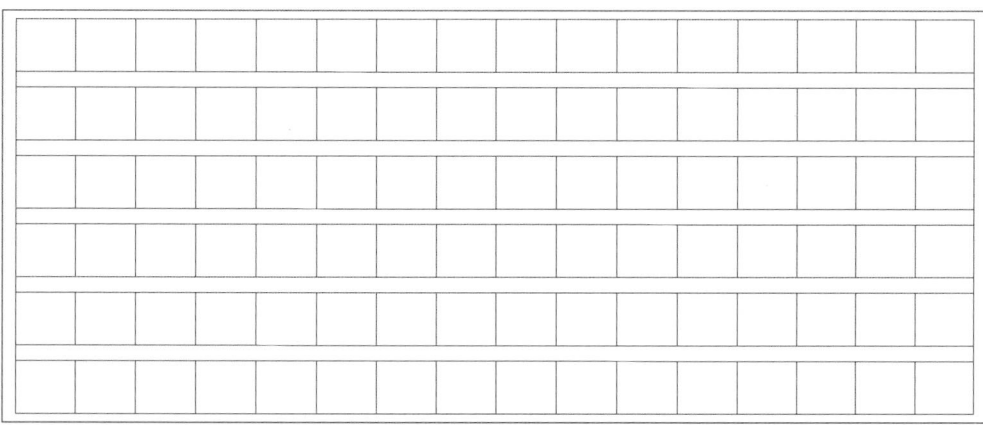

 실전 **PT**

▶정답 및 해설 89p
학습시간 **3 0** 분

◉ 예제의 내용을 응용하여 선물, 이벤트와 관련된 80자 작문을 완성해보자!

[생일·선물 관련 유형]

 문제 1

[이벤트·선물 관련 유형]

마무리 PT

1 A比B + 술어 +很多 : A는 B보다 훨씬 ~하다

人比平时多很多。
사람이 평소보다 훨씬 많다.

2 什么(의문대명사) + 也/都 : 무엇이든, 무엇이라도(불특정 다수)

网上超市什么都有。
인터넷 마트에는 무엇이든 다 있다.

3 一旦A, (就)B : 일단 A하면 B하다

习惯一旦养成很难被改变。
습관은 일단 형성되면 고치기 어렵다.

4 只是……而已 : 단지 ~일 뿐이다

只是不够完善而已。
단지 충분히 완벽하지 않을 뿐이다.

5 越A越B : A할수록 B하다

视觉系统越早形成越好。
시각 기관은 일찍 형성될수록 좋다.

6 加重 + 负担/压力/痛苦 : 부담/스트레스/고통을 가중시키다(늘리다, 심해지다)(↔减轻)

喝下午茶会加重消化负担。
오후에 차를 마시는 것은 소화의 부담을 가중시킬 수 있다.

7 有助于 + 2음절 동사/동사구 : ~에 도움이 되다

下午茶不仅能赶走瞌睡, 还有助于恢复体力。
오후의 차는 졸음을 쫓을 뿐만 아니라, 또한 체력을 회복하는 데 도움이 된다.

8 保持 + 干净/冷静(상태) : 깨끗함/침착함을 유지하다

面对危险要保持冷静。
위기에 직면했을 때 침착함을 유지해야 한다.

9 免疫力/气温/物价 + 下降 : 면역력/기온/물가가 떨어지다

免疫力下降会让人失眠。
면역력이 떨어지면 불면증을 야기할 수 있다.

10 A对B伤害大 : A는 B에 해롭다

熬夜对身体伤害大。
밤을 새는 것은 몸(건강)에 해롭다.

Day 17

듣기 제2부분 | 서술형 지문

알게 되면 1초 정답! 핵심 다의어 23!

어휘 PT ● Track 17-1 학습시간 10분

문제 1-2

| 对手 duìshǒu 몡 상대, 적수
| 付出 fùchū 동 (돈이나 대가를) 지불하다, 들이다
| 收获 shōuhuò 동 수확하다
| 可靠 kěkào 형 확실하다, 믿음직스럽다
| 重视 zhòngshì 동 중시하다
| 形象 xíngxiàng 명 이미지, 형상, 인상
| 勇气 yǒngqì 명 용기
| 骄傲 jiāo'ào 형 거만하다, 자부심이 강하다
| 落后 luòhòu 형 낙후되다, 뒤떨어지다
| 天生 tiānshēng 형 타고난, 선천적인, 천성적인
| 长相 zhǎngxiàng 명 생김새, 외모
| 进步 jìnbù 명 진보 동 진보하다

문제 3-5

碎片 suìpiàn 명 부서진 조각
藏 cáng 동 숨기다, 감추다, 숨다
粘 zhān 동 붙이다
立即 lìjí 부 곧, 즉시, 바로, 금방
认错 rèncuò 동 잘못을 인정하다, 오류를 시인하다
赞美 zànměi 동 찬미하다, 찬양하다
长辈 zhǎngbèi 명 집안 어른, 손윗사람, 연장자
歉意 qiànyì 명 미안한 마음
优秀 yōuxiù 형 뛰어나다, 우수하다
沉默 chénmò 동 침묵하다, 말을 하지 않다
敏感 mǐngǎn 형 민감하다, 반응이 빠르다
打碎 dǎsuì 동 부수다, 깨다
书架 shūjià 명 책꽂이
慌忙 huāngmáng 형 황망하다, 허둥지둥하다
放回 fànghuí 동 다시 갖다 놓다
原处 yuánchù 명 제자리, 원래의 자리
察觉 chájué 동 감지하다, 알아채다
连忙 liánmáng 부 얼른, 급히, 재빨리

碰倒 pèngdǎo 동 충돌하다
骗 piàn 동 속이다, 기만하다
随后 suíhòu 부 뒤따라, 이어서, 그다음에
想象力 xiǎngxiànglì 명 상상력
杰出 jiéchū 형 걸출한, 뛰어난, 출중한
修复 xiūfù 동 복원하다
竟然 jìngrán 부 뜻밖에, 의외로
重新 chóngxīn 부 다시, 재차
代表 dàibiǎo 동 표시하다, 나타내다, 대표하다
吓 xià 동 놀라게 하다
羞愧 xiūkuì 형 부끄럽다, 창피하다
说谎 shuōhuǎng 동 (의도적으로) 거짓말하다

문제 6-8

独特 dútè 형 독특하다, 특이하다
退步 tuìbù 명 빠져나갈 구멍, 퇴로 동 퇴보하다
争吵 zhēngchǎo 동 말다툼하다, 큰 소리로 언쟁하다
谨慎 jǐnshèn 형 (언행이) 신중하다, 조심스럽다
迅速 xùnsù 형 신속하다, 재빠르다
棋艺 qíyì 명 장기·바둑을 두는 솜씨
棋手 qíshǒu 명 바둑·장기를 잘 두는 사람
高手 gāoshǒu 명 고수, 달인
下棋 xiàqí 동 바둑을 두다
A不如B A bùrú B 동 A는 B만 못하다
差不多 chàbuduō 형 비슷하다
轻而易举 qīng'ér yìjǔ 성 수월하다, 식은 죽 먹기
战胜 zhànshèng 동 승리하다, 싸워 이기다
对弈 duìyì 동 (바둑·장기·체스 등에서) 대국하다
取长补短 qǔcháng bǔduǎn 성 장점을 취하고 단점을 보완하다
逐渐 zhújiàn 부 점점, 점차
获益匪浅 huòyì fěiqiǎn 성 얻은 이득이 많다, 꽤 많은 이득을 얻다

 전략 PT 학습시간 20분

집중 PT | 전 | 략 | 노 | 트 |

① 보기를 파악하자.

서술형 긴 지문 듣기는 질문이 끝날 때까지 그 내용을 정확하게 기억하기가 쉽지 않다. 보기에 대한 뜻과 병음을 미리 파악하고, 듣기 내용과 동일한 보기가 있다면 바로 체크하여 정답을 찾을 수 있도록 하자. 질문을 듣지 않더라도 지문의 내용이 보기에 딱 하나만 있을 수 있다. 그것이 바로 정답이다.

② 이야기 관련 문제는 대화에 정답이 있다.

이야기 관련 문제는 대화에 직접적으로 정답이 있는 경우가 많다. 정답은 대다수가 순서대로 언급되므로 첫 번째 문제에 대한 정답이 들렸다면 바로 다음 문제의 보기에 집중해야 한다.

③ 설명문 관련 문제는 대부분 순서대로 정답이 언급된다.

설명문 문제는 대부분 순서대로 정답이 언급된다. 그러므로 첫 번째 문제에 대한 정답이 들리면 체크하고 바로 다음 문제를 주목해야 한다.

④ 동의어·비유 표현을 파악하자.

언제나 예외는 있다. 일반적으로 10 문제 이상은 순차적으로 언급되는 단어와 보기의 단어가 동일하여 쉽게 정답을 찾을 수 있지만, 간혹 같은 의미를 가진 동의어나 비유의 표현으로 다르게 제시되기도 한다. 비중은 3~4 문제로 동의어와 비유의 표현을 잘 파악해야 풀 수 있다.

⑤ 마지막 문장에 주목하자.

마지막 문제는 보통 주제나 교훈, 이야기의 결말에 대하여 묻는 경우가 많다. 그러므로 마지막 문제의 정답은 보통 마지막 문장에 정리해주며 언급된다는 것을 잊지 말자.

 PT★ 시크릿

▶ **다의어 빈출 표현 23** ● Track 17-2

듣기 2부분(서술형 지문) 문제의 핵심은 어휘의 의미 파악이다. 그러나 간혹 기출 어휘 가운데 뜻을 여러 개 가진 다의어가 나왔을 경우, 그 의미를 몰라서 지문을 이해하지 못하거나 정답을 못 찾는 경우가 있다. 시험에 자주 나왔던 다의어 빈출 표현을 정리해보자.

1	白★	① 헛되이, 쓸데없이	白忙了一天。 하루 동안 헛수고했다.
		② 공짜로, 무료로	白给白送 공짜로 주다
2	按★	① 동 누르다	您需要什么，就按铃叫我。 필요한 게 있으면 벨을 눌러서 저를 부르세요.
		② 전 ~에 따라	如果按您的要求做，钢板的使用寿命就会缩短。 만약 당신의 요구대로 하면, 철판의 사용 수명이 줄어들 거예요.

268 PART 2

3	装	① 동 담다, 포장하다	里面也装着三瓶饮料。 안에 세 병의 음료가 담겨 있다.
		② 동 ~인척하다	别不懂装懂。 모르면서 아는 척하지 마라.
4	摆	① 동 놓다, 진열하다	桌上摆着三瓶咖啡。 책상 위에 세 병의 커피가 놓여 있다.
		② 동 흔들다	父亲摆摆手说…… 아버지가 손을 내저으며(손사래치며) 말하길……
5	堆	① 양 더미, 무더기	挑出他一大堆毛病。 그의 한 무더기의 결점들을 끄집어내다.
		② 동 쌓이다, 쌓여 있다	这些零件怎么都堆在这儿啊? 이 부품들이 어째서 여기에 쌓여있니?
6	批	① 양 무더기	工厂购买了一批新设备。 공장은 일부 신설비를 구매했다.
		② 동 승인하다, 허가하다	营业执照已经批下来了。 영업허가증은 이미 승인이 떨어졌다.
7	顶	① 동 감당하다, 짊어지다	您为什么要顶着压力宣布您公司的杀毒软件免费呢? 당신은 왜 부담을 떠안고서 회사의 백신 프로그램을 무료로 공표하세요?
		② 명 (인체·사물의) 꼭대기, 정수리, 마루, 끝	请把可乐举过头顶。 콜라를 정수리 위로 들어 올려주세요.
8	吹	① 불다	吹风 바람이 불다
		② 헤어지다	上星期你们还是好好儿的，怎么又吹了呢? 지난주에 너희들 여전히 잘 지내더니. 어째서 또 헤어졌니?
		③ 허풍 떨다	她是个吹牛大王。 그녀는 허풍쟁이다.
9	怪	① 형 이상하다, 괴상하다	怪石 괴석, 기괴한 돌
		② 동 책망하다, 원망하다, 탓하다	这次又怪我了。 이번에도 저를 탓하는군요.
10	刷	① 동 닦다	一天刷三次牙。 하루에 이를 세 번 닦다.
		② 동 긁다	您刷卡还是付现金? 당신은 카드로 계산하시겠습니까? 현금으로 지불하시겠습니까?
11	谈	① 동 연애하다	他们在谈恋爱。 그들은 연애하는 중이다.
		② 동 말하다, 이야기하다	大家都谈了自己的意见和看法。 모두가 자신의 의견과 견해를 이야기했다.
12	该	① 동 마땅히 ~해야 한다	你该多听听别人的意见。 너는 마땅히 다른 사람의 의견을 많이 들어봐야 한다.
		② 대 이, 그, 저 (=此/这个)	表明自己依然有到该公司就业的诚意。 자신이 여전히 그 회사에 취업하고 싶은 마음이 있음을 나타낸다.

13	取 ★	① 동 뽑다, 인출하다	取钱。돈을 출금하다.
		② 동 찾다	取包裹去了。소포를 찾으러 갔다.
14	紧张 ★	① 형 긴장하다	你比赛的时候紧张吗？너 시합 때 긴장했니?
		② 형 촉박하다	在紧张匆忙的生活中，每天拿出一点儿时间去多读几页书。 촉박하고 바쁜 생활 중에 매일 조금씩 시간을 내어 책을 읽는다.
15	单位	① 명 회사	你们单位还需要实习生吗？ 당신 회사에 실습생이 필요한가요?
		② 명 단위	以周为单位 일주일 단위
16	怪不得	① 부 어쩐	怪不得这么多人。어쩐지 사람이 많더라.
		② 동 탓할 수 없다	怪不得别人。다른 사람을 탓할 수 없다.
17	毛病	① 명 흠, 결점	每天都要挑出他一大堆毛病。 매일 그의 여러 결점들을 꼬집어내다.
		② 명 병, 질병	她有心口疼的毛病。그녀는 명치가 아픈 병이 있다.
18	把握	① 명 자신감, 확신	你们到底有没有把握？ 당신들은 도대체 자신이 있는 겁니까?
		② 동 잡다	面试时应把握好时间。 면접할 때 마땅히 좋은 시간을 잡아야 한다.
19	功夫	① 명 시간	眨眼功夫 눈 깜짝할 사이
		② 명 재능, 재주, 능력	赶时髦也是一种功夫。 유행을 따르는 것도 일종의 재능이다.
20	抬头	① 동 고개를 들다	财主头也不抬，大声说。 부자는 고개도 들지 않은 채, 큰소리로 말했다.
		② 명 명칭, 명의	抬头怎么写？명의는 어떻게 쓸까요?
21	糊涂	① 형 어리석다, 멍청하다	你是越来越糊涂了。당신은 갈수록 멍청하다(이상하다).
		② 형 혼란스럽다	班主任也被他搞糊涂了。 담임 선생님도 그에 의해 혼란스러워졌다.
22	还是	① 부 ~하는 것이 좋겠다	你还是系上领带吧。당신은 넥타이를 매는 것이 좋겠어요.
		② 부 아직, 여전히	还是老样子。여전해요.
		③ 접 A 아니면 B	您刷卡还是付现金？카드 결제인가요? 현금 결제인가요?
23	说闲话	① 험담하다, 뒷말하다	说他人闲话。다른 사람을 험담하다.
		② 한담하다, 잡담하다	几个学生在大树底下说闲话。 몇 명의 학생이 나무 밑에서 한담을 나누고 있다.

실전 PT Track 17-3

> 5급 듣기에서는 유형별 문제 뿐만 아니라, 한 단어가 여러가지 의미를 지닌 다의어가 자주 출제된다. 늘어난 문제를 통하여 유형과 다의어 관련 문제를 다양하게 풀어보고 실전 감각을 익혀보자!

문제 1
A 要比对手更强
B 付出才有收获
C 经验有时并不可靠
D 要重视自己的形象

문제 2
A 人要有勇气
B 要不断地学习
C 骄傲使人落后
D 学会享受人生

문제 3
A 把碎片藏了起来
B 将碎片粘好
C 订了一个新花瓶
D 立即向母亲认错

문제 4
A 对孩子的赞美
B 长辈的信任
C 对丈夫的不满
D 母亲的歉意

문제 5
A 特别优秀
B 很诚实
C 很沉默
D 非常敏感

문제 6
A 进步快
B 手很灵活
C 技艺高的人
D 想法独特的人

문제 7
A 容易输
B 退步很大
C 易发生争吵
D 水平得不到提高

문제 8
A 谨慎
B 自信
C 受人尊敬
D 比自己优秀

독해 제3부분 | 장문 독해
주제 문제, 교훈을 찾으면 정답이 보인다!

어휘 PT
학습시간 10분

문제 1-4

范围偏爱症	fànwéi piān'àizhèng	범위 편애증
上限	shàngxiàn	몡 상한선
下限	xiàxiàn	몡 하한선
举	jǔ	동 제시하다, 제기하다
例子	lìzi	몡 예, 예시
失败	shībài	동 실패하다
告终	gàozhōng	동 끝을 알리다, 끝나다
询问	xúnwèn	동 알아보다, 물어보다, 의견을 구하다
变动	biàndòng	동 바꾸다, 변동하다, 변경하다
挑战性	tiǎozhànxìng	몡 도전성
巨大	jùdà	혱 거대하다
成就感	chéngjiùgǎn	몡 성취감
设置	shèzhì	동 설치하다, 설립하다, 세우다
取得	qǔdé	동 얻다, 취득하다
类似	lèisì	혱 유사하다, 비슷하다
优惠	yōuhuì	혱 우대의, 특혜의
活动	huódòng	몡 활동, 행사, 이벤트
佳	jiā	혱 아름답다, 훌륭하다, 멋지다
吸引力	xīyǐnlì	몡 흡인력, 인력, 매력
犹豫不决	yóuyù bùjué	셩 결단을 내리지 못하고 망설이다, 머뭇거리다
规律	guīlǜ	혱 규칙적이다
控制	kòngzhì	동 통제하다, 자제하다
饮食	yǐnshí	몡 음식
讨价还价	tǎojià huánjià	셩 값을 흥정하다

문제 5-8

应邀	yìngyāo	동 초대에 응하다, 초청을 받아들이다
无数	wúshù	혱 무수하다, 매우 많다
演讲	yǎnjiǎng	몡 강연 동 강연하다
未经	wèijīng	동 (어떤 과정을) 거치지 않다, 아직 ~하지 못하다
即席	jíxí	동 (연설 등을) 즉석에서 하다
强人所难	qiǎngrén suǒnán	셩 어려운 일이나 힘든 일을 남에게 강요하다
充实	chōngshí	혱 충분하다, 풍부하다, 넘치다

共进	gòngjìn	동 함께 하다
机不可失	jī bù kě shī	셩 기회를 놓쳐서는 안 된다
再三	zàisān	부 거듭, 여러 번
推辞	tuīcí	동 거절하다, 사양하다
…不过	…búguò	동 ~할 수 없다
讲台	jiǎngtái	몡 교단, 강단
古罗马时代	gǔ Luómǎ shídài	고대 로마 시대
暴虐	bàonüè	혱 포악하다, 흉포하다, 잔인하다
斗兽场	Dòushòuchǎng	콜로세움
猛兽	měngshòu	몡 맹수, 야수
皇帝	huángdì	몡 황제
兽栏	shòulán	몡 (가축을 기르는) 우리, 축사
镇定	zhèndìng	혱 침착하다, 차분하다, 태연하다
默默	mòmò	부 묵묵히, 말없이, 소리 없이
惊讶	jīngyà	혱 의아스럽다, 놀랍다
依旧	yījiù	부 여전히
悄悄	qiāoqiāo	혱 조용하다, 소리를 낮추다, 은밀하다
忍不住	rěnbuzhù	동 견딜 수 없다, 참을 수 없다
好奇	hàoqí	혱 호기심을 갖다, 궁금하게 생각하다
哄堂大笑	hōngtáng dàxiào	셩 크게 웃다, 동시에 웃음을 터뜨리다
充满	chōngmǎn	동 충만하다, 가득 차다
善良	shànliáng	혱 선량하다, 착하다
胆小	dǎnxiǎo	혱 담이 작다, 겁이 많다, 소심하다
态度	tàidù	몡 태도
恶劣	èliè	혱 나쁘다, 불량하다, 열악하다
临时	línshí	혱 일시적인, 잠시의
发挥	fāhuī	동 발휘하다

문제 9-12

盖	gài	동 짓다, 건축하다
新房	xīnfáng	몡 새 집
派人	pàirén	동 사람을 파견하다
砍	kǎn	동 찍다, 패다, 치다
木材	mùcái	몡 목재

迫不及待	pòbù jídài	성 일각도 지체할 수 없다, 잠시도 늦출 수 없다
工匠	gōngjiàng	명 공예가, 장인
动工	dònggōng	동 (토목 공사에서) 착공하다, 공사를 시작하다(=开工)
树干	shùgàn	명 나무 줄기
散发	sànfā	동 발산하다, 퍼지다, 내뿜다
树脂	shùzhī	명 수지
清香	qīngxiāng	명 맑은 향기
湿	shī	형 습하다, 축축하다, 질퍽하다 (↔干)
质地	zhìdì	명 재질, 속성
柔韧	róurèn	형 부드럽고 질기다
承重	chéngzhòng	동 하중을 견디다
变弯	biànwān	구부러지다
倒塌	dǎotā	동 (건축물이) 무너지다, 쓰러지다, 넘어지다
泥土	nítǔ	명 흙, 토양, 진흙, 토
硬	yìng	형 딱딱하다, 단단하다, 견고하다
理论	lǐlùn	동 논쟁하다, (시비를) 따지다
说服	shuōfú	동 설복하다, 설득하다, 납득시키다
智慧	zhìhuì	명 지혜
幢	zhuàng	양 동, 채, 건물을 세는 단위(=座)
倾斜	qīngxié	형 치우치다, 기울다, 쏠리다
遵循	zūnxún	동 따르다
客观	kèguān	형 객관적이다
规律	guīlǜ	명 규율, 규칙, 법칙
虚心	xūxīn	형 겸손하다, 겸허하다
听取	tīngqǔ	동 청취하다, 귀담아듣다
不顾一切	búgù yíqiè	모든 것을 아랑곳하지 않다, 만사를 제쳐놓다
遭遇	zāoyù	동 (적 또는 불행·불리한 일을) 조우하다, 맞닥뜨리다, 만나다
赞成	zànchéng	동 찬성하다, 찬동하다, 동의하다
犹豫	yóuyù	형 머뭇거리다, 주저하다, 망설이다
无所谓	wúsuǒwèi	상관없다, 개의치 않다
反对	fǎnduì	동 반대하다
结实	jiēshi	형 굳다, 단단하다, 견고하다, 질기다
晒干	shàigān	동 햇볕에 말리다, 바짝 말리다
放弃	fàngqì	동 포기하다
观点	guāndiǎn	명 견해, 관점
灾害	zāihài	명 재해, 화, 재난
选址	xuǎnzhǐ	명 부지, 터, 장소, 입지
消极	xiāojí	형 소극적이다, 부정적이다

전략 PT

학습시간 20분

집중 PT | 전 | 략 | 노 | 트 |

❶ 질문과 보기를 파악하자.

힌트 관련 문제는 질문에 정답과 관련된 내용을 그대로 보여주는 문제이다. 지문에서 질문과 같은 내용을 찾아 앞뒤를 확인하면 정답을 쉽게 찾을 수 있다.

❷ 주제나 의도를 묻는 경우, 첫 문단과 마지막 문단에 주목하자.

일반적으로 주제는 첫 단락에서 강조하며 언급하거나, 마지막에서 정리하며 언급한다. 주제를 묻고 있다면 첫 단락과 마지막 단락을 잘 살펴보자.

❸ 제목을 묻는 경우, 본문의 비중에 따른 주인공을 찾자.

제목을 묻는 문제라면 대부분 지문에 중심 화제가 되는 대상이 있다. 대상이 하나인 경우도 있고, 그 이상인 경우도 있지만, 전체 내용을 기준으로 지문에서 가장 많은 비중을 차지하고 있는 대상이 정답이 된다.

❹ 핵심 표현(따옴표나 밑줄 표시)의 의미를 묻는 경우, 앞 혹은 뒤를 주목하자.

핵심 표현이 속담이나 사자성어일 경우, 의미 파악이 어려운 경우가 많다. 하지만 핵심 표현의 앞이나 뒤에 항상 의미에 대한 설명이 제시된다는 점을 기억하자.

❺ 다른 표현, 같은 의미! 동의어를 주의하자.

핵심 표현 문제는 주로 보기에서 지문의 밑줄 친 표현과 같은 의미의 표현을 찾는 것이다. 어휘를 공부할 때, 반드시 같은 의미를 가진 동의 표현도 함께 공부하는 것이 좋다.

❻ 함정에 주의하자.

정답이 그대로 보이는 쉬운 문제일 경우, 단어를 살짝 바꿔 오답을 정답처럼 보이게 하는 보기가 간혹 나오는 경우가 있다. 그러므로 쉬운 문제일수록 단어를 꼼꼼히 확인하자.

▶ 주제 관련 문제의 키! 빈출 교훈 표현

독해 3부분 지문의 마지막은 언제나 주제를 묻는 문제가 출제되므로 3부분의 5문항이 이에 해당한다. 주제는 주로 교훈을 주는 표현이 정답이 되므로 빈출 교훈 표현을 암기하여 정답 패턴을 익혀보자!

1	不要过分追求完美 bú yào guòfèn zhuīqiú wánměi 지나치게 완벽함을 추구하지 마라
2	要关心周围的人 yào guānxīn zhōuwéi de rén 주변 사람들에게 관심을 가져야 한다

3	要乐观对待生活 yào lèguān duìdài shēnghuó 낙관적으로(긍정적으로) 생활해야 한다
4	不要议论他人(=说三道四) bú yào yìlùn tārén (=shuōsāndàosì) 타인을 험담하지 마라
5	分散可以减少风险 fēnsàn kěyǐ jiǎnshǎo fēngxiǎn 분산시키는 것은 위험(리스크)을 줄일 수 있다
6	不要总是找借口 bú yào zǒngshì zhǎo jièkǒu 언제나 변명하지 마라
7	努力了未必能成功(=不是所有的努力都会成功) nǔlì le wèibì néng chénggōng (=bú shì suǒyǒu de nǔlì dōu huì chénggōng) 노력한다고 해서 모두가 반드시 성공하는 것은 아니다
8	信任是最好的原谅 xìnrèn shì zuì hǎo de yuánliàng 믿음은 최고의 용서이다
9	要学会控制自己的情绪 yào xué huì kòngzhì zìjǐ de qíngxù 자신의 감정을 통제하는 것을 배워야 한다
10	善于听取他人意见 shànyú tīngqǔ tārén yìjiàn 다른 사람의 의견을 경청해야 한다
11	内心比长相更重要 nèixīn bǐ zhǎngxiàng gèng zhòngyào 내면(마음)이 외모보다 더욱 중요하다
12	要善于总结经验教训 yào shànyú zǒngjié jīngyàn jiàoxùn 경험과 교훈을 잘 총결해야 한다
13	耳听为虚，眼见为实 ěr tīng wéi xū, yǎn jiàn wéi shí 귀로 들은 것은 참이 아니고, 눈으로 본 것만이 확실하다 귀로 듣는 것보다 직접 눈으로 보는 것을 믿는다
14	不要总想着占便宜 bú yào zǒng xiǎngzhe zhàn piányi 언제나 자신의 이익만을 챙기려고 해서는 안 된다
15	打架解决不了问题 dǎjià jiějué bùliǎo wèntí 싸우는 것은 문제를 해결할 수 없다

16	**不要忽视身边的每个人** bú yào hūshì shēnbiān de měi ge rén 주변의 모든 사람들을 소홀히 해서는 안 된다
17	**勤奋的人走得更远** qínfèn de rén zǒu de gèng yuǎn 부지런한 사람이 더욱 멀리 걷는다(앞서 걷는다)
18	**不要和别人比** bú yào hé biérén bǐ 다른 사람과 비교하지 마라
19	**调整目光是为了向前** tiáozhěng mùguāng shì wèile xiàng qián 시선을 조정하는 것은 앞을 향하기 위해서이다
20	**虚心使人进步** xūxīn shǐ rén jìnbù 겸손은 사람을 진보하게 만든다
21	**不要轻信他人** bú yào qīngxìn tārén 타인을 쉽게 믿지 마라
22	**幻想可以通向现实** huànxiǎng kěyǐ tōngxiàng xiànshí 환상(상상)은 현실로 통할 수(연결될 수) 있다

> 독해 3부분의 질문 유형은 주로 4가지이다! 주제(제목) 찾기, 질문에서 힌트 얻기, 핵심표현의 의미 파악하기, 오답 보기 배제하기. 각 질문에 대한 전략을 적용하여 문제를 풀어보자!

문제 1-4

　什么是"范围偏爱症"？简单来说，就是相对于某个单一的数字，人们更喜欢有上限和下限的一组数字。

　举个例子：很多女孩都有过减肥的经历，但大部分人都以失败告终。当我们询问失败者给自己定的减肥目标时，发现她们一般会给出2.5公斤、4公斤、5公斤等这样单一的数字，而那些减肥成功者给自己定的大多是像"2~5公斤"这样有上下限的目标。

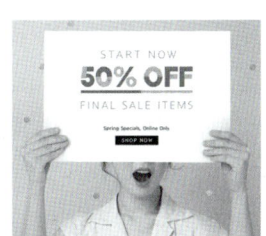

　这样的目标可在上限和下限之间变动，下限目标一般比较容易实现，而上限目标则非常具有挑战性。当人们实现了下限的目标后，会有巨大的成就感，并希望在挑战更高目标的过程中，继续享受到这种成就感。因此，比起那种单一目标，这种设置了上下限的目标更容易帮助人们取得成功。

　人们在购物时也有类似的心理。比如说商场有优惠活动，在降价30%和降价20%~40%的同一组商品中，人们更愿意选择后者。人们会感觉降价20%的商品可能质量更好或品质更佳，降价40%的商品则在价格上更具有吸引力；而单一降价30%的商品，价格上没有太便宜，也不像高品质的样子，所以人们往往不愿意购买。

1. 范围偏爱症是指人们：
   A 经常犹豫不决　　　　　　　B 偏爱有上下限的一组数字
   C 对数字不敏感　　　　　　　D 爱买降价产品

2. 根据第2段，为什么有些女孩减肥会失败？
   A 目标数字单一　　　　　　　B 生活不规律
   C 平时不运动　　　　　　　　D 没控制饮食

3. 根据第3段，下限目标：
   A 无法给人带来成就感　　　　B 较容易实现
   C 数字越小越好　　　　　　　D 可以不用设置

4. 最后一段主要谈的是什么？
   A 怎样讨价还价　　　　　　　B 降价商品没有吸引力
   C 范围偏爱症影响购物选择　　D 人们的购物观念差别很大

문제 5-8

幽默大师林语堂先生，一生应邀做过无数场演讲，但是他不喜欢别人事先未经安排，就要他即席讲演，他说这是强人所难。他认为一场成功的演讲，事前须有充分的准备，内容才会充实。有一次，林语堂应邀参观一所大学。参观后，与大家共进午餐，这时校长认为机不可失，便再三邀请林语堂对同学们即席讲话，林语堂推辞不过，于是走上讲台，说了这么一个故事：

古罗马时代，暴虐的帝王喜欢把人丢进斗兽场，看着猛兽把人吃掉。这一天，皇帝又把一个人丢进了兽栏里。此人虽然矮小，却勇气十足。当老虎向他走来时，只见他镇定地对着老虎耳语一番，老虎便默默地离开了。皇帝很惊讶，又放了一头狮子进去，此人依旧对着狮子的耳边说话，狮子同样悄悄地离开了。这时皇帝再也忍不住好奇，便把此人放出来，问他："你到底对老虎、狮子说了什么话，为什么它们都不吃你？"此人回答说："很简单呀，我只是告诉它们，吃我可以，但是吃过以后，你要做一场演讲。"一席话听得学生哄堂大笑。

5. 林语堂认为演讲应该：
   A 简短   B 充满热情
   C 内容幽默   D 提前做准备

6. 皇帝为什么很惊讶？
   A 老虎很矮小   B 猛兽没吃那个人
   C 那个人不想出来   D 老虎和狮子都不说话

7. 关于那个故事，可以知道：
   A 皇帝很善良   B 狮子很胆小
   C 老虎喜欢演讲   D 让学生们笑了

8. 关于林语堂，下列哪项正确？
   A 态度恶劣   B 喜欢临时发挥
   C 本来不打算讲话   D 经常忘记演讲词

문제 9-12

宋国官员高阳应要盖新房，派人砍了一批木材，并迫不及待地要求工匠立即动工。

工匠一看，那些木料都是刚砍的，树干的断口处还散发着树脂的清香。用这种湿木料怎么能盖房呢？工匠对高阳应说："我们目前还不能开工。这些刚砍下来的木料含水太多，质地柔韧，承重以后容易变弯。用湿木料盖的房子与用干木料盖的相比，一开始看起来差别不大，但是时间一长，用湿木料盖的房子容易倒塌。"

高阳应完全不赞同工匠的看法，他说："房子一旦盖好，过不了多久，木料和泥土就会变干。那时的房屋不就相当于用变干、变硬的木料盖的了吗？怎么会倒塌呢？"工匠和高阳应理论了很久，但始终没法说服他，只好按照他的意思开始盖房。不久，一座新房便建成了。

高阳应一家很快就住进了新房。他骄傲地认为这是自己用智慧战胜了工匠的结果。可是时间一长，那幢房子便开始往一边倾斜。高阳应怕出事故，只好带着家人搬了出去。没过多久，那幢房子真的倒塌了。

我们做任何事都必须遵循客观规律，虚心听取他人意见。如果不顾一切地按照自己的主观想法蛮干，很可能会遭遇失败。

9. 工匠一开始对高阳应的想法持什么态度？
   A 赞成　　　　　　　　　　B 无所谓
   C 犹豫　　　　　　　　　　D 反对

10. 根据第3段，下列哪项正确？
    A 工匠按要求开工了　　　　B 木料都被晒干了
    C 新建的房子很结实　　　　D 高阳应放弃了自己的观点

11. 根据上文，房子最后之所以会倒塌，是因为：
    A 湿木料承重后会变弯　　　B 工匠技术差
    C 遭遇了地质灾害　　　　　D 房屋选址不科学

12. 关于高阳应，可以知道：
    A 不懂得听取意见　　　　　B 盖过很多房子
    C 对待生活很消极　　　　　D 一直住在新房里

쓰기 제2부분 ❺ | 사진 작문
병원/건강 주제

어휘 PT
학습시간 05분

활용 표현

挂号 guàhào 통 접수하다	手术 shǒushù 명 수술
护士 hùshi 명 간호사	外科 wàikē 명 외과
大夫 dàifu 명 의사	内科 nèikē 명 내과
医院 yīyuàn 명 병원	住院 zhùyuàn 통 입원하다
发烧 fāshāo 통 열나다	出院 chūyuàn 통 퇴원하다
咳嗽 késou 통 기침하다	身体不舒服 shēntǐ bù shūfu 몸이 좋지 않다
头疼 tóuténg 통 머리가 아프다	去医院看病 qù yīyuàn kànbìng 병원에 가서 진찰을 받다
不舒服 bùshūfu 형 불편하다, 몸이 아프다	调节饮食习惯 tiáojié yǐnshí xíguàn 식습관을 조절(개선)하다
拉肚子 lādùzi 통 설사하다	肚子疼得很厉害 dùzi téng de hěn lìhai 배가 너무 아프다
高血压 gāoxuèyā 명 고혈압	医生给我开药 yīshēng gěi wǒ kāiyào 의사가 내게 약을 지어 주다
看病 kànbìng 통 진찰하다, 진료하다	运动有益于健康 yùndòng yǒuyìyú jiànkāng 운동은 건강에 이롭다
开药 kāiyào 통 약을 짓다	为了身体健康, 得坚持运动 wèile shēntǐ jiànkāng, děi jiānchí yùndòng 건강을 위하여 운동을 계속해야 한다
打针 dǎzhēn 통 주사를 놓다, 주사를 맞다	
休息 xiūxi 통 쉬다	
请假 qǐngjià 통 휴가를 얻다, 조퇴하다	
照顾 zhàogù 통 돌보다	
严重 yánzhòng 형 심각하다	
正常 zhèngcháng 형 정상적이다	

전략 PT
 학습시간 20분

❶ 일상과 관련된 사진이 출제된다.

사진 작문에서는 일상 생활과 관련된 사진이 가장 많이 출제된다. 사진과 스스로의 일상을 관련지어 글을 쓴다면 보다 자연스러운 글을 작성할 수 있다.

❷ 병원·건강 관련 주제의 모범답안을 외워두자.

병원·건강과 관련된 주제로 글을 쓸 수 있는 제시어들도 자주 등장한다. 특히 건강과 관련하여 운동, 다이어트, 음식, 생활습관, 감기, 피로 등 다양한 소주제들이 있으므로 모범답안을 만들어 공통 표현이나 문형은 응용하여 활용하자.

예제 1

해설

[사진파악] 여자가 이불로 몸을 감싸고 침대 위에 앉아 아파하는 모습이다.

[스토리구상] ▶ 줄거리 : ① 最近天气太冷了 최근에 날씨가 매우 춥다
② 早上我发烧了 아침에 열이났다
③ 自己一个人在家 집에 혼자 있다

▶ 중심내용 : 让朋友来照顾我 친구에게 나를 돌봐달라고 했다

[활용문형]

以为★ ~인 줄 알다, ~라고 착각하다 (판단착오)	我以为自己的身体很强壮, 但是早上发烧了。 나는 내가 매우 튼튼한 줄 알았는데, 아침에 열이 났다. 我以为她病了，后来才知道她姐姐病了。 나는 그녀가 아픈 줄 알았는데, 나중에 알고 보니 그녀의 언니가 아팠다.
让A(대상)B(동작) A에게 B를 하게 하다	让她来照顾我。 그녀에게 나를 돌봐달라고 했다. 医生让我调节饮食习惯。 의사는 나에게 식습관을 개선하라고 했다.

[유사 주제 빈출 사진]

 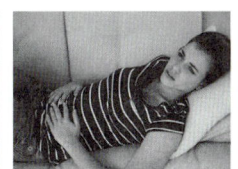 

모범답안 [병원 관련 유형]

			最	近	天	气	太	冷	了	,	所	以	很	多	人	都
感	冒	了	。	我	以	为	自	己	的	身	体	很	强	壮	,	
但	是	没	想	到	今	天	早	上	起	床	时	,	我	发	烧	
了	。	我	自	己	一	个	人	在	家	,	也	不	能	去	公	
司	上	班	。	怎	么	办	?	快	点	给	我	的	朋	友	小	
李	打	电	话	吧	!	让	她	来	照	顾	我	!				

[해석] 최근에 날씨가 매우 춥다. 그래서 많은 사람들이 감기에 걸렸다. 나는 내 몸이 매우 튼튼한 줄 알았는데, 생각지 못하게 오늘 아침에 일어날 때 열이 났다. 나는 집에 혼자 있었고, 회사에 출근할 수도 없다. 어떻게 해야 할까? 빨리 내 친구 샤오리에게 전화를 걸어야지! 그녀에게 나를 돌봐달라고 해야겠다!

→ 예제1의 참고 답안을 외워서 원고지 칸에 직접 작성해보자!

실전 **PT**

▶정답 및 해설 98p

학습시간 3 0 분

☺ 예제의 내용을 응용하거나 혹은 병원, 건강, 운동 관련 어휘와 표현을 활용하여 80자 작문을 완성해보자!

[병원 관련 유형]

 문제 **1**

[건강 관련 유형]

 **마무리 PT**

1 白 : 부 헛되이, 쓸데없이 부 무료로
白忙了一天。
하루동안 헛수고하다

2 按 : 동 누르다 전 ~에 따라
男：您好，请问您能帮我们合个影吗?
안녕하세요. 실례지만 저희 단체 사진 좀 찍어주실래요?
女：没问题，是按这里吗?
그럼요. 여기를 누르면 되나요?

3 只有A(조건), 才B(결과) : 오직 A해야만 B할 수 있다.
只有通过自身的努力，才能有最大的收获。
오직 자신의 노력을 통해서만 가장 큰 수확을 얻을 수 있다.

4 주어 + 再也没 + 술어 : ~은 다시는 ~하지 않다
他再也没有说过谎。
그는 더 이상 거짓말을 하지 않았다.

5 既A，又B : A하기도 하고, B하기도 하다(상태 설명)
你既能发现自己的不足，又能学到对方的优点。
당신은 자신의 부족한 점도 발견할 수 있고, 상대방의 장점도 배울 수 있다.

6 具有 + 挑战性(추상명사) : 도전적이다, 도전적인 기질을 가지고 있다.
上限目标非常具有挑战性。
상한선의 목표는 매우 도전적이다.

7 到底 + (정반/선택/의문대명사) : 도대체(=究竟)
你到底对老虎、狮子说了什么话?
당신은 도대체 호랑이와 사자에게 무슨 말을 했습니까?

8 遭遇 + 失败/灾害(적 또는 불행/불리한 일) : 실패/재해를 당하다(맞닥뜨리다)
遭遇了地质灾害。
지질 재해를 당했다.

9 以为 : ~인 줄 알다, ~라고 착각하다(판단 착오)
我以为自己的身体很强壮，但是早上发烧了。
나는 내가 매우 튼튼한 줄 알았는데, 아침에 열이 났다.

10 让A(대상) + B(동작) : A에게 B하게 하다
让她来照顾我。
그녀에게 나를 돌봐달라고 했다.

新HSK
PT 5급

PART 03

영역별 마무리 학습

DAY 18 ~ DAY 20

- **영역별 Final** 영역별 핵심 전략 총정리
- **PT시크릿** 답으로 출제되었던 超중요 표현 모음
- **실전PT** 미니 모의고사로 실력 굳히기

Day 18

듣기 영역 Final 전략 PT

1. 출제 빈도가 높은 정답 문장을 통해 유형 파악하기
2. 정답이 되었던 표현들의 형식과 유형을 암기하기
3. 듣기 영역에만 집중하여 실전 감각 익히기

PT 시크릿　　　　　　　　　　　　　학습시간 20분

제1·2부분 – 대화 지문

● **다른 표현, 같은 의미 파악하기**　　　　　　　　　Track 18-1

질문에 대한 정답 표현이 지문의 표현대로 나오기도 하지만 다르게 표현되는 경우가 많으므로 이와 같은 기출 예문을 통해 단순히 같은 어휘를 찾기보다는 전체적인 의미로 접근하는 방법을 익혀야 한다.

1	지문	这家工厂是我和朋友共同经营的。 이 공장은 나와 친구가 공동으로 경영하는 것이다.
	보기	工厂是合开的。 공장은 동업한 것이다.
		→ 공동으로 경영한다는 것과 동업한다는 것은 같은 뜻이다.
2	지문	这本册子上有图片样品。您可以任意挑选蛋糕。 이 책자에는 그림 샘플이 있어요. 케이크를 마음대로 골라보세요.
	보기	选蛋糕样式。 케이크 스타일을 선택하다.
		→ 케이크를 마음대로 골라보라는 것은 스타일을 선택하라는 것과 같다.
3	지문	他已连续两年获得这个比赛的冠军了。 그는 이미 2년 연속 이 시합의 챔피언을 차지했다.
	보기	那个男孩儿连续两次夺冠。 그 남자아이는 연속 두 번 우승을 쟁취했다.
		→ 챔피언을 차지했다는 말과 우승을 쟁취했다는 것은 동일한 표현이다.
4	지문	我做的财务报表不见了。 제가 만든 재무제표가 보이지 않아요.
	보기	找不到财务报表。 재무제표를 찾을 수 없다.
		→ 보이지 않는다는 말은 잃어버렸다는 말과 같으므로 찾을 수 없다는 말과 같은 의미를 나타낸다.
5	지문	这些信都是三十多年前朋友写给我的，我一直保存着。 이 편지는 30년 전에 친구가 저에게 준 것입니다. 저는 줄곧 보관하고 있어요.
	보기	保存了很多年。 오랜 시간 보관했다.
		→ 30년 동안 보관했다는 것과 오랜 시간 보관했다는 것은 동일한 표현이다.
6	지문	当导游可以去很多不同的地方。 관광 가이드가 되면 많은 다른 지역들을 갈 수 있다.
	보기	导游能去许多地方。 관광 가이드는 많은 곳을 갈 수 있다.
		→ 두 표현은 수식어가 다를 뿐 많은 지역을 갈 수 있다는 의미는 동일하다.

7	지문	你最好学一些，方便交流。 당신은 배워두면 좋을 거예요. 교류가 편해지거든요.
	보기	便于沟通。 소통이 편리하다.
		→ 교류가 편하다는 것과 소통이 편리하다는 것은 동일한 의미이다.
8	지문	手术非常成功，放心吧。 수술이 매우 성공적입니다. 안심하세요.
	보기	做手术了。 수술을 했다.
		→ 수술이 매우 성공적이라는 것은 결과적으로 수술을 했다는 것이다.
9	지문	我准考证上的信息有误。 제 수험표의 정보에 오류가 있습니다.
	보기	身份证号有误。 주민등록번호에 오류가 있다.
		→ 수험표는 신분증을 대신할 수 있다.
10	지문	今天理发能带来一年的好运。 오늘 이발하면 1년 동안 행운이 따른다.
	보기	希望得到好运气。 좋은 운을 얻기를 바란다.
		→ 오늘 이발하면 1년 동안 행운이 따른다는 것은 좋은 운을 얻고 싶다는 것과 같다.

● 내용을 토대로 간략하게 추론하기

○ Track 18-2

알고 있는 어휘가 들렸다고 해서 정답을 찾을 수 있는 것이 아니라 문장을 이해하고 추론해야 하는 문제들도 많이 있다. 기출 문장들이 어떻게 추론되어 정답으로 연결되는지 확인해보자.

1	지문	女: 你看了那个农业展后，感觉怎么样?
		당신은 농업 전시회를 보고 어땠나요?
		男: 特别受启发，它让我对农业生产有了很多新的认识。
		많은 영감을 받았어요. 그것은 저로 하여금 농업 생산에 많은 새로운 지식들을 알게 해주었어요.
	보기	男的收获很大。 남자는 얻은 것이 많다.
2	지문	女: 你打算把朝北的这个房间装修成书房?
		당신은 이 북향 방을 서재로 꾸밀 계획인가요?
		男: 对。我量了一下，做卧室的话可能小了点儿。
		맞아요. 제가 재봤더니 침실로 사용하기에는 작아요.
	보기	准备做书房。 서재를 만들 준비를 한다.
3	지문	女: 趁元旦放假，我们去看看姥姥吧?
		설 휴가를 이용해서 우리 외할머니 뵈러 갈래요?
		男: 嗯。我正好也有这个打算。
		네. 저도 딱 그 계획을 하고 있었어요.
	보기	去外婆家。 외할머니 댁에 간다.
4	지문	男: 平时加班多不多?
		평소에 초과 근무를 많이 하나요?
		女: 不多，就是月底偶尔会加几天。
		많지 않아요. 월말에 가끔 며칠 해요.
	보기	偶尔要加班。 간혹 초과근무를 한다.

5	지문	女：太阳光太强，牛仔裤会掉色的。 햇빛이 너무 강해서 청바지 색에 물이 빠질 거야. 男：原来是这样啊，我这就把它翻过来。 그렇구나. 나도 그럼 뒤집어야겠다.
	보기	牛仔裤翻过来晒是为了避免掉色。 청바지를 뒤집어서 말리는 것은 색이 빠지는 것을 피하기 위해서이다.
6	지문	男：这款红色的空调是今年夏天卖得最好的，外观时尚，价格也合理。 이 빨간색 에어컨은 올해 여름 인기 상품이에요. 유행하는 스타일에 가격도 합리적이에요. 女：保修期是多长时间？ 보증수리기간은 얼마나 되나요?
	보기	接待顾客。 고객을 접대하다.
7	지문	女：对不起，先生，我们这儿只能付现金。 죄송합니다 손님. 저희는 현금 계산만 가능합니다. 男：好吧，那给我开张发票。 알겠습니다. 영수증 좀 발급해주세요.
	보기	男的在付款。 남자는 계산하는 중이다.
8	지문	女：前段时间，我家里事多。幸好有你帮忙，我才没耽误工作。谢谢你！ 앞전에 우리 집에 일이 많았는데, 다행히 당신이 도와줘서 제가 일을 지체하지 않았어요. 정말 고마워요! 男：咱们同事这么多年，你就别跟我客气了。 우리가 오랜 세월 동료로 함께 했는데, 그런 말 하지 말아요.
	보기	感谢男的。 남자에게 감사하다.
9	지문	我昨晚忘记充电了，早上又走得匆忙，没带充电器。 저는 어제저녁에 충전하는 것을 깜빡 잊었어요. 아침에도 급히 나오느라 충전기를 챙기지 못했어요.
	보기	没电了。 배터리가 없다.
10	지문	上班时间延后了半个小时，我早上就不用那么赶了。 출근 시간에 30분 늦춰서, 저는 아침에 그렇게 서두를 필요가 없어졌어요.
	보기	上班时间推后了。 출근 시간을 뒤로 미뤘다.
11	지문	可惜，我的年假休完了，不然就可以和你们一起去了。 안타깝다. 내 연차 휴가가 끝났어. 그렇지 않으면 너희와 함께 갈 수 있을 텐데.
	보기	不能一起去。 함께 갈 수 없다.
12	지문	马老师带队经验丰富。有他在，路上遇到任何难题，都能及时解决。 마 선생님은 팀을 이끈 경험이 풍부해요. 그가 있으면 도중에 어떤 어려운 문제를 만나더라도 모두 제때에 해결할 수 있어요.
	보기	马老师作用大。 마 선생님의 역할이 크다

제2부분 – 서술형 지문

기출 속담·성어·인용구·주제 표현

Track 18-3

제 2부분에 출제되는 성어, 속담, 인용구는 비교적 제한적이므로 자주 출제되었던 어휘들 위주로 기억해두자. 또한 듣기 영역뿐만 아니라 전 영역에서 공통으로 출제되므로 정리해두면 좋다.

1	磨杵成针 móchǔ chéngzhēn [성어] 쇠공이를 갈아서 바늘을 만들다. 끈기 있게 노력하면 무슨 일이든지 다 이룬다.	坚持不懈才能成功 jiān chí bù xiè cái néng chénggōng 꾸준히 노력해야 성공할 수 있다
2	雪融化了是水，但雪融化了也可以是春天 xuě rónghuà le shì shuǐ, dàn xuě rónghuà le yě kěyǐ shì chūntiān 눈이 녹으면 물이지만, 눈이 녹으면 봄이기도 하다	教育影响个人命运 jiàoyù yǐngxiǎng gèrén mìngyùn 교육은 개인의 운명에 영향을 끼친다
3	虎头蛇尾 hǔtóu shéwěi [성어] 용두사미. 처음은 왕성하나 끝이 부진하다	有始无终 yǒushǐ wúzhōng [성어] 시작만 하고 끝을 맺지 못 하다
4	末轮效应 mòlún xiàoyìng 끝인상 효과(최신 효과. 일의 완벽한 마무리를 강조)	要始终如一 yào shǐzhōng rúyī 처음부터 끝까지 한결같아야 한다[성어] 시종일관
5	好钢用在刀刃上 hǎo gāng yòngzài dāorènshang [속담·비유] 좋은 쇠는 칼날을 만드는 데 써야 한다. 좋은 것은 결정적인 곳에 써야 한다	把精力用在最当紧的事情上 bǎ jīnglì yòngzài zuì dāngjǐn de shìqíngshang 정력은 가장 중요한 일에 써야 한다
6	放下包袱，轻装上阵 fàngxià bāofu, qīngzhuāng shàngzhèn 심리적인 부담을 떨치고 경기 등에 매진하다	给自己减压 gěi zìjǐ jiǎnyā 자신의 부담(스트레스)을 줄여야 한다
7	人贵有自知之明 rén guì yǒu zìzhī zhī míng 사람은 누구나 자신을 정확히 아는 것이 중요하다	了解自己 liǎojiě zìjǐ 자신을 알아야 한다
8	一句话说得人跳 yí jù huà shuō de rén tiào 한 마디의 말이 사람을 뛰게 만든다	让人生气 ràng rén shēngqì 사람을 화나게 하다
9	要飞翔，必须靠自身的力量 yào fēixiáng, bìxū kào zìshēn de lìliàng 날고 싶다면, 반드시 자신의 힘에 의지해야 한다	不要依靠别人 bú yào yīkào biérén 남에게 의지하지 마라
10	只要认为对，就必须马上付诸行动 zhǐyào rènwéi duì, jiù bìxū mǎshàng fùzhū xíngdòng 옳다고 생각하면, 바로 실행에 옮겨야 한다	做事不能犹豫 zuòshì bù néng yóuyù 일 할 때 망설이지 마라
11	淡水量只是九牛一毛 dànshuǐliàng zhǐshì jiǔniú yìmáo 담수량이 구우일모이다([성어] 구우일모. 아홉마리 소의 몸에 난 수많은 털 가운데 한 가닥. 매우 적다)	地球上可利用的水少 dìqiúshang kě lìyòng de shuǐ shǎo 지구상에서 이용할 수 있는 물이 적다
12	舍得舍得，有舍才有得 shěde shěde, yǒu shě cái yǒu dé 기꺼이 버릴 줄 알아야 얻을 수 있다	应该学会有选择地放弃 yīnggāi xuéhuì yǒu xuǎnzé de fàngqì 선택과 포기를 배워야 한다

第一部分

第1-10题：请选出正确答案。

1. A 免费品尝
   B 选其他口味
   C 交押金
   D 选蛋糕样式

2. A 马主任
   B 马教练
   C 刘秘书
   D 刘校长

3. A 要下雪
   B 资金不够
   C 路面结冰了
   D 参与的人少

4. A 餐车
   B 车库
   C 厕所
   D 售票处

5. A 当编辑了
   B 发表了小说
   C 顺利毕业了
   D 文章获奖了

6. A 钱包丢了
   B 约会迟到了
   C 身份证过期了
   D 银行卡密码忘了

7. A 总裁
   B 专家
   C 投资方
   D 部门经理

8. A 女的很失望
   B 上班时间推后了
   C 下班时间提前了
   D 男的反对调整时间

9. A 没电了
   B 欠费了
   C 电池坏了
   D 只能发短信

10. A 动画片展
    B 儿童剧演出
    C 演唱会
    D 武术表演

第二部分

第11-28题：请选出正确答案。

11. A 人物突出
    B 主题不明确
    C 色彩搭配好
    D 很抽象

12. A 月底轻松
    B 偶尔要加班
    C 对业务不熟
    D 觉得比较辛苦

13. A 着凉了
    B 失眠了
    C 胃口不好
    D 做手术了

14. A 数据分析
    B 资料收集
    C 刚获得批准
    D 实验报告完成

15. A 怕老鼠
    B 被送人了
    C 昨天走丢过
    D 爱咬人

16. A 非常大
    B 很豪华
    C 特别拥挤
    D 展览不多

17. A 报错级别了
    B 护照号错了
    C 信息未登记全
    D 身份证号有误

18. A 避免掉色
    B 干得更快
    C 不容易结冰
    D 避免拿错了

19. A 银行
    B 公寓
    C 餐厅
    D 工厂

20. A 还没付款
    B 质量不合格
    C 摆得很整齐
    D 临时放这儿

21. A 有亲戚来
   B 财主过生日
   C 财主请人吃饭
   D 邻居租他家房子请客

22. A 小气
   B 大方
   C 狡猾
   D 热心

23. A 胃口不好
   B 和师父吵架了
   C 打扫落叶很费事
   D 师父催他快点儿干完

24. A 把树砍了
   B 使劲儿摇树
   C 找师父商量
   D 找人轮流打扫

25. A 要乐观
   B 要活在当下
   C 对人要坦率
   D 做事要灵活

26. A 网破了
   B 刮起了大风
   C 他掉进了池塘
   D 鸟带着网飞走了

27. A 别追了
   B 换张大网
   C 以后别抓鸟了
   D 用枪把鸟打下来

28. A 没劲儿了
   B 翅膀断了
   C 目标不统一
   D 分不清方向

 마무리 PT

1 征求 + 意见/看法 : 의견/견해를 요구하다(묻다)
征求一下投资方的意见。
투자자의 의견을 물어봅시다.

2 比A强多了 : A보다 훨씬 나아지다
比实习时强多了。
실습 때보다 훨씬 나아졌다.

3 来得及 : ~할 여유가 있다, ~할 시간이 있다(↔来不及)
我们只看了古代钱币展，其他的都没来得及看。
우리는 고대 화폐 전시회만 봤고, 다른 것은 볼 여유가 없었다.

4 有误 : 오류가 있다
老师，我准考证上的信息有误。
선생님, 제 수험표 정보에 오류가 있어요.

5 吝啬 : 인색하다(＝小气)
有个财主非常吝啬。
어떤 부자가 매우 인색했다.

6 租(用)房子 : 집을 빌리다
他的邻居租用他家房子设宴请客。
그의 이웃이 그의 집을 빌려서 연회를 열고 손님을 초대했다.

7 不巧 : 유감스럽게도, 공교롭게도, 운이 없게도
不巧这话让刚要出门的主人听到。
공교롭게도 이 말을 막 나가려던 주인이 듣게 되었다.

8 活在当下 : 현재를 살다
重要的是活在当下。
중요한 것은 현재를 사는 것이다.

9 恐怕 + 부정적 추측 : 아마 ~일 것이다
我恐怕真的追不上。
나는 아마 정말로 쫓을 수 없을 것이다.

10 之所以A(결과)，是因为B(원인) : A한 까닭은 B하기 때문이다
猎人之所以认为自己能追上那群鸟，是因为他看到了那群鸟的致命弱点。
사냥꾼이 새 무리를 쫓을 수 있다고 생각한 이유는 그가 그 새 무리의 치명적인 약점을 보았기 때문이다.

Day 19

 독해 영역 Final 전략 PT

1. 기출 정답 문장을 통해 정답을 유추하는 비법 습득하기
2. 지문의 내용과 같은 의미의 문장 유형 알아보기
3. 독해 영역에만 집중하여 실전 감각 익히기

PT★ 시크릿  학습시간 2 0 분

제1부분

● **빈출 고정 표현 18! 보너스 정리!**

독해 1부분의 핵심 전략은 빈칸 주변에서 빈칸에 들어갈 표현과 서로 호응하는 표현을 찾는 것이다. 고정 표현을 많이 알수록 정답을 찾는 시간은 줄어든다!

1	删除 + 文件/数据 문서/데이터를 삭제하다	他把文件删除了。 그는 문서를 삭제했다.
2	善于 + 表达/写作/思考/处理 표현/글쓰기/생각/처리에 능숙하다(잘하다)	他善于处理紧急情况。 그는 긴급한 상황을 처리하는 데 능숙하다.
3	说服 + 对方/父母 상대방/부모를 설득하다	他们谁都没能说服对方。 그들은 어느 누구도 상대방을 설득하지 못 했다.
4	缩短 + 距离/时间 거리/시간을 단축시키다	网路缩短人与人之间的距离。 인터넷은 사람과 사람 사이의 거리를 단축시켰다.
5	实现 + 目标/理想 목표/이상을 실현하다	实现了下限的目标。 하한선의 목표를 실현했다.
6	享受 + 快乐/乐趣/生活/现在/成就感 즐거움/기쁨/생활/현재/성취감을 누리다	应该懂得享受生活。 삶을 즐길 줄 알아야 한다.
7	控制 + 情绪/饮食 감정/음식을 조절하다	我们应该学会控制自己的情绪。 우리는 자신의 감정을 통제하는 것을 배워야 한다.
8	听取 + 意见/要求 의견/요구를 귀담아 듣다	虚心听取他人意见。 다른 사람의 의견을 귀담아듣다.
9	调整 + 方向/目光/时间 방향/시선/시간을 조정하다	调整目光是为了向前。 시선을 조정하는 것은 앞을 향하기 위해서이다.
10	投资 + 股市 주식에 투자하다	投资股市有很大风险。 주식투자는 큰 위험(리스크)이 있다.

11	突出 + 优势/重点 장점/중점을 부각시키다	面试时要**突出**自己的**优势**。 면접을 볼 때, 자신의 장점을 부각시켜야 한다.
12	违反 + 规定 규정을 위반하다	你这样做会**违反**博物馆的**规定**。 이렇게 하면 박물관의 규정을 위반할 수 있다.
13	预订 + 房间/机票 방/비행기표를 예약하다	**机票**、**房间**都**预订**了吗? 비행기 표와 방은 모두 예약했니?
14	造成 + 损失 손실을 초래하다	地震**造成**了巨大的**损失**。 지진은 거대한 손실을 초래했다.
15	针对 + 问题/大学生/青少年 문제/대학생/청소년을 겨냥하다	这是一项**针对青少年**的心理测试。 이것은 청소년을 겨냥한 심리테스트이다.
16	征求 + 意见/看法 의견/견해를 요구하다/묻다	律师正在**征求**对方的**意见**。 변호사는 상대방의 의견을 요구하는 중이다.
17	追求 + 目标/理想/梦想 목표/이상/꿈을 추구하다	我们在不断**追求**更高**目标**。 우리는 끊임없이 더욱 높은 목표를 추구한다.
18	培养 + 人才/能力/知识 인재/능력/지식을 기르다/배양하다	那所学校**培养**了一大批优秀**人才**。 그 학교는 수많은 우수한 인재를 배양했다.

제2·3부분

● 다른 표현, 같은 의미 파악하기

질문에 대한 정답 표현이 지문의 표현대로 나오기도 하지만 다르게 표현되는 경우가 많으므로 이와 같은 기출 예문을 통해 단순히 같은 어휘를 찾기보다는 전체적인 의미로 접근하는 방법을 익혀야 한다.

1	지문 互联网极大地开阔了他们的视野,给学习、生活带来了巨大的便利和乐趣。 인터넷은 그들의 시야를 넓혀주었고, 공부와 삶에 많은 편리함과 재미를 주었다. 보기 网络方便了中学生的学习。 인터넷은 중고등학생들의 공부를 편리하게 해주었다.
2	지문 他们都认为自己的教学水平很高。 그들 모두 자신의 수업 수준이 매우 높다고 생각했다. 보기 老师们认为自己的教学水平非常出色。 선생님들은 자신의 수업 수준이 매우 훌륭하다고 생각했다.
3	지문 诗人想自己不太容易赢科学家。 시인은 자신이 과학자를 이기기에 쉽지 않을 것이라고 생각했다. 보기 诗人觉得赢的可能性小。 시인은 이길 가능성이 적다고 생각했다.
4	지문 唐代是中国古典诗歌发展的全盛时期。 당대는 중국 고전시가가 발전한 전성시기이다. 보기 唐代是古典诗歌的繁荣时期。 당대는 고전시가가 번영한 시기이다.
5	지문 你的苹果个头不大,颜色也不好,多丑啊。 당신의 사과는 크기도 작고 색깔도 좋지 않고, 못생겼다. 보기 那些苹果长得不太好看。 그 사과들은 생김새가 예쁘지 않다.
6	지문 我们每个人都可以拥有快乐。 모든 사람은 즐거움을 가질 수 있다. 보기 人人都能得到快乐。 사람마다 즐거움을 얻을 수 있다.

7	지문 二胡深受中国人的喜爱。얼후는 중국인들에게 깊은 사랑을 받았다.	
	보기 它在中国很受欢迎。그것은 중국에서 매우 환영받았다.	
8	지문 生活是公正的，更是慷慨的。삶은 공정하고 관대한 것이다.	
	보기 生活对每个人都很大方。삶은 모든 사람들에게 매우 관대하다.	
9	지문 他把车泊在楼下，半小时后下楼时，发现车被盗了。그가 차를 아래층에 세워두고, 30분 뒤에 내려갔을 때, 차를 도둑맞은 것을 발견했다.	
	보기 他的车被偷了。그의 차는 도둑맞았다.	
10	지문 公司老板一直想找机会来考核他们的业务能力。회사 사장님은 줄곧 그들의 업무능력을 심사할 기회를 찾고 싶었다.	
	보기 公司老板考查员工能力。회사 사장님은 직원의 능력을 체크한다.	
11	지문 他们没有购物票据。그들은 구매 영수증이 없다.	
	보기 我们没有购买凭证。우리는 구매 증명서가 없다.	
12	지문 陶罐破碎后，乙格外伤心。항아리가 깨진 후, 을은 유난히 상심했다.	
	보기 乙痛哭一番。을은 통곡하였다.	
13	지문 它们经常聚集在一起，就是为了集体防御。그들이 늘 함께 모여있는 것은 집단 방어를 하기 위해서이다.	
	보기 北极燕鸥为了共同抗敌，常常聚在一起。북극 제비갈매기는 함께 적과 맞서기 위하여 늘 모여있다.	
14	지문 苏轼的文学成就很高。소식의 문학 업적은 매우 높다.	
	보기 苏轼在文学上成就很大。소식은 문학상의 업적이 매우 크다.	
15	지문 这些尾巴可不光是为了好看，它们还起着平衡的作用。이 꼬리는 단지 아름다움을 위한 것뿐 만 아니라, 그것은 평형 작용을 일으킨다.	
	보기 风筝的尾巴能控制平衡。연의 꼬리는 평형을 제어할 수 있다.	
16	지문 那两匹马，发现除了价钱不一样外，其他没有什么区别。그 두 말은 가격이 다른 것을 제외하고, 다른 차이가 없다는 것은 발견했다.	
	보기 那两匹马区别不大。그 두 말은 차이가 크지 않다.	
17	지문 不出商人乙所料。상인 을의 예측한 것을 벗어나지 않다.	
	보기 和商人乙想的一样。상인 을이 생각한 것과 똑같다.	
18	지문 这些鱼通常低污染、高营养，且肉质鲜美。이 생선은 보통 오염이 적고 영양이 높으며 육질이 신선하고 맛이 좋다.	
	보기 深海鱼营养丰富。참치는 영양이 풍부하다.	
19	지문 只有将学习和思考结合起来，才能真正学到知识。오직 학습과 사고를 결합해야만 진정한 지식을 배울 수 있다.	
	보기 学习和思考不能分开。학습과 사고는 분리할 수 없다.	
20	지문 生活是公正的，更是慷慨的。삶은 공정하고 관대한 것이다.	
	보기 生活对每个人都很大方。삶은 모든 사람들에게 매우 관대하다.	

● 내용을 토대로 간략하게 추론하기

지문과 보기의 어휘 표현들이 똑같은 경우도 있지만 문장을 이해하고 추론해야 하는 문제들도 많이 있다. 기출 문장들이 어떻게 추론되어 정답으로 연결되는지 확인해보자.

1	지문	黄山多云雾天、阴雨天，年均气温7.8℃。 황산은 구름과 안개 낀 날, 흐리고 비가 오는 날이 많고, 연평균기온이 7.8도이다.
	보기	黄山阴雨天气较多。 황산은 흐리고 비가 오는 날씨가 비교적 많다.
2	지문	但是鬼，大家谁也没有见过，所以画起来就容易了。" 그러나 귀신은 어느 누구도 만나본 적이 없어서, 그리기 매우 쉽다.
	보기	鬼好画是因为不受限制。 귀신을 그리기 좋은 까닭은 제한을 받지 않기 때문이다.
3	지문	第二天晚上，一碗上面有个鸡蛋，一碗上面什么也没有。 이튿날 저녁, 한 그릇의 위에는 계란이 있었고, 한 그릇 위에는 아무것도 없었다.
	보기	只有一碗有鸡蛋。 오직 한 그릇에만 계란이 있다.
4	지문	不幸的富翁比比皆是。幸福是不能只以金钱来衡量的。 불행한 부자들도 무척 많다. 행복은 돈으로만 판단할 수 없다.
	보기	钱多不一定就幸福。 돈이 많다고 반드시 행복한 것은 아니다.
5	지문	上海不产茶叶，却是中国最大的茶叶消费与流通城市。 상하이는 찻잎을 생산하진 않지만, 중국 최대의 찻잎 소비와 유통의 도시이다.
	보기	上海的茶叶消费量很大。 상하이의 찻잎 소비량은 매우 크다.
6	지문	小时候学骑自行车，总是低着头，两眼死盯着车前轮。结果总是骑得歪歪扭扭，还经常摔倒。 어릴 적 자전거 타기를 배울 때, 늘 고개를 숙이고, 두 눈은 앞 바퀴를 응시했다. 결국 항상 비틀거리고 자주 넘어졌다.
	보기	学骑自行车，刚开始方法不对。 자전거 타기를 배울 때, 처음에 방법이 틀렸다.
7	지문	5、6个月的胎儿在母亲体内接受到光源时，就会自动转向光源。 5~6개월의 태아는 어머니의 몸 안에서 빛을 받았을 때, 자동으로 빛을 향하여 방향을 바꾼다.
	보기	胎儿可以感受到光源。 태아는 빛을 느낄 수 있다.
8	지문	他说："我不要工钱.只要能读遍你家藏书，我就满足了。" 그가 말하길, "저는 월급은 필요 없습니다. 당신 집에 소장되어 있는 책을 두루 읽을 수 있다면, 그것으로 만족합니다."
	보기	匡衡打工是为了读书。 광형이 아르바이트를 하는 것은 책을 읽기 위해서이다.
9	지문	该岛地势平坦，土壤肥沃，林木茂盛，物产富饶，是著名的"鱼米之乡"。 그 섬은 지세가 평평하고 토양이 비옥하고 수풀이 무성하며 생산물이 풍부하여 "생선과 쌀의 고장"으로 유명하다.
	보기	崇明岛物产丰富。 충밍섬은 산물이 풍족하다.
10	지문	网上博物馆具有使用便捷、应用广泛等优势。 인터넷 박물관은 사용하기 간편하고 응용이 광범위하다는 장점을 가지고 있다.
	보기	网上博物馆使用方便。 인터넷 박물관은 사용이 편리하다.
11	지문	'我不是来退面包的，只是想用它换一瓶果酱，我特别喜欢这种果酱'。 저는 빵을 환불하러 온 것이 아닙니다. 단지 이것을 잼과 바꾸고 싶어요. 제가 이 과일 잼을 엄청 좋아하거든요.
	보기	他拿面包换果酱。 그는 빵을 잼과 바꿨다.

12	지문	在一些工业城市，由于空气中存在大量的工业废气，在那里形成的雨水常常会呈一定的酸性。 일부 공업도시에는 공기에 대량의 공업 폐기가스가 존재하기 때문에 그곳에 형성된 빗물은 늘 일정한 산성을 띤다.
	보기	工业城市雨水多呈酸性。공업도시의 빗물은 강한 산성을 띤다.
13	지문	它是研究古生物、古地理及全球变化的宝贵材料。 이것은 연구되는 고생물이며, 고대 지리와 전 세계의 변화에 있어 아주 귀한 재료입니다.
	보기	四合木相当珍贵。쓰허무는 상당히 귀하다.
14	지문	如果秋季乘坐这趟列车，旅客一路上不仅可以欣赏到银装素裹的北国风光、金黄耀眼的麦浪梯田，还能看到一望无垠的碧海蓝天。 만약 가을에 이 열차를 타면, 여행객들은 도중에 은백색으로 덮인 북방의 경치뿐만 아니라 황금빛 눈부신 논의 황금 물결도 감상할 수 있고, 끝없이 멀고 넓은 푸른 하늘과 바다도 볼 수 있다.
	보기	秋季乘坐这趟列车可欣赏美景。가을에 이 열차를 타면 아름다운 풍경을 감상할 수 있다.
15	지문	前行的路上，难免困难重重，要想顺利通过，就要像流水一样，在适当的时候学会转弯。 앞으로 나아가는 길에서 많은 어려움을 피하기는 어렵다. 순조롭게 가고 싶다면 흐르는 물과 같이, 적절한 때에 비껴가는 법을 배워야 한다.
	보기	要学会灵活处理困难。어려움을 유연하게 해결하는 것을 배워야 한다.
16	지문	一本杂志介绍了10种对健康最有利的水果，其中苹果排名第一。 어느 잡지에서 건강에 가장 이로운 열 가지의 과일을 소개했는데, 그중 사과가 1위이다.
	보기	常吃苹果有利健康。사과를 자주 먹는 것은 건강에 이롭다.

● 기출 속담·성어·인용구·주제 표현

지문에 따옴표나 밑줄을 표시하여 그 의미를 묻는 문제에서 주로 성어, 속담 등이 등장한다. 기출 표현 중에서도 반복 출제되는 표현들을 알아두자. 다른 영역에서도 공통으로 출제되는 표현이므로 꼭 기억하자.

1	지문	梦寐以求 꿈속에서도 바라다. 자나 깨나 갈망하다
	보기	迫切地希望 절실히 바라다
2	지문	想办法 방법을 생각하다
	보기	想方设法 방법을 강구하다
3	지문	如愿以偿 희망이 이루어지다. 소원을 성취하다
	보기	愿望得到实现 희망이 실현되다
4	지문	近朱者赤，近墨者黑 주사에 가까이 있는 사람은 (쉽게) 붉게 되고, 먹에 가까이 있는 사람은 (쉽게) 검게 된다. 객관적인 환경은 사람에게 상당히 큰 영향을 미친다
	보기	人们易受周围人的影响 사람들은 주변 사람의 영향을 쉽게 받는다
5	지문	出乎意料 예상이 빗나가다. 뜻밖이다
	보기	完全没有想到 전혀 생각지 못했다

6	[지문] 捡了芝麻，丢了西瓜	참깨는 주웠으나 수박을 잃다, 대단히 어리석다
	[보기] 因小失大	작은 이익을 탐하다가 큰 것을 잃다
7	[지문] 横挑鼻子竖挑眼	온갖 트집을 다 잡다(사사건건 흠을 잡다)
	[보기] 从各方面找毛病	모든 방면의 결점을 꼬집다
8	[지문] 不可思议	불가사의하다
	[보기] 令人吃惊	사람을 놀라게 하다
9	[지문] 不是所有的种子都会发芽	모든 씨앗이 발아할 수 있는 것은 아니다
	[보기] 不是所有的努力都会成功	모든 노력이 성공으로 이어지는 것은 아니다

第一部分

第1-12题：请选出正确答案。

1-4.

　　以前，老北京城每年都要挖城沟。那时没有路灯，晚上行人和车子稍不注意，就会掉进沟里。有一次，"同仁堂"药店的老板看到这种情况，大发善心，让人做了一批灯笼，悬挂在挖城沟的地方，便于来往的人看清脚下的路， __1__ 。

　　每到夜晚，当看到贴有"同仁堂"三个大字的灯笼高悬于沟边时，过路的人无不 __2__ 药店的善举，"同仁堂"三个字也就给人们留下了深刻的印象。渐渐地，同仁堂的名声开始在老北京 __3__ 开来，人们治病买药首先想到的就是同仁堂。在那个没有电视和网络的 __4__ ，同仁堂用真诚和善意，为自己打出了最好的广告。

1. A 可是遭到了行人的反对　　　　B 行人尽到了自己的责任
   C 但情况却变得更加糟糕　　　　D 从而避免了很多事故的发生
2. A 恭喜　　　B 称赞　　　C 鼓掌　　　D 安慰
3. A 集中　　　B 流传　　　C 反映　　　D 围绕
4. A 时刻　　　B 年代　　　C 概念　　　D 日程

5-8.

　　春秋时期，越国有个名叫西施的姑娘，她非常漂亮，一举一动都很动人。但是，她有心口疼的 __5__ ，犯病时总是用手按住胸口，紧锁眉头。因为人们喜欢她，所以她这副病态，在人们眼里也很可爱、动人。

　　西施的邻村有个 __6__ 姑娘叫东施，总是想尽办法打扮自己。有一天，她在路上碰到西施，见西施手按着胸口，紧锁眉头， __7__ 。她想：难怪人们说她漂亮，原来是做出这种样子。于是她 __8__ 西施的病态。看着东施这种奇怪的样子，人们觉得她更难看了。

5. A 疑问　　　B 借口　　　C 矛盾　　　D 毛病
6. A 俊　　　　B 丑　　　　C 弱　　　　D 帅
7. A 显得特别美　　　　　　　　B 一脸自豪的表情
   C 让人觉得不舒服　　　　　　D 好像很羡慕的样子
8. A 配合　　　B 模仿　　　C 形容　　　D 描写

9-12.

　　人类的进食方式大致可分为三种。其一是用手。这是一种最自然的进食方式，例如，婴儿不需母亲教导，__9__ 。其二是用刀叉。刀叉当然是在人类发明火和冶铁之后才会有的 __10__ 。人们获得猎物之后，在火上烤熟，然后用叉子叉着，用刀割来吃，这比用手抓进食已经有了很大进步。其三是用筷子。这种进食用具是如何来的尚待考证。在当今世界，用筷子进食的国家 __11__ 上集中在亚洲，包括，中国以及受汉文化影响较 __12__ 的日本、韩国、越南和新加坡等。

9. A 就会用手抓东西吃　　　　　　B 都会用哭表达需要
   C 很容易 学会用勺子　　　　　　D 会对周围环境迅速做出反应
10. A 玩具　　　　B 零件　　　　C 硬件　　　　D 工具
11. A 根本　　　　B 总共　　　　C 一律　　　　D 基本
12. A 浓　　　　　B 正　　　　　C 深　　　　　D 嫩

第二部分

第13-19题：请选出与试题内容一致的一项。

13. 目前，很多家庭已经认识到了理财的重要性，但究竟应该如何制定理财方案呢？由于每个家庭的情况有别，量体裁衣是十分必要的，也就是说家庭理财方案应该是根据家庭的实际收支情况来定。总体而言，一份合理的理财方案应该在收益、风险与流动性需求上取得一定的平衡。

    A 个人投资风险较大
    B 理财还未受到人们的重视
    C 理财方案应由专业人士制定
    D 理财应充分考虑实际情况

14. 沈括是北宋时期著名的科学家。他自幼勤奋，14岁就读完了家中的藏书，后来跟随父亲去过很多地方，增长了不少见闻，晚年时写下了巨著《梦溪笔谈》，书中详细记载了天文、地理、物理、农学和医学等方面的研究成果，反映了中国古代特别是北宋时期自然科学达到的辉煌成就。

    A 沈括有很多发明
    B 沈括小时候学习刻苦
    C《梦溪笔谈》是部历史小说
    D《梦溪笔谈》是沈括早期的作品

15. 动感单车是一种结合了音乐和视觉效果的室内运动器材。它自20世纪80年代出现至今，经过了多次技术上的改进。现在，它不仅简单易学，而且能够使人全身得到锻炼，极受年轻人的喜爱。

    A 动感单车有多个车轮
    B 动感单车能锻炼人的全身
    C 动感单车是户外运动器材
    D 动感单车只适合年轻人

16. 随着茶叶生产的发展，到了唐代，饮茶已成为日常风俗习惯，由此产生了一种很受欢迎的休闲场所——茶馆。很多人喜欢去茶馆一边喝茶一边聊天儿。四川是中国茶馆文化最发达的地区之一。

    A 饮茶可以促进消化
    B 茶馆文化始于唐代
    C 四川的茶叶产量最大
    D 饮茶是上层社会的爱好

17. 人在一生中会遇到很多不同类型的朋友，他们会被冠以不同的称呼。比如只见过一次面的朋友被称为"一面之交"，不常往来、交情不深的朋友被称为"泛泛之交"，亲密无间的朋友被称为"胶漆之交"，在困境中结交的朋友被称为"患难之交"，等等。

    A 胶漆之交形容困难中产生的友谊
    B 一面之交的朋友不值得交往
    C 多认识朋友有助于人际交往
    D 泛泛之交表示关系很一般

18. 中国有句话叫"没有规矩，不成方圆"，这里的"规"指的是圆规，"矩"指的是尺子，意思是说如果没有规和矩这两样工具就画不出方形和圆形。同样，做事也需要遵守一定的规则和制度，否则便很难成功。

    A 规矩和制度不能缺
    B 成功源于打破常规
    C 不能夸大工具的作用
    D 行动前一定要做好准备

19. 蜂鸟，因拍打翅膀时发出嗡嗡声而得名，是世界上已知最小的鸟类。蜂鸟的分布局限于西半球，尤其以南美洲居多。它是世界上唯一一种可以向后飞行的鸟，它还可以向左右两边飞，甚至能停在空中。

    A 蜂鸟的飞行高度极低
    B 蜂鸟的数量正在变少
    C 蜂鸟主要分布在南美洲
    D 蜂鸟飞行时没有声音

第三部分

第20-31题：请选出正确答案。

20-23.

北极燕鸥体态优美，它的嘴和双脚像是用红玉雕刻出来的；黑色的头顶像戴着一顶呢绒帽；背部的羽毛是灰白的，若从上面看下去，与大海融为一体；而腹部的羽毛都是黑色的，海里的鱼从下面望上去，很难发现它们的踪迹。可以说，北极燕鸥美丽的外形正是大自然巧妙雕琢的结果。

北极燕鸥在北极繁殖，却要到南极去越冬。它们每年在两极之间往返，飞行数万公里。要知道，飞机要在两极之间往返一次，也决非易事。北极燕鸥总是在两极的夏天中度日，而两极夏天的太阳是不落的。可以说，北极燕鸥毕生都在追求光明。不仅如此，它们还有非常顽强的生命力。1970年，人们发现了一只腿上套环的北极燕鸥，那个环竟然是1936年套上去的。也就是说，这只北极燕鸥至少已经活了34年，它至少已经飞行了150多万公里。

北极燕鸥争强好斗，勇猛无比。虽然它们内部经常争吵，但一遇到外敌入侵，则立刻不计前嫌，一致对外。实际上，它们经常聚集在一起，就是为了集体防御。有人曾经看到过这样一个惊心动魄的场面：一头北极熊悄悄地逼近北极燕鸥的聚居地。争吵中的燕鸥发现了北极熊后，立即安静了下来，然后高高飞起，轮番攻击北极熊。北极熊虽然凶猛，却无力还手，只好迅速逃离。

20. 下列哪项是北极燕鸥的外形特征？
  A 脚部是红色的   B 眼睛又大又圆
  C 背部羽毛呈黑色   D 头顶有灰色羽毛

21. 根据第2段，可以知道：
  A 南极天气更寒冷   B 鸟类的平均寿命较短
  C 北极燕鸥从不迷路 D 北极燕鸥善于飞行

22. 北极燕鸥为什么常常聚在一起？
  A 便于照顾幼年燕鸥 B 便于分配食物
  C 为了取暖   D 为了共同抗敌

23. 根据上文，可以知道什么？

A 北极燕鸥每年往返于两极间　　B 北极熊能与北极燕鸥友好相处

C 北极燕鸥数量逐年减少　　　　D 北极燕鸥极少争吵

24-27.

如果仔细观察，你就会发现：每棵苹果树上大概有500个苹果，每个苹果里平均有10颗种子。通过简单的乘法，我们可以得出这样的结论：一棵苹果树有大约5000颗种子。你也许会问，既然种子的数目如此<u>可观</u>，为什么苹果树的数量增加得不是那么快呢？原因很简单，并不是所有的种子都会生根发芽，它们中的大部分会因为种种原因而半路夭折。在生活中也是如此，我们要想获得成功，实现理想，就必须经历多次的尝试。这就是<u>"种子法则"</u>。

参加20次面试，你才有可能得到一份工作；组织40次面试，你才有可能找到一名满意的员工；跟50个人逐个洽谈后，你才有可能卖掉一辆车、一台吸尘器或是一栋房子；交友过百，运气好的话，你才有可能找到一位知心好友。记住：最成功的人，往往是那些播撒种子最多的人。

24. 第1段中"可观"的意思最可能是：

A 数量很大　　　　　　　　B 值得观察

C 增长缓慢　　　　　　　　D 质量很高

25. 关于"种子法则"，可以知道什么？

A 努力就会有收获　　　　　B 种子的生命力很强

C 种瓜得瓜，种豆得豆　　　D 不是所有的努力都会成功

26. 第3段的例子，主要说明：

A 工作不好找　　　　　　　B 成功需要运气

C 付出多的人赢的机会大　　D 永远不要低估你的对手

27. 下列哪项最适合做上文的标题？

A 你准备好了吗　　　　　　B 今天你吃苹果了吗

C 做一颗出色的种子　　　　D 不是所有的种子都发芽

28-31.

一年秋天，有位商人来到一个村庄看望亲戚。他意外地发现，当地的玉米秸秆柔韧性很强，特别适合编织一种遮阳帽。这种帽子看上去很时髦，在市场上很受欢迎。

这个好消息立刻在村里传播开来。原本不值钱的秸秆突然成了宝贝，大家都有些不敢相信。不久，商人请来技术人员教大家编织遮阳帽，并承诺高价购买所有成品。于是，从这年秋天一直到第二年夏天，几乎全村的人都忙着编帽子，家家都赚到了钱。然而，有一户人家却没有加入到编织遮阳帽的队伍中，他们每天跑去山里干活儿。有人劝他们不要错过发财的机会，他们总是摇头拒绝。

转眼间，秋天又来了。村民们突然发现了一个严重的问题：因为只顾着编帽子，没人去种玉米，不少地都荒了，原来存的秸秆也用完了，没法再继续编织遮阳帽了。就在大家急得团团转时，有人发现那一家人不知从什么时候开始已经在远处的荒山上种满了玉米。村里人只好争相去买他们的秸秆。就这样，那家人没费多大劲儿，就赚了很多钱。

当他人追求眼前的利益时，有智慧和远见的人却把目光放到了将来。

28. 关于那种帽子，可以知道什么？
 A 颜色多样　　　　　　B 不能水洗
 C 防晒作用不大　　　　D 样子时尚

29. 村民得知秸秆可以赚钱后，有什么反应？
 A 很担忧　　　　　　　B 感到可笑
 C 难以相信　　　　　　D 不当一回事

30. 关于那一家人，可以知道：
 A 做帽子收购生意　　　B 种了很多玉米
 C 学会了编帽子　　　　D 离开了村庄

31. 最适合做上文标题的是：
 A 遮阳帽的卖点　　　　B 村民的烦恼
 C 玉米的成分　　　　　D 最后的赢家

 **마무리 PT** 　　　　　　　　　　　학습시간 0 5 분

1 **A给B留下了深刻的印象** : A는 B에게 깊은 인상을 남겼다
"同仁堂"三个字也就给人们留下了深刻的印象。
'동인당'이라는 세 글자도 사람들에게 깊은 인상을 남겼다.

2 **不仅A，而且B** : A할 뿐만 아니라, 게다가 B하다
它不仅简单易学，而且能够使人全身得到锻炼。
그것은 간단하고 쉽게 배울 뿐만 아니라, 게다가 사람으로 하여금 전신운동을 할 수 있도록 만든다.

3 **随着 + 发展/变化** : 발전/변화에 따라
随着茶叶生产的发展，到了唐代，饮茶已成为日常风俗习惯。
찻잎 생산의 발전에 따라 당대에 이르러 차를 마시는 것은 이미 일상 풍습이 되었다.

4 **一边A，一边B** : A하면서, B하다(동시 동작)
很多人喜欢去茶馆一边喝茶一边聊天儿。
많은 사람들이 찻집에 가서 차를 마시며 이야기를 나누는 것을 좋아한다.

5 **如果A, 就B** : 만약 A하면, B할 것이다(가정 관계)
如果没有规和矩这两样工具就画不出方形和圆形。
만약 컴퍼스와 자 이 두 가지 도구가 없다면, 사각형이나 원형은 그릴 수 없을 것이다.

6 **遵守 + 规则/制度** : 규칙/제도를 준수하다
做事也需要遵守一定的规则和制度。
일을 함에 있어서 일정한 규칙과 제도를 준수할 필요가 있다.

7 **A(행동)，是为了B(목적)** : A하는 것은 B하기 위해서이다.
它们经常聚集在一起，就是为了集体防御。
그들이 항상 함께 모여있는 것은 집단방어를 하기 위해서이다.

8 **时髦** : 유행이다, 시대에 맞다, 세련되다(=时尚)
这种帽子看上去很时髦。(= 那种帽子样子时尚。)
이 모자는 보기에 매우 세련되다. = 그 모자의 스타일은 유행이다

9 **不敢相信** : 믿을 수 없다(=难以相信)
大家都有些不敢相信。(=村民难以相信)
모두가 믿을 수 없었다 = 농민들은 믿기 어렵다.

10 **当……时** : ~할 당시에, ~할 때
当他人追求眼前的利益时，有智慧和远见的人却把目光放到了将来。
타인이 눈앞의 이익을 추구할 때, 지혜와 식견이 있는 사람은 오히려 시야를 멀리 둔다.

Day 20

쓰기 영역 Final 전략 PT

1. 출제 빈도가 높은 고정 표현 암기하기
2. 출제 빈도가 높은 문장의 형식과 유형을 암기하기
3. 쓰기 영역에만 집중하여 실전 감각 익히기

PT★ 시크릿

학습시간 30분

제1부분

● 최다 빈출 고정 표현 BEST 12

1	输入 + 密码 비밀번호를 입력하다	请输入您的密码。 비밀번호를 입력하세요.
2	技术/动作 + 熟练 기술/동작이 숙련되다	动作非常熟练。 동작이 매우 숙련되었다. 驾驶技术相当熟练。 운전 기술이 상당히 능숙하다.
3	在……工作 ~에서 일하다	在媒体行业工作。 대중 매체 업종에 종사한다. 在人事部门工作。 인사부에서 일한다. 在海关部门工作。 세관에서 근무한다.
4	善于 + 利用/处理(2음절 동사) ~을 이용/처리하는 데 능숙하다	要善于利用自身优势。 자신의 장점을 잘 사용한다. 善于处理紧急情况。 긴급한 상황을 능숙하게 처리한다.
5	充满 + 气氛/欢声笑语(추상명사) 분위기/노래와 웃음소리로 가득차다	充满了节日的气氛。 휴일의 분위기가 가득하다. 充满了欢声笑语。 즐거운 노랫소리와 웃음소리가 가득하다.
6	A给B留下了深刻的印象 A는 B에게 깊은 인상을 남기다	小高的发言给我留下了深刻的印象。 샤오가오의 발표는 나에게 깊은 인상을 남겼다. 舅舅的话给我留下了深刻的印象。 삼촌의 말은 나에게 깊은 인상을 남겼다.
7	有助于 + 缓解 해소/완화시키는 데 도움이 되다	有助于缓解疲劳。 피로를 해소하는 데 도움이 된다. 有助于缓解紧张情绪。 긴장을 완화하는 데 도움이 된다.
8	缩短了 + 时间/距离 시간/거리를 단축시켰다	缩短了办理护照的时间。 여권 처리 시간을 단축했다. 缩短了城市之间的距离。 도시 간의 거리를 단축했다.
9	주어 + 已经过期了 ~은 이미 기한이 지났다	点心已经过期了。 간식은 이미 (유통)기한이 지났다. 杀毒软件已经过期了。 백신 프로그램은 이미 (사용)기한이 지났다.

10	控制 + 平衡/情绪 평형/감정을 통제하다	动物靠尾巴控制平衡。 동물은 꼬리로 평형을 제어한다. 应该学会控制自己的情绪。 자신의 감정을 통제하는 것을 배워야 한다.
11	具有 + 价值 가치가 있다	西红柿具有很高的营养价值。 토마토는 높은 영양 가치가 있다. 这部小说具有艺术价值。 이 소설은 예술적 가치가 있다.
12	不能再 + 술어 + 了 더 이상 ~할 수 없다	不能再推迟了。 더 이상 미룰 수 없다. 不能再便宜了。 더 이상 저렴할 수 없다.

제2부분

● 빈출 주제 모범답안 BEST 5

1. 인터넷 관련 주제

모범답안

		学	生	不	可	以	过	分	沉	迷	于	网	络	。	沉
迷	网	络	会	带	来	消	极	的	后	果	。	很	多	学	生
每	天	上	网	,	不	跟	父	母	、	朋	友	交	流	。	虽
然	网	络	上	的	内	容	很	丰	富	,	但	要	合	理	地
安	排	上	网	的	时	间	,	要	与	周	围	的	人	多	交
流	。	这	也	是	生	活	中	不	可	缺	少	的	一	部	分。

해석 학생은 인터넷 사용(네트워크)에 너무 깊이 빠져서는 안 된다. 인터넷에 빠지면 부정적 결과를 가져오게 된다. 많은 학생들이 매일 인터넷을 하며, 부모님, 친구와는 교류하지 않는다. 비록 인터넷의 내용은 풍부하지만, 인터넷 사용 시간을 합리적으로 분배하고 주위 사람들과 많이 교류해야 한다. 이것 또한 생활에 꼭 필요한 일부분이다.

2. 건강·다이어트 관련 주제

모범답안

　　最近，我吃得越来越多，所以我变成了一个胖子。可是，我妹妹的身材越来越好了。我问她："你怎么减肥的？"妹妹告诉我："我每天去健身房运动，我现在有很多肌肉。"听完她的话，我决定去健身房和她一起运动！

해석 최근에 나는 점점 더 많이 먹는다. 그래서 뚱뚱보가 되었다. 그러나 내 여동생의 몸매는 갈수록 좋아졌다. 내가 그녀에게 "너 어떻게 다이어트 한 거야?"라고 물었더니, 그녀가 나에게 "나는 매일 헬스장에 가서 운동해. 지금 근육도 꽤 생겼어."라고 알려주었다. 그녀의 말을 듣고, 나는 헬스장에서 그녀와 함께 운동을 하기로 결심했다.

3. 연애·데이트 관련 주제

모범답안

　　每天吃完午饭，我都会喝杯咖啡。今天中午，我在饮水机旁边时，遇到了我喜欢的女同事。我们一起聊天儿，我问她："你可以跟我一起吃晚饭吗？"没想到，她竟然同意了。我真的太激动了，快想想晚上去哪儿吃饭！

해석 매일 점심을 다 먹으면, 나는 언제나 커피를 한 잔 마신다. 오늘 점심에 내가 정수기 옆에 있을 때, 우연히 내가 좋아하는 동료를 만나게 되었다. 우리는 함께 이야기를 나눴다. 내가 그녀에게 물었다. "저와 함께 저녁 드실래요?" 생각지 못했는데, 그녀는 놀랍게도 동의했다. 나는 정말 너무 감격(흥분)했다. 저녁에 어디로 가서 저녁을 먹을지 빨리 생각해 봐야겠다!

4. 가족·여행 관련 주제

모범답안

　　我的奶奶今年已经七十岁了。她有一个愿望，就是想去中国的万里长城看看。所以今年，奶奶生日那天，我送给她一份礼物。就是去中国北京的往返机票，奶奶特别感动。她去了长城，吃了烤鸭，拍了很多照片！

해석 우리 할머니는 올해 벌써 70세가 되셨다. 할머니는 한 가지 바람(소원)이 있는데, 바로 중국에 가서 만리장성을 보는 것이다. 그래서 올해, 할머니의 생신 날, 나는 할머니께 선물을 했다. 중국 베이징 왕복 비행기표다! 할머니는 무척 감동하셨다. 할머니는 만리장성에 가서 오리구이도 먹고 사진도 많이 찍으셨다!

5. 친구·교류·관계 관련 주제

모범답안

　　来到大学以后，我第一次住进了宿舍。我的室友一共四个人。我们互相坦率地交往。所以，我们的关系很好，互相帮助。虽然每个人的生活习惯不太一样，但我们也都互相理解。总之，我们在一起，每天很开心。

해석 대학에 들어온 이후, 나는 처음으로 기숙사에 들어갔다. 나의 룸메이트는 모두 4명이다. 우리는 서로 솔직하게 교류한다(지낸다). 그래서 우리는 사이가 매우 좋고 서로 잘 돕는다. 비록 모든 사람의 생활 습관은 서로 다르지만, 우리는 모두 서로 이해한다. 어쨌든 우리는 함께 있어서 매일이 즐겁다.

第一部分

第1-8题：完成句子。

1. 那幅画　深刻的　给我　印象　留下了

2. 这张　过期了　已经　优惠券

3. 小李的　熟练　还不　驾驶技术

4. 他　工作　在　销售部门

5. 缩短了　高速公路　距离　城市之间的

6. 出版商　听取　意见　他人的　善于

7. 疲劳　缓解　吃苹果　有助于

8. 价值　仙人掌　药用　具有

第二部分

第9-10题：写短文。

9. 充满　　成功　　失败　　决心　　收获

10.

마무리 PT   학습시간 05분

1 **充满 + 气氛/欢声笑语/挑战**(추상명사) : 분위기/노래와 웃음소리/도전으로 가득하다(충만하다)
我们每个人的人生里都**充满**了**挑战**。
우리 모든 사람의 인생은 도전으로 가득하다.

2 **具有 + 价值/历史/文化/水平/能力**(추상명사) : 가치/역사/문화/수준/능력을 가지고 있다
西红柿**具有**很高的营养**价值**。
토마토는 매우 높은 영양가치를 가지고 있다.

3 **面对 + 现实/烦恼/危险/问题** : 현실/고민/위험/문제를 직면하다(마주하다)
别害怕，别灰心，去**面对烦恼**吧！
두려워하지 말고, 낙담하지 말고, 고민을 마주하라!

4 **总结经验教训** : 경험과 교훈을 총결하다
总结经验教训，以后就不会走弯路。
경험과 교훈을 총결했으니, 이후에는 돌아가지 않을 것이다.

5 **寻找 + 方法** : 방법을 찾다
不要因为困难、烦恼而灰心，要**寻找**解决**方法**。
어려움이나 고민 때문에 낙심하지 말고, 해결 방법을 찾아야 한다.

6 **失败是成功之母** : 실패는 성공의 어머니이다
有一句话叫："**失败是成功之母**"。
'실패는 성공의 어머니이다'라는 말이 있다.

7 **即使A，也B** : 설령 A할지라도 B하다
即使常常失败，**也**不可以放弃应该坚持下去。
설령 자주 실패할지라도 포기해서는 안 되고 끝까지 해나가야 한다.

8 **如果A，就B** : 만약 A한다면, B할 것이다
人**如果**想要成功，**就**一定要有人生的目标。
만약 성공하고 싶다면, 반드시 인생의 목표가 있어야 한다.

9 **为了A，而B** : A하기 위하여 B하다
我现在也正在**为了**实现目标**而**努力。
나는 지금 목표를 실현하기 위하여 노력하고 있는 중이다.

10 **有信心** : 자신(확신)있다, 자신(확신)을 가지다(＝有把握)
想要成功的话，我们关键要**有信心**。而且不害怕困难。
성공하고 싶다면, 가장 중요한 것은 자신감을 가지는 것이다. 그리고 어려움을 두려워하지 않는 것이다.

교재 후기 올리고, 외식 상품권 받자!
딱! 한권 新 HSK PT 합격후기 공모 이벤트

딱! 한권 新 HSK PT 로 공부하고, 합격의 기쁨을 누린 당신!
생생한 학습 후기를 HSK를 준비하는 수험생 여러분과 함께 공유해 주세요.
우수 후기를 선발하여 맛있는 애슐리 식사권 또는 스타벅스 커피 를 드립니다.

 ★ 이벤트 경품

 1등

애슐리 식사권
(1인 2매, 주말 사용 가능)
〈급수별 1명 (총 3명)〉

 2등

커피 모바일쿠폰
〈급수별 10명 (총 30명)〉

 ★ 참가방법

HSK 독학 카페(cafe.naver.com/chinasisastudy)에
딱! 한권 新 HSK PT 로 공부한 **합격 후기**를 올려주세요.
열.공.한 증거 사진과 **합격증**을 함께 올려주셔야 당첨 확률이 높아져요!

 ★ 당첨자 발표

[연 2회] **1차** 6월 말 / **2차** 12월 말 발표 예정

*이벤트 관련 자세한 내용은 HSK 독학 카페(cafe.naver.com/chinasisastudy)에서 확인하세요.

 혼자 공부하기 힘들 땐 카페로 모여라!

HSK합격에서 고득점 만렙까지 찍자!

▶ HSK 외 중국어와 관련된 다양한 정보와 학습 자료를 얻고, 카페 회원들과 자유롭게 정보도 주고 받는 시사중국어사의 공식 커뮤니티!

▶ 시사중국어사에서 나온 따끈한 신간 소식과 푸짐한 이벤트 소식을 얻어 가세요~

시사중국어사 중국어 독학 스터디 카페 http://cafe.naver.com/chinasisastudy

딱! 한권 新HSK PT 3급 4급 5급 6급

- 3급 김혜연 | 값 22,000원   4급 이주희 | 값 23,000원   5급 우선경 | 값 24,000원   6급 고강민 | 값 25,000원
- 구성 PT학습서 + 해설서 + 실전 모의고사 2세트 + PT어휘집 + MP3 무료 다운로드 + 20일 코칭 영상 무료제공

新HSK 대표강사의 정확한 경향 분석과 핵심 전략!
20일 완성으로 깔끔하게 끝내는 新HSK 합격의 길잡이!

★ 매일 듣기·독해·쓰기 모든 영역을 균형 있게 학습! ★
★ 어휘PT-전략PT-실전PT-마무리PT로 이어지는 탄탄한 학습 시스템! ★
★ 1:1 개인 트레이닝! 20일 코칭 강의 영상 무료 제공! ★

착! 붙는 新HSK 실전 모의고사 시리즈

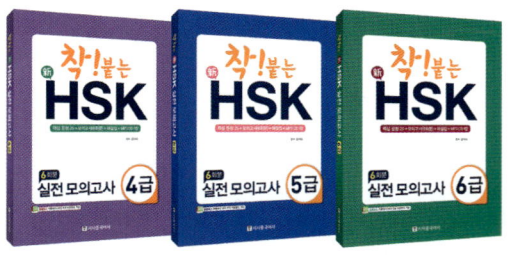

북경어언대 출제 모의고사 시리즈!

- **1급** 신한미(해설) | 값 15,000원
  본책(실전 모의고사 3세트)+해설집+MP3CD 1장+MP3무료다운
- **2급** 김미숙(해설) | 값 16,000원
  본책(실전 모의고사 3세트)+해설집+MP3CD 1장+MP3무료다운
- **3급** 김미숙(해설) | 값 20,000원
  본책(실전 모의고사 6세트)+해설집+MP3CD 1장+MP3무료다운

新HSK 베테랑 강사의 날카로운 적중 문제!

- **4급** 유효정 | 값 15,500원
  문제집(실전 모의고사 6세트)+해석집+MP3CD 1장+MP3무료다운
- **5급** 최선화 | 값 16,000원
  문제집(실전 모의고사 6세트)+해석집+MP3CD 1장+MP3무료다운
- **6급** 최명진·쉬시에시에 | 값 16,500원
  문제집(실전 모의고사 6세트)+해석집+MP3CD 1장+MP3무료다운

딱! 한권

체계적인 20일 코칭 시스템

新 HSK PT
퍼스널 트레이닝

우선경 저

실전 모의고사 5급

시사중국어사

실전 모의고사

제 1 회

新汉语水平考试
HSK（五级）
模拟试题（一）

注意

一、 HSK（五级）分三部分：

1. 听力（45题，约30分钟）

2. 阅读（45题，45分钟）

3. 书写（10题，40分钟）

二、 听力结束后，有5分钟填写答题卡。

三、 全部考试约125分钟(含考生填写个人信息时间5分钟)。

一、听 力

第一部分

第1-20题：请选出正确答案。

1. A 空间非常大
   B 放满了家具
   C 装修完了
   D 准备做书房

2. A 他们结婚20年了
   B 男的给妻子制造了惊喜
   C 女的今天生日
   D 今天是情人节

3. A 发言稿不见了
   B 开会迟到了
   C 工作任务没完成
   D 找不到财务报表

4. A 周边安静
   B 离学校近
   C 位置好
   D 租金便宜

5. A 男的迟到了
   B 两队分数相差大
   C 女的没去看比赛
   D 比赛日期提前了

6. A 会计
   B 工程师
   C 律师
   D 主持人

7. A 家里
   B 幼儿园
   C 玩具店
   D 隔壁邻居家

8. A 看开幕式
   B 在整理资料
   C 看网球比赛
   D 为采访做准备

9. A 上当了
   B 没钓到鱼
   C 受到称赞了
   D 想歇一会儿

10. A 打雷了
    B 台阶滑
    C 路上结冰了
    D 楼梯太旧了

11. A 晒被子
    B 洗床单
    C 收拾屋子
    D 洗牛仔裤

12. A 收到邮件了
    B 询问了营业厅
    C 收到充值短信了
    D 女的打电话告诉他的

13. A 现在卖童装
    B 生意失败了
    C 是服装设计师
    D 去邮局取包裹了

14. A 伤口痒
    B 病情严重了
    C 正在动手术
    D 伤口碰到水了

15. A 机场
    B 车库
    C 火车上
    D 俱乐部

16. A 她没空儿
    B 羡慕男的
    C 她会尽全力的
    D 推荐小黄参赛

17. A 大箱子更结实
    B 原来的箱子破了
    C 东西太多装不下
    D 原来的箱子太重

18. A 快结婚了
    B 没收到邀请
    C 承认了错误
    D 不能参加朋友的婚礼

19. A 被淋湿了
    B 被撕碎了
    C 被油弄脏了
    D 掉色很严重

20. A 蓝色不时尚
    B 赞成用紫色
    C 担心女儿不喜欢
    D 会说服女儿接受蓝色

第二部分

第21-45题：请选出正确答案。

21. A 要陪父母
    B 准备休假
    C 妻子病了
    D 身体不适

22. A 音量高
    B 字号大
    C 防水
    D 很薄

23. A 做兼职
    B 加班
    C 去旅行
    D 学摄影

24. A 规模大
    B 全国性的
    C 持续半个月
    D 在举行闭幕式

25. A 购买新款服装
    B 交720元入会费
    C 来店购物超过9次
    D 一次性消费满800元

26. A 铁制的
    B 还需改进
    C 声音单调
    D 是民族乐器

27. A 过期了
    B 节假日不能用
    C 过了8月才能用
    D 没达到消费标准

28. A 今天
    B 9号下午
    C 10号上午
    D 本月下旬

29. A 面试
    B 辩论
    C 贷款
    D 签合同

30. A 晚宴取消了
    B 周日召开会议
    C 订的包间小了
    D 有20人出席会议

31. A 浇花
    B 搬花盆
    C 画画儿
    D 吃花生

32. A 集中精力
    B 向他求助
    C 使用工具
    D 再次尝试

33. A 针
    B 刀
    C 筷子
    D 玩具

34. A 乐于助人
    B 懂得照顾人
    C 从小勤奋好学
    D 刚开始读书没耐心

35. A 要尊敬老人
    B 实践出真知
    C 要有怀疑精神
    D 坚持不懈才能成功

36. A 水
    B 冰
    C 春天
    D 冬天

37. A 很模糊
    B 很幽默
    C 缺乏逻辑
    D 充满想象力

38. A 教育需要实践
    B 教育要不断改革
    C 教育影响个人命运
    D 教育的核心是培养思考能力

39. A 竞争激烈
    B 人手不够
    C 生意不好
    D 装修费用高

40. A 太抽象
    B 很奇怪
    C 不合理
    D 值得一试

41. A 买铃铛
    B 指出错误
    C 询问价格
    D 打听路线

42. A 待遇差
    B 失业了
    C 干得多得到的少
    D 组长总是批评他

43. A 要把握机会
    B 要善于总结经验
    C 努力比抱怨更重要
    D 表扬比批评更有效

44. A 没效果
    B 使羊受伤了
    C 在逃避问题
    D 不利于羊的成长

45. A 冲出门外
    B 躲了起来
    C 抢着去吃
    D 一直打喷嚏

二、阅读

第一部分

第46-60题：请选出正确的答案。

46-48.
　　智慧是头脑的智能，是迅速、正确地理解事物的能力，是一种洞察力和__46__力。有勇气能改变可以改变的事情，有胸怀能__47__不可改变的事情，而有智慧就能知道何时能改变，何时不能改变，并且知道什么时候"为"，什么时候"不为"。知道自己喜欢做什么样的事，知道自己在做什么事，知道自己能把事情做到何种__48__，这就是智慧。

46. A 感想　　　　B 感动　　　　C 判断　　　　D 成果
47. A 从事　　　　B 接受　　　　C 担任　　　　D 接待
48. A 性质　　　　B 程度　　　　C 规格　　　　D 角度

49-52.
　　列车行驶在曲线轨道上时，容易产生离心力而偏离轨道。为保证安全，此时列车行驶速度会受到一定的__49__。为此，一些国家的铁路部门运用高科技，采取让列车车体倾斜等一系列措施，使列车以较快的速度通过轨道曲线区段，__50__。
　　摆式列车就是这样一种具备自动控制等高新技术的高速列车。__51__它经过曲线轨道时，车厢会自动倾斜，抵消离心力的作用；行驶在直线轨道上时，车厢又会__52__原状。运M行实践表明，摆式列车通过曲线轨道时速度可比以前提高20%–40%，最高可达50%。

49. A 损失　　　　B 刺激　　　　C 限制　　　　D 记录
50. A 以实现铁路高速化　　　　　　B 提高车内舒适度
　　C 保证了乘客的财产安全　　　　D 阻止对面列车相撞
51. A 当　　　　　B 凭　　　　　C 由　　　　　D 与
52. A 修改　　　　B 集中　　　　C 交换　　　　D 恢复

53-56.

一项研究表明：交通事故的发生，与汽车颜色有着__53__的联系。其中，黑色汽车是最容易发生事故的。灰色和银色汽车的__54__性仅次于黑色汽车，然后是红色、蓝色和绿色汽车，再其次是黄色汽车，而白色汽车最安全。白色汽车出车祸的概率最小，__55__，这可能与白色对光线的反射率较高、易于识别有关。不过，如果进行__56__的色彩搭配，也可以提高某些暗色的视觉效果，比如蓝色或者绿色和白色相配就比较醒目，被不少国家用于警车上。总的来说，颜色浅淡鲜亮的车比深色车要安全一些。

53. A 唯一　　　　　B 全面　　　　　C 密切　　　　　D 紧急
54. A 相似　　　　　B 危险　　　　　C 保险　　　　　D 规律
55. A 白色使人感觉凉快　　　　　B 黄色与白色比较接近
　　C 白色成为汽车的安全色　　　D 但很多人不喜欢买白色汽车
56. A 合理　　　　　B 可靠　　　　　C 合法　　　　　D 实用

57-60.

古时候，有个叫张三的人，费了好大的劲儿，才__57__了300两银子，心里很高兴。但他总是怕银子被别人偷去，就找了一个箱子，把银子放在箱中，然后埋在屋后地下。__58__，怕别人到这儿来挖，于是就想了一个"__59__"的办法，在一张纸上写了"此地无银三百两"7个字，贴在墙角边，这才放心地走了。谁知道他的举动，被隔壁的王二看到了。__60__，王二把300两银子全偷走了。为了不让张三知道，他在一张纸上写了"隔壁王二不曾偷"7个字，也贴在墙上。

57. A 摘　　　　　B 欠　　　　　C 钓　　　　　D 存
58. A 他越来越着急　　　　　B 可是他还是不放心
　　C 最后就回屋里睡觉了　　　D 他觉得这回总算安全了
59. A 巧妙　　　　　B 幸运　　　　　C 繁荣　　　　　D 沉默
60. A 从前　　　　　B 目前　　　　　C 暂时　　　　　D 半夜

第二部分

第61-70题：请选出与试题内容一致的一项。

61. 在捕鱼业中，大多数捕捞者乐于捕捞金枪鱼等经济价值高的深海鱼。这些鱼通常低污染、高营养，且肉质鲜美。但是，它们生长速度缓慢、繁殖困难。一旦过度捕捞，很容易导致这些鱼类的数量急剧下降，甚至灭绝。

   A 深海鱼营养丰富
   B 过度捕捞情况很少见
   C 海洋污染日益严重
   D 深海鱼繁殖速度快

62. 被誉为"长江门户"的上海崇明岛是中国第三大岛，现有面积1200平方公里，海拔3.5–4.5米。该岛地势平坦，土壤肥沃，林木茂盛，物产富饶，是著名的"鱼米之乡"。

   A 崇明岛物产丰富
   B 崇明岛目前无人居住
   C 崇明岛有上万平方公里
   D 崇明岛位于黄河出口

63. 心理医生所做的工作其实并不比治疗身体疾病简单。心理医生需要深入了解病人的内心，他们必须对人性有着深刻的洞察力，并能解析人的灵魂。只有这样，他们才能给病人带去希望。

   A 心理医生的工作很无趣
   B 心理医生要能了解病人的内心
   C 身体疾病带给病人的痛苦更大
   D 心理疾病越来越常见

64. 植物枝叶每天都要蒸发大量的水分，水分在蒸发的过程中会吸收周围空气中的热量，从而起到降温的作用，因此植物又被称为"绿色空调"。据科学测定，绿化率高的街区，夏季气温比绿化面积少的街区平均低2-4℃。

    A 绿化率低的街区温度更低
    B 绿色空调用电少
    C 植物吸水能力相对较弱
    D 植物具有降温功能

65. 很多人认为事先做计划会很浪费时间，事实上，提前做好计划可以减少工作所用的总时间。行动之前先进行头脑热身，构想好要做之事的每个细节，梳理清楚思路，这样当我们行动时，便会得心应手。

    A 细节决定成败
    B 考虑问题要周到
    C 行动离不开理论的指导
    D 事先做好计划可提高工作效率

66. 什么东西都想得到的人，到最后往往什么都得不到。人的生命有限，精力有限，这决定了我们应当有所取舍。该取时，要毫不犹豫，勇往直前；该舍时，也要做到干脆果断，绝不可惜。任何患得患失的行为，都只会加重心理负担，无形之中成为我们前进的绊脚石。

    A 要学会取舍
    B 目标要明确
    C 不要轻易放弃
    D 选择多不见得好

67. 为什么绝大多数运动品牌店都是在商场的地下或者高层呢？这是因为运动品牌的消费群体较为固定。顾客在进入商场前，对要买哪个运动品牌的哪款商品、价格大概是多少等问题，心中一般有数。至于它们位于商场的什么位置，对顾客影响并不大。因此，运动品牌自然会选在租金相对便宜的地下或是较高楼层来营业。

    A 运动品牌店的租金较贵
    B 商场高层更容易招来顾客
    C 顾客更看重商品的样式而非品牌
    D 运动品牌有相对固定的消费群体

68. 在许多商品的外包装上，都有一组黑白相间的条形图，这就是条形码。条形码是一种特殊的图形，里面包含了一些和商品有关的信息，如生产国代码、生产厂商代码和商品名称代码等，这些图形只有计算机才能"看"得懂。

   A 条形码多为彩色
   B 电脑无法识别条形码
   C 条形码提供了很多信息
   D 条形码可以贴在任意位置上

69. 活字印刷术是宋朝一个叫毕升的普通老百姓发明的。这一发明用可以移动的胶泥字块儿代替传统的手工抄写，大大地节省了人们的时间和精力，为知识和文化的传播与交流创造了条件，称得上是人类历史上最伟大的发明之一。

   A 活字印刷术已经失传
   B 活字印刷术成本较高
   C 活字印刷术提高了印刷效率
   D 活字印刷术是现代最伟大的发明

70. 生命是一段旅程，而不是一场竞赛。走得一帆风顺固然值得庆幸，但多走几段弯路也未必不是一种收获。多欣赏几段风景，就会多一些生活体验。人生之旅是否有意义、有价值，不在于起点或终点的输赢，也不在于途中的你追我赶，而在于沿途所见的风景，以及内心的那份感受与领悟。

   A 要多走弯路
   B 常旅行的人心胸开阔
   C 只赢不输的人生才精彩
   D 人生的意义在于经历与感悟

第三部分

第71-90题：请选出正确答案。

71-74.

有个农夫想为女儿买一匹马。他在马市上逛了很久，只找到两匹适合女儿骑的小马。他比较了一下那两匹马，发现除了价钱不一样外，其他没有什么区别。

商人甲的小马卖3000块，付了钱可以直接牵走。商人乙则要价3600块，但他告诉农夫：他可以让农夫的女儿先试骑小马一个月，而且会免费为小马准备一个月的草料，并会让自己的驯马师每周去一次农夫家，教农夫的女儿如何照顾小马。一个月后，如果农夫的女儿仍然不喜欢那匹小马，那他会亲自去农夫家将小马牵回来，并负责清扫马舍。要是农夫的女儿喜欢小马，那他将以3600块的价格把它卖给农夫。

农夫最后决定先将商人乙的马牵回家让女儿试骑。一个月后，<u>不出商人乙所料</u>，农夫果然买下了他的马。

商人如果想要成功地将自己的商品推销出去，就必须站在顾客的角度，减少其购买商品后可能会遇到的麻烦并尽量为其提供便利。商人乙正是明白这个道理，所以顺利地做成了这笔生意。

71. 根据第1段，那两匹马：
    A 毛色都是白的　　　　　　B 奔跑速度很慢
    C 售价相差近万元　　　　　D 区别不大

72. 试骑期间，商人乙会提供什么服务？
    A 教农夫的女儿怎么照顾马　B 允许农夫随时换马
    C 每天安排人打扫马舍　　　D 教农夫骑马

73. 第3段中画线的句子是什么意思？
    A 商人甲事后很后悔　　　　B 商人乙感觉很可惜
    C 和商人乙想的一样　　　　D 商人甲没遵守规定

74. 根据上文，可以知道：
    A 马匹买卖不赚钱　　　　　B 农夫的女儿不爱骑马
    C 商人乙的生意不如商人甲　D 农夫买了3600块的那匹马

75-78.

从前，有个叫公孙仪的人，非常善于弹琴。从他的琴声中能听出泉水涓涓，也能听出大海的怒涛；能听出秋虫的低鸣，也能听出小鸟婉转的歌唱。他弹奏欢快的曲调，会让人眉开眼笑；而悲哀的曲调，又使人心酸不已，甚至跟着琴声呜咽。凡是听过他弹琴的人，没有不被他的琴声打动的。

一次，公孙仪：在弹琴时，看见有几头牛在不远处吃草，不由得突发奇想："我的琴声，听了的人都说好，牛会不会也觉得好呢？"

于是，公孙仪就坐到牛旁边，弹了他最拿手的曲子《清角》。他的琴声美妙极了，任何人听了都会发出"此曲只应天上有，人间能得几回闻"的感慨。可是那些牛还是静静地低着头吃草，丝毫没有反应，就好像它们什么都没听到一样。

公孙仪想了想，又重新弹了一曲。这一次曲调变了，音不成音、调不成调，听上去实在不怎么样，像是一群蚊子扇动翅膀发出的"嗡嗡"声，中间似乎还夹杂着小牛"哞哞"的叫声。

这回牛总算有了反应，纷纷竖起耳朵、甩着尾巴听了起来。

琴声最终引起了牛的注意，是因为这个声音接近它所熟悉的东西。

后来，人们就用"对牛弹琴"这个成语来比喻有些人说话不看对象，对外行人说内行话，白白浪费了时间。

75. 第1段主要谈的是公孙仪：
    A 琴声动人   B 喜欢养牛
    C 歌声很美   D 热爱大自然

76. 为什么公孙仪弹第二支曲子时才引起了牛的注意？
    A 牛正好饿了   B 他换了一把琴
    C 牛听得更清楚了 D 琴声像牛熟悉的声音

77. 根据上文，下列哪项正确？
    A 公孙仪太骄傲了 B 公孙仪十分伤心
    C 牛的耳朵受伤了 D 牛不会欣赏优美的琴声

78. 上文主要想告诉我们什么？
    A 要勤学苦练   B 不要不懂装懂
    C 具体问题具体分析 D 兴趣是最好的老师

79-82.

人类习惯躺着睡觉，即使在某些特殊情况下能坐着入睡，但也总会睡得东倒西歪的。与人类不同，鸟类大都是以双足紧扣树枝的方式"坐"在数米高的树上睡觉的，而且从不会跌落下来。这是为什么呢？

一位鸟类学家解释说，人类和鸟类的肌肉作用方式有很大的区别，尤其是在进行"抓"这一动作时，更是完全相反。两者相比较，人类是主动地去抓，鸟类则是被动地去抓。当人类想要抓住某样东西的时候，需要用力使肌肉紧张起来。而鸟类只有在要松开所抓的物体时，肌肉才会紧张起来。也就是说，当鸟类飞离树枝时，其爪子的肌肉呈紧张状态，而当它"坐"稳之后，肌肉便松弛下来，爪子就自然地抓住树枝了。

这位鸟类学家还介绍说，不同的鸟睡眠时间也不大相同。鸫属的鸟基本上一天只睡一到三个小时；啄木鸟等穴洞孵卵鸟类睡眠时间最长，大约要睡6个小时。另外，他还指出，同人类相比，鸟类没有"深度睡眠"这一阶段，它们所谓的睡眠只是进入了一种"安静的状态"而已，因为它们必须警惕随时可能出现的天敌，以便及时地飞走逃生。

79. 鸟类大多是怎样睡觉的？
　　A 躲在洞里　　　　　　　　B 倒挂在树枝上
　　C "坐"在树枝上　　　　　　D 东倒西歪地躺着

80. 人类和鸟类的睡眠方式不同，是因为：
　　A 饮食习惯不同　　　　　　B 骨骼构成不同
　　C 大脑结构不同　　　　　　D 肌肉作用方式不同

81. 根据第3段，下列哪项正确？
　　A 很多鸟喜欢在白天睡觉　　B 啄木鸟的睡眠时间很长
　　C 鸫属的鸟每天要睡6小时　　D 鸟类的睡眠时间和季节有关

82. 鸟类为什么没有"深度睡眠"？
　　A 为了保存体力　　　　　　B 为了保持警觉
　　C 周围环境太吵　　　　　　D 怕错过捕食时间

83-86.

一张透明的玻璃桌上摆着三瓶饮料，分别是茶、可乐和咖啡。魔术师随便从观众席上找了一个男孩儿、一个女孩儿。他拿出一个文件袋，交给男孩儿保管，里面也装着三瓶饮料，但大家都不知道是什么。他告诉女孩儿："桌上有三瓶不同的饮料，你可以随便选择一种，选中之后，请把它举过头顶。"然后，魔术师大声说："现在我已经知道她会选择什么，你们信吗？"当然不信！魔术师拿出一块硬纸板，立在桌面上，不大不小，恰好 挡住三瓶饮料。魔术师请女孩儿开始。女孩儿几乎没怎么思考，便随手拿起一瓶高举过头，是可乐。这时，魔术师让男孩儿打开文件袋，里面装的竟然是三瓶可乐，与女孩儿的选择分毫不差。

这时，魔术师问大家："想不想学？"当然想学。于是他又拿出那块硬纸板，翻过来给大家看。台下顿时哄堂大笑，硬纸板背面写着："拜托，请选择可乐。"当魔术师用硬纸板挡住饮料时，观众看到的是空白面，而女孩儿看到了背面的字，于是她配合了魔术师，就这么简单。"如果偏不选可乐，你怎么办？"台下有人喊。魔术师微微一笑，走到玻璃桌前，分别握住桌上的茶和咖啡，却怎么也提不动。原来，这两瓶饮料已被粘在桌面上，外表根本看不出来，想把它们举过头顶绝对不可能。除了可乐，你别无选择。

魔术一旦被揭秘，大多数人会说："原来不过如此，我也行啊。"可是为什么我们没想到？或许每个人心里都有过一个魔法世界，梦想自己无所不能。而魔术师让我们相信，幻想其实可以通向现实，所有的魔法都来自创意，只有想不到，没有做不到。

83. 女孩儿为什么选择了可乐?
    A 想学习魔术　　　　　　B 可乐离她最近
    C 要配合魔术师　　　　　D 男孩儿提醒了她

84. 文件袋里装的是什么?
    A 茶　　　　　　　　　　B 可乐
    C 咖啡　　　　　　　　　D 可乐和咖啡

85. 魔术师为什么相信女孩儿一定会配合?
    A 女孩儿是他的学生　　　B 他可以将饮料换掉
    C 观众已经知道答案了　　D 其他两瓶饮料被粘住了

86. 上文主要想告诉我们:
    A 要学会配合他人　　　　B 幻想可以通向现实
    C 要坚持自己的梦想　　　D 耳听为虚，眼见为实

87-90.

在日常生活中，谁都有不小心打碎东西的时候，但极少有人会去研究这些碎片中的学问。有位物理学家却从花瓶的碎片中发现了这样一个规律：将打碎后的物体碎片按重量级的数量分类，不同的重量级间会表现出统一的倍数关系。例如，被打碎的花瓶，最大的碎片与次大的碎片重量比是16:1，次大的与第三大的碎片间的重量比也是16:1，以此类推。这就是著名的"碎花瓶理论"。

物理学家进一步研究发现，不同形状的物体，这个重量比是不同的。对于花瓶或茶杯状的物体，这个倍数约为16，棒状物体约为11，球状物体则约为40。更重要的是，这个倍数与物体的材料无关，即使是一块儿冻豆腐摔碎了，也会遵循这个规律。

由此可知，只要有同一物体的部分碎片就能求出这个倍数，从而可以推测出物体破碎前的大概形状。目前，"碎花瓶理论"在恢复文物原貌、推测陨石形状等工作中有特别的用处，它给这些原来全凭经验和想象的工作提供了理论依据。

87. 根据第1段，最大的花瓶碎片：
    A 数量最多   B 用处不大
    C 形状最特别   D 重量是第二大的16倍

88. 第2段中，举"冻豆腐"的例子是为了说明：
    A 食物碎片很难统计   B 重量比不受材料影响
    C 碎片形状和重量比有关   D 重量比与温度有一定关系

89. 关于碎花瓶理论，下列哪项正确？
    A 缺少理论支持   B 对实验室条件要求高
    C 很多人提出反对意见   D 球状物体重量比约为40:1

90. 第3段主要介绍的是碎花瓶理论的：
    A 应用价值   B 实验步骤
    C 历史背景   D 理论依据

三、书写

第一部分

第91-98题：完成句子。

例如：发表　　这篇文章　　什么时候　　是　　的
　　　这篇文章是什么时候发表的？

91. 确定　　决赛的　　还没　　时间

92. 怎么　　绳子　　断了　　这根

93. 渐渐　　活跃起来　　严肃的　　变得　　气氛

94. 打交道　　他很　　与人　　善于

95. 非常　　技术　　熟练　　这位工人的

96. 被　　独特的　　地理环境　　吸引了　　她　　这里

97. 承受了　　心理压力　　巨大的　　他

98. 已经　　辞职手续了　　她　　办理

第二部分

第99-100题：写短文。

99. 请结合下列词语（要全部使用），写一篇80字左右的短文。

   历史　　值得　　讲解员　　参观　　保存

100. 请结合这张图片写一篇80字左右的短文。

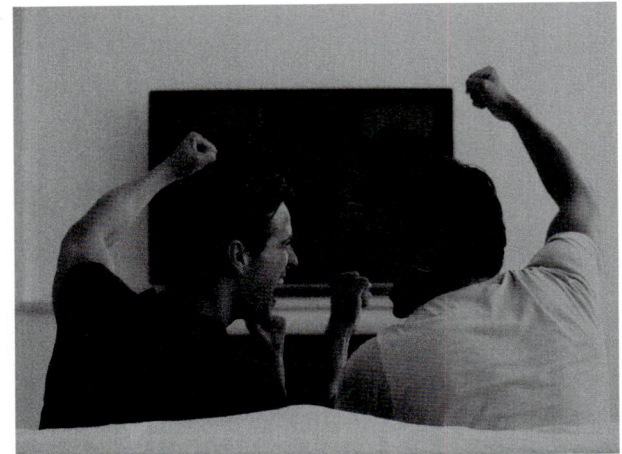

실전 모의고사

제 2 회

新汉语水平考试
HSK（五级）
模拟试题（二）

注意

一、　HSK（五级）分三部分：

　　　1. 听力（45题，约30分钟）

　　　2. 阅读（45题，45分钟）

　　　3. 书写（10题，40分钟）

二、　听力结束后，有5分钟填写答题卡。

三、　全部考试约125分钟(含考生填写个人信息时间5分钟)。

一、听力

第一部分

第1-20题：请选出正确答案。

1. A 连续两次夺冠
    B 比同龄人调皮
    C 想当科学家
    D 有很多新发明

2. A 房东不让养
    B 没空儿照顾
    C 对兔毛过敏
    D 没有耐心养

3. A 看电视
    B 听广播
    C 主持节目
    D 做采访

4. A 看开幕式
    B 听演讲
    C 看话剧
    D 学太极拳

5. A 在餐厅工作过
    B 是校友
    C 一起做过兼职
    D 现在是同事

6. A 洗窗帘
    B 浇花
    C 扫地
    D 洗澡

7. A 太忙
    B 要出差
    C 不感兴趣
    D 准备不充分

8. A 周末加班
    B 同意去钓鱼
    C 对海鲜过敏
    D 不想去郊外

9. A 字数多
    B 结构太乱
    C 在检查一下
    D 有语法问题

10. A 是演员
    B 学过跳舞
    C 第一次表演
    D 要教男的跳舞

11. A 受伤了
    B 晕倒了
    C 腿流血了
    D 刚做完手术

12. A 太酸了
    B 太咸了
    C 辣椒放少了
    D 土豆炒太久了

13. A 犹豫不决
    B 比较负责
    C 非常干脆
    D 不能坚持到底

14. A 获奖了
    B 销量不错
    C 下个月出版
    D 不接受预订

15. A 别着凉
    B 小心台阶
    C 别抽烟了
    D 记得体检

16. A 身体疲劳
    B 穿得太少
    C 丈夫传染的
    D 晚上没关空调

17. A 《红楼梦》
    B 《和平年代》
    C 《战争与和平》
    D 《钢铁是怎样炼成的》

18. A 写作文
    B 包饺子
    C 使用电脑
    D 骑摩托车

19. A 抽屉里
    B 书架上
    C 电脑桌上
    D 行李箱里

20. A 在实习
    B 是志愿者
    C 准备出国
    D 论文与完了

第二部分

第21-45题：请选出正确答案。

21. A 游泳馆
    B 沙滩
    C 滑冰场
    D 郊区

22. A 有员工想辞职
    B 销售部换领导了
    C 王经理换部门了
    D 女的是销售部员工

23. A 手工艺
    B 农产品
    C 家具
    D 珠宝

24. A 减肥
    B 退课
    C 学网球
    D 换教练

25. A 钟歪了
    B 表停了
    C 椅子脏了
    D 柜子坏了

26. A 订机票
    B 翻译资料
    C 做会议记录
    D 去机场接人

27. A 皮鞋小了
    B 裤子太大
    C 裤子太短
    D 裙子太肥

28. A 很时尚
    B 很高档
    C 太朴素了
    D 有点儿短

29. A 客厅
    B 销售部
    C 研发部
    D 会议室

30. A 是部门经理
    B 找到新工作了
    C 在人事部工作
    D 招聘经验丰富

31. A 在做实验
    B 胆子很小
    C 不会游泳
    D 正在海边钓鱼

32. A 被吹翻了
    B 被偷走了
    C 没汽油了
    D 回到了岸边

33. A 被辞退了
    B 没得到重用
    C 损失了一笔钱
    D 和女朋友分手了

34. A 年轻人很热情
    B 金戒指找回来了
    C 叔叔不打算结婚
    D 叔叔把项链扔了

35. A 做个普通人
    B 要坚持原则
    C 首先要自己优秀
    D 困难只是暂时的

36. A 工作伙伴
    B 有个性的同学
    C 最尊敬的老师
    D 最密切的朋友

37. A 爱交际的
    B 诚实开朗的
    C 与自己相似的
    D 和自己性格互补的

38. A 年轻人记忆力好
    B 第一印象很关键
    C 要信任工作伙伴
    D 朋友的肯定能带来安全感

39. A 破了个洞
    B 面积很小
    C 从未修理过
    D 是用石头堆起来的

40. A 牧民最后抓住了狼
    B 牧民只丢了一只羊
    C 牧民怀疑邻居偷了羊
    D 牧民开始没接受邻居的建议

41. A 要信任他人
    B 做事要有主见
    C 面对问题要冷静
    D 发现问题要及时解决

42. A 很开心
    B 十分愤怒
    C 哭笑不得
    D 觉得很奇怪

43. A 想娶公主
    B 想要那个大西瓜
    C 想得到国王的夸奖
    D 想换来更多好东西

44. A 无需电源
    B 功能多样
    C 种类繁多
    D 设计独特

45. A 光线的明暗
    B 声音的大小
    C 人与门距离的远近
    D 地毯上重量的变化

二、阅 读

第一部分

第46-60题：请选出正确的答案。

46-48.
有时候，你被人误解了，你不想解释，所以选择沉默。本来就不是所有的人都得了解你，因此你__46__对全世界解释。也有时候，你被最爱的人误解，难过到不想解释，也只有选择沉默。全世界的人都可以不懂你，但他应该懂。如果连他都不能懂你，还有什么话可说？生活中总有无法解决的问题，__47__不是所有的对错都能讲清楚，甚至可能__48__就没有真正的对与错。那么，不想说话，就不说吧。在多说也没有什么帮助的情况下，也许沉默就是最好的解释。

46. A 亲自　　　　B 不必　　　　C 不免　　　　D 多亏
47. A 依然　　　　B 未必　　　　C 何必　　　　D 毕竟
48. A 根本　　　　B 简直　　　　C 彻底　　　　D 丝毫

49-52.
10岁那年，他和父亲推着板车去镇上卖西瓜，西瓜刚推到镇上，天空就开始阴云密布，要下雨了。过往的人们纷纷往家里__49__。他很沮丧，西瓜卖不出去了，还要再推回去。

这时，父亲说："我们可以把瓜免费送人。"于是，父亲带着他来到沿街的门市，每家都送了两三个西瓜，人们都用诧异的目光看着他们。父亲说，"要下雨了，西瓜不好卖，分给大家吃啦。"有人说："那你不是__50__了吗？我拿钱给你。"父亲__51__手说："不用了，西瓜送给你们，我还赚个轻松，要是推回去，明天不新鲜了，又不好卖了。"

那天，__52__。可是后来，他们再来镇上，西瓜总是第一个卖完。因为他们那次送人家西瓜，人家记着他们的好，相信他们的西瓜最新鲜。

49. A 赶　　　　　B 派　　　　　C 挡　　　　　D 拦
50. A 操心　　　　B 退步　　　　C 吃亏　　　　D 上当
51. A 递递　　　　B 翻翻　　　　C 踩踩　　　　D 摆摆
52. A 他们赚了一大笔钱　　　　　B 邻居把他们送回了家
　　C 他们一无所获地回去了　　　D 他们拉着一车西瓜回去了

53-56.

　　一家机械制造公司接到了一个钢板订单。照惯例，这种钢板应做5毫米厚，但__53__为节约成本要求做到三毫米。

　　交货那天，经理给客户送去的依旧是5毫米厚的钢板，并对客户说："如果按您的要求做，钢板的使用寿命就会缩短，这样不但不能节省成本，__54__。所以我们还是按5毫米标准做的，但仍然以三毫米的价格卖给您！"客户一听，先是一愣，然后非常__55__。

　　公司员工议论纷纷，认为经理在做吃亏的买卖。可就在这时，那位客户又订了一批价值上千万的产品。原来，他被经理维护客户利益的做法打动了，决定与这家公司建立长期的__56__关系。

53. A 人员　　　　　　B 双方　　　　　　C 对象　　　　　　D 对方
54. A 反而会造成更大的浪费　　　　　　B 不如放弃这个决定
　　 C 甚至让人难以拒绝　　　　　　　　D 而且极大地提高了质量
55. A 感激　　　　　　B 信任　　　　　　C 操心　　　　　　D 轻视
56. A 谈判　　　　　　B 合作　　　　　　C 改革　　　　　　D 纪念

57-60.

　　"欲速则不达"，人生不能一味追求速度，其实，"慢"也是一种生活的艺术。"慢工出细活"，这里的"慢"并不意味着低__57__，而是指按计划逐步进行工作，才能达到好的效果。说话也要学会"慢"。有的人好发议论，不善于克制自己，很多话不经__58__脱口而出，带来不必要的麻烦。

　　现代人工作忙碌，生活节奏快，__59__。应该试着让生活节奏放慢些，吃饭要慢慢吃，开车不要超速，不要每件事都跟别人竞争，也不必每日加班。现代人要想__60__身心健康，要学会"慢"这个养生之道。

57. A 程度　　　　　　B 信息　　　　　　C 效率　　　　　　D 优势
58. A 计算　　　　　　B 思考　　　　　　C 记录　　　　　　D 预防
59. A 喜欢回忆过去　　　　　　　　　　B 人们都十分乐观
　　 C 沟通变得更加容易　　　　　　　　D 由此带来很多压力
60. A 保持　　　　　　B 传播　　　　　　C 存在　　　　　　D 避免

第二部分

第61-70题：请选出与试题内容一致的一项。

61. 一般而言，企业家是为了获取利润才创办企业的。而有些企业家创办企业却以解决社会问题为出发点，这些人被称为"社会企业家"。社会企业家为理想所驱动，肩负着企业责任、行业责任与社会责任，为建设一个更好的社会而努力。

    A 社会企业家以建设美好社会为目的
    B 企业家应多捐助贫困家庭
    C 很多企业家的创新能力有待提高
    D 小型企业成长空间有限

62. 孔子，春秋末期鲁国人，儒家学派的创始人，是中国古代著名的思想家、教育家。相传他有弟子3000，其中又有72个特别优秀的弟子。孔子曾经带着弟子周游列国14年，他的思想及学说对后世产生了极其深远的影响。

    A 孔子是大教育家
    B 孔子留下很多作品
    C 孔子的弟子都很出色
    D 孔子对军事很有研究

63. 网上博物馆兴起于20世纪90年代。它是建立在实体博物馆丰富藏品的基础之上的，其巨大的信息量能满足人们对过去的好奇和对未来的向往。网上博物馆具有使用便捷、应用广泛等优势，因而受到了人们极大的关注。

    A 网上博物馆使用方便
    B 网上博物馆信息量小
    C 人们更爱参观实体博物馆
    D 网上博物馆出现于19世纪初

64. 黄山位于安徽南部，是中国十大风景名胜之一。黄山著名的景观有云海、奇松、怪石和温泉，被称为"四绝"。黄山多云雾天、阴雨天，年均气温7.8℃。黄山游客最多的季节是夏季，特别是七八月间。但许多游客认为冬季是黄山最美的季节。

    A 黄山离海边很近
    B 黄山阴雨天气较多
    C 安徽金属资源丰富
    D 冬季去黄山的人最多

65. 四合木是一种较低矮的小灌木，起源于1.4亿年前的古地中海植物区系。因其极为古老且稀有，所以有着植物界的"大熊猫"与"活化石"之称。同时，它也是研究古生物、古地理及全球变化的宝贵材料。

    A 四合木的枝干粗壮
    B 四合木于公元1400年被发现
    C 四合木的花期很长
    D 四合木相当珍贵

66. 经常会有人疑惑，上海不产茶叶，怎么会连续举办十八届国际茶文化节？若您有时间，在上海闸北区逛一逛，相信就会找到答案。无论是步行还是坐车，到处都可以找到您心仪的茶叶。上海不产茶叶，却是中国最大的茶叶消费与流通城市。

    A 上海的茶多销往国外
    B 上海闸北区种植茶叶
    C 上海的茶叶消费量很大
    D 上海是中国最大的茶叶产地

67. 张衡是中国东汉时期著名的科学家。他观测记录了2500颗恒星，并发明了世界上第一台能较准确预测地震的仪器——地动仪。此外，他还有哲学、文学等著作32篇，有历史学家称赞他为世上罕见的"全面发展的人物"。

    A 张衡著有32篇哲学著作
    B 地动仪主要用于观测星星
    C 张衡在科学方面成就突出
    D 历史学家对张衡评价不高

68. "一天一苹果，医生远离我。"一本杂志介绍了10种对健康最有利的水果，其中苹果排名第一。因为苹果可以预防疾病，还可以减肥，增强记忆力。苹果泥加温后食用，更适合孩子与老年人。

   A 应该少吃肉
   B 常吃苹果有利健康
   C 吃苹果能缓解疲劳
   D 常吃苹果的人更能干

69. 心理学家发现，性格热情的人的社交圈子通常是其他人的一倍甚至数倍，他们的生活也比其他人更丰富多彩。无论何地何时，他们总能成为交际圈中的焦点和中心。热情不但可以提升人们自身的魅力指数，就连身边的朋友也能感受到他们带来的福利，跟着一起享受生活的乐趣。

   A 性格热情的人更成熟
   B 性格热情的人交际圈广
   C 性格热情的人不爱表现自己
   D 性格热情的人会使其他人感到惭愧

70. 古时候，有个年轻人叫匡衡。他十分好学，但家里很穷，买不起蜡烛，到晚上就不能读书。他见邻居家有烛光，就在墙壁上凿了个小孔，让微光透过小洞照在书上。就这样他常常学习到深夜。当地有个大户人家，有很多藏书。匡衡就到他家去打工，却不要工钱。主人很奇怪，问他要什么，他说："只要能读遍你家藏书，我就满足了。"

   A 邻居答应借书给匡衡
   B 匡衡打工是为了读书
   C 晚上读书对眼睛不好
   D 匡衡家的墙壁上有很多小孔

第三部分

第71-90题：请选出正确答案。

71-74.

沈括小时候上学时，老师在课堂上给同学们朗读了一首白居易的诗。当读到"人间四月芳菲尽，山寺桃花始盛开"这句时，沈括的眉头拧成了一个结，"为什么4月其他地方的花都谢了，山上的桃花才开始盛开呢？"这个问题一直萦绕在沈括的心头，后来他找其他同学讨论，但谁都说不出个所以然来。

第二天，沈括一行人就前往山里寻找答案。4月的山上，乍暖还寒，凉风袭来，冻得人瑟瑟发抖，沈括茅塞顿开，原来山上的温度要比山下低很多，花季也比山下来得晚，所以山下的桃花都谢了，而山上的桃花还在盛开呢。

正是有了这种"打破砂锅问到底"的精神，沈括的学问才得以不断地增长。凭借这种求索和实证的精神，长大后的沈括写出了被誉为"中国古代百科全书"的《梦溪笔谈》。

71. "眉头拧成了一个结"是形容沈括：
    A 很委屈　　　　　　　　B 心存疑问
    C 十分发愁　　　　　　　D 极不耐烦

72. 沈括一行人上山是为了：
    A 采摘桃子　　　　　　　B 体验生活
    C 寻找诗中所描写的美景　D 找出山上开花晚的原因

73. 关于沈括，可以知道什么？
    A 喜欢冒险　　　　　　　B 是一位诗人
    C 小时候很淘气　　　　　D 是《梦溪笔谈》的作者

74. 上文主要想告诉我们：
    A 要懂得合作　　　　　　B 要学会欣赏
    C 要有求知精神　　　　　D 考虑问题要全面

75-78.
　　有个人在一家夜总会里吹萨克斯，收入不高，然而，他却总是乐呵呵的，对什么事都表现出乐观的态度。他常说："太阳落了，还会升起来，太阳升起来，也会落下去，这就是生活。"他很爱车，但是凭他的收入想买车是不可能的。与朋友们在一起的时候，他总是说："要是有一部车该多好啊！"眼中充满了无限向往。有人逗他说："你去买彩票吧，中了奖就有车了"于是他买了两块钱的彩票。可能是上天优待于他，他凭着两块钱的一张体育彩票，果真中了个大奖。他终于<u>如愿以偿</u>，用奖金买了一辆车，整天开着车兜风，夜总会也去得少了，人们经常看见他吹着口哨在林荫道上行驶，车也总是擦得一尘不染的。然而有一天，他把车泊在楼下，半小时后下楼时，发现车被盗了。朋友们得知消息，想到他爱车如命，几万块钱买的车眨眼工夫就没了，都担心他受不了这个打击，便相约来安慰他："车丢了，你千万不要太悲伤啊。"

　　他大笑起来，说道："嘿，我为什么要悲伤啊？"朋友们疑惑地互相望着。"如果你们谁不小心丢了两块钱，会悲伤吗？"他接着说。"当然不会有人说。""是啊，我丢的就是两块钱啊！"他笑道。

75. 关于那辆车，可以知道什么？
　　A 价值千万　　　　　　　　B 是贷款买的
　　C 花了他好几万块　　　　　D 是比赛得到的奖品

76. 朋友们为什么来安慰他？
　　A 他的车被偷了　　　　　　B 他的腿受伤了
　　C 他的心情不好　　　　　　D 他失去了工作

77. "如愿以偿"最可能是什么意思？
　　A 非常节约　　　　　　　　B 抓住了机会
　　C 愿望得到实现　　　　　　D 运气变得很好

78. 上文主要想告诉我们：
　　A 投资有风险　　　　　　　B 看问题要全面
　　C 要乐观对待生活　　　　　D 要善待身边的人

79-82.

　　小时候学骑自行车，总是低着头，两眼死盯着车前轮。结果总是骑得歪歪扭扭，还经常摔倒。父亲说："抬起头来，往前看。"我试着采用父亲教的办法，抬起头来目视前方，结果很快就能自如笔直地前进了。

　　头一次参加麦收是在我上初中的时候。当时，还没有收割机，收割小麦全凭双手和镰刀。开始，我还挺有兴趣，可不一会儿就累了，频繁地站起来看看还有多远：才能割到头。每次看，总感觉没有前进，好像在原地打转，地头也好像永远那么远。我心里烦躁得很，自言自语地抱怨："怎么还有那么远啊！"父亲回过头来说："低下头，不要往前看。"还真奇怪，我不再抬头往前看了，只管一个劲儿地割，却不知不觉就到了地头。

　　当时，我不懂得为什么，父亲也讲不出很深的道理。随着年龄的增长，我才懂得：目光太近，找不准方向；目光太远，容易失去信心。抬起头，是为了向前；低下头，也是为了向前。

79. 学骑自行车，作者：
　　A 没有摔倒过　　　　　　B 刚开始方法不对
　　C 没有听父亲的建议　　　D 花了一个月才学会

80. 开始时，作者觉得割麦：
　　A 很无聊　　　　　　　　B 很有趣
　　C 不需要别人帮助　　　　D 应该用收割机来收割

81. 关于父亲的建议，下列哪项正确？
　　A 都很有效　　　　　　　B 都有风险
　　C 有些自私　　　　　　　D 没发挥什么作用

82. 根据上文，下列哪项正确？
　　A 不要轻信他人　　　　　B 虚心使人进步
　　C 兴趣是最好的老师　　　D 调整目光是为了向前

83-86.

晚上我给孩子讲故事，故事是这样的：

有一天晚上，小红的妈妈端来两碗面条，一碗上面有个鸡蛋，一碗上面什么也没有，然后让小红选择，小红不假思索地选择了有鸡蛋的那一碗。等她吃的时候，才发现妈妈的那碗面下面居然藏着两个鸡蛋。

第二天晚上，小红的妈妈又端来了两碗面，仍然是一碗上面有个鸡蛋，一碗上面什么也没有，然后让她选择。小红吸取教训，选择了没有鸡蛋的那一碗，但是<u>出乎意料</u>，这碗面里没有像第一天晚上那样藏着鸡蛋，只是一碗面。小红迷惑地看着妈妈，妈妈告诉她："想占便宜的人，往往什么都得不到。"

第三天晚上，妈妈端来了两碗表面都没有鸡蛋的面条，让小红选择，小红却说："妈妈累了一天，妈妈先选。"妈妈笑了，随手拿起一碗。小红端起了另一碗。这一次，她们俩的碗里都藏着两个鸡蛋。

妈妈告诉小红："不想占便宜的人，生活也不会让他吃亏的。"

讲完这个故事，我问儿子："如果你是小红，你会如何来选择呢？"

儿子说："如果是我，我就把两碗面条倒进一个大盆里，搅拌匀了，再和妈妈分，这样才公平，才不会打架。"

我没想到儿子会这样说。那晚，我本来是想给儿子上一节道德教育课，没想到他却给我讲了一个看似平常却意义深刻的道理。面条的确是该公平地吃，其他的什么都不用考虑，生活中我们至少应该努力这样做。

83. 第二天晚上的两碗面条：
   A 都没有鸡蛋 B 都有两个鸡蛋
   C 都有一个鸡蛋 D 只有一碗有鸡蛋

84. 第3段中"出乎意料"的意思最可能是：
   A 完全没有想到 B 还有很多疑问
   C 一切都在计划之中 D 事情发生得太突然

85. 通过两碗面条，小红的妈妈想告诉她：
   A 要节约粮食 B 不可忽视细节
   C 不要总想着占便宜 D 打架解决不了问题

86. 儿子的回答说明了什么道理？
   A 别不懂装懂 B 做事情首先要公平
   C 要避免犯同样的错 D 要善于总结经验教训

87-90.

坐在你身旁的同事是否总是不停地抱怨工作环境不好或是工作压力太大？在他们抱怨时，你是否会耐心地倾听呢？如果是，那你可不只是在听别人讲而已。事实上，在倾听的过程中，你也会不知不觉地被他们的压力所"传染"。

心理学家发现，压力就像感冒一样会传染，这种"二手"的压力和焦虑情绪可以在工作场所迅速蔓延。因为人们能够以惊人的速度模仿他人的面部表情、声音和姿势，从而对他人的情绪感同身受。我们其实都是"海绵"，可以吸收周围人散发出的感染性的情绪。而在吸收他人压力的同时，我们自己也开始感受到压力，并会不自觉地去关注那些可能会困扰我们的问题。

为什么别人的压力会传染给我们？这是因为，一方面，我们吸收朋友或同事的压力是为了和他们打成一片；另一方面，持续灌进我们耳中的不满的声音，也会让我们开始产生消极的想法。

研究者发现，我们不仅会接受他人消极的思维模式，还会下意识地模仿他们在压力下的身体语言，这导致我们在交谈时会与他们一样弓起背、皱起眉。另外，女性遭遇"二手压力"的风险更大，因为她们往往更容易与他人产生共鸣。

87. 为什么说"我们其实都是'海绵'"？
    A 抗压性强　　　　　　　　B 学习能力强
    C 有很强的适应性　　　　　D 会吸收别人的情绪

88. 第3段中的"打成一片"，是什么意思？
    A 争论　　　　B 打架　　　　C 搞好关系　　　　D 相互支持

89. 根据第4段，下列哪项正确？
    A 女性喜欢模仿　　　　　　B 身体语言与年龄有关
    C 人的思维方式很难改变　　D 女性更容易受他人影响

90. 最适合做上文标题的是：
    A 海绵效应　　　　　　　　B 倾诉的力量
    C 会传染的压力　　　　　　D 你能读懂表情吗

三、书写

第一部分

第91-98题：完成句子。

例如：发表　这篇文章　什么时候　是　的
　　　<u>这篇文章是什么时候发表的？</u>

91. 工作　在　他退休前　海关部门

92. 树上的　成熟了　已经　果实

93. 大雨　下降　导致了　该地区　粮食产量的

94. 根本　解决　任何问题　不能　抱怨

95. 消费观念　孩子正确的　养成　要

96. 印刷术是　一项　了不起的　十分　发明

97. 想象的　损失　严重　地震造成的　要比

98. 我会尽快　发给　把　合影　你们

第二部分

第99-100题：写短文。

99. 请结合下列词语（要全部使用），写一篇80字左右的短文。

   现代　　机会　　缓解　　其实　　压力

100. 请结合这张图片写一篇80字左右的短文。

汉语水平考试 HSK（五级）答题卡

——— 请填写考生信息 ———

按照考试证件上的姓名填写：

姓名

如果有中文姓名，请填写：

姓名

考生序号 [0] [1] [2] [3] [4] [5] [6] [7] [8] [9]
[0] [1] [2] [3] [4] [5] [6] [7] [8] [9]
[0] [1] [2] [3] [4] [5] [6] [7] [8] [9]
[0] [1] [2] [3] [4] [5] [6] [7] [8] [9]

——— 请填写考点信息 ———

考点代码
[0] [1] [2] [3] [4] [5] [6] [7] [8] [9]
[0] [1] [2] [3] [4] [5] [6] [7] [8] [9]
[0] [1] [2] [3] [4] [5] [6] [7] [8] [9]
[0] [1] [2] [3] [4] [5] [6] [7] [8] [9]
[0] [1] [2] [3] [4] [5] [6] [7] [8] [9]
[0] [1] [2] [3] [4] [5] [6] [7] [8] [9]

国籍
[0] [1] [2] [3] [4] [5] [6] [7] [8] [9]
[0] [1] [2] [3] [4] [5] [6] [7] [8] [9]
[0] [1] [2] [3] [4] [5] [6] [7] [8] [9]

年龄
[0] [1] [2] [3] [4] [5] [6] [7] [8] [9]
[0] [1] [2] [3] [4] [5] [6] [7] [8] [9]

性别　　男 [1]　　　　女 [2]

注意　请用2B铅笔这样写：■

一、听力

1. [A] [B] [C] [D]　　6. [A] [B] [C] [D]　　11. [A] [B] [C] [D]　　16. [A] [B] [C] [D]　　21. [A] [B] [C] [D]
2. [A] [B] [C] [D]　　7. [A] [B] [C] [D]　　12. [A] [B] [C] [D]　　17. [A] [B] [C] [D]　　22. [A] [B] [C] [D]
3. [A] [B] [C] [D]　　8. [A] [B] [C] [D]　　13. [A] [B] [C] [D]　　18. [A] [B] [C] [D]　　23. [A] [B] [C] [D]
4. [A] [B] [C] [D]　　9. [A] [B] [C] [D]　　14. [A] [B] [C] [D]　　19. [A] [B] [C] [D]　　24. [A] [B] [C] [D]
5. [A] [B] [C] [D]　　10. [A] [B] [C] [D]　　15. [A] [B] [C] [D]　　20. [A] [B] [C] [D]　　25. [A] [B] [C] [D]
26. [A] [B] [C] [D]　　31. [A] [B] [C] [D]　　36. [A] [B] [C] [D]　　41. [A] [B] [C] [D]　　46. [A] [B] [C] [D]
27. [A] [B] [C] [D]　　32. [A] [B] [C] [D]　　37. [A] [B] [C] [D]　　42. [A] [B] [C] [D]　　47. [A] [B] [C] [D]
28. [A] [B] [C] [D]　　33. [A] [B] [C] [D]　　38. [A] [B] [C] [D]　　43. [A] [B] [C] [D]　　48. [A] [B] [C] [D]
29. [A] [B] [C] [D]　　34. [A] [B] [C] [D]　　39. [A] [B] [C] [D]　　44. [A] [B] [C] [D]　　49. [A] [B] [C] [D]
30. [A] [B] [C] [D]　　35. [A] [B] [C] [D]　　40. [A] [B] [C] [D]　　45. [A] [B] [C] [D]　　50. [A] [B] [C] [D]

二、阅读

46. [A] [B] [C] [D]　　51. [A] [B] [C] [D]　　56. [A] [B] [C] [D]　　61. [A] [B] [C] [D]　　66. [A] [B] [C] [D]
47. [A] [B] [C] [D]　　52. [A] [B] [C] [D]　　57. [A] [B] [C] [D]　　62. [A] [B] [C] [D]　　67. [A] [B] [C] [D]
48. [A] [B] [C] [D]　　53. [A] [B] [C] [D]　　58. [A] [B] [C] [D]　　63. [A] [B] [C] [D]　　68. [A] [B] [C] [D]
49. [A] [B] [C] [D]　　54. [A] [B] [C] [D]　　59. [A] [B] [C] [D]　　64. [A] [B] [C] [D]　　69. [A] [B] [C] [D]
50. [A] [B] [C] [D]　　55. [A] [B] [C] [D]　　60. [A] [B] [C] [D]　　65. [A] [B] [C] [D]　　70. [A] [B] [C] [D]
71. [A] [B] [C] [D]　　76. [A] [B] [C] [D]　　81. [A] [B] [C] [D]　　86. [A] [B] [C] [D]
72. [A] [B] [C] [D]　　77. [A] [B] [C] [D]　　82. [A] [B] [C] [D]　　87. [A] [B] [C] [D]
73. [A] [B] [C] [D]　　78. [A] [B] [C] [D]　　83. [A] [B] [C] [D]　　88. [A] [B] [C] [D]
74. [A] [B] [C] [D]　　79. [A] [B] [C] [D]　　84. [A] [B] [C] [D]　　89. [A] [B] [C] [D]
75. [A] [B] [C] [D]　　80. [A] [B] [C] [D]　　85. [A] [B] [C] [D]　　90. [A] [B] [C] [D]

三、书写

91. _____

92. _____

93. _____

94. _____

汉语水平考试 HSK（五级）答题卡

95.

96.

97.

98.

99.

100.

汉语水平考试 HSK（五级）答题卡

——请填写考生信息—— ——请填写考点信息——

按照考试证件上的姓名填写：

| 姓名 | |

如果有中文姓名，请填写：

| 姓名 | |

考点代码： [0] [1] [2] [3] [4] [5] [6] [7] [8] [9]
[0] [1] [2] [3] [4] [5] [6] [7] [8] [9]
[0] [1] [2] [3] [4] [5] [6] [7] [8] [9]
[0] [1] [2] [3] [4] [5] [6] [7] [8] [9]
[0] [1] [2] [3] [4] [5] [6] [7] [8] [9]
[0] [1] [2] [3] [4] [5] [6] [7] [8] [9]
[0] [1] [2] [3] [4] [5] [6] [7] [8] [9]

考生序号： [0] [1] [2] [3] [4] [5] [6] [7] [8] [9]
[0] [1] [2] [3] [4] [5] [6] [7] [8] [9]
[0] [1] [2] [3] [4] [5] [6] [7] [8] [9]
[0] [1] [2] [3] [4] [5] [6] [7] [8] [9]

国籍： [0] [1] [2] [3] [4] [5] [6] [7] [8] [9]
[0] [1] [2] [3] [4] [5] [6] [7] [8] [9]
[0] [1] [2] [3] [4] [5] [6] [7] [8] [9]

年龄： [0] [1] [2] [3] [4] [5] [6] [7] [8] [9]
[0] [1] [2] [3] [4] [5] [6] [7] [8] [9]

性别： 男 [1]　　　女 [2]

注意　请用2B铅笔这样写：■

一、听力

1. [A] [B] [C] [D]　　6. [A] [B] [C] [D]　　11. [A] [B] [C] [D]　　16. [A] [B] [C] [D]　　21. [A] [B] [C] [D]
2. [A] [B] [C] [D]　　7. [A] [B] [C] [D]　　12. [A] [B] [C] [D]　　17. [A] [B] [C] [D]　　22. [A] [B] [C] [D]
3. [A] [B] [C] [D]　　8. [A] [B] [C] [D]　　13. [A] [B] [C] [D]　　18. [A] [B] [C] [D]　　23. [A] [B] [C] [D]
4. [A] [B] [C] [D]　　9. [A] [B] [C] [D]　　14. [A] [B] [C] [D]　　19. [A] [B] [C] [D]　　24. [A] [B] [C] [D]
5. [A] [B] [C] [D]　　10. [A] [B] [C] [D]　　15. [A] [B] [C] [D]　　20. [A] [B] [C] [D]　　25. [A] [B] [C] [D]

26. [A] [B] [C] [D]　　31. [A] [B] [C] [D]　　36. [A] [B] [C] [D]　　41. [A] [B] [C] [D]　　46. [A] [B] [C] [D]
27. [A] [B] [C] [D]　　32. [A] [B] [C] [D]　　37. [A] [B] [C] [D]　　42. [A] [B] [C] [D]　　47. [A] [B] [C] [D]
28. [A] [B] [C] [D]　　33. [A] [B] [C] [D]　　38. [A] [B] [C] [D]　　43. [A] [B] [C] [D]　　48. [A] [B] [C] [D]
29. [A] [B] [C] [D]　　34. [A] [B] [C] [D]　　39. [A] [B] [C] [D]　　44. [A] [B] [C] [D]　　49. [A] [B] [C] [D]
30. [A] [B] [C] [D]　　35. [A] [B] [C] [D]　　40. [A] [B] [C] [D]　　45. [A] [B] [C] [D]　　50. [A] [B] [C] [D]

二、阅读

46. [A] [B] [C] [D]　　51. [A] [B] [C] [D]　　56. [A] [B] [C] [D]　　61. [A] [B] [C] [D]　　66. [A] [B] [C] [D]
47. [A] [B] [C] [D]　　52. [A] [B] [C] [D]　　57. [A] [B] [C] [D]　　62. [A] [B] [C] [D]　　67. [A] [B] [C] [D]
48. [A] [B] [C] [D]　　53. [A] [B] [C] [D]　　58. [A] [B] [C] [D]　　63. [A] [B] [C] [D]　　68. [A] [B] [C] [D]
49. [A] [B] [C] [D]　　54. [A] [B] [C] [D]　　59. [A] [B] [C] [D]　　64. [A] [B] [C] [D]　　69. [A] [B] [C] [D]
50. [A] [B] [C] [D]　　55. [A] [B] [C] [D]　　60. [A] [B] [C] [D]　　65. [A] [B] [C] [D]　　70. [A] [B] [C] [D]

71. [A] [B] [C] [D]　　76. [A] [B] [C] [D]　　81. [A] [B] [C] [D]　　86. [A] [B] [C] [D]
72. [A] [B] [C] [D]　　77. [A] [B] [C] [D]　　82. [A] [B] [C] [D]　　87. [A] [B] [C] [D]
73. [A] [B] [C] [D]　　78. [A] [B] [C] [D]　　83. [A] [B] [C] [D]　　88. [A] [B] [C] [D]
74. [A] [B] [C] [D]　　79. [A] [B] [C] [D]　　84. [A] [B] [C] [D]　　89. [A] [B] [C] [D]
75. [A] [B] [C] [D]　　80. [A] [B] [C] [D]　　85. [A] [B] [C] [D]　　90. [A] [B] [C] [D]

三、书写

91. _____

92. _____

93. _____

94. _____

汉语水平考试 HSK（五级）答题卡

95.

96.

97.

98.

99.

100.

Confucius Institute Headquarters(Hanban)

汉语水平考试
Chinese Proficiency Test

HSK（五级）成绩报告
HSK (Level 5) Examination Score Report

姓名：_____
Name

性别：_____ **国籍：**_____
Gender　　　　　　Nationality

考试时间：_____ 年_____ 月_____ 日_____
Examination Date　　　　　Year　　　Month　　　Day

编号：_____
No.

准考证号：_____
Admission Ticket Number

	满分 Full Score	你的分数 Your Score	听力 Listening	阅读 Reading	书写 Writing	总分 Total Score	百分等级 Percentile Rank
			100	99	90	284	99%
听力 Listening	100		95	89	80	258	90%
			89	82	75	241	80%
			84	76	71	227	70%
阅读 Reading	100		80	71	67	214	60%
			76	64	64	202	50%
书写 Writing	100		71	59	60	190	40%
			66	53	56	177	30%
总分 Total Score	300		60	47	51	163	20%
			51	40	43	142	10%

主任 _____　**国家汉办**
Director　　　　　　　　　　Hanban
HANBAN

中国 · 北京　　　　　　　　成绩自考试日起2年内有效
Beijing · China

딱!
한권

체계적인 20일 코칭 시스템

新 HSK
PT
퍼스널 트레이닝

우선경 저

해설서 5급

시사중국어사

해설서 목차

1. PT학습서 - 정답 및 해설

- DAY 1 ······ 6
- DAY 2 ······ 10
- DAY 3 ······ 15
- DAY 4 ······ 20
- DAY 5 ······ 25
- DAY 6 ······ 30
- DAY 7 ······ 35
- DAY 8 ······ 40
- DAY 9 ······ 44
- DAY 10 ······ 49
- DAY 11 ······ 54
- DAY 12 ······ 59
- DAY 13 ······ 66
- DAY 14 ······ 71
- DAY 15 ······ 77
- DAY 16 ······ 83
- DAY 17 ······ 91
- DAY 18 ······ 100
- DAY 19 ······ 112
- DAY 20 ······ 125

2. 실전 모의고사 - 정답 및 해설

- 실전 모의고사 1회 ······ 132
- 실전 모의고사 2회 ······ 171

新HSK
PT 5급

듣기 제1·2부분 실전 PT 정답 ▶p.35

1. B   **2.** C   **3.** C   **4.** D   **5.** D

문제 1

| A 宿舍 | B 车站 | A 기숙사 | B 정류장 |
| C 健身房 | D 菜市场 | C 헬스장 | D 야채 시장 |

男: 要是刚才跑快一点儿, 咱们就能赶上那辆公交车了。
女: 不要紧。25路车平均每三分钟一趟。下一辆很快就来了。
问: 他们最可能在哪儿?

남: 만약 방금 좀 더 빨리 뛰었다면, 우리는 아마 그 버스를 탈 수 있었을 거예요.
여: 괜찮아요. 25번 버스는 평균 3분마다 한 번씩 있어요. 다음 차도 금방 올 거예요.
질문: 그들은 아마도 어디에 있는가?

해설 대화에서 公交车, 25路车 등 장소를 짐작할 수 있는 단어들이 언급되었다. 장소가 직접적으로 나오지 않지만 남자와 여자가 있는 장소가 정류장이라는 것을 알 수 있다. 정답은 B 车站(정류장)이다.

문제 2

| A 双人间 | B 单人间 | A 2인실 | B 1인실 |
| C 标准间 | D 套间 | C 스탠더드룸 | D 스위트룸 |

男: 你好, 还有房间吗? 我要一个标准间。
女: 有, 请出示一下身份证, 我来帮您办理入住手续。
问: 男的想要什么样的房间?

남: 안녕하세요. 방이 있나요? 저는 스탠더드룸 하나를 원해요.
여: 네, 신분증을 좀 제시해주세요. 체크인 수속을 도와 드리겠습니다.
질: 남자는 어떤 방을 원하는가?

해설 보기의 표현들이 모두 호텔의 룸과 관련된 어휘이다. 남자의 첫 대화 문장에서 标准间(스탠더드룸, 일반실)이라는 표현이 직접적으로 나오고, 보기에 나온 다른 룸의 형태는 언급되지 않으므로 정답은 C 标准间(스탠더드룸)이다.

문제 3

| A 银行 | B 车库 | A 은행 | B 차고 |
| C 宿舍 | D 单位 | C 기숙사 | D 회사 |

男: 糟糕! 钱包忘在宿舍了。我得回去一趟。
女: 不要紧。我带了银行卡。
问: 男的要回哪儿?

남: 큰일 났다! 지갑을 기숙사에 두고 왔어요. 돌아가야겠어요.
여: 괜찮아요. 제가 카드를 가져왔어요.
질문: 남자는 어디로 돌아가려고 하는가?

해설 보기에 있는 장소 어휘 가운데 대화에서 언급한 것은 银行(은행), 宿舍(기숙사)이다. 그러나 남자에 대해 묻고 있으므로 지갑을 가지러 기숙사에 돌아가려는 남자의 말에서 정답을 찾아야 한다. 정답은 C 宿舍(기숙사)이다.

문제 4

| A 国外 | B 郊区 |
| C 西部 | D 南方 |

| A 외국 | B 교외 |
| C 서부 | D 남방 |

男：假期你有什么安排吗？
女：我打算陪父母去旅游。
男：准备去哪儿玩儿？
女：可能去上海、南京，还有杭州，总之，想去南方几个城市转转。
问：女的假期打算去哪儿玩儿？

남 : 휴가 기간에 어떤 계획이 있어요?
여 : 저는 부모님을 모시고 여행을 갈 계획이에요.
남 : 어디로 놀러 가려고 하나요?
여 : 아마도 상하이, 난징, 그리고 항저우를 갈 거예요. 어쨌든 남쪽의 몇 개 도시를 둘러 보고 싶어요.
질문 : 여자는 휴가 기간에 어디에 가려고 하는가?

해설 여자가 얘기한 上海, 南京, 杭州 등은 중국의 남쪽 지역에 있는 도시이며, 想去南方几个城市转转(남쪽의 몇몇 도시들을 둘러보고 싶어요)이라고 직접적으로 말하고 있으므로 정답은 D 南方(남방)이다.

문제 5

| A 报社 | B 机场 |
| C 俱乐部 | D 旅行社 |

| A 신문사 | B 공항 |
| C 동호회 | D 여행사 |

女：请问，国庆节还有去杭州的旅行团吗？
男：还有一个四天三夜的团没报满。
女：我能看一下具体的行程安排吗？
男：请稍等，我给您拿一下日程表。
问：他们最可能在哪儿？

여 : 실례지만 국경절에 항저우로 가는 패키지 여행이 있나요?
남 : 3박 4일 패키지 여행 하나가 신청이 남아있어요.
여 : 구체적인 여행 일정을 좀 볼 수 있을까요?
남 : 잠시만 기다리세요. 제가 일정표를 갖다 드릴게요.
질문 : 그들은 아마도 어디에 있는가?

해설 대화에서 언급된 去杭州的旅行团(항저우로 가는 패키지 여행)과 行程安排(여행 일정)등의 표현은 여행 관련 어휘이므로 남녀의 대화가 이루어지는 곳이 여행사임을 알 수 있다. 정답은 D 旅行社(여행사)이다.

독해 제1부분 실전 PT 정답

1. A 2. B 3. A 4. C 5. A

문제 1-2

不管是在建筑工地还是工厂车间里，工人们都戴着黄色的安全帽。这是因为黄色可视性高，可以唤起人们的危险__1__。然而，这并不是安全帽使用黄色的唯一__2__。黄色还可以很好地反射光线，能有效防止物体表面的温度过高。因而，炎炎烈日下，黄色安全帽可以使工人的头部免受阳光暴晒，使头部温度不至于太高，从而防止中暑和其他疾病的发生。

건축 공사 현장이든 혹은 공장 작업장이든, 노동자들은 모두 황색 안전모를 쓰고 있다. 이것은 황색이 가시성이 높아 사람들의 위험 __1__ 을 환기시킬 수 있기 때문이다. 그러나 이것은 결코 안전모에 황색이 사용되는 유일한 __2__ 는 아니다. 황색은 또한 빛을 매우 잘 반사시키고, 물체 표면의 온도가 지나치게 높아지는 것을 방지하는 데도 효과가 있다. 그러므로 뜨거운 태양 아래에서 황색 안전모는 일하는 사람의 머리 부분이 강한 햇볕을 받지 않게 해주고, 머리 부분의 온도가 너무 높아지지 않게 하며, 이로 인해 더위를 먹는 것과 기타 질병의 발생을 방지한다.

| 1. A 意识　B 知识　C 智慧　D 气氛 | 1. A 의식　B 지식　C 지혜　D 분위기 |
| 2. A 结论　B 理由　C 后果　D 借口 | 2. A 결론　B 이유　C 결과　D 핑계 |

해설

1. 보기의 어휘들이 모두 명사이므로 먼저 빈칸 주변의 동사를 찾아보자. 빈칸 앞 부분에 唤起(환기하다, 불러일으키다)를 찾았다면, 내용을 살펴보자. 앞의 내용이 '이 사람들의 위험 ~을 환기시키다'이므로, 어울리는 표현은 A 意识(의식)이다.

　TIP B 知识 : 知识 + 丰富 지식이 풍부하다
　　　　D 气氛 : 严肃/紧张/友好/热烈 + 的气氛 엄숙한/긴장된/우호적인/열렬한 분위기

2. 보기의 명사들을 한번 확인한 후 지문을 살펴보자. 지문의 앞부분에서 인과관계를 나타내는 접속사 是因为(~이기 때문이다)와 함께 안전모의 색깔이 황색인 이유가 나오고, 빈칸 뒤로 또 다른 이유들을 열거하고 있다. 문맥상 정답은 B 理由(이유)이다.

　TIP A 结论 : 下 + 结论 결론을 내리다
　　　　C 后果 : 后果 + 严重 결과가 심각하다(주로 부정적 결과)
　　　　D 借口 : 找 + 借口 핑계를 대다, 구실을 찾다

문제 3-5

　　一只小鸡看到一只老鹰在高高的蓝天上飞过, 十分羡慕。于是它问母鸡：" 妈妈, 我们也有一对__3__, 为什么不能像鹰那样高高地飞在蓝天上呢？" " 真是个小__4__。" 母鸡回答说：" 飞得高对我们来说没什么用。蓝天上没有谷粒, 也没有虫子。"
　　每个人都有自己的生存技能和与之相适应的环境, 我们在不断追求更高__5__的同时, 也不能脱离实际。适合自己的才是最好的。

　　병아리 한 마리가 창공을 날아다니는 독수리 한 마리를 보고는 매우 부러워했다. 그래서 그는 어미 닭에게 물었다. "엄마, 우리도 __3__ 한 쌍이 있는데, 어째서 독수리처럼 저렇게 푸른 하늘을 높게 날 수 없는 거예요?" "정말 __4__ 구나." 어미 닭이 대답하여 말하길, "높게 나는 것은 우리에게 아무 쓸모가 없단다. 파란 하늘 위에는 곡식도 없고, 벌레도 없어."
　　사람들은 모두 자신의 생존 기능과 그에 부합하는 환경을 가지고 있다. 우리는 끊임없이 더 높은 __5__ 를 추구하는 동시에 또한 현실을 벗어날 수 없다. 자신에게 적합한 것이 비로소 가장 좋은 것이다.

3. A 翅膀　B 胳膊　C 肩膀　D 脑袋	3. A 날개　B 팔　C 어깨　D 머리
4. A 士兵　B 兄弟　C 傻瓜　D 胆小鬼	4. A 사병　B 형제　C 바보　D 겁쟁이
5. A 目标　B 意见　C 困难　D 标准	5. A 목표　B 의견　C 어려움　D 기준

해설

3. 빈칸 앞에 一对(한 쌍)라는 수사와 양사가 있다. 보기 중 대로 셀 수 있는 것은 A 翅膀(날개)와 B 胳膊(팔)이다. 글의 대상이 조류이므로 어울리는 것은 A 翅膀(날개)이다.

4. 빈칸 뒤의 내용을 보면, 어미 닭이 병아리에게 날개가 필요 없는 이유를 설명하고 있다. 빈칸은 그 이유를 모르는 병아리를 부르는 표현으로 정답은 C 傻瓜(바보)이다.

5. 빈칸 앞에 追求(추구하다)가 있다. 追求는 뒤에 目标/完美/理想(목표/완벽함/이상) 등과 같은 추상명사와 함께 쓰인다. 정답은 A 目标(목표)가 적합하다.

　TIP B 意见 : 征求 + 意见 의견을 묻다
　　　　C 困难 : 面临/克服/战胜 + 困难 어려움에(을) 직면하다/극복하다/이겨내다

쓰기 제1부분 실전 PT 정답   ▶p.45

1. 那张照片记录了当时的情景。
2. 妹妹打破了世界纪录。
3. 足球赛场上的气氛非常热烈。
4. 弟弟的动作相当熟练。
5. 妈妈做的鸡汤真地道。

문제 1

当时的情景   那张照片   记录了

해설
[품사분석] 当时 명 당시 / 情景 명 정경 / 照片 명 그 사진 / 记录 동 기록하다
[문장구조] [주어 + 술어(동) + 목적어]
　① 술어로 记录了를 배치한다.
　② 주어는 那张照片, 목적어는 当时的情景이다.
　③ 那张照片记录了当时的情景。 그 사진은 당시의 정경을 기록했다.

문제 2

打破了   世界纪录   妹妹

해설
[품사분석] 打破 동 깨다 / 世界纪录 명 세계기록 / 妹妹 명 여동생
[문장구조] [주어 + 술어(동) + 목적어]
　① 술어에 打破了를 배치한다.
　② 주어는 妹妹, 목적어는 世界纪录이다.
　③ 妹妹打破了世界纪录。 여동생은 세계기록을 깼다.
TIP 打破纪录 : 기록을 깨다(경신하다)

문제 3

足球赛场上的   非常   气氛   热烈

해설
[품사분석] 足球赛场 명 축구 경기장 / 非常 부 매우 / 气氛 명 분위기 / 热烈 형 열렬하다
[문장구조] [주어 + 부사어 + 술어(형)]
　① 술어에 热烈를 배치한다.
　② 주어는 足球赛场上的气氛, 부사어는 非常이다.
　③ 足球赛场上的气氛非常热烈。 축구 경기장의 분위기는 매우 열렬하다.
TIP 气氛热烈 : 분위기가 열렬하다

문제 4

动作   熟练   弟弟的   相当

해설
[품사분석] 动作 명 동작 / 熟练 형 능숙하다 / 弟弟 명 남동생 / 相当 부 매우, 상당히
[문장구조] [주어 + 부사어 + 술어(형)]
　① 술어에 熟练를 배치한다.
　② 주어는 弟弟的动作, 부사어는 相当이다.
　③ 弟弟的动作相当熟练。 남동생의 동작은 매우 능숙하다.
TIP 技术/动作 + 熟练 : 기술/동작이 능숙하다

Day 1 9

문제 5

妈妈　　地道　　做的鸡汤　　真

해설　[품사분석] 妈妈 명 어머니, 엄마 / 地道 형 정통하다, 진짜이다 / 做 동 만들다 / 鸡汤 명 삼계탕 / 真 부 정말
　　　[문장구조] [주어 + 부사어 + 술어(형)]
　　　　　① 술어에 地道를 배치한다.
　　　　　② 주어는 妈妈做的鸡汤, 부사어는 真이다.
　　　　　③ 妈妈做的鸡汤真地道。　어머니가 만든 삼계탕은 정말 맛있다.

듣기 제1·2부분 실전 PT 정답				▶p.50
1. D	**2.** A	**3.** A	**4.** C	**5.** D

문제 1

A 经理	B 警察	A 사장	B 경찰
C 护士	D 秘书	C 간호사	D 비서

女：总经理，我们的合作商已经到了。
男：好。我处理完这份文件就过去。
问：女的可能是做什么工作的？

여：회장님, 협력 업체가 이미 도착했습니다.
남：알겠어요. 이 문서만 처리하고 바로 갈게요.
질문：여자의 직업은 무엇인가?

해설　질문에서 여자의 직업을 묻고 있다. 대화에서 总经理(회장님)라는 말이 나오지만 남자의 신분이다. 대화의 내용을 미루어 보아 여자는 남자보다 직급이 낮은 직원이거나 비서임을 알 수 있다. 정답은 D 秘书(비서)이다.

문제 2

A 亲戚	B 同事	A 친척	B 동료
C 前辈	D 同学	C 선배	D 학우

女：小东，听说你和你姑姑合开的餐厅生意不错。
男：还行。多亏了我姑姑，她经验丰富，很会做菜。
问：小东的餐厅是跟谁合开的？

여：샤오동, 당신 고모와 함께 차린 음식점이 장사가 잘 되고 있다고 들었어요.
남：그럭저럭 괜찮아요. 고모 덕분이에요. 고모는 경험도 풍부하고 요리도 잘하세요.
질문：샤오동의 음식점은 누구와 동업하는 것인가?

해설　보기의 어휘들은 모두 관계를 나타내는 표현이다. 대화 중에 직접적으로 언급된 것은 姑姑(고모) 뿐이다. 姑姑는 친척 관계이므로 정답은 A 亲戚(친척)이다.

문제 3

A 母亲	B 姥姥	A 어머니	B 외할머니
C 姑姑	D 婆婆	C 고모	D 시어머니

女：小高，你怎么抱了这么大一个包裹？里面有什么呀？
男：裤子。过几天要降温了，得准备厚点儿的裤子了。
女：你在哪儿买的？
男：我母亲从家里给我寄来的。
问：小高的裤子是谁寄来的？

여 : 샤오가오, 왜 이렇게 큰 소포를 안고 있어요? 안에 뭐가 있어요?
남 : 바지에요. 며칠 지나면 기온이 떨어져서 두꺼운 바지를 준비해야 해요.
여 : 어디서 샀어요?
남 : 어머니가 집에서 부쳐주셨어요.
질문 : 샤오가오의 바지는 누가 부쳐준 것인가?

해설 남자의 마지막 말에 정답이 그대로 노출되었고, 보기에서도 같은 어휘로 제시되었다. 난이도가 비교적 낮은 문제로 정답은 A 母亲(어머니)이다. 다른 보기의 단어들은 대화에서 언급되지 않았다.

문제 4

A 销售员	B 演员	A 판매원	B 배우
C 模特	D 主持人	C 모델	D 진행자

男：听说你以前做过模特儿？
女：对。我在模特儿行业干了有三四年。
男：怪不得你身材那么好！但你后来怎么转行了？
女：每天东奔西走的，太辛苦了。我比较喜欢稳定的生活状态。
问：女的以前做过什么工作？

남 : 당신 예전에 모델을 했었다면서요?
여 : 네. 모델 일을 3~4년 정도 했어요.
남 : 어쩐지 몸매가 굉장히 좋네요! 그런데 그 후에 어째서 직업을 바꾼 거예요?
여 : 매일 동분서주하는 게 너무 힘들었어요. 저는 비교적 안정적인 생활을 좋아해요.
질문 : 여자의 예전에 어떤 일을 했는가?

해설 여자의 예전 직업을 묻고 있다. 대화 첫 부분에서 남자가 여자에게 예전에 모델이었냐고 물었고, 여자가 긍정의 대답을 했으므로 정답은 C 模特(모델)이다. 나머지 보기의 직업들은 언급되지 않았다.

문제 5

A 厂长	B 总经理	A 공장장	B 사장님
C 部长	D 主席	C 부장님	D 의장

女：听说你要参加学生会主席的竞选？
男：是，明天就要做竞选演讲了。
女：你的领导能力很出色，肯定没问题，我支持你。
男：谢谢您。
问：男的要竞选什么？

여 : 당신 학생회 의장 선거에 참가한다면서요?
남 : 네. 내일 선거 연설을 해요.
여 : 당신의 리더십은 매우 뛰어나니까 분명히 문제 없을 거예요. 당신을 응원해요.
남 : 고마워요.
질문 : 남자는 어떤 선거 활동을 하는가?

해설 여자의 첫 번째 대화 질문에 정답이 그대로 언급되고 있다. 정답은 D 主席(의장)이다.

독해 제1부분 실전 PT 정답
▶ p.56

1. B **2.** C **3.** A **4.** A **5.** C **6.** D

문제 1-3

有一天，老虎抓住一只狡猾的狐狸，心想，今天可以 __1__ 一顿美餐了。可狐狸骗老虎说："我是天帝派到山林中来做百兽之王的，你如果吃了我，那么天帝是不会 __2__ 你的。"老虎问："你是百兽之王，有什么证据？"狐狸连忙说："你要是不相信我，就可以随我到森林中去走一走，我让你亲眼看看百兽害怕我的样子。"

老虎想这倒也是个办法，所以就让狐狸在前面走路，自己尾随其后，一起向森林深处走去。动物们远远地看见老虎来了，都纷纷逃命。老虎不知道动物们是 __3__ 自己而逃跑的，还以为它们是害怕狐狸才逃走的。

어느 날, 호랑이가 교활한 여우 한 마리를 잡았다. 마음속으로 오늘은 맛있는 음식을 __1__ 수 있겠다고 생각했다. 그러나 여우가 호랑이를 속여 말하길, "나는 옥황상제가 숲으로 보내 금수의 왕으로 삼은 자다. 네가 나를 먹는다면 옥황상제가 너를 __2__ 않을 거야." 호랑이가 물었다. "네가 금수의 왕이라는 무슨 증거가 있지?" 여우가 급히 말했다. "만약 날 믿지 못하겠다면 나를 따라 숲 속으로 가 봐. 동물들이 나를 두려워하는 모습을 직접 보게 해주지."

호랑이는 이것 또한 방법이라고 생각했다. 그래서 여우를 앞장서서 걷도록 하고, 자신은 그 뒤를 따르며 함께 숲 속 깊이 들어갔다. 동물들은 멀리서 호랑이가 오는 것을 보고 모두 잇달아 도망쳤다. 호랑이는 동물들이 자신을 __3__ 도망치는 것을 모르고, 그들이 여우가 무서워 도망치는 줄 알았다.

1. A 提出   B 享受   C 欣赏   D 承担
2. A 吃惊   B 表扬   C 原谅   D 疼爱
3. A 害怕   B 尊敬   C 爱惜   D 尊重

1. A 제기하다   B 즐기다
   C 감상하다   D 책임지다
2. A 놀라다   B 칭찬하다
   C 용서하다   D 매우 귀여워하다
3. A 두려워하다   B 존경하다
   C 아끼다   D 존중하다

해설

1. 빈칸 뒤에 명사가 美餐(맛있는 음식)가 있음을 확인하자. 보기에서 이 명사와 가장 잘 어울리는 표현을 찾으면 정답은 B 享受(즐기다, 누리다)이다. 享受와 함께 쓰이는 빈출 표현에는 生活/幸福/待遇(생활/행복/대우) 등이 있다.

   TIP A 提出 : 提出 + 要求/意见 요구/의견을 제기하다
   C 欣赏 : 欣赏 + 音乐/作品 음악/작품을 감상하다

2. 보기가 모두 심리동사일 경우, 빈칸 뒤의 명사를 파악하는 것도 중요하지만, 그와 더불어 화자의 어투와 정서를 잘 파악해야 한다. 빈칸이 포함된 문장은 여우가 호랑이에게 자신을 먹으면 안 되는 이유를 말하고 있다. 문맥상 옥황상제가 보낸 왕을 잡아먹는다면 결코 용서하지 않을 것이므로 정답은 C 原谅(용서하다)이다.

3. 빈칸 뒤에 自己而逃跑的(자신을 ~해서 도망치다)라는 표현이 나오므로, 도망친 심리원인으로 알맞은 것은 A 害怕(두려워하다)이다. 而은 원인과 결과, 혹은 목적을 나타내는 접속사이다.

   TIP B 尊敬 : 尊敬 + 精神/人 정신/사람을 존경하다
   C 尊重 : 尊重 + 意见/选择 의견/선택을 존중하다
   狐假虎威 : 여우가 호랑이의 위세를 빌리다. 남의 권세를 빌려 위세를 부린다

문제 4-6

　　一位英明的国王公开选拔法官，有三个人毛遂自荐：一个是贵族，一个是曾经 __4__ 国王南征北战的武士，还有一个是普通的教师。

　　国王领着他们来到池塘边，池塘上漂浮着几个橙子。国王问贵族："池塘里一共漂着几个橙子？"贵族走到近前数了数，回答："一共是6个，陛下。"国王没有表态，又问了武士同样的问题。武士甚至没有走近，直接说："我也看到6个，陛下！"国王仍旧没有说话，又转向教师。教师并没有急于回答，他 __5__ 鞋子，径直走进池塘里，把橙子拿了出来。"陛下，一共是三个橙子。因为它们都被从中间切开了。"国王非常高兴， __6__ 道："只有你才是合适的人选。只有你知道不能轻易地下结论，因为我们看到的并不都是事情的真相。"

어느 현명한 국왕이 공개적으로 법관을 선발했다. 3명의 사람이 자진해서 나섰는데, 한 명은 귀족이었고, 한 명은 일찍이 국왕을 __4__ 많은 전쟁을 치렀던 무사였으며, 그리고 한 명은 평범한 교사였다.

국왕은 그들을 연못가로 데려갔다. 연못 위에는 오렌지 몇 개가 떠 있었다. 국왕이 귀족에게 물었다. "연못에 몇 개의 오렌지가 떠 있는가?" 귀족은 연못 앞에 가서 오렌지를 센 후 대답했다. "모두 6개입니다. 폐하." 왕은 아무런 반응도 하지 않고, 무사에게 똑같은 질문을 했다. 무사는 심지어 가까이 다가가지도 않고 바로 말했다. "저도 6개를 보았습니다. 폐하." 국왕은 여전히 말을 하지 않고, 다시 교사에게로 몸을 돌렸다. 교사는 서둘러 대답하지 않고, 신발을 __5__ 곧바로 연못으로 뛰어들어 오렌지를 들고 나왔다. "폐하, 모두 3개의 오렌지입니다. 왜냐하면 이것들은 반으로 갈라져 있기 때문입니다." 국왕은 무척 기뻤했고, __6__ 말했다. "오직 자네만이 적임자로군. 자네만이 경솔하게 결론을 내리면 안 된다는 것을 알고 있어. 우리가 본 것이 결코 모든 일의 진상이 아니기 때문이지."

4. A 陪伴　　B 协调　　C 组织　　D 执行
5. A 吃掉　　B 扔掉　　C 脱掉　　D 失掉
6. A 命令　　B 失望　　C 责备　　D 称赞

4. A 모시다　　　　　B 어울리게 하다
　 C 조직하다　　　　D 집행하다
5. A 먹어버리다　　　B 던져버리다
　 C 벗어버리다　　　D 잃어버리다
6. A 명령하다　　　　B 실망하다
　 C 탓하다　　　　　D 칭찬하다

해설　4. 빈칸 뒤에 国王(국왕)이라는 명사가 있다. 해당 문장의 내용을 보면, '국왕을 ~하고 전쟁을 했던 무사'이므로 보기에서 가장 잘 어울리는 표현을 찾으면 정답은 A 陪伴(모시다, 수행하다, 함께 하다)이다.

5. 빈칸 뒤에 鞋子(신발)라는 명사를 확인하자. 신발과 함께 쓸 수 있는 표현을 먼저 떠올리면 穿鞋(신을 신다), 脱鞋(신을 벗다) 등이 있다. 보기에서 알맞은 표현이 있는지 살펴보고, 빈칸 뒤의 径直走进池塘里(곧바로 연못으로 뛰어들다)라는 내용을 참고하면, 정답은 C 脱掉(벗어버리다)이다.

6. 보기의 어휘들이 모두 심리동사이다. 빈칸 뒤에는 道(말하다)가 있으므로 앞부분의 화자의 어투와 정서를 잘 파악해야 한다. 빈칸 앞에 国王非常高兴(국왕이 매우 기뻐하다)이라는 말이 있으므로 긍정적인 어투임을 알 수 있다. 보기 가운데 긍정적인 표현으로 가장 어울리는 것을 찾으면 정답은 D 称赞(칭찬하다)이다.

쓰기 제1부분 실전 PT 정답 ▶p.59

1. 妹妹对海鲜过敏。
2. 小王的工作表现非常突出。
3. 他在销售部门工作。
4. 舅舅的话给我留下了深刻的印象。
5. 那个餐厅每天可以接待500名顾客。

문제 1

海鲜   妹妹   过敏   对

해설 [품사분석] 海鲜 명 해산물 / 妹妹 명 여동생 / 过敏 동 알레르기 반응을 일으키다 / 对 전 ~에 대하여
[문장구조] [주어 + 부사어(对 海鲜) + 술어(동)]
① 술어에 过敏를 배치한다.
② 주어는 妹妹, 부사어는 对海鲜이다.
③ 妹妹对海鲜过敏。 여동생은 해산물에 알레르기 반응을 일으킨다.

TIP 对A过敏 : A에 알레르기 반응을 일으킨다

문제 2

工作   非常   小王的   突出   表现

해설 [품사분석] 工作 동 일하다 / 非常 부 매우 / 小王 인명 샤오왕 / 突出 형 돋보이다, 두드러지다 / 表现 명 품행, 태도, 행동
[문장구조] [관형어(小王的) + 주어 + 부사어(非常) + 술어(형)]
① 술어에 突出를 배치한다.
② 주어는 工作表现, 관형어는 小王的, 부사어는 非常이다.
③ 小王的工作表现非常突出。 샤오왕의 업무 태도가 매우 돋보인다.

TIP 表现突出 : 품행이나 성적이 돋보이다

문제 3

他   工作   销售部门   在

해설 [품사분석] 他 명 그 / 工作 동 일하다 / 销售部门 명 영업부 / 在 전 ~에서
[문장구조] [주어 + 부사어(在销售部门) + 술어(동)]
① 술어에 工作를 배치한다.
② 주어는 他, 부사어는 在销售部门이다.
③ 他在销售部门工作。 그는 영업부에서 일한다.

TIP 在A(销售/人事/营销)部门工作 : A부서에서 일하다

문제 4

印象   给我   留下了   舅舅的话   深刻的

해설 [품사분석] 印象 명 인상 / 给 전 ~에게 / 留下 동 남기다 / 舅舅 명 삼촌 / 话 명 말 / 深刻 형 깊다
[문장구조] [관형어(舅舅的) + 주어 + 부사어(给我) + 술어(동) + 관형어(深刻的) + 목적어]
① 술어에 留下了를 배치한다.
② 관형어 + 주어는 舅舅的话, 관형어 + 목적어는 深刻的印象이다.

③ 舅舅的话给我留下了深刻的印象。 삼촌의 말은 나에게 깊은 인상을 주었다.
TIP 留下印象 : 인상을 남기다

문제 5

| 接待 | 500名 | 那个餐厅每天 | 顾客 | 可以 |

해설 [품사분석] 接待 [동] 접대하다 / 名 [양] 명(인원수를 세는 단위) / 餐厅 [명] 음식점 / 每天 [명] 매일 / 顾客 [명] 고객 / 可以 [조동] 가능하다

[문장구조] [관형어(那个) + 주어 + 부사어(每天可以) + 술어(동) + 목적어]
① 술어에 接待를 배치한다.
② 관형어 + 주어는 那个餐厅, 부사어는 每天可以, 관형어 + 목적어는 500名顾客이다.
③ 那个餐厅每天可以接待500名 顾客。 그 음식점은 매일 500명의 손님을 접대할 수 있다.

듣기 제1·2부분 실전 PT 정답   ▶p.64

1. B   2. D   3. A   4. B   5. D

문제 1

| A 405元 | B 450元 |
| C 415元 | D 504元 |

| A 405원 | B 450원 |
| C 415원 | D 504원 |

女：您一共消费了四百五，请问您是刷卡还是付现金？
男：现金不够了，我刷卡。
问：男的要付多少钱？

여 : 모두 450위안입니다. 카드 결제신가요? 아니면 현금 결제신가요?
남 : 현금이 부족하네요. 카드결제 하겠습니다.
질문 : 남자는 얼마를 지불해야 하는가?

해설 대화 중에 숫자 표현은 딱 한 번밖에 나오지 않는다. 하지만 보기의 숫자들이 모두 비슷하여 헷갈릴 수 있으므로 정확한 금액을 기억해야 한다. 남자가 지불해야 하는 금액은 四百五(十)이므로 정답은 B 450元(450위안)이다.

TIP A 405元 : 四百零五元
C 415元 : 四百一十五元
D 504元 : 五百零四元

문제 2

| A 7人 | B 18人 |
| C 70人 | D 78人以上 |

| A 7명 | B 18명 |
| C 70명 | D 78명 이상 |

女：小马，这次有多少人报名参加培训？
男：现在有78人。明天是报名的最后一天，估计还会有人来。
问：这次有多少人报名参加培训？

여 : 샤오마, 이번에 교육에 참가한 등록 인원이 몇 명인가요?
남 : 현재 78명입니다. 내일이 등록 마지막 날이니, 아마 더 올 것 같아요.
질문 : 이번 교육에 참가한 등록 인원은 몇 명인가?

해설 대화에서 남자가 언급한 인원은 78명이다. 그러나 남자는 덧붙여 내일이 등록 마감일이므로 추가 인원이 있을 것이라고 짐작하고 있다. 정답은 D 78人以上(78명 이상)이다.

문제 3

| A 总共有9本 | B 总共有6本 | A 총 9권 | B 총 6권 |
| C 一共有19本 | D 一共有16本 | C 총 19권 | D 총 16권 |

男：这套作品集一共有9本，你都要买?
女：对。我非常喜欢看科幻小说。
问：那套作品集一共有几本?

남 : 이 작품집은 모두 9권입니다. 전부 구매하시겠습니까?
여 : 네. 저는 이 SF소설을 굉장히 좋아합니다.
질문 : 그 작품집은 모두 몇 권인가?

해설 질문에 대한 답은 대화에서 남자가 직접적으로 언급하고 있다. 정답은 A 总共有9本(총 9권)이다. 一共과 总共은 같은 의미이며, 나머지 보기의 숫자들은 언급되지 않았으므로 정답을 쉽게 찾을 수 있다.

문제 4

| A 每周三 | B 两年 | A 매주 수요일 | B 2년 |
| C 三十一天 | D 三年 | C 31일 | D 3년 |

男：小李，你在广东待几年了? 完全适应了吗?
女：快两年了。其他还好，就是当地话比较难懂。
男：你最好学一些，方便交流。
女：是的，我每周三一直在学呢。不过，说得很不好。
问：小李在广东待几年了?

남 : 샤오리, 광둥에서 지낸 지 몇 년 됐어요? 완전히 적응했나요?
여 : 곧 2년이 되네요. 다른 것은 다 좋은데, 현지말은 알아듣기가 좀 어려운 편이에요.
남 : 배워두면 좋을 거예요. 소통하기 편해요.
여 : 네. 매주 수요일마다 배우고 있어요. 근데 잘하진 못해요.
질문 : 샤오리가 광둥에 머무른 것은 몇 년인가?

해설 질문에서 일단 머무른 기간이 몇 년인지 물었으므로 보기 A, C는 답에서 제외하자. 또한 지문에서 언급한 숫자 每周三, 两年 두 가지 중에 정답을 찾으면 B 两年(2년)이다.

문제 5

| A 年底 | B 三月上旬 | A 연말 | B 3월 초순 |
| C 国庆节前 | D 五月中旬 | C 국경절 전 | D 5월 중순 |

女：这条路已经修好了。
男：我从家到单位的往返时间，就能缩短半个小时了。
女：我也能节省很多时间。
男：新闻里说，它五月中旬就能通车了。
问：那条路什么时候能投入使用?

여 : 이 도로는 이미 보수되었어요.
남 : 저희 집에서 회사까지 왕복 시간 30분을 단축할 수 있어요.
여 : 저도 많은 시간을 절약할 수 있어요
남 : 뉴스에서 그건 5월 중순에 개통된대요.
질문 : 그 도로는 언제 사용이 가능한가?

해설 대화에 언급된 숫자 표현은 五月中旬 뿐이다. 그러므로 정답은 D 五月中旬(5월 중순)이다.

독해 제1부분 실전 PT 정답 ▶p.70

1. B　　**2.** B　　**3.** C　　**4.** C　　**5.** A

문제 1-2

最近，许多家长抱着"出名要趁早"的想法让孩子参加各种才艺比赛。那些活泼可爱的孩子们在舞台上或唱或跳，或写或画，<u>魅力</u>　1　。但是，不少观众认为，这种竞争性强的比赛不应出现在孩子的世界里，孩子过早地接触社会化的东西会削弱他们世界里原本该有的美好。而且，节目一旦播出，孩子就不得不面对各种社会评价，这无疑会给他们造成　2　的<u>压力</u>。

"出名要趁早"到底是为孩子的未来开启了一扇大门，还是给孩子的童年带来了不必要的困扰，这很值得人民深思。

최근 많은 학부모들이 '출세를 하려면, 어릴 때부터 시작해야 한다(일찍 이름을 알려야 한다)'라는 생각으로 아이들을 각종 재능 대회에 참가시킨다. 활발하고 귀여운 아이들은 무대 위에서 노래를 부르거나 춤을 추고, 글짓기를 하거나 그림을 그리는 등 매력이 　1　. 그러나 많은 관중들이 경쟁이 강한 이런 대회는 아이들의 세계 속에서 나타나서는 안 된다고 생각한다. 아이들이 과도하게 일찍 사회화된 것과 접촉하는(마주하는) 것은 그들 세계 안에 본연의 아름다움을 약화시킬 수 있다. 또한, 프로그램이 일단 방영되면, 아이들은 각종 사회 평가를 마주하지 않을 수 없다. 이것은 틀림없이 아이들에게 　2　 스트레스를 초래할 것이다.

'출세를 하려면, 어릴 때부터 시작해야 한다'는 아이들의 미래에 큰 문(성공)을 열어 주는 것인지 아니면 아이들의 유년 시절에 불필요한 귀찮음을 주는 것인지, 이것은 우리가 깊게 생각 해 볼만한 가치가 있다.

1. A 不够　　B 十足　　C 清楚　　D 彻底
2. A 困难　　B 巨大　　C 干脆　　D 普遍

1. A 부족하다　　B 넘쳐흐르다
　　C 정확하다　　D 철저하다
2. A 어렵다　　　B 거대하다
　　C 시원스럽다　D 보편적이다

해설
1. 보기의 어휘들이 모두 형용사임을 먼저 확인하고 지문을 살펴보자. 빈칸 뒤에서 문장이 끝났으므로 앞의 내용을 확인해야 한다. 앞 문장 那些活泼可爱的孩子们在舞台上或唱或跳，或写或画(활발하고 귀여운 아이들이 무대 위에서 노래를 부르거나 춤을 추고, 글짓기를 하거나 그림을 그린다)의 내용이 빈칸의 내용과 연결되므로 빈칸 관련 문장의 주어 魅力(매력)와 함께 보기에서 가장 잘 어울리는 표현을 찾으면, 정답은 B 十足(넘쳐흐르다, 충만하다)이다.

　TIP D 彻底 : 彻底 + 解决/理解 철저하게(완전하게) 해결하다/이해하다

2. 빈칸 뒤에 压力(스트레스)라는 명사가 있다. 보기에서 이 명사와 가장 잘 어울리는 표현을 찾으면 정답은 B 巨大(거대하다, 매우 크다, 극심하다)이다. 巨大와 함께 쓰이는 빈출 표현에는 压力/损失(스트레스/손실) 등이 있다.

　TIP A 困难 : 生活/经济 + 困难 생활이/경제가 어렵다
　　　　C 干脆 : 答应/说话 + 干脆 대답이/말이 시원스럽다
　　　　D 普遍 : 普遍 + 真理/意见 보편적인 진리/의견

문제 3-5

　　有个人想找世界上最珍贵的东西，他问遇到的每一个人："世上最珍贵的东西是什么呢？""黄金、美女、钻石、权力、知识……众说纷纭。为了弄清楚真正的宝贝是什么，这个人便决定走遍天涯海角去找。许多年过去，这个人走遍全世界却一无所获，也不__3__，不得不失望地回家。
　　冬天的傍晚，远远地，他就望见他家的小窗里透出__4__、柔和的灯光。向窗里探望，饭桌上有__5__的饭菜，家人围坐，有个座位空着，是给他留的。这个走遍天涯海角的人流泪了，他终于发现，原来世界上最珍贵的东西便是自己的家。

　　어떤 사람이 세계에서 가장 진귀한 물건을 찾고 싶어서 만나는 모든 사람에게 물었다. "세계에서 가장 진귀한 물건은 무엇인가요?" 황금, 미녀, 다이아몬드, 권력, 지식 등등 여러 사람의 의견이 분분했다. 진정한 보물이 무엇인지 정확히 알 수 없어서, 이 사람은 세상 곳곳을 돌아다니면서 찾기로 결심했다. 많은 해가 지나가고, 이 사람은 온 세상을 돌아다녔지만 아무런 수확도 없었고, __3__ 도 않아서, 어쩔 수 없이 실망하며 집으로 돌아갔다.
　　겨울 저녁 무렵, 그는 먼발치에서 그의 집 작은 창문에서 나오는 __4__ 부드러운 불빛을 바라보았다. 창문을 보니, 식탁 위에 있는 __5__ 음식이 있었고, 가족들은 둘러앉아 있었는데, 어떤 자리는 비어있었다. 그의 자리를 남겨 놓은 것이다. 세상 곳곳을 돌아다닌 이 사람은 눈물을 흘렸다. 그는 마침내 세계에서 가장 진귀한 물건은 자신의 집이라는 것을 깨달았다.

3. A 严重　　B 舒适　　C 快乐　　D 紧急
4. A 实用　　B 密切　　C 温暖　　D 巧妙
5. A 热腾腾　B 乐呵呵　C 胖乎乎　D 绿茸茸

3. A 심각하다　　　　　B 쾌적하다
　 C 즐겁다　　　　　 D 긴급하다
4. A 실용적이다　　　　B 밀접하다
　 C 따뜻하다　　　　 D 교묘하다
5. A 따끈따끈하다　　　B 싱글벙글하다
　 C 통통하다　　　　 D 파릇파릇하다

해설　3. 보기의 어휘들이 모두 형용사일 경우, 빈칸의 앞뒤 문장에서 화자의 어투와 정서를 잘 파악해야 한다. 빈칸이 포함된 문장의 내용을 살펴보면, 一无所获，也不___，不得不失望地回家(아무런 수확도 없고, ~하지도 않아, 어쩔 수 없이 실망하여 집으로 돌아갔다)라고 했으므로 실망스러운 부정적인 정서를 나타내고 있다. 그러므로 빈칸에 들어갈 표현도 부정부사 不와 함께 쓰여 부정적인 의미가 되어야 한다. 정답은 C 快乐(즐겁다)이다.

　TIP　A 严重 : 后果/问题 + 严重 결과/문제가 심각하다
　　　 B 舒适 : 环境 + 舒适 환경이 편안하다

4. 빈칸 뒤에 灯光(불빛)이라는 명사가 있다. 이 명사와 가장 잘 어울리는 표현은 C 温暖(따뜻하다)이다. 享受와 함께 쓰이는 빈출 표현에는 阳光/安慰(햇빛/위로) 등이 있다.

　TIP　A 实用 : 实用 + 设计/商品 실용적인 디자인/상품
　　　 B 密切 : 密切 + 关系/联系 밀접한 관계/연관
　　　 D 巧妙 : 巧妙 + 方法/手段 교묘한 방법/수단

5. 빈칸 뒤의 명사 饭菜(요리, 음식)를 수식해주는 표현을 찾아야 한다. 보기 중 가장 적합한 표현은 A 热腾腾(따끈따끈하다)이다.

쓰기 제1부분 실전 PT 정답　　▶p.74

1. 她看得懂课本的内容。
2. 大家都闭上眼睛。
3. 我的成绩逐渐好起来了。
4. 他从来没看完过那部中国电影。
5. 我突然想不起来他的名字。

문제 1

| 她 | 内容 | 得懂 | 课本的 | 看 |

해설 [품사분석] 她 때 그녀 / 内容 명 내용 / 得 조 (동사나 형용사와 정도보어를 연결함) / 懂 동 알다, 이해하다 / 课本 명 교과서 / 看 동 보다

[문장구조] [주어 + 술어 + 가능보어 + 목적어]
① 술어 + 보어에 看得懂를 배치한다.
② 주어는 她, 관형어 + 목적어는 课本的内容이다.
③ 她看得懂课本的内容。 그녀는 교과서의 내용을 보고 이해할 수 있다.

문제 2

| 都 | 眼睛 | 大家 | 闭上 |

해설 [품사분석] 都 부 모두 / 眼睛 명 눈 / 大家 명 모두, 여러분 / 闭上 동 감다

[문장구조] [주어 + 부사어 + 술어 + 결과보어]
① 술어 + 보어에 闭上를 배치한다.
② 주어 + 부사어는 大家都, 목적어는 眼睛이다.
③ 大家都闭上眼睛。 모두 눈을 감았다.

문제 3

| 逐渐 | 好起来 | 我的成绩 | 了 |

해설 [품사분석] 逐渐 부 점점, 점차 / 好 형 좋다 / 起来 보 (동사나 형용사 뒤에 쓰여 어떤 동작이 시작됨을 나타냄) / 成绩 명 성적 / 了 조 (변화를 나타내는 어기조사)

[문장구조] [주어 + 부사어 + 술어 + 방향보어 + 了(변화)]
① 술어 + 방향보어 + 了의 구조에 好起来了를 배치한다.
② 관형어 + 주어는 我的成绩, 부사어는 逐渐이다.
③ 我的成绩逐渐好起来了。 나의 성적이 점점 좋아지고 있다.

문제 4

| 那部 | 从来没 | 他 | 中国电影 | 看完过 |

해설 [품사분석] 部 양 부, 편(영화의 편수를 세는 단위) / 从来 부 여태껏 / 他 명 그 / 中国电影 명 중국 영화 / 看完 동+보 다 보다, 끝까지 보다 / 过 조 ~한 적이 있다

[문장구조] [주어 + 부사어 + 술어 + 결과보어 + 过(경험) + 목적어]
① 술어 + 결과보어의 구조에 看完过를 배치한다.
② 주어는 他, 부사어는 从来没, 목적어는 中国电影이다.
③ 他从来没看完过那部中国电影。 그는 여태껏 그 중국 영화를 다 본 적이 없다.

TIP 从来没…过 : 여태껏 ~해본 적 없다

문제 5

| 想 | 我 | 他的名字 | 突然 | 不起来 |

해설 [품사분석] 想 동 생각하다 / 我 대 나 / 名字 명 이름 / 起来 보 (동사나 형용사 뒤에 쓰여 어떤 동작이 시작됨을 나타냄)

[문장구조] [주어 + 술어 + 가능보어 + 목적어]
① 술어 + 보어에 想不起来를 배치한다.
② 주어는 我, 관형어 + 목적어는 他的名字이다.
③ 我想不起来他的名字。 나는 그의 이름이 생각나지 않는다.

듣기 제1·2부분 실전 PT 정답   ▶p.79

| 1. D | 2. B | 3. A | 4. D | 5. B |

문제 1

A 有大雾	A 안개가 많다
B 下雪了	B 눈이 내렸다
C 大雨刚停	C 큰 비가 방금 멈췄다
D 又打雷又打闪	D 천둥이 치고 번개가 치다

| 女：外面又是打雷又是打闪的，咱们等会儿再走吧。
男：没问题，我正好还有些事没弄完。
问：现在外面天气怎么样？ | 여 : 밖에 천둥이 치고 번개가 쳐요. 우리 조금 기다렸다 가요.
남 : 그래요. 저도 마침 아직 일을 못 끝냈어요.
질문 : 현재 밖의 날씨는 어떠한가? |

해설 보기가 모두 날씨와 관련된 표현들이다. 현재 바깥 날씨에 답은 대화에서 여자의 첫 문장에 나온다. 나머지 보기에 나오는 날씨 표현은 대화에서 언급하지 않았다. 그러므로 정답은 D 又打雷又打闪(천둥이 치고 번개가 치다)이다.

문제 2

A 很及时	A 시기적절하다
B 雨量很少	B 비의 양이 매우 적다
C 持续时间长	C 지속시간이 길다
D 降雨范围广	D 비가 내린 범위가 크다

| 女：北京的春天太干燥了，这么久一场雨也没有下。
男：是啊，所以说"春雨贵如油"。
问：男的觉得北京的春雨怎么样？ | 여 : 베이징의 봄은 너무 건조하네요. 이렇게 오랫동안 비도 한 번 내리지 않았어요.
남 : 그래요. 그래서 '봄비는 기름처럼 귀하다'라는 말을 하자나요.
질문 : 남자가 생각하기에 베이징의 봄비는 어떠한가? |

해설 날씨 중에서도 비와 관련된 대화 내용과 질문이다. 질문에 대한 답을 찾는 핵심 표현, 즉 남자의 말 중에 春雨贵如油(봄비는 기름처럼 귀하다)라는 표현의 의미를 빠르게 이해해야 한다. '귀하다'는 말은 그만큼 '보기 어렵다', '드물다'라는 의미이다. 또한 여자가 오랫동안 비가 오지 않았다고 했으므로 정답은 B 雨量很少(비의 양이 적다)이다.

문제 3

A 天气不好	A 날씨가 안 좋다
B 女的没坐火车	B 여자는 기차를 타지 않았다
C 下大雪	C 눈이 많이 내린다
D 女的丢了机票	D 여자는 비행기표를 잃어버렸다

男：小李，你不是订机票了吗？ 女：最近下大雨，所以退了机票，改成火车了。 问：根据对话，下列哪项正确？	남：샤오리, 당신은 비행기표를 예약했다고 하지 않았어요? 여：요즘 비가 많이 와서 비행기표를 환불하고, 기차표로 바꿨어요. 질문：대화에 근거하여 다음 중 옳은 것은?

해설 대화에서 언급된 날씨 표현은 下大雨(비가 많이 내리다)이다. 그러나 보기에 똑같은 표현이 없으므로 의미상 같은 표현을 찾아야 한다. 정답은 A 天气不好(날씨가 안 좋다)이다.

문제 4

A 他们打羽毛球 B 下雨了 C 今天不太热 D 今天太热了	A 그들은 배드민턴을 친다 B 비가 내렸다 C 오늘은 별로 덥지 않다 D 오늘은 너무 덥다

女：高温已经持续一个多礼拜了。怎么还不下雨？ 男：是啊。今年夏天格外热！ 女：今天本来打算去打羽毛球的…… 男：还是明天去吧。 问：根据对话，下列哪项正确？	여：고온이 이미 일주일이 넘게 지속되고 있어요. 어째서 아직도 비가 내리지 않는 거죠? 남：그러게요. 올해 여름이 특히 더운 것 같아요. 여：오늘 원래 배드민턴 치러 가려고 했는데…… 남：내일 가는 게 좋겠어요. 질문：대화에 근거하여 다음 중 옳은 것은?

해설 보기에 배드민턴과 날씨 관련 표현들이 나왔다. 이를 고려하여 대화 내용을 잘 들어보자. 대화는 최근 날씨가 너무 덥고, 배드민턴을 치러 가려는 계획을 취소한다는 내용이다. 대화에서 꼭 들어야 하는 핵심 표현은 高温(고온), 不下雨(비가 내리지 않다), 格外热(특히 덥다) 등 이다. 이것들을 종합하여 정답을 찾으면, D 今天太热了(오늘은 너무 덥다)이다.

문제 5

A 有大雾 B 下大雪 C 有大风 D 下大雨	A 안개가 많다 B 눈이 많이 내린다 C 바람이 많이 분다 D 비가 많이 내린다

男：现在下大雪，飞机晚点了，可能到家要很晚了。 女：没关系，我在家等你，起飞前跟我发个短信。 男：你先睡吧，我带钥匙了。 女：好，路上小心。 问：现在天气怎么样？	남：지금 눈이 많이 내려요. 비행기도 연착되었어요. 아마 집에 도착하면 매우 늦을 거예요. 여：괜찮아요. 집에서 기다릴게요. 이륙하기 전에 저에게 문자 보내주세요. 남：먼저 자요. 저 열쇠 챙겼어요. 여：알겠어요. 길 조심하세요. 질문：현재 날씨는 어떠한가?

해설 현재 날씨는 남자의 대화 첫 문장에서 바로 언급하고 있다. 정답은 B 下大雪(눈이 많이 내린다)이다.

독해 제1부분 실전 PT 정답 ▶p.84

1. C **2.** C **3.** B **4.** D **5.** A **6.** A

문제 1-3

文化就像一个胃，__1__ 健康的话，各种食物都能接受，都能消化，并转变成自己身体所需要的各种营养。这个胃如果这也不能吃，那也不适应，那是胃自己出了毛病。__2__ 胃好，就需要它能够接受自己原来不适应的各种食物，而不是只让它吃它喜欢的那几样。同样，要保持自己的文化优势，对待其他文化最好的办法不是拒绝 __3__ 吸收。一个能吸收不同文化的胃才是健康的、有活力的，并且最终会把其他文化融合到自己的文化中去。

문화는 위와 같다. __1__ 건강하다면, 각종 음식을 받아들여 모두 소화시킬 수 있고, 또한 자신의 신체에 필요한 각종 영양성분으로 변화시킬 수 있다. 이 위가 만약 이것도 먹지 못하고 저것도 적응하지 못한다면, 위에 문제가 생긴 것이다. 위를 건강하게 __2__, 스스로 원래 적응하지 못하던 각종 음식을 위가 받아들일 수 있도록 하는 것이 필요하다. 단지 그가 좋아하는 것들만 먹게 해서는 안 된다. 똑같이 자신의 문화적 우위를 유지하려면, 다른 문화를 대할 때 가장 좋은 방법은 거절하는 것이 아니라 흡수하는 __3__. 다른 문화의 위를 흡수할 수 있어야 비로소 건강하고 활력이 생기고, 또한 최종적으로 다른 문화를 자신의 문화에 융합시킬 수 있다.

1. A 既然   B 因为   C 如果   D 另外
2. A 可是   B 先   C 为了   D 因此
3. A 不仅   B 而是   C 只要   D 就是

1. A 기왕   B 때문에   C 만약   D 이외에
2. A 그러나   B 먼저   C 위하여   D 그로 인해
3. A 뿐만 아니라   B ~이다
   C ~하기만 하면   D 바로 ~이다

해설

1. 보기의 어휘들이 모두 접속사이다. 이를 유념하여 빈칸 주변의 표현과 내용을 살펴보면, 우선 빈칸 뒤의 的话라는 단어에서 이 문장이 가정의 문장임을 짐작할 수 있다. 문화를 위에 비유하여, 위가 건강할 경우에 대해 설명하고 있다. 보기 가운데 가정을 나타내는 접속사를 찾으면, 정답은 C 如果(만약)이다. 如果는 주로 如果A的话, 就/那么B(만약 A라면, B할 것이다)의 형태로 쓰인다.

   TIP A 既然 : 既然A, 就B 기왕 A한 바에야 B하다

2. 빈칸이 문장의 맨 앞에 위치하고 있다. 빈칸 뒤의 문장 내용을 잘 살펴보자. '위를 좋게~, 그것이 자신이 원래 적응하지 못하던 각종 음식을 받아들이는 것이 필요하다'라는 표현이 언급되었으므로 목적과 그에 따른 필요 요소를 말하고 있다. 보기 가운데 목적 관계를 나타내는 접속사는 C 为了(A을 위하여)이다. 주로 为了A, B(A을 위하여 B하다)의 형태로 쓰인다.

   TIP B 先 : 先A, 然后B 먼저 A하고, 그 후에 B하다

3. 알맞은 접속사를 찾는 문제이므로 빈칸 앞뒤의 연결 구조를 잘 파악하면 답을 쉽게 찾을 수 있다. 빈칸이 포함된 문장을 잘 살펴보면, 빈칸 앞에 不是를 발견할 수 있다. 이와 함께 쓰일 수 있는 연결 구조는 보기 B와 D이다. 의미상 적합한 표현은 B 而是(~이다)이다. 不是A 而是B(A가 아니라 B이다)라는 빈출 고정 표현을 잘 기억해 두자.

   TIP A 不仅 : 不仅/不但A, 也B A할 뿐만 아니라 B하다
   C 只要 : 只要A, 就B A하기만 하면 B 할 수 있다
   D 就是 : 不是A, 就是 B A아니면 B 둘 중 하나이다(추측)

문제 4-6

随着经济全球化的发展，世界日益成为一个大家庭。__4__ 实际上不同国家之间仍然存在着很多文化差异。因而，在跨文化背景下的商务谈判中，谈判双方仅仅懂得对方的语言是不够的，还要了解彼此之间的文化差异，接受与自己不同的价值观和行为规范。__5__，如果不能正确认识这些差异，在谈判中就可能产生不必要的误会，__6__ 失礼于人，又可能失去许多促成谈判成功的机会。

경제 국제화의 발전에 따라 세계는 점차 하나의 공동체가 되었다. __4__ 사실상 국가 간에 여전히 많은 문화 차이가 존재하고 있다. 그러므로 문화적 배경이 다른 양국의 상업 교섭 중, 협상은 양측이 단지 상대방의 언어를 이해하는 것으로 충분하지 않고, 더불어 서로의 문화 차이를 이해하며, 자신과 다른 가치관과 행위 규범을 받아들여야 한다. __5__ 만약 이러한 차이를 정확하게 인식하지 못하면, 협상 중에 불필요한 오해가 발생할 수 있고, 사람에 대한 실례를 __6__, 또 협상의 성공을 촉진시키는 수많은 기회를 잃을 수 있다.

4. A 不但	B 其实	C 就算	D 但是	4. A 뿐만 아니라		B 사실	
5. A 相反	B 由于	C 无论	D 只有	C 설령		D 그러나	
6. A 既	B 反正	C 一旦	D 然而	5. A 반대로		B 때문에	
				C 상관없이		D 오직	
				6. A ~하기도 하고		B 어쨌든	
				C 일단		D 그러나	

해설   4. 보기가 모두 접속사일 경우, 빈칸의 앞뒤 문장에 있는 화자의 어투와 정서를 잘 파악해야 한다. 빈칸이 포함된 문장의 내용 중 빈칸의 앞 문장에서는 '하나의 공동체'라는 내용을, 빈칸 뒤에는 '문화적 차이 존재'라는 앞부분과 상반되는 내용을 언급하고 있다. 그러므로 빈칸의 접속사는 내용을 전환시켜주는 접속사가 와야한다. 정답은 D 但是(그러나)이다. B 其实(사실)도 전환 관계를 나타내는 부사이지만 빈칸 뒤에 같은 의미를 가진 实际上(사실상)이 언급되므로 답이 될 수 없다.

     TIP   A 不但 : 不仅/不但A, 也B   A할 뿐만 아니라 B하다
            C 就算 : 就算A, 也B   설령 A라 할지라도 B하다

   5. 역시 빈칸 앞뒤에 나타나는 화자의 어투와 정서를 파악해야 한다. 빈칸이 포함된 문장의 내용 중 앞부분은 '서로간의 문화 차이를 이해해야 한다'라는 긍정적인 내용을 언급했고, 반대로 빈칸 뒤에는 '만약 이러한 차이를 정확하게 인식하지 못한다면'이라는 반대되는 내용을 언급하고 있다. 그러므로 빈칸에는 내용을 전환시켜주는 접속사가 와야한다. 정답은 A 相反(반대로)이다.

     TIP   C 无论 : 无论A, 都B   A에 상관없이 B하다
            D 只有 : 只有/除非A, 才B   오직 A해야만 비로소 B하다

   6. 빈칸 주변에 연결 구조가 있는지를 파악하자. 빈칸 뒤에 又(또)를 발견했다면 이와 함께 쓰이는 연결 구조로 적합한 표현을 찾도록 한다. 또한 앞부분에서 차이를 정확하게 인식하지 못했을 때에 일어날 수 있는 상황들을 열거하고 있으므로 전환이나 반전의 접속사가 아닌, 같은 맥락에서 추가, 보충의 의미를 나타내는 접속사를 찾아야 한다. 그러므로 정답은 A 既(~하기도 하고)이다. 既A又B(A하기도 하고, 또 B하다)의 접속사 구조를 기억해두자.

     TIP   C 一旦 : 一旦A, 就B   일단 A하면, B하다

쓰기 제1부분 실전 **PT** 정답   ▶p.88

1. 我的安全带系得太紧了。
2. 小高去过几次名胜古迹。
3. 小李在学校表现得很活泼。
4. 王老师刚才找过你两次。
5. 这位女嘉宾表现得非常出色。

문제 1

系得   太   我的   紧了   安全带

해설   [품사분석] 系 동 매다 / 得 조 (동사나 형용사와 정도보어를 연결함) / 太 부 너무 / 我 명 나 / 紧 형 팽팽하다, 바짝 죄다 / 安全带 명 안전띠

     [문장구조] [주어 + 술어 + 得 + 정도보어]
           ① 술어 + 정도보어에 系得太紧了를 배치한다.
           ② 관형어 + 주어는 我的安全带이다.
           ③ 我的安全带系得太紧了。 나의 안전띠가 너무 조이게 매어졌다.

문제 2

| 小高 | 几次 | 名胜古迹 | 去过 |

해설
[품사분석] 小高 인명 샤오가오 / 几 수 몇 / 次 양 번, 차례, 회 / 名胜古迹 명 명승고적 / 去 동 가다 / 过 동 ~한 적이 있다
[문장구조] [주어 + 술어 + 동량보어/시량보어 + 목적어(일반명사)]
　① 술어 + 보어에 去过几次를 배치한다.
　② 주어는 小高, 목적어는 名胜古迹이다.
　③ 小高去过几次名胜古迹。 샤오가오는 명승고적을 몇 번 가본 적이 있다.

문제 3

| 活泼 | 表现得 | 很 | 在学校 | 小李 |

해설
[품사분석] 活泼 형 활발하다 / 表现 동 나타나다, 보여지다 / 得 조 (동사나 형용사와 정도보어를 연결함) / 很 부 매우 / 学校 명 학교에서 / 小李 인명 샤오리
[문장구조] [주어 + 술어 + 得 + 정도보어]
　① 술어와 정도보어의 구조에 表现得很活泼를 배치한다.
　② 주어는 小李, 부사어는 在学校이다.
　③ 小李在学校表现得很活泼。 샤오리는 학교에서 매우 활발해 보인다.

문제 4

| 王老师刚才 | 两次 | 找过 | 你 |

해설
[품사분석] 老师 명 선생님 / 刚才 명 방금 / 两 수 둘, 2 / 次 양 번, 차례, 회 / 找 동 찾다 / 过 동 ~한 적이 있다 / 你 대 너, 당신
[문장구조] [주어 + 술어 + 목적어(대명사) + 동량보어/시량보어]
　① 술어에 找过를 배치한다.
　② 주어 + 부사어는 王老师刚才, 목적어는 你, 보어는 两次이다.
　③ 王老师刚才找过你两次。 왕 선생님이 방금 당신을 두 번 찾았다.

문제 5

| 这位 | 出色 | 表现得 | 女嘉宾 | 非常 |

해설
[품사분석] 位 양 명, 분 / 出色 형 훌륭하다 / 表现 동 나타나다, 보여지다 / 得 조 (동사나 형용사와 정도보어를 연결함) / 嘉宾 명 손님 / 非常 부 매우
[문장구조] [주어 + 술어 + 得 + 정도보어]
　① 술어와 정도보어의 구조에 表现得非常出色를 배치한다.
　② 관형어 + 주어는 这位女嘉宾이다.
　③ 这位女嘉宾表现得非常出色。 이 여자 손님은 매우 출중한 활약을 보였다.

듣기 제1·2부분 실전 PT 정답 ▶p.93

1. C　　**2.** A　　**3.** D　　**4.** C　　**5.** D

문제 1

A 最新电影
B 一个网站
C 网络状况
D 一款软件

A 최신영화
B 웹사이트
C 인터넷 상황
D 소프트웨어

男：你的电脑能上网吗? 我这儿连网页都打不开。
女：网速正常啊，下载电影都可以。
问：他们在谈论什么?

남 : 당신 컴퓨터는 인터넷이 되나요? 저는 웹페이지 접속조차 되질 않아요.
여 : 인터넷 속도는 정상적이에요. 영화를 다운로드 하는 것도 가능해요.
질문 : 그들이 무엇을 이야기하고 있는가?

해설　대화 중 上网(인터넷을 하다, 인터넷을 연결하다), 网页(웹페이지), 网速(인터넷 속도), 下载(다운로드하다) 등이 언급되었다. 인터넷 관련 보기 중 올바른 정답은 C 网络状况(인터넷/네트워크 상황)이다.

문제 2

A 有电子版
B 是一位编辑
C 上不了网
D 下载了很多电子书

A 전자책이 있다
B 편집자이다
C 인터넷을 할 수 없다
D 많은 전자책을 다운로드 했다

男：这本书我在书店没买到，你那儿有电子版的吗?
女：有，在网上有免费下载的，我拷给你吧。
问：关于女的，可以知道什么?

남 : 저는 이 책을 못 샀어요. 당신 전자책이 있나요?
여 : 있어요. 인터넷에서 무료로 다운로드했어요. 제가 복사해 줄게요.
질문 : 여자에 관하여 알 수 있는 것은 무엇인가?

해설　B를 제외한 보기의 표현들이 대화에 모두 언급되고 있으므로 대화의 전반적인 내용을 주의 깊게 들어야 한다. 보기 C는 남자에 대한 것이며, D는 여자가 또 다른 전자책을 더 많이 다운로드했는지는 대화에서 알 수 없으므로 정답은 A 有电子版(전자책이 있다)이다.

문제 3

A 电脑坏了
B 电脑质量不好
C 移动硬盘丢了
D 那个文件被删除了

A 컴퓨터가 망가졌다
B 컴퓨터 품질이 좋지 않다
C USB를 잃어버렸다
D 그 문서가 삭제되었다

女：糟糕, 桌面上的那个文件被我不小心删除了, 怎么办?	남：큰일 났어요! 바탕화면에 있던 문서가 제 실수로 삭제됐어요. 어쩌죠?
男：没关系, 我的移动硬盘里还有。	여：괜찮아요. 제 USB에 있어요.
问：根据对话, 下列哪项正确?	질문：대화에 근거하여 다음 중 옳은 것은?

해설 대화 속에 컴퓨터 용어들이 많이 나오므로 다소 어렵게 느껴질 수 있다. 보기에 제시된 표현이 대화에서 나오는지 잘 들어야 한다. 반드시 들어야 할 단어는 删除(삭제하다) 移动硬盘(USB)이다. 이 단어들이 나오는 보기 C와 D가운데 대화 내용과 일치하는 정답은 D 那个文件被删除了(그 문서가 삭제되었다)이다.

문제 4

A 遇到了麻烦	A 귀찮아졌다
B 完成一半儿了	B 반 정도 완성했다
C 已经处理完了	C 이미 처리가 끝났다
D 还需要时间	D 아직 시간이 필요하다

女：这么多数据都是你自己算的?	여：이렇게 많은 데이터를 당신 혼자 계산했나요?
男：没有, 我请人设计了一个程序。	남：아니요. 프로그램을 설치해달라고 요청했어요.
女：那处理起来就快多了。	여：그럼 처리가 훨씬 빨랐겠네요.
男：是啊, 帮我省下许多时间来做别的。	남：네, 시간이 많이 남아서 다른 일을 할 수 있었어요.
问：那些数据处理得怎么样了?	질문：그 데이터 처리는 어떻게 되었는가?

해설 보기와 똑같은 표현이 대화에서 언급되진 않았지만, 대화 내용 중, 남자가 이미 남은 시간에 다른 많은 일을 했다고 했으므로 데이터 처리가 끝났다는 것을 알 수 있다. 정답은 C 已经处理完了(이미 처리가 끝났다)이다.

문제 5

A 查资料	A 자료를 찾다
B 复印文件	B 문서를 복사하다
C 写实验报告	C 실험보고서를 쓰다
D 整理数据	D 데이터를 정리하다

男：你在整理实验数据?	남：당신 실험 데이터 정리하는 중인가요?
女：对。数据太多太复杂了, 根本算不过来。	여：네, 데이터가 너무 많고 복잡해요. 전혀 계산을 할 수가 없어요.
男：有款新的数据分析软件挺好用的。	남：새로운 데이터 분석 소프트웨어가 굉장히 성능이 좋아요.
女：真的? 快告诉我叫什么名字。	여：정말요? 저에게 이름이 뭔지 빨리 알려주세요.
问：女的正在做什么?	질문：여자가 현재 무엇을 하고 있는가?

해설 질문에 대한 답은 대화의 첫 부분에서 남자가 여자에게 데이터를 정리하는 중이냐고 직접적으로 묻고 있으므로 정답은 D 整理数据(데이터를 정리하다)이다. 정답을 제외한 다른 보기들은 대화에서 언급하지 않았으므로 과감하게 배재하자.

독해 제1부분 실전 PT 정답

▶p.99

1. A　　**2.** B　　**3.** C　　**4.** B　　**5.** C

문제 1-3

　　有一天，有个聪明人的马被偷走了。他知道是谁偷的，就去向那个人要马，但那人拒绝归还，一口咬定说："这是我的马。"
　　聪明人用双手遮住了马的双眼，对那个偷马人说："要是这马真是你的，你__1__知道马的哪只眼睛是瞎的。""右眼。"偷马人犹豫地说。聪明人放下蒙右眼的手，马的右眼__2__没有瞎。"我记错了，马的左眼才是瞎的。"偷马人__3__辩解道。聪明人又放下蒙左眼的手，马的左眼也没有瞎。"我又说错了……"偷马人还想狡辩。"不错，你是错了。这充分说明马不是你的。"聪明人说完就牵着马回家了。

하루는 어떤 총명한 사람이 말을 도둑맞았다. 그는 누가 훔쳐갔는지 알고 있었기 때문에 바로 그 사람에게 가서 말을 요구했다. 그러나 그 사람은 돌려주는 것을 거절하고, 단언하며 말했다. "이것은 제 말입니다."
총명한 사람은 양손을 사용하여 말의 양 쪽 눈을 가리고, 그 말을 훔친 사람에게 말했다. "만약 이 말이 정말 당신 것이라면, 당신은 __1__ 말의 어느 쪽 눈이 다쳤는지 알고 있을 겁니다." "오른 쪽 눈입니다." 말을 훔친 사람이 망설이며 말했다. 총명한 사람은 오른쪽 눈을 가렸던 손을 내렸지만, 말의 오른쪽 눈은 __2__ 다치지 않았다. "내가 기억을 잘못했네요. 말의 왼쪽 눈이 다쳤습니다." 말을 훔친 사람이 __3__ 변명하며 말했다. 총명한 사람은 또 왼쪽 눈을 가렸던 손을 내렸지만, 말의 왼쪽 눈도 역시 다치지 않았다. "내가 또 말을 잘못했네요……" 말을 훔친 사람은 또 교활하게 변명하려고 했다. "괜찮습니다. 당신이 틀렸습니다. 이것은 말이 당신 것이 아니라는 것을 충분히 설명해줍니다." 총명한 사람은 말을 끝내고 말을 끌고 집으로 돌아갔다.

1. A 一定　　B 难道　　C 到底　　D 突然
2. A 再三　　B 并　　C 逐渐　　D 未必
3. A 竟然　　B 特意　　C 急忙　　D 多亏

1. A 분명히　　B 설마
　　C 도대체　　D 갑자기
2. A 재차　　B 결코
　　C 점차　　D 반드시 ~은 아니다
3. A 뜻밖에　　B 특별히
　　C 급히　　D 다행히

해설

1. 보기가 모두 부사인 것을 확인하자. 부사는 일반적으로 문장에서 주어와 술어 사이, 또는 주어 앞에 위치한다. 지문에서 빈칸의 위치를 확인하고, 빈칸 주변 문장의 문맥을 파악해보자. 앞부분의 내용과 함께, '만약 말의 주인이라면, 말이 어느 쪽 눈을 다쳤는지 알아야 한다'라는 내용이므로 빈칸이 있는 문장이 앞문장의 내용과 자연스럽게 이어지려면 확신의 의미를 부여하는 부사가 와야 한다. 그러므로 보기 중 가장 잘 어울리는 표현은 A 一定(분명히, 반드시)이다.

　　TIP　B 难道 : 难道 + 了/吗? 설마 ~하겠는가?(반어법)
　　　　　C 到底 : 到底 + (정반의문문/선택의문문/의문대명사) 도대체~

2. 빈칸 뒤에 부정부사 没가 있는 것을 확인하자. 부정부사 没와 함께 쓰이는 표현을 찾는 것이 핵심이다. 보기 중 가장 알맞은 표현은 B 并(결코)이다. 并 + 非/没/不 (결코 ~하지 않다)의 고정 표현은 시험에 자주 등장한다.

3. 글의 흐름상, 말을 훔친 사람은 총명한 말의 진짜 주인의 논리정연한 질문에 당황하여 서둘러 변명을 둘러대고 있다. 그러므로 辩解道를 수식해주는 가장 알맞은 부사는 C 急忙(급히)이다.

문제 4-5

红叶谷是长白山的一个山谷。金秋九月，这里满山红叶，绚丽得令人陶醉，吸引了众多游客不远千里前来观赏。

与其他地方的红叶__4__，红叶谷的独特之处在于"四绝"。一是这儿原生态环境保护得极好，充满原始与古朴的韵味。二是它面积大，整个红叶区__5__长白山山脉绵延百余里。三是这儿的红叶叶密片薄，玲珑剔透，且色彩丰富。四是因受地理环境及气候的影响，这儿的红叶生长周期短，因而显得十分珍贵。秋分过后，树叶陆续转红，持续数日便随风飘落，红叶美景也随之消逝。

홍엽곡은 장백산의 산골짜기 중 하나이다. 9월 가을이면 이곳의 모든 산은 붉게 물들고, 그 화려함은 흠뻑 반할 정도여서 많은 여행객들이 먼 길을 마다하지 않고 찾아와 감상한다.

다른 지역의 단풍과 __4__, 홍엽곡의 특별한 장소는 "네 가지 절대 요소"에 있다. 첫 번째는 이곳은 원시 생태 환경 보존이 매우 잘 되어 있어 원시적이고 고풍스러운 운치가 충만하다. 두 번째는 면적이 커서 전체 단풍 구역의 물길이 장백산 산맥 __5__ 백여 리나 길게 이어져 있다. 세 번째는 이곳 단풍잎은 얇고 촘촘하며, 색채 또한 풍부하다. 네 번째는 지리 환경과 기후의 영향을 받아 이곳의 단풍 성장 주기가 짧으므로 매우 진귀하다는 것이다. 추분이 지나면 잎이 계속해서 붉게 변하고, 몇 날 며칠을 계속 바람에 따라 흩날리며 떨어진다. 단풍의 아름다운 풍경 역시 그렇게 사라진다.

4. A 相符 B 相比 C 打交道 D 打招呼
5. A 于   B 由   C 沿   D 凭

4. A 서로 부합하다   B 서로 비교하다
   C 교류하다   D 인사하다
5. A ~에   B ~로부터
   C ~을 따라   D ~에 근거하여

해설 4. 빈칸의 앞부분, 문장의 첫머리에 전치사 与가 있는 것을 확인하자. 다른 지역의 단풍과 홍엽곡의 단풍을 비교하는 내용의 문장이다. 与와 함께 쓰여 비교를 나타내는 표현은 B 相比(서로 비교하다)이다. 与A相比(A와 비교해볼 때)의 고정 표현을 잘 기억해두자.

　　TIP A 相符 : 与A相符 A와 서로 부합하다
　　　　C 打交道 : 与A打交道 A와 교류하다, 왕래하다
　　　　D 打招呼 : 与A打招呼 A와 인사하다

5. 빈칸 뒤에 长白山山脉(장백산 산맥)이 나오는 것을 확인했다면 정답은 아주 쉽게 찾을 수 있다. 보기 가운데 뒤에 '길/노선'과 함께 쓰이는 표현은 C 沿 (~을 따라)뿐이다. 沿은 시험에 자주 출제되는 어휘이므로 잘 기억해두자.

　　TIP A 于 : 于 + (시간/장소/범위) ~에, ~에서
　　　　C 由 : 由 + (노선/장소/주체) ~로부터, ~은/는/이/가

쓰기 제1부분 실전 PT 정답　　▶p.103

1. 妻子把电脑里的文件删除了。
2. 请把毛巾递给我。
3. 他将资料放在信封里了。
4. 请把手机调成静音。
5. 她把那个软件下载了。

문제 1

妻子　文件　把　删除了　电脑里的

해설　[품사분석] 妻子 명 아내, 부인 / 文件 명 문서 / 把 전 ~을(를) / 删除 동 삭제하다 / 电脑里 명 컴퓨터 / 里 명 속, 안
　　　[문장구조] [주어 + [把 + 명사(목적어)] + 술어 + 기타성분('了)]
　　　① 술어 + 기타성분으로 删除了를 배치한다.
　　　② 주어는 妻子, [把+목적어]는 把电脑里的文件이다.
　　　③ 妻子把电脑里的文件删除了。 아내가 컴퓨터의 문서를 삭제했다.

문제 2

| 递给 | 请 | 毛巾 | 我 | 把 |

해설 [품사분석] 递 동 건네다 / 给 전 ~에게 / 请 동 청하다 / 毛巾 명 수건 / 我 명 나 / 把 전 ~을(를)
[문장구조] [주어 + [把 + 명사(목적어)] + 술어 + 기타성분(给 + 대상)]
① 술어 + 기타성분으로 递给我를 배치한다.
② 문장 맨 앞에는 请을 놓고, [把+목적어]에는 把毛巾을 놓는다.
③ 请把毛巾递给我。 수건을 저에게 건네주세요.

문제 3

| 资料 | 他 | 信封里了 | 放在 | 将 |

해설 [품사분석] 资料 명 자료 / 他 명 그 / 信封 명+조 편지봉투 / 里 명 속, 안 / 放 동 놓다 / 在 전 ~에 / 将 전 ~을(를)
[문장구조] [주어 + [将 + 명사(목적어)] + 술어 + 기타성분(在 + 장소)]
① 술어 + 기타성분에 放在信封里了를 배치한다.
② 주어는 他, [将+목적어]는 将资料이다.
③ 他将资料放在信封里了。 그는 자료를 편지봉투 안에 넣어두었다.

문제 4

| 调成 | 把 | 请 | 静音 | 手机 |

해설 [품사분석] 调 동 조정하다 / 成 동 ~이 되다 / 把 전 ~을(를) / 请 동 청하다 / 静音 명 매너모드, 음소거 / 手机 명 휴대전화
[문장구조] [주어 + [把 + 명사(목적어)] + 술어 + 기타성분(成 + 변화)]
① 술어 + 기타성분에 调成静音를 배치한다.
② 문장 맨 앞에 请을 놓고, [把+목적어]에는 把手机를 놓는다.
③ 请把手机调成静音。 휴대전화를 매너모드로 조정해주세요.

문제 5

| 把 | 她 | 下载了 | 那个软件 |

해설 [품사분석] 把 전 ~을(를) / 她 명 그녀 / 下载 동 다운로드하다 / 软件 명 소프트웨어
[문장구조] [주어 + [把 + 명사(목적어)] + 술어 + 기타성분(了)]
① 술어 + 기타성분에 下载了를 배치한다.
② 주어는 她, [把+목적어]는 把那个软件이다.
③ 她把那个软件下载了。 그녀는 그 소프트웨어를 다운로드했다.

듣기 제1·2부분 실전 PT 정답 ▶p.108

1. A **2.** D **3.** C **4.** C **5.** C

문제 1

A 整体不错 B 逻辑性很弱 C 不需要修改 D 结构不合理	A 전체적으로 잘 썼다 B 논리성이 약하다 C 수정이 필요 없다 D 구조가 합리적이지 않다
女：我写的那份报告您看了吗? 男：看了，整体上写得不错，有些地方还需要修改一下。 问：男的觉得那份报告怎么样?	여 : 제가 쓴 그 보고서를 봤나요? 남 : 봤어요. 전체적으로 잘 썼는데, 어떤 부분들은 아직 수정이 필요해요. 질문 : 남자가 생각하기에 그 보고서는 어떠한가?

해설 남자는 여자의 보고서에 대해 전체적으로 잘 썼지만 일부 수정이 필요하다고 했다. 보기 A의 표현이 남자의 말에서 그대로 나왔으므로 정답은 A 整体不错(전체적으로 잘 썼다)이다. B와 D는 언급하지 않았고, C는 지문과 다르다.

문제 2

A 以后保持联系 B 让男的别着急 C 祝男的一路顺风 D 不希望男的辞职	A 이후에 연락을 유지한다 B 남자에게 조급해하지 말라고 한다 C 남자가 하는 일이 순조롭기를 바란다 D 남자가 그만두는 것을 바라지 않는다
男：王主任，对不起，这是我的辞职信，我现在去办理交接手续。 女：你真的不再考虑一下了吗? 问：女的是什么意思?	남 : 왕 주임님, 죄송합니다. 제 사직서입니다. 지금 인수 인계 수속을 처리하겠습니다. 여 : 정말 다시 생각해보지 않겠어요? 질문 : 여자의 의미는 어떠한가?

해설 남자는 사직서를 제출했고, 여자는 다시 한번 생각해보길 묻고 있다. 즉 여자는 남자가 회사를 계속 다니길 바라고 있음을 알 수 있다. 그러므로 정답은 D 不希望男的辞职(남자가 그만두길 바라지 않는다)이다. 나머지 보기의 내용은 지문에서 언급되지 않았다.

문제 3

A 中奖了 B 有人请客 C 涨工资了 D 发奖金了	A 당첨되었다 B 누군가 한턱낸다 C 월급이 올랐다 D 보너스를 지급했다

女：你怎么这么开心？中奖了？ 男：跟中奖也差不多，今天公司通知我给我加薪了，今晚我请客。 问：男的为什么很开心？	여：당신 왜 이렇게 기분이 좋아요? 뭔가 당첨됐어요? 남：당첨된 것과 다름 없어요. 오늘 회사에서 월급을 올려준다고 통보했어요. 오늘 저녁은 제가 한턱낼게요. 질문：남자는 왜 기분이 좋은가?

해설 대화에 나온 표현들이 대부분의 보기에 제시되었다. 이런 경우 질문을 잘 듣고 알맞은 답을 찾아야 한다. 남자가 기분이 좋은 이유는 회사에서 월급이 인상된다는 소식을 들었기 때문이다. 대화에서의 加薪(임금이 오르다)과 보기의 涨工资는 같은 표현이므로 정답은 C 涨工资了(월급이 올랐다)이다. A는 실제로 당첨된 것은 아니라 당첨된 것처럼 기분이 좋은 것이다. B는 다른 누군가가 아니라 남자가 기분이 좋아서 본인이 한턱내겠다고 했다. D는 지문에서 언급하지 않았다.

문제 4

A 是会计 B 忘带材料了 C 是来送东西的 D 在交流处工作	A 회계원이다 B 자료를 깜빡 잊었다 C 물건을 전해주러 왔다 D 교류처에서 일을 한다
男：你好，请问哪位是李老师？ 女：我就是。您什么事？ 男：国际交流处的侯老师让我把这些材料转交给您。 女：谢谢，麻烦您专门跑一趟。 问：关于男的，可以知道什么？	남：안녕하세요. 실례지만 리 선생님이 누구신가요? 여：저예요. 무슨 일이세요? 남：국제 교류처의 호우 선생님께서 이 자료들을 전달해달라고 하셨어요. 여：감사해요. 일부러 와주셨네요. 질문：남자에 관하여 알 수 있는 것은 무엇인가?

해설 대화의 표현들이 보기에서 그대로 제시되지 않는 경우이다. 이런 문제의 경우, 대화의 내용을 근거로 사실을 유추하거나 다르게 표현하는 방법들을 생각해야 한다. 남자의 두 번째 대화 문장을 통해 리 선생에게 물건을 전하러 왔음을 알 수 있다. 그러므로 정답은 C 是来送东西的(물건을 전하러 왔다)이다. A와 D는 대화에서 알 수 없으며, B는 남자가 자료를 가져왔으므로 대화 내용과 일치하지 않다.

문제 5

A 被解雇了 B 不太自信 C 换部门了 D 升职了	A 해고됐다 B 자신이 없다 C 부서를 바꿨다 D 승진했다
男：听说你换部门了？ 女：对。我从研发部调到销售部了。 男：销售部压力很大。你要做好心理准备啊。 女：没事。我喜欢有挑战性的工作，也很喜欢跟人打交道。 问：关于女的，可以知道什么？	남：듣기로는 당신 부서를 바꿨다면서요? 여：네, 연구개발부에서 영업부로 조정했어요. 남：영업부는 스트레스가 커요. 마음의 준비를 해야 할 거예요. 여：괜찮아요. 저는 도전적인 일을 좋아하고, 사람들과 교류하는 것도 좋아해요. 질문：여자에 관하여 알 수 있는 것은 무엇인가?

해설 대화의 첫 부분에서 보기 C의 내용을 확인할 수 있다. 여자가 부서를 바꿨다는 소식을 남자가 여자에게 직접 확인하고 있다. 그러므로 정답은 C 换部门了(부서를 바꿨다)이다. A와 D는 지문과 전혀 다른 내용이고, B는 대화를 통해 여자가 새로운 부서에서의 일에 자신 있어하는 것을 알 수 있다.

독해 제2부분 실전 PT 정답 ▶p.113

1. B   **2.** C   **3.** C

문제 1

任何一家公司在招聘时，都会注意一个人的综合能力，然而在短暂的面试时间里，不管准备得如何充分，都无法让个人才能全方位地展示出来。作为求职者，应该做的是，针对所应聘岗位强调个人的能力和专长，针对这项工作详细阐述自己的优点与长处。	어떤 회사든지 채용을 할 때, 한 사람의 종합적 능력에 주의한다. 그러나 짧은 면접 시간 안에 준비를 얼마나 충분히 했든 간에, 개인의 재능을 모든 방면으로 보여줄 방법은 없다. 구직자로서 마땅히 해야 할 것은 지원한 부서를 겨냥하여 개인의 능력과 전공을 강조하고, 그 업무를 겨냥하여 자신의 장점과 우수한 점을 상세히 설명해야 한다.
A 行动前应制定计划 B 面试时要突出自己的优势 C 求职者要全面了解公司 D 要合理分配自己的时间	A 행동하기 전에 마땅히 계획을 세워야 한다 B 면접할 때 자신의 장점을 돋보이게 해야 한다 C 구직자는 회사를 전반적으로 이해해야 한다 D 자신의 시간을 합리적으로 분배해야 한다

해설 주제를 찾는 문제는 보통 첫 문장이나 마지막 문장에 정답이 있는 경우가 많다. 지문은 구직자의 태도에 대한 내용으로 마지막 문장에서 면접시 본인의 장점을 충분히 드러내야 한다고 말하고 있다. 보기 가운데 지문의 내용과 일치하는 것은 B이다.

TIP 不管A, 都B : A에 상관없이 B하다

문제 2

对有些人来说，兴趣广泛未必是件好事。每个人的精力和时间是有限的，在这有限的时间里，我们真正能专心去做的事情并不是很多。要是既对这个感兴趣，又对那个感兴趣，做一会儿这个，做一会儿那个，那么到最后的结果可能就是什么都做了，但什么也没做成。	어떤 사람들의 입장에서 말하면, 흥미가 광범위한 것이 반드시 좋은 것은 아니다. 매 사람마다 정력과 시간은 제한되어 있다. 이 제한된 시간 안에 우리가 진정으로 전심을 다하여 할 수 있는 일은 결코 많지 않다. 만약 이것에 대해서도 관심이 있고, 저것에 대해서도 관심이 있으며, 이것도 조금 하고, 저것도 조금 하는 식이라면, 최후의 결과는 아마도 무엇이든지 하긴 했지만, 아무것도 완성된 것은 없을 것이다.
A 要对自己的行为负责 B 应该做一个兴趣广泛的人 C 兴趣广泛未必适合所有人 D 做一件事情应该有充分的理由	A 자신의 행위에 대해 책임을 져야 한다 B 흥미가 광범위한 사람이 되어야 한다 C 흥미가 광범위한 것이 모든 사람에게 적합한 것은 아니다 D 어떤 일을 할 때에는 충분한 이유가 있어야 한다

해설 지문의 첫 문장이 여기서 말하고자 하는 주제 문장이다. 모든 사람이 무조건 광범위하게 흥미를 갖는 것이 좋은 것은 아니며, 그 뒤로 이에 대해 뒷받침하는 내용들이 이어지고 있다. 그러므로 지문의 내용과 일치하는 것은 C이다. B의 내용은 지문의 내용과 반대되며, 나머지 보기의 내용은 지문에서 언급하지 않았다.

TIP 对A来说 : A의 입장에서 말하면
要是A, 那么B : 만약 A한다면 B할 것이다
既A, 又B : A하기도 하고, B하기도 하다

문제 3

人们在追求财富的过程中，很容易迷失生活的方向，常常错误地认为更多的财富会带来更多的快乐。事实上，快乐跟财富没有必然的关系，生活中不幸的富比比皆是。幸福是不能只以金钱来衡量的。	사람들은 부를 추구하는 과정에서 쉽게 삶의 방향을 잃는다. 흔히 더 많은 부가 더 많은 기쁨을 가져다 준다고 잘못 생각한다. 사실상, 기쁨과 부는 필연적인 관계가 없으며, 생활 속에서 불행한 부도 무척 많다. 행복은 단지 돈으로 평가할 수 없다.
A 不要过分追求完美 B 要正确评价自己 C 钱多不一定就幸福 D 社会地位高的人更快乐	A 지나치게 완벽함을 추구하지 마라 B 정확하게 자신을 평가해야 한다 C 돈이 많다고 반드시 행복한 것은 아니다 D 사회적 지위가 높은 사람이 더욱 즐겁다

[해설] 부와 행복에 관한 내용으로 마지막 문장에서 행복은 돈으로 측량할 수 없다는 내용으로 마무리짓고 있다. 또한 지문 중간 부분에 부와 행복이 필연적인 관계가 아니라고 했으므로 지문의 내용과 일치하는 것은 C이다. 나머지 보기의 내용은 지문의 내용과 전혀 다르다.

쓰기 제1부분 실전 PT 정답 ▶p.117

1. 6号桌已经被他人预订了。
2. 他被那家公司录取了。
3. 那些资料被雨水打湿了。
4. 小李犯的错误已经被发现了。
5. 小王被小狗咬了。

문제 1

预订	6号桌	已经	了	被他人

[해설] [품사분석] 预订 동 예약하다 / 号 명 번, 호 / 桌 명 테이블 / 已经 부 이미 / 被 전 ~에 의해 / 他人 명 타인
[문장구조] [주어 + [被 + 명사(목적어-행위자)] + 술어 + 기타 성분(了)]
① 술어 + 기타성분에 预订了를 배치한다.
② 주어는 6号桌, 부사어는 已经, 被와 목적어(행위자)는 被他人이다.
③ 6号桌已经被他人预订了。 6번 테이블은 이미 다른 사람에게 예약되었다.

문제 2

他	被	录取	了	那家公司

[해설] [품사분석] 他 명 그 / 被 전 ~에 의해 / 录取 동 합격하다 / 了 조 ~했다 / 那 대 그, 저 / 家 양 (집이나 공장, 건물 등을 세는 단위) / 公司 명 회사
[문장구조] [주어 + [被 + 명사(목적어-행위자)] + 술어 + 기타 성분(了)]
① 술어 + 기타성분에 录取了를 배치한다.
② 주어는 他, 被와 목적어는 被那家公司이다.
③ 他被那家公司录取了。 그는 그 회사에 합격되었다.

Day 6 33

문제 3

| 打湿 | 那些资料 | 了 | 被 | 雨水 |

해설 [품사분석] 打湿 동 적시다 / 那些 대 그것들 / 资料 명 자료 / 了 조 ~했다 / 被 전 ~에 의해 / 雨水 명 빗물
[문장구조] [주어 + [被 + 명사(목적어-행위자)] + 술어 + 기타성분(了)]
① 술어 + 기타성분 打湿了를 배치한다.
② 주어는 那些资料, 被와 목적어는 被雨水이다.
③ 那些资料被雨水打湿了。 그 자료들은 빗물에 젖어버렸다.

문제 4

| 已经 | 小李犯的错误 | 被 | 发现了 |

해설 [품사분석] 已经 부 이미 / 小李 인명 샤오리 / 犯 동 저지르다 / 错误 명 실수 / 被 전 ~에 의해 / 发现 동 발견하다
[문장구조] 주어 + [被 + 명사(목적어-행위자→생략가능)] + 술어 + 기타성분(了)]
① 술어 + 기타성분 发现了를 배치한다.
② 주어는 小李犯的错误, 被 앞에 부사 已经을 놓고, 被와 술어 发现了를 배치한다.(被 뒤의 목적어는 생략됨)
③ 小李犯的错误已经被发现了。 샤오리가 저지른 실수는 이미 발각되었다.

문제 5

| 小王 | 了 | 被 | 咬 | 小狗 |

해설 [품사분석] 小王 인명 샤오왕 / 了 조 ~했다 / 被 전 ~에 의해 / 咬 동 깨물다 / 小狗 명 강아지
[문장구조] [주어 + [被 + 명사(목적어-행위자)] + 술어 + 기타성분(了)]
① 술어 + 기타성분 咬了를 배치한다.
② 주어는 小王, 被와 목적어는 被小狗이다.
③ 小王被小狗咬了。 샤오왕은 강아지에게 물렸다.

듣기 제1·2부분 실전 PT 정답 ▶ p.122

1. B **2.** D **3.** C **4.** C **5.** C

문제 1

A 很疲劳
B 肠胃不适
C 感冒了
D 牙疼

A 피곤하다
B 소화가 안 되다
C 감기에 걸렸다
D 이가 아프다

男: 对面有家超市，我们去买冰激凌吃吧。
女: 我不吃了，我最近肠胃不好，不能吃凉的。
问: 女的怎么了?

남 : 맞은편에 마트가 있어요. 우리 가서 아이스크림을 사 먹어요!
여 : 저는 안 먹을래요. 요즘 소화가 잘 안 돼서 찬 것을 먹으면 안 돼요.
질문 : 여자는 어떠한가?

해설 | 남자가 아이스크림을 먹자고 제안하지만, 여자는 소화가 잘 안 되어 거절한다. 대화 중 肠胃不好라는 표현을 들어야 한다. 不好와 不适는 같은 의미를 나타낸다. 그러므로 정답은 B 肠胃不适(소화가 잘 안 되다)이다. 나머지 보기의 내용은 대화 내용과 무관하다.

문제 2

A 胃疼
B 想吃海鲜
C 觉得菜太淡
D 觉得过敏了

A 위가 아프다
B 해산물이 먹고 싶다
C 요리가 너무 싱거운 것 같다
D 알레르기 반응을 일으키는 것 같다

男: 我好像吃海鲜过敏了，脸上又红又痒。
女: 如果真是过敏，那得去医院看看。
问: 男的怎么了?

남 : 저는 해산물에 알레르기 반응을 일으키는 것 같아요. 얼굴이 빨갛고 간지러워요.
여 : 만약 정말 알레르기 반응을 보인다면, 병원에 가서 진료를 받아야 해요.
질문 : 남자는 어떠한가?

해설 | 남자의 말에서 정답을 찾을 수 있다. 여기서 주의할 점은 남자의 말 가운데 好像을 好想으로 착각하여 B 想吃海鲜(해산물이 먹고 싶다)를 정답으로 고르는 실수를 범하지 말자. 대화에서 계속해서 알레르기 증상과 병원이라는 표현이 나오므로 정답은 D 觉得过敏了(알레르기 반응을 일으키는 것 같다)이다.

문제 3

A 头晕
B 着凉了
C 嗓子不舒服
D 昨晚失眠了

A 머리가 어지럽다
B 감기에 걸렸다
C 목구멍이 아프다
D 어제 저녁에 잠을 이루지 못했다

男 : 你感冒了？声音听起来怪怪的。 女 : 可能是嗓子发炎了，昨天晚上就不太舒服。 问 : 女的怎么了？	남 : 당신 감기에 걸렸나요? 목소리를 들어보니 이상하네요. 여 : 목구멍에 염증이 생긴 것 같아요. 어제저녁부터 안 좋아요. 질문 : 여자는 어떠한가?

해설 여자의 목소리가 이상하게 들려서 남자는 여자가 감기에 걸린 줄 알았지만, 여자는 목구멍에 염증이 생긴 것 같다고 대답한다. 어제저녁부터 아팠다고 했으므로 정답은 C 嗓子不舒服(목구멍이 아프다)이다. A는 대화에서 언급되지 않았고, B는 남자의 첫 대화 문장에서 着凉과 같은 의미인 感冒가 언급되었지만 남자의 짐작일 뿐, 여자의 상태가 아니다. D의 잠과 관련된 내용은 언급되지 않았다.

문제 4

A 腰疼 B 喝醉了 C 胳膊痒 D 胃不舒服	A 허리가 아프다 B 술에 취했다 C 팔이 가렵다 D 위가 불편하다
女 : 你的胳膊怎么了？这儿红了一片。 男 : 我也不知道被什么咬了，特别痒。 女 : 我去给你拿瓶药，止痒效果很好。 男 : 谢谢你。 问 : 男的怎么了？	여 : 당신 팔이 왜 그래요? 온통 빨갛네요. 남 : 저도 무엇에 물렸는지는 모르겠는데, 너무 가려워요. 여 : 제가 가서 약을 가져올게요. 가려움을 멈추는 효과가 좋아요. 남 : 고마워요. 질문 : 남자는 어떠한가?

해설 여자의 첫 물음에서 남자의 이상이 있는 신체 부위가 언급된다. 이를 근거로 남자의 팔에 이상이 있으며, 남자의 대답에서 팔이 매우 가려운 것을 알 수 있다. 이와 일치하는 내용을 보기에서 찾으면 정답은 C 胳膊痒(팔이 가렵다)이다. 나머지 보기는 대화 내용과 무관하다.

문제 5

A 胃疼 B 经常失眠 C 把手弄破了 D 把窗户打碎了	A 위가 아프다 B 자주 잠을 못 이룬다 C 손을 다쳤다 D 창문을 깨버렸다
女 : 呀，你的手流血了。 男 : 刚刚擦玻璃的时候不小心弄破了。 女 : 你坐这儿别动，我给你包一下。 男 : 不要紧，没事。 问 : 男的怎么了？	여 : 어머, 당신 손에서 피가 흘러요. 남 : 방금 유리를 닦을 때 부주의해서 다쳤어요. 여 : 여기 앉아서 움직이지 마세요. 제가 (붕대로) 감아줄게요. 남 : 심각하지 않아요. 괜찮아요. 질문 : 남자는 어떠한가?

해설 대화 첫 부분에 남자의 상태가 언급된다. 여자는 남자의 손에서 피가 흐르는 것을 보고 놀랐고, 남자는 부주의해서 다쳤다고 말한다. 정답은 C 把手弄破了(손을 다쳤다)이다. 보기 A와 B는 대화 내용과 무관하며, D는 유리를 닦다가 손을 다친 것으로 창문이 깨졌는지는 알 수 없다.

독해 제2부분 실전 PT 정답 ▶p.127

1. B **2.** B **3.** C

문제 1

孔子曾说: "我对于不明白的事, 必定要问清楚。"一个真正热爱学习的人, 遇到问题时必然喜欢向别人请教。问和学是相辅相成的, 哪怕是再简单的问题, 只要别人理解得比你深刻, 你就应该谦虚地向别人学习。

공자는 일찍이 "내가 이해하지 못한 일에 대해서는 반드시 정확하게 물어봐야 한다."라고 말했다. 진실로 학문을 좋아하는 사람은 문제에 맞닥뜨렸을 때, 꼭 다른 사람에게 가르침을 청하는 것을 좋아한다. 묻고 공부하는 것은 상부상조이다. 설령 간단한 문제일지라도, 다른 사람이 당신보다 깊게 이해하고 있다면, 반드시 겸손하게 타인을 본받아야 한다.

A 要学习孔子的怀疑精神
B 遇到问题应虚心向人请教
C 要养成独立思考的好习惯
D 要经常复习旧知识

A 공자의 의심하는 정신을 본받아야 한다
B 문제에 맞닥뜨렸을 때 겸손하게 다른 사람에게 가르침을 청해야 한다
C 독립적으로 사고하는 좋은 습관을 길러야 한다
D 자주 옛 지식을 복습해야 한다

해설 지문은 공자의 말을 인용하여 학문을 닦을 때에는 반드시 다른 사람에게 물어 가르침을 받으며 겸손한 자세로 공부해야 한다는 내용이다. 지문의 내용과 일치하는 보기는 B이다. 나머지 보기의 내용은 지문에서 언급하지 않았다.

문제 2

有句话叫"师傅领进门, 修行靠个人"。它的意思是说, 教师的作用是有限的, 学生要想学到更多东西, 必须靠自身的不懈努力, 掌握恰当的学习方法, 在学习的过程中变被动为主动, 这样才能取得好的成绩。

옛말에 이르기를, "스승이 문을 안내하면, 제자는 수행해야 한다"라고 했다. 이 말의 뜻은 스승의 영향은 한계가 있으므로 학생이 더 많은 것을 배우고 싶다면 반드시 스스로의 꾸준한 노력에 의존하여, 적합한 공부 방법을 찾아야 한다는 것이다. 학습하는 과정에서 수동적인 태도를 주동적인 태도로 바꾸어야 좋은 성적을 얻을 수 있다.

A 课堂上的师生互动至关重要
B 学生应更注重自身的努力
C 教师要适当听取学生的意见
D 教师要及时纠正学生的错误

A 교실에서의 선생님과 학생이 서로 상호작용하는 것은 매우 중요하다
B 학생은 마땅히 자신의 노력에 더욱 중점을 두어야 한다
C 선생님을 적절하게 학생들의 의견을 귀담아들어야 한다
D 선생님은 시기 적절하게 학생들의 잘못을 바로잡아야 한다

해설 명언을 인용하거나 교훈을 제시하는 지문은 주제 문장이 나오고, 뒤에 이어서 이를 설명한다. 그리고 명언이나 교훈이 의미하는 바를 정답으로 제시하는 문제의 빈출도가 비교적 높은 편이다. 위 지문은 스승과 학생의 역할 중에서도 학생은 선생님의 지도 아래 스스로 더 노력하여 자신만의 학습 방법으로 주동적인 태도를 가져야 한다는 내용이다. 이와 일치하는 내용의 보기는 B이다.

문제 3

孔子说："民无信不立。"在市场经济中，企业诚信具有经济学价值，是对企业在道德、法律等方面的肯定，是企业无形财产的重要组成部分。诚信是企业发展的基石，是企业进行各种商业活动的最强竞争手段，也是企业家的"金质名片"。

공자가 말하길, "민우신불립(국민의 믿음이 없으면 디디고 설 곳이 없다)"이라 했다. 시장경제에서 기업의 신용은 경제학적 가치를 지닌다. 이것은 기업에 대한 도덕성, 법률 등의 방면에서의 긍정적 평가이자, 기업의 무형 자산의 중요한 구성 부분이다. 신용은 기업이 발전하는 토대이고, 기업이 각종 비즈니스 활동을 진행하는 가장 강력한 경쟁 수단이며, 기업가의 '황금 명함'이다.

A 大部分企业都需要深化改革
B 人才是企业竞争的关键
C 诚信对企业发展极其重要
D 金质名片是企业家地位的象征

A 대부분의 기업은 모두 개혁을 심화해야 한다
B 인재는 기업 경쟁의 핵심이다
C 신용은 기업 발전에 매우 중요하다
D 황금 명함은 기업인 지위의 상징이다

해설 공자의 말을 인용하여 기업의 신용에 대해 이야기하고 있다. 지문의 내용은 전반적으로 기업 신용에 대한 가치와 역할을 설명하고 있으므로, 신용이 기업의 발전에 매우 중요하다는 것을 알 수 있다. 그러므로 정답은 C이다. 보기 A와 B는 지문의 내용과 전혀 다르며, D의 '황금 명함'은 높은 신용을 의미한다.

쓰기 제1부분 실전 PT 정답 ▶p.130

1. 小高已经下决心戒烟了。
2. 他一会儿去体育馆找一下王教练。
3. 舅舅有办法解决这样的问题。
4. 老鼠靠尾巴控制平衡。
5. 老王曾经来这里找过他。

문제 1

已经　　下决心　　戒烟了　　小高

해설 [품사분석] 已经 부 이미 / 下 동 (결심이나 결론 등을) 내리다 / 决心 명 결심 / 戒烟 담배를 끊다 / 小高 인명 샤오가오
[문장구조] [동작/방식/수단/목적 : 주어 + 부사어 + 술어1 + 목적어1 + 술어2 + (목적어2)]
① 첫 번째 술어와 목적어에 下决心, 두 번째 술어와 목적어에 戒烟了를 배치한다.
② 주어는 小高, 부사어는 已经이다.
③ 小高已经下决心戒烟了。 샤오가오는 이미 담배를 끊기로 결심했다.

문제 2

找一下　　他一会儿　　去体育馆　　王教练

해설 [품사분석] 找 동 찾다 / 一下 양 (동사 뒤에 쓰여) 좀 ~하다 / 他 대 그 / 一会儿 명 잠시 후 / 去 동 가다 / 体育馆 명 체육관 / 王 명 왕(성) / 教练 명 코치
[문장구조] [동작의 순서 – 주어 + 부사어 + 술어1 + 목적어1 + 술어2 + 보어 + 목적어2]
① 첫 번째 술어와 목적어에 去体育馆, 두 번째 술어, 보어, 목적어에는 找一下王教练를 배치한다.
② 주어는 他, 부사어는 一会儿이다.
③ 他一会儿去体育馆找一下王教练。 그는 잠시 후에 체육관에 가서 왕 코치를 찾을 것이다.

문제 3

| 解决 | 舅舅 | 办法 | 这样的问题 | 有 |

해설 [품사분석] 解决 동 해결하다 / 舅舅 명 삼촌 / 办法 명 방법 / 这样 대 이러한 / 问题 명 문제 / 有 동 있다
[문장구조] [(주어 + 有/没有 + 목적어1 + 술어2 + 목적어2)](有/没有 연동문)
① 有 뒤에 첫 번째 목적어로 办法, 두 번째 술어와 목적어에 解决这样的问题를 배치한다.
② 주어는 舅舅이다.
③ 舅舅有办法解决这样的问题。 삼촌은 이러한 문제를 해결할 방법이 있다.

문제 4

| 靠 | 老鼠 | 控制 | 平衡 | 尾巴 |

해설 [품사분석] 靠 동 기대다, 의지하다 / 老鼠 명 쥐 / 控制 동 통제하다, 제어하다 / 平衡 명 균형, 평형 / 尾巴 명 꼬리
[문장구조] [방식/수단/도구 : 주어 + 술어1 + 목적어1 + 술어2 + 목적어2]
① 첫 번째 술어와 목적어에 靠尾巴, 두 번째 술어와 목적어에는 控制平衡을 배치한다.
② 주어는 老鼠이다.
③ 老鼠靠尾巴控制平衡。 쥐는 꼬리에 의지하여 균형을 제어한다.

문제 5

| 来 | 找过他 | 这里 | 老王 | 曾经 |

해설 [품사분석] 来 동 오다 / 找 동 찾다 / 过 조 ~한 적이 있다 / 他 대 그 / 这里 명 이곳 / 老王 인명 라오왕 / 曾经 부 일찍이
[문장구조] [동작의 순서 : 주어 + 부사어 + 술어 + 목적어1 + 술어2 + 목적어2]
① 첫 번째 술어와 목적어에 来这里, 두 번째 술어와 목적어에는 找过他를 배치한다.
② 주어는 老王, 부사어는 曾经이다.
③ 老王曾经来这里找过他。 라오왕은 일찍이 이곳에 와서 그를 찾았다.

듣기 제1·2부분 실전 PT 정답 ▶p.135

| 1. B | 2. A | 3. A | 4. A | 5. C |

문제 1

A 航班晚点了
B 可以放心
C 有些担心
D 他们没赶上飞机

A 항공편이 연착되었다
B 안심해도 된다
C 약간 걱정된다
D 그들은 비행기를 놓쳤다

女: 还有两个小时飞机就要起飞了，我们还能赶得上吗?
男: 您放心，耽误不了，三十分钟我们就能到。
问: 男的是什么意思?

여: 두 시간만 더 있으면 비행기가 이륙할 거예요. 우리 시간에 맞출 수 있을까요?
남: 안심해요. 늦을 수가 없어요. 30분 정도면 우리는 도착할 거예요.
질문: 남자의 말은 무슨 의미인가?

해설 남자의 첫 문장에서 放心(안심하다)이라는 표현이 직접적으로 언급되었다. 그러므로 정답은 B 可以放心(안심해도 된다)이다. A와 D는 대화 내용과 다르며, C는 여자의 심리 상태이다.

문제 2

A 要坚持
B 不要太骄傲
C 劝男的放弃
D 想想别的办法

A 지속해야 한다
B 너무 거만하면 안 된다
C 남자에게 포기하라고 권한다
D 다른 방법을 생각해본다

男: 我已经试了三次了，还是不行，我看我干脆放弃好了。
女: 别轻易就说放弃，说不定下次就成功了。
问: 女的是什么意思?

남: 저는 이미 세 번 시도했어요. 여전히 안 되네요. 제가 보기에 차라리 포기하는 게 좋겠어요.
여: 함부로 포기한다고 말하지 마세요. 아마도 다음에는 성공할 거예요.
질문: 여자의 말은 무슨 의미인가?

해설 보기에는 대화에서 나온 표현이 똑같이 제시되지 않았으므로 대화 내용을 잘 파악해야 한다. 여자는 함부로 포기하지 말 것을 얘기하고 있다. 즉 다시 시도하여 계속 하라는 뜻이다. 정답은 A 要坚持(지속해야 한다)이다. B와 D는 대화 내용과 무관하며, C는 반대로 남자는 포기하려고 하고, 여자는 포기하지 말 것을 당부하고 있다.

문제 3

A 赞成
B 推辞
C 反对
D 无所谓

A 찬성하다
B 거절하다
C 반대하다
D 상관없다

40 해설 PART 1

女：我们的婚礼能不能考虑请我的导师来主持？ 男：当然可以，要是你的导师能来主持，那是再好不过了。 问：男的是什么态度？	여 : 우리 결혼식에 제 지도 교수님께 주례를 부탁 드리는 것은 어때요? 남 : 당연히 좋지요. 만약 당신의 지도 교수님께서 주례를 해 주신다면, 그 이상 좋을 수는 없어요. 질문 : 남자의 태도는 어떠한가?

해설 여자의 말에 남자는 当然可以(당연히 좋지요)라는 대답으로 강한 긍정과 동의를 나타냈다. 정답은 A 赞成(찬성하다)이다. B와 C는 부정적인 태도이며, D는 부정도 긍정도 아닌 중간 입장이다.

문제 4

A 期待 B 失望 C 佩服 D 想念	A 기대하다 B 실망하다 C 탄복하다 D 그리워하다

男：咱们部门去春游的事定了，这周六去。 女：太棒了，我期待很久了，希望周六别下雨。 男：不会，听了天气预报说，这周天气很不错。 女：那太好了，我要赶紧准备一下。 问：女的现在心情怎么样？	남 : 우리 부서의 봄소풍 가는 일이 결정됐어요. 이번 주 토요일에 갑니다. 여 : 정말 좋네요. 저는 오래도록 기대해왔어요. 토요일에 비가 오지 않았으면 좋겠어요. 남 : 그럴리가요. 일기예보에서 이번 주는 날씨가 좋대요. 여 : 그럼 정말 잘됐네요. 저도 서둘러 준비해야겠어요. 질문 : 여자의 현재 기분은 어떠한가?

해설 어기와 어투를 파악해야 하는 문제는 대화에 화자의 심리가 직접적으로 노출되기도 한다. 봄소풍 소식을 듣고 여자는 오래도록 기대해왔다고 말한다. 정답은 A 期待(기대하다)이다. 나머지 보기의 감정들은 대화에서 찾아볼 수 없다.

문제 5

A 表扬 B 操心 C 可惜 D 希望	A 칭찬하다 B 걱정되다 C 아쉽다 D 희망하다

女：我们俱乐部下个礼拜有摄影活动，你参加吗？ 男：不好意思，我去不了。 女：为什么？你不是一直想去体验一下吗？ 男：礼拜天我姑姑来，我得去火车站接她。 问：男的现在心情怎么样？	여 : 우리 동호회는 다음 주에 촬영 모임이 있어요. 당신 참가하나요? 남 : 죄송해요. 저는 갈 수 없어요. 여 : 왜요? 당신은 줄곧 체험하고 싶어하지 않았나요? 남 : 일요일에 고모가 오세요. 기차역에 마중가야 해요. 질문 : 남자의 현재 기분은 어떠한가?

해설 동호회 촬영 모임에 갈 수 없다고 대답한 남자의 기분은 이어지는 여자의 말에서 알 수 있다. 여자는 남자가 줄곧 촬영 모임에 가보고 싶어하지 않았냐고 묻는다. 남자는 참여하고 싶지만 어쩔 수 없이 가지 못하므로 정답은 C 可惜(아쉽다)이다.

독해 제2부분 실전 PT 정답　　　▶p.139

1. D　　**2.** C　　**3.** D

문제 1

小孙子刚开始学认字，奶奶问他："广字底下一个木是什么字？"小孙子毫不犹豫地回答："床。"奶奶点了点头，又问："那广底下两个木呢？"小孙子认真地想了想，回答说："一个木是床，两个木当然是双人床了。"	손자가 막 글자를 배우기 시작했을 때, 할머니가 그에게 물었다. "广 글자 밑에 木가 하나 있으면 무슨 글자니?" 손자가 조금도 주저하지 않고 대답했다. "침대요." 할머니가 고개를 끄덕이며 또 물었다. "그러면 广 글자 밑에 木가 두 개 있으면?" 손자는 곰곰이 생각해보더니 대답했다. "木가 하나면 침대니까, 木가 두 개면 당연히 2인용 침대지요."
A 奶奶有点儿不耐烦 B 小孙子刚上幼儿园 C 小孙子在学习成语 D 小孙子认识的字不多	A 할머니는 약간 귀찮다 B 손자는 막 유치원에 들어갔다 C 손자는 성어를 공부하고 있다 D 손자는 아는 글자가 많지 않다

해설　유머나 이야기로 된 지문은 인물의 대답 혹은 마지막 문장에 정답이 있는 경우가 많다. 위 지문에서도 마지막 부분에 손자의 대답이 답을 찾는 핵심이다. 할머의 문제는 글자를 안다면 아주 쉬운 문제이지만 글자를 많이 알고 있지 않은 손자에게는 어려운 문제이다. 실제로 广 글자 밑에 木이 두 개면 "麻(삼베)"가 된다. 손자는 이 글자를 모르고 엉뚱한 대답을 했다. 그러므로 정답은 D이다.

문제 2

妻子问："老公，怎么不见你和老王下棋了呢？"丈夫抱怨起来："你愿意和一个赢了就趾高气扬，输了就要骂人的人下棋吗？" "噢，当然不愿意。我明白了。"妻子接着说，"他也不愿意同这样的人下。"	아내가 물었다. "여보, 왜 라오왕과 장기를 두지 않는 거죠?" 남편이 불평하며 말했다. "당신은 이기면 의기양양해하고, 지면 욕하려고 하는 사람과 장기두고 싶어요?" "당연히 아니죠. 알겠어요." 아내가 이어서 말했다. "그 사람도 그런 사람과 바둑을 두는 것을 원하지 않을 거예요."
A 输赢不是最重要的 B 过程比结果更重要 C 老公不喜欢和老王下棋 D 老公是个追求完美的人	A 지고 이기는 것은 가장 중요한 것이 아니다 B 과정은 결과보다 더 중요하다 C 남편은 라오왕과 바둑 두는 것을 좋아하지 않는다 D 남편은 완벽함을 추구하는 사람이다

해설　남편은 승패에 따라 확연히 달라지는 라오왕의 태도 때문에 라오왕과 바둑을 두기 싫어한다. 아내가 보기에는 남편과 라오왕이 그저 똑같을 뿐이다. 지문의 내용과 일치하는 것은 C이다. 나머지 보기의 내용은 지문과 무관하다.

문제 3

爷爷带着孙女在沙滩散步，看见许多海星被潮水冲到岸上。孙女拾起一只海星，使劲儿把它抛回海里。爷爷问："海滩上有成千上万的海星，你救得了一个，救得了一万个吗？"孙女回答："也许我救的只是全部的万分之一，但对那只海星而言就是全部，它活了下来。"	할아버지가 손녀를 데리고 모래사장에서 산책하고 있을 때, 많은 불가사리들이 조수에 의해 해안가에 올라온 것을 보았다. 손녀는 불가사리 하나를 들고선 있는 힘껏 그것을 던져서 바다로 돌려보냈다. 할아버지가 물었다. "해변에 수천 수만의 불가사리들이 있는데, 하나씩 구해서 만개를 다 구해 줄 수 있겠니? 손녀가 대답했다. "아마도 제가 구한 것은 단지 전체의 수 만개 중 하나일거예요. 하지만 그 불가사리 입장에서는 전부와 다름없어요. 그가 살아남게 되었으니까요."

A 要相信奇迹 B 失去才懂得珍惜 C 生活不会一帆风顺 D 应该尽量帮助别人	A 기적을 믿어야 한다 B 잃고 나서야 소중한 것을 안다 C 삶은 순조롭지 않을 수도 있다 D 되도록이면 다른 사람을 도와야 한다

해설   할아버지와 손녀의 대화에서 마지막 손녀의 대답이 핵심이다. 수많은 불가사리 중에 그녀가 구한 것은 단지 한 마리이지만, 그 한 마리의 불가사리에게는 한 생명을 오롯이 다시 얻은 셈이다. 다소 철학적인 어려운 내용이지만 보기에서 지문의 내용과 일치하는 것을 찾는 것은 어렵지 않다. 정답은 D이다. 나머지 보기의 내용은 지문의 주제와 일치하지 않는다.

쓰기 제1부분 실전 PT 정답 ▶p.142

1. 他的行为使姑姑感到好奇。
2. 实验的结果令人吃惊。
3. 小高要邀请专家出席讨论会。
4. 他的表现令人佩服。
5. 婴儿的微笑让人觉得很温暖。

문제 1

使   感到好奇   他的行为   姑姑

해설   [품사분석] 使 동 ~하게 하다, 시키다 / 感到 동 느끼다 / 好奇 명 호기심 / 他 대 그 / 行为 명 행위 / 姑姑 명 고모
         [문장구조] [주어 + 겸어동사(술어1) + 겸어 + 동사2(술어2) + (목적어2)]
             ① 겸어동사1 + 목적어1은 使姑姑, 술어2 + 목적어2는 感到好奇를 배치한다.
             ② 관형어 + 주어는 他的行为이다.
             ③ 他的行为使姑姑感到好奇。 그의 행위는 고모로 하여금 궁금증을 느끼게 했다.

문제 2

结果   实验的   吃惊   令人

해설   [품사분석] 结果 명 결과 / 实验 명 실험 / 吃惊 동 놀라다 / 令 동 ~하게 하다 / 人 명 사람, 타인
         [문장구조] [주어 + 겸어동사(술어1) + 겸어 + 동사2(술어2) + (목적어2)]
             ① 겸어동사1 + 목적어1은 令人, 술어2 + (목적어2)는 吃惊를 배치한다.
             ② 관형어 + 주어는 实验的结果이다.
             ③ 实验的结果令人吃惊。 실험 결과는 사람들을 놀라게 했다.

문제 3

要   小高   出席   讨论会   邀请专家

해설   [품사분석] 要 조동 ~할 것이다 / 小高 인명 샤오가오 / 出席 동 참석하다 / 讨论会 명 토론회 / 邀请 동 초청하다 /
             专家 명 전문가
         [문장구조] [주어 + 부사어(조동사) + 겸어동사(술어1) + 겸어 + 동사2(술어2) + (목적어2)]
             ① 겸어동사 + 목적어1은 邀请专家, 술어2 + 목적어2는 出席讨论会를 배치한다.
             ② 주어는 小高, 부사어는 要이다.
             ③ 小高要邀请专家出席讨论会。 샤오가오는 전문가에게 토론회에 참석해달라고 요청할 것이다.

문제 4

| 他的 | 佩服 | 令人 | 表现 |

해설 [품사분석] 他 대 그 / 佩服 동 감탄하다 / 令 동 ~하게 하다 / 人 명 사람, 타인 / 表现 명 품행, 행동, 태도
[문장구조] [주어 + 겸어동사(술어1) + 겸어 + 동사2(술어2) + (목적어2)]
① 겸어동사 + 목적어1은 令人, 술어2 + (목적어2)는 佩服를 배치한다.
② 관형어 + 주어는 他的 表现이다.
③ 他的表现令人佩服。 그의 품행은 사람들을 감탄하게 했다.

문제 5

| 婴儿的 | 觉得 | 微笑 | 让人 | 很温暖 |

해설 [품사분석] 婴儿 명 갓난아기 / 觉得 동 ~라고 느끼다, 생각하다 / 微笑 명 미소 / 让 동 ~하게 하다 / 人 명 사람, 타인 / 温暖 형 따뜻하다
[문장구조] [주어 + 겸어동사(술어1) + 겸어 + 동사2(술어2) + (목적어2)]
① 겸어동사 + 목적어1은 让人, 술어2 + (목적어2)는 觉得很温暖를 배치한다.
② 관형어 + 주어는 婴儿的 微笑이다.
③ 婴儿的微笑让人觉得很温暖。 갓난아기의 미소는 사람들이 따뜻함을 느끼게 한다.

Day 9

듣기 제1·2부분 실전 PT 정답 ▶p.147

1. B **2.** A **3.** A **4.** C **5.** D

문제 1

A 想辞职	A 사직하고 싶다
B 成绩很好	B 성적이 좋다
C 没被录取	C 합격하지 못했다
D 没投简历	D 이력서를 못 넣었다

女：我听说面试结果已经公布了，你怎么样？录取了没？
男：刚上网查了，我的综合成绩是第一名。
问：关于男的，可以知道什么？

여 : 듣기로는 면접 결과가 이미 발표됐대요. 당신은 어떻게 됐어요? 합격했어요?
남 : 방금 인터넷에 조회해봤는데, 제 종합 성적이 1등이에요.
질문 : 남자에 관하여 알 수 있는 것은 무엇인가?

해설 먼저 보기에 辞职(사직), 成绩(성적), 录取(합격, 채용), 简历(이력서) 등의 취업, 회사와 관련된 표현들이 제시됐음을 확인하자. 남자의 말에서 종합 성적이 1등이라는 표현으로 보아 남자의 성적이 매우 좋음을 알 수 있다. 정답은 같은 의미의 B 成绩很好(성적이 좋다)이다. 보기 A, D는 대화 내용과 관련이 없으며, C는 대화의 내용과 다르다.

문제 2

A 拍照 B 修相机 C 冲洗照片 D 教他使用相机	A 사진을 찍다 B 카메라를 수리하다 C 사진을 현상하다 D 그에게 카메라 사용법을 가르쳐주다
男：您好，请问您能帮我们合个影吗？ 女：没问题，是按这里吗？ 问：男的请女的帮什么忙？	남 : 안녕하세요. 실례지만 저희 사진 좀 찍어주시겠어요? 여 : 문제없어요. 이곳을 누르면 될까요? 질문 : 남자는 여자에게 어떤 도움을 요청했는가?

해설　보기의 내용이 모두 카메라와 사진에 관한 표현이다. 대화의 내용을 짐작해보며 지문을 들어보자. 남자의 첫 대화 문장에서 帮我们合个影(사진 찍는 것을 돕다)이라는 표현이 직접적으로 언급된다. 정답은 A 拍照(사진을 찍다)이다.

문제 3

A 回家 B 结婚 C 坐火车 D 去旅行	A 집으로 돌아간다 B 결혼한다 C 기차를 탄다 D 여행을 간다
男：我打算下周五回趟家，我姐姐结婚。 女：是吗？买票了吗？快国庆节了，火车票可能不好买。 男：不用，我家离北京很近，坐汽车走高速四个小时。 女：那方便多了。 问：男的打算做什么？	남 : 저는 다음 주 금요일에 집에 다녀올 계획이에요. 누나가 결혼해요. 여 : 그래요? 표는 샀어요? 곧 국경절이어서 기차표를 구하기 쉽지 않을 거예요. 남 : 괜찮아요. 저희 집은 베이징에서 가까워요. 차를 타고 고속도로로 4시간이 걸려요. 여 : 그럼 매우 편하겠네요. 질문 : 남자는 무엇을 할 계획인가?

해설　보기의 어휘들이 대화 지문에 거의 모두 언급되었기 때문에 난이도가 비교적 높은 문제이다. 질문을 잘 듣고 정확한 답을 찾아야 한다. 남자의 첫 대화 문장에서 그는 누나의 결혼식 참석을 위해 집으로 돌아간다고 했다. 그 뒤로 차표에 대한 대화가 이어지고 있다. 질문에 대한 알맞은 정답은 A 回家(집으로 돌아가다)이다. B는 남자가 아닌 남자의 누나가 결혼하는 것이고, C는 기차가 아니라 자동차를 타고 가며, D는 여행이 아니라 누나의 결혼식에 참석하기 위해 집(고향)에 가는 것이다.

문제 4

A 面试 B 结账 C 签合同 D 买房子	A 면접을 보다 B 계산하다 C 계약서에 서명하다 D 집을 사다
男：这是租房合同，你还要再看一下吗？ 女：我看过了，没什么问题。 男：那请在这里签字。 女：好的。 问：他们在做什么？	남 : 이것은 임대 계약서입니다. 더 보시겠어요? 여 : 확인했어요. 아무 문제 없습니다. 남 : 그럼 이곳에 서명해주세요. 여 : 알겠습니다. 질문 : 그들은 무엇을 하고 있는가?

| 해설 | 보기의 어떤 어휘들이 대화에서 언급되는지 집중해서 들어야 한다. 대화 중 租房合同(임대 계약서), 签字(서명) 표현을 들었다면 정답을 쉽게 찾을 수 있다. 두 사람은 집 임대 계약에 대해 대화를 나누고 있으므로 정답은 C 签合同(계약서에 서명하다)이다. 보기 A, B는 대화에서 언급되지 않았고, D는 집을 사는 것이 아니라 임대이므로 답이 될 수 없다. |

문제 5

A 学种花 B 留在亲人身边 C 继续读书 D 开花店	A 꽃 재배를 배우다 B 가족들 옆에 머문다 C 계속해서 공부한다 D 꽃집을 열다
男: 辞职的事, 你父母知道吗? 女: 我事先征求过他们的意见。他们很尊重我的决定。 男: 那你以后准备做什么? 女: 我想开家花店。过比较自由的生活。 问: 女的有什么打算?	남: 사직하는 일은 당신 부모님이 알고 계시나요? 여: 저는 미리 부모님께 의견을 여쭤봤어요. 부모님은 제 결정을 존중해주세요. 남: 그럼 앞으로 무엇을 할 계획이에요? 여: 저는 꽃집을 열고 싶어요. 비교적 자유로운 생활을 보내고 싶어요. 질문: 여자는 어떤 계획이 있는가?

| 해설 | 대화 지문에서 보기의 어떤 어휘들이 언급되는지 체크하자. 대화에서 여자는 회사를 그만두고 꽃집을 열려고 한다. 여자의 마지막 말에 想开家花店(꽃집을 열고 싶다)이라는 표현이 보기 D 开花店(꽃집을 열다)과 같으므로 정답은 D이다. 나머지 보기의 표현들은 대화에 언급되지 않는다. |

독해 제2부분 실전 PT 정답 ▶p.152

1. B **2.** A **3.** A

문제 1

2015年1月6日, 中国农业部发布消息称, 中国将启动马铃薯主粮化战略, 推进把马铃薯加工成馒头、面条儿、米粉等主食的项目, 马铃薯将成为稻米、小麦、玉米外的又一主粮。预计2020年50%以上的马铃薯将作为主粮消费。	2015년 1월 6일, 중국 농업부는 중국이 감자를 주식량화하는 전략을 시행할 것이며, 감자를 찐빵, 국수, 쌀가루 등의 주식 항목으로 가공하는 것을 추진하여, 감자가 쌀, 밀, 옥수수 이외에 또 하나의 주요 식량이 될 것이라는 소식을 발표했다. 2020년에는 50% 이상의 감자가 주요 식량으로 소비될 것으로 예측했다.
A 玉米营养价值最高 B 马铃薯未来将成为主粮 C 中国人偏爱低热量食物 D 挑食对健康有害	A 옥수수는 영양 가치가 제일 높다 B 감자는 미래에 주요 식량이 될 것이다 C 중국인은 열량이 낮은 음식을 선호한다 D 편식은 건강에 해롭다

| 해설 | 지문은 감자의 주식량화에 관한 사실 보도 내용이다. 보기와 지문을 비교하여 살펴보면, 보기 A, C, D는 지문에 없는 내용이다. 지문 후반 부분에 감자가 다른 곡물과 함께 주요 식량이 될 것이며, 2020년에는 주요 식량으로 소비될 것이라는 예측을 내놓고 있다. 이를 근거로 정답은 B이다. |

문제 2

南京云锦是中国传统的丝织工艺品，用料讲究，织工精细。因其色彩典雅富丽，美如天上瑰丽的彩云，故名"云锦"，它与苏州的宋锦、四川的蜀锦一起并称为中国三大名锦。

난징의 구름비단은 중국 전통의 비단 공예품으로 원자재를 중요시하고, 제작 작업이 정교하다. 그 색채가 우아하고 화려하여 아름다움이 하늘 위의 진기한 꽃구름과 같아 '구름비단'이라는 이름이 생겼다. 이것은 쑤저우의 송금, 쓰촨의 촉금과 함께 중국 3대 명품 비단이라고 부른다.

A 云锦因美如彩云而得名
B 云锦制作工艺已失传
C 云锦的名声已不如从前
D 云锦是南京三大名锦之一

A 구름비단은 아름다움이 꽃구름과 같아 이름을 얻었다
B 구름비단 공예는 이미 전해 내려오지 않는다
C 구름비단의 명성은 이미 예전만 못하다
D 구름비단은 난징 3대 명품 비단 중 하나이다

해설 난징의 유명한 구름비단에 관한 내용이다. 지문의 중간 부분에 난징 구름비단의 명칭에 대한 유래를 설명하고 있다. 색채의 우아함과 화려함이 하늘의 꽃구름과 같아 붙여진 이름이므로 정답은 A이다. B와 C의 내용은 자세히 언급되지 않았고, D는 '난징의 3대 비단'이 아니라 '중국의 3대 비단'이므로 지문의 내용과 일치하지 않는다.

문제 3

快1124次列车连接着中国最北和最南的两个省会城市——哈尔滨和海口。该线路全长4424公里，运行时间为64小时零7分，沿途经过12个省份。如果秋季乘坐这趟列车，旅客一路上不仅可以欣赏到银装素裹的北国风光、金黄耀眼的麦浪梯田，还能看到一望无垠的碧海蓝天。

1124 열차는 중국의 최북단과 최남단의 두 성도 도시인 하얼빈과 하이커우를 연결한다. 이 노선의 전체 길이는 4,424km로, 운행 시간은 64시간 7분이며, 12개의 성을 경유한다. 만약 가을에 이 열차를 탄다면, 여행객들은 도중에 은백색으로 덮인 북방의 풍경과 황금빛으로 눈부신 보리 물결을 감상할 수 있을 뿐만 아니라, 끝없이 펼쳐진 푸른 하늘과 바다도 볼 수 있다.

A 秋季乘坐这趟列车可欣赏美景
B 哈尔滨与海口相距上万公里
C 该趟列车目前还未开通
D 该趟列车途经12个县

A 가을에 이 열차를 타면 아름다운 풍경을 감상할 수 있다
B 하얼빈과 하이커우의 거리는 수만 킬로미터이다
C 이 열차는 현재 아직 개통되지 않았다
D 이 열차는 12개의 현을 경유한다

해설 지문의 내용은 중국의 1124 열차에 대한 설명이다. 지문의 후반 부분에서 열차의 바깥 풍경에 대해 자세히 묘사하고 있으므로 정답은 A이다. B는 언급되지 않은 내용으로 지문에서는 열차의 노선 길이만 알려주고 있다. C는 지문에서는 정확히 알 수 없으며, D는 12개의 현이 아니라 12개의 성이므로 잘못된 내용이다.

> 쓰기 제1부분 실전 PT 정답 ▶p.155
>
> **1.** 那家工厂的生产规模比以前大了很多。
> **2.** 他的性格和从前一样。
> **3.** 小高在业务方面比我更出色。
> **4.** 结果并没有想象的那么糟糕。
> **5.** 安徽的风景比哪儿都美。

문제 1

很多	那家工厂的	生产规模比	以前	大了

[해설] [품사분석] 多 [형] 훨씬, 월등히 / 那 [대] 그, 저 / 家 [양] (집이나 공장, 건물 등을 세는 단위) / 工厂 [명] 공장 / 生产 [동] 생산하다 / 规模 [명] 규모 / 比 [전] ~보다 / 以前 [명] 이전 / 大 [형] 크다
　　　　[문장구조] [A(주어) + 比 + B(비교대상) + 술어 + 보어]
　　　　　　① 술어 + 보어에 大了很多를 배치한다.
　　　　　　② 관형어 + 주어는 那家工厂的生产规模, 比와 비교 대상에 比以前을 놓는다.
　　　　　　③ 那家工厂的生产规模比以前大了很多。 그 공장의 생산규모는 이전보다 훨씬 커졌다.

문제 2

和	他的	性格	从前	一样

[해설] [품사분석] 和 [전] ~과(와) / 他 [대] 그 / 性格 [명] 성격 / 从前 [명] 예전 / 一样 [형] 같다, 동일하다
　　　　[문장구조] [A(주어) + 跟(和) + B(비교대상) + 一样]
　　　　　　① 술어에 一样을 배치한다.
　　　　　　② 관형어 + 주어는 他的性格, 和와 비교 대상에 和从前을 놓는다.
　　　　　　③ 他的性格和从前一样。 그의 성격은 예전과 같다.

문제 3

小高在	比我	更出色	业务方面

[해설] [품사분석] 小高 [인명] 샤오가오 / 在 [전] ~에서 / 比 [전] ~보다 / 我 [대] 나 / 更 [부] 훨씬 / 出色 [형] 뛰어나다 / 业务 [명] 업무 / 方面 [명] 방면
　　　　[문장구조] [A(주어) + 比 + B(비교대상) + [还/更/都/再] + 술어]
　　　　　　① 정도부사 + 술어에 更出色를 배치한다.
　　　　　　② 주어는 小高, 부사어는 在业务方面, 比와 비교 대상에 比我을 놓는다.
　　　　　　③ 小高在业务方面比我更出色。 샤오가오는 업무 방면에서 나보다 훨씬 뛰어나다.

문제 4

那么	糟糕	并	结果	没有想象的

[해설] [품사분석] 那么 [대] 그렇게 / 糟糕 [형] 나쁘다, 엉망이다 / 并 [부] 결코 / 结果 [명] 결과 / 没有 [동] ~하지 않다 / 想象 [동] 상상하다
　　　　[문장구조] [A(주어) + (没)有 + B(비교대상) + [这么/那么] + 술어]
　　　　　　① 술어에 那么糟糕를 배치한다.
　　　　　　② 주어는 结果, 부사어는 并没, 有와 비교 대상에 有想象的을 놓는다.
　　　　　　③ 结果并没有想象的那么糟糕。 결과는 결코 상상한 것만큼 그렇게 나쁘지 않다.

문제 5

安徽的   哪儿都   比   风景   美

해설 [품사분석] 安徽 [지명] 안후이 / 哪儿 [대] 어디 / 都 [부] ~도, 모두 / 比 [전] ~보다 / 风景 [명] 풍경 / 美 [형] 아름답다
[문장구조] [A(주어) + 比 + B(비교대상) + [还/更/都/再] + 술어]
① 정도부사 + 술어로 都美를 배치한다.
② 관형어 + 주어는 安徽的风景. 比와 비교 대상에 比哪儿을 놓는다.
③ 安徽的风景比哪儿都美。 안후이의 풍경은 어느 곳보다 더 아름답다.

듣기 제1·2부분 실전 PT 정답 ▶p.160

1. C   2. D   3. B   4. A   5. C

문제 1

A 喜欢大自然   A 대자연을 좋아한다
B 地理很有趣   B 지리가 재미있다
C 地理学得不好   C 지리 공부를 잘하지 못한다
D 了解一些地理常识   D 약간의 지리 상식을 알고 있다

男: 你怎么连最基本的地理常识都不知道?   남: 당신은 어째서 가장 기본적인 지리 상식도 몰라요?
女: 我从小地理就学得很差。   여: 저는 어렸을 때부터 지리 공부를 잘하지 못했어요.
问: 女的是什么意思?   질문: 여자의 말은 무슨 의미인가?

해설 남자는 여자가 지리 상식을 모른다고 강조하고 있다. 그에 대한 여자의 대답에서 差(부족하다, 모자라다)라는 표현과 보기의 不好(좋지 않다)는 같은 의미를 나타낸다. 그러므로 정답은 C 邀请地理学得不好(지리 공부를 잘하지 못한다)이다.

문제 2

A 是秘书   A 비서이다
B 正在修改合同   B 계약서를 수정하고 있는 중이다
C 下午要去签合同   C 오후에 계약하러 간다
D 没陪王总去签合同   D 왕 사장과 계약하러 가지 않았다

女: 你今天下午不是要陪王总去签合同吗?   여: 당신 오늘 오후에 왕 사장과 함께 계약하러 간다고 하지
男: 对方说, 合同有点儿问题, 还要再修改一   않았어요?
    下, 可能得等明天了。   남: 상대방이 계약서에 문제가 있어서 수정이 더 필요하다고
问: 关于男的, 可以知道什么?   해서요, 아마도 내일까지 기다려봐야 할 것 같아요.
                                        질문: 남자에 관하여 알 수 있는 것은 무엇인가?

| 해설 | 여자의 질문에서 오늘 남자의 원래 일정을 알 수 있다. 반어법을 통하여 일정대로 하지 않은 이유를 묻고 있다. 남자의 대답에서 계약하러 가는 일이 미뤄졌음을 확실하게 알 수 있다. 정답은 D 没陪王总去签合同(왕 사장과 계약하러 가지 않았다)이다. A는 대화를 통해서는 확실히 알 수 없으며, B는 남자가 아닌 계약 상대에 대한 것이고, C는 취소된 원래의 일정이다. |

문제 3

A 没有筷子	A 젓가락이 없다
B 现在不饿	B 지금은 배가 고프지 않다
C 饭变凉了	C 밥이 식었다
D 胃很难受	D 위가 아프다

| 男: 你的盒饭怎么还没吃? 再不吃就凉了。
女: 我上午吃了很多零食，现在肚子一点儿也不饿。
问: 女的为什么不吃盒饭? | 남: 당신 도시락 어째서 아직 안 먹었어요? 안 먹으면 식을 거예요.
여: 오전에 간식을 많이 먹어서요. 지금 배가 전혀 안 고파요.
질문: 여자는 어째서 도시락을 먹지 않는가? |

| 해설 | 여자는 도시락을 먹지 않은 이유로 전혀 배가 고프지 않다고 강조하여 말했다. 정답은 B 现在不饿(지금은 배가 고프지 않다)이다. C는 대화에서 지금 밥을 먹지 않으면 곧 식을 것이라고 했으므로 이미 식었다는 표현은 옳지 않다. A와 D는 대화에서 언급하지 않았다. |

문제 4

A 加入俱乐部	A 동아리에 가입하다
B 搞活动	B 행사를 하다
C 看演出	C 공연을 보다
D 打冰球	D 아이스하키를 하다

| 男: 听说你很喜欢滑冰，有兴趣加入我们滑冰俱乐部吗?
女: 加入后是不是要定期参加俱乐部举办的活动?
男: 对。通常一个月会有两到三次活动。
女: 谢谢你的邀请，但我这学期恐怕没时间。
问: 男的邀请女的做什么? | 남: 스케이트 타는 것을 좋아한다고 들었어요. 관심 있으면 우리 스케이트 동아리에 가입할래요?
여: 가입 후에 정기적으로 동아리에서 주최하는 행사에 참가해야 하지 않나요?
남: 네, 보통 한 달에 두세 번 행사가 있어요.
여: 초대는 고맙지만, 이번 학기에는 시간이 없을 것 같아요.
질문: 남자가 여자에게 무엇을 하라고 초청하였는가? |

| 해설 | 남자의 첫 대화 문장에서 여자에게 스케이트 동아리에 가입할 것을 권유하고 있다. 정답은 A 加入俱乐部(동아리에 가입하다)이다. B는 여자에게 하라고 한 것이 아니며, C와 D는 대화의 내용과 관련이 없다. |

문제 5

A 考试前填写	A 시험 전에 기입한다
B 用钢笔填写	B 만년필을 사용해서 기입한다
C 成绩出来后填写	C 성적이 나온 후에 기입한다
D 由专家指导填写	D 전문가가 지도하고 기입한다

女：您儿子今年高考？志愿填的是哪所大学啊？	여 : 당신 아들은 올해 대학 입학 시험이 있죠? 지원하는 데 기입한 곳은 어느 대학이에요?
男：他刚考完，成绩还没出来呢。	남 : 그는 막 시험이 끝나서 성적이 아직 나오지 않았어요.
女：不是考前填志愿吗？	여 : 시험 전에 기입해서 지원하는 것 아닌가요?
男：早就改革了，高考成绩出来之后才填志愿。	남 : 진작에 바뀌었어요. 시험 성적이 나온 이후에 기입해서 지원해요.
问：现在怎么填写志愿？	질문 : 현재 어떻게 기입하여 지원하는가?

해설 예전의 지원 방식과 지금의 지원 방식을 잘 구분하여 들어야 한다. 남자의 마지막 대화 문장에 현재의 지원 방식이 언급된다. 정답은 C 成绩出来后填写(성적이 나온 후에 기입한다)이다. A는 예전의 지원 방식이다. B와 D는 대화 내용과 무관하다.

독해 제2부분 실전 PT 정답 ▶p.165

1. C   2. A   3. C

문제 1

唐代是中国古典诗歌发展的全盛时期。这一时期有很多伟大的诗人，他们的作品多保存在《全唐诗》中。诗的题材很广泛，涉及自然、社会、情感等各个方面。在创作方法上，有现实主义流派，也有浪漫主义流派，很多经典作品则两者兼具，因而成为优秀的文学遗产。	당대는 중국 고전시가가 발전한 전성기이다. 이 시기에는 위대한 시인이 많고, 그들의 작품은「전당시」에 보존되어 있다. 시의 소재는 매우 광범위하고, 자연, 사회, 감정 등 여러 방면을 포함하고 있다. 창작 방법에는 현실주의 분파가 있고, 낭만주의 분파도 있다. 많은 고전 작품이 두 분파의 성격을 동시에 갖추고 있어 우수한 문학 유산이 되었다.
A 唐代的对外贸易很发达 B 唐诗更多关注个人情感 C 唐代是古典诗歌的繁荣时期 D 《全唐诗》多为现实主义作品	A 당대는 대외무역이 매우 발달했다 B 당대 시는 개인의 감정을 더욱 중시했다 C 당대는 고전 시가가 번영한 시기이다 D 「전당시」에는 현실주의 작품이 많다

해설 동의어와 핵심 표현 관련 문제는 첫 문장이나 마지막 문장에 언급되는 경우가 많다. 지문의 첫 문장에서 당대는 고전시가의 전성기였으며, 여기서 '전성기'를 나타내는 全盛时期는 보기 C의 繁荣时期와(번영 시기) 같은 의미이다. 그러므로 정답은 C이다. A는 지문의 내용과 무관하며, B는 감정뿐만 아니라 자연, 사회 등 여러 방면에서 소재를 삼았고, D는 현실주의와 낭만주의의 성격이 고루 섞여있다고 했으므로 지문의 내용과 일치하지 않는다.

문제 2

樱桃是一种季节性水果，它主要分为酸樱桃和甜樱桃两种，前者主要用于食品加工，而后者则通常是即食水果，也就是说可以直接吃。新鲜的樱桃难于保存，因而其市场价格也比较高。	앵두는 계절성 과일이다. 그것은 주로 시큼한 앵두와 달콤한 앵두 두 종류로 나뉘어진다. 전자는 주로 가공식품으로 사용하고, 후자는 보통 즉석 과일, 즉 바로 먹을 수 있는 종류이다. 신선한 앵두는 보존이 어렵기 때문에 시장가격 또한 비교적 높다.
A 樱桃不易保存 B 樱桃的产量很大 C 酸樱桃有助于消化 D 酸樱桃的价格比甜樱桃高	A 앵두는 보존하기 쉽지 않다 B 앵두의 생산량은 많다 C 시큼한 앵두는 소화에 도움이 된다 D 시큼한 앵두의 가격은 달콤한 앵두보다 높다

| 해설 | 지문은 앵두에 관한 내용이다. 마지막 문장에서 신선한 앵두는 보존하기 어렵다고 했다. 여기서 难于(~하기 어렵다)와 보기 A의 不易(쉽지 않다)는 같은 의미의 표현이다. 그러므로 정답은 A이다. 나머지 보기의 내용은 지문에서 언급하지 않았다.

문제 3

刘半农是中国著名的文学家、语言学家。1920年他创作了一首题为《教我如何不想她》的小诗，后经赵元任谱成歌曲，在国内传唱开来，流传至今。这首诗中第一次用"她"字来指代女性，后来"她"字得到人们的普遍认可，被收入词典。	리우반농은 중국의 저명한 문학가이며, 언어학자이다. 1920년에 그는 〈그녀를 그리워하지 않는 법을 알려주오〉라는 제목의 시 한 편을 창작했다. 이후에 자오위안런이 곡을 붙여 가곡이 되어 국내에서 불리기 시작했고, 지금까지 전해지고 있다. 이 시에서 처음으로 사용된 '그녀'라는 글자는 여성을 지칭했고, 이후에 '그녀'라는 글자는 사람들의 보편적인 인정을 받아 사전에 수록되었다.
A 赵元任发明了"她"字 B 赵元任认为男女应该平等 C 用"她"字指代女性始于刘半农 D 将"她"收入词典是为了纪念刘半农	A 자오위안런은 '그녀'라는 글자를 발명했다 B 자오위안런은 남과 여는 평등해야 한다고 생각한다 C '그녀'라는 글자의 사용은 리우반농에 의해 여성을 지칭하기 시작했다. D '그녀'라는 글자가 사전에 수록된 것은 리우반농을 기념하기 위해서이다

| 해설 | 중국의 문학가이자 언어학자인 리우반농과 "她" 글자에 관한 내용이다. 보기의 내용이 모두 지문의 내용과 헷갈릴 만한 내용이므로 난이도가 비교적 높은 문제이다. 보기 A는 "她"가 여성을 가리키는 표현으로 사용되었을 뿐, 글자를 발명한 것은 아니며, 자오위안런은 작곡가이다. B는 지문의 내용과 무관하며, D는 리우반농을 기념하기 위한 것이 아니라 사회의 보편적인 인정을 받아 사전에 수록된 것이다. 그러므로 지문과 정확하게 일치하는 것은 C이다.

쓰기 제1부분 실전 PT 정답 ▶p.168

1. 墙角堆着一些木盒子。
2. 街道上充满了圣诞节的气氛。
3. 桌子上摆着两瓶饮料。
4. 窗台上落了一层厚厚的灰尘。
5. 树上飞走了三只鸟。

문제 1

| 墙角 | 一些木盒子 | 着 | 堆 |

| 해설 | [품사분석] 墙角 명 벽 모퉁이 / 一些 양 약간, 얼마간 / 木盒子 명 나무상자 / 着 조 ~해 있다 / 堆 동 쌓이다
[문장구조] [주어(장소) + 술어(존재 동사 + (着)) + 목적어 (불특정대상)]
① 술어(존재 동사 + (着))에 堆着를 배치한다.
② 주어는 墙角, 목적어는 一些木盒子이다.
③ 墙角堆着一些木盒子。 벽 모퉁이에 몇 개의 나무상자가 쌓여있다.

문제 2

街道上   气氛   圣诞节的   充满了

해설   [품사분석] 街道 명 거리 / 上 명 위, ~위에 / 气氛 명 분위기 / 圣诞节 명 크리스마스 / 充满 동 가득하다
[문장구조] [주어(장소) + 술어(출현/소실을 나타내는 동사 + (了)) + 목적어 (불특정 대상)]
① 술어(출현/소실을 나타내는 동사 + (了))에 充满了를 배치한다.
② 주어는 街道上, 목적어는 圣诞节的气氛이다.
③ 街道上充满了圣诞节的气氛。 거리 위에 크리스마스의 분위기가 가득하다.

문제 3

两瓶   摆   桌子上   饮料   着

해설   [품사분석] 两 수 둘, 2 / 瓶 양 병 / 摆 동 놓다 / 桌子 명 책상 / 上 명 위, ~위에 / 饮料 명 음료 / 着 조 ~해 있다
[문장구조] [주어(장소) + 술어 (존재 동사 + (着)) + 목적어 (불특정대상)]
① 술어(존재 동사 + (着))에 摆着를 배치한다.
② 주어는 桌子上, 목적어는 两瓶饮料이다.
③ 桌子上摆着两瓶饮料。 책상 위에 두 병의 음료가 놓여져 있다.

문제 4

一层厚厚的   窗台上   灰尘   落了

해설   [품사분석] 层 양 겹, 층 / 厚厚 형 두껍다 / 窗台 명 창틀 / 上 명 위, ~위에 / 灰尘 명 먼지 / 落 동 떨어지다
[문장구조] [주어(장소) + 술어(출현/소실을 나타내는 동사 + (了)) + 목적어 (불특정대상)]
① 술어(출현/소실을 나타내는 동사 + (了))에 落了를 배치한다.
② 주어는 窗台上, 목적어는 一层厚厚的灰尘이다.
③ 窗台上落了一层厚厚的灰尘。 창틀 위에 한 겹의 두꺼운 먼지가 떨어졌다.

문제 5

树上   走了   飞   三只鸟

해설   [품사분석] 树 명 나무 / 上 명 위, ~위에 / 走 동 가다 / 飞 동 날다 / 只 양 마리 / 鸟 명 새
[문장구조] [주어(장소) + 술어(출현/소실을 나타내는 동사 + (了)) + 목적어 (불특정대상)]
① 술어에(출현/소실을 나타내는 동사 + (了))에 飞走了를 배치한다.
② 주어는 树上, 목적어는 三只鸟이다.
③ 树上飞走了三只鸟。 나무 위의 새 세 마리가 날아갔다.

듣기 제1·2부분 실전 PT 정답   ▶p.173

1. D   **2.** C   **3.** C   **4.** A   **5.** C

문제 1

A 想拍电影	A 영화를 찍고 싶다
B 热爱音乐	B 음악을 좋아한다
C 未到退休年龄	C 퇴직할 나이가 되지 않았다.
D 仍在坚持表演	D 여전히 공연을 하고 있다

男: 陈阿姨, 您都退休了。怎么还这么辛苦地来参加演出?
女: 当了几十年的演员, 我舍不得离开这个舞台。
问: 关于陈阿姨, 可以知道什么?

남 : 천 아주머니, 당신은 벌써 퇴직하셨는데, 어째서 아직도 이렇게 고된 공연에 참가하시는 거예요?
여 : 몇 십 년간 배우를 해서 그런지, 저는 무대를 떠나는 것이 아쉽네요.
질문 : 천 아주머니에 관하여 알 수 있는 것은 무엇인가?

해설 대화 중 남자가 여자에게 어째서 아직도 공연에 참가하냐고 묻고 있다. 이를 통해 여자가 퇴직은 했지만 여전히 공연을 계속하고 있음을 알 수 있다. 정답은 D 仍在坚持表演(여전히 공연을 하고 있다)이다. A와 B는 대화에서 언급되지 않았고, C는 틀린 내용이다.

문제 2

A 应开发新产品	A 신상품을 개발해야 한다
B 时间还很充足	B 시간이 아직 충분하다
C 应完善老产品	C 기존의 제품을 완벽하게 해야 한다
D 要加强宣传	D 홍보를 강화해야 한다

女: 重新研发新产品的话, 不仅需要投入更多资金, 时间也来不及。
男: 我也这么认为, 还是改进我们现有产品更实际些。
问: 男的是什么意思?

여 : 다시 신상품을 연구 개발한다면, 더 많은 자금을 투자해야 할 뿐만 아니라, 시간도 부족해요.
남 : 저도 그렇게 생각해요. 현재 우리에게 있는 상품을 개량하는 것이 더 현실적이에요.
질문 : 남자의 의미는 무엇인가?

해설 신상품을 개발하기에는 자금과 시간이 더 필요하다는 여자의 말을 통해 보기 A와 B가 답이 아닌 것을 확인할 수 있다. 남자는 여자의 말에 동의하면서 기존의 제품들을 보완하는 것이 더 현실적이라고 말하고 있다. 그러므로 정답은 같은 의미의 C 应完善老产品(기존의 제품을 완벽하게 한다)이다. D는 대화 내용과 무관하다.

문제 3

A 男的带充电器了	A 남자가 충전기를 가져왔다
B 女的没有充电器	B 여자는 충전기가 없다
C 他俩手机型号是一样的	C 그들은 휴대전화 모델이 같다
D 没有电池	D 배터리가 없다

男：糟糕，我忘记带充电器了。 女：不要紧，你可以用我的，咱俩手机型号是一样的。 问：根据对话，可以知道什么？	남：큰일났어요! 제가 충전기 갖고 오는 것을 깜빡 잊었어요. 여：괜찮아요. 제 것을 쓰셔도 돼요. 우리 둘은 휴대전화 모델이 동일해요. 질문：대화에 근거로 알 수 있는 것은 무엇인가?

[해설] 여자가 不要紧，你可以用我的，咱俩手机型号是一样的언급했다. 괜찮다라는 문장을 통해 상황이 긍정적임을 알 수 있고, 보기 중 여자의 표현과 일치하는 C 他俩手机型号是一样的(그들은 휴대전화 모델이 같다)이다.

문제 4

A 对房子很满意 B 请男的看房 C 想尽快住新房 D 想贷款购房	A 집에 대하여 만족한다 B 남자에게 집을 보라고 청하다 C 되도록 빨리 새집에 살고 싶다 D 대출해서 집을 사고 싶다
女：那套房子我一眼就看中了。 男：你具体喜欢它的什么？ 女：它的空间布局、装修风格等都让我非常满意。 男：听你这么一说，我也想去看看了。 问：女的是什么意思？	여：그 집이 저는 첫눈에 마음에 들었어요. 남：구체적으로 무엇이 마음에 드세요? 여：그곳의 공간 배치, 인테리어 스타일 등 모든 것이 저를 만족시켰어요. 남：당신이 그렇게 말하니, 저도 가서 봐야겠네요. 질문：여자의 말은 무슨 의미인가?

[해설] 여자의 첫 대화 문장에서 看中(마음에 들다, 좋아하다)과 여자의 두 번째 대화 문장의 满意(만족하다)를 통해 집에 대해 매우 만족하고 있음을 알 수 있다. 그러므로 정답은 A 对房子很满意(집에 대해 만족한다)이다. B는 남자 본인이 집을 보러 가겠다고 했고, C와 D는 대화에서 언급하지 않았다.

문제 5

A 心情很差 B 烫头发了 C 剪短发了 D 钱包丢了	A 마음이 안 좋다 B 파마를 했다 C 머리카락을 짧게 잘랐다 D 지갑을 잃어버렸다
男：你怎么把头发剪得这么短？ 女：我想尝试一下，新发型，怎么样？好看吗？ 男：好看，很适合你。没想到你舍得把那么长的头发剪了。 女：哪有什么舍不得的。 问：关于女的，可以知道什么？	남：당신 어째서 머리카락을 이렇게 짧게 잘랐어요? 여：새로운 헤어 스타일을 한 번 시도해보고 싶었어요. 어때요? 예뻐요? 남：예뻐요. 잘 어울려요. 당신이 그렇게 긴 머리카락을 미련 없이 자를 줄 몰랐어요. 여：아쉬울 게 뭐 있어요. 질문：여자에 관하여 알 수 있는 것은 무엇인가?

[해설] 여자의 헤어 스타일에 관한 대화이다. 남자의 첫 대화 문장의 질문을 통해 여자가 머리를 짧게 잘랐음을 알 수 있다. 그러므로 정답은 C 剪短发了(머리카락을 짧게 잘랐다)이다. A와 D는 대화 내용과 전혀 무관하다. 여자가 헤어 스타일을 바꾼 이유는 새로운 스타일을 시도하고 싶었기 때문이다. B는 여자가 하지 않은 헤어 스타일이다.

독해 제3부분 실전 PT 정답 ▶p.178

1. C　　**2.** A　　**3.** A

문제 1-2

骆驼长得高，羊长得矮。骆驼说："长得高好。"羊说："不对，长得矮才好呢。"骆驼说："我可以做一件事情，证明高比矮好。"羊说："我也可以做一件事情，证明矮比高好。"他们俩走到一个园子旁边。园子四面有围墙，里面种了很多树，茂盛的枝叶伸出墙外来。骆驼一抬头就吃到了树叶。羊抬起前腿，扒在墙上，脖子伸得老长，还是吃不着。骆驼说："你看，这可以证明了吧，高比矮好。"羊摇了摇头，不肯认输。他们俩又走了几步，看见围墙上有个又窄又矮的门。羊大模大样地走进门去吃园子里的草。骆驼跪下前腿，低下头，往门里钻，怎么也钻不进去。羊说："你看，这可以证明了吧，矮比高好。"骆驼摇了摇头，也不肯认输。他们俩找老牛评理。老牛说："你们俩都只看到自己的长处，看不到自己的短处，这是不对的。"

낙타는 키가 크고, 양은 키가 작다. 낙타가 말하길, "키가 큰 것이 좋아." 양은 말했다. "아니야, 키가 작은 것이 좋아." 낙타가 말했다. "나는 한 가지 일로 키 큰 것이 작은 것 보다 좋다는 것을 증명할 수 있어." 양이 말했다. "나도 한 가지 일로 키 작은 것이 큰 것보다 좋다는 것을 증명할 수 있어." 그들 둘은 어떤 정원 옆으로 갔다. 정원 주위에는 담이 있었고, 안에는 매우 많은 나무가 심어져 있었다. 무성한 가지와 잎이 담 밖으로 뻗어있었다. 낙타는 고개 들어 나뭇잎을 먹었다. 양은 앞다리를 들고, 담 위를 긁으며, 목을 길게 뻗었지만, 그래도 먹을 수 없었다. 낙타가 말했다. "봐봐. 이것으로 증명되었지? 키가 큰 것이 작은 것 보다 좋아." 양은 고개를 저으며 패배를 인정하지 않았다. 그들 둘은 다시 몇 걸음을 걸었고, 담에 폭이 좁고 작은 문이 있는 것을 보았다. 양은 의기양양하게 문으로 들어가 정원 안의 풀을 먹었다. 낙타는 앞다리를 꿇고, 머리를 숙여, 문 안을 향해 파고들었지만, 어떻게 해도 들어갈 수 없었다. 양이 말했다. "이것 봐. 이것으로 증명되었지? 키가 작은 것이 큰 것 보다 좋아." 낙타는 고개를 저으며 역시 패배를 인정하지 않았다. 그들 둘은 소를 찾아가 시비를 가리려 하였다. 소가 말하길, "너희 둘 모두 단지 자신의 장점만 보고, 자신의 단점은 보지 않는구나. 이것은 옳지 않아."

1. 骆驼和羊在争论什么?
   A 谁长得高
   B 园子里有什么
   C 高好还是矮好
   D 谁的经验更丰富

2. 最适合做上文标题的是：
   A 骆驼和羊
   B 谁更聪明
   C 老牛的智慧
   D 园子里的秘密

1. 낙타와 양이 논쟁하는 것은 무엇인가?
   A 누구의 키가 큰가
   B 정원 안에 무엇이 있는가
   C 키가 큰 것이 좋은가 아니면 작은 것이 좋은가
   D 누구의 경험이 더욱 풍부한가

2. 윗글의 제목으로 가장 알맞은 것은?
   A 낙타와 양
   B 누가 더 똑똑한가
   C 소의 지혜
   D 정원 안의 비밀

해설

1. 낙타와 양의 논쟁거리는 처음 부분에서 제시되고 있다. 키가 큰 낙타와 키가 작은 양은 서로 키가 크고 작은 것 중 어떤 것이 좋은지 증명해보이려고 한다. 정답은 C이다.

2. 제목을 묻는 경우, 이야기에서 비중을 가장 많이 차지하는 등장 인물이나 소재를 먼저 고려해야 한다. 위 이야기에서 가장 큰 비중을 차지하고 있는 것은 낙타와 양이므로 제목으로 알맞은 것은 A이다. C에서 소의 지혜도 교훈적이지만 소의 비중이 너무 적으므로 제목으로는 적합하지 않다. B와 D는 이야기의 주제와 동떨어진다.

문제 3

甲和乙是两个住在乡下的陶瓷艺人。一天，他们听说城里人喜欢用陶罐，便决定将烧制好的陶罐拿到城里去卖。于是他们雇了一艘轮船来运送陶罐。

没想到，轮船航行途中遇到了强烈的风暴，陶罐全部打碎了，他们想去城里做生意的梦想也随之破碎了。

这时候，甲提议："我们出来一趟不容易，不如先去城里住一晚，明天四处走走，好好见识一下。"而乙痛哭一番后，问甲："你还有心思去城里逛，难道你就不心疼我们辛辛苦苦烧出来的那些陶罐吗？"

甲心平气和地说："那些陶罐碎了，我们已经很不幸了。如果我们还因此而不快乐，岂不是更加不幸吗？"乙虽无奈，但他觉得甲的话很有道理，就答应跟甲去城里转转。

在城里，他们意外地发现，有些建筑的墙面竟然是用陶罐碎片装饰的。于是，他们便将船上的那些碎片拿到建筑工地上去卖。结果他们不但没有因为陶罐破碎而亏本，反而赚了一大笔钱。

갑과 을은 시골에서 도예공으로 살고 있었다. 어느 날, 그들은 도시사람들이 도자기 그릇을 사용하는 걸 좋아한다는 것을 듣고 가마에 구운 좋은 도자기 그릇을 가지고 도시에 가서 팔기로 결정했다. 그리하여 그들은 한 척의 기선을 세내어 도자기 단지를 운송했다.

뜻밖에도, 기선을 운항하는 도중에 강력한 폭풍을 만나 도자기 그릇이 모조리 깨져버렸고, 도시로 가서 사업을 하려던 꿈도 산산조각이 났다.

이때, 갑이 제안했다. "우리가 밖으로 나오는 것도 쉽지 않으니, 우선 도시에 가서 하룻밤 묵는 게 좋겠죠. 내일 이곳저곳을 다녀보고 견문을 넓혀보자." 을은 한바탕 통곡한 후, 갑에게 물었다. "너는 아직 도시를 돌아다닐 생각이 있다니, 설마 너는 우리가 고생스럽게 구워 온 저 도자기 그릇들이 안타깝지도 않은 거니?"

갑이 침착하게 말하길, "그 도자기 그릇들은 깨졌어. 우린 이미 매우 불행해졌어. 만약 우리가 계속 이것 때문에 즐겁지 않다면, 더욱 불행해지지 않겠니?" 을은 비록 어찌 할 도리가 없었지만 그는 갑의 말이 매우 일리가 있다고 생각하여 갑을 따라 도시를 구경하는 데 응했다.

도시에서 그들은 의외의 발견을 했는데, 어떤 건축물의 벽이 놀랍게도 깨진 도자기의 조각으로 장식이 되어있었다. 이리하여 그들은 배 위의 그 깨진 조각들을 건축 공사 현장에 가져와 팔았다. 결국 그들은 손해를 보지 않았을 뿐 아니라, 오히려 큰 돈을 벌었다.

3. 上文主要想告诉我们什么？
   A 良好的心态很重要
   B 要勇于承担责任
   C 谦虚才能进步
   D 要经常赞美他人

3. 윗글에서 우리에게 알려주고자 하는 것은 무엇인가?
   A 양호한(긍정적인) 심리 상태가 매우 중요하다
   B 용감하게 책임을 져야 한다
   C 겸손해야 발전할 수 있다
   D 늘 다른 사람을 칭찬해야 한다

해설 3. 이야기의 내용을 살펴보면, 도예공 갑과 을은 도자기를 팔기 위해 배에 도자기를 싣고 도시로 가던 중, 폭풍을 만난다. 도자기가 모두 깨져버리고, 상황은 절망적이었지만 갑은 도시로 가서 견문을 넓혀볼 것을 제안한다. 도시에 도착한 후, 뜻밖에도 깨진 도자기 조각으로 건물을 장식한 것을 본 그들은 자신들의 깨진 도자기를 팔아 이윤을 남긴다. 이 글에서 중요한 부분은 네 번째 단락에서 갑이 한 말이다. 절망적이었던 을은 다시 집으로 돌아가고 싶어 했지만 갑은 긍정적인 태도로 도시로 갈 것을 설득했다. 만약 두 도예공이 그냥 집으로 돌아갔다면, 아무런 소득도 없이 계속 절망에 빠져있었을 것이다. 그러므로 갑과 같은 긍정적인 심리 상태가 매우 중요하다는 것을 알 수 있다. 정답은 A이다.

쓰기 제1부분 실전 PT 정답 ▶p.182

1. 这条项链是高师傅制作的。
2. 我们俩的婚礼是去年六月举行的。
3. 这个技术是小李创造的。
4. 这副耳环是专门为你买的。
5. 这个故事是从古代流传下来的。

문제 1

制作　高师傅　的　这条项链是

해설
[품사분석] 制作 동 제작하다 / 高 명 가오(성) / 师傅 명 선생, 기사 / 的 조 ~의 / 这 대 이 / 条 양 줄, 개(가늘고 긴 것을 세는 단위) / 项链 명 목걸이

[문장구조] [주어 + 是 + [주체] + 술어 + (목적어) + 的]
① 술어 + (목적어) + 的의 구조에 制作的를 배치한다.
② 관형어 + 주어는 这条项链, 是 + [주체]는 是高师傅이다.
③ 这条项链是高师傅制作的。 이 목걸이는 가오 선생이 제작했다.

문제 2

去年六月　的　举行　我们俩的　婚礼是

해설
[품사분석] 去年 명 작년 / 的 조 ~의 / 举行 동 열다, 거행하다 / 我们 대 우리 / 俩 수 두 개, 두 사람 / 婚礼 명 결혼식

[문장구조] [주어 + 是 + [시간] + 술어 + (목적어) + 的]
① 술어 + (목적어) + 的의 구조에 举行的를 배치한다.
② 관형어 + 주어는 我们俩的婚礼, 是 + [시간]은 是去年六月이다.
③ 我们俩的婚礼是去年六月举行的。 우리 둘의 결혼식은 작년 6월에 올렸다.

문제 3

这个技术　创造的　是　小李

해설
[품사분석] 这个 대 이, 이것 / 技术 명 기술 / 创造 동 창조하다, 발명하다 / 是 동 ~이다 / 小李 인명 샤오리

[문장구조] [주어 + 是 + [주체] + 술어 + (목적어) + 的]
① 술어 + (목적어) + 的의 구조에 创造的를 배치한다.
② 관형어 + 주어는 这个技术, 是 + [주체]는 是小李이다.
③ 这个技术是小李创造的。 이 기술은 샤오리가 발명했다.

문제 4

专门为你　这副耳环　是　买的

해설
[품사분석] 专门 부 특별히, 일부러 / 为 전 ~을 위해 / 副 양 쌍, 짝 / 耳环 명 귀고리 / 是 동 ~이다 / 买 동 사다

[문장구조] [주어 + 是 + [목적] + 술어 + (목적어) + 的]
① 술어 + (목적어) + 的의 구조에 买的를 배치한다.
② 관형어 + 주어는 这副耳环, 是 + [목적]은 是专门为你이다.
③ 这副耳环是专门为你买的。 이 귀고리는 특별히 당신을 위하여 구매했다.

문제 5

这个故事   下来的   是从   流传   古代

해설   [품사분석] 这个 때 이, 이것 / 故事 명 이야기 / 下来 동 내려오다(동사 뒤에 쓰여 먼 곳에서 가까운 곳으로 향함) / 从 전 ~로부터 / 流传 동 전해 내려오다 / 古代 명 고대

[문장구조] [주어 + 是 + [시간] + 술어 + (목적어) + 的]
① 술어 + (목적어) + 的의 구조에 流传下来的를 배치한다.
② 관형어 + 주어는 这个故事, 是 + [시간]은 从古代이다.
③ 这个故事是从古代流传下来的。 이 이야기는 고대로부터 전해내려온 것이다.

듣기 제2부분 실전 PT 정답					▶p.188
1. C	**2.** C	**3.** D	**4.** C	**5.** B	

문제 1-2

1. A 直立不动
   B 坚决抵抗
   C 低头让路
   D 躲到树后

2. A 芦苇很粗壮
   B 芦苇被吹走了
   C 大树被刮断了
   D 那天风力很小

1. A 곧게 서서 움직이지 않았다
   B 단호하게 저항했다
   C 고개를 숙여 길을 양보했다
   D 나무 뒤에 숨었다

2. A 갈대가 굵고 단단하다
   B 갈대가 바람에 날아갔다
   C 큰 나무가 바람에 꺾여버렸다
   D 그날 바람의 힘이 매우 약했다

有一天，狂风刮断了大树。大树看见弱小的芦苇没受到任何的损失，便好奇地问："为什么我这么粗壮都被刮断了。而弱小的你却什么事也没有呢？"芦苇回答说："因为我低下了头，给风让路，避免了狂风的冲击。而你却仗着自己粗壮，冒险抵挡狂风，结果被狂风刮断了。"遇到危险时，低头让路也许比迎风而上更安全。

1. 面对狂风，芦苇是怎么做的?
2. 根据这段话，下列哪项正确?

하루는 광풍이 불어 큰 나무를 꺾어버렸다. 큰 나무는 약하고 작은 갈대가 어떠한 손상도 입지 않은 것을 보고 궁금하여 물었다. "이렇게 굵고 단단한 내가 바람에 꺾였는데, 어째서 약하고 작은 너는 오히려 아무 일도 없는 거지?" 갈대가 대답하여 말했다. "저는 고개를 숙여 바람에게 길을 양보했기 때문에 광풍의 충격을 피했어요. 하지만 당신은 오히려 자신의 굵고 단단함을 등에 업고, 위험을 무릅쓰며 바람을 막아내려 해서 결국 광풍에 꺾인 거예요." 위험을 만났을 때, 고개를 숙여서 길을 양보하는 것이 어쩌면 바람을 맞받는 것보다 더욱 안전하다.

1. 광풍을 마주했을 때, 갈대는 어떻게 했는가?
2. 이 글에 근거하여 다음 중 옳은 것은?

해설 1. 바람에 꺾인 나무가 갈대에게 어째서 아무런 손상도 입지 않았는지 물었다. 이에 대한 갈대의 대답에 정답이 되는 표현이 직접적으로 제시되고 있다. 因为我低下了头, 给风让路(갈대는 고개를 숙여 바람에게 길을 양보했다)고 했으므로 같은 의미를 나타내는 C가 정답이다. A, B는 나무에 해당하는 내용이며, D는 지문과 무관한 내용이다.

2. 지문의 내용과 일치하는 것을 고르는 문제이다. 보기 A와 B는 굵고 단단하지만 바람에 꺾여버린 것은 갈대가 아니라 큰 나무이므로 옳지 않은 내용이다. 또한 지문의 첫 문장에 광풍이 불었다고 했으므로 D는 지문의 내용과 일치하지 않는다. 정답은 C이다.

문제 3-5

3. A 帮她找儿子
   B 借给她一些钱
   C 教儿子经营饭店
   D 给儿子一份工作

4. A 对儿子很无奈
   B 对儿子要求严格
   C 清楚儿子的能力
   D 希望儿子成为厨师

5. A 懂礼貌
   B 快乐地成长
   C 接触大自然
   D 得到父母的肯定

3. A 그녀가 아들을 찾는 일을 돕다
   B 그녀에게 돈을 빌려주다
   C 아들에게 식당 운영을 가르치다
   D 아들에게 일자리를 주다

4. A 아들을 어찌할 도리가 없다
   B 아들에 대한 요구가 엄격하다
   C 아들의 능력을 잘 안다
   D 아들이 요리사가 되길 바란다

5. A 예의를 안다
   B 즐겁게 성장한다
   C 대자연을 접한다
   D 부모님의 인정을 받는다

一个富裕而又很有名望的家庭,有个智商只有70的儿子。孩子的母亲有一位在城里经营饭店的朋友,她让自己的儿子去朋友的饭店里打工,专门负责削土豆皮。饭店的主人说:"像你们这样的家庭,怎么能让儿子干这种活呢?"这位母亲说:"我知道我儿子的能力,这个工作符合他的能力,他在削土豆皮的时候会感到快乐和幸福。"对大多数父母来说,接受孩子的缺点是痛苦的,因为这与父母的体面和期待不相符。有些父母总是喜欢拿自己的孩子和人家的孩子相比,觉得自家孩子胜出才有面子。他们已经习惯了这种竞争,非让自家的孩子考第一名不可。其实,每个孩子都是不同的,都是特别的,让他们快乐地成长才是最重要的。

3. 那位母亲希望朋友帮什么忙?
4. 关于那位母亲,可以知道什么?
5. 根据这段话,什么对孩子最重要?

부유하고 명망 있는 한 집안에 지능지수가 70인 아들이 있었다. 아이의 어머니에게는 도시에서 식당을 운영하는 친구가 있었는데, 그녀는 자신의 아들을 친구의 음식점에서 일하도록 하여 감자 껍질을 깎는 일을 담당하게 했다. 식당 주인이 말하길, "너희 같은 그런 집안에서 어떻게 아들에게 이런 일을 시킬 수 있니?" 아이의 엄마가 말했다. "나는 내 아들의 능력을 알고 있어. 이 일은 그의 능력에 부합해. 그는 감자 껍질을 깎을 때 즐거움과 행복함을 느껴." 대부분의 부모 입장에서 아이의 결점을 받아들이는 것은 고통스러운 일이다. 왜냐하면 이것은 부모의 체면과 기대가 서로 부합하지 않기 때문이다. 어떤 부모들은 언제나 자신의 아이들을 다른 집의 아이들과 비교하는 것을 좋아하고, 자신의 아이가 이겨야만 체면이 선다고 생각한다. 그들은 이미 이러한 경쟁에 익숙해져서 자신의 아이가 1등을 하지 않으면 안 된다고 생각한다. 사실, 모든 아이들은 서로 다르고, 모두가 특별하며, 그들이 즐겁게 성장하도록 하는 것이 가장 중요하다.

3. 어머니는 친구가 무엇을 도와주길 바라는가?
4. 어머니에 관하여 알 수 있는 것은 무엇인가?
5. 이 글에 근거하여 아이에게 가장 중요한 것은 무엇인가?

해설 3. 지문의 앞 부분에서 아이의 어머니는 친구가 운영하는 식당에서 아들이 일하도록 했다. 보기 가운데 이와 일치하는 내용은 D 给儿子一份工作(아들에게 일자리를 주다)이다.

4. 아이의 모친에 관한 질문이므로 모친의 대화 내용에서 정답을 찾을 수 있다. 지문의 중간 부분에서 친구가 아이의 모친에게 왜 아들에게 감자 깎는 일을 시키는지 묻고 있고, 이에 대한 모친의 첫 답변에 바로 我知道我儿子的能力(나는 아들의 능력을 안다)라고

했으므로 정답은 C이다. 나머지 보기의 내용은 지문의 내용과 거리가 멀다.

TIP C 清楚 : 이해하다, 알다

5. 지문에 대한 마지막 문제이므로 주제나 교훈, 결말에 대해 묻는 경우가 많다. 이야기로 된 지문은 보통 마지막 부분에서 이야기를 정리하므로 지문의 마지막 문장을 보면, 让他们快乐地成长才是最重要的(그들이 즐겁게 성장하도록 하는 것이 가장 중요하다)와 같이 중심 내용을 나타내고 있다. 그러므로 정답은 B이다.

독해 제3부분 실전 PT 정답 ▶p.194

1. D 2. C 3. D

문제 1

一直以来，范仲淹都是以文学家的形象为人们所熟知，但其实，他不但有文学才华，还很有经济头脑。

范仲淹在杭州做官时，当地发生了饥荒，物价飞涨，百姓生活十分困难。按常理，官府此时就应该运用行政手段控制粮价。然而，身为杭州主政官员的范仲淹不但不去压低粮价，反而要求当地商贩提高粮价。众人都不理解他为何要这么做。

事情接下来的发展却出乎人们的意料。杭州粮价上涨的消息很快就传到四面八方，许多外地粮商见有利可图，纷纷将大米运往杭州。没多久，杭州的粮食市场就饱和了，粮价也随之回落。这样一来，杭州百姓最终度过了荒年。

这正是范仲淹的高明之处。他所运用的这种规律，在经济学上叫"完全竞争"，又叫"纯粹竞争"。它是指商品的价格完全受市场调节，量少了价格就走高，量多了价格就走低。范仲淹当时虽然不知道"完全竞争"这个名词，但他显然是懂得其中的道理的。

이제까지 범중엄은 문학가의 이미지로 사람들에게 익숙했다. 그러나 사실 그는 문학적 재능뿐만 아니라 상당한 경제적 개념도 갖추고 있었다.

범중엄이 항저우에서 관료가 되었을 때, 그곳에 기근이 발생했다. 물가가 폭등하고 백성들의 생활이 매우 어려웠다. 일반적인 이치대로라면, 관청은 이때 행정 수단을 운용하여 곡물 가격을 조절해야 한다. 그러나 항저우 정무를 주관하는 관리로서 범중엄은 곡물 가격을 낮추지 않았을 뿐만 아니라, 오히려 현지 소상인들에게 곡물 가격을 올리라고 요청했다. 사람들은 모두 그가 왜 이렇게 하는지 이해하지 못했다.

일의 전개는 사람들의 예상을 빗나갔다. 항저우의 곡물 가격이 올랐다는 소식은 매우 빠르게 방방곡곡에 전해졌고, 타지의 수많은 곡물 상인들은 이에 이익을 취할 수 있겠다고 여겨, 잇달아 항저우로 쌀을 운송했다. 오래 지나지 않아 항저우의 곡물 시장은 포화 상태에 이르렀고, 이에 따라 곡물 가격도 하락세로 돌아섰다. 이렇게 해서 항저우의 백성들은 마침내 흉년을 넘길 수 있었다.

이것이 바로 범중엄의 고명함이 돋보이는 부분이다. 그가 운용한 이 법칙은 경제학에서 '완전경쟁', 또는 '순수경쟁'이라고 부른다. 그것은 상품의 가격이 완전히 시장의 조정을 받는다는 것을 가리킨다. 수량이 적어지면 가격이 높아지고, 수량이 많아지면 가격이 낮아지게 된다. 범중엄은 당시에 비록 '완전경쟁'이라는 용어를 몰랐지만, 확실히 그 속의 이치를 알고 있었다.

1. 关于"完全竞争"，可以知道什么？
   A 不利于公平竞争
   B 最早由范仲淹提出
   C 损害了消费者利益
   D 物价受市场调节

1. '완전경쟁'에 관하여 알 수 있는 것은 무엇인가?
   A 공정한 경쟁에 이롭지 않다
   B 가장 먼저 범중엄으로부터 제기되었다
   C 소비자의 이익을 해쳤다
   D 물가는 시장의 조정을 받는다

해설 1. 마지막 단락의 밑줄 친 "完全竞争(완전경쟁)" 뒤에 바로 이어서 의미 설명이 이어지고 있다. 它是指商品的价格完全受市场调节(그것은 상품의 가격이 완전히 시장의 조정을 받는다는 것을 가리킨다)의 표현은 보기 D 物价受市场调节(물가는 시장의 조정을 받는다)와 일치한다. A와 C의 내용은 지문에 나와있지 않으며, '완전경쟁'은 나중에 생겨난 경제학 용어이므로 B는 답이 될 수 없다.

TIP 지문의 商品的价格(상품의 가격)와 보기의 物价(물가)는 같은 의미이다.

문제 2-3

　　一个卖苹果的人遇到一个麻烦的老太太。"这么难看的苹果也要5块钱一斤？"老太太拿起一个苹果左看右看。卖苹果的人很耐心地解释："其实这苹果很不错，你可以去别家比较比较。"老太太说："4块，不然我不买。"

　　卖苹果的笑着说："不能再便宜了。""可你的苹果个头不大，颜色也不好，多丑啊。""要是又大又红又漂亮，就要卖10块钱一斤了。"

　　无论老太太怎么挑苹果的毛病，卖苹果的始终面带微笑、不急不躁地解释。老太太虽然嫌苹果这不好那不好，最终还是5块钱一斤买了。

　　老太太离开后，我问卖苹果的："她这么贬低你的苹果，你怎么不生气？"卖苹果的说："我为什么要生气呀？挑毛病的人才是真正想买货的人。"

　　的确如此，那位老太太，虽然嘴里说的是苹果的缺点，但心里对"丑苹果"还是比较满意的。如果她不想买，根本不关心苹果的好坏，更不会花时间去评价。

　　一个小师弟结婚才半年，就跑过来找我诉苦，说妻子对他是："<u>横挑鼻子竖挑眼</u>"，几乎每天都要挑出他一大堆毛病：饭后不洗碗、睡前不洗脚……没等小师弟说完，我就打断了他，把上面的故事告诉了他。

　　"你就是那个'<u>丑苹果</u>'。和老太太的心理一样，你妻子对你还是满意的。你和'丑苹果'不同的是，它生来就是那副丑样子，已经无法改变了，而你可以改变，变成一个完美的'苹果'。"

　　어느 사과 장수가 까다로운 노부인을 상대하게 됐다. "이렇게 못생긴 사과가 한 근에 5위안이나 해요?" 노부인은 사과 하나를 집어 들고 이리저리 살펴보았다. 사과 장수는 인내심을 가지고 설명했다. "사실 이 사과는 아주 좋은 사과예요. 다른 가게에 가서 한번 비교해보세요." 노부인이 말했다. "4위안이요. 그렇지 않으면 안 살 거예요."

　　사과 장수가 웃으며 말했다. "더 싸게는 안 돼요.", "하지만 사과가 크지도 않고, 색깔도 좋지 않아 너무 못생겼잖아요.", "만약 더 크고 더 빨갛고 더 예뻤더라면 한 근에 10위안에 팔아도 되겠지만요."

　　노부인이 아무리 사과에 대해 어떤 트집을 잡아도 사과 장수는 시종일관 얼굴에 미소를 띠며 침착하게 설명했다. 노부인도 비록 사과가 이게 안 좋다, 저게 안 좋다며 불평했지만 결국은 한 근에 5위안을 주고 샀다.

　　아주머니가 떠나고 난 후, 나는 사과 장수에게 물었다. "그녀가 당신의 사과를 그렇게 폄하하는데, 어째서 화를 내지 않나요?" 사과 장수가 말하길, "내가 왜 화를 내야 하나요? 트집 잡는 사람이야말로 진정으로 물건을 사려는 사람인걸요."

　　확실히 이처럼 그 노부인은 입으로는 사과의 흠을 말했지만, 속으로는 '못생긴 사과'에 대해서 비교적 만족해했다. 만약 그녀가 사과를 사고 싶지 않았다면, 애초에 사과의 좋고 나쁨에 관심을 가지지 않았을 것이고, 더욱이 시간을 들여서 사과를 평가하지도 않았을 것이다.

　　후배 중 한 명이 결혼한 지 겨우 반 년이 되어 나를 찾아와 하소연하며 말하길, 부인이 그에 대해 '<u>온갖 트집을 잡는다</u>'며, '밥을 먹고 설거지를 안 한다', '자기 전에 발을 씻지 않는다' 등 거의 매일 그의 나쁜 버릇을 한 무더기씩 끄집어낸다고 했다. 후배의 말이 끝나기를 기다리지 않고, 나는 그의 말을 끊고는 먼저 언급한 이야기를 그에게 들려주었다.

　　"자네가 바로 그 '<u>못생긴 사과</u>'라네. 노부인의 심리와 똑같이 자네의 부인은 자네에 대해 여전히 만족하고 있는 거야. 자네와 '못생긴 사과'의 다른 점은 사과는 애초부터 못생긴 모양이어서 이미 바꿀 수가 없지만, 자네는 변할 수 있고, 더 완벽한 사과가 될 수 있다는 점이네."

2. 第6段中"横挑鼻子竖挑眼"是什么意思？
　　A 表情很严肃
　　B 腿脚很灵活
　　<u>C 从各方面找毛病</u>
　　D 无法判断苹果的好坏

3. 第7段中'丑苹果'是什么意思？
　　A 特别酸
　　B 是进口的
　　C 已经熟透了
　　<u>D 长得不太好看</u>

2. 여섯 번째 단락에 '온갖 트집을 잡다'는 무슨 뜻인가?
　　A 표정이 엄숙하다
　　B 발이 재빠르다
　　<u>C 각 방면에서 흠을 찾다</u>
　　D 사과의 좋고 나쁨을 판단할 방법이 없다

3. 7번째 단락에 '못생긴 사과'는 무슨 뜻인가?
　　A 특히 신맛이 난다
　　B 수입한 것이다
　　C 이미 잘 익었다
　　<u>D 생김새가 예쁘지 않다</u>

해설 2. 밑줄 친 표현의 의미를 묻는 문제는 대부분 표현의 앞뒤에 이를 설명하는 내용이 있다. "横挑鼻子竖挑眼" 뒤에 오는 내용을 보면, '밥을 먹고 설거지를 안 한다. 자기 전에 발을 씻지 않는다 등 거의 매일 그의 나쁜 버릇을 한 무더기씩 끄집어낸다'와 같이 밑줄 친 부분을 구체적으로 설명하고 있다. 정답은 C 从各方面找毛病(각 방면에서 흠을 찾다)이다. 나머지 보기의 내용은 지문에 언급되지 않았다.

3. 지문에서 화자는 "丑苹果(못생긴 사과)"를 '못생겼지만 애정을 갖고 있는 대상'이라는 함축적 의미를 부여했지만, 보기의 내용을 보면 여기서는 단지 표면적인 의미를 묻고 있음을 알 수 있다. 丑는 '추하다', '못생기다'의 뜻이므로 보기 가운데 이와 같은 표현은 D 长得不太好看(생김새가 예쁘지 않다)이다.

쓰기 제1부분 실전 PT 정답 ▶p.200

1. 这个古董得到了专家的肯定。
2. 妹妹的表情显得有些不耐烦。
3. 孙老师正在征求学生们的意见。
4. 他写的文章值得我们参考。
5. 我儿子从来没看过狮子。
6. 股票的价格一直在下落。
7. 有些数据已经被分析了。
8. 老高一直在经营一家日用品店。
9. 他曾经做过报社的记者。
10. 她是我采访过的作家之一。

문제 1

| 这个古董 | 肯定 | 得到了 | 专家的 |

해설 [품사분석] 古董 명 골동품 / 肯定 형 인정하다, 긍정하다(긍정적인 동의) / 得到 동 얻다, 받다 / 专家 명 전문가
[문장구조] [관형어(这个) + 주어 + + 술어(了) + 관형어(专家的) + 목적어]
① 술어에 得到了를 배치한다.
② 관형어 + 주어는 这个古董, 관형어 + 목적어는 专家的肯定이다.
③ 这个古董得到了专家的肯定。 이 골동품은 전문가의 인정을 받았다.

문제 2

| 表情 | 不耐烦 | 有些 | 显得 | 妹妹的 |

해설 [품사분석] 表情 명 표정 / 不耐烦 형 귀찮다, 성가시다, 짜증나다 / 有些 부 약간, 조금 / 显得 동 ~하게 보이다, ~인 것 같다
[문장구조] [주어 + 显得 + [부사 + 형용사]]
① 술어에 显得를 배치한다.
② 관형어 + 주어는 妹妹的表情, 显得 뒤에 부사 + 형용사는 有些不耐烦을 놓는다.
③ 妹妹的表情显得有些不耐烦。 여동생의 표정이 약간 귀찮아 보인다.

문제 3

| 征求 | 学生们的 | 正在 | 意见 | 孙老师 |

해설 [품사분석] 征求 동 요구하다 / 学生们 명 학생들 / 正在 부 지금 ~하고 있다 / 意见 명 의견 / 老师 명 선생, 선생님
[문장구조] [주어 + 부사어(正在) + 征求 + 意见]
① 술어에 征求를 배치한다.
② 주어는 孙老师, 부사어는 正在, 목적어는 意见이다.
③ 孙老师正在征求学生们的意见。 쑨 선생님은 학생들의 의견을 묻고 있는 중이다.

문제 4

| 文章 | 我们 | 值得 | 参考 | 他写的 |

해설 [품사분석] 文章 圕 문장, 글 / 值得 통 ~할 만한 가치가 있다 / 参考 통 참고하다
[문장구조] [관형어 + 주어 + 值得 + 주술구/동사]
① 술어에 值得를 배치한다.
② 관형어 + 주어는 他写的文章, (值得) + 주술구는 我们参考이다.
③ 他写的文章值得我们参考。 그가 쓴 글은 우리가 참고할 만한 가치가 있다.

문제 5

| 我儿子 | 没 | 狮子 | 从来 | 看过 |

해설 [품사분석] 儿子 圕 아들 / 狮子 圕 사자 / 从来 閈 지금까지, 여태껏
[문장구조] [주어 + 从来 + 没/不 + 술어 + (过:경험) + 목적어]
① 술어에 看过를 배치한다.
② 관형어 + 주어는 我儿子, 부사어는 从来没, 목적어는 狮子이다.
③ 我儿子从来没看过狮子。 우리 아들은 여태껏 사자를 본 적이 없다.

문제 6

| 价格 | 在下落 | 一直 | 股票的 |

해설 [품사분석] 价格 圕 가격, 값 / 下落 통 떨어지다, 하락하다 / 一直 圕 줄곧, 계속 / 股票 圕 주식
[문장구조] [주어 + 부사어(一直在) + 술어]
① 술어에 下落를 배치한다.
② 관형어 + 주어는 股票的价格, 부사어는 一直在이다.
③ 股票的价格一直在下落。 주식의 가격이 줄곧 하락하고 있다.

문제 7

| 被 | 有些 | 分析了 | 已经 | 数据 |

해설 [품사분석] 被 젠 ~에 의해 / 有些 떼 일부, 어떤 것 / 分析 통 분석하다 / 已经 閈 이미 / 数据 圕 데이터
[문장구조] [관형어(有些) + 주어 + [被 + 행위자(생략)] + 술어 + 기타성분(了)]
① 술어 + 기타성분에 分析了를 배치한다.
② 관형어 + 주어는 有些数据, 被 앞에 부사 已经을 놓고, 被 바로 뒤에는 술어를 놓는다. 여기서 목적어는 생략되었다.
③ 有些数据已经被分析了。 일부 데이터들이 이미 분석되었다.

문제 8

| 一家 | 一直在 | 日用品店 | 老高 | 经营 |

해설 [품사분석] 家 떙 집(집이나 점포 등을 세는 단위) / 一直 閈 줄곧, 계속 / 在 閈 ~하고 있다 / 日用品店 圕 일용품점 / 老高 인명 라오가오 / 经营 통 운영하다, 경영하다
[문장구조] [주어 + 부사어(一直在) + 술어 + 목적어]
① 술어에 经营를 배치한다.
② 주어는 老高, 부사어는 一直在, 관형어 + 목적어는 一家日用品店이다.
③ 老高一直在经营一家日用品店。 라오가오는 줄곧 일용품 가게를 경영하고 있는 중이다.

문제 9

做过   他   记者   曾经   报社的

해설　[품사분석] 记者 명 기자 / 曾经 부 일찍이, 이전에 / 报社 명 신문사 /
　　　[문장구조] [주어 + 부사어(曾经) + 술어(过-경험) + 목적어]
　　　　① 술어에 做过를 배치한다.
　　　　② 주어는 他, 부사어는 曾经, 관형어 + 목적어는 报社的记者이다.
　　　　③ 他曾经做过报社的记者。 그는 일찍이 신문사 기자를 해본 적이 있다.

문제 10

她   是   作家   我采访过的   之一

해설　[품사분석] 作家 명 작가 / 采访 동 취대하다, 인터뷰하다, 탐방하다 / 之一 ～중의 하나
　　　[문장구조] [주어 + 술어(是) + 목적어(명 + 之一)]
　　　　① 술어에 是를 배치한다.
　　　　② 주어는 她, 관형어 + 목적어는 我采访过的作家之一이다.
　　　　③ 她是我采访过的作家之一。 그녀는 내가 취재한 적이 있는 작가 중 한 명이다.

듣기 제2부분 실전 PT 정답				▶ p.206
1. C	**2.** A	**3.** D	**4.** D	

문제 1-2

1. A 与人交流
   B 倾听
   C 睡眠
   D 有氧运动

2. A 久坐不动
   B 饮食不规律
   C 长期待在室内
   D 熬夜过多

1. A 사람들과 교류한다
   B 경청한다
   C 잠을 잔다
   D 유산소 운동을 한다

2. A 오래 앉아 몸을 움직이지 않는다
   B 식생활이 불규칙하다
   C 장기간 실내에 머문다
   D 밤을 새는 일이 지나치게 많다

对于体力劳动而言，睡觉是一种有效的休息方式。长期做体力活儿的人，体内会产生大量的酸性的代谢物质。而睡觉正好可以清除这些物质，从而使人恢复精力。长时间用脑的人，身体因久坐不动，而容易处于低兴奋状态。单纯依靠睡觉无法完全恢复精力。所以，对于脑力劳动者来说，缓解疲劳的最佳方式，是做有氧运动。

1. 下列哪种方式，适合体力工作者缓解疲劳？
2. 为什么脑力劳动者的身体，容易处于低兴奋状态？

육체 노동자의 입장에서 잠을 자는 것은 일종의 효과적인 휴식 방법이다. 장기간 육체 노동을 하는 사람은 체내에 대량의 산성 대사물질이 생길 수 있다. 그러나 잠을 자면 이러한 물질을 없앨 수 있고, 그로 인해 체력을 회복할 수 있다. 장시간 뇌를 사용하는 사람은 오래 앉아 있어 몸을 움직이지 않는다. 그래서 쉽게 흥분이 낮은 상태에 놓이게 된다. 단순히 잠자는 것에 의존해서는 완전히 체력을 회복할 수가 없다. 그러므로 정신 노동자의 입장에서 말하면, 피로를 완화시키는 가장 좋은 방법은 유산소 운동을 하는 것이다.

1. 다음 중 육체 노동자의 피로를 완화하는 데 적합한 것은 무엇인가?
2. 정신 노동자의 몸은 왜 쉽게 흥분이 낮은 상태에 놓이게 되는가?

해설 1. 보기 중에 지문에 언급된 것은 C와 D이다. 질문은 육체 노동자의 피로를 완화하는 방법을 묻고 있으므로 첫 문장, 对于体力劳动而言，睡觉是一种有效的休息方式(육체 노동자의 입장에서 잠을 자는 것은 일종의 효과적인 휴식 방법이다)에 근거하여 C가 정답이다. D는 정신 노동자의 피로를 완화하는 방식이다.

2. 지문에서 질문과 같은 내용 앞에 그 이유(정답이 되는 내용)에 대해 설명하고 있다. 身体因久坐不动，而容易处于低兴奋状态(장시간 뇌를 사용하는 사람은 오래 앉아 있어 몸을 움직이지 않으므로 그래서 쉽게 흥분이 낮은 상태에 놓이게 된다)와 같이 원인이 되는 사실을 먼저 말하고 있다. 정답은 A이다. 나머지 보기의 내용은 지문에 언급되지 않았다.

TIP 因A而B : A때문에 B하다(인과 관계)

문제 3-4

3. A 呼吸困难
   B 皮肤痒
   C 不停地流泪
   D 触电般难受

4. A 能吸尘
   B 能制药
   C 会发光
   D 会放电

3. A 호흡이 어렵다
   B 피부가 가렵다
   C 계속해서 눈물이 흐른다
   D 감전된 것처럼 아프다

4. A 먼지를 빨아들일 수 있다
   B 약을 만들 수 있다
   C 빛을 낼 수 있다
   D 전기를 방출할 수 있다

南亚有一种很奇怪的树，假如有人不小心碰到它，会立刻感到像触电了一样难受。这是怎么回事呢？原来，这种树既能蓄电，又能放电。中午，电流较强；半夜，电流较弱。植物学家推测，这种树可能存在一种，把太阳的热能或光能转化成电能的机制。但是，它是如何转化的？以及放电现象对它的生长有何作用等问题，目前仍无法解释。

3. 人如果碰到了那种树，会怎么样？
4. 关于那种树，可以知道什么？

남아시아에는 일종의 특이한 나무가 있다. 만약 어떤 사람이 부주의하여 그것에 부딪히면 즉시 감전된 것처럼 아픈 것을 느낄 것이다. 이것은 어떻게 된 것일까? 원래 이 나무는 전기를 모아두는 것도 가능하고 방출하는 것도 가능하다. 정오에는 전류가 비교적 강하고, 한밤중에는 전류가 비교적 약하다. 식물학자는 이 나무가 아마도 태양의 열에너지나 빛에너지를 전기에너지로 전환하는 기능을 가진 존재일 것이라고 추측했다. 하지만 어떻게 전환하는 것일까? 아울러 전기를 방출하는 현상은 그의 생장에 어떤 작용을 하는지 등의 문제는 현재 여전히 설명할 방법이 없다.

3. 사람이 만약 그 나무에 부딪힌다면 어떻게 되는가?
4. 그 나무에 관하여 알 수 있는 것은 무엇인가?

해설
3. 대부분 첫 번째 문제는 지문의 초반부에서 답을 찾을 수 있다. 사람이 나무에 부딪쳤을 때 나타나는 현상으로 **会立刻感到像触电了一样难受**(즉시 감전된 것처럼 아픈 것을 느낄 것이다)라고 했으므로 정답은 D이다. 나머지 보기의 내용은 지문에 언급되지 않았다.

4. 지문의 중간 부분에 나무의 특징에 대해 설명하고 있으며, **这种树既能蓄电，又能放电**(이 나무는 전기를 모아두는 것도 가능하고 방출하는 것도 가능하다)의 내용은 보기 D 会放电(전기를 방출할 수 있다)와 일치한다. 나머지 보기의 내용은 지문에 언급되지 않았다.

Day 13　67

독해 제3부분 실전 PT 정답 ▶p.211

1. D **2.** B **3.** A **4.** C **5.** A

문제 1-2

船夫在河里划着桨。风吹过来，对船夫说："我送你一程吧，这样你就不用这么费力了。"船夫高兴地说："好呀好呀。"于是，风吹着船，船往前漂去船夫虽然轻松了，可还是觉得划桨是件很麻烦的事情，便对风说："风啊，你能不能再使点儿劲儿？这样我就不用划桨了。"风说："可以呀。"于是，风加大了力度，吹着船在河里快速地行驶着。

船夫感觉舒服极了，心想：既然有风了，我留着桨还有什么用呢？于是，船夫将桨扔进了河里。

过了一会儿，风停了，船在河里不动了。船夫急了，大喊道："风啊，你可不能扔下我不管呀。"风的余音从远处飘来："我帮得了你一时，却帮不了你一世啊。"

뱃사공이 강에서 노를 젓고 있었다. 바람이 불어와 뱃사공에게 말했다. "내가 너를 데려다 줄게. 그러면 그렇게 많은 힘을 쓰지 않아도 돼." 뱃사공이 기뻐하며 말했다. "좋아." 그리하여 바람은 배를 (향하여) 불었고, 배는 앞을 향하여 나아갔다. 뱃사공은 비록 편했지만, 여전히 노를 젓는 것이 매우 귀찮은 일이라고 생각하여 바람에게 말했다. "바람아, 조금 더 힘을 써줄 수 있겠니? 그러면 내가 노를 젓지 않아도 돼." 바람이 말했다 "가능하지." 그리하여 바람은 힘을 더했고, 배는 강에서 빠른 속도로 나아갔다.

뱃사공은 매우 편안해졌다. 마음속으로 생각하길, '바람이 있는데, 내가 노를 남겨봐야 무슨 쓸모가 있겠어?' 그리하여 뱃사공은 노를 강 속으로 던져버렸다.

잠시 뒤에 바람이 멈추었고, 배는 강에서 멈춰버렸다. 뱃사공은 다급해져서 큰 소리로 외치며 말했다. "바람아, 너는 나를 책임지지 않고 버려두고 가면 안 돼." 바람의 여음이 먼 곳에서 들려왔다. "나는 너를 한 순간 도울 수는 있어도 평생 도울 수는 없어."

1. 船夫为什么让风再使点儿劲儿?
   A 天气太热
   B 为了赶时间
   C 快要下雨了
   D 不想自己划船

2. 船夫为什么把桨扔掉了?
   A 桨坏了
   B 觉得用不着了
   C 已经到目的地了
   D 想减轻船的重量

1. 뱃사공은 어째서 바람에게 힘을 더 써달라고 했는가?
   A 날씨가 너무 더워서
   B 시간에 맞추기 위해서
   C 곧 비가 올 것 같아서
   D 자신이 노를 젓고 싶지 않아서

2. 뱃사공은 왜 노를 던져버렸는가?
   A 노가 망가져서
   B 필요 없다고 생각해서
   C 이미 목적지에 도착해서
   D 배의 무게를 줄이고 싶어서

해설

1. 질문의 내용이 곧 힌트이다. 먼저 질문의 내용을 지문에서 찾아 앞뒤를 살펴보면 정답을 쉽게 찾을 수 있다. 뱃사공은 노를 젓는 일이 귀찮아 바람에게 더 세게 불어주길 부탁하며 말한다. 这样我就不用划桨了(그러면 내가 노를 젓지 않아도 돼)라고 했으므로 정답은 D 不想自己划船(자신이 노를 젓고 싶지 않아서)이다.

2. 질문의 내용이 있는 부분을 지문에서 찾으면, 뱃사공이 노를 버리기 전에 마음속으로 생각하는 부분을 주목하자. 既然有风了, 我留着桨还有什么用呢?(바람이 있는데, 내가 노를 남겨봐야 무슨 쓸모가 있겠어?)라는 말과 같은 의미를 찾으면, 정답은 B 觉得用不着了(필요 없다고 생각해서)이다.

TIP …不着 : (동사 뒤에 쓰여서) ~하지 못 하다

문제 3-5

有年夏天，家里来了一个会制作笛子的木匠，在我家干了半个月的活儿。一天，我到山上砍了根竹子，请他帮我做一支笛子。他苦笑道："不是每根竹子都能做成笛子的。"我觉得他是在骗我，我找的那根竹子粗细适宜，厚薄均匀，质感光滑，竹节也不明显，是我千挑万选才相中的，为什么不能做成笛子呢？

他解释说："这是今年的竹子，就算做成了笛子，也经不起吹奏。"我更加困惑了：今年的竹子怎么了？难道非要放旧了再拿来做？东西不都是越新鲜越好吗？他看出了我的困惑，接着讲道："你不知道，凡是用来做笛子的竹子都需要经历寒冬。因为竹子在春夏长得太散漫，只有到了冬天，气温骤冷，天天'风刀霜剑严相逼'，它的质地才会改变，做成笛子吹起来才不会走调。而当年生的竹子，没有经过霜冻雪侵，虽然看起来长得不错，可是用来制作笛子的话，不但音色会差许多，而且还会出现小裂痕，虫子也很喜欢蛀这样的竹子。"

其实，人生就好比是这根用来做笛子的竹子，只有历经了风霜雨雪、千锤百炼，才能奏出动人的曲子。

어느 해 여름, 집에 피리를 제작할 수 있는 목공이 와서 우리 집에서 보름을 일했다. 어느 날 나는 산에 가서 대나무 가지를 패 왔고, 그에게 피리 하나 만드는 것을 도와달라고 했다. 그가 쓴웃음을 지으며 말했다. "모든 대나무 가지가 피리를 만들어 낼 수 있는 것은 아닙니다." 나는 그가 나를 속이고 있다고 생각했다. 내가 찾은 그 대나무 가지는 굵기가 적당했고, 두께도 고르고, 질감이 부드러웠으며, 관절 마디도 선명하지 않았다. 내가 천심만고 끝에 마음에 든 것을 고른 것인데, 왜 피리로 만들 수 없다는 것일까?

그는 설명했다. "이것은 올해 자란 대나무 가지예요. 피리로 만든다고 해도 불 수가 없습니다." 나는 더욱 의아했다. 올해 자란 대나무 가지가 어떻단 말인가? 설마 오래 두었다가 다시 가져와서 만들어야 한단 말인가? 물건들은 원래 모두 새 것일수록 더 좋은 것이 아닌가? 그는 나의 의혹을 알아채고 이어서 말했다. "당신은 피리를 만들기 위한 모든 대나무는 추운 겨울을 겪어야 한다는 것을 모르는군요. 대나무는 봄과 여름에는 제멋대로 자라다가 겨울이 되어 기온이 갑자기 차가워지고, 날마다 '바람이 칼날과 같이 살을 에고, 서릿발이 검과 같이 살을 찌르는 것'을 겪어야 비로소 재질이 변하여 피리를 만들면 음이 틀리지 않습니다. 그런데 올해에 자라서 엄동설한을 겪지 않은 대나무는 보기에는 좋을지 몰라도 이것으로 피리를 만든다면 음색이 현저히 떨어질 뿐만 아니라 작은 균열이 생길 수도 있고, 벌레들도 이러한 대나무를 갉아 먹기 좋아하지요."

사실, 인생도 피리를 만드는 데 사용하는 대나무에 비유할 수 있다. 오직 바람, 서리, 비, 눈과 같은 온갖 추위와 시련을 겪고, 많은 노력을 한 사람만이 비로소 사람을 감동시키는 곡을 연주해낼 수 있는 것이다.

---

3. 作者请木匠帮什么忙？
   A 做笛子
   B 种竹子
   C 教他吹笛子
   D 辨别竹子的好坏

4. 作者为什么觉得木匠在骗他？
   A 木匠技术太差
   B 木匠态度不好
   C 他认为自己找的竹子很好
   D 他见木匠答应了别人的请求

3. 작가는 목공에게 어떤 도움을 청했는가?
   A 피리를 만든다
   B 대나무를 심는다
   C 그에게 피리 부는 것을 가르친다
   D 대나무의 좋고 나쁨을 분별한다

4. 작가는 왜 목공이 그를 속인다고 생각했는가?
   A 목공의 기술이 매우 부족해서
   B 목공의 태도가 안 좋아서
   C 그가 생각하기에 자신이 찾은 대나무가 좋아서
   D 목공이 다른 사람의 요청을 수락하는 것을 보아서

5. 经历过寒冬的竹子:
   A 少有裂痕
   B 不够粗壮
   C 表面更光滑
   D 不适合做建筑材料

5. 추운 겨울을 겪은 대나무는 어떠한가?
   A 균열이 적다
   B 굵거나 단단함이 부족하다
   C 표면이 더욱 매끄럽다
   D 건축 재료로 만들기에 적합하지 않다

> 해설
> 3. 지문의 첫 단락에서 화자가 목공에게 부탁한 내용을 찾을 수 있다. 请他帮我做一支笛子(그에게 피리 하나 만드는 것을 도와달라고 했다)라고 했으므로 정답은 A 做笛子(피리를 만든다)이다.
> 4. 첫 번째 단락 후반부에 목공을 의심하며 화자가 생각하는 부분이 나온다. 자신이 찾은 대나무 가지의 굵기와 두께, 질감, 관절 등이 모두 훌륭하다고 생각하므로 정답은 C 他认为自己找的竹子很好(그가 생각하기에 자신이 찾은 대나무가 매우 좋아서)이다.
> 5. 두 번째 단락 마지막 부분에 추운 겨울을 겪지 않은 대나무에 대한 특징을 설명하고 있다. 音色会差许多(음색이 현저히 떨어진다), 会出现小裂痕(작은 균열이 생길 수도 있다), 虫子也很喜欢蛀这样的竹子(벌레들도 이러한 대나무를 갉아 먹기 좋아한다) 등이 있으며, 이 내용에 반대되는 내용으로 정답을 찾으면, 추운 겨울을 겪은 대나무는 균열이 적다는 것을 알 수 있다. 정답은 A 少有裂痕(균열이 적다)이다. 나머지 보기는 지문에서 확실하게 언급되지 않았으므로 정답이 될 수 없다.

쓰기 제2부분 실전 PT 모범답안 ▶p.218

문제 1

원고지 작성

		下	个	星	期	,	期	末	考	试	就	要	开	始	了	。
所	以	,	每	天	放	学	之	后	,	我	都	会	去	咖	啡	
厅	复	习	功	课	。	我	最	担	心	的	就	是	数	学	考	
试	,	因	为	我	不	太	喜	欢	数	学	老	师	。	怎	么	
办	?	没	有	办	法	,	我	只	有	更	认	真	地	学	习	,
才	可	以	得	到	10	0	分	。	加	油	!					

> 해석 다음 주에 기말고사가 시작된다. 그래서 매일 하교 후, 나는 언제나 커피숍에 가서 복습을 한다. 내가 가장 걱정되는 것은 수학시험이다. 왜냐하면 내가 수학선생님을 좋아하지 않기 때문이다. 어쩌지? 방법이 없다. 오직 더 열심히 공부해야 100점을 얻을 수 있을 것이다. 파이팅!

듣기 제2부분 실전 PT 정답 ▶p.224

1. C   **2.** D   **3.** B   **4.** C   **5.** D

문제 1-3

1. A 讲诚信
   B 突出优点
   C 要始终如一
   D 对人要亲切

2. A 被领导批评
   B 耽误工作进度
   C 损害个人利益
   D 影响整个接待工作

3. A 交朋友的原则
   B 最后印象的重要性
   C 不要过分追求完美
   D 怎样发挥自己的优势

1. A 신용을 지키다
   B 장점을 돋보이게 하다
   C 처음부터 끝까지 한결같다
   D 사람에게 친절해야 한다

2. A 상사에게 혼나다
   B 일의 진도를 지체하다
   C 개인의 이익을 손해보다
   D 접대 업무 전체에 영향을 끼친다

3. A 친구를 사귀는 원칙
   B 마지막 인상의 중요성
   C 지나치게 완벽함을 추구하지 말아야 한다
   D 어떻게 자신의 장점을 발휘해야 하는가

在人际交往中，人们留给交往对象的最后印象是非常重要的，有时，它甚至直接决定着单位或个人的整体形象是否完美以及起初完美的形象能否维持，这就是末轮效应。末轮效应强调事情结尾的完美与完善，要求人们在塑造单位或个人的整体形象时，必须做到始终如一。拿送客礼仪来说，每次告别时，我们都要以将会再次见面的心情来送别对方。送客工作如果处理不好，就会影响整个接待工作，使接待工作前功尽弃。

1. 末轮效应要求人们在塑造形象时怎么做?
2. 根据这段话，送客工作处理不好会怎么样?
3. 这段话主要谈的是什么?

대인 관계에서 사람들이 교제 상대에게 남기는 마지막 인상은 매우 중요하다. 때때로 그것은 심지어 단체 혹은 개인의 전체 이미지가 완벽한지 아닌지, 아울러 처음의 완벽한 이미지를 유지할 수 있을지 없을지를 직접적으로 결정짓는다. 이 것이 바로 끝인상 효과(최신효과)이다. 끝인상 효과(최신효과)는 일의 마무리를 완벽하고 완전하게 하는 것을 강조한다. 사람들이 단체나 개인의 전체 이미지를 형상화할 때 반드시 처음부터 끝까지 한결같을 것을 요구한다. 손님을 배웅하는 것으로 말하자면 매번 헤어질 때 우리는 모두 다시 만날 수 있다는 마음으로 상대방을 보내야 한다. 손님을 배웅하는 일이 만약 처리가 좋지 않으면 모든 접대 일에 영향을 줄 수 있고, 일의 공든탑이 무너지도록 만든다.

1. 끝인상 효과는 사람들이 이미지를 형상화할 때 어떻게 하기를 요구하는가?
2. 이 글에 근거하여 손님을 배웅하는 일 처리가 안 좋을 경우 어떻게 되는가?
3. 이 글에서 말하고자 하는 것은 무엇인가?

해설 1. 지문에 질문과 같은 내용이 중간 부분에 언급된다. 처음부터 끝까지 한결같을 것을 요구한다고 했으므로 정답은 지문의 표현과 같은 C 要始终如一이다.

2. 보기 중에 지문에 언급된 내용이 D 影响整个接待工作 뿐이므로 정답은 D이다. 그밖에 보기 A, B, C는 언급조차 되지 않았으므로 정답이 될 수 없다.

3. 지문의 핵심 표현이 末轮效应(끝인상 효과)이다. 이와 같은 의미의 표현을 보기에서 찾는 것이 핵심이다. 보기 중 이와 같은 의미를 가진 것은 B 最后印象的重要이므로 정답을 쉽게 찾을 수 있다.

문제 4-5

4. A 先计划后行动
   B 走距离最短的路
   C 走别人走过的路
   D 独自一个人走路

5. A 习惯成自然
   B 模仿并不容易
   C 人生不会是直线
   D 与众不同更易成功

4. A 먼저 계획하고 그 후에 행동한다
   B 거리가 가장 짧은 길로 간다
   C 다른 사람이 갔던 길로 간다
   D 혼자서 길을 간다

5. A 습관이 천성이 되어버리다
   B 모방은 결코 쉽지 않다
   C 인생은 곧기만 할 수는 없다
   D 남들과 달라야 더욱 쉽게 성공한다

学别人，无论学得多像，也只是模仿别人。走别人走过的路，很可能会迷失自己的方向。生活中，人们往往习惯于走别人走过的路，固执地认为走大多数人走过的路不会错。他们其实忽略了一个十分重要的事实，那就是：走别人没有走过的路，往往有更多的机会，更容易获得成功。

4. 生活中，人们习惯怎么做？
5. 常被人们忽视的事实是什么？

다른 사람에게 배울 때, 얼마나 비슷한지는 관계없이 단지 다른 사람을 모방만 한다. 다른 사람이 갔던 길로 가면 자신의 방향을 잃을 수 있다. 생활하는 가운데 사람들은 종종 습관처럼 다른 사람이 갔던 길로 간다. 대다수의 사람들이 갔던 길로 가는 것이 옳을 것이라고 확고하게 여긴다. 사실, 그들은 매우 중요한 사실 하나를 잊고 있다. 그것은 바로 다른 사람이 가지 않았던 길로 가는 것이 종종 더 많은 기회가 있고, 더 쉽게 성공할 수 있다는 것이다.

4. 생활하는 가운데 사람들은 습관적으로 어떻게 하는가?
5. 늘 사람들에게 소홀히 되고 있는 사실은 무엇인가?

해설 4. 지문에서 반복되고 있는 핵심 표현이 바로 走别人走过的路(다른 사람이 갔던 길로 가다)이다. 지문의 중간 부분에서 정답을 찾을 수 있다. 정답은 C이다. 나머지 보기의 내용은 지문과 관련이 없다.

5. 지문의 후반부, 마지막 부분에서 사람들이 잊고 있는 중요한 사실에 대해 이야기하고 있다. 走别人没有走过的路，往往有更多的机会，更容易获得成功(다른 사람이 가지 않았던 길로 가는 것이 종종 더 많은 기회가 있고, 더 쉽게 성공할 수 있다)라는 내용이 곧 화자의 중심 주장이자 답이다. 이와 같은 의미를 나타내고 있는 보기는 D이다.

TIP 与众不同 : 남과 다르다

독해 제3부분 실전 PT 정답 ▶p.229

1. B **2.** D **3.** A **4.** A

문제 1-2

一位科学家跟一位诗人搭乘同一列火车，两人互不相识。'因为很无聊，科学家对诗人说：" 你要不要跟我玩儿个游戏？"诗人看了看科学家，没有搭腔。

科学家继续说："我是科学家，我们互相问对方问题，答不出来的要给5块钱，怎么样？"诗人想自己不太容易赢科学家，于是委婉地拒绝了。

科学家仍不死心："这样好了，你答不出来只要给我5块，如果我答不出来，就给你50块，这样可以了吧？"诗人于是答应了他。

科学家问："地球到月亮之间有多少公里？"诗人答不出来，直接拿了5块给科学家。

接着，诗人问："什么东西上山时是四条腿，下山时是五条腿？"科学家迷惑地看着诗人，拿出了几张纸，开始在上面计算着，一直到火车到站的时候，他也没算出答案是什么，只好拿了50块给诗人。

科学家最后便问："那答案是什么？告诉我吧。"只见诗人耸耸肩，拿了5块钱给他，然后得意地走了。

한 과학자가 한 시인과 같은 기차에 탑승했다. 두 사람은 서로 모르는 사이였다. 너무 지루했기 때문에, 과학자는 시인에게 말했다. "저와 게임 하실래요?" 시인은 과학자를 보더니 대꾸하지 않았다.

과학자는 계속해서 말했다. "저는 과학자예요. 우리 서로가 서로에게 문제를 내고, 답을 하지 못했을 경우, 5위안씩 주기로 합시다. 어떠신가요?" 시인은 자신이 과학자를 이기기는 쉽지 않을 거라고 생각했기 때문에 그래서 완곡히 거절했다.

과학자는 여전히 단념하지 못했다. "이렇게 합시다. 당신이 대답하지 못하면 저에게 5위안을 주고, 만약 내가 대답하지 못하면 당신에게 50위안을 주겠습니다. 이렇게 하면 되겠지요?" 그러자 시인은 승낙했다.

과학자가 물었다. "지구에서 달까지 몇 킬로미터나 될까요?" 시인은 대답하지 못했고, 바로 과학자에게 5위안을 주었다.

이어서 시인이 물었다. "산에 오를 때는 다리가 네 개였다가, 하산할 때 다리가 다섯 개인 것은 무엇일까요?" 과학자는 당황하며 시인을 바라봤다가 종이를 몇 장 꺼내어 위에 계산하기 시작했다. 기차가 기차역에 도착할 때까지 그는 답이 무엇인지 계산해내지 못했고, 어쩔 수 없이 시인에게 50위안을 주었다.

과학자는 마지막에 물었다. "그 답이 무엇입니까? 저에게 알려주세요." 시인은 어깨를 으쓱하며, 그에게 5위안을 주고는 득의양양하게 가버렸다.

1. 关于诗人，可以知道什么？
   A 提了两个问题
   B 最后赢了40块钱
   C 懂得很多科学知识
   D 获得了科学家的赞美

2. 根据上文，下列哪项正确？
   A 科学家很感激诗人
   B 诗人认为游戏不公平
   C 科学家比诗人先上火车
   D 诗人也不知道问题的答案

1. 시인에 관하여 알 수 있는 것은 무엇인가?
   A 두 개의 문제를 냈다
   B 최종적으로 40위안을 얻었다
   C 많은 과학 지식을 알고 있다
   D 과학자의 칭찬을 받았다

2. 윗글에 근거하여 다음 중 옳은 것은 무엇인가?
   A 과학자는 시인에게 감격했다
   B 시인에 생각하기에 게임이 불공평하다
   C 과학자는 시인보다 먼저 기차를 탔다
   D 시인은 문제의 답안을 모른다

해설 1. 시인에 관하여 지문과 보기의 내용을 대조하며 정답을 찾아야 한다. 시인은 과학자의 첫 번째 질문에 답을 하지 못해 먼저 5위안을 주었고, 시인의 질문에 답을 못한 과학자에게서 50위안을 받았다. 마지막에 답을 묻는 과학자의 질문에 답을 하지 않고 5위안을 주었다. 최종적으로 시인은 40위안의 이익을 얻은 것과 같다. 정답은 B이다. A의 질문을 두 번 한 사람은 과학자이다. C의 시인은 지문에서 처음에 과학자에게 이길 자신이 없어 제안을 거절했었다. 그러므로 과학 지식을 많이 알고 있지 않음을 알 수 있다. D는 지문에서 언급되지 않았다.

Day 14 73

2. 보기에서 핵심 표현들을 체크하고 지문에서 해당 부분을 찾아 일치 여부를 판단하자. 보기 A와 B는 지문에서는 알 수 없거나 언급되지 않은 내용이다. C 역시 지문 첫 문장에 같은 열차를 탔다는 것만 알 수 있을 뿐, 누가 먼저 탔는지는 알 수 없다. D의 내용은 지문 마지막 단락에서 확인할 수 있다. 拿了5块钱给他, 然后得意地走了(그에게 5위안을 주고 득의양양하게 갔다)를 통해 본인이 낸 문제임에도 불구하고 본인도 정답을 모르므로 과학자에게 5위안을 준 것이다. 그러므로 정답은 D이다.

문제 3-4

人们参加聚会或走访亲友时，习惯送上一大捧鲜花。但不少人往往忙到很晚才下班，去赴约时才发现自己两手空空。而这时花店早已关门，他们只好打电话请求帮忙，有家花店的老板就经常接到这种电话，他感到非常无奈。

一天，这位花店老板到路旁的自动售水机买水，看着瓶子从售水机里滚出，他灵机一动：为什么自己不发明自动售花机呢？

再三考虑之后，他便开始着手研制，不到一年就大功告成。他在普通自动售货机的基础上，将箱体体积扩大了一倍，同时将箱内的温度、湿度控制在适当范围内。箱体正面同样采用玻璃材料，透过玻璃可以看到箱内的鲜花和盆花，自动售花机一推向市场，就立刻受到广大顾客的欢迎，尤其是在医院、养老院、餐馆、公寓等鲜花需求量大的地方，经常供不应求。于是，花店老板在这些地方添置了更多的自动售花机，并定时补充、调换花卉。

这样的经营方式比实体店经营利润更高，花店老板在解决顾客燃眉之急的同时，收获了财富，他也终于拥有了宁静的夜晚。

사람들은 모임에 참석하거나 친척들을 방문할 때, 꽃다발을 선물하는 습관이 있다. 그러나 많은 사람들이 종종 늦게까지 바쁘게 일하다가 겨우 퇴근해서 약속한 장소로 갈 때 자신의 두 손이 텅텅 빈 것을 발견한다. 게다가 이때는 이미 꽃집들이 문을 닫아서 그들은 부득이하게 전화를 걸어 도움을 요청하곤 한다. 어떤 꽃집 사장은 자주 이런 전화를 접해서 매우 곤란함을 느꼈다.

어느 날, 이 꽃집 사장은 길가의 음료 자동 판매기에서 물을 사려다가 물병이 기계에서 굴러 나오는 것을 보고, 순간 영감이 떠올랐다. '왜 내가 꽃 자동 판매기를 발명하지 않았을까?'

거듭 생각한 후에 그는 연구를 하기 시작했고, 1년도 안 되어 큰 성공을 거두었다. 그는 일반 자동 판매기를 기본으로 하여 몸체의 부피를 배로 크게 하는 동시에 몸체의 온도와 습도를 적당한 범위로 조정했다. 판매기의 정면은 동일하게 유리를 선택했고, 유리를 통해 판매기 안의 생화와 화분을 볼 수 있었다. 꽃 자동 판매기는 시장에 출시되자마자, 고객들의 큰 환영을 받았다. 특히 병원, 양로원, 식당, 아파트 등 생화의 수요가 많은 지역에서는 종종 공급량이 수요량에 미치지 못했다. 그래서 꽃집 사장은 이 지역에 더 많은 꽃 자동 판매기를 추가로 설치했고, 정해진 시간에 꽃을 보충하고 교체했다.

이러한 경영 방식은 오프라인 매장보다 이윤이 더 높았으며, 꽃집 사장은 다급한 상황에 놓인 고객의 문제를 해결하는 동시에, 큰 돈을 벌었고, 그는 결국 편안한 밤을 갖게 되었다.

3. 关于自动售花机，可以知道：
   A 体积比普通售货机大
   B 仅底部是用玻璃做的
   C 维修费用高
   D 能自动浇水

4. 根据上文，下列哪项正确？
   A 自动售花机方便了顾客
   B 老板决定关闭实体店
   C 学校附近自动售花机最多
   D 花卉包装问题难以解决

3. 꽃 자동 판매기에 관하여 알 수 있는 것은?
   A 부피가 일반 자동 판매기보다 크다
   B 밑바닥 부분은 유리를 사용해서 만들었다
   C 수리 비용이 높다
   D 자동으로 물을 뿌릴 수 있다

4. 윗글에 근거하여 다음 중 옳은 것은 무엇인가?
   A 꽃 자동 판매기는 고객을 편리하게 했다
   B 사장은 오프라인 매장을 닫기로 결정했다
   C 학교 근처에 꽃 자동 판매기가 가장 많다
   D 꽃 포장 문제는 해결하기 어렵다

해설 3. 꽃 자동 판매기에 대한 설명 부분을 찾아 보기의 내용과 대조하며 정답을 찾아보자. 세 번째 단락에서 在普通自动售货机的基础上，将箱体体积扩大了一倍(일반 자동 판매기를 기본으로 하여 몸체의 부피를 배로 크게 했다)라고 했다. 이와 일치하는 내용은 보기 A이다. B는 판매기의 밑바닥이 아니라 정면을 유리로 했으며, C, D는 지문에서 전혀 언급하지 않았다.

4. 지문의 내용과 일치하는 보기를 찾으면, 세 번째 단락과 마지막 단락에서 꽃 자동 판매기는 출시되자 마자 크게 환영받았고, 고객의 다급한 문제를 해결해주었다고 했다. 그러므로 정답은 A이다. B는 오프라인 매장의 이윤보다 더 높다고만 했으며, C는 생화의 수요량이 많은 지역에 언급되지 않았다. D에 대해서는 언급되지 않았다.

쓰기 제2부분 실전 PT 모범답안 ▶p.233

1. 为了找工作，昨天我参加了一个面试。面试以前，我准备了很多，而且压力很大，很紧张。可真正面试的时候，面试官们态度很好，问了我几个关于我专业方面的问题。我很认真地回答了。希望我可以成功！

2. 今天是我大学毕业的日子。我要和老师们、同学们分别了。我真的很舍不得离开他们。我和同学们互相祝愿："毕业后，一切顺利。前途一片光明。"我和同学们还一起去找老师，向老师表达我们的感激之情。

문제 1

面试   压力   参加   认真   成功

해설 [품사분석] 面试 몡 면접 / 压力 몡 스트레스, 부담 / 参加 동 참가하다, 참여하다 / 认真 형 열심이다, 진지하다 / 成功 몡 성공 동 성공하다

[스토리 구상] ▶ 줄거리 : ① 面试以前压力很大   면접 전에 스트레스가 크다
② 面试的时候认真地回答了   면접 때 성실하게 대답했다
③ 希望我可以成功   성공할 수 있기를 바란다

▶ 중심내용 : 参加面试   면접에 참가하다

원고지 작성

		为	了	找	工	作	,	昨	天	我	参	加	了	一	个
面	试	。	面	试	以	前	,	我	准	备	了	很	多	,	而
且	压	力	很	大	,	很	紧	张	。	可	真	正	面	试	的
时	候	,	面	试	官	们	态	度	很	好	,	问	了	我	几
个	关	于	我	专	业	方	面	的	问	题	。	我	很	认	真
地	回	答	了	。	希	望	我	可	以	成	功	！			

해석 취업하기 위하여 어제 나는 면접에 참가했다. 면접을 보기 전에 나는 준비도 많이 했고, 게다가 스트레스도 컸으며 긴장도 했다. 그러나 진짜 면접을 볼 때는 면접관의 태도가 매우 좋았고, 나에게 몇 개의 전공 관련 문제를 물어봤다. 나는 성실하게 대답했다. 성공했으면 좋겠다.

문제 2

| 毕业 | 分别 | 前途 | 互相 | 光明 |

[해설] [품사분석] 毕业 몡 졸업 동 졸업하다 / 分别 동 헤어지다, 이별하다 / 前途 몡 전도, 앞길, 장래 / 互相 뷔 서로, 상호 / 光明 몡 광명, 빛 혱 밝게 빛나다, 환하다.

[스토리 구상] ▶ 줄거리 : ① 和老师们、同学们分别了 선생님들, 학우들과 헤어진다
② 互相祝愿: "前途一片光明" 서로 앞날이 밝기를 기원하다
③ 向老师表达感激之情 선생님께 감사의 마음을 표현하다

▶ 중심내용 : 大学毕业 대학을 졸업하다

[원고지 작성]

		今	天	是	我	大	学	毕	业	的	日	子	。	我	要
和	老	师	们	、	同	学	们	分	别	了	。	我	真	的	很
舍	不	得	离	开	他	们	。	我	和	同	学	们	互	相	祝
愿	:	"	毕	业	后	,	一	切	顺	利	。	前	途	一	片	光
明	。	"	我	和	同	学	们	还	一	起	去	找	老	师	,	向
老	师	表	达	我	们	的	感	激	之	情	。				

[해석] 오늘은 내가 대학을 졸업하는 날이다. 나는 선생님들, 친구들과 헤어져야 한다. 나는 정말 그들과 헤어지는 것이 아쉽다. 나는 친구들과 서로 "졸업 후에 모든 일이 순조롭고, 앞날이 밝기를 바란다"라고 축복해주었다. 또한 우리는 선생님을 찾아가서 선생님께 감사의 마음을 표현했다.

듣기 제1부분 실전 PT 정답							▶p.239
1. A	2. A	3. A	4. C	5. B	6. D	7. C	8. B

문제 1

A 卧室
B 客厅
C 阳台
D 书房

A 침실
B 거실
C 베란다
D 서재

女：爸，客厅桌上有个大信封你看到没，里面装着几份文件。
男：我放你卧室啦，以后东西不要乱放。
问：信封现在在哪儿？

여 : 아버지, 거실의 탁자 위에 있던 큰 봉투 못 보셨어요? 안에 문서 몇 개가 들어있어요.
남 : 내가 네 침실에 놓았지. 다음에는 물건을 아무데나 놓지 말거라.
질문 : 봉투는 현재 어디에 있는가?

[해설] 장소를 물을 경우, 지문에 장소가 여러 곳이 언급될 수 있다. 이런 경우, 대부분 현재의 위치를 묻는다. 지문에서 여자가 봉투를 원래 두었던 장소는 客厅(거실)이고, 아버지가 나중(현재)에 놓아둔 곳은 卧室(침실)이다. 현재 봉투가 있는 위치는 A 卧室이다.

문제 2

A 晕船
B 想去划船
C 爱开玩笑
D 经常失眠

A 뱃멀미하다
B 배를 타러 가고 싶다
C 농담을 좋아한다
D 자주 잠을 이루지 못한다

女：你明天要不要和我们一起去划船？
男：别开玩笑了，你知道我晕船的。
问：关于男的，可以知道什么？

여 : 내일 우리와 함께 배를 타러 갈래요?
남 : 농담하지 말아요. 당신 제가 뱃멀미한다는 걸 알잖아요.
질문 : 남자에 관하여 알 수 있는 것은 무엇인가?

[해설] 지문의 표현이 보기에 그대로 제시되고 있다. 배를 타러 가자는 여자의 말에 남자는 뱃멀미를 한다고 했으므로 정답은 A 晕船이다. B는 뱃멀미를 하는 남자와는 상반된 내용이고, C에서 开玩笑(농담하다)라는 표현이 남자의 말에서도 언급되었지만 '~하지 마라'와 함께 쓰였으며, D는 지문과 관련이 없다.

문제 3

A 中病毒了
B 无法读光盘
C 程序不能升级
D 连不上网

A 바이러스에 걸렸다
B CD를 읽을 방법이 없다
C 프로그램을 업데이트할 수 없다
D 인터넷을 연결할 수 없다

男：你怎么了？这么不开心？ 女：别提了，我的电脑中病毒了。要交的实验报告也没了。白忙了一天。 问：电脑怎么了？	남：당신 왜 그래요? 기분이 안 좋아요? 여：말도 말아요. 제 컴퓨터가 바이러스에 걸렸어요. 제출해야 하는 실험 보고서도 없어졌어요. 하루 종일 헛수고했어요. 질문：컴퓨터는 어떠한가?

해설 보기의 내용이 모두 컴퓨터와 관련된 내용이다. 생소한 용어들이 있지만 보기의 내용 중 지문에서 언급한 내용은 딱 하나밖에 없다. 여자의 말에서 电脑中病毒了(컴퓨터가 바이러스에 걸렸다)라는 표현을 들었다면 정답을 쉽게 찾을 수 있다. 정답은 A 中病毒了이다. 나머지 보기의 내용은 모두 언급하지 않았다.

문제 4

A 摔伤了 B 在山上迷路了 C 被蚊子咬了 D 皮肤过敏	A 떨어져서 다쳤다 B 산에서 길을 잃었다 C 모기에게 물렸다 D 피부에 알레르기 반응이 나타난다
女：今天在山上被蚊子咬了好几个包，现在还特别痒。 男：你千万别用手抓，家里有治蚊虫叮咬的药水，我给你找找。 问：关于女的，可以知道什么？	여：오늘 산에서 모기한테 몇 군데 물렸어요. 지금 너무 간지럽네요. 남：절대로 손으로 긁지 말아요. 집에 모기약이 있어요. 제가 찾아줄게요. 질문：여자에 관하여 알 수 있는 것은 무엇인가?

해설 보기 A, C, D가 다치거나 아픈 증상과 관련된 내용이다. 대략의 대화 주제를 짐작해보면서 지문을 들어보자. 여자의 말에서 被蚊子咬了(모기에 물렸다)라는 표현이 보기 C에 그대로 제시되었다. 정답은 C 被蚊子咬了이다. 지문에는 정답 표현 외에도 痒(간지럽다), 治蚊虫叮咬的药水(모기 물린 것을 치료하는 약)와 같은 표현에서 모기에 관련된 내용임을 알 수 있다.

문제 5

A 3000 B 16000 C 20000 D 23000	A 3,000 B 16,000 C 20,000 D 23,000
女：今年的宣传册还是印两万份吗？ 男：去年的还剩3000多，这次先印一万六吧，不够再加。 问：男的建议先印多少份宣传册？	여：올해 팸플릿 역시 2만부를 찍나요? 남：작년 팸플릿이 아직 3,000장 넘게 남아있어요. 이번에는 먼저 16,000부 찍고, 부족하면 더 하기로 해요. 질문：남자는 팸플릿을 먼저 몇 부 찍자고 제안했는가?

해설 보기 A, B, C가 모두 지문에 언급되었으므로 헷갈릴 수 있는 난이도 높은 문제이다. 질문은 남자가 제안한 팸플릿의 인쇄부수이므로 정답은 B이다. 이처럼 숫자가 여러 개 언급될 경우, 각 보기에 관련 내용이 들릴 때마다 메모해두는 것도 정답을 찾는 팁이다.

문제 6

A 要参加婚礼	A 결혼식에 참석해야 한다
B 单位有宴会	B 회사에 파티가 있다
C 要照顾病人	C 환자를 돌봐야 한다
D 要去外地采访	D 외지 취재를 가야 한다

男: 明晚的开幕式你能来吗?
女: 不好意思,我去不了,单位安排我明天去外地采访。
问: 女的为什么不能参加开幕式?

남: 내일 저녁의 개막식에 당신 오실 수 있나요?
여: 죄송해요. 갈 수 없어요. 회사에서 저에게 내일 외지 취재를 하라고 해서요.
질문: 여자는 왜 개막식에 참석할 수 없는가?

해설 보기의 내용은 모두 어떤 계획에 대한 내용이다. 지문을 들을 때 어떤 보기의 내용이 언급되는지 잘 체크하자. 여자는 개막식에 갈 수 없는 이유로 회사에서 외지 취재를 나간다고 했다. 이와 일치하는 내용인 D 要去外地采访(외지 취재 가야 한다)가 정답이다. 나머지 보기에 제시된 婚礼(결혼식)이나 宴会(파티), 照顾病人(환자 병간호)와 같은 내용은 지문에서 언급하지 않았다.

문제 7

A 很羡慕女的	A 여자가 매우 부럽다
B 自己不懂经营	B 혼자 경영할 줄 모른다
C 工厂是合开的	C 공장은 동업한 것이다
D 工厂规模小	D 공장 규모가 작다

女: 你年纪轻轻就开了一家这么大的工厂,真了不起!
男: 哪里!这是我和朋友共同经营的。我只是股东之一。
问: 男的是什么意思?

여: 당신 이렇게 어린 나이에 이렇게 큰 공장을 열다니, 정말 대단해요!
남: 아니에요! 이것은 제가 친구와 공동 경영하는 거예요. 저는 단지 주주 중 한 명일 뿐이에요.
질문: 남자의 의미는 무엇인가?

해설 보기의 내용으로 보아 공장 경영과 관련된 내용의 지문이 나올 것을 짐작하자. 여자의 말에 의하면 남자는 젊은 나이에 공장을 열었고, 이에 대해 남자는 친구와 함께 공동으로 경영하는 것이라고 말했다. 보기에서 남자의 말과 의미가 같은 것을 찾으면 C이다. 共同经营(공동으로 경영하다)과 보기의 合开(함께 개업하다, 함께 열다)는 같은 의미를 나타낸다. 나머지 보기는 지문의 내용과 일치하지 않는다.

문제 8

A 缺乏资金	A 자금이 부족하다
B 很有把握	B 매우 자신 있다
C 方案还没批准	C 방안이 아직 허가되지 않았다
D 应该听听专家的意见	D 전문가의 의견을 들어봐야 한다

女: 这个项目很重要,你们到底有没有把握?
男: 您放心吧,我们保证按时完成。
问: 男的是什么意思?

여: 이 프로젝트는 매우 중요해요. 도대체 자신이 있는 건가요?
남: 안심하세요. 저희는 제때에 완성할 것을 장담해요.
질문: 남자의 의미는 무엇인가?

해설 보기의 资金(자금), 把握(자신), 方案(방안), 批准(허가), 专家(전문가) 등의 단어들을 체크하면서 지문을 들어보자. 여자의 말 끝부분에 有没有把握?(자신이 있는가, 없는가?)라고 묻고 있고, 남자의 대답에서 放心(마음을 놓다) 保证(장담하다, 보장하다)등의 표현을 통해 매우 긍정적임을 알 수 있다. 그러므로 정답은 B 很有把握(매우 자신 있다)이다.

독해 제1부분 실전 PT 정답 ▶p.244

1. C   **2.** A   **3.** D   **4.** B   **5.** C   **6.** A   **7.** B
8. D   **9.** C   **10.** C

문제 1-3

蜜蜂喜欢群居，__1__ 一个蜂窝内生活着数万只蜜蜂。蜂窝往往空间狭小、光线阴暗，其内部的温度和湿度等 __2__ 都非常适宜微生物的生长。不过，储存在蜂窝内的花粉、蜂蜜等却不会因此而腐败变坏。

原来，蜂窝内有一种叫蜂胶的物质，这种物质对蜂窝内的病菌、霉菌等微生物都有较强的抑制和杀灭作用，它是蜜蜂清洁蜂窝环境、__3__ 食物、维持群体健康的良药。

벌은 무리 지어 사는 것을 좋아하며, __1__ 한 벌집 안에 수만 마리의 벌이 생활한다. 벌집은 대부분 공간이 협소하고, 어두컴컴하며, 그 내부의 온도와 습도 등의 __2__ 모두 미생물의 생장에 아주 적합하다. 하지만 벌집 안의 꽃가루, 꿀 등은 오히려 이로 인해 부패할 수 있다.

원래 벌집 안에는 밀랍(프로폴리스)이라는 물질이 있는데, 이 물질은 벌집 안의 병균, 곰팡이 등의 미생물에 억제 및 소멸 작용이 강하다. 그것은 꿀벌이 벌집 안의 환경을 청결히 하고, 음식물을 __3__, 벌 집단이 건강을 유지하는 좋은 해결책이다.

1. A 照常   B 迟早   C 通常   D 随时
2. A 条件   B 资源   C 细节   D 程序
3. A 组织   B 迎接   C 吸收   D 保存

1. A 평소와 같다   B 조만간   C 일반적으로   D 수시로
2. A 조건   B 자원   C 세부 사항   D 순서
3. A 조직하다   B 마중하다   C 흡수하다   D 보존하다

해설
1. 빈칸 주변의 내용을 보자. 벌의 보편적인 특징에 대해 말하고 있으므로 어울리는 표현은 C 通常(일반적으로)이다.
2. 보기의 어휘들이 모두 명사이다. 빈칸에는 바로 앞의 '벌집 내부의 온도, 습도 등'을 포함하는 표현이 와야 하므로 가장 어울리는 것은 A 条件(조건)이다.
3. 보기의 어휘가 모두 동사이므로 빈칸 뒤의 명사와 호응하는 표현을 찾아야 한다. 빈칸 바로 뒤에 食物(음식물)이라는 명사가 있으므로 이와 어울리는 표현은 D 保存(보존하다)이다.

TIP D 保存 : 保存 + 文件/文物/食物/数据 문서/문물/음식/데이터를 보존(저장)하다

문제 4-6

冬天，许多湖泊和河流都会结冰，但海水却极少结冰，这是为什么呢？原来，一般情况下，水在零度就会结冰，但如果水里溶入了一些其他 __4__，例如盐，那么它结冰的温度就会降到零度以下。由于海水里面 __5__ 不少盐分，所以海水结冰的温度要比一般的淡水低，在冬天也就不太容易结冰了。__6__，海水的流动性很强，这也使得海水不易结冰。

겨울에 많은 호수와 강이 얼지만 바닷물은 얼지 않는다. 이것은 왜일까? 원래 일반적인 상황에서 물은 0°에서 얼지만, 만약 물 안에 기타 __4__ 이 녹아들면, 예를 들어 소금이라면, 그것의 어는점은 0° 이하로 내려갈 수 있다. 바닷물에는 적지 않은 염분이 __5__ 때문에 그래서 바닷물이 어는점은 일반 민물보다 낮아, 겨울에도 쉽게 얼지 않는다. __6__ 바닷물의 유동성은 강한 것도 바닷물로 하여금 쉽게 얼지 않도록 한다.

4. A 事物   B 物质   C 原料   D 资源
5. A 具备   B 结合   C 含有   D 集合
6. A 另外   B 总共   C 至少   D 再三

4. A 사물   B 물질   C 원료   D 자원
5. A 구비하다   B 결합하다   C 함유하다   D 집합하다
6. A 그 밖에   B 합쳐서   C 최소한   D 재차, 거듭

해설
4. 보기의 어휘들이 모두 명사이므로 빈칸 앞의 술어와 어울리는 표현이 정답이다. 빈칸 앞에 溶入(녹아들다)라는 술어와 어울리는 표현은 B 物质(물질)이다.

5. 보기의 어휘들이 모두 동사이므로 빈칸 뒤에 오는 명사(목적어) 표현과 호응하는 표현을 찾아야 한다. 빈칸 뒤에 盐分(염분)과 어울리는 동사 표현을 찾으면 C 含有(함유하다)이다.
   TIP C 含有 : 含有 + 盐分/成分/维生素 염분/성분/비타민을 함유하다

6. 보기의 어휘가 모두 부사이므로 빈칸 주변의 문맥을 살펴보고 연결 구조를 살펴보자. 빈칸의 앞 내용에 이어서 빈칸 뒤에서도 바닷물이 쉽게 결빙되지 않는 또 다른 이유를 언급하고 있다. 그러므로 가장 적합한 표현은 A 另外(그 밖에)이다.

문제 7-10

　　在篮球比赛中，我们会发现球场上___7___没有穿一、二、三号球衣的运动员。为什么会这样呢？原来这与比赛中的判罚规则有关。___8___比赛规定，罚球时，裁判员伸出一根手指，表示罚一次，伸出两根手指，表示罚两次。如果有队员三秒违例，裁判员会伸出三根手指。而当队员犯规或球队换人时，裁判员也是用手势示意队员的___9___。所以，如果场上设一、二、三号队员的话，___10___。

　　농구 경기에서, 우리는 경기장에 1, 2, 3번 유니폼을 입은 선수가 ___7___ 없다는 사실을 발견하게 된다. 왜 그럴까? 원래 이것은 경기의 판정 규칙과 관련이 있다. 경기 규정 ___8___, 자유투를 허용할 때, 심판이 손가락 하나를 내밀면 자유투 한 번, 손가락 두 개를 내밀면 자유투 두 번을 나타낸다. 만약 선수가 오버타임(3초 규칙)을 했다면 심판은 손가락 세 개를 내밀 것이다. 또한 해당 선수가 규칙을 위반하거나 혹은 팀이 사람을 교환할 때, 심판은 또한 손짓으로 선수의 ___9___ 를 표시한다. 그래서 만약 경기장에 1, 2, 3번 선수를 배치한다면, ___10___.

7. A 凡是　　B 根本　　C 格外　　D 总算
8. A 对于　　B 通过　　C 自从　　D 按照
9. A 形象　　B 位置　　C 号码　　D 形势
10. A 会使比赛更精彩
　　B 比赛规则不能改变
　　C 就很容易引起误会
　　D 就会打扰观众看比赛

7. A 무릇　　B 전혀　　C 각별히　　D 마침내
8. A ~에 대하여　B ~을 통하여　C ~로부터　D ~에 따라
9. A 형상　　B 위치　　C 번호　　D 형편
10. A 시합으로 하여금 더 훌륭해질 수 있다
　　B 시합 규칙은 바꿀 수 없다
　　C 오해를 일으키기 쉽다
　　D 관중들이 시합을 보는 것을 방해할 수 있다

해설

7. 보기의 어휘가 모두 부사이므로 빈칸 주변의 문맥을 잘 살피자. 이 문제에서는 빈칸 뒤에 부정부사 没有가 있으므로 부정부사와 함께 쓰이는 부사를 찾는 것이 핵심이다. 정답은 B 根本(전혀)이다.
   TIP B 根本 : 根本 + 不/没 전혀 ~없다, 절대로 ~하지 않다

8. 보기의 어휘가 모두 전치사이므로 빈칸 뒤에 오는 명사를 파악하면 정답을 쉽게 찾을 수 있다. 보기의 전치사 가운데 빈칸 뒤의 规定과 어울리는 표현은 D 按照(~에 따라)이다.
   TIP A 对于 : 对于 + (대상/화제) ~에 대하여
   　　　C 自从 : 自从 + (시간/시점) ~에서부터
   　　　D 按照 : 按照 + (규정/습관) ~에 따라

9. 보기의 어휘가 모두 명사이다. 빈칸 앞의 示意와 호응하고 지문의 내용 흐름상 알맞은 표현을 찾으면 '손짓으로 선수의 번호를 가리킨다'는 내용이 적합하다. 그러므로 정답은 C 号码(번호)이다.

10. 빈칸 바로 앞에 가정의 상황이 있고, 빈칸에는 가정의 결과가 와야 한다. 앞부분에서 1, 2, 3 번호의 유니폼을 입은 선수가 없는 이유는 손가락으로 번호를 표시하여 규정의 번호와 선수 번호를 가리키기 때문이라고 했다. 그러므로 만약 1, 2, 3 번호의 유니폼을 입은 선수를 배치한다면, 심판의 손짓이 선수를 가리키는지, 규정을 나타내는지 헷갈릴 것이다. 이와 같은 내용을 보기에서 찾으면 정답은 C 就很容易引起误会(오해를 일으키기 쉽다)이다.

쓰기 제2부분 실전 PT 정답

▶ p.249

1. 今天是一个大日子！因为我在公司负责的项目成功完成了！我们小组的职员们一个星期没有放假，努力写计划书。终于，今天上午，我们和另一个公司签了合同。所以我们小组约定好，下班一起去庆祝！

2. 昨天，我辞职了。我又成为了无业者。实际上，我也知道，想找到一份工作很难。但我考虑了好久才决定了。因为我和老板的观念不同。我认为，加强职员技能培训对公司的发展有利。老板却认为，这很浪费钱。

문제 1

项目   成功   计划   终于   合同

해설 [품사분석] 项目 명 프로젝트 / 成功 명 성공 동 성공하다 / 计划 명 계획 / 终于 부 마침내, 결국 / 合同 명 계약, 계약서
[스토리구상] ▶ 줄거리 : ① 项目成功完成了 프로젝트를 성공적으로 완성했다
② 一个星期，职员们没有放假 일주일 동안 직원들은 휴가도 없었다
③ 努力写计划书 열심히 계획서를 썼다.
▶ 중심내용 : 终于，签了合同 마침내 계약을 체결했다

원고지 작성

	今	天	是	一	个	大	日	子	！	因	为	我	在	公
司	负	责	的	项	目	成	功	完	成	了	！	我	们	小	组
的	职	员	们	一	个	星	期	没	有	放	假	，	努	力	写
计	划	书	。	终	于	，	今	天	上	午	，	我	们	和	另
一	个	公	司	签	了	合	同	。	所	以	我	们	小	组	约
定	好	，	下	班	一	起	去	庆	祝	。					

해설 오늘은 중요한 날이다! 왜냐하면 내가 회사에서 맡은 프로젝트를 성공적으로 완성했기 때문이다! 우리 팀의 직원들은 일주일 동안 휴가도 없이 계획서를 열심히 썼다. 마침내, 오늘 오전에 우리는 다른 회사와 계약을 체결했다. 그래서 우리 팀은 퇴근하고 함께 축하하러 가기로 약속했다.

문제 2

辞职   发展   加强   有利   职员

해설 [품사분석] 辞职 동 사직하다, 직장을 그만두다 / 发展 명 발전 동 발전하다 / 加强 형 강화하다 / 有利 형 이롭다, 유익하다 / 职员 명 직원
[스토리구상] ▶ 줄거리 : ① 昨天我辞职了 어제 나는 직장을 그만두었다
② 我认为加强职员技能培训对公司的发展有利
나는 직원의 기술교육(훈련)을 강화해야 회사의 발전에 이롭다고 생각한다
③ 老板认为这很浪费钱 사장은 이것이 낭비라고 생각한다
▶ 중심내용 : 我和老板的观念不同 나와 사장은 생각(관념)이 다르다

원고지 작성

		昨	天	,	我	辞	职	了	。	我	又	成	为	了	无
业	者	。	实	际	上	,	我	也	知	道	,	想	找	到	一
份	工	作	很	难	。	但	我	考	虑	了	好	久	才	决	定
了	。	因	为	我	和	老	板	的	观	念	不	同	。	我	认
为	,	加	强	职	员	技	能	培	训	对	公	司	的	发	展
有	利	。	老	板	却	认	为	,	这	很	浪	费	钱	。	

해설 어제 나는 직장을 그만뒀다. 나는 다시 무직자가 되었다. 사실, 취직하는 것이 매우 어렵다는 것을 나도 알고 있다. 그러나 나는 아주 오랫동안 생각하고 결정을 내렸다. 나와 사장님은 관념이 다르기 때문이다. 나는 직원의 기술 교육(훈련)을 강화해야 회사의 발전에 이롭다고 생각한다. 사장님은 오히려 이것은 돈을 낭비하는 것이라고 생각한다.

듣기 제2부분 실전 PT 정답 ▶p.254

1. D **2.** D **3.** C **4.** C **5.** B **6.** A **7.** D **8.** C

문제 1

A 参加了网球赛	A 테니스 시합에 참가했다
B 成绩不稳定	B 성적이 안정적이지 않다
C 得了第二名	C 2등을 했다
D 比赛时状态好	D 시합 때 컨디션이 좋았다

男: 祝贺你在今天的自由泳比赛中夺冠！
女: 谢谢！
男: 你比赛的时候紧张吗?
女: 不紧张。我感觉自己今天的状态不错。
问: 关于女的，可以知道什么?

남 : 오늘 자유형 시합에서 우승한 것을 축하해요!
여 : 감사합니다!
남 : 시합 때 긴장했나요?
여 : 아니에요. 제가 오늘 컨디션이 좋았던 것 같아요.
질문 : 여자에 관하여 알 수 있는 것은 무엇인가?

해설 보기의 내용을 통해 시합과 시합 성적에 대한 지문이 나올 것을 미리 짐작하자. 남자의 말을 통해 여자는 수영 대회에서 우승을 했고, 마지막 여자의 말에서 今天的状态不错(오늘 컨디션이 좋다)라고 했다. A는 테니스 시합이 아니라 수영 경기이며, B와 C는 여자의 성적(우승, 1등)이 아니다. 지문의 내용과 일치하는 것은 D 比赛时状态好이다.

문제 2

A 是礼拜天 B 有打折优惠 C 理发师是新来的 D 希望得到好运气	A 일요일이다 B 할인 혜택이 있다 C 이발사가 새로 왔다 D 행운을 얻길 바라다
男：我刚才去理发，人比平时多很多。 女：今天是二月初二，按风俗讲，今天理发能带来一年的好运。 男：怪不得这么多人。 女：你们老家没这个风俗吗？ 男：也有。 问：今天为什么有很多人去理发？	남 : 방금 이발하러 갔었는데, 사람이 평소보다 훨씬 많아요. 여 : 오늘이 2월 초이튿날이잖아요. 풍속에 따르면, 오늘 이발하면 1년의 행운을 가져다 준대요. 남 : 어쩐지 그래서 사람이 많았군요. 여 : 당신 고향에는 이런 풍속이 없나요? 남 : 저희도 있어요. 질문 : 오늘 왜 이발하러 가는 사람이 많은가?

해설　보기를 확인하고, 지문에서 星期(요일)이나 打折优惠(할인 혜택), 理发师(이발사), 好运气(행운)과 같은 표현이 나오는지 예상하며 듣자. 또한 지문과 보기에서 의미가 같은 동의어가 자주 등장하므로 이것 또한 주의하자. 이발하는 데 평소보다 사람이 많았다고 하는 남자의 말에 여자는 今天理发能带来一年的好运(오늘 이발하면 1년의 행운이 따른다)라고 알려준다. 이와 같은 내용이 D에 제시되어 있다. 정답은 D 希望得到好运气이다.

문제 3

A 买新房子了 B 换新单位了 C 房东要卖房子 D 房东要涨租金	A 새로운 집을 샀다 B 새로운 회사로 이직했다 C 집주인이 집을 팔려고 한다 D 집주인이 임대료를 올리려고 한다
女：我们又得搬家了，到现在还没找到合适的房子呢。 男：怎么又要搬家？现在租的那套房子呢？ 女：房东要卖房子。 男：别着急，慢慢找。你们的合同不是六月份才到期吗？ 问：女的为什么要搬家？	여 : 다시 이사해야 하는데, 지금까지도 아직 적당한 집을 찾지 못했어요. 남 : 왜 또 이사를 해요? 지금 임대하고 있는 그 집은요? 여 : 집주인이 집을 팔겠대요. 남 : 조급해 하지 말고, 천천히 찾아요. 계약은 6월이 만기 아니에요? 질문 : 여자는 왜 이사를 해야 하는가?

해설　보기의 房子(집), 单位(직장), 房东(집주인)과 같은 어휘들을 확인하자. 지문은 여자가 이사를 해야한다는 말로 시작되고, 그 이유를 묻는 남자의 질문에 여자는 房东要卖房子(집주인이 집을 팔려고 한다)라고 대답했다. 보기 C가 이와 완벽하게 일치하므로 정답은 C이다. 나머지 보기는 지문에서 언급하지 않았다.

문제 4

A 登机 B 修空调 C 接待顾客 D 安装书架	A 비행기에 탑승하다 B 에어컨을 수리하다 C 고객을 접대하다 D 책꽂이를 설치하다

男：这款红色的空调是今年夏天卖得最好的，外观时尚，价格也合理。 女：保修期是多长时间？ 男：一个月内出现质量问题，无条件退货。一年之内出现质量问题，免费维修。 女：好，谢谢你。 问：男的正在做什么？	남：이 빨간색 에어컨은 올해 여름에 가장 잘 팔렸습니다. 유행하는 스타일에 가격도 합리적이에요. 여：수리 보증 기간은 얼마나 되나요? 남：한 달 이내에 품질 문제가 생기면 조건 없이 반품해드리고, 1년 이내에 품질 문제가 생기면 무료로 수리해드려요. 여：알겠습니다. 감사합니다. 질문：남자는 지금 무엇을 하고 있는가?

해설　전반적인 대화 내용을 통하여 남자가 여자에게 에어컨에 대한 제품 설명을 하고 있고, 구매 후 수리 보증 기간에 대해서도 알려주고 있다. 그러므로 남자가 지금 하고 있는 일로 보기에서 가장 알맞은 것을 고르면 정답은 C 接待顾客(고객을 접대하다)이다.

문제 5

A 零食 B 日用品 C 充电器 D 牛仔裤	A 간식 B 일용품 C 충전기 D 청바지
男：取包裹去了？家里给你寄东西了？ 女：不是，我在网上买了些日用品。 男：日用品也能在网上买？ 女：网上超市什么都有。 问：女的在网上买什么了？	남：소포 찾으러 갔어요? 집에서 물건을 부쳐주셨어요? 여：아니에요. 인터넷에서 일용품을 조금 샀어요. 남：일용품도 인터넷에서 구매할 수 있어요? 여：인터넷 몰에는 무엇이든 다 있어요. 질문：여자는 인터넷에서 무엇을 구매했는가?

해설　지문은 일상 화제에 대한 내용이다. 여자가 인터넷에서 구매한 것은 일용품이며, B를 제외한 나머지 보기의 어휘들은 지문에서 언급하지 않았다. 비교적 쉬운 문제로 정답은 B 日用品(일용품)이다.

문제 6

A 他们是兄妹 B 他们在听讲座 C 女的在找工作 D 男的要去应聘	A 그들은 남매이다 B 그들은 강좌를 듣고 있는 중이다 C 여자는 직업을 찾는 중이다 D 남자는 지원하러 가려고 한다
女：哥，你们单位还需要实习生吗？ 男：暂时不需要，前段时间刚招了一批。你要实习？ 女：不是我，是我的同学。 男：那我明天再帮你问问。 问：根据对话，可以知道什么？	여：오빠, 회사에 실습생이 더 필요하지 않아? 남：당분간은 필요 없어. 일전에 많이 뽑았거든. 실습하려고? 여：나 말고, 내 친구 말이야. 남：그럼 내일 물어 볼게. 질문：대화에 근거하여 알 수 있는 것은 무엇인가?

해설　보기의 내용을 살펴보고, 지문에서 (A)남자와 여자가 어떤 관계인지, (B)무엇을 하고 있는지, (C, D)각자 어떤 사정이 있는지 주의깊게 들어보도록 하자. 여자의 첫 마디, 哥(오빠)에서 정답은 바로 A 他们是兄妹(그들은 남매이다)가 된다. 정답이 되는 부분이 짧고, 빠르게 지나갈 수 있으므로 첫 단어부터 주의 깊게 듣도록 주의하자.

문제 7

A 没年假 B 没去过云南 C 没朋友做伴 D 不能一起去	A 연차가 없다 B 윈난에 가본 적이 없다 C 함께할 친구가 없다 D 함께 갈 수 없다
男:我这个月中旬休年假,打算去云南玩儿一周。 女:你是跟旅行团还是自助游? 男:自助游,和几个朋友一块儿。 女:可惜,我的年假休完了,不然就可以和你们一起去了。 问:女的为什么觉得可惜?	남 : 이번 달 중순에 연차를 써서 윈난으로 일주일 동안 놀러 가려고 계획하고 있어요. 여 : 여행사를 통해서 가나요? 아니면 자유여행인가요? 남 : 자유여행이요. 몇몇 친구들과 함께 가요. 여 : 아쉽네요. 저는 연차를 다 썼어요. 그렇지 않았으면 당신들과 함께 갈 수 있을 텐데. 질문 : 여자는 왜 아쉽다고 생각하는가?

해설 보기의 내용을 확인하고 지문을 들어보자. 남자는 여행을 계획하고 있고, 여자는 함께 갈 수 없어서 아쉬워하고 있다. 지문에 언급된 표현은 보기 A와 D이고, 여자가 아쉬워하는 이유는 그들과 함께 여행을 갈 수 없기 때문이다. 가장 알맞은 정답은 D 不能一起去이다. A는 여자가 여행을 갈 수 없는 이유이다.(연차를 다 써서 남아있는 연차가 없음)

문제 8

A 女的没带钱 B 刷卡机坏了 C 男的在付款 D 现在不能开发票	A 여자가 돈을 가져오지 않았다 B 카드결제기기가 망가졌다 C 남자가 현금을 지불하고 있다 D 현재 영수증을 발급할 수 없다
女:手表和键盘一共是四百三十元。 男:可以刷卡吗? 女:对不起,先生,我们这儿只能付现金。 男:好吧,那给我开张发票。 问:根据对话下列哪项正确?	여 : 손목시계와 키보드 모두 430위안입니다. 남 : 카드 결제 되나요? 여 : 죄송합니다. 손님. 저희 가게는 현금 결제만 됩니다. 남 : 알겠어요. 그럼 영수증 좀 발급해주세요. 질문 : 대화에 근거하여 다음 중 옳은 것은 무엇인가?

해설 보기의 내용을 통해 대화는 돈과 계산에 관한 내용임을 짐작할 수 있다. 대화에서 여자는 상점 직원이고, 남자는 물건을 구매한 손님임을 알 수 있고, 여자의 상점은 현금 결제만 가능하다. 마지막에 남자가 영수증을 달라고 했으므로 남자는 이 가게에서 물건을 현금으로 구매하고 있음을 알 수 있다. 정답은 C 男的在付款(남자는 현금을 지불하고 있다)이다.

독해 제2부분 실전 PT 정답 ▶p.259

1. D   **2.** A   **3.** C   **4.** B   **5.** A

문제 1

俗话说"十里不同风，百里不同俗"，意思是指不同地方的人因受到不同的气候、经济和文化等因素的影响，在衣、食、住、行各方面都会产生很大的差异，从而形成比较独特的风俗习惯。	속담에 '십 리마다 풍속이 다르고, 백 리마다 풍속이 다르다'라고 했다. 의미는 다른 지역의 사람들은 서로 다른 기후, 경제, 문화 등의 영향을 받기 때문에 의식주 각 방면에서 매우 큰 차이가 나타날 수 있으며, 그로 인해 비교적 독특한 풍속과 습관이 형성된다.
A 不同民族的文化存在很大相似性 B 传统文化越来越不受关注 C 习惯一旦养成很难被改变 D 风俗习惯的形成受到经济的影响	A 서로 다른 민족의 문화에는 매우 큰 유사성이 존재한다 B 전통 문화는 갈수록 관심을 받지 못한다 C 습관은 일단 생기면 고쳐지기 어렵다 D 풍속과 습관의 형성은 경제에 영향을 받는다

해설 보기에 民族(민족), 文化(문화), 习惯(습관), 风俗(풍속) 등의 어휘를 확인하자. 지문의 첫 문장에 속담이 나오고, 이어서 바로 그 의미에 대한 설명이 이어지고 있다. 각 지역마다 기후, 경제, 문화 등의 영향으로 독특한 풍속과 습관이 형성된다고 했으므로 보기의 내용 중 지문과 일치하는 것은 D이다. A는 지문의 내용과 반대되며, B와 C는 지문에서 언급하지 않았다.

문제 2

很多人认为婴儿出生后才具备视力，其实，视觉最早发生的时间是胎儿期。研究发现，5、6个月的胎儿在母亲体内接受到光源时，就会自动转向光源。这一时期，胎儿的视觉系统已开始逐步建立，只是不够完善而已。	많은 사람들이 아기는 태어난 후에야 시력을 갖춘다고 생각한다. 사실 시각이 가장 먼저 발달하는 시기는 태아기이다. 연구에서 5, 6개월의 태아가 엄마의 체내에서 빛을 받았을 때, 빛을 향해 자동 회전을 한다는 것을 발견했다. 이 시기에 태아의 시각 기관은 이미 점차 만들어지기 시작하며, 단지 완전하지 않을 뿐이다.
A 胎儿可以感受到光源 B 胎儿要避免光的刺激 C 视觉系统越早形成越好 D 胎儿的性格受母亲的影响	A 태아는 빛을 받는 것을 느낄 수 있다 B 태아는 빛의 자극을 피해야 한다 C 시각 기관은 일찍 형성될수록 좋다 D 태아의 성격은 엄마의 영향을 받는다

해설 보기에 胎儿(태아)라는 어휘가 반복되고 있으므로 태아에 관한 지문임을 미리 알고 지문을 보자. 지문의 중간 부분에 태아가 빛을 받았을 때 빛의 방향으로 반응한다고 했으므로 이와 일치하는 내용인 보기 A가 정답이다. 나머지 보기의 내용은 지문에서 언급하지 않았다.

문제 3

不少人都喜欢喝下午茶，下午茶对补充人体能量大有好处。现代社会生活节奏快，上班族的午餐经常吃得太少或者过于仓促，而一份营养均衡的下午茶，不仅能赶走瞌睡，还有助于恢复体力。	많은 사람들이 오후에 차를 마시는 것을 좋아한다. 오후의 차는 인체에 에너지를 보충하는 데 큰 장점이 있다. 현대사회의 생활 리듬은 빨라서 직장인의 점심 식사는 종종 너무 적거나 지나치게 촉박하다. 그래서 영양소가 고루 갖춰진 오후의 차는 졸음을 쫓을 뿐만 아니라, 체력을 회복하는 데 도움이 된다.

Day 16 87

A 中午不宜吃得过饱 B 午餐要注意营养均衡 C 喝下午茶有助于补充能量 D 喝下午茶会加重消化负担	A 낮에 너무 많이 먹는 것은 적합하지 않다 B 점심은 영양 균형에 주의해야 한다 C 오후에 차를 마시는 것은 에너지 보충에 도움이 된다 D 오후에 차를 마시는 것은 소화의 부담을 가중시킬 수 있다

해설 독해 2부분은 주로 첫 문장이나 마지막 문장에 정답이 있는 경우가 많다. 지문의 첫 문장에서 下午茶对补充人体能量大有好处(오후의 차는 인체에 에너지를 보충하는 데 좋다)는 보기 C와 의미가 일치한다. 나머지 보기의 내용은 지문의 내용과 일치하지 않는다.

TIP A对B有好处(지문) = A有助于B(보기) : A는 B에 좋다, A는 B에 이롭다, A는 B에 도움이 된다

문제 4

百万吨的巨轮很少会被打翻，被打翻的常常是那些根基轻的小船。船在负重时是最安全的，空船则最危险，这就是"压力效应"。那些得过且过，没有一点儿压力的人，就像暴风雨中没有载货的船，往往更容易被狂风巨浪打翻。	백만 톤의 대형선은 뒤집히기 어렵다. 뒤집히는 것들은 항상 기반이 가벼운 작은 배들이다. 배는 무거운 짐을 실었을 때 가장 안전하고, 빈 배는 가장 위험하다. 이것은 '압력 효과'이다. 아무 생각 없이 살고 아무런 스트레스가 없는 사람은 마치 폭풍우 속에서 아무런 물건을 싣지 않은 배와 같고, 종종 더 쉽게 거센 바람에 의해 뒤집히기 때문이다.
A 要勇于接受挑战 B 有压力未必是坏事 C 人要学会给自己减压 D 面对危险要保持冷静	A 도전을 용감하게 받아들여야 한다 B 스트레스가 있는 것이 반드시 나쁜 일은 아니다 C 사람은 자신의 스트레스를 줄이는 것을 배워야 한다 D 위험에 직면했을 때 침착함을 유지해야 한다

해설 지문에서 스트레스를 배의 압력에 비유했다. 배가 어느 정도의 압력이 있어야 뒤집히지 않듯이, 사람도 어느 정도의 스트레스는 필요하다는 것을 이야기하고 있으므로 지문의 내용과 일치하는 보기는 B이다.

문제 5

经常熬夜的人常会感到疲倦、头痛，时间久了，还会发现免疫力也在下降。许多年轻人觉得无所谓，可他们不知，到老的时候，身体的许多毛病就会显现出来，到时候再后悔就来不及了。	자주 밤을 새는 사람은 늘 피곤함과 두통을 느끼며, 오래 지속되면 면역력도 저하되는 것을 알 수 있다. 많은 젊은이들은 개의치 않아 하지만, 나이가 들면 신체의 많은 병들이 나타나게 되고, 그때 가서 후회해도 늦는다는 것을 그들은 모른다.
A 熬夜对身体伤害大 B 老年人要多补充营养 C 免疫力下降会让人失眠 D 年轻人体力恢复得更快	A 밤을 새는 것은 몸에 해롭다 B 노인은 영양을 많이 보충해야 한다 C 면역력이 저하되면 잠을 이루지 못 한다 D 젊은이는 체력 회복이 더 빠르다

해설 보기의 내용을 먼저 살펴보고 지문을 읽는다. 지문은 처음부터 끝까지 밤을 새는 것의 문제점과 악영향에 대해 말하고 있다. 그러므로 지문의 내용과 일치하는 보기는 A이다. 나머지 보기는 지문에서 언급하지 않았으므로 정답이 될 수 없다.

TIP 熬夜对身体伤害大 : 밤을 새는 것은 몸에 해롭다(시험에 자주 등장하는 단골 표현)

쓰기 제2부분 실전 PT 모범답안　　　　　　　　　　　▶p.264

1. 今天是我的生日，但是因为我自己一个人在北京学习，所以没有人帮我庆祝生日。我有点儿失望。突然，我家的门铃响了。我打开门，是送快递的人。我打开盒子，里面是妈妈和爸爸送给我的生日礼物———一部手机！

2. 上个星期，我和男朋友吵架了。虽然是因为一件小事，但我也很生气。男朋友一直给我打电话，我也不接。今天是周六，早上八点突然有人敲门。我打开门，是男朋友。他拿着花来向我道歉。我原谅了他。

문제 1

해설　[사진파악] 예쁘게 포장한 선물 상자가 놓여있다.
　　　[스토리구상] ▶ 줄거리 : ① 我自己一个人在北京学习　나는 혼자 베이징에서 공부하고 있다
　　　　　　　　　　　　　 ② 突然我家的门铃响了　갑자기 우리 집 벨이 울렸다
　　　　　　　　　　　　　 ③ 爸爸和妈妈送给我生日礼物　아빠와 엄마가 생일 선물을 보냈다
　　　　　　　 ▶ 중심내용 : 今天是我的生日　오늘은 내 생일이다

원고지 작성

		今	天	是	我	的	生	日	，	但	是	因	为	我	自
己	一	个	人	在	北	京	学	习	，	所	以	没	有	人	帮
我	庆	祝	生	日	。	我	有	点	儿	失	望	。	突	然	，
我	家	的	门	铃	响	了	。	我	打	开	门	，	是	送	快
递	的	人	。	我	打	开	盒	子	，	里	面	是	妈	妈	和
爸	爸	送	给	我	的	生	日	礼	物	—	—	一	部	手	机	！

해설　오늘은 내 생일이다. 하지만 나는 혼자 베이징에서 공부를 하고 있기 때문에 나에게 생일을 축하해 줄 사람은 없다. 나는 약간 실망했다. 그런데 갑자기 우리 집 벨이 울렸다. 문을 열어보니 택배 기사였다. 상자를 열어보니 안에는 엄마와 아빠가 나에게 주는 생일 선물로 휴대전화가 있었다!

문제 2

해설 [사진파악] 남자가 등 뒤로 감춘 손에 예쁜 꽃다발을 들고 있다.
[스토리구상] ▶ 줄거리 : ① 我和男朋友吵架了 나는 남자친구와 싸웠다
② 男朋友一直给我打电话，我不接 남자친구가 계속 나에게 전화했지만, 받지 않았다
③ 有人敲门 어떤 사람이 문을 두드렸다
▶ 중심내용 : 男朋友拿着花来向我道歉 남자친구가 꽃을 들고 나에게 사과하다

원고지 작성

		上	个	星	期	，	我	和	男	朋	友	吵	架	了	。
虽	然	是	因	为	一	件	小	事	，	但	我	也	很	生	气	。
男	朋	友	一	直	给	我	打	电	话	，	我	也	不	接	。	
今	天	是	周	六	，	早	上	八	点	突	然	有	人	敲	门	。
我	打	开	门	，	是	男	朋	友	。	他	拿	着	花	来	向	
我	道	歉	。	我	原	谅	了	他	。							

해석 지난주에 나는 남자친구와 말다툼을 했다. 비록 아주 작은 일 때문이었지만, 매우 화가 났다. 남자친구는 계속 나에게 전화를 걸었고, 나는 받지 않았다. 오늘은 토요일이다. 오전 8시에 갑자기 어떤 사람이 문을 두드렸다. 문을 열어보니 남자친구였다. 그는 꽃을 들고 나에게 사과했다. 그래서 나는 그를 용서했다.

듣기 제2부분 실전 PT 정답 ▶p.271

| 1. B | 2. B | 3. B | 4. D | 5. B | 6. C | 7. D | 8. D |

문제 1-2

1. A 要比对手更强
   B 付出才有收获
   C 经验有时并不可靠
   D 要重视自己的形象

2. A 人要有勇气
   B 要不断地学习
   C 骄傲使人落后
   D 学会享受人生

1. A 라이벌보다 더욱 강해야 한다
   B 노력을 해야 수확할 수 있다
   C 경험은 때때로 신뢰할 수 없다
   D 자신의 이미지를 중시해야 한다

2. A 사람은 용기를 갖고 있어야 한다
   B 끊임없이 노력해야 한다
   C 거만함은 사람으로 하여금 뒤쳐지게 만든다
   D 인생을 즐기는 것을 배우다

人生不是得到，就是学到。有些东西是你天生就有的，比如长相，但有些则需要你通过学习去获得，比如知识、能力、经验等等。后天学到比天生得到更为重要，只有通过自身的努力才能有最大的收获。一个人，可以在失败中进步，在进步中成长。

1. 根据这段话，下列哪项正确？
2. 这段话主要谈什么？

인생은 얻거나 혹은 습득하는 것이다. 예를 들어, 생김새처럼 어떤 것은 당신이 타고날 때부터 가지고 있는 것이다. 그러나 능력. 지식. 경험 등과 같은 어떤 것들은 당신이 반드시 습득하는 과정을 거치면서 얻는다. 후천적인 학습이 천성보다 훨씬 중요하다. 오직 본인이 노력해야 가장 큰 수확을 얻을 수 있다. 사람은 실패하는 과정에서 발전할 수 있고, 발전하는 과정에서 성공할 수 있다.

1. 이 글에 근거하여 다음 중 옳은 것은?
2. 이 글에서 말하고자 하는 것은 무엇인가?

해설
1. 지문에서 只有通过自身的努力才能有最大的收获(오직 본인이 노력해야 가장 큰 수확을 얻을 수 있다)라는 말과 보기 B가 같은 의미를 나타내므로 정답을 쉽게 알 수 있다. 나머지 보기는 언급되지 않았으므로 정답이 될 수 없다.

2. 질문에서 주제를 묻고 있다. 지문은 천성적으로 얻어지는 것과 후천적인 노력에 의해서 얻어지는 것 중에 후자의 중요성을 강조하고 있다. 그러므로 지문의 주제로 알맞은 것은 B 要不断地学习이다. 나머지 보기의 내용은 지문의 내용과는 거리가 멀다.

문제 3-5

3. A 把碎片藏了起来
   B 将碎片粘好
   C 订了一个新花瓶
   D 立即向母亲认错

4. A 对孩子的赞美
   B 长辈的信任
   C 对丈夫的不满
   D 母亲的歉意

5. 孩子后来变得怎么样？
   A 特别优秀
   B 很诚实
   C 很沉默
   D 非常敏感

3. A 조각을 숨겨놓았다
   B 조각을 붙여놓았다
   C 새로운 꽃병을 예약했다
   D 즉시 어머니께 잘못을 인정했다

4. A 아이에 대한 칭찬
   B 어른의 신임
   C 남편에 대한 불만
   D 엄마의 미안한 마음

5. A 우수해졌다
   B 정직해졌다
   C 과묵해졌다
   D 예민해졌다

有个孩子不小心打碎了书架上的花瓶。他慌忙地把碎片粘好，并将花瓶放回了原处。母亲回家后，察觉到了花瓶的变化。问孩子："是你打碎了花瓶吗？"孩子连忙解释说："有只猫从外面打开窗户，跳进来碰倒了花瓶。"母亲知道孩子在骗她，但她没有说什么。随后，母亲拿出三颗糖递给孩子，说："第一颗奖给你丰富的想象力，你想象出了一只会开窗户的猫；第二颗奖给你杰出的修复能力，你竟然能把碎了的花瓶重新粘好；最后一颗代表我的歉意，我不该把花瓶放在容易被碰倒的地方。希望你没有被吓到。"孩子听后，感到十分羞愧。此后，他再也没有说过谎。

3. 花瓶被打碎后，孩子做了什么？
4. 第三颗糖代表什么？
5. 孩子后来变得怎么样？

어떤 아이가 부주의하여 책꽂이 위의 꽃병을 깨뜨렸다. 그는 허둥지둥 깨진 조각들을 붙여놓고, 원래 자리로 되돌려놓았다. 어머니가 집에 돌아온 후, 꽃병의 변화를 알게 되었다. 아이에게 물었다. "꽃병을 깨뜨렸니?" 아이가 급히 설명하며 말했다. "어떤 고양이가 바깥에서 창문을 열고 뛰어들어와 꽃병에 부딪혀서 넘어뜨렸어요." 어머니는 아이가 자신을 속이고 있음을 알았지만 아무 말도 하지 않았다. 그 다음 어머니는 사탕 세 알을 아이에게 건네주며 말했다. "첫 번째 사탕은 너의 풍부한 상상력에 상을 줄게. 너는 고양이가 창문을 열 수 있다고 상상해냈어. 두 번째는 너의 뛰어난 복원력에 상을 줄게. 너는 뜻밖에 깨져버린 꽃병을 다시 새로 붙여놓았어. 마지막 한 알은 나의 미안한 마음을 표현하는 거란다. 내가 꽃병을 쉽게 떨어져 깨질 수 있는 장소에 놓지 말아야 했어. 네가 놀라지 않길 바라." 아이는 엄마의 말을 듣고 매우 부끄러웠다. 그 후 아이는 다시는 거짓말을 하지 않았다.

3. 꽃병이 깨진 후, 아이는 무엇은 했는가?
4. 세 번째 사탕은 무엇을 나타내는가?
5. 아이는 그 후에 어떻게 변했는가?

해설 3. 설명문에서 질문에 대한 정답은 대체로 지문에서 순서대로 언급된다. 지문의 첫 부분에 꽃병을 깬 후의 아이의 행동이 바로 언급되고 있다. 他慌忙地把碎片粘好(허둥지둥 깨진 조각들을 붙였다)라고 했으므로 이와 일치하는 B 将碎片粘好가 정답이다.

4. 지문이 길다고 반드시 난이도가 높은 것은 아니다. 지문이 길수록 보기 제시가 쉬운 문제들이 많다. 질문에서 세 번째 사탕은 지문에서 마지막 사탕이다. 사탕을 주며 아이에게 하는 엄마의 말을 잘 들으면 보기에 제시된 내용 가운데 D만이 언급된 것을 알 수 있다. 정답은 D 母亲的歉意이다.

5. 엄마의 반응에 부끄러움을 느낀 아이는 마지막 문장에서 此后, 他再也没有说过谎(그 후, 그는 다시는 거짓말을 하지 않았다)라고 했다. '거짓말을 하지 않았다'라는 말은 '정직하다'라는 의미이므로 정답은 B 很诚实이다.

문제 6-8

6. A 进步快
   B 手很灵活
   C 技艺高的人
   D 想法独特的人

7. A 容易输
   B 退步很大
   C 易发生争吵
   D 水平得不到提高

8. A 谨慎
   B 自信
   C 受人尊敬
   D 比自己优秀

6. A 진보가 빠르다
   B 손이 민첩하다
   C 기예가 높은 사람
   D 생각이 독특한 사람

7. A 쉽게 패한다
   B 매우 퇴보한다
   C 쉽게 말다툼이 발생한다
   D 수준이 향상하지 않는다

8. A 신중한 사람
   B 자신 있는 사람
   C 존경 받는 사람
   D 자신보다 우수한 사람

如果你想迅速提高棋艺, 成为棋手中的高手, 那最好的办法就是: 找高手下棋。如果找一个棋艺不如你或者和你差不多的人下棋, 虽然你可能会轻而易举地战胜对手。但并不能使你的棋艺得到提高。和高手对弈, 你既能发现自己的不足, 又能学到对方的优点。只有取长补短, 你的棋艺才能逐渐提高。其实, 交友也是同样的道理。如果你想成为一个优秀的人, 最好的办法就是和比自己强的人交朋友。和这样的人交往你会获益匪浅。

6. "高手"最可能是什么意思?
7. 和水平相当的人下棋会怎么样?
8. 根据这段话, 应该和什么样的人交朋友?

만약 당신이 바둑 두는 솜씨를 빠르게 향상시켜 바둑 기사들 가운데 고수가 되고 싶다면, 가장 좋은 방법은 바둑 고수를 찾는 것이다. 만약 바둑 솜씨가 당신보다 떨어지거나 혹은 당신과 실력이 비슷한 사람과 바둑을 두면, 비록 아주 쉽게 상대방을 이길 수 있겠지만, 결코 당신의 바둑 솜씨를 향상시킬 수는 없다. 고수와 대국을 하면, 당신은 자신의 부족한 점을 발견할 수 있고, 상대방의 장점을 배울 수 있다. 오직 장점을 취하고 단점을 보완해야 당신의 바둑 솜씨는 점차 향상될 수 있다. 사실 친구를 사귀는 것도 같은 이치이다. 만약 당신이 우수한 사람이 되고 싶다면, 가장 좋은 방법은 자신보다 강한 사람과 사귀는 것이다. 이러한 사람과 교류해야 당신은 많은 이득을 얻을 수 있을 것이다.

6. '고수'가 의미하는 것은 무엇인가?
7. 수준이 비슷한 사람과 바둑을 두면 어떻게 되는가?
8. 이 글에 근거하여 어떠한 사람과 교류해야 하는가?

해설

6. '고수'란 바둑이나 장기 따위에서 수가 높은 사람을 가리키므로 정답은 C 技艺高的人이다.

7. 질문에서는 相当(비슷하다, 대등하다)이라는 말이 지문에서는 差不多로 표현되었다. 수준이 비슷한 상대와 바둑을 두면 쉽게 이길 수 있지만 실력이 향상될 수는 없다고 했으므로 정답은 D 水平得不到提高이다. A는 고수와 두었을 때의 결과이며, B와 C는 언급하지 않았다.

   TIP 相当 : 동 비슷하다, 대등하다 부 상당히, 무척, 꽤 형 적합하다, 알맞다

8. 지문 마지막에 最好的办法就是和比自己强的人交朋友라고 언급했다. 자신보다 강한(좋은)사람을 이야기했으므로 보기 중 올바른 정답은 D 比自己优秀이다.

독해 제3부분 실전 PT 정답 ▶p.277

1. B	2. A	3. B	4. C	5. D	6. B
7. D	8. C	9. D	10. A	11. A	12. A

문제 1-4

什么是"范围偏爱症"？简单来说，就是相对于某个单一的数字，人们更喜欢有上限和下限的一组数字。

举个例子：很多女孩都有过减肥的经历，但大部分人都以失败告终。当我们询问失败者给自己定的减肥目标时，发现她们一般会给出2.5公斤、4公斤、5公斤等这样单一的数字，而那些减肥成功者给自己定的大多是像"2~5公斤"这样有上下限的目标。

这样的目标可在上限和下限之间变动，下限目标一般比较容易实现，而上限目标则非常具有挑战性。当人们实现了下限的目标后，会有巨大的成就感，并希望在挑战更高目标的过程中，继续享受到这种成就感。因此，比起那种单一目标，这种设置了上下限的目标更容易帮助人们取得成功。

人们在购物时也有类似的心理。比如说商场有优惠活动，在降价30%和降价20%~40%的同一组商品中，人们更愿意选择后者。人们会感觉降价20%的商品可能质量更好或品质更佳，降价40%的商品则在价格上更具有吸引力；而单一降价30%的商品，价格上没有太便宜，也不像高品质的样子，所以人们往往不愿意购买。

'범위 편애증'이란? 간단히 말하면, 사람들이 어떤 단일한 숫자보다 상한선과 하한선이 있는 숫자를 상대적으로 더욱 좋아하는 것이다.

예를 들면, 많은 여자들이 모두 다이어트의 경험은 있지만 대부분은 실패로 끝난다. 우리가 실패한 사람들에게 자신이 세운 다이어트 목표를 물었을 때, 그녀들은 일반적으로 2.5kg, 4kg, 5kg 등 단일한 숫자로 말했다. 반면 몇몇 성공한 사람들이 자신에게 세운 다이어트 목표는 대부분 '2~5kg'처럼 상하한선의 목표가 있었다.

이러한 목표는 상한선과 하한선 사이의 변동이 있고, 하한선의 목표는 일반적으로 실현하기 쉽다. 하지만 상한선은 아주 많은 도전성을 요구한다. 그 사람들은 하한선의 목표를 실현한 후 큰 성취감을 느낄 수 있었고, 게다가 아주 높은 목표에 도전 과정 중에도 희망이 있었으며, 끊임없이 성취감을 느꼈다. 그래서 단일 목표를 세우는 것보다 이러한 상하한선의 목표를 세우는 것이 더욱 쉽게 사람들이 성공을 거둘 수 있도록 돕는다.

사람들이 물건을 살 때도 비슷한 심리가 있다. 예를 들어 백화점이 할인 행사를 할 때, 사람들은 30% 할인과 20~40% 할인을 하는 동일한 상품 중 후자를 더 선택하는 경향을 보인다. 사람들은 20% 할인 상품이 품질이 더욱 좋거나 혹은 더욱 훌륭하고, 40% 할인 상품은 가격에 큰 매력이 있다고 느낀다. 그러나 단일한 30% 할인 상품은 가격에 큰 저렴함이 없을 뿐만 아니라 고품질의 물건 같지 않기 때문에 사람들은 종종 구매하기를 원하지 않는다.

1. 范围偏爱症是指人们:
   A 经常犹豫不决
   B 偏爱有上下限的一组数字
   C 对数字不敏感
   D 爱买降价产品

2. 根据第2段，为什么有些女孩减肥会失败?
   A 目标数字单一
   B 生活不规律
   C 平时不运动
   D 没控制饮食

1. 범위 편애증은 어떠한 사람들을 가리키는가?
   A 늘 결단을 내리지 못하고 망설이는 사람
   B 상하한선이 있는 숫자를 편애하는 사람
   C 숫자에 민감하지 않은 사람
   D 할인상품 사는 것을 좋아하는 사람

2. 두 번째 단락에 근거하면 왜 일부 여자들은 다이어트에 실패하는가?
   A 목표 숫자가 단일해서
   B 생활이 불규칙해서
   C 평소에 운동을 하지 않아서
   D 음식을 조절하지 못해서

3. 根据第3段，下限目标：
   A 无法给人带来成就感
   B 较容易实现
   C 数字越小越好
   D 可以不用设置

4. 最后一段主要谈的是什么？
   A 怎样讨价还价
   B 降价商品没有吸引力
   C 范围偏爱症影响购物选择
   D 人们的购物观念差别很大

3. 세 번째 단락에 근거하여 하한선 목표는?
   A 사람에게 성취감을 가져다 줄 방법이 없다
   B 비교적 쉽게 실현한다
   C 숫자가 작을수록 좋다
   D 세울 필요가 없다

4. 마지막 단락에서 말하고자 하는 것은 무엇인가?
   A 어떻게 가격을 흥정하는가
   B 할인 상품은 매력이 없다
   C 범위편애증은 구매 선택에 영향을 끼친다
   D 사람들의 구매 관념 차이가 크다

해설
1. 지문의 첫 단락, 첫 문장에 '범위 편애증'이 언급되고, 이어서 바로 뜻을 설명하고 있다. 범위 편애증이란, 단일 숫자보다 상하한선이 있는 숫자를 상대적으로 좋아하는 것이다. 이와 같은 의미의 보기를 찾으면 B 偏爱有上下限的一组数字가 정답이다.

2. 지문의 두 번째 단락을 보면, 먼저 다이어트에 실패한 사람들은 다이어트 목표를 단일한 숫자로 말하고, 성공한 사람들은 상하한선이 있는 목표를 말했다. 실패와 성공을 가르는 차이점을 설명하고 있다. 정답은 A 目标数字单一이다.

3. 지문에서 하한선은 비교적 낮기 때문에 실현하기 쉽고, 상한선은 아주 많은 도전성을 요구한다고 했으므로 올바른 정답은 B 较容易实现이다. A는 지문의 내용과 반대되며, C와 D는 언급하지 않았다.

4. 보기 중 지문과 관련 있는 것은 B, C이다. 두 보기의 내용이 모두 지문에 언급되긴 했지만, B는 지문의 내용과 상반되며, 전체적인 내용과 관련 있는 보기는 C 范围偏爱症影响购物选择이다.

문제 5-8

幽默大师林语堂先生，一生应邀做过无数场演讲，但是他不喜欢别人事先未经安排，就要他即席讲演，他说这是强人所难。他认为一场成功的演讲，事前须有充分的准备，内容才会充实。

有一次，林语堂应邀参观一所大学。参观后，与大家共进午餐，这时校长认为机不可失，便再三邀请林语堂对同学们即席讲话，林语堂推辞不过，于是走上讲台，说了这么一个故事：古罗马时代，暴虐的帝王喜欢把人丢进斗兽场，看着猛兽把人吃掉。这一天，皇帝又把一个人丢进了兽栏里。此人虽然矮小，却勇气十足。当老虎向他走来时，只见他镇定地对着老虎耳语一番，老虎便默默地离开了。皇帝很惊讶，又放了一头狮子进去，此人依旧对着狮子的耳边说话，狮子同样悄悄地离开了。这时皇帝再也忍不住好奇，便把此人放出来，问他："你到底对老虎、狮子说了什么话，为什么它们都不吃你？"此人回答说："很简单呀，我只是告诉它们，吃我可以，但是吃过以后，你要做一场演讲。"一席话听得学生哄堂大笑。

유머의 대가 린위탕 선생은 일생 동안 무수히 많은 초청 강연에 응했다. 그러나 그는 다른 사람이 사전에 약속을 잡지 않고 즉석에서 강연을 요구하는 것을 좋아하지 않았다. 그는 이것이 곤란한 일을 남에게 강요하는 것이라고 말했다. 그는 성공적인 강연은 사전에 충분한 준비가 있어야 내용도 풍부할 수 있다고 여겼다.

한 번은, 린위탕이 초청에 응하여 어느 대학을 참관했다. 참관 이후, 모두와 함께 점심 식사를 하는데, 이 때 학교장은 기회를 놓쳐서는 안 된다고 여기고, 린위탕에게 학생들에게 즉석에서 강연을 해줄 것을 재차 부탁했다. 린위탕은 거절하지 못하고, 강연 대에 올라서서 이야기 하나를 들려주었다. 고대 로마시대에 포악한 제왕이 사람을 콜로세움 안에 들여보내놓고 맹수가 사람을 먹어버리는 것을 보는 것을 좋아했다. 이날, 황제는 또 한 명의 사람을 우리 안에 집어넣었다. 이 사람은 비록 체구가 왜소하지만, 용기가 있었다. 호랑이가 그를 향해 다가왔을 때, 오직 그가 침착하게 호랑이를 마주하여 귓속말을 한 번 했더니 호랑이는 묵묵히 떠나갔다. 황제는 매우 놀라서 또 사자를 풀어 넣었다. 그 사람은 여전히 사자의 귀에 대고 말하더니, 사자도 똑같이 조용히 떠났다. 이때 황제는 참을 수 없는 호기심에 그 사람을 나오게 하여 물었다. "너는 도대체 호랑이와 사자에게 무슨 말을 한 것이냐, 어째서 그들이 모두 너를 먹지 않은 것이냐?" 그 사람은 대답했다. "매우 간단합니다. 저는 단지 그들에게 알려줬을 뿐이에요. 나를 먹어도 된다. 그러나 먹고 난 이후에 너는 한 번의 강연을 해야 할 것이다." 이 말을 들은 학생은 장내가 떠들썩하게 크게 웃었다.

5. 林语堂认为演讲应该：
   A 简短
   B 充满热情
   C 内容幽默
   D 提前做准备

6. 皇帝为什么很惊讶？
   A 老虎很矮小
   B 猛兽没吃那个人
   C 那个人不想出来
   D 老虎和狮子都不说话

7. 关于那个故事，可以知道：
   A 皇帝很善良
   B 狮子很胆小
   C 老虎喜欢演讲
   D 让学生们笑了

8. 关于林语堂，下列哪项正确？
   A 态度恶劣
   B 喜欢临时发挥
   C 本来不打算讲话
   D 经常忘记演讲词

5. 린위탕 선생이 생각하기에 강연이란 마땅히:
   A 간단해야 한다
   B 열정이 충만해야 한다
   C 내용이 재밌어야 한다
   D 미리 준비해야 한다

6. 황제는 왜 놀랐는가?
   A 호랑이가 체구가 작아서
   B 맹수가 그를 먹지 않아서
   C 그가 나오고 싶지 않아서
   D 호랑이와 사자가 모두 말을 하지 않아서

7. 이 이야기에 관하여 알 수 있는 것은?
   A 황제가 선량하다
   B 사자는 겁이 많다
   C 호랑이는 강연을 좋아한다
   D 학생들을 웃게 했다

8. 린위탕 선생에 관하여 다음 중 옳은 것은?
   A 태도가 악랄하다
   B 즉석에서 발휘하는 것을 좋아한다
   C 원래는 강연할 계획이 없었다
   D 자주 강연 대사를 잊어버린다

해설

5. 질문과 같은 내용을 지문에서 찾으면 쉽게 정답을 알 수 있다. 첫 번째 단락의 마지막 문장에 린위탕 선생이 생각하는 강연은 事前须有充分的准备(사전에 충분한 준비가 있어야 한다)라고 했으므로 정답은 D 提前做准备이다.

6. 맹수인 호랑이가 당연히 남자를 잡아먹을 줄 알았지만 그의 귓속말에 호랑이가 조용히 떠나가자 왕은 놀라지 않을 수 없었다. 정답은 B 猛兽没吃那个人이다.

7. 린위탕이 들려준 이야기에서 황제는 포악했고, 사자와 호랑이는 모두 강연하기를 싫어하여 사람을 잡아먹지 않고 물러났다. 그러므로 A, B, C는 정답이 될 수 없다. 지문의 마지막 문장에 学生哄堂大笑(학생들이 크게 웃었다)라고 했으므로 보기 중 이와 같은 의미를 가진 D 让学生们笑了가 정답이다.

8. 린위탕 선생은 계획이나 준비 없이 강연하는 것을 좋아하지 않는다고 했다. 하지만 학교장의 요청을 거절하지 못해 일정에 없었던 강연을 즉석에서 하게 되었으므로 알맞은 정답은 C 本来不打算讲话이다. 나머지 보기의 내용은 모두 지문의 내용과 거리가 멀다.

문제 9-12

宋国官员高阳应要盖新房，派人砍了一批木材，并迫不及待地要求工匠立即动工。

工匠一看，那些木料都是刚砍的，树干的断口处还散发着树脂的清香。用这种湿木料怎么能盖房呢？工匠对高阳应说："我们目前还不能开工。这些刚砍下来的木料含水太多，质地柔韧，承重以后容易变弯。用湿木料盖的房子与用干木料盖的相比，一开始看起来差别不大，但是时间一长，用湿木料盖的房子容易倒塌。"

高阳应完全不赞同工匠的看法，他说："房子一旦盖好，过不了多久，木料和泥土就会变干。那时的房屋不就相当于用变干、变硬的木料盖的了吗？怎么会倒塌呢？"工匠和高阳应理论了很久，但始终没法说服他，只好按照他的意思开始盖房。不久，一座新房便建成了。

高阳应一家很快就住进了新房。他骄傲地认为这是自己用智慧战胜了工匠的结果。可是时间一长，那幢房子便开始往一边倾斜。高阳应怕出事故，只好带着家人搬了出去。没过多久，那幢房子真的倒塌了。

我们做任何事都必须遵循客观规律，虚心听取他人意见。如果不顾一切地按照自己的主观想法蛮干，很可能会遭遇失败。

송나라 관원 가오양잉은 새 집을 지으려고 사람을 보내 한 더미의 목재를 베었다. 그리고 일각도 지체하지 않으며 장인에게 즉시 시공할 것을 요구했다.

장인이 한번 보니, 그 목재들은 모두 방금 베어진 것이고, 나무 줄기의 갈라진 틈에서는 수지의 맑은 향기를 내뿜었다. 이 축축한 목재들을 가지고 어떻게 집을 짓는단 말인가? 장인은 가오양잉에게 말했다. "우리는 지금 일을 시작할 수 없어요. 방금 베어낸 목재들은 물기를 너무 많고, 부드럽고 질기며, 하중을 견디다가 쉽게 휘어질 거에요. 축축한 목재들을 사용해서 집을 짓는 것과 마른 목재들로 집을 짓는 것을 비교하면, 처음에는 차이는 크지 않지만 시간이 지나면 축축한 목재를 사용한 집은 쉽게 무너집니다."

가오양잉은 장인의 의견에 절대 동의하지 않으며 말했다. "집을 일단 잘 지으면, 오래가지 않아 나무와 진흙이 마를 거예요. 그때 집은 건조하고 딱딱한 목재로 지은 것과 같아지는 것 아니오? 어떻게 무너지겠소?" 장인과 가오양잉의 논쟁은 매우 길어졌고, 끝내 설득하지 못하고, 어쩔 수 없이 그의 의견에 따라 집을 짓기 시작했다. 오래지 않아 새로운 집이 만들어졌다.

가오양잉의 가족들은 서둘러 새집으로 들어갔다. 그는 오만하게도 이것이 자신의 지혜를 사용하여 장인을 이긴 결과라고 여겼다. 그러나 시간이 지나 그 집은 한 쪽으로 기울기 시작했다. 가오양잉은 사고가 일어날까 두려웠고, 어쩔 수 없이 가족을 데리고 이사를 나갔다. 오래 지나지 않아서, 그 집은 정말로 무너졌다.

우리는 어떤 일을 할 때 반드시 객관적인 규율을 따라야만 하고, 겸손하게 다른 사람의 의견을 들어야 한다. 만약 모든 것을 고려하지 않고 자신이 주관적인 생각을 무모하게 행한다면 아마도 실패를 겪게 될 것이다.

9. 工匠一开始对高阳应的想法持什么态度？
   A 赞成
   B 无所谓
   C 犹豫
   D 反对

10. 根据第3段，下列哪项正确？
    A 工匠按要求开工了
    B 木料都被晒干了
    C 新建的房子很结实
    D 高阳应放弃了自己的观点

9. 장인은 처음에 가오양잉의 의견에 대해 어떤 태도였는가?
   A 찬성하다
   B 상관없다
   C 방해하다
   D 반대하다

10. 세 번째 단락에 근거하여 다음 중 옳은 것은?
    A 장인은 요구에 따라 공사를 시작했다
    B 목재는 모두 건조되어 있었다
    C 새로 지은 집은 매우 튼튼하다
    D 가오양잉은 자신의 견해를 포기했다

11. 根据上文，房子最后之所以会倒塌，是因为： A 湿木料承重后会变弯 B 工匠技术差 C 遭遇了地质灾害 D 房屋选址不科学	11. 윗글에 근거하여 집이 마지막에 무너진 까닭은 무엇인가? A 축축한 나무는 하중을 견디다가 휘어진다 B 장인의 기술이 부족하다 C 지질 재해를 만났다 D 집의 부지가 비과학적이다
12. 关于高阳应，可以知道： A 不懂得听取意见 B 盖过很多房子 C 对待生活很消极 D 一直住在新房里	12. 가오양잉에 관하여 알 수 있는 것은? A 의견을 귀담아 들을 줄 모른다. B 많은 집을 지었다 C 삶에 매우 소극적이다 D 새로운 집에서 계속 살고 있다

해설   9. 두 번째 단락에서 가오양잉이 가져온 목재를 보고 장인이 하는 말을 통해 어떤 태도인지 알 수 있다. 장인은 당장 집을 지을 수 없다고 말하며 그 이유에 대해 설명하고 있다. 그러므로 가오양잉의 의견에 반대하고 있음을 알 수 있다. 정답은 D 反对이다.

10. 장인은 가오양잉을 끝내 설득하지 못하고 집을 짓기 시작했다고 했으므로 정답은 A 工匠按要求开工了이다. 나머지 보기의 내용은 모두 지문의 내용과 상반된다.

11. 집을 짓고 얼마 지나지 않아 한쪽으로 기울기 시작했다. 이것은 두 번째 단락에서 장인이 가오양잉의 목재에 대해 말할 때 언급했듯이 축축한 목재를 쓰면 하중을 견디다가 쉽게 휘어지기 때문이다. 정답은 A 湿木料承重后会变弯이다. 나머지 보기의 내용은 모두 지문에서 언급되지 않았다.

12. 가오양잉은 장인의 설득에도 불구하고 자신의 의견을 고집하다가 결국 집이 무너져버렸다. 지문의 마지막 단락에 제시된 이야기의 주제이자 교훈은 가오양잉처럼 다른 사람의 의견을 받아들이지 않고 무모하게 행동하면 실패한다는 것이다. 정답은 A 不懂得听取意见이다.

쓰기 제2부분 실전 PT 정답   ▶p.283

1. 最近天气突然降温了，因为平时穿得很少，我得了重感冒。虽然早上吃了感冒药，但没有任何效果。所以我只得去医院看医生。医生建议我打针。同时他还嘱咐我要多喝水。那样的话，很快就能恢复健康。

2. 吸烟有害健康。那为什么很多人愿意抽烟呢这是因为吸烟能够让我们的大脑产生兴奋感。但同时也危害我们的身体健康。另外，对儿童来说，二手烟的危害程度也很大。为了健康，让我们戒烟吧！

문제 1

해설   [사진파악] 여자가 병원에서 의사에게 진찰을 받는 모습이다.
[스토리구상] ▶ 줄거리 : ① 最近降温了   요즘 날씨가 추워졌다
② 得了重感冒   독감에 걸렸다
③ 我去医院看医生   병원에 가서 의사에게 진료를 받았다
▶ 중심내용 : 打针、多喝水，很快就能恢复健康   주사 맞고 물을 많이 마시면 빨리 건강을 회복할 수 있다

원고지 작성

		最	近	天	气	突	然	降	温	了	,	因	为	平	时
穿	得	很	少	,	我	得	了	重	感	冒	。	虽	然	早	上
吃	了	感	冒	药	,	但	没	有	任	何	效	果	。	所	以
我	只	得	去	医	院	看	医	生	。	医	生	建	议	我	打
针	。	同	时	他	还	嘱	咐	我	要	多	喝	水	。	那	样
的	话	,	很	快	就	能	恢	复	健	康	。				

해석 요즘 날씨가 갑자기 추워졌다. 평소에 옷을 얇게 입기 때문에 감기에 걸렸다. 비록 아침에 약을 먹었지만, 아무런 효과가 없었다. 그래서 어쩔 수없이 병원에 가서 의사 선생님께 진료를 받았다. 의사 선생님께서 주사를 맞아야 한다고 했다. 동시에 그는 나에게 물을 많이 마셔야 한다고 당부했다. 그렇게 한다면 매우 빨리 회복할 수 있을 것이다.

문제 2

해설 [사진파악] 흡연 금지의 표지판 사진이다.

[스토리구상] ▶ 줄거리 : ① 吸烟有害健康　흡연은 건강에 해롭다
② 吸烟能够让我们的大脑产生兴奋感　흡연은 우리의 대뇌를 자극한다
③ 二手烟的危害程度也很大　간접흡연의 위험도도 매우 크다
▶ 중심내용 : 为了健康，让我们戒烟吧　건강을 위하여, 담배를 끊자!

원고지 작성

		吸	烟	有	害	健	康	。	那	为	什	么	很	多	人
愿	意	抽	烟	呢	?	这	是	因	为	吸	烟	能	够	让	我
们	的	大	脑	产	生	兴	奋	感	。	但	同	时	也	危	害
我	们	的	身	体	健	康	。	另	外	,	对	儿	童	来	说,

| 二 | 手 | 烟 | 的 | 危 | 害 | 程 | 度 | 也 | 很 | 大 | 。 | 为 | 了 | 健 | 康 , |
| 让 | 我 | 们 | 戒 | 烟 | 吧 | ! | | | | | | | | | |

[해석] 흡연은 건강에 해롭다. 그런데 어째서 많은 사람들은 흡연을 원하는 걸까? 이것은 흡연이 우리의 대뇌로 하여금 자극을 시켜주기 때문이다. 그러나 동시에 우리 신체건강에도 해를 끼친다. 그밖에 어린이의 입장에서, 간접흡연의 위험도도 매우 크다. 건강을 위하여, 우리 모두 담배를 끊자!

듣기 제1부분 실전 PT 정답 ▶p.292

1. D **2.** A **3.** A **4.** A **5.** B **6.** A **7.** C
8. B **9.** A **10.** B

문제 1

A 免费品尝
B 选其他口味
C 交押金
D 选蛋糕样式

A 무료로 시식하다
B 다른 맛을 선택하다
C 보증금을 내다
D 케이크 스타일을 고르다

女：你好！有水果口味的蛋糕吗？
男：有的。这本册子上有图片样品。您可以任意挑选。
问：男的让女的做什么？

여 : 안녕하세요! 과일 맛 케이크 있나요?
남 : 있어요. 이 책자에 사진 샘플이 있어요. 마음대로 고를 수 있어요.
질문 : 남자는 여자에게 무엇을 하라고 했는가?

[단어] 免费 miǎnfèi [동] 무료로 하다 | 品尝 pǐncháng [동] 맛보다 | 口味 kǒuwèi [명] 맛 | 押金 yājīn [명] 선금, 보증금 | 样式 yàngshì [명] 스타일, 모양, 디자인 | 册子 cèzi [명] 책자 | 图片 túpiàn [명] 그림 | 样品 yàngpǐn [명] 샘플 | 任意 rènyì [부] 마음대로 | 挑选 tiāoxuǎn [동] 고르다

[해설] 대화로 미루어 보아 여자는 케이크 상점을 찾은 손님이고, 남자는 상점의 직원이다. 남자 직원이 여자 손님에게 책자에 있는 과일 맛 케이크의 그림 샘플을 보고 골라보라고 했으므로 정답은 D 选蛋糕样式(케이크 스타일을 고르다)이다.

문제 2

A 马主任
B 马教练
C 刘秘书
D 刘校长

A 마 주임
B 마 코치
C 리우 비서
D 리우 교장

男: 你好，我找马主任，我和他约好了。 女: 麻烦您先在这儿登记一下个人信息。 问: 男的要找谁?	남: 안녕하세요. 저는 마 주임을 찾습니다. 그와 약속을 했어요. 여: 실례지만, 여기에 개인 정보를 먼저 적어주세요. 질문: 남자는 누구를 찾으려 하는가?

단어 主任 zhǔrèn 명 주임 | 教练 jiàoliàn 명 감독, 코치 | 秘书 mìshū 명 비서 | 约 yuē 동 약속하다 | 登记 dēngjì 동 등록하다, 기재하다 | 个人信息 gèrén xìnxī 개인 정보

해설 보기를 통해 인물을 찾는 문제임을 알 수 있다. 대화에서 남자는 마 주임을 찾는다고 분명하게 말하고 있다. 정답은 A 马主任(마 주임)이다.

문제 3

A 要下雪 B 资金不够 C 路面结冰了 D 参与的人少	A 눈이 내릴 것이다 B 자금이 부족하다 C 도로가 결빙되었다 D 참여인원이 적다
女: 明天的登山活动你参加吗? 男: 天气预报说，明天有雪，所以活动推迟了，具体时间再等通知。 问: 登山活动为什么推迟了?	여: 내일 등산 활동에 참가해요? 남: 일기예보에서 내일 눈이 온대요. 그래서 활동은 미뤄졌어요. 구체적인 시간은 다시 공지를 기다려요. 질문: 등산 활동은 왜 미뤄졌는가?

단어 资金 zījīn 명 자금 | 不够 búgòu 동 형 부족하다 | 结冰 jiébīng 동 얼음이 얼다, 결빙하다 | 参与 cānyù 동 참여하다 | 登山 dēngshān 명 등산 동 등산하다 | 天气预报 tiānqì yùbào 명 일기예보 | 推迟 tuīchí 동 연기하다, 미루다 | 具体 jùtǐ 형 구체적인, 특정의, 상세한 | 通知 tōngzhī 동 통지하다

해설 날씨와 관련된 문제이다. 대화에서 남자의 말에 등산 활동이 연기된 이유가 나온다. 天气预报说明天有雪(일기예보에서 내일 눈이 온대요)라고 했으므로 정답은 A 要下雪(눈이 내릴 것이다)이다.

문제 4

A 餐车 B 车库 C 厕所 D 售票处	A 식당칸 B 차고 C 화장실 D 매표소
男: 请问，餐车是朝这个方向走吗? 女: 对，餐车在11号车厢，你再往前走三个车厢就到了。 问: 男的要去哪儿?	남: 말씀 좀 묻겠습니다. 식당칸은 이쪽으로 가나요? 여: 네, 식당칸은 11번 칸에 있어요. 앞쪽으로 세 칸 더 가면 됩니다. 질문: 남자는 어디를 가려고 하는가?

단어 餐车 cānchē 명 (열차의) 식당칸, 식당차 | 车库 chēkù 명 차고 | 厕所 cèsuǒ 명 화장실, 변소 | 售票处 shòupiàochù 명 매표소 | 朝 cháo 전 ~을 향하여, ~쪽으로(=往) | 车厢 chēxiāng 명 객실, 차실

해설 남자가 가려는 장소를 묻고 있다. 대화를 통해 남녀가 있는 곳은 기차 안이라는 것을 알 수 있으며, 남자가 위치를 묻고 있는 장소는 A 餐车(식당칸)이다.

문제 5

A 当编辑了	A 편집자가 되었다
B 发表了小说	B 소설을 발표했다
C 顺利毕业了	C 순조롭게 졸업했다
D 文章获奖了	D 작품이 상을 탔다

女：听说你的小说发表了，祝贺你！ 男：谢谢。其实我也没想到居然会这么顺利。 问：关于男的，可以知道什么？	여 : 듣자 하니 당신 소설이 발표됐다면서요. 축하해요! 남 : 고마워요. 사실 저도 이렇게 순조로울 줄은 미처 생각하지 못했어요. 질문 : 남자에 관하여 알 수 있는 것은 무엇인가?

단어 当编辑 dāng biānjí 편집자가 되다 | 发表 fābiǎo 동 발표하다 | 小说 xiǎoshuō 명 소설 | 文章 wénzhāng 명 글, 작품 | 获奖 huòjiǎng 동 상을 타다, 수상하다 | 祝贺 zhùhè 동 축하하다 | 居然 jūrán 부 의외로, 뜻밖에

해설 소설을 발표한 남자를 축하해주고 있는 여자의 말에서 정답을 알 수 있다. 정답은 B 发表了小说(소설을 발표했다)이다.

문제 6

A 钱包丢了	A 지갑을 잃어버렸다
B 约会迟到了	B 약속에 지각했다
C 身份证过期了	C 신분증이 기한이 지났다
D 银行卡密码忘了	D 현금카드 비밀번호를 잊었다

女：真巧，没想到会在这儿碰到你。 男：哎，我的钱包不小心弄丢了。身份证和银行卡都在里面，就赶紧来挂失了。 问：男的怎么了？	여 : 정말 우연이네요. 당신을 여기서 만날 줄은 생각도 못했어요. 남 : 나 원, 지갑을 실수로 잃어버렸어요. 신분증과 현금카드가 모두 그 안에 있는데, 빨리 분실 신고를 하러 왔어요. 질문 : 남자는 어떠한가?

단어 身份证 shēnfènzhèng 명 신분증 | 过期 guòqī 동 기한이 지나다 | 密码 mìmǎ 명 비밀번호 | 巧 qiǎo 형 공교롭다, 우연이다 | 碰到 pèngdào 동 만나다 | 哎 āi 감 에, 애(놀람, 반가움), 원, 에이(불만) | 弄丢 nòngdiū 동 분실하다, 잃어버리다 | 赶紧 gǎnjǐn 부 다급하게, 재빨리, 급히 | 挂失 guàshī 동 분실 신고를 하다

해설 남자는 我的钱包不小心弄丢了(지갑을 실수로 잃어버렸다)라고 했다. 보기에서 같은 표현을 찾으면 정답은 A 钱包丢了(지갑을 잃어버렸다)이다.

문제 7

A 总裁	A 총재
B 专家	B 전문가
C 投资方	C 투자자
D 部门经理	D 부서장

女：您觉得这个方案怎么样？ 男：我很满意，但我们还得征求一下投资方的意见。 问：这个方案需要征求谁的意见？	여 : 당신이 생각하기에 이 방안은 어때요? 남 : 저는 매우 만족스러워요. 하지만 투자자의 의견도 한번 물어봐야 해요. 질문 : 이 방안은 누구의 의견을 묻는 것이 필요한가?

| 단어 | 总裁 zǒngcái 명 총재, 총수 | 专家 zhuānjiā 명 전문가 | 投资方 tóuzīfāng 명 투자자 | 方案 fāng'àn 명 방안 | 征求 zhēngqiú 동 묻다, 요구하다 | 意见 yìjiàn 명 의견 |

해설 어떤 방안에 대해 여자가 남자의 의견을 물었고, 남자는 还得征求一下投资方的意见(투자자의 의견도 한번 물어봐야 해요)이라고 대답했다. 정답은 C 投资方(투자자)이다. 나머지 보기의 인물들은 대화에서 언급하지 않았다.

TIP 征求+意见/看法 : 의견/견해를 묻다

문제 8

A 女的很失望	A 여자가 실망했다
B 上班时间推后了	B 출근 시간이 뒤로 미뤄졌다
C 下班时间提前了	C 퇴근 시간이 앞당겨졌다
D 男的反对调整时间	D 남자가 시간 조정을 반대한다

男：你看通知了吗？从下礼拜开始上班时间调整为九点半了。	남 : 당신 공지 봤어요? 다음 주부터 출근 시간이 9시 30분으로 조정됐어요.
女：太好了！延后了半个小时，我早上就不用那么赶了。	여 : 너무 좋아요! 30분이 늦춰지면 저는 아침에 서두를 필요가 없어요.
问：根据对话，下列哪项正确？	질문 : 대화에 근거하여 다음 중 옳은 것은?

단어 失望 shīwàng 동 실망하다 | 推后 tuīhòu 동 뒤로 미루다 | 提前 tíqián 동 앞당기다(↔推迟) | 调整 tiáozhěng 동 조정하다 | 礼拜 lǐbài 명 주, 요일 | 延后 yánhòu 동 뒤로 미루다(=推后) | 赶 gǎn 동 서두르다

해설 남자와 여자는 출근 시간이 미뤄진 공지를 보고 기뻐하고 있다. 여자의 延后了半个小时，我早上就不用那么赶了(30분 늦춰지면 아침에 서두를 필요가 없어요)에서 정답을 쉽게 찾을 수 있다. 정답은 B 上班时间推后了(출근 시간이 뒤로 미뤄졌다)이다.

문제 9

A 没电了	A 배터리가 없다
B 欠费了	B 요금을 미납했다
C 电池坏了	C 배터리가 고장 났다
D 只能发短信	D 오직 문자만 보낼 수 있다

男：你手机一直打不通，关机了？	남 : 당신 휴대전화가 계속 통화 연결이 안 되던데, 꺼졌나요?
女：我昨晚忘记充电了，早上又走得匆忙，没带充电器。	여 : 어제저녁에 충전하는 것을 잊었어요. 아침에 또 급하게 나오느라, 충전기도 안 가지고 나왔어요.
问：手机怎么了？	질문 : 휴대전화는 어떠한가?

단어 欠费 qiànfèi 요금을 미납하다 | 电池 diànchí 명 건전지, 배터리 | 坏 huài 동 고장 나다 | 打不通 dǎbutōng (통화) 연결이 안 되다 | 关机 guānjī 동 (기계의) 전원을 끄다 | 充电 chōngdiàn 동 충전하다 | 匆忙 cōngmáng 형 매우 바쁘다, 급하다 | 充电器 chōngdiànqì 명 충전기 | 匆忙 cōngmáng 형 매우 바쁘다

해설 여자의 휴대전화 전원이 계속 꺼져 있었던 이유에 대해 여자가 하는 말을 잘 들어야 한다. 여자는 휴대전화를 충전해 놓지 않은 채, 충전기도 가져오지 않았다고 했다. 따라서 휴대전화에 대해 알 수 있는 것은 A 没电了(배터리가 없다)이다.

문제 10

A 动画片展 B 儿童剧演出 C 演唱会 D 武术表演	A 애니메이션 전시회 B 아동극 공연 C 콘서트 D 무술 공연
男：广场上怎么这么多孩子，好热闹啊。 女：这晚上有儿童剧演出，孩子们很早就过来等了。 问：今晚广场上有什么活动？	남 : 광장에 어쩜 이렇게 아이들이 많은지, 무척 시끌벅적해요. 여 : 저녁에 아동극 공연이 있어요. 아이들이 일찍부터 와서 기다리고 있는 거예요. 질문 : 오늘 저녁 광장에서 어떤 행사가 있는가?

단어 广场 guǎngchǎng 명 광장 | 热闹 rènao 형 떠들썩하다, 시끌벅적하다, 붐비다 | 儿童剧演出 értóngjù yǎnchū 아동극 공연 | 动画片展 dònghuàpiàn zhǎn 애니메이션 전시회 | 演唱会 yǎnchànghuì 명 콘서트 | 武术表演 wǔshù biǎoyǎn 무술 공연

해설 여자의 这晚上有儿童剧演出(저녁에 아동극 공연이 있어요)라는 말에서 정답을 찾을 수 있다. 정답은 B 儿童剧演出(아동극 공연)이다. 나머지 보기의 내용은 대화에서 언급하지 않았다.

듣기 제2부분 실전 PT 정답 ▶p.293

11. C	12. B	13. D	14. A	15. C	16. A	17. D
18. A	19. C	20. D	21. D	22. A	23. C	24. B
25. B	26. D	27. A	28. C			

문제 11

A 人物突出 B 主题不明确 C 色彩搭配好 D 很抽象	A 인물이 뛰어나다 B 주제가 명확하지 않다 C 색채 조합이 좋다 D 매우 추상적이다
女：这幅风景画是你画的吗？ 男：我哪有这水平,是一个学美术的朋友送我的。 女：原来是专业人士画的，怪不得色彩搭配得这么好。 男：是啊。 问：女的觉得那幅画儿怎么样？	여 : 이 풍경화는 당신이 그린 거예요? 남 : 제가 이런 실력이 있을 리가요. 미술을 공부하는 친구가 선물한 거예요. 여 : 전문가의 그림이었군요. 어쩐지 색채 조합이 매우 좋아요. 남 : 맞아요. 질문 : 여자가 생각하기에 그림은 어떠한가?

단어 人物 rénwù 명 인물 | 突出 tūchū 형 뛰어나다 | 主题 zhǔtí 명 주제 | 明确 míngquè 동 형 명확하다 | 色彩 sècǎi 명 색채 | 搭配 dāpèi 동 조합하다, 배합하다 | 抽象 chōuxiàng 형 추상적이다 | 一幅风景画 yì fú fēngjǐnghuà 풍경화 한 폭 | 美术 měishù 명 미술 | 专业人士 zhuānyè rénshì 명 전문가 | 怪不得 guàibude 부 어쩐지

해설 풍경화에 대한 여자의 생각이 직접 나타나있다. 怪不得色彩搭配得这么好(어쩐지 색채 조합이 매우 좋아요)라는 표현을 근거로 알맞은 정답은 C 色彩搭配好(색채 조합이 좋다)이다.

문제 12

A 月底轻松
B 偶尔要加班
C 对业务不熟
D 觉得比较辛苦

A 월 말에 수월하다
B 간혹 초과 근무를 한다
C 업무에 익숙하지 않다
D 비교적 힘들다고 느낀다

男: 上班快两个月了。业务都熟悉了吧?
女: 差不多了，比实习时强多了。
男: 平时加班多不多?
女: 不多，就是月底偶尔会加几天。
问: 关于女的，下列哪项正确?

남: 출근한지 곧 두 달이 되네요. 업무는 익숙해졌죠?
여: 대략이요. 실습 때보다 많이 나아졌어요.
남: 평소에 초과 근무가 많은가요?
여: 많지 않아요. 월 말에 가끔 며칠 할 뿐이에요.
질문: 여자에 관하여 다음 중 옳은 것은 무엇인가?

단어 月底 yuèdǐ 명 월 말 | 轻松 qīngsōng 동/형 수월하다, 가볍다 | 偶尔 ǒu'ěr 부 때때로, 간혹, 이따금 | 业务 yèwù 명 업무 | 辛苦 xīnkǔ 형 고생스럽다, 고되다 | 熟悉 shúxī 형 익숙하다 | 差不多 chàbuduō 형 대부분, 웬만큼, 그런대로 괜찮다 | 实习 shíxí 동 실습하다 | 就是 jiùshì 부 ~할 뿐이다

해설 초과 근무를 많이 하는지에 대한 남자의 질문에 여자의 대답을 잘 들으면, 不多，就是月底偶尔会加几天(많지 않아요. 월 말에 가끔 며칠 할 뿐이에요)라고 했다. 이와 같은 의미를 보기에서 찾으면 정답은 B 偶尔要加班(간혹 초과 근무를 한다)이다.

TIP 比A强多了 : A보다 훨씬 좋다

문제 13

A 着凉了
B 失眠了
C 胃口不好
D 做手术了

A 감기에 걸렸다
B 잠을 이루지 못했다
C 입맛이 없다
D 수술을 했다

女: 大夫，我姥姥怎么样了?
男: 手术非常成功，放心吧。
女: 太感谢您了。我们能进去看她吗?
男: 可以，不过别待太久，病人需要休息。
问: 姥姥怎么了?

여: 의사 선생님, 저희 외할머니는 어떤가요?
남: 수술은 성공적입니다. 안심하세요.
여: 정말 감사합니다. 저희가 보러 가도 되나요?
남: 네, 하지만 너무 오래 있지 마세요. 환자는 휴식이 필요합니다.
질문: 외할머니는 어떠한가?

단어 着凉 zháoliáng 동 감기에 걸리다(=感冒) | 失眠 shīmián 동 불면증에 걸리다, 잠을 이루지 못하다 | 胃口 wèikǒu 명 식욕, 입맛 | 做手术 zuò shǒushù 수술을 하다 | 姥姥 lǎolao 명 외할머니

해설 여자가 남자를 大夫(의사)라고 부르고 있고, 남자의 말에서 手术非常成功(수술은 성공적이다)을 통해 외할머니가 병원에서 수술을 받았음을 알 수 있다. 정답은 D 做手术了(수술을 했다)이다.

문제 14

A 数据分析
B 资料收集
C 刚获得批准
D 实验报告完成

A 데이터를 분석하다
B 자료를 수집하다
C 방금 승인을 얻다
D 실험 보고서를 완성하다

女 : 小刘，那个化学实验进行得怎么样了？ 男 : 已经做完了，但还没得出最终结论。正在分析数据。 女 : 实验报告大概什么时候能写完？ 男 : 这周末之前。 问 : 实验进行到哪一步了？	여 : 샤오리우, 그 화학 실험은 진행이 어떻게 되었나요？ 남 : 이미 끝났습니다. 하지만 아직 최종 결론이 나오지 않았어요. 지금 데이터를 분석하는 중입니다. 여 : 실험 보고서는 대략 언제쯤 완성할 수 있나요？ 남 : 이번 주 주말 전에요. 질문 : 실험 진행은 어디까지 진행되었는가？

단어 数据 shùjù 명 데이터, 통계 수치 | 分析 fēnxī 동 분석하다 | 资料 zīliào 명 자료 | 获得 huòdé 동 얻다, 취득하다 | 批准 pīzhǔn 동 승인하다, 허가하다 | 收集 shōují 동 수집하다 | 报告 bàogào 명 보고, 보고서 | 化学实验 huàxué shíyàn 화학 실험 | 得出 déchū 동 얻어내다 | 结论 jiélùn 결론

해설 보기 B와 C는 언급되지 않았고, D는 사실과 다르다. 현재 실험 진행은 正在分析数据(지금 데이터를 분석하는 중입니다)라는 말에서 정답이 A 数据分析(데이터 분석)라는 것을 알 수 있다.

문제 15

A 怕老鼠 B 被送人了 C 昨天走丢过 D 爱咬人	A 쥐를 무서워한다 B 누군가에게 보내졌다 C 어제 길을 잃은 적이 있다 D 사람을 무는 것을 좋아한다
女 : 这是你养的小猫吧？ 男 : 对。它昨天傍晚还走丢了呢！ 女 : 啊？那后来是怎么找到的？ 男 : 找了半天都没找到，没想到半夜的时候它居然自己又回来了。 问 : 关于那只小猫，可以知道什么？	여 : 이 고양이는 당신이 키우는 고양이죠？ 남 : 맞아요. 어제저녁에 나가서 길을 잃었어요. 여 : 어？ 그럼 그 후에 어떻게 찾았어요？ 남 : 한참을 찾아도 못 찾았는데, 예상 밖에도 한밤중에 스스로 돌아왔어요. 질문 : 고양이에 관하여 알 수 있는 것은 무엇인가？

단어 怕 pà 동 무서워하다 | 老鼠 lǎoshǔ 명 쥐 | 走丢 zǒu diū 길을 잃다 | 咬 yǎo 동 물다, 깨물다 | 养 yǎng 동 기르다 | 小猫 xiǎomāo 명 고양이 | 傍晚 bàngwǎn 명 저녁 무렵 | 半夜 bànyè 명 한밤중

해설 대화의 화제는 남자의 고양이가 길을 잃었다가 스스로 집에 돌아온 이야기이다. 보기 중 올바른 정답은 C 昨天走丢过(어제 길을 잃은 적이 있다)이다. 나머지 보기의 내용은 대화에서 언급하지 않았다.

문제 16

A 非常大 B 很豪华 C 特别拥挤 D 展览不多	A 매우 크다 B 매우 호화롭다 C 특히 붐빈다 D 전시한 것이 많지 않다
女 : 你去国家博物馆了？ 男 : 是，昨天陪我舅舅去的。 女 : 那儿怎么样？ 男 : 太大了，我们只看了古代钱币展，其他的都没来得及看。 问 : 男的觉得国家博物馆怎么样？	여 : 당신 국립 박물관에 갔었어요？ 남 : 네, 어제 삼촌을 모시고 갔어요. 여 : 그곳은 어땠나요？ 남 : 너무 커요. 우리는 고대 화폐 전시회만 봤고, 다른 것들은 미처 보지 못했어요. 질문 : 남자가 생각하기에 국립 박물관은 어떠한가？

| 단어 | 豪华 háohuá 형 호화스럽다, 화려하고 웅장하다 | 拥挤 yōngjǐ 형 붐비다 | 展览 zhǎnlǎn 동 전시하다, 전람하다 | 国家博物馆 guójiā bówùguǎn 국립 박물관 | 舅舅 jiùjiu 명 삼촌 | 古代钱币展 gǔdài qiánbì zhǎn 고대 화폐 전시회 | 来得及 láidejí 동 ~할 여유가 있다, ~ 할 시간이 있다(↔来不及) |

| 해설 | 남자의 마지막 말에서 국립 박물관이 너무 커서 일부분인 고대 화폐 전시회밖에 보지 못했다고 했으므로 정답은 A 非常大(매우 크다)이다. |

문제 17

A 报错级别了
B 护照号错了
C 信息未登记全
D 身份证号有误

A 급수를 잘못 신청했다
B 여권번호가 틀렸다
C 정보가 완전히 등록되지 않았다
D 주민등록번호에 오류가 있다

男：老师，我准考证上的信息有误，您能帮我改一下吗？
女：哪儿错了？
男：我的身份证号最后一位是七，不是一。
女：把你的身份证给我，我核对一下。
问：男的为什么要修改准考证信息？

남 : 선생님, 제 수험표의 정보에 오류가 있어요. 수정해주실 수 있나요?
여 : 어느 부분이 틀렸죠?
남 : 제 주민등록번호 마지막 자리는 7이에요. 1이 아니에요.
여 : 신분증을 주세요. 대조해볼게요.
질문 : 남자는 어째서 수험표의 정보를 수정하려고 하는가?

| 단어 | 报错 bàocuò 잘못 신청하다 | 级别 jíbié 명 급수 | 护照 hùzhào 명 여권 | 未 wèi 부 ~하지 않다 | 登记 dēngjì 동 등록하다, 기재하다 | 准考证 zhǔnkǎozhèng 명 수험표 | 信息 xìnxī 명 정보 | 身份证 shēnfènzhèng 명 주민등록증 | 号 hào 명 번호 | 有误 yǒuwù 동 오류가 있다 | 核对 héduì 동 대조 확인하다 |

| 해설 | 남자가 자신의 수험표에 잘못 표기된 것을 수정해달라고 요구하고 있다. 남자의 두 번째 대사에 我的身份证号最后一位是七，不是一(제 주민등록번호 마지막 자리는 7이에요. 1이 아니에요)처럼 구체적으로 주민등록번호가 잘못 기재되었음을 알 수 있다. 정답은 D 身份证号有误(주민등록번호에 오류가 있다)이다. |

문제 18

A 避免掉色
B 干得更快
C 不容易结冰
D 避免拿错了

A 색이 바래지는 것을 면하다
B 더욱 빨리 마르다
C 결빙되기 쉽지 않다
D 실수를 피하다

女：牛仔裤洗了要翻过来晾。
男：为什么？我以前一直都这样晾的。
女：太阳光太强，牛仔裤会掉色的。
男：原来是这样啊，我这就把它翻过来。
问：牛仔裤为什么要翻过来晾？

여 : 청바지는 세탁하고 뒤집어서 널어야 해요.
남 : 왜요? 저는 예전부터 줄곧 이렇게 널었는데요.
여 : 햇볕이 너무 강해서 청바지의 색이 바래질 수 있어요.
남 : 그렇군요. 지금 바로 뒤집어야겠어요.
질문 : 청바지는 왜 뒤집어서 널어야 하는가?

| 단어 | 避免 bìmiǎn 동 피하다 | 掉色 diàoshǎi 동 물이 빠지다, 색이 바래다 | 干 gān 형 마르다, 건조하다 | 结冰 jiébīng 동 얼음이 얼다, 결빙되다 | 牛仔裤 niúzǎikù 명 청바지 | 翻过来 fān guòlái 동 뒤집다, 거꾸로 하다 | 晾 liàng 동 (햇볕이나 그늘에) 널어 말리다 | 原来 yuánlái 부 알고 보니 |

| 해설 | 청바지를 말리는 방법에 대해서 여자가 남자에게 알려주고 있다. 청바지를 뒤집어서 말려야 하는 이유로 太阳光太强，牛仔裤会掉色的(햇볕이 너무 강해서 청바지의 색이 바래질 수 있어요)라고 말하고 있다. 정답은 A 避免掉色(색이 바래지는 것을 면하다)이다. |

문제 19

A 银行
B 公寓
C 餐厅
D 工厂

A 은행
B 기숙사
C 음식점
D 공장

女：先生，您一共消费了609元。这是赠送给您的优惠卡。
男：用这张卡能打折吗？
女：对。以后您来本店消费，所有菜都可以打九折。
男：好的，谢谢！
问：对话最可能发生在哪儿？

여 : 손님, 모두 609위안입니다. 이것은 손님께 드리는 할인 카드입니다.
남 : 이 카드로 할인받을 수 있나요?
여 : 네, 이후에 저희 본점에서 사용하실 때, 모든 요리를 10% 할인받으실 수 있습니다.
남 : 좋네요. 감사합니다.
질문 : 대화는 어디에서 발생하고 있는가?

[단어] 公寓 gōngyù 명 아파트, 기숙사 | 餐厅 cāntīng 명 음식점 | 工厂 gōngchǎng 명 공장 | 消费 xiāofèi 동 소비하다 | 赠送 zèngsòng 동 증정하다 | 优惠卡 yōuhuìkǎ 명 할인 카드, 우대 카드 | 打折 dǎzhé 동 할인하다 | 所有 suǒyǒu 형 모든, 전부의

[해설] 대화에서 所有菜(모든 요리)가 언급되었다. 보기의 장소 중 요리를 먹을 수 있는 곳이어야 하므로 정답은 C 餐厅(음식점)이다.

문제 20

A 还没付款
B 质量不合格
C 摆得很整齐
D 临时放这儿

A 아직 돈을 지불하지 않았다
B 품질이 부적합하다
C 가지런하게 놓여있다
D 잠시 이곳에 놓았다

男：这些零件怎么都堆在这儿啊？
女：这是工厂刚刚送来的。
男：什么时候能搬走？太乱了。
女：只是临时放一下，下午就会搬走。
问：关于这些零件，下列哪项正确？

남 : 이 부품들은 어째서 모두 여기에 쌓여있죠?
여 : 이것은 방금 공장에서 배송 온 거예요.
남 : 언제 옮길 건가요? 너무 지저분해요.
여 : 잠시 놓아둔 것뿐이에요. 오후에 옮길 거예요.
질문 : 이 부품에 관하여 다음 중 옳은 것은?

[단어] 付款 fùkuǎn 동 돈을 지불하다 | 摆 bǎi 동 놓다, 배열하다 | 整齐 zhěngqí 형 가지런하다, 정연하다 | 临时 línshí 형 잠시, 일시적 | 零件 língjiàn 명 부품, 부속품 | 堆 duī 동 쌓여있다 | 工厂 gōngchǎng 명 공장

[해설] 부품은 공장에서 막 도착해서 잠시 동안만 놓아둔 것이라고 했으므로 정답은 D 临时放这儿(잠시 이곳에 놓았다)이다. A, B는 대화에서 언급하지 않았고, C는 가지런하지 않고 지저분하게 놓여있으므로 옳지 않다.

문제 21-22

21. A 有亲戚来
    B 财主过生日
    C 财主请人吃饭
    D 邻居租他家房子请客

22. A 小气
    B 大方
    C 狡猾
    D 热心

21. A 친척들이 왔다
    B 부자의 생일이다
    C 부자가 사람들에게 식사를 대접했다
    D 이웃이 그의 집을 빌려 손님을 초대했다

22. A 인색하다
    B 대범하다
    C 교활하다
    D 친절하다

有个财主非常吝啬，从不请客。一天，他的邻居租用他家房子设宴请客，有人路过这里，见里面非常热闹，就问财主家的看门人："你们家主人今天请客吗？"看门人说："要我家主人请客，等下辈子吧！"不巧这话让刚要出门的主人听到，财主大声喊道："谁让你答应他请客的时间了？"

21. 财主家为什么很热闹？
22. 财主是一个什么样的人？

어떤 부자가 매우 인색하여 사람들을 절대 초대하지 않았다. 하루는 그의 이웃이 그의 집을 빌려 연회를 열고 손님을 초대했다. 어떤 사람이 이곳을 지나가며, 안이 매우 시끌벅적한 것을 보고 부잣집의 문지기에게 물었다. "당신 집주인이 오늘 손님을 초대한 건가요?" 문지기가 말했다. "우리 집 주인의 초대는 다음 세상에서나 가능할 거예요!" 공교롭게도 이제 막 문을 나오는 주인이 그 말을 듣게 되었다. 부자는 큰소리로 외쳤다. "누가 너보고 초대할 시간을 약속하라 그랬느냐?"

21. 부자의 집은 왜 시끌벅적한가?
22. 부자는 어떠한 사람인가?

단어 亲戚 qīnqi 명 친척 | 财主 cáizhǔ 명 부자 | 房子 fángzi 명 집 | 小气 xiǎoqi 형 인색하다, 쩨쩨하다 | 大方 dàfang 형 대범하다, 시원시원하다 | 狡猾 jiǎohuá 형 교활하다 | 热心 rèxīn 형 친절하다, 마음씨가 따뜻하다 | 吝啬 lìnsè 형 인색하다(=小气) | 租用 zūyòng 동 빌리다, 임대하다 | 设宴 shèyàn 동 연회를 베풀다 | 看门人 kānménrén 명 문지기, 현관 안내인 | 下辈子 xià bèizi 다음 생 | 不巧 bùqiǎo 부 유감스럽게도, 공교롭게도 | 喊 hǎn 동 소리치다, 외치다 | 答应 dāying 동 대답하다, 허락하다

해설
21. 지문의 처음 부분에 他的邻居租用他家房子设宴请客(그의 이웃이 그의 집을 빌려서 연회를 열고 손님을 초대했다)라고 했다. 이와 일치하는 정답은 D 邻居租他家房子请客(이웃이 그의 집을 빌려 손님을 초대했다)이다.

22. 지문에 나온 표현과 같은 의미의 동의어를 찾는 문제이다. 지문의 첫 문장에 부자에 대해 非常吝啬(매우 인색하다)라고 했다. 吝啬와 같은 의미의 표현을 찾으면 A 小气(인색하다)이다.

문제 23-25

23. A 胃口不好
    B 和师父吵架了
    C 打扫落叶很费事
    D 师父催他快点儿干完

24. A 把树砍了
    B 使劲儿摇树
    C 找师父商量
    D 找人轮流打扫

25. A 要乐观
    B 要活在当下
    C 对人要坦率
    D 做事要灵活

23. A 입맛이 없어서
    B 스님과 말다툼을 해서
    C 낙엽을 청소하는 일이 귀찮아서
    D 스님이 그에게 빨리 끝내라고 재촉해서

24. A 나무를 베었다
    B 힘을 사용하여 나무를 흔들었다
    C 스님을 찾아가 상의했다
    D 사람을 구하여 돌아가며 청소했다

25. A 낙관적이어야 한다
    B 현재를 살아야 한다
    C 사람에게 솔직해야 한다
    D 유연하게 일을 처리해야 한다

秋天到了，寺院里到处都是落叶，师父让小和尚负责清扫，他每天要花很长时间才能打扫完，让他头痛不已，他想找个好办法让自己打扫时能轻松一些。有人对他说："你打扫前用力摇摇树，让叶子统统落下，这样明天不就省事了。"小和尚觉得这个办法不错，就高兴地照办了，可是第二天院子里仍然是满地的落叶。无论你今天怎么用力打扫，明天的落叶还是会飘下来，世上有很多事是无法提前的，该发生的你怎么也阻挡不了，不会发生的你再努力也没有用，所以重要的是活在当下。

23. 小和尚为什么很头痛？
24. 小和尚听到办法后是怎么做的？
25. 这段话主要告诉我们什么？

가을이 되어 사원 곳곳에 낙엽이 쌓였다. 스님은 어린 중에게 청소를 책임지도록 했다. 그는 매일 오랜 시간을 들여야 청소를 마칠 수 있었고, 이 때문에 골머리를 앓았다. 그는 자신이 청소할 때 조금 더 수월하게 할 수 있는 좋은 방법을 찾고 싶었다. 어떤 사람이 그에게 말했다. "청소하기 전에 나무를 힘껏 흔들어서 잎을 모두 떨어뜨리면 내일 일이 줄어들지 않겠어?" 어린 중은 이 방법을 괜찮게 여겨 기뻐하며 그대로 수행했다. 그러나 이튿날 마당에는 여전히 낙엽이 가득했다. 오늘 얼마나 힘을 들여 청소를 하건 상관없이, 내일의 낙엽은 여전히 떨어질 것이고, 세상에 많은 일들은 앞당길 수 없다. 반드시 일어날 일은 어떻게 해도 막을 수 없고, 일어나지 않을 일은 아무리 노력해도 소용이 없다. 그러므로 중요한 것은 현재를 사는 것이다.

23. 어린 중은 왜 머리가 아픈가?
24. 어린 중은 방법을 듣고 어떻게 했는가?
25. 이 글에서 우리에게 알려주고자 하는 것은 무엇인가?

단어 寺院 sìyuàn 명 절, 사찰, 사원 | 师父 shīfu 명 스님 | 小和尚 xiǎohéshang 명 어린 중 | 负责 fùzé 맡다, 담당하다 | 清扫 qīngsǎo 청소 | 头痛 tóutòng 형 골치 아프다, 성가시다 | 不已 bùyǐ 동 ~해 마지않다, 멈추지 않다 | 摇 yáo 동 흔들다, 흔들어 움직이다 | 统统 tǒngtǒng 부 모두, 전부 | 落下 luòxia 동 떨어지다, 낙하하다 | 省事 shěngshì 일을 줄이다, 편리하다, 간단하다 | 照办 zhàobàn 동 그대로 처리하다 | 落叶 luòyè 명 낙엽 | 飘 piāo 동 휘날리다, 흩날리다 | 阻挡 zǔdǎng 동 저지하다, 가로막다 | 活在当下 huó zài dāngxià 현재를 살다 | 吵架 chǎojià 동 말다툼하다 | 费事 fèishì 동 시간이 들다, 힘이 들다, 번거롭다 | 催 cuī 동 재촉하다, 독촉하다, 다그치다 | 砍 kǎn 동 패다, 베다 | 使劲儿 shǐjìnr 힘을 주다, 기운을 쓰다(=用力) | 商量 shāngliang 동 상의하다 | 轮流 lúnliú 동 차례로, 번갈아, 돌아가면서 ~하다 | 乐观 lèguān 형 낙관적이다 | 坦率 tǎnshuài 형 솔직하다 | 灵活 línghuó 형 원활하다, 융통성이 있다, 유연하다

해설

23. 지문에 他每天要花很长时间才能打扫完,让他头痛不已(그는 매일 오랜 시간을 들여야 청소를 마칠 수 있었고, 이 때문에 골머리를 앓았다)처럼 낙엽을 청소하기 위해 매일 오랜 시간을 들여야 했으므로 정답은 C 打扫落叶很费事(낙엽을 청소하는 일이 귀찮아서)이다.

24. 누군가 어린 스님에게 알려준 방법은 나무를 힘껏 흔들어 내일 떨어질 잎들도 미리 다 떨어뜨리는 것이다. 어린 스님은 이 방법을 그대로 따랐다. 지문에 나온 표현은 用力摇摇树(나무를 힘껏 흔들다)이며, 이와 같은 의미의 표현을 찾으면 정답은 B 劲儿摇树(힘을 사용하여 나무를 흔들었다)이다.

25. 주제나 교훈은 주로 마지막 부분에 제시된다는 점을 명심하자. 지문의 마지막 문장에 所以重要的是活在当下(그러므로 중요한 것은 현재를 사는 것이다)라고 했으므로 정답은 B 要活在当下(현재를 살아야 한다)이다.

문제 26-28

26. A 网破了
    B 刮起了大风
    C 他掉进了池塘
    D 鸟带着网飞走了

27. A 别追了
    B 换张大网
    C 以后别抓鸟了
    D 用枪把鸟打下来

28. A 没劲儿了
    B 翅膀断了
    C 目标不统一
    D 分不清方向

26. A 그물이 망가졌다
    B 바람이 많이 불었다
    C 그가 연못에 빠졌다
    D 새가 그물을 가지고 날아갔다

27. A 쫓지 마라
    B 큰 그물로 바꿔라
    C 다음에 새를 잡지 마라
    D 총을 사용해서 새를 쏴라

28. A 힘이 없어서
    B 날개가 부러져서
    C 목표가 불일치해서
    D 방향을 분별할 수 없어서

一个猎人在湖边张网捕鸟，不久便有很多鸟飞入网中，猎人赶紧收网，没想到网里的鸟太多，力气很大，竟然带着网飞走了。猎人只好跟在后面拼命追赶，一个农夫看到了，对猎人说："算了吧，你跑得再快也追不上会飞的鸟啊！"。猎人却信心十足地说："不，你错了，如果网里只有一只鸟，我恐怕真的追不上。但现在有这么多鸟，我一定能追到！"。果然，不一会儿因为所有的鸟都想回自己的窝，于是有的往东飞，有的往西飞，乱作一团，最后那群鸟跟着网一起落地，被猎人捉住了。猎人之所以认为自己能追上那群鸟，是因为他看到了那群鸟的致命弱点：它们目标不一致。因此他们坠落下来是必然的。

26. 猎人准备收网时发生了什么事？
27. 农夫建议猎人怎么做？
28. 那群鸟为什么最后会掉落下来？

한 사냥꾼이 호숫가에 그물을 쳐서 새를 잡는데, 오래 지나지 않아 많은 새들이 그물 안으로 날아들었다. 사냥꾼은 서둘러 그물을 걷었다. 뜻밖에도 그물 안에 새가 너무 많아 힘이 셌고, 놀랍게도 그물을 가지고 날아가버렸다. 사냥꾼은 어쩔 수 없이 뒤를 쫓아 죽기살기로 추격했다. 한 농부가 이를 보고 사냥꾼에게 말했다. "그만두시오. 당신이 아무리 빨리 달려도 날으는 새를 따라 잡을 수는 없소!" 사냥꾼은 오히려 자신감에 넘쳐 말했다. "아니오. 당신이 틀렸소. 만약 그물 안에 단 한 마리의 새가 있다면, 아마 나는 정말 따라잡지 못할 것이오. 하지만 이렇게 많은 새가 있으니, 나는 반드시 따라잡을 수 있소!" 과연, 머지않아 모든 새들이 자기의 둥지로 돌아가려 했다. 그래서 어떤 새는 동쪽으로 날아갔고, 어떤 새는 서쪽으로 날아가 엉망진창이 되어버렸다. 마지막에 새떼들은 그물과 함께 땅에 떨어졌고, 사냥꾼에게 잡혔다. 사냥꾼이 스스로 새 떼를 따라 잡을 수 있다고 여긴 까닭은 새떼의 치명적인 약점을 보았기 때문이다. 즉 그들은 목표가 일치하지 않았다. 그러므로 그들이 추락하는 것은 필연이었다.

26. 사냥꾼이 그물을 거둘 준비를 할 때 어떤 일이 발생했는가?
27. 농부는 사냥꾼에게 어떻게 하라고 조언했는가?
28. 새떼들은 왜 마지막에 추락했는가?

단어 猎人 lièrén 명 사냥꾼 | 湖边 húbiān 명 호숫가 | 张网 zhāngwǎng 그물을 치다 | 捕鸟 bǔniǎo 새를 잡다 | 赶紧 gǎnjǐn 부 서둘러, 재빨리 | 竟然 jìngrán 부 놀랍게도, 뜻밖에도 | 只好 zhǐhǎo 부 어쩔 수 없이, 부득이 | 跟 gēn 동 따라가다, 뒤따르다 | 拼命 pīnmìng 동 기를 쓰다, 죽을힘을 다하다 | 追赶 zhuīgǎn 동 뒤쫓다, 쫓아가다 | 农夫 nóngfū 명 농부 | 算了 suàn le 됐다, 그만두다 | 追 zhuī 동 쫓다 | 恐怕 kǒngpà 부 아마 ~일것이다 | 窝 wō 명 둥지 | 乱作一团 luànzuò yì tuán 한데 뒤엉켜 혼란스럽다, 엉망진창이다 | 一群鸟 yì qún niǎo 새 한 무리(떼) | 捉住 zhuōzhù 동 잡다 | 致命 zhìmìng 동 치명적이다 | 弱点 ruòdiǎn 명 약점 | 坠落 zhuìluò 동 추락하다 | 必然 bìrán 형 필연적이다 | 池塘 chítáng 명 연못 | 打枪 dǎqiāng 동 총을 쏘다 | 翅膀 chìbǎng 날개 | 统一 tǒngyī 동 통일하다, 하나로 일치되다(=一致) | 分不清 fēnbuqīng 분별할 수 없다, 가늠할 수 없다

해설
26. 그물에 날아든 새 떼들이 그물을 가지고 날아갔다고 직접적으로 언급하고 있다. 지문에 나온 표현 그대로 정답은 D 鸟带着网飞走了(새가 그물을 가지고 날아갔다)이다.

27. 농부가 사냥꾼에게 한 말만 찾으면 된다. 算了吧，你跑得再快也追不上会飞的鸟啊！(그만두시오. 당신이 아무리 빨리 달려도 날으는 새를 따라 잡을 수는 없소!) 농부는 하늘을 나는 새를 날아갈 수 없다고 말하고 있으므로 이와 같은 의미를 가진 A 别追了(쫓지 마라)가 정답이다.

28. 항상 마지막 문제의 정답은 지문의 마지막 부분에 언급되는 경우가 많다. 이 문제 역시 마지막 부분에서 정답을 찾을 수 있다. 它们目标不一致,因此他们坠落下来是必然的(그들이 목표가 일치하지 않으므로 그들이 추락하는 것은 필연이다)이므로 이와 일치하는 C 目标不统一(목표가 불일치해서)가 정답이다.

TIP　恐怕 + 부정적 추측 : 아마 ~할 것이다
　　　之所以 A(결과), 是因为 B(원인) : A한 까닭은 B이기 때문이다

독해 제1부분 실전 PT 정답　　▶p.302

1. D	**2.** B	**3.** B	**4.** B	**5.** D	**6.** B	**7.** A
8. B	**9.** A	**10.** D	**11.** D	**12.** C		

문제 1-4

　以前，老北京城每年都要挖城沟。那时没有路灯，晚上行人和车子稍不注意，就会掉进沟里。有一次，"同仁堂"药店的老板看到这种情况，大发善心，让人做了一批灯笼，悬挂在挖城沟的地方，便于来往的人看清脚下的路，__1__。
　每到夜晚，当看到贴有"同仁堂"三个大字的灯笼高悬于沟边时，过路的人无不__2__药店的善举，"同仁堂"三个字也就给人们留下了深刻的印象。渐渐地，同仁堂的名声开始在老北京__3__开来，人们治病买药首先想到的就是同仁堂。在那个没有电视和网络的__4__，同仁堂用真诚和善意，为自己打出了最好的广告。

　예전에 옛 베이징은 매년 도랑을 파야 했다. 그때에는 가로등이 없어서 저녁에 행인과 차들이 주의하지 않으면 도랑 안으로 빠지곤 했다. 한 번은 '동인당'이라는 약방의 주인이 이러한 상황을 보고 큰 선심을 베풀어 사람을 시켜 등불을 대량으로 만들고, 도랑이 있는 곳에 매달도록 했다. 오가는 사람들이 발 밑의 길을 잘 확인할 수 있도록 하여 __1__.
　밤이 되면 도랑 위의 '동인당'이라는 세 글자가 붙은 등불을 보고, 길을 건너는 사람은 약국의 선행을 __2__ 하지 않는 사람이 없었고, '동인당' 이 세 글자 역시 사람들에게 깊은 인상을 남겼다. 점차 동인당의 명성은 베이징에 __3__ 시작했고, 사람들은 병을 치료하는 약을 살 때 가장 먼저 동인당을 떠올렸다. TV와 인터넷이 없던 그 __4__ 동인당은 진심 어린 정성과 선의를 이용하여 스스로 가장 좋은 광고를 생산해냈다.

1. A 可是遭到了行人的反对
   B 行人尽到了自己的责任
   C 但情况却变得更加糟糕
   D 从而避免了很多事故的发生
2. A 恭喜　　B 称赞　　C 鼓掌　　D 安慰
3. A 集中　　B 流传　　C 反映　　D 围绕
4. A 时刻　　B 年代　　C 概念　　D 日程

1. A 그러나 행인들의 반대에 부딪혔다
   B 행인들은 책임을 다했다
   C 그러나 상황은 오히려 더욱 나빠졌다
   D 이로써 많은 사고의 발생을 피했다
2. A 축하하다　　B 칭찬하다
   C 박수를 치다　　D 위로하다
3. A 집중하다　　B 널리 퍼지다
   C 반영하다　　D 둘러싸다
4. A 시각　　B 시대
   C 개념　　D 일정

단어 挖城沟 wā chénggōu 도랑을 파다 | 路灯 lùdēng 명 가로등 | 掉进 diàojìn 동 빠지다 | 同仁堂 tóngréntáng (고유) 동인당 | 药店 yàodiàn 명 약국 | 大发善心 dà fā shànxīn 크게 선심을 쓰다 | 批 pī 양 묶음, 무더기 | 灯笼 dēnglong 명 등불, 초롱 | 悬挂 xuánguà 동 걸다, 매달다 | 便于 biànyú 동 ~하기 쉽다, ~하기 편리하다 | 从而 cóng'ér 접 그리하여, 그렇게 함으로써 | 避免 bìmiǎn 동 피하다, 모면하다 | 贴有 tiēyǒu 붙어있다 | 称赞 chēngzàn 동 칭찬하다 | 善举 shànjǔ 명 선행 | 留下 liúxià 동 남기다 | 印象 yìnxiàng 명 인상 | 深刻 shēnkè 형 깊다 | 渐渐 jiànjiàn 부 점점, 점차 | 名声 míngshēng 명 명성 | 流传 liúchuán 동 널리 퍼지다 | 治病 zhìbìng 동 병을 치료하다 | 网络 wǎngluò 명 네트워크, 인터넷 | 年代 niándài 명 시기, 시대, 시간 | 真诚 zhēnchéng 형 진실하다 | 善意 shànyì 명 선의, 호의 | 打出广告 dǎchū guǎnggào 광고를 내다 | 遭到 zāodào 동 당하다, 겪다, 부닥치다 | 反对 fǎnduì 동 반대하다 | 糟糕 zāogāo 형 나쁘다, 망치다, 엉망이다 | 恭喜 gōngxǐ 동 축하하다 | 鼓掌 gǔzhǎng 동 박수치다 | 安慰 ānwèi 동 위로하다 | 集中 jízhōng 동 집중하다, 집중시키다 | 反映 fǎnyìng 동 반영하다 | 围绕 wéirào 동 ~을 중심으로 놓다 | 时刻 shíkè 명 시각, 때, 순간 | 概念 gàiniàn 명 개념

해설 1. 빈칸 앞의 내용을 확인하면, 便于来往的人看清脚下的路(오가는 사람들이 발 밑의 길을 잘 확인할 수 있도록 하다)라는 긍정적인 내용을 언급하고 있으며, 이로 인해 일어날 결과의 내용으로 알맞은 것은 D 从而避免了很多事故的发生(이로써 많은 사고의 발생을 피했다)이다.

2. 빈칸의 앞뒤 내용을 보면, '약국의 선행을 ~하지 않음이 없다'이므로, 善举(선행)과 호응을 이루는 동사를 찾아야 한다. 정답은 B 称赞(칭찬하다)이다.

3. 빈칸 앞뒤의 내용에 '동인당의 명성이 ~하기 시작하다'이므로 문맥상 가장 잘 어울리는 동사는 B 流传(널리 퍼지다)이다.
   TIP 名声流传 : 명성이 널리 퍼지다

4. 지문은 옛 베이징의 동인당과 관련된 이야기이다. 빈칸 앞에 'TV와 인터넷이 없던 ~에'에 가장 어울리는 표현은 B 年代(시대)이다.
   TIP A给B留下深刻的印象 : A는 B에게 깊은 인상을 남기다

문제 5-8

　　春秋时期，越国有个名叫西施的姑娘，她非常漂亮，一举一动都很动人。但是，她有心口疼的　5　，犯病时总是用手按住胸口，紧锁眉头。因为人们喜欢她，所以她这副病态，在人们眼里也很可爱、动人。
　　西施的邻村有个　6　姑娘叫东施，总是想尽办法打扮自己。有一天，她在路上碰到西施，见西施手按着胸口，紧锁眉头，　7　。她想：难怪人们说她漂亮，原来是做出这种样子。于是她　8　西施的病态。看着东施这种奇怪的样子，人们觉得她更难看了。

　　춘추 시기, 월나라에 서시라고 불리는 아가씨가 있었다. 그녀는 매우 예뻤고, 모든 행동이 사람들을 설레게 했다. 그러나 그녀는 명치가 아픈　5　이 있었다. 병이 재발하면 언제나 손으로 가슴 한가운데를 누르며 미간을 찌푸렸다. 사람들은 그녀를 좋아했기 때문에 그녀의 이런 병적인 상태도 사람들 눈에는 사랑스러웠고 설레게 했다.
　　서시의 이웃 동네에는 동시라고 불리는　6　아가씨가 있었는데, 언제나 온갖 방법을 동원하여 자신을 치장했다. 하루는 그녀가 길에서 우연히 서시를 만났는데, 서시가 손으로 명치를 누르며 미간을 찌푸리는 것을 보고, 　7　. 그녀는 '어쩐지 사람들이 그녀가 예쁘다고 했는데, 알고 보니 이런 모습을 해서 그랬군.'이라고 생각했다. 그래서 그녀는 서시의 병 상태를　8　. 동시가 이상한 모습을 하고 있는 것을 보고 사람들은 그녀가 더욱 못생겼다고 생각했다.

```
5.  A 疑问      B 借口     C 矛盾     D 毛病
6.  A 俊        B 丑       C 弱       D 帅
7.  A 显得特别美
    B 一脸自豪的表情
    C 让人觉得不舒服
    D 好像很羡慕的样子
8.  A 配合      B 模仿     C 形容     D 描写
```

```
5.  A 의문              B 변명
    C 모순              D 고질병
6.  A 준수하다          B 못생기다
    C 약하다            D 잘생기다
7.  A 매우 아름다워 보였다
    B 자랑스러운 표정
    C 사람으로 하여금 불편함을 느끼게 한다
    D 마치 매우 부러워하는 모습
8.  A 호응하다          B 모방하다
    C 형용하다          D 묘사하다
```

단어 春秋时期 chūnqiū shíqī 춘추 시기 | 越国 yuèguó [명] 월나라 | 姑娘 gūniang [명] 아가씨 | 一举一动 yì jǔ yí dòng [성] 일거수일투족, 모든 행동 | 动人 dòngrén [동] 사람의 마음을 움직이다. 설레게 하다 | 心口 xīnkǒu [명] 명치(=胸口) | 有毛病 yǒu máobìng 질병이 있다 | 犯病 fànbìng 병이 도지다 | 按住 ànzhù 누르다 | 紧锁 jǐnsuǒ 찌푸리다 | 眉头 méitóu [명] 미간 | 病态 bìngtài 병 상태 | 邻村 líncūn [명] 이웃 마을 | 丑 chǒu [형] 못생기다(=难看) | 想尽 xiǎngjìn [동] 생각할 수 있는 것을 다 생각해 보다 | 办法 bànfǎ [명] 방법, 수단 | 碰 pèng [동] (우연히) 만나다, 마주치다 | 显得 xiǎnde [동] ~처럼 보이다 | 难怪 nánguài (=怪不得) [부] 어쩐지 | 模仿 mófǎng [동] 모방하다, 따라 하다 | 疑问 yíwèn [명] 의문 | 借口 jièkǒu [명] 변명 | 矛盾 máodùn [명] 갈등, 모순 | 俊 jùn [형] 준수하다 | 弱 ruò [형] 약하다 | 表情 biǎoqíng [명] 표정 | 自豪 zìháo [형] 자랑스럽다 | 配合 pèihé [동] 호응하다, 서로 잘 맞다 | 形容 xíngróng [동] 형용하다 | 描写 miáoxiě [동] 묘사하다

해설 5. 빈칸의 앞뒤 내용이 '명치가 아픈~가 있었다'라고 언급하고 있다. 이에 어울리는 명사를 찾는 것이 핵심이다. 보기 중 이에 부합하는 정답은 D 毛病(고질병)이다.

TIP 毛病 : ① 有毛病 질병이 있다 ② 出毛病 문제점이 생기다 ③ 找毛病/挑毛病 흠을 찾다, 결점을 골라내다

6. 빈칸 뒤에 '온갖 방법을 동원하여 자신을 치장했다'라고 했다. 서시라는 아가씨와 상반되는 표현으로 비교 대상을 나타내므로 보기 중 적합한 정답은 B 丑(못생기다)이다.

7. 빈칸 뒤에 그녀의 생각하기를, '어쩐지 사람들이 그녀에게 예쁘다고 하더니, 알고 보니 이런 모습을 해서 그랬구나'라고 했으므로 보기에 예뻤다는 것을 알 수 있다. 그러므로 정답은 A 显得特别美(매우 아름다워 보이다)이다.

8. 동시의 행동으로 빈칸 뒤에 '동시가 이상한 모습을 하고 있는 것을 보고 사람들은 그녀가 더욱 못생겼다고 생각했다'라고 했으므로 정답은 B 模仿(모방하다)이다.

TIP 东施效颦 : 동시(东施)가 서시(西施)의 눈썹 찡그리는 모습을 흉내 내다(남의 결점을 장점으로 착각하고 따라서 더욱 나빠지다)

문제 9-12

人类的进食方式大致可分为三种。

其一是用手。这是一种最自然的进食方式，例如，婴儿不需母亲教导，__9__。

其二是用刀叉。刀叉当然是在人类发明火和冶铁之后才会有的__10__。人们获得猎物后，在火上烤熟，然后用叉子叉着，用刀割来吃，这比用手抓进食已经有了很大进步。

其三是用筷子。这种进食用具是如何来的尚待考证。在当今世界，用筷子进食的国家__11__上集中在亚洲，包括中国以及受汉文化影响较__12__的日本、韩国、越南和新加坡等。

인류의 식사 방식은 대략 세 종류로 나눌 수 있다.

첫 번째는 손을 사용하는 것이다. 이것은 가장 자연적인 식사 방식으로 예를 들면, 갓난아이는 엄마의 가르침을 받지 않고도 __9__.

두 번째는 나이프와 포크를 사용하는 것이다. 나이프와 포크는 당연히 인류가 불과 쇠주조를 발명한 후 비로소 갖게 된 __10__ 이다. 사람들은 사냥감을 획득한 후, 불에 구워 익힌 후, 포크를 사용해서 찍고 나이프로 잘라먹는다. 이것은 손으로 집어서 먹는 것보다 이미 매우 큰 발전이 있는 것이다.

세 번째는 젓가락을 사용하는 것이다. 이렇게 식사할 때 도구를 사용하는 것이 어떻게 유래했는지는 아직 고증이 필요하다. 현재 세계에서 젓가락을 사용해서 식사하는 국가는 __11__ 아시아에 집중되어 있고, 중국을 포함하여 한자 문화의 영향을 비교적 __12__ 받은 일본, 한국, 베트남과 싱가포르 등이 있다.

9. A 就会用手抓东西吃
   B 都会用哭表达需要
   C 很容易学会用勺子
   D 会对周围环境迅速做出反应
10. A 玩具　　B 零件　　C 硬件　　D 工具
11. A 根本　　B 总共　　C 一律　　D 基本
12. A 浓　　　B 正　　　C 深　　　D 嫩

9. A 손을 사용해서 음식을 집어먹을 수 있다
   B 모두 우는 것을 통해 필요한 것을 표현할 수 있다
   C 숟가락 사용법을 쉽게 배울 수 있다
   D 주변 환경에 대하여 신속하게 반응할 수 있다
10. A 완구　　　　　　　B 부속품
    C 하드웨어　　　　　D 도구
11. A 본래　　　　　　　B 모두
    C 일률적으로　　　　D 기본적으로
12. A 짙다　　　　　　　B 표준적이다
    C 깊다　　　　　　　D 부드럽다

단어 人类 rénlèi 인류 | 进食 jìnshí 동 식사하다, 밥을 먹다 | 方式 fāngshì 명 방식 | 大致 dàzhì 부 대개, 대략, 아마 | 婴儿 yīng'ér 명 영아, 갓난아기 | 教导 jiàodǎo 명 가르침 | 抓 zhuā 동 (손가락으로) 꽉 쥐다 | 刀叉 dāochā 명 나이프와 포크 | 冶铁 yětiě 동 철광석을 제련하다 | 工具 gōngjù 명 수단, 도구, 방법 | 猎物 lièwù 명 사냥감 | 烤熟 kǎoshú 동 익히다, 익다 | 叉 chā 명 포크 동 (포크로) 잡다, 집다, 찍다 | 割 gē 동 (칼 등으로) 자르다 | 进步 jìnbù 명 진보, 발전 | 如何 rúhé 대 어떻게, 어떤, 어쩌면, 어찌하면 | 尚待 shàngdài 동 아직 ~이 필요하다, 아직 ~을 기다려야 한다 | 考证 kǎozhèng 명 고증 동 고증(하다) | 基本 jīběn 부 대체로, 거의, 기본적으로 | 亚洲 yàzhōu 명 아시아주 | 包括 bāokuò 동 포함하다, 포괄하다 | 以及 yǐjí 접 및, 그리고, 아울러 | 深 shēn 형 깊다 | 越南 yuènán 지명 베트남 | 新加坡 xīnjiāpō 지명 싱가포르 | 表达 biǎodá 표현하다 | 勺子 sháozi 명 숟가락, 국자 | 周围环境 zhōuwéi huánjìng 주변 환경 | 迅速 xùnsù 형 신속하다, 재빠르다, 날래다 | 反应 fǎnyìng 명 반응 | 玩具 wánjù 명 장난감, 완구 | 零件 língjiàn 명 부속품 | 硬件 yìngjiàn 명 하드웨어 | 根本 gēnběn 부 본래, 원래 | 一律 yīlǜ 부 일률적으로, 예외 없이 | 基本 jīběn 부 기본적으로 | 总共 zǒnggòng 부 모두, 전부, 합쳐서 | 浓 nóng 형 진하다, 농후하다, 짙다 | 正 zhèng 형 (위치가) 중간인 | 嫩 nèn 형 연하다, 여리다, 부드럽다

해설
9. 빈칸 앞부분의 내용을 확인하면, 손을 사용하여 식사하는 것에 대해 말하고 있으며, 빈칸에서 관련된 예를 들고 있다. 그러므로 가장 적합한 표현은 A 就会用手抓东西吃이다.
10. 빈칸 앞의 내용에 '나이프와 포크는 인류가 불과 쇠주조를 발명한 후에 갖게 된 ~이다'라고 했다. 나이프와 포크를 가리키는 알맞은 명사는 D 工具(도구)이다.
11. 빈칸이 있는 문장의 내용을 보면, '젓가락을 사용하는 국가는 ~아시아에 집중되어 있다'에서 여러 나라가 있다는 것을 말하고 있으므로 가장 적합한 표현은 D 基本(기본적으로)이다.
12. 빈칸 앞에 '한자 문화의 영향을 ~받은'이라는 내용이 언급되었다. 이에 어울리는 묘사 표현을 찾으면 정답은 C 深(깊다)이다.

독해 제2부분 실전 PT 정답						▶p.303
13. D	**14.** B	**15.** B	**16.** B	**17.** D	**18.** A	**19.** C

문제 13

目前，很多家庭已经认识到了理财的重要性，但究竟应该如何制定理财方案呢？由于每个家庭的情况有别，量体裁衣是十分必要的，也就是说家庭理财方案应该是根据家庭的实际收支情况来定。总体而言，一份合理的理财方案应该在收益、风险与流动性需求上取得一定的平衡。

현재, 매우 많은 가정이 이미 재테크의 중요성을 인식했다. 하지만 도대체 어떻게 재테크 방안을 제정해야 할까? 모든 가정의 상황이 다르기 때문에 몸의 치수에 맞게 옷을 재단하는 것이 매우 필요하다. 말하자면 가정의 재테크 방안은 가정의 실제 수입과 지출 상황에 근거하여 결정해야 한다. 종합적으로 말하면, 일부 합리적인 재테크 방안은 수익, 위험성과 유동성 수요에서 어느 정도 균형을 유지해야 한다.

A 个人投资风险较大 B 理财还未受到人们的重视 C 理财方案应由专业人士制定 D 理财应充分考虑实际情况	A 개인 투자는 위험이 비교적 크다. B 재테크는 아직 사람들이 중시하지 않는다 C 재테크 방안은 전문가가 제정해야 한다. D 재테크는 실제 상황을 충분히 고려해야 한다

단어 家庭 jiātíng 명 가정 | 理财 lǐcái 동 재정을 관리하다, 재테크 하다 | 究竟 jiūjìng 부 도대체, 대관절 | 制定方案 zhìdìng fāng'àn 방안을 마련하다(제정하다) | 有别 yǒubié 동 서로 다르다 | 量体裁衣 liàngtǐ cáiyī 성 몸의 치수에 따라 옷을 재단하다, 실제 상황에 근거하여 일을 하다 | 实际 shíjì 실 | 收支情况 shōuzhī qíngkuàng 수지(수입과지출)상황, 입출상황 | 总体而言 zǒngtǐ ér yán 전체(총체)적으로 말하면 | 合理 hélǐ 형 합리적이다 | 收益 shōuyì 명 수익, 이득, 수입 | 风险 fēngxiǎn 명 위험, 모험 | 流动性 liúdòngxìng 명 유동성 | 需求 xūqiú 명 수요, 필요 | 取得 qǔdé 동 취득하다, 얻다 | 平衡 pínghéng 명 균형 | 个人投资 gèrén tóuzī 개인투자, 민간투자 | 受重视 shòu zhòngshì 중시를 받다 | 专业人士 zhuānyè rénshì 전문가

해설 지문의 중간 부분에 家庭理财方案应该是根据家庭的实际收支情况来定(가정의 재테크 방안은 가정의 실제 수입과 지출 상황에 근거하여 결정해야 한다)이라고 했으므로 D 理财应充分考虑实际情况(재테크는 실제 상황을 충분히 고려해야 한다)과 일치한다. A, C는 언급하지 않았고, B는 지문과 상반되는 내용이다.

문제 14

沈括是北宋时期著名的科学家。他自幼勤奋，14岁就读完了家中的藏书，后来跟随父亲去过很多地方，增长了不少见闻，晚年时写下了巨著《梦溪笔谈》，书中详细记载了天文、地理、物理、农学和医学等方面的研究成果，反映了中国古代特别是北宋时期自然科学达到的辉煌成就。	심괄은 북송 시기의 저명한 과학자이다. 그는 어려서부터 부지런하여 14세에 집에 소장된 도서들을 다 읽었고, 후에 아버지와 함께 많은 곳을 다니며 많은 견문을 넓혔으며, 노년에 대작 『몽계필담』을 써냈다. 책에는 천문, 지리, 물리, 농학, 그리고 의학 등 방면에서의 연구성과를 상세하게 기록했고, 중국 고대에 특히 북송 시기에 자연과학이 이루어낸 눈부신 업적을 반영했다.
A 沈括有很多发明 B 沈括小时候学习刻苦 C《梦溪笔谈》是部历史小说 D《梦溪笔谈》是沈括早期的作品	A 심괄은 많은 발명품이 있다 B 심괄은 어렸을 때 열심히 공부했다 C 「몽계필담」은 역사 소설이다 D 「몽계필담」은 심괄의 어렸을 적 작품이다

단어 沈括 shěn kuò (인명) 심괄(중국 북송의 학자이자 정치가) | 北宋时期 běisòng shíqī 북송 시기 | 著名 zhùmíng 형 저명하다 | 科学家 kēxuéjiā 명 과학자 | 自幼 zìyòu 부 어려서부터 | 勤奋 qínfèn 형 부지런하다 | 藏书 cángshū 명 장서, 소장 도서 | 跟随 gēnsuí 동 뒤따르다, 동행하다 | 增长 zēngzhǎng 동 높아지다, 향상시키다 | 见闻 jiànwén 명 견문 | 晚年 wǎnnián 명 만년, 노년 | 巨著 jùzhù 명 대작, 거작 | 《梦溪笔谈》 mèngxī bǐtán 「몽계필담」(심괄이 쓴 백과사전식 기록서) | 记载 jìzǎi 동 기재하다, 기록하다 | 天文 tiānwén 명 천문 | 地理 dìlǐ 명 지리 | 物理 wùlǐ 명 물리 | 研究成果 yánjiū chéngguǒ 연구 성과 | 自然科学 zìrán kēxué 자연 과학 | 达到 dádào 동 이루다, 달성하다 | 成就 chéngjiù 명 업적, 성과 | 辉煌 huīhuáng 형 (성취·성과가) 눈부시다, 뛰어나다 | 刻苦 kèkǔ 형 노고를 아끼지 않다, 몹시 애를 쓰다

해설 지문의 초반에 심괄이 어려서부터 책을 많이 읽고 아버지와 함께 많은 곳을 다니며 많은 견문을 넓혔다고 했다. 그러므로 이와 같은 의미를 가진 B 沈括小时候学习刻苦(심괄은 어렸을 때 열심히 공부했다)가 정답이다. A는 지문에 언급하지 않은 내용이고, C, D의 「몽계필담」은 역사 소설이 아니라 여러 분야의 내용을 담은 기록서이며, 심괄이 노년에 쓴 작품이다.

문제 15

动感单车是一种结合了音乐和视觉效果的室内运动器材。它自20世纪80年代出现至今，经过了多次技术上的改进。现在，它不仅简单易学，而且能够使人全身得到锻炼，极受年轻人的喜爱。	스핀사이클은 일종의 음악과 시각효과가 결합된 실내 운동기구이다. 이것은 20세기 80년대에 출현하여 지금까지 여러 차례 기술상의 개선을 거쳤다. 현재 이것은 간단하고 쉽게 배울 수 있을 뿐 아니라, 사람들이 전신운동을 하는 효과도 있어 젊은이들의 많은 사랑을 받고 있다
A 动感单车有多个车轮 B 动感单车能锻炼人的全身 C 动感单车是户外运动器材 D 动感单车只适合年轻人	A 스핀사이클은 바퀴가 많다 B 스핀사이클은 몸의 전신을 운동할 수 있다 C 스핀사이클은 야외 운동기구이다 D 스핀사이클은 오직 젊은이에게만 적합하다

단어 动感单车 dònggǎn dānchē 스핀사이클 | 结合 jiéhé 동 결합하다 | 音乐 yīnyuè 명 음악 | 视觉效果 shìjué xiàoguǒ 시각 효과 | 器材 qìcái 명 기구 | 至今 zhìjīn 부 지금까지, 여태껏, 오늘날까지 | 经过 jīngguò 동 거치다 | 技术 jìshù 명 기술 | 改进 gǎijìn 동 개선하다 | 不仅A, 而且B bùjǐn A, érqiě B A할 뿐만 아니라, 게다가 B하다 | 能够 nénggòu ~에 쓰인다. ~에 효과가 있다 | 受喜爱 shòu xǐ'ài 사랑(환영)을 받다(=受欢迎) | 车轮 chēlún 명 차 바퀴 | 户外 hùwài 명 야외, 집밖(↔室内) | 适合 shìhé 동 적합하다, 부합하다

해설 보기의 내용을 지문과 비교해가며 일치하는 것을 찾으면 스핀사이클의 장점으로 전신운동의 효과가 있다고 한 것과 일치하는 B 动感单车能锻炼人的全身(스핀사이클은 몸의 전신을 운동할 수 있다)가 정답이다. A는 언급되지 않았고, C는 야외가 아닌 실내에 적합한 운동기구이며, D는 젊은이들에게 사랑을 받고 있는 것이므로 답이 될 수 없다.

문제 16

随着茶叶生产的发展，到了唐代，饮茶已成为日常风俗习惯，由此产生了一种很受欢迎的休闲场所——茶馆。很多人喜欢去茶馆一边喝茶一边聊天儿。四川是中国茶馆文化最发达的地区之一。	찻잎 생산의 발전에 따라 당대에 이르러 차를 마시는 것은 이미 일상의 풍속이 되었고, 그로 인해 매우 인기있는 장소, 찻집이 생겨났다. 많은 사람들이 찻집에 가서 차를 마시며 수다 떠는 것을 좋아한다. 쓰촨은 중국의 찻집 문화가 가장 발달한 지역 중 하나이다.
A 饮茶可以促进消化 B 茶馆文化始于唐代 C 四川的茶叶产量最大 D 饮茶是上层社会的爱好	A 차를 마시면 소화를 촉진시킬 수 있다 B 찻집 문화는 당대에 시작됐다 C 쓰촨의 찻잎 생산량이 가장 크다 D 차를 마시는 것은 상류층 사회의 취미이다

단어 随着 suízhe ~에 따라 | 发展 fāzhǎn 동 발전하다 | 茶叶 cháyè 명 찻잎 | 生产 shēngchǎn 동 생산하다 | 唐代 tángdài 당대 | 日常 rìcháng 형 일상의, 평소의, 일상적인 | 风俗习惯 fēngsú xíguàn 풍습 | 产生 chǎnshēng 동 생기다. 발생하다, 나타나다 | 休闲 xiūxián 동 휴식하다 | 场所 chángsuǒ 명 장소 | 茶馆 cháguǎn 명 (옛날 중국의) 찻집, 다관 | 一边A一边B yìbiān A yìbiān B A하면서 B하다 | 四川 sìchuān 지명 쓰촨 | 发达 fādá 형 발달하다. 번성하다 | 地区 dìqū 명 지역, 지구 | 之一 zhī yī ~중의 하나 | 促进 cùjìn 동 촉진시키다 | 消化 xiāohuà 동 소화하다 | 产量 chǎnliàng 명 생산량

해설 지문에서 당대에 이르러 차를 마시는 것이 일상의 문화가 되었고, 이로 인해 찻집이 생겼다고 했으므로 찻집은 당대에 생겨났다고 볼 수 있다. 정답은 B 茶馆文化始于唐代(찻집 문화는 당대에 시작됐다)이다. 다른 보기의 내용은 지문에서 언급되지 않았다.

문제 17

人在一生中会遇到很多不同类型的朋友，他们会被冠以不同的称呼。比如只见过一次面的朋友被称为"一面之交"，不常往来、交情不深的朋友被称为"泛泛之交"，亲密无间的朋友被称为"胶漆之交"，在困境中结交的朋友被称为"患难之交"，等等。	사람은 일생에서 다양한 유형의 친구들을 많이 만난다. 그들은 서로 다른 호칭이 앞에 덧붙여진다. 예를 들어, 단지 얼굴을 한 번 본 친구는 '일면지교(한번 만난 적 있는 관계)'라고 불리며, 자주 왕래가 없고 우정이 깊지 않은 친구는 '범범지교(얕은 관계)'라고 불린다. 사이가 매우 좋아 격의가 없는 친구는 '교칠지교(끈끈한 관계)', 곤경에 처했을 때 사귄 친구는 '환난지교(고난을 나누는 관계)'라고 불리는 등등이 있다.
A 胶漆之交形容困难中产生的友谊 B 一面之交的朋友不值得交往 C 多认识朋友有助于人际交往 D **泛泛之交表示关系很一般**	A 교칠지교는 어려울 때 생긴 우정을 묘사한다 B 일면지교의 친구는 교류할 가치가 없다 C 친구를 많이 사귀면 대인관계에 도움이 된다 D **범범지교는 매우 그저그런 관계를 나타낸다**

단어 遇到 yùdào 동 만나다 | 不同 bùtóng 형 다르다 | 类型 lèixíng 명 유형 | 冠 guàn 동 (명칭이나 글자를) 앞에 덧붙이다 | 称呼 chēnghu 명 호칭 | 一面之交 yí miàn zhī jiāo 성 한 번 만난 적이 있는 사이 | 往来 wǎnglái 동 왕래하다, 교제하다(=交往) | 交情 jiāoqíng 명 우정, 친분, 정분(=友谊) | 泛泛之交 fànfàn zhī jiāo 깊지 못한 교제 | 亲密无间 qīnmì wújiàn 성 사이가 아주 좋아 전혀 격의가 없다 | 胶漆之交 jiāoqī zhī jiāo 매우 친밀한 사이 | 困境 kùnjìng 명 곤경, 궁지 | 患难之交 huànnàn zhī jiāo 고난을 같이한 사이 | 形容 xíngróng 동 형용하다, 묘사하다 | 值得 zhídé 동 ~할 만하다, ~할 만한 가치가 있다 | 有助于 yǒuzhùyú 동 ~에 도움이 되다 | 人际交往 rénjì jiāowǎng 대인 관계

해설 지문에서 泛泛之交(범범지교)는 '왕래가 적고 우정이 깊지 않다'고 표현했으므로 정답은 D 泛泛之交表示关系很一般(범범지교는 매우 그저그런 관계를 나타낸다)가 지문과 일치한다. A는 환난지교에 관한 설명이며, B와 C는 지문에 언급되지 않았다.

문제 18

中国有句话叫"没有规矩，不成方圆"，这里的"规"指的是圆规，"矩"指的是尺子，意思是说如果没有规和矩这两样工具就画不出方形和圆形。同样，做事也需要遵守一定的规则和制度，否则便很难成功。	중국에 이런 말이 있다. '규범을 지키지 않으면 일을 이룰 수 없다' 여기서 '규'는 컴퍼스이고, '범'은 자이다. 만약 컴퍼스와 자, 이 두 가지 도구가 없다면, 사각형과 원형을 그릴 수 없음을 의미한다. 같은 뜻으로 일을 처리할 때 일정한 규칙과 제도를 엄수해야 된다. 그렇지 않으면 성공하기 어렵다.
A **规矩和制度不能缺** B 成功源于打破常规 C 不能夸大工具的作用 D 行动前一定要做好准备	A **규칙과 제도는 없어서는 안 된다** B 성공은 관습을 타파하는 것에서 시작된다 C 도구의 작용을 과장해서는 안된다 D 행동하기 전에 반드시 준비를 해야 한다

단어 没规矩, 不成方圆 méi guījǔ, bù chéng fāngyuán 규범을 지키지 않으면 일을 이룰 수 없다 | 圆规 yuánguī 명 컴퍼스 | 尺子 chǐzi 명 자, 잣대 | 方形 fāngxíng 명 사각형, 방형 | 圆形 yuánxíng 명 원형 | 遵守 zūnshǒu 동 준수하다 | 规则 guīzé 명 규칙 | 制度 zhìdù 명 제도 | 否则 fǒuzé 접 만약 그렇지 않으면 | 源于 yuányú 동 ~에서 근원하다, 나오다, 발원하다 | 打破 dǎpò 동 타파하다, 깨다 | 常规 chángguī 명 관습, 관례 | 夸大 kuādà 동 과대하다, 과장하다

해설 지문에서 핵심이 되는 문장은 没有规矩, 不成方圆(규범을 지키지 않으면 일을 이룰 수 없다)이다. 문장의 의미와 일치하는 것은 A 规矩和制度不能缺(규칙과 제도는 없어서는 안 된다)이다. 나머지 보기의 내용은 지문과 상관 없는 내용이다.

TIP 遵守 + 规则/制度 : 규칙/제도를 준수하다

문제 19

蜂鸟，因拍打翅膀时发出嗡嗡声而得名，是世界上已知最小的鸟类。蜂鸟的分布局限于西半球，尤其以南美洲居多。它是世界上唯一一种可以向后飞行的鸟，它还可以向左右两边飞，甚至能停在空中。	벌새는 날갯짓을 할 때 윙윙거리는 소리가 나서 이름이 붙여졌으며, 세상에서 가장 작은 조류로 알려져 있다. 벌새의 분포는 서반구에 국한하며, 특히 남아메리카에 많이 서식한다. 벌새는 지구상에서 유일하게 뒤로 날 수 있는 새이며, 좌우 양쪽으로 비행할 수도 있고, 심지어 공중에서 멈출 수도 있다.
A 蜂鸟的飞行高度极低 B 蜂鸟的数量正在变少 C 蜂鸟主要分布在南美洲 D 蜂鸟飞行时没有声音	A 벌새의 비행 고도는 매우 낮다 B 벌새의 수량은 줄어들고 있다 C 벌새는 주로 남아메리카에 분포하고 있다 D 벌새는 비행할 때 소리가 나지 않는다

단어 蜂鸟 fēngniǎo 〔명〕 벌새 | 拍打 pāidǎ 〔동〕 (날개를) 퍼덕이다, 흔들다 | 翅膀 chìbǎng 〔명〕 날개 | 嗡嗡声 wēngwēng shēng 윙윙 소리 | 因 A而B yīn A ér B A로 인해 B하다 | 鸟类 niǎolèi 〔명〕 조류 | 分布 fēnbù 〔동〕 분포하다, 널려있다 | 局限于 júxiànyú ~에 한하여 | 西半球 xībànqiú 〔명〕 서반구 | 尤其 yóuqí 〔부〕 특히, 더욱이 | 南美洲 nánměizhōu 〔지명〕 남아메리카 | 居多 jūduō 〔동〕 다수를 차지하다 | 飞行 fēixíng 〔동〕 비행하다

해설 지문에서 벌새의 서식지에 대해 尤其以南美洲居多(특히 남아메리카에 많이 서식한다)라고 했으므로 정답은 C 蜂鸟主要分布在南美洲(벌새는 주로 남아메리카에 분포하고 있다)이다. A와 B는 지문에서 언급하지 않았고, D는 지문의 내용과 일치하지 않는다.

독해 제3부분 실전 PT 정답　▶p.306

| 20. A | 21. D | 22. D | 23. A | 24. A | 25. D | 26. C |
| 27. D | 28. D | 29. C | 30. B | 31. D | | |

문제 20-23

北极燕鸥体态优美，它的嘴和双脚像是用红玉雕刻出来的；黑色的头顶像戴着一顶呢绒帽；背部的羽毛是灰白的，若从上面看下去，与大海融为一体；而腹部的羽毛都是灰色的，海里的鱼从下面望上去，很难发现它们的踪迹。可以说，北极燕鸥美丽的外形正是大自然巧妙雕琢的结果。

北极燕鸥在北极繁殖，却要到南极去越冬。它们每年在两极之间往返，飞行数万公里。要知道，飞机要在两极之间往返一次，也决非易事。北极燕鸥总是在两极的夏天中度日，而两极夏天的太阳是不落的。可以说，北极燕鸥毕生都在追求光明。不仅如此，它们还有非常顽强的生命力。1970年，人们发现了一只腿上套环的北极燕鸥，那个环竟然是1936年套上去的。也就是说，这只北极燕鸥至少已经活了34年，它至少已经飞行了150多万公里。

北极燕鸥争强好斗，勇猛无比。虽然它们内部经常争吵，但一遇到外敌入侵，则立刻不计前嫌，一致对外。实际上，它们经常聚集在一起，就是为了集体防御。有人曾经看到过这样一个惊心动魄的场面：一头北极熊悄悄地逼近北极燕鸥的聚居地。争吵中的燕鸥发现了北极熊后，立即安静了下来，然后高高飞起，轮番攻击北极熊。北极熊虽然凶猛，却无力还手，只好迅速逃离。

북극 제비갈매기는 체형이 매우 아름답다. 입과 두발의 형태는 마치 홍옥으로 조각한 것과 같고, 검은 정수리는 털모자를 쓴 것과 같으며, 등 깃털은 회백색을 띠어 위에서 내려다보면 마치 바다와 하나인 것처럼 보인다. 또한 배 깃털은 회색이어서 바다에서 물고기들이 아래에서 위로 올려다보면 북극 제비갈매기의 종적을 발견하기가 매우 어렵다. 따라서 북극 제비갈매기의 아름다운 외모는 대자연이 교묘하게 조각해 놓은 작품이라고도 할 수 있다.

북극 제비갈매기는 북극에서 번식하지만 남극으로 가서 겨울을 보낸다. 그들은 매년 양극을 왕복하며 수만 km를 비행한다. 알아야 할 것은 양극 사이를 한 번 왕복하는 일은 결코 쉬운 일이 아니라는 점이다. 북극 제비갈매기는 늘 양극의 여름을 지내며 양극의 여름은 태양이 지지 않는다. 이는 북극 제비 갈매기가 평생 동안 빛을 쫓는다고도 말할 수 있다. 이뿐만 아니라, 그들은 매우 강한 생명력도 가지고 있다. 1970년, 사람들은 다리에 고리가 채워진 북극 제비갈매기 한 마리를 발견했다. 그 고리는 1936년에 채워진 것이었다. 즉, 그 새는 적어도 이미 34년을 살았고, 적어도 이미 150만 km를 비행한 것이다.

북극 제비갈매기는 승부욕이 강하고 싸우기 좋아하며 용맹무쌍하다. 비록 그들은 무리 내에서 자주 싸우지만, 외적이 침입하면, 즉시 이전의 나쁜 감정을 잊고 일제히 대적한다. 실제로 그들은 늘 함께 모여있는데, 바로 집단 방어를 위해서이다. 어떤 사람이 일찍이 공포스러운 한 장면을 본 적이 있는데, 북극곰 한 마리가 북극 제비갈매기의 서식지에 몰래 접근했다. 다투고 있던 제비갈매기가 북극곰을 발견하고는 즉시 조용해지더니, 높이 날아올라 번갈아가면서 북극곰을 공격했다. 북극곰은 비록 사납지만, 반격할 힘이 없어 급히 도망칠 수밖에 없었다.

20. 下列哪项是北极燕鸥的外形特征？
    A 脚部是红色的
    B 眼睛又大又圆
    C 背部羽毛呈黑色
    D 头顶有灰色羽毛

20. 다음 중 북극 제비갈매기의 외형의 특징은?
    A 발 부분이 빨간색이다
    B 눈이 크고 둥글다
    C 등쪽 깃털이 검정색을 띤다
    D 정수리는 회색 깃털로 감싸여있다

21. 根据第2段，可以知道：
    A 南极天气更寒冷
    B 鸟类的平均寿命较短
    C 北极燕鸥从不迷路
    D 北极燕鸥善于飞行

22. 北极燕鸥为什么常常聚在一起？
    A 便于照顾幼年燕鸥
    B 便于分配食物
    C 为了取暖
    D 为了共同抗敌

23. 根据上文，可以知道什么？
    A 北极燕鸥每年往返于两极间
    B 北极熊能与北极燕鸥友好相处
    C 北极燕鸥数量逐年减少
    D 北极燕鸥极少争吵

21. 두 번째 단락을 근거로 알 수 있는 것은?
    A 남극 날씨가 더 춥고 차다
    B 조류의 평균 수명은 비교적 짧다
    C 북극 제비갈매기는 길을 잃은 적이 없다
    D 북극 제비갈매기는 비행에 능숙하다

22. 북극 제비갈매기들은 왜 늘 함께 모여있는가?
    A 어린 북극 제비갈매기들을 돌보기 편리해서
    B 먹을 것을 분배하기에 편리해서
    C 따뜻하게 하기 위해서
    D 함께 적과 맞서 싸우기 위해서

23. 윗글에 근거하여 알 수 있는 것은 무엇인가?
    A 북극 제비갈매기는 매년 양극을 왕복한다
    B 북극곰은 북극 제비갈매기와 서로 잘 지낸다
    C 북극 제비갈매기의 수가 매년 줄어든다
    D 북극 제비갈매기는 다툼이 극히 적다

단어 北极燕鸥 běijí yàn'ōu 명 북극 제비갈매기 | 体态 tǐtài 명 자태, 몸매, 체형, 모습 | 雕刻 diāokè 동 조각하다(=雕琢) | 头顶 tóudǐng 명 정수리 | 呢绒帽 níróngmào 명 털모자 | 羽毛 yǔmáo 명 깃털 | 灰白 huībái 회백색 | 融为一体 róng wéi yì tǐ 일체가 되다, 하나가 되다, 동화되다 | 腹部 fùbù 명 배, 복부 | 踪迹 zōngjì 명 종적, 행적, 발자취 | 繁殖 fánzhí 동 번식하다, 늘어나다, 증가하다 | 往返 wǎngfǎn 동 왕복하다, 오가다 | 决非 juéfēi 분명 ~아니다, 결코 ~아니다 | 度日 dùrì 동 날을 보내다, 지내다 | 毕生 bìshēng 명 일생, 평생 | 追求 zhuīqiú 동 추구하다 | 光明 guāngmíng 명 광명, 빛 | 不仅A, 还B bùjǐn A, hái B A할 뿐만 아니라, 또한 B하다 | 顽强 wánqiáng 형 완강하다, 억세다, 드세다 | 环 huán 명 고리 | 争强好斗 zhēngqiáng hàodòu 승부욕이 강하고 싸우기 좋아한다 | 勇猛无比 yǒngměng wúbǐ 용맹 무쌍하다 | 争吵 zhēngchǎo 동 말다툼하다 | 外敌 wàidí 명 외적 | 入侵 rùqīn 동 침입하다 | 不计前嫌 bú jì qiánxián 성 과거의 나쁜 감정을 잊다 | 一致 yízhì 부 함께, 같이 | 对外 duìwài 동 (외부 세력에) 대처하다, 맞서다 | 聚集 jùjí 동 합류하다, 집중하다 | 集体防御 jítǐ fángyù 집단 방어, 집중 방어 | 惊心动魄 jīngxīn dòngpò 성 사람의 심금을 울리고 흥분하게 하게, 몹시 공포에 떨다 | 北极熊 běijíxióng 명 북극곰 | 逼近 bījìn 동 접근하다, 다가오다 | 聚居地 jùjūdì 명 거주지 | 轮番 lúnfān 동 교대로 ~하다 | 攻击 gōngjī 동 공격하다 | 凶猛 xiōngměng 형 용맹하다, 사납다 | 无力还手 wúlì huánshǒu 반격을 할 힘이 없다 | 迅速 xùnsù 형 신속하다, 재빠르다 | 逃离 táolí 동 달아나다, 도망치다 | 取暖 qǔnuǎn 동 따뜻하게 하다 | 抗敌 kàngdí 동 적과 맞서다 | 寒冷 hánlěng 형 한랭하다, 춥고 차다 | 寿命 shòumìng 명 수명, 목숨 | 迷路 mílù 동 길을 잃다, 방향을 잃다 | 善于 shànyú 동 ~을 잘하다, ~에 능숙하다 | 友好相处 yǒuhǎo xiāngchǔ 사이좋게 지내다 | 逐年 zhúnián 부 한 해 한 해, 해마다

해설

20. 지문의 첫 번째 단락에 북극 제비갈매기의 외형에 대해 자세히 묘사하고 있다. 지문에서 它的嘴和双脚像是用红玉雕刻出来的(입과 두 발은 마치 홍옥으로 조각한 것 같다)라고 했으므로 보기 가운데 A 脚部是红色的와 일치한다. B는 언급하지 않았으며, C와 D에서 등 깃털은 회백색, 정수리는 검은 색이므로 지문의 내용과 일치하지 않는다.

21. 두 번째 단락은 주로 북극 제비갈매기의 비행 능력과 강한 생명력에 대해 설명하고 있다. 它们每年在两极之间往返, 飞行数万公里。要知道, 飞机要在两极之间往返一次, 也决非易事(그들은 매년 양극을 왕복하며 수만 km를 비행한다. 알아야 할 것은 양극 사이를 한번 왕복하는 일은 결코 쉬운 일이 아니라는 점이다)에서처럼 이를 통해 북극 제비갈매기가 비행에 매우 능숙하다는 것을 알 수 있다. 정답은 D 北极燕鸥善于飞行(북극 제비갈매기는 비행에 능숙하다)이다.

22. 지문의 세 번째 단락 중간에 북극 제비갈매기가 늘 모여있는 이유를 직접 설명하고 있다. 实际上, 它们经常聚集在一起, 就是为了集体防御(실제로 그들은 늘 함께 모여있는데, 바로 집단 방어를 위해서이다) 정답은 D 为了共同抗敌(함께 적과 맞서 싸우기 위해서)이다. 나머지 보기의 내용은 지문에서 언급하지 않았다.

TIP A(행동), 是为了 B(목적) : A하는 것은 B하기 위해서이다

23. 21번 해설에 언급한 것처럼 북극 제비갈매기가 매년 양극 간을 왕복하며 매년 수만 km를 비행한다고 했으므로 정답은 A 北极燕鸥每年往返于两极间(북극 제비갈매기는 매년 양극을 왕복한다)이다. B에서 북극곰과 북극 제비갈매기는 서로 공격의 대상이며, C는 언급하지 않았고, D에서 북극 제비갈매기는 무리 내에서 서로 자주 다투므로 정답이 될 수 없다.

문제 24-27

如果仔细观察，你就会发现：每棵苹果树上大概有500个苹果，每个苹果里平均有10颗种子。通过简单的乘法，我们可以得出这样的结论：一棵苹果树有大约5000颗种子。你也许会问，既然种子的数目如此可观，为什么苹果树的数量增加得不是那么快呢？

原因很简单，并不是所有的种子都会生根发芽，它们中的大部分会因为种种原因而半路夭折。在生活中也是如此，我们要想获得成功，实现理想，就必须经历多次的尝试。这就是"种子法则"。

参加20次面试，你才有可能得到一份工作；组织40次面试，你才有可能找到一名满意的员工；跟50个人逐个洽谈后，你才有可能卖掉一辆车、一台吸尘器或是一栋房子；交友过百，运气好的话，你才有可能找到一位知心好友。记住：最成功的人，往往是那些播撒种子最多的人。

만약 자세히 관찰한다면, 당신은 발견할 수 있을 것이다. 모든 사과나무에는 대략 500여 개의 사과가 있고, 각각의 사과 안에는 평균적으로 10알의 씨앗이 있다. 간단한 곱셈을 통하여 우리는 이러한 결론을 얻어낼 수 있다. 한 그루의 사과나무에는 대략 5,000개의 씨앗이 있다는 것이다. 당신은 아마도 의문을 갖게 될 것이다. 씨앗의 수가 이와 같이 상당한데 어째서 사과나무의 수량 증가는 그렇게 빠르지 않은 것일까?

원인은 정말 간단하다. 결코 모든 씨앗이 발아하는 것은 아니다. 그들 중 대부분은 각종 원인으로 인해 중도에 죽는다. 삶에서도 이와 같다. 우리가 성공을 얻고, 이상을 실현하고 싶다면, 반드시 많은 시도를 겪어야 한다. 이것이 바로 '종자의 법칙'이다.

20번의 면접에 참가해야 당신은 일자리 하나를 얻을 수 있고, 40번의 면접을 구성해야 당신은 만족스러운 직원 한 명을 찾을 수 있다. 50명의 사람들과 차례로 협상한 후에야 당신은 차 한 대, 진공청소기 한 대 혹은 집 한 채를 팔 수 있다. 친구를 100명 사귀어서 운이 좋아야 당신은 진실된 친구 한 명을 찾을 수 있을 것이다. 기억하라. 가장 성공한 사람은 종종 이러한 씨앗들을 가장 많이 뿌린 사람이다.

24. 第1段中"可观"的意思最可能是：
　A 数量很大
　B 值得观察
　C 增长缓慢
　D 质量很高

25. 关于"种子法则"，可以知道什么？
　A 努力就会有收获
　B 种子的生命力很强
　C 种瓜得瓜，种豆得豆
　D 不是所有的努力都会成功

26. 第3段的例子，主要说明：
　A 工作不好找
　B 成功需要运气
　C 付出多的人赢的机会大
　D 永远不要低估你的对手

27. 下列哪项最适合做上文的标题？
　A 你准备好了吗
　B 今天你吃苹果了吗
　C 做一颗出色的种子
　D 不是所有的种子都发芽

24. 첫 단락에 '볼만하다'의 의미는?
　A 수량이 매우 많다
　B 관찰할만한 가치가 있다
　C 천천히 증가한다
　D 품질이 매우 높다

25. '종자의 법칙'에 관하여 알 수 있는 것은 무엇인가?
　A 노력하면 성과가 있을 것이다
　B 씨앗의 생명력은 매우 강하다
　C 콩 심은 데 콩 나고, 팥 심은 데 팥 난다
　D 모든 노력이 성공으로 이루어지는 것은 아니다

26. 세 번째 단락의 예에서 중점적으로 설명하는 것은?
　A 일자리는 구하기 쉽지 않다
　B 성공은 운이 필요하다
　C 많은 노력을 들일수록 얻을 수 있는 기회도 크다
　D 당신의 적수를 언제나 과소평가하지 마라

27. 다음 중 윗글의 제목으로 가장 적절한 것은?
　A 당신은 준비되었습니까?
　B 당신은 오늘 사과를 먹었는가?
　C 훌륭한 씨앗을 만들다
　D 모든 씨앗이 모두 발아하는 것은 아니다

단어 种子 zhǒngzi 명 씨앗 | 平均 píngjūn 형 평균적인, 균등한 | 乘法 chéngfǎ 명 곱셈 | 得出 déchū 동 얻어내다 | 结论 jiélùn 명 결론 | 既然 jìrán 접 ~된 바에야, ~인 이상, ~만큼 | 生根发芽 shēnggēn fāyá 뿌리를 내리고 싹이 트다 | 半路夭折 bànlù yāozhé 도중에 실패하다(죽다) | 经历 jīnglì 명 경험 동 체험하다, 경험하다 | 尝试 chángshì 시도해 보다, 경험해 보다 | 组织 zǔzhī 동 조직하다, 구성하다 | 员工 yuángōng 명 직원 | 逐个 zhúgè 부 하나하나, 하나씩 | 洽谈 qiàtán 동 상담하다, 협의하다 | 吸尘器 xīchénqì 명 진공청소기 | 知心好友 zhīxīn hǎoyǒu 허물없는 절친, 죽마고우 | 播撒 bōsǎ 동 (씨를) 뿌리다 | 值得 zhídé 동 ~할만한 가치가 있다 | 增长 zēngzhǎng 동 증가하다, 신장하다 | 缓慢 huǎnmàn 형 느리다, 완만하다 | 收获 shōuhuò 명 수확, 성과, 소득 | 种瓜得瓜，种豆得豆 zhòng guā dé guā, zhòng dòu dé dòu 콩 심은 데 콩 나고 팥 심은 데 팥 난다 | 运气 yùnqi 명 운 | 付出 fùchū 동 (돈이나 대가를) 지급하다, 내주다, 지불하다 | 低估 dīgū 동 과소 평가하다 | 对手 duìshǒu 명 상대, 적수 | 出色 chūsè 형 대단히 뛰어나다, 특별히 좋다

해설

24. 可观의 앞뒤 내용과 문맥을 살펴서 뜻을 찾아야 한다. 앞부분에서 사과나무 한 그루당 씨앗이 5000개이며, 뒷부분에서는 사과나무의 증가율이 빠르지 않은 것에 의문을 품었다. 문맥상 가장 알맞은 의미는 A 数量很大(수량이 매우 많다)이다.

25. 두 번때 단락을 잘 살펴보아야 한다. 지문에서 并不是所有的种子都会生根发芽(모든 씨앗이 발아할 수 있는 것은 아니기 때문이다)를 먼저 언급하고 이어서 우리 생활도 같은 이치라고 설명하고 있다. 그러므로 정답은 D 不是所有的努力都会成功(모든 노력이 성공으로 이루어지는 것은 아니다)이다.

26. 세 번째 단락의 초반에는 예시를 나열했고, 마지막에 중심 내용이 드러나 있다. 最成功的人，往往是那些播撒种子最多的人(가장 성공한 사람은 종종 이러한 씨앗들을 가장 많이 뿌린 사람이다)처럼 이것은 많은 시도를 해야 성공할 수 있는 확률도 높다는 것을 의미한다. 가장 알맞은 정답은 C 付出多的人赢的机会大(많은 노력을 들일수록 얻을 수 있는 기회도 크다)이다.

27. 제목을 찾는 문제이다. 지문 전체의 내용을 아우르는 내용을 찾고, 각 단락의 중심 문장을 참고하자. 여기서는 지문에 나온 문장, 并不是所有的种子都会生根发芽(결코 모든 씨앗이 발아하는 것은 아니다)와 일치하는 D 不是所有的种子都发芽(모든 씨앗이 모두 발아하는 것은 아니다)가 정답이다.

문제 28-31

一年秋天，有位商人来到一个村庄看望亲戚。他意外地发现，当地的玉米秸秆柔韧性很强，特别适合编织一种遮阳帽。这种帽子看上去很时髦，在市场上很受欢迎。

这个好消息立刻在村里传播开来。原本不值钱的秸秆突然成了宝贝，大家都有些不敢相信。不久，商人请来技术人员教大家编织遮阳帽，并承诺高价购买所有成品。于是，从这年秋天一直到第二年夏天，几乎全村的人都忙着编帽子，家家都赚到了钱。然而，有一户人家却没有加入到编织遮阳帽的队伍中，他们每天跑去山里干活儿。有人劝他们不要错过发财的机会，他们总是摇头拒绝。

转眼间，秋天又来了。村民们突然发现了一个严重的问题：因为只顾着编帽子，没人去种玉米，不少地都荒了，原来存的秸秆也用完了，没法再继续编织遮阳帽了。

就在大家急得团团转时，有人发现那一家人不知从什么时候开始已经在远处的荒山上种满了玉米。村里人只好争相去买他们的秸秆。就这样，那家人没费多大劲儿，就赚了很多钱。

当他人追求眼前的利益时，有智慧和远见的人却把目光放到了将来。

어느 해 가을, 어떤 상인이 한 마을에 친척을 보러 왔다. 그는 뜻밖에도 그곳의 옥수수 줄기가 유연성이 매우 강하다는 것을 발견했고, 그것은 특히 차양모자를 짜는 데 적합했다. 이런 모자는 매우 멋있어 보여서 시장에서 인기가 많았다.

이 좋은 소식은 곧 마을에 널리 퍼져나갔다. 본래 값싼 줄기가 갑자기 보물이 되었으므로 모두들 조금은 믿기지 않았다. 얼마 지나지 않아 상인이 기술자를 불러와 모두에게 차양모자 짜는걸 가르쳐주었고, 또한 모든 완제품을 고가로 매입할 것을 약속했다. 이리하여 그해 가을부터 다음해 여름까지 거의 모든 마을 사람들은 바쁘게 모자를 짰고, 집집마다 돈을 벌었다. 그러나 한 집은 오히려 차양모자를 짜는 무리에 참여하지 않고, 그들은 매일 산으로 달려가 일을 했다. 누군가 그들에게 큰 돈을 벌 기회를 놓치지 말라고 설득했지만 그들은 언제나 고개를 저으며 거절했다.

눈 깜짝할 사이에 다시 가을이 왔다. 마을 사람들은 문득 심각한 문제 하나를 발견했다. 모자를 짜는 것에만 집중했기 때문에 옥수수를 심은 사람이 없었다. 많은 땅이 황폐해졌고, 원래 가지고 있던 줄기 또한 다 써버려서 다시 계속해서 차양모자를 짤 방법이 없었다.

모두가 다급해서 쩔쩔매고 있을 때, 누군가 그 한 집이 언제 시작했는지도 모르게 이미 저 멀리 황폐한 산에 옥수수를 가득 심은 것을 발견했다. 마을 사람들은 서로 앞다투어 그 집의 옥수수 줄기를 살 수 밖에 없었다. 이렇게 그 한 집은 큰 힘을 들이지 않고 많은 돈을 벌었다.

타인이 눈앞의 이익만 추구할 때, 지혜와 식견이 있는 사람은 오히려 시선을 미래에 둔다.

28. 关于那种帽子，可以知道什么？
    A 颜色多样
    B 不能水洗
    C 防晒作用不大
    D 样子时尚

29. 村民得知秸秆可以赚钱后，有什么反应？
    A 很担忧
    B 感到可笑
    C 难以相信
    D 不当一回事

30. 关于那一家人，可以知道：
    A 做帽子收购生意
    B 种了很多玉米
    C 学会了编帽子
    D 离开了村庄

31. 最适合做上文标题的是：
    A 遮阳帽的卖点
    B 村民的烦恼
    C 玉米的成分
    D 最后的赢家

28. 차양모자에 관하여 알 수 있는 것은 무엇인가?
    A 색깔이 다양하다
    B 물 세탁을 할 수 없다
    C 자외선 차단 효과가 크지 않다
    D 유행하는 스타일이다

29. 마을 사람들이 줄기로 돈을 벌 수 있다는 것을 알게된 후, 어떻게 반응했는가?
    A 매우 근심했다
    B 우습다고 느꼈다
    C 믿기 어렵다
    D 중요한 일로 여기지 않았다

30. 그 가족에 관하여 알 수 있는것은?
    A 모자 매입 장사를 하다
    B 많은 옥수수를 심었다
    C 모자 짜는 것을 배웠다
    D 마을을 떠났다

31. 윗글의 제목으로 알맞은 것은?
    A 차양모자의 매력
    B 마을 사람들의 고민
    C 옥수수의 성분
    D 최후의 승자

단어 村庄 cūnzhuāng 명 마을, 시골 | 意外 yìwài 형 의외로, 뜻밖에 | 秸秆 jiēgǎn 명 줄기 | 柔韧性 róurènxìng 명 유연성 | 编织 biānzhī 동 엮다, 짜다, 뜨다 | 遮阳帽 zhēyángmào 명 차양모자 | 时髦 shímáo 형 유행이다, 최신식이다(=时尚) | 传播 chuánbō 퍼지다 | 值钱 zhíqián 형 값지다, 값어치가 나가다 | 宝贝 bǎobèi 명 보물, 보배 | 承诺 chéngnuò 동 승낙하다 | 购买 gòumǎi 사다, 구매하다 | 队伍 duìwǔ 명 집단, 단체, 무리 | 干活儿 gànhuór 동 일을 하다 | 错过 cuòguò 동 놓치다 | 发财 fācái 동 돈을 벌다, 부자가 되다 | 摇头 yáotóu 동 고개를 가로젓다 | 拒绝 jùjué 동 거절하다 | 转眼间 zhuǎnyǎnjiān 명 눈 깜짝할 사이, 순식간 | 荒 huāng 형 황량하다, 황폐하다 | 团团转 tuántuánzhuàn 부 허둥지둥하다, 쩔쩔매다 | 争相 zhēngxiāng 부 서로 앞다투다 | 费劲儿 fèijìnr 동 힘을 쓰다, 힘이 들다 | 追求 zhuīqiú 동 추구하다 | 利益 lìyì 명 이익 | 智慧 zhìhuì 명 지혜 | 远见 yuǎnjiàn 명 식견, 선견지명 | 防晒 fángshài 자외선을 차단하다 | 担忧 dānyōu 동 걱정하다, 근심하다 | 可笑 kěxiào 형 가소롭다, 우습다 | 不当一回事 bù dāng yì huí shì 중요한 일로 여기지 않다 | 收购 shōugòu 명 매입, 구입 동 매입하다, 구입하다 | 卖点 màidiǎn 명 상품의 매력, 소비자를 사로잡는 요소 | 赢家 yíngjiā 명 승리자

해설 28. 첫 번째 단락에서 这种帽子看上去很时髦，在市场上很受欢迎(이런 모자는 매우 멋있어 보여서 시장에서 인기가 많았다)라고 했다. 이와 같은 의미를 나타내는 D 样子时尚(유행하는 스타일이다)가 정답이다.

TIP 时髦 : 멋지다, 유행이다, 최신식이다
    时尚 : 시대에 맞다, 유행에 맞다

29. 두 번째 단락에서 옥수수 줄기가 보물처럼 값어치가 올라가자, 大家都有些不敢相信(모두들 조금은 믿지 않았다)이라고 반응했다. 이와 같은 의미를 나타내는 C 难以相信(믿기 어렵다)가 정답이 된다.

TIP 不敢 : 감히 ~하지 못하다
    难以 : ~하기 어렵다

30. 네 번째 단락에서 有人发现那一家人不知从什么时候开始已经在远处的荒山上种满了玉米(누군가 그 한 집이 언제 시작했는지도 모르게 이미 저 멀리 황폐한 산에 옥수수를 가득 심은 것을 발견했다)라고 했으므로 정답은 B 种了很多玉米(많은 옥수수를 심었다)이다. 나머지 보기의 내용은 언급되지 않았다.

31. 지문의 전체 내용을 보았을 때, 다른 사람들과 똑같이 차양모자를 만드는 것에 휩쓸리지 않고, 옥수수를 심었던 한 집이 가장 큰 이득을 얻은 것을 알 수 있다. 지문의 맨 마지막에도 역시 주제 문장이 제시되어 있다. 当他人追求眼前的利益时，有智慧和远见的人却把目光放到了将来(타인이 눈앞의 이익만 추구할 때, 지혜와 식견이 있는 사람은 오히려 시선을 미래에 둔다) 그러므로 제목으로 알맞은 것은 D 最后的赢家(최후의 승자)이다.

쓰기 제1부분 실전 PT 정답 ▶p.314

1. 那幅画给我留下了深刻的印象。
2. 这张优惠券已经过期了。
3. 小李的驾驶技术还不熟练。
4. 他在销售部门工作。
5. 高速公路缩短了城市之间的距离。
6. 出版商善于听取他人的意见。
7. 吃苹果有助于缓解疲劳。
8. 仙人掌具有药用价值。

문제 1

那幅画   深刻的   给我   印象   留下了

해설 [품사분석] 幅 양 폭, 점(그림, 종이 등을 세는 단위) / 画 명 그림 / 深刻 형 깊다 / 给 전 ~에게 / 印象 명 인상 / 留下 동 남기다
[문장구조] [관형어(那幅) + 주어 + 부사어(给我) + 술어(了) + 관형어(深刻的) + 목적어]
① 술어로 留下了를 배치한다.
② 관형어+주어는 那幅画, 관형어+목적어는 深刻的印象, 술어 앞에 부사어 给我를 배치한다.
③ 那幅画给我留下了深刻的印象。 그 그림은 나에게 깊은 인상을 남겨주었다.

문제 2

这张   过期了   已经   优惠券

분석 [품사분석] 张 양 장(종이 등을 세는 단위) / 过期 동 기한이 지나다 / 已经 부 이미 / 优惠券 명 할인 쿠폰, 우대권
[문장구조] [관형어(这张) + 주어 + 부사어(已经) + 술어(了)]
① 술어로 过期了를 배치한다.
② 관형어+주어는 这张优惠券, 술어 앞에 부사어 已经을 배치한다.
③ 这张优惠券已经过期了。 이 할인 쿠폰은 이미 기한이 지났다

문제 3

小李的   熟练   还不   驾驶技术

해설 [품사분석] 小李 인명 샤오리 / 熟练 형 능숙하다, 숙련되다 / 还 부 아직, 여전히 / 驾驶 동 운전하다 / 技术 명 기술
[문장구조] [관형어(小李的) + 주어 + 부사어(还不) + 술어(형)]
① 술어로 熟练를 배치한다.
② 관형어+주어는 小李的驾驶技术, 술어 앞에 부사어 还不를 배치한다.
③ 小李的驾驶技术还不熟练。 샤오리의 운전 기술은 아직 능숙하지 않다.

문제 4

他　　工作　　在　　销售部门

분석 　[품사분석] 他 대 그 / 工作 명 일 동 일을 하다 / 在 부 ~하고 있는 중이다 / 销售部门 명 영업부
　　　　[문장구조] [주어 + 부사어(在销售部门) + 술어]
　　　　　　① 술어로 工作를 배치한다.
　　　　　　② 주어는 他, 술어 앞에 부사어는 在销售部门를 배치한다.
　　　　　　③ 他在销售部门工作。 그는 영업부에서 일한다.

문제 5

缩短了　　高速公路　　距离　　城市之间的

해설 　[품사분석] 缩短 동 단축하다 / 高速公路 명 고속도로 / 距离 명 거리 / 城市 명 도시 / 之间 명 사이, 지간
　　　　[문장구조] [주어 + 술어(了) + 관형어(城市之间的) + 목적어]
　　　　　　① 술어에 缩短了를 배치한다.
　　　　　　② 주어는 高速公路, 관형어 + 목적어는 城市之间的距离를 배치한다.
　　　　　　③ 高速公路缩短了城市之间的距离。 고속도로는 도시간의 거리를 단축시켰다.

문제 6

出版商　　听取　　意见　　他人的　　善于

해설 　[품사분석] 出版商 명 출판업자 / 听取 동 경청하다, 귀담아듣다 / 意见 명 의견 / 他人 명 타인, 다른 사람 / 善于 동 ~에 능숙하다, ~을 잘하다
　　　　[문장구조] [주어 + 술어(善于) + 목적어(동사구)]
　　　　　　① 술어에 善于를 배치한다.
　　　　　　② 주어는 出版商, 목적어는 听取他人的意见를 배치한다.
　　　　　　③ 出版商善于听取他人的意见。 출판업자는 타인의 의견을 경청하는 것에 능숙하다.

문제 7

疲劳　　缓解　　吃苹果　　有助于

해설 　[품사분석] 疲劳 명 피로 / 缓解 동 완화시키다 / 吃 동 먹다 / 苹果 명 사과 / 有助于 동 ~에 도움이 되다
　　　　[문장구조] [주어 + 술어(有助于) + 목적어(동사구)]
　　　　　　① 술어에 有助于를 배치한다.
　　　　　　② 주어는 吃苹果, 목적어는 缓解疲劳를 배치한다.
　　　　　　③ 吃苹果有助于缓解疲劳。 사과를 먹는 것은 피로를 완화하는 데 도움이 된다.

문제 8

价值　　仙人掌　　药用　　具有

해설 　[품사분석] 价值 명 가치 / 仙人掌 명 선인장 / 药用 명 약용 / 具有 동 가지고 있다
　　　　[문장구조] [주어 + 술어 + 목적어]
　　　　　　① 술어에 具有를 배치한다.
　　　　　　② 주어는 仙人掌, 목적어는 药用价值를 배치한다.
　　　　　　③ 仙人掌具有药用价值。 선인장은 약용 가치가 있다.

쓰기 제2부분 실전 PT 정답　　　　▶p.315

9. 我们每一个人的人生里都充满了挑战。想要成功的话，我们关键要有自信。而且不害怕困难。有一句话叫："失败是成功之母。"只要有这样的决心，就一定有收获！正在学习HSK五级的我，也要加油啊！

10. 每个人都会有很多烦恼，有些人选择逃避，有些人却选择面对。不要因为困难、烦恼而灰心。要去寻找一些解决方法。比如，找朋友多交流，朋友一定会给我们很多建议。所以，别害怕，别灰心，去面对烦恼吧！

문제 9

| 充满 | 成功 | 失败 | 决心 | 收获 |

해설 [품사분석] 充满 동 충만하다, 가득하다 / 成功 명 성공 동 성공하다 / 失败 명 실패 동 실패하다 / 决心 명 결심 동 결심하다 / 收获 명 소득, 수확, 성과

[스토리구상] ▶ 줄거리: ① 人生里都充满了挑战　인생은 많은 도전으로 가득 찼다
　　　　　　　　　② 要有自信，不害怕困难　자신감을 갖고, 어려움을 두려워하지 마라
　　　　　　　　　③ 一定会有收获　반드시 성과가 있을 것이다
▶ 중심내용: 要有"失败是成功之母"的决心　'실패는 성공의 어머니'와 같은 결심이 있어야 한다

원고지 작성 [도전·성공·실패 관련 유형]

	我	们	每	一	个	人	的	人	生	里	都	充	满	了
挑	战	。	想	要	成	功	的	话	，	我	们	关	键	要	有
自	信	。	而	且	不	害	怕	困	难	。	有	一	句	话	叫:
"	失	败	是	成	功	之	母	。	"	只	要	有	这	样	的	决
心	，	就	一	定	有	收	获	！	正	在	学	习	H	S	K
五	级	的	我	，	也	要	加	油	啊	！

해석 우리 모든 사람의 인생은 도전으로 가득하다. 성공하고 싶다면, 가장 중요한 것은 자신감을 가져야 한다. 그리고 어려움을 두려워해서는 안 된다. '실패는 성공의 어머니'라는 말이 있다. 이러한 결심을 가지고 있다면 반드시 성과가 있을 것이다! HSK 5급을 공부하고 있는 나도 힘을 내야 한다!

문제 10

해설 [품사분석] 남자가 책상 앞에 앉아 두 손으로 얼굴을 감싸고 고민하는 모습이다.
[스토리구상] ▶ 줄거리 : ① 每个人都会有很多烦恼　사람마다 많은 고민이 있다
　　　　　　　　　　　② 要去寻找一些解决方法　해결방법을 찾아야 한다
　　　　　　　　　　　③ 朋友一定会给我们很多建议　친구는 분명히 우리에게 많은 조언을 해줄 것이다
　　　　　　▶ 중심내용 : 去面对烦恼吧　고민과 마주하라

원고지 작성 **[고민·노력·해결 관련 유형]**

		每	个	人	都	会	有	很	多	烦	恼	，	有	些	人
选	择	逃	避	，	有	些	人	却	选	择	面	对	。	不	要
因	为	困	难	、	烦	恼	而	灰	心	。	要	去	寻	找	一
些	解	决	方	法	。	比	如	，	找	朋	友	多	交	流	，
朋	友	一	定	会	给	我	们	很	多	建	议	。	所	以	，
别	害	怕	，	别	灰	心	，	去	面	对	烦	恼	吧	！	

해석 사람마다 모두 수많은 고민이 있을 것이다. 어떤 사람들은 도피를 선택하고, 어떤 사람들은 마주하는 것을 선택한다. 어려움이나 고민 때문에 낙심하지 말고, 해결 방법을 찾아야 한다. 예를 들어 친구를 찾아 이야기를 나눈다면, 친구는 분명히 우리에게 많은 의견을 줄 것이다. 그러므로 두려워하지 말고, 낙심하지 말고, 고민을 마주하라!

● 성공·실패·목표·고민·도전·노력 주제 관련 활용 표현(99번, 100번)

成功 chénggōng 몡 성공 동 성공하다	有信心 yǒu xìnxīn 자신(확신)있다, 자신(확신)을 가지다(=有把握)
失败 shībài 몡 실패 동 실패하다	有收获 yǒu shōuhuò 수확을 얻다(원하는 것을 이루다)
困难 kùnnán 몡 어려움 형 어렵다	有勇气 yǒu yǒngqì 용기를 가지다
挑战 tiǎozhàn 몡 도전	
决心 juéxīn 몡 결심 동 결심하다	付出努力 fùchū nǔlì 노력하다
人生 rénshēng 몡 인생	经历挫折 jīnglì cuòzhé 좌절을 겪다
目标 mùbiāo 몡 목표	实现目标 shíxiàn mùbiāo 목표를 실현하다
烦恼 fánnǎo 몡 고민	寻找解决方法 xúnzhǎo jiějué fāngfǎ 해결 방법을 찾다
信任 xìnrèn 몡 신임, 신뢰 동 신임하다, 신뢰하다	总结经验教训 zǒngjié jīngyàn jiàoxùn
面对 miànduì 동 직면하다, 마주하다	경험과 교훈을 총결하다
逃避 táobì 몡 도피 동 도피하다	为了实现目标而努力 wèile shíxiàn mùbiāo ér nǔlì
放弃 fàngqì 동 포기하다	목표를 실현하기 위하여 노력하다
坚持 jiānchí 동 견지하다, 고수하다	失败是成功之母 shībài shì chénggōng zhī mǔ
过程 guòchéng 몡 과정	실패는 성공의 어머니다
结果 jiéguǒ 몡 결과	即使常常失败，也要坚持下去
鼓励 gǔlì 몡 격려 동 격려하다	jíshǐ chángcháng shībài, yě yào jiānchí xiàqù
支持 zhīchí 몡 지지 동 지지하다	설령 자주 실패할지라도 끝까지 견뎌나가야 한다
成就 chéngjiù 동 성취하다, 이루어 내다, 완성하다	人如果想要成功，就一定要有人生的目标
灰心 huīxīn 동 낙심하다, 의기소침하다	rén rúguǒ xiǎng yào chénggōng, jiù yídìng yào yǒu rénshēng de mùbiāo
害怕 hàipà 동 겁내다, 두려워하다, 무서워하다	만약 성공하고 싶다면, 반드시 인생의 목표가 있어야 한다

新HSK PT 5급

실전 모의고사 1회

听力

第一部分

1. D 2. A 3. D 4. C 5. A 6. C 7. A 8. A 9. B 10. B
11. A 12. C 13. A 14. A 15. C 16. D 17. C 18. D 19. C 20. C

第二部分

21. C 22. B 23. C 24. A 25. D 26. D 27. A 28. C 29. A 30. B
31. B 32. B 33. A 34. D 35. D 36. A 37. D 38. C 39. C 40. B
41. B 42. C 43. C 44. A 45. C

阅读

第一部分

46. C 47. B 48. B 49. C 50. A 51. A 52. D 53. C 54. B 55. C
56. A 57. D 58. B 59. A 60. D

第二部分

61. A 62. A 63. B 64. D 65. D 66. A 67. D 68. C 69. C 70. D

第三部分

71. D 72. A 73. C 74. D 75. A 76. D 77. D 78. C 79. C 80. D
81. B 82. B 83. C 84. B 85. D 86. B 87. D 88. B 89. D 90. D

书写

第一部分

91. 决赛的时间还没确定。
92. 这根绳子怎么断了?
93. 严肃的气氛渐渐变得活跃起来。
94. 他很善于与人打交道。
95. 这位工人的技术非常熟练。
96. 她被这里独特的地理环境吸引了。
97. 他承受了巨大的心理压力。
98. 她已经办理辞职手续了。

第二部分

99. 上个星期,我和朋友一起去了历史博物馆。那里保存着丰富的历史文物。讲解员为我们仔细地讲解了那些文物的知识。我们学到了很多。我和朋友都认为,博物馆值得学生们去参观学习。

100. 我是一个足球迷,特别喜欢踢足球,也喜欢看足球比赛。今天晚上有世界杯的决赛,所以我早就和朋友们约好了,下班以后来我家一起看足球比赛。我还买了啤酒和零食,打算一边吃喝,一边为我喜欢的球队加油。

실전 모의고사 1회 - 듣기

문제 1

| A 空间非常大 | B 放满了家具 | A 공간이 매우 크다 | B 가구를 가득 채웠다 |
| C 装修完了 | D 准备做书房 | C 인테리어를 끝냈다 | D 서재로 쓸 준비를 한다 |

女：你打算把朝北的这个房间装修成书房？
男：对。我量了一下，做卧室的话可能小了点儿。
问：关于那个房间，可以知道什么？

여 : 당신 북향인 이 방을 서재로 꾸미실 건가요?
남 : 네. 제가 재 봤는데, 침실로 하면 아마 작을 것 같아요.
질문 : 그 방에 관하여 알 수 있는 것은 무엇인가?

단어 朝 cháo 전 ~을 향하여 | 北 běi 명 북쪽 | 装修 zhuāngxiū 동 장식하고 꾸미다, 인테리어하다 | 量 liáng 동 재다, 측정하다 | 卧室 wòshì 명 침실 | 空间 kōngjiān 명 공간 | 家具 jiājù 명 가구

해설 여자가 북쪽을 향하고 있는 이 방을 서재로 인테리어 할 것인지 물었을 때, 남자가 대라고 대답했으므로 정답은 D 准备做书房이다.

문제 2

A 他们结婚20年了
B 男的给妻子制造了惊喜
C 女的今天生日
D 今天是情人节

A 그들은 결혼한 지 20년 되었다
B 남자는 아내에게 이벤트를 해주었다
C 여자는 오늘 생일이다
D 오늘은 밸런타인 데이이다

男：家里怎么有一大束花，谁送的？今天是什么特殊的日子吗？
女：女儿送的。你忘了？今天是我们结婚20周年纪念日呢。
问：根据对话，可以知道什么？

남 : 집에 어째서 큰 꽃다발이 있는 거예요? 누가 선물했나요? 오늘 무슨 특별한 날인가요?
여 : 딸이 선물한 거예요. 당신 잊었어요? 오늘이 우리 결혼 20주년 기념일이잖아요.
질문 : 대화에 근거하여 알 수 있는 것은 무엇인가?

단어 特殊 tèshū 형 특별하다 | 周年 zhōunián 명 주년 | 纪念日 jìniànrì 명 기념일 | 制造 zhìzào 동 만들다, 조성하다 | 惊喜 jīngxǐ 명 깜짝 이벤트 동 놀라고 기뻐하다 | 情人节 Qíngrén jié 명 밸런타인 데이

해설 여자가 마지막에 오늘은 우리의 결혼 20주년 기념일이라고 했으므로 보기 중 정답은 A 他们结婚20年了이다.

문제 3

A 发言稿不见了
B 开会迟到了
C 工作任务没完成
D 找不到财务报表

A 발표문이 보이질 않아서
B 회의에 늦어서
C 업무를 다 끝내지 못해서
D 재무제표를 찾을 수 없어서

男：你找什么呢？慌慌张张的。
女：会议马上就要开始了。但是，我做的财务报表不见了。
问：女的为什么很慌张？

남 : 당신 뭘 찾고 있어요? 당황한 것 같아요.
여 : 회의가 곧 시작해요. 그런데 제가 만든 재무제표가 보이질 않아요.
질문 : 여자는 왜 당황했는가?

단어 慌慌张张 huānghuāng zhāngzhāng 형 당황하다, 쩔쩔매다, 허둥대다 | 财务报表 cáiwù bàobiǎo 명 재무제표 | 发言稿 fāyángǎo 명 발표문

해설 대화에서 여자가 재무제표가 보이지 않는다고 했다. 보이지 않는 다는 것은 찾을 수 없다는 것과 같으므로 정답은 D 找不到财务报表이다.

문제 4

A 周边安静	B 离学校近	A 주변이 조용해서	B 학교로부터 가까워서
C 位置好	D 租金便宜	C 위치가 좋아서	D 임대료가 저렴해서

女：你租的这套公寓，挺高档的，配置也挺齐全。 男：这些都是次要的。我住这儿，主要是因为它地理位置好，离公司近。 问：男的为什么租那套公寓？	여 : 당신이 임대한 이 아파트는 매우 고급스럽고 옵션도 매우 완벽하게 갖추고 있어요. 남 : 그런 것들은 부차적인 것이에요. 제가 이곳에 사는 주요 이유는 지리적 위치가 좋아서 회사에서 가깝기 때문이에요. 질문 : 남자는 왜 이 집을 임대하였는가?

단어　公寓 gōngyù 명 아파트 | 高档 gāodàng 형 고급의, 상등의 | 配置 pèizhì 명 옵션, 사양, 품목 | 齐全 qíquán 형 완비하다, 완벽히 갖추다 | 次要 cìyào 형 부차적인, 이차적인 | 地理位置 dìlǐ wèizhì 명 지리적 위치 | 周边 zhōubiān 명 주변, 주위 | 租金 zūjīn 명 임대료

해설　남자가 이 집을 선택한 이유는 지리적 위치가 좋아 회사로부터 가깝기 때문이다. 정답은 C 位置好이다.

문제 5

A 男的迟到了 B 两队分数相差大 C 女的没去看比赛 D 比赛日期提前了	A 남자가 지각했다 B 두 팀의 점수 차이가 크다 C 여자는 시합을 보지 못했다 D 시합 날짜가 앞당겨졌다

男：路上堵车，我来晚了！现在几比几了？ 女：1比1前两局打得特别精彩！你没看着实在太可惜了！ 问：根据对话，可以知道什么？	남 : 길이 막혀요. 늦을 것 같아요! 지금 몇 대 몇이에요? 여 : 1:1이에요. 앞에 두 경기가 정말 훌륭했어요! 당신이 못 봐서 정말 아쉬워요! 질문 : 대화에 근거하여 알 수 있는 것은 무엇인가?

단어　堵车 dǔchē 동 차가 막히다, 교통이 체증되다 | 局 jú 양 판, 번, 경기 | 精彩 jīngcǎi 형 훌륭하다, 멋지다, 뛰어나다 | 可惜 kěxī 형 아쉽다, 애석하다, 아깝다 | 分数 fēnshù 명 점수 | 相差 xiāngchà 동 서로 차이가 나다 | 提前 tíqián 동 앞당기다

해설　남자는 대화에서 我来晚了라고 했다. 보기 중 이와 같은 의미를 가진 동의어를 찾는 것이 핵심이다. 그러므로 정답은 A 男的迟到了이다.

문제 6

A 会计	B 工程师	A 회계원	B 엔지니어
C 律师	D 主持人	C 변호사	D 진행자

男：你8月接的那个案子，什么时候开庭？ 女：我正在等法院的通知。估计快了。 问：女的最可能从事什么职业？	남 : 당신 8월에 받은 그 사건은 언제 재판하나요? 여 : 지금 법원의 통보를 기다리고 있어요. 곧 될 것 같아요. 질문 : 여자는 어떤 직업에 종사하는가?

단어　案子 ànzi 명 사건, 소송 | 开庭 kāitíng 동 재판하다 | 法院 fǎyuàn 명 법원 | 会计 kuàiji 명 회계원, 경리 | 工程师 gōngchéngshī 명 엔지니어, 기술자 | 律师 lùshī 명 변호사 | 主持人 zhǔchírén 명 진행자, 사회자

해설　대화에서 언급된 案子(사건), 开庭(재판), 法院(법원)와 관련된 직업을 찾는 것이 핵심이다. 정답은 C 律师이다.

문제 7

A 家里	B 幼儿园	A 집	B 유치원
C 玩具店	D 隔壁邻居家	C 문구점	D 이웃집

女: 女儿呢？从幼儿园接回来了吗？
男: 她姥姥刚把她接回来，正在卧室里玩儿呢。
问: 女儿现在在哪儿？

여: 딸은요? 유치원에서 데리고 오지 않았나요?
남: 외할머니가 방금 데리고 오셨어요. 지금 침실에서 놀고 있어요.
질문: 딸은 지금 어디에 있는가?

단어 幼儿园 yòu'éryuán 명 유치원, 유아원 | 接 jiē 동 데려오다, 마중하다 | 姥姥 lǎolao 명 외할머니, 외조모 | 卧室 wòshì 명 침실 | 隔壁 gébì 명 이웃집, 옆집 | 邻居 línjū 명 이웃집, 이웃 사람

해설 딸은 외할머니가 유치원에서 데려와 지금은 침실에서 놀고 있다고 했다. 장소가 두 곳이 언급될 때는 대부분 현재 있는 장소를 물어본다. 그러므로 정답은 A 家里이다.

문제 8

A 看开幕式	B 在整理资料	A 개막식을 보다	B 자료를 정리하는 중이다
C 看网球比赛	D 为采访做准备	C 테니스 시합을 보다	D 취재를 위하여 준비하다

女: 你怎么这么累？是不是又熬夜了？
男: 是啊，昨晚世界杯开幕式，看完都半夜两点了。
问: 男的昨晚为什么熬夜？

여: 당신 왜 이렇게 피곤해 해요? 또 밤새웠어요?
남: 네, 어제저녁에 월드컵 개막식이 있었어요. 다 보니까 이미 새벽 2시였어요.
질문: 남자는 어제저녁에 왜 밤을 새웠는가?

단어 熬夜 áoyè 동 밤새다, 철야하다 | 世界杯 shìjièbēi 명 월드컵(축구 대회) | 开幕式 kāimùshì 명 개막식 | 整理 zhěnglǐ 동 정리하다 | 采访 cǎifǎng 동 인터뷰하다, 취재하다

해설 남자는 월드컵 개막식을 보느라 밤을 새웠다고 했다. 그러므로 정답은 A 看开幕式이다.

문제 9

A 上当了	B 没钓到鱼	A 속았다	B 물고기를 낚지 못했다
C 受到称赞了	D 想歇一会儿	C 칭찬을 받았다	D 잠시 쉬고 싶다

女: 我在这儿都坐了快一个小时了，一点儿收获都没有。
男: 别急，钓鱼要有耐心，慢慢儿来。
问: 关于女的可以知道什么？

여: 제가 이곳에 거의 1시간 동안 앉아 있었는데, 전혀 수확(소득)이 없어요.
남: 조급해하지 말아요. 낚시는 인내심이 필요해요. 천천히 합시다.
질문: 여자에 관하여 알 수 있는 것은 무엇인가?

단어 收获 shōuhuò 명 수확, 성과, 소득 동 수확하다 | 钓鱼 diàoyú 동 낚시하다 | 耐心 nàixīn 명 인내심 형 참을성이 있다 | 上当 shàngdàng 동 속다, 꾐에 빠지다 | 称赞 chēngzàn 동 칭찬하다, 찬양하다 | 歇 xiē 동 휴식하다, 쉬다

해설 대화를 통해 두 사람이 낚시를 하고 있음을 알 수 있다. 여자는 거의 1시간 동안 앉아 있었지만 수확이 없다고 했다. 이것은 한 마리도 잡지 못했다는 의미이므로 정답은 B 没钓到鱼이다.

문제 10

A 打雷了	B 台阶滑	A 천둥이 쳤다	B 계단이 미끄럽다
C 路上结冰了	D 楼梯太旧了	C 길이 결빙되었다	D 계단이 너무 낡았다

男: 刚下过雨，台阶比较滑，您小心点儿，别摔倒了。 女: 好，你也小心点儿。 问: 男的为什么让女的小心点儿?	남: 방금 비가 와서 계단이 조금 미끄러워요. 당신 넘어지지 않도록 조심하세요. 여: 네. 당신도 조심하세요. 질문: 남자는 왜 여자에게 조심하라고 하는가?

단어 台阶 táijiē 명 층계, 계단 | 滑 huá 형 반들거리다, 미끄럽다 | 摔倒 shuāidǎo 동 쓰러지다, 넘어지다, 자빠지다 | 打雷 dǎléi 동 천둥치다 | 结冰 jiébīng 동 얼음이 얼다 | 楼梯 lóutī 명 계단

해설 남자는 방금 비가 와서 계단이 미끄럽다고 했으므로 알맞은 정답은 B 台阶滑이다.

문제 11

A 晒被子	B 洗床单	A 이불을 말리다	B 침대 시트를 세탁하다
C 收拾屋子	D 洗牛仔裤	C 방을 정리하다	D 청바지를 세탁하다

女: 今天阳光真好，不如我们把被子拿到阳台上晒一晒吧。 男: 嗯。那我去把被子抱过来。 问: 他们要做什么?	여: 오늘 햇빛이 정말 좋네요. 이불을 베란다에 말리는 게 좋을 것 같아요. 남: 그래요. 그럼 제가 이불을 가져올게요. 질문: 그들은 무엇을 하려고 하는가?

단어 阳光 yángguāng 명 햇빛 | 不如 bùrú 부 (제안을 나타냄) | 被子 bèizi 명 이불 | 阳台 yángtái 명 발코니, 베란다 | 晒 shài 동 햇볕을 쬐다, 햇볕에 말리다 | 床单 chuángdān 명 침대 시트 | 收拾 shōushi 동 정리하다, 정돈하다, 치우다 | 牛仔裤 niúzǎikù 명 청바지

해설 대화에서 여자가 햇빛이 좋은 날씨이므로 이불을 말리자고 제안한다. 정답은 A 晒被子이다.

문제 12

A 收到邮件了 B 询问了营业厅 C 收到充值短信了 D 女的打电话告诉他的	A 이메일을 받았다 B 영업점에 물어봤다 C 충전 메시지를 받았다 D 여자가 남자에게 전화하여 알려주었다

男: 你帮我充电话费了? 我刚才收到短信通知了。 女: 是，现在正在搞活动，充两百送一百元话费，我就给你充了两百。 问: 男的怎么知道女的帮他充话费了?	남: 당신 제 전화 요금을 충전해주셨나요? 저 방금 문자 통보를 받았어요. 여: 네. 지금 행사 중이에요. 200위안을 충전하면 100위안의 전화 요금을 준대요. 제가 당신 전화 요금을 200위안을 충전했어요. 질문: 남자는 여자가 그의 전화 요금을 충전한 것을 어떻게 알았는가?

단어 充 chōng 동 채우다, 충전하다 | 通知 tōngzhī 동 통보하다 | 搞 gǎo 동 하다, 진행하다 | 活动 huódòng 명 활동, 행사, 모임 | 询问 xúnwèn 동 알아보다, 물어 보다 | 营业厅 yíngyètīng 명 영업점 | 充值 chōngzhí 동 (돈을) 채우다, 충전하다

해설 남자는 전화 요금을 충전했다는 문자를 받았다. 그러므로 정답은 C 收到充值短信了이다.

문제 13

A 现在卖童装	B 生意失败了
C 是服装设计师	D 去邮局取包裹了

A 현재 아동복을 팔고 있다	B 사업에 실패했다
C 패션디자이너이다	D 우체국에서 소포를 찾았다

女：小张，你太太还在邮局上班吗？
男：没有，她前几年就辞职了。自己开了家网店，专门卖儿童服装。
问：关于小张的太太，下列哪项正确？

여 : 샤오장, 당신 아내는 아직 우체국에 출근하고 있나요?
남 : 아니요. 몇 년 전에 직장을 그만뒀어요. 혼자 인터넷 쇼핑몰을 열어서 아동복을 전문적으로 팔고 있어요.
질문 : 샤오장의 아내에 관하여 다음 중 옳은 것은?

단어 邮局 yóujú 명 우체국 | 辞职 cízhí 동 사직하다, 직장을 그만두다 | 网店 wǎngdiàn 명 인터넷 쇼핑몰 | 专门 zhuānmén 부 전문적으로, 특별히, 일부러 | 儿童 értóng 명 아동, 어린이 | 服装 fúzhuāng 명 복장, 의류 | 失败 shībài 동 실패하다 | 设计师 shèjìshī 명 디자이너 | 包裹 bāoguǒ 명 소포

해설 샤오장은 아내가 회사를 그만두고 인터넷에서 아동복을 전문적으로 팔고 있다고 했으므로 정답은 A 现在卖童装이다.

문제 14

A 伤口痒	B 病情严重了
C 正在动手术	D 伤口碰到水了

A 상처가 가렵다	B 병세가 심각해졌다
C 수술하는 중이다	D 상처에 물이 닿았다

男：大夫，我手术的伤口有点儿痒，不要紧吧？
女：没关系，这说明伤口正在愈合。
问：男的怎么了？

남 : 의사 선생님, 제 수술 상처가 약간 가려워요. 괜찮겠죠?
여 : 괜찮아요. 이것은 상처가 아물고 있는 거예요.
질문 : 남자는 어떠한가?

단어 伤口 shāngkǒu 명 상처 | 痒 yǎng 형 가렵다, 간지럽다 | 不要紧 búyàojǐn 형 괜찮다(=没关系) | 愈合 yùhé 동 (상처가)아물다 | 病情 bìngqíng 명 병세, 병의 증상 | 严重 yánzhòng 형 심각하다 | 碰 pèng 동 닿다

해설 남자가 수술한 상처 부위가 가렵다고 했다. 그러므로 정답은 A 伤口痒이다.

문제 15

A 机场	B 车库
C 火车上	D 俱乐部

A 공항	B 차고
C 기차	D 클럽

女：没想到居然在这儿碰到你，你也去上海？
男：是啊，真巧！我在六号车厢，你呢？
问：他们现在可能在哪儿？

여 : 여기에서 당신을 만날 줄은 생각도 못 했어요. 당신도 상하이에 가나요?
남 : 네, 정말 우연이네요! 저는 6번 객실에 있어요. 당신은요?
질문 : 그들은 현재 어디에 있는가?

단어 居然 jūrán 부 뜻밖에, 예상 외로, 의외로 | 碰 pèng 동 우연히 만나다, 마주치다 | 巧 qiǎo 우연이다, 뜻밖이다 | 车厢 chēxiāng 명 객실 | 车库 chēkù 명 차고 | 俱乐部 jùlèbù 명 클럽, 동호회

해설 남자가 기차의 객실 번호를 가리키는 六号车厢을 언급했다. 정답은 C 火车上이다.

문제 16

A 她没空儿 B 羡慕男的 C 她会尽全力的 D 推荐小黄参赛	A 그녀는 시간이 없다 B 남자를 부러워하다 C 그녀는 최선을 다할 것이다 D 샤오황을 시합에 참가하라고 추천했다
男：下个月，公司有乒乓球赛，你代表咱们部门参加吧。 女：我只是业余水平，小黄的球技比我强多了。还是让他去吧。 问：女的是什么意思？	남：다음 달에 회사에서 탁구 대회가 있어요. 당신 우리 부서 대표 참가해 봐요. 여：저는 그저 아마추어 수준이에요. 샤오황의 기술이 저보다 훨씬 뛰어나요. 그에게 참가하라고 하는 편이 좋겠어요. 질문：여자의 의미는 무엇인가?

단어 乒乓球赛 pīngpāngqiú sài 명 탁구 경기 | 代表 dàibiǎo 동 대표하다 | 部门 bùmén 명 부, 부서 | 业余 yèyú 형 비전문의, 아마추어의 (↔专业) | 球技 qiújì 명 공을 다루는 기술, 플레이 | 强 qiáng 형 우월하다, 뛰어나다 | 空儿 kòngr 명 시간, 짬, 여유 | 羡慕 xiànmù 동 부러워하다 | 尽 jìn 동 다하다 | 全力 quánlì 명 최선, 전력 | 推荐 tuījiàn 동 추천하다

해설 여자가 샤오황이 자신보다 기술이 뛰어나다며 그에게 참가하라고 하는 것이 좋겠다고 했으므로 정답은 D 推荐小黄参赛이다.

문제 17

A 大箱子更结实 B 原来的箱子破了 C 东西太多装不下 D 原来的箱子太重	A 큰 상자가 더욱 튼튼해서 B 원래 있던 상자가 망가져서 C 물건이 너무 많아 담을 수 없어서 D 원래 있던 상자가 너무 무거워서
女：要整理的东西太多了。你看，这个箱子根本装不下。 男：的确是。我记得，地下室还有个大箱子，我去拿上来。 问：男的为什么想换大箱子？	여：정리해야 할 물건이 매우 많아요. 봐요. 이 상자에는 절대 담을 수 없어요. 남：확실히 그러네요. 제 기억에 지하실에 큰 상자가 있어요. 제가 가서 가지고 올라올게요. 질문：남자는 왜 큰 상자로 바꾸려 하는가?

단어 整理 zhěnglǐ 동 정리하다 | 箱子 xiāngzi 명 상자 | 根本 gēnběn 부 결코, 절대 | 装 zhuāng 동 담다, 포장하다 | 的确 díquè 부 확실히, 틀림없이 | 地下室 dìxiàshì 명 지하실 | 结实 jiēshi 형 튼튼하다, 단단하다 | 破 pò 동 망가지다, 파손되다

해설 여자는 물건이 많아서 원래 있던 상자에 담을 수 없다고 강조하고 있다. 그러므로 정답은 C 东西太多装不下이다.

문제 18

A 快结婚了 B 没收到邀请 C 承认了错误 D 不能参加朋友的婚礼	A 곧 결혼한다 B 초청을 받지 못했다 C 실수를 인정했다 D 친구의 결혼식에 참가할 수 없다
男：你录视频做什么？ 女：有个朋友要结婚了，我不能亲自参加她的婚礼，想录段祝福视频送给她。 问：关于女的，可以知道什么？	남：당신은 영상을 녹화해서 무엇을 하려고요? 여：한 친구가 결혼하는데, 제가 결혼식에 직접 참가할 수가 없어서 축하 영상을 녹화해서 그녀에게 선물로 주고 싶어요. 질문：여자에 관하여 알 수 있는 것은 무엇인가?

| 단어 | 录 lù 동 찍다, 녹화하다 | 视频 shìpín 명 영상 | 婚礼 hūnlǐ 명 결혼식 | 祝福 zhùfú 명 축하, 축복 동 축하하다, 축복하다 | 收到 shōudào 동 초청을 받다 | 邀请 yāoqǐng 동 초청을 받다 | 承认 chéngrèn 동 인정하다 | 错误 cuòwù 명 실수, 잘못

해설 여자는 결혼식에 참가할 수 없기 때문에 축하 동영상을 녹화하여 선물로 주고 싶다고 했으므로 정답은 D 不能参加朋友的婚礼이다.

문제 19

A 被淋湿了	B 被撕碎了	A 흠뻑 젖어버렸다	B 찢어졌다
C 被油弄脏了	D 掉色很严重	C 기름에 더러워졌다	D 물 빠짐이 심각하다

女：我昨天吃饭时, 不小心把油弄到衣服上了。怎么洗都洗不掉。
男：我在网上看到一个方法。说用白面包在有油迹的地方, 反复擦几下, 可以消除油迹, 你试试看。
问：衣服怎么了?

여 : 제가 어제 밥 먹다가 실수로 옷에 기름이 묻었어요. 어떻게 세탁을 해도 지워지질 않네요.
남 : 제가 인터넷에서 한 방법을 봤어요. 흰 빵을 사용해서 기름 자국이 있는 곳을 반복해서 여러 번 닦아봐요. 그럼 기름 자국이 없어질 거예요. 한 번 해보세요.
질문 : 옷은 어떠한가?

단어 油 yóu 명 기름 | 洗不掉 xǐbudiào (얼룩·기름 등이) 안 지워지다, 빠지지 않다 | 网上 wǎngshàng 명 인터넷 | 反复 fǎnfù 부 거듭, 반복하여 | 擦 cā 동 닦다 | 消除 xiāochú 동 없애다, 제거하다 | 油迹 yóujì 명 기름 자국, 기름얼룩 | 淋湿 línshī 동 흠뻑 젖다 | 撕碎 sīsuì 동 갈기갈기 찢다 | 弄脏 nòngzāng 동 더럽히다 | 掉色 diàoshǎi 동 탈색되다, 물이 빠지다, 색이 바래다

해설 여자가 밥을 먹다가 옷에 기름이 묻었다고 했다. 정답은 C 被油弄脏了이다.

문제 20

A 蓝色不时尚	A 파란색은 유행하지 않는다
B 赞成用紫色	B 보라색 사용을 찬성했다
C 担心女儿不喜欢	C 딸이 안 좋아할까 걱정한다
D 会说服女儿接受蓝色	D 딸에게 파란색을 하자고 설득할 것이다

男：颜色过时的墙, 都刷成蓝色的, 怎么样?
女：我觉得挺好的, 但女儿不一定会喜欢, 她一向喜欢淡紫色。
问：女的是什么意思?

남 : 유행이 지난 색상의 벽을 모두 파란색으로 칠하는 것이 어때요?
여 : 저는 너무 좋을 것 같아요. 그러나 딸이 좋아하지 않을 수도 있어요. 그녀는 줄곧 연보라색을 좋아했거든요.
질문 : 여자의 의미는 어떠한가?

단어 过时 guòshí 형 유행이 지나다, 시대에 뒤떨어지다 | 刷 shuā 동 칠하다 | 不一定 bùyídìng 부 반드시 ~한 것은 아니다 | 一向 yíxiàng 부 줄곧, 내내, 그동안 | 淡紫色 dànzǐsè 명 연보라색 | 时尚 shíshàng 명 시대적 유행, 트렌드 형 유행하다 | 赞成 zànchéng 동 찬성하다 | 说服 shuōfú 동 설득하다

해설 여자 자신은 파란색이 좋지만, 딸은 연보라색을 좋아하므로 파란색 벽을 싫어할 수도 있다고 했다. 정답은 C 担心女儿不喜欢이다.

문제 21

A 要陪父母	B 准备休假	A 부모님을 모시려고 한다	B 휴가를 준비한다
C 妻子病了	D 身体不适	C 아내가 아프다	D 몸이 아프다

男: 主任, 抱歉！这次出差, 我恐怕去不了了。
女: 怎么了？
男: 我太太病了, 要做手术。我得在医院照顾她。
女: 行。那出差的事我安排别人。
问: 男的为什么不能去出差？

남: 주임님, 죄송해요. 이번 출장은 제가 갈 수 없을 것 같아요.
여: 어째서요?
남: 제 아내가 아파서 수술해야 해요. 제가 병원에서 그녀를 돌봐야 해요.
여: 알겠어요. 그럼 출장에 관한 일은 다른 사람에게 맡기도록 할게요.
질문: 남자는 왜 출장을 갈 수 없는가?

단어 抱歉 bàoqiàn 동 사과하다 | 太太 tàitai 명 아내, 부인(=妻子) | 恐怕 kǒngpà 부 아마 ~일 것이다 | 做手术 zuò shǒushù 수술을 하다 | 照顾 zhàogù 동 돌보다 | 安排 ānpái 동 안배하다

해설 남자는 아내가 아파서 출장을 갈 수 없다. 그러므로 정답은 C 妻子病了이다.

문제 22

A 音量高	B 字号大	A 음량이 크다	B 글자 크기가 크다
C 防水	D 很薄	C 방수가 된다	D 매우 얇다

男: 姑娘, 你想买什么手机？
女: 我给我姥姥买。哪款手机比较适合老年人用？
男: 有一款手机字号大, 待机时间长。是专门为老年人设计的。
女: 麻烦你, 拿给我看看。
问: 那款手机有什么特点？

남: 아가씨, 어떤 휴대전화를 구매하려고 하시나요?
여: 저는 외할머니에게 드릴 휴대전화를 구매하려고 해요. 어떤 휴대전화가 비교적 노인들이 사용하기에 적합한가요?
남: 이 휴대전화는 글자 크기가 크고, 대기 시간도 길어요. 특별히 어르신들을 위하여 디자인한 것입니다.
여: 수고스럽지만, 저에게 보여주세요.
질문: 그 휴대전화는 어떤 특징이 있는가?

단어 姑娘 gūniang 명 아가씨 | 姥姥 lǎolao 명 외할머니 | 适合 shìhé 동 적합하다, 어울리다 | 字号 zìhào 명 글자 크기 | 待机 dàijī 동 기다리다, 대기하다 | 专门 zhuānmén 부 특별히, 일부러 | 设计 shèjì 동 디자인하다, 설계하다 | 音量 yīnliàng 명 음량 | 防水 fángshuǐ 동 방수하다 | 薄 báo 형 얇다

해설 남자가 추천하고 있는 그 휴대전화는 글자 크기가 크고 대기 시간도 길다고 했다. 그러므로 정답은 B 字号大이다.

문제 23

A 做兼职	B 加班	A 아르바이트를 한다	B 초과 근무를 한다
C 去旅行	D 学摄影	C 여행을 간다	D 촬영을 배운다

女: 爸, 国庆节我要出去旅行, 不回家了。
男: 你一个人去吗？
女: 不是。是公司组织的集体活动, 同事们都去。
男: 那你玩得开心点儿。路上注意安全！
问: 女的计划国庆节做什么？

여: 아버지, 국경절에 저는 여행을 가서 집에 못 갈 것 같아요.
남: 혼자 가니?
여: 아니요. 회사에서 구성한 단체 활동이에요. 동료들 모두가 가요.
남: 그럼 재미있게 놀다 오렴. 안전에 주의해야 한다!
질문: 여자는 국경절에 무엇을 할 계획인가?

| 단어 | 国庆节 Guóqìng jié 명 국경절 | 组织 zǔzhī 동 조직하다, 구성하다 | 集体活动 jítǐ huódòng 단체 활동 | 注意 zhùyì 동 주의하다, 조심하다 | 安全 ānquán 형 안전하다 | 兼职 jiānzhí 동 겸직하다, 아르바이트를 하다 | 摄影 shèyǐng 동 사진을 찍다, 영화를 촬영하다 |

| 해설 | 여자는 회사 동료들과 국경절에 여행을 간다고 했다. 정답은 C 去旅行이다. |

문제 24

A 规模大	B 全国性的		A 규모가 크다	B 전국적이다
C 持续半个月	D 在举行闭幕式		C 2주 동안 계속된다	D 폐막식을 진행 중이다

男: 操场上怎么那么多人?	남: 운동장에 왜 이렇게 사람이 많아요?
女: 省大学生运动会在咱学校举行。今天就是开幕式。	여: 대학생 운동회를 우리 학교에서 진행한대요. 오늘이 개막식이에요.
男: 怪不得, 昨天就看见有人在那边布置。	남: 어쩐지. 어제 어떤 사람들이 저쪽에서 설치하는 것을 봤어요.
女: 听说今年是规模最大、参加人数最多的一届。	여: 듣기로는 올해가 규모도 가장 크고, 참가 인원도 가장 많은 운동회래요.
问: 关于这届运动会, 可以知道什么?	질문: 이번 운동회에 관하여 알 수 있는 것은 무엇인가?

| 단어 | 操场 cāochǎng 명 운동장 | 省 shěng 명 성, 도시 | 举行 jǔxíng 동 거행하다, 진행하다 | 开幕式 kāimùshì 명 개막식 | 怪不得 guàibude 부 어쩐지 | 布置 bùzhì 동 설치하다, 꾸미다, 배치하다, 진열하다 | 规模 guīmó 명 규모 | 届 jiè 양 회, 차, 번 | 全国性 quánguóxìng 형 전국적이다 | 持续 chíxù 동 계속되다, 지속하다 | 闭幕式 bìmùshì 명 폐막식 |

| 해설 | 여자는 이번 운동회가 규모가 가장 크고, 참가 인원도 가장 많다고 했으므로 정답은 A 规模大이다. |

문제 25

A 购买新款服装		A 신상품을 구매한다
B 交720元入会费		B 720위안 입회비를 낸다
C 来店购物超过9次		C 가게에 와서 9번 이상 구매한다
D 一次性消费满800元		D 한 번에 800원을 구매한다

女: 你有会员卡吗? 有的话, 新款服装可享受9折优惠。	여: 멤버십 카드 있으신가요? 있다면 신상품을 10% 할인 우대를 받을 수 있어요.
男: 没有。请问, 怎么办会员卡?	남: 없어요. 실례지만 멤버십 카드는 어떻게 만드나요?
女: 一次性消费超过800元可免费办理。	여: 한 번에 800위안 이상 구매하시면 무료로 만들어드려요.
男: 那我这次正好可以办一张。	남: 그럼 저는 이번에 마침 한 장 만들 수 있겠네요.
问: 怎样办理会员卡?	질문: 멤버십 카드를 어떻게 만드는가?

| 단어 | 会员卡 huìyuánkǎ 명 멤버십 카드 | 新款 xīnkuǎn 명 신상품 | 服装 fúzhuāng 명 의류, 옷 | 享受 xiǎngshòu 동 누리다, 즐기다 | 优惠 yōuhuì 명 혜택, 할인 | 超过 chāoguò 동 초과하다 | 正好 zhènghǎo 부 마침 | 购买 gòumǎi 동 사다, 구매하다 | 入会费 rùhuìfèi 입회비, 가입비 |

| 해설 | 여자는 한번에 800위안 이상 구매하면 멤버십 카드를 발급할 수 있다고 했다. 정답은 D 一次性消费满800元이다. |

문제 26

A 铁制的	B 还需改进	A 철재로 만든 것이다	B 개량이 필요하다
C 声音单调	D 是民族乐器	C 소리가 단조롭다	D 민족 악기이다

| 男：你刚吹的是什么曲子？真好听！
女：《高山流水》，是中国的一首传统乐曲。
男：你用的这个乐器，叫什么名字？我以前从没见过。
女：这是笛子，是中国经典的民族乐器。
问：关于笛子可以知道什么？ | 남：당신은 방금 어떤 곡을 연주했어요? 정말 듣기 좋네요!
여：「고산유수」에요. 중국의 전통 음악이에요.
남：당신이 사용한 이 악기의 이름은 뭔가요? 저는 이전에 본 적이 없어요.
여：이것은 피리에요. 중국 고전의 민족 악기죠.
질문：피리에 관하여 알 수 있는 것은 무엇인가? |

단어 吹 chuī 동 불다, 불어서 연주하다 | 笛子 dízi 명 피리 | 曲子 qǔzi 명 곡, 노래 | 《高山流水》gāoshān liúshuǐ 「고산유수」(곡 이름) | 乐器 yuèqì 명 악기 | 经典 jīngdiǎn 명 고전 | 民族 mínzú 명 민족 | 铁制 tiězhì 명 철제 | 改进 gǎijìn 동 개량하다, 개정하다 | 单调 dāndiào 형 단조롭다

해설 피리는 중국 고전의 민족 악기라고 설명하고 있다. 그러므로 정답은 D 是民族乐器임을 알 수 있다.

문제 27

A 过期了 B 节假日不能用 C 过了8月才能用 D 没达到消费标准	A 기한이 지났다 B 휴일에는 사용할 수 없다 C 8월이 지나야 사용할 수 있다 D 소비 기준에 도달하지 못했다
女：先生，您一共消费了240元，您付现金还是刷卡？ 男：我有一张买100减30的优惠券，能用吗？ 女：对不起，这张券的有效期到8月中旬，现在不能用了。 男：好吧，我付现金。 问：那张优惠券为什么不能用？	여：손님, 모두 240위안입니다. 현금과 카드 중 어느 것으로 지불하시겠습니까? 남：저 30% 할인권이 있는데, 사용할 수 있을까요? 여：죄송합니다. 이 할인권의 유효기간이 8월 중순까지라서 지금은 사용할 수 없습니다. 남：알겠습니다. 현금으로 지불할게요. 질문：그 할인권은 어째서 사용할 수 없는가?

단어 现金 xiànjīn 명 현금 | 刷卡 shuākǎ 동 카드를 긁다 | 优惠券 yōuhuìquàn 명 할인권 | 有效期 yǒuxiàoqī 명 유효기간 | 中旬 zhōngxún 명 중순 | 过期 guòqī 동 기한을 넘기다, 기일이 지나다 | 节假日 jiéjiàrì 명 명절과 휴일 | 消费 xiāofèi 동 소비하다 | 标准 biāozhǔn 명 표준, 기준

해설 그 할인권이 기한이 8월 중순이라 사용할 수 없다고 했으므로 사용기한이 지났다는 의미와 같다. 그러므로 정답은 A 过期了이다.

문제 28

A 今天	B 9号下午	A 오늘	B 9일 오후
C 10号上午	D 本月下旬	C 10일 오전	D 이번 달 중순

| 女：李总，您到北京了吗？
男：不好意思，我还在上海。这边临时有点儿事需要处理。我9号下午到北京。
女：好的，那我们10号上午见怎么样？
男：可以。
问：他们打算哪天见面？ | 여：리 사장님, 베이징에 도착했나요?
남：죄송해요. 아직 상하이에요. 여기에 잠시 처리해야 할 일이 있어서요. 9일 오후에 베이징에 도착해요.
여：알았어요. 그럼 우리 10일 오전에 만나는 게 어때요?
남：그렇게 해요.
질문：그들은 언제 만나려고 하는가? |

| 단어 | 临时 línshí 형 임시의, 일시적인 | 处理 chǔlǐ 동 처리하다 | 本月 běnyuè 명 이번 달 | 下旬 xiàxún 명 하순 |

해설 남자가 상하이에서 9일 오후에 도착하므로 10일 오전에 만날 것을 제안하고 있다. 보기 B, C 모두 날짜에 대한 표현이지만, 만나는 시간을 묻고 있으므로 정답은 C 10号上午이다.

문제 29

| A 面试 | B 辩论 | A 면접을 보다 | B 변론하다 |
| C 贷款 | D 签合同 | C 대출하다 | D 계약하다 |

女：你应聘什么职位？
男：产品销售。
女：之前有过相关的工作经验吗？
男：没有，但我学过销售类的课程，我会尽力做到最好。
问：他们最可能在做什么？

여: 어느 직무에 지원하셨나요?
남: 상품 판매입니다.
여: 이전에 관련된 일을 해본 적이 있나요?
남: 없습니다. 하지만 영업 관련 과정을 공부한 적이 있습니다. 최선을 다해서 일하겠습니다.
질문: 그들은 무엇을 하고 있는가?

단어 销售 xiāoshòu 동 팔다, 판매하다 | 课程 kèchéng 명 교과목, 교육 과정 | 尽力 jìnlì 동 전력을 다하다 | 面试 miànshì 동 면접시험을 보다 | 辩论 biànlùn 동 변론하다, 논쟁하다, 토론하다 | 贷款 dàikuǎn 동 대출하다 | 合同 hétong 명 계약서

해설 지원한 직무와 관련된 일에 대한 경험을 묻고 있으므로 면접 장소에서 이루어지는 대화라는 것을 알 수 있다. 그러므로 정답은 A 面试이다.

문제 30

| A 晚宴取消了 | B 周日召开会议 | A 저녁 파티가 취소되었다 | B 일요일에 회의를 개최한다 |
| C 订的包间小了 | D 有20人出席会议 | C 예약한 방이 작았다 | D 20명이 회의에 참석한다 |

女：这是礼拜天出席会议的人员名单。
男：好，一共多少人？
女：我们邀请了八位专家，再加上公司领导和同事，一共十七人。
男：晚上的宴会安排在哪儿？
女：对面的酒楼。我订了一个二十人的包间。
问：关于对话，下列哪项正确？

여: 일요일에 회의에 참석할 인원 명단입니다.
남: 네, 모두 몇 명인가요?
여: 우리는 8명의 전문가를 초청했습니다. 회사 대표님과 동료들 모두 17명입니다.
남: 저녁 파티는 어디로 준비했나요?
여: 맞은편의 요릿집입니다. 20명 인원의 룸을 예약했습니다.
질문: 대화에 관하여 다음 중 옳은 것은?

단어 出席 chūxí 동 출석하다, 참석하다 | 名单 míngdān 명 명단 | 邀请 yāoqǐng 동 초청하다 | 领导 lǐngdǎo 명 지도자 | 酒楼 jiǔlóu 명 요릿집 | 宴会 yànhuì 명 파티, 연회 | 包间 bāojiān 명 (음식점 등에서) 단독룸 | 晚宴 wǎnyàn 명 만찬 | 取消 qǔxiāo 동 취소하다 | 召开 zhàokāi 동 열다, 개최하다

해설 여자가 일요일 회의에 참석하는 명단을 언급했으므로 정답은 B 周日召开会议이다. 나머지 보기는 대화 내용에 부합하지 않으므로 정답이 될 수 없다.

문제 **31-32**

31. A 浇花 B 搬花盆
    C 画画儿 D 吃花生

32. A 集中精力 B 向他求助
    C 使用工具 D 再次尝试

31. A 물을 뿌리다 B 화분을 옮기다
    C 그림을 그리다 D 땅콩을 먹다

32. A 정신을 집중하다 B 그에게 도움을 청하다
    C 도구를 사용하다 D 다시 시도해보다

一个小男孩儿想把一盆花搬到院子里，可是那盆花太重，他怎么也搬不起来。父亲见了，在旁边鼓励他："只要你全力以赴，就一定能搬起来。"但是小男孩儿使了很大劲儿，也没把花盆搬起来。他对父亲说："我已经用尽全力了。"父亲摇了摇头，说："你没有，因为我就站在你旁边，你却没有向我求助。全力以赴是想尽所有办法，用尽所有可用资源。"

31. 小男孩儿在做什么?
32. 父亲认为小男孩儿应该怎么做?

한 남자아이가 화분 하나를 정원으로 옮기고 싶어 했다. 그러나 그 화분은 너무 무거워서 그 아이가 어떻게 해도 옮길 수 없었다. 아버지가 그 모습을 보고 옆에서 아이를 응원했다. "네가 전력을 다해 최선을 다한다면, 분명 옮길 수 있을 거야." 하지만 아이는 온 힘을 다해도 화분을 옮길 수 없었다. 그가 아버지에게 말하길, "저는 이미 온 힘을 다 써버렸어요." 아버지는 고개를 저으며 말했다. "아니, 내가 옆에 있는데도 넌 나에게 도움을 구하지 않았어. 전력투구란, 생각할 수 있는 모든 방법을 동원하고, 사용할 수 있는 자원을 모두 쓰는 것이란다."

31. 남자아이는 무엇을 하는 중인가?
32. 아버지는 남자아이에게 어떻게 해야 한다고 알려주었는가?

단어 盆 pén [양] 대야, 화분 | 鼓励 gǔlì [동] 격려하다 | 全力以赴 quánlì yǐfù [성] 전력투구하다 | 使劲儿 shǐjìnr [동] 힘쓰다, 힘내다 | 摇头 yáotóu [동] 고개를 흔들다, 고개를 젓다 | 求助 qiúzhù [동] 도움을 청하다 | 想尽 xiǎngjìn [동] 생각할 수 있는 것은 다 생각해 보다 | 所有 suǒyǒu [형] 모든 [동] 소유하다 | 用尽 yòngjìn [동] (방법·생각·수단 따위를) 다 쓰다, 모두 써 버리다 | 浇 jiāo [동] 물을 뿌리다(주다) | 花生 huāshēng [명] 땅콩 | 尝试 chángshì [동] 시도해보다, 경험해보다

해설 31. 지문 첫 문장에서 바로 답이 언급된다. 남자아이는 화분을 옮기고 싶어 하므로 정답은 B 搬花盆이다.

32. 아버지는 남자아이에게 전력투구를 하는 것은 모든 방법과 자원을 동원하는 것이라고 알려주며, 아버지에게도 도움을 청해야 한다는 방법을 알려주고 있으므로 정답은 B 向他求助이다.

문제 33-35

33. A 针
    B 刀
    C 筷子
    D 玩具

34. A 乐于助人
    B 懂得照顾人
    C 从小勤奋好学
    D 刚开始读书没耐心

35. A 要尊敬老人
    B 实践出真知
    C 要有怀疑精神
    D 坚持不懈才能成功

33. A 바늘
    B 칼
    C 젓가락
    D 장난감

34. A 다른 사람을 기꺼이 돕다
    B 사람을 보살필 줄 알다
    C 어려서부터 부지런하고 배우는 것을 좋아한다
    D 처음에는 독서에 끈기가 없었다

35. A 노인은 존경해야 한다
    B 실천에서 참된 지식이 나온다
    C 의심하는 정신을 가지고 있어야 한다
    D 꾸준히 노력해야 성공할 수 있다

李白小的时候读书并不用功，有一天，他读书读到一半儿就不耐烦了，'这么厚一本书什么时候才能读完呢？'，于是他干脆不读了，把书一扔就跑出去玩了。他在小溪边看到一位老婆婆拿着一根铁棒在石头上磨，李白觉得很奇怪，就问："老婆婆，您这是干什么？"老婆婆一边磨一边回答："我在磨绣花针。"李白更奇怪了，又问："这么粗的铁棒能磨成针吗？"，老婆婆说："我今天磨，明天磨，铁棒会越磨越细，早晚有一天，它会磨成绣花针的！"李白听了老婆婆的话，很受感动。从此，他刻苦用功，最后成了一位伟大的诗人。成语'磨杵成针'就是从这个故事来的。它告诉我们只有有毅力肯下苦功夫，才能获得成功。

이백은 어렸을 때 책을 읽는 데 힘쓰지 않았다. 어느 날, 그는 책을 반쯤 읽다가 참지 못하고, '이렇게 두꺼운 책을 언제 다 읽을 수 있겠어?'라며 아예 책을 읽지 않고 던져버리고는 놀러 나갔다. 그는 개울가에서 한 할머니가 쇠막대기를 들고 바위에 갈고 있는 모습을 보고 이상하게 생각하여 물었다. "할머니, 지금 뭐 하고 계세요?" 할머니가 쇠막대기를 갈면서 대답하기를, "난 수를 놓는 바늘을 만드는 중이란다." 이백은 더욱 의아하여 다시 물었다. "이렇게 두꺼운 쇠막대기가 바늘이 될 수 있어요?" 할머니는 "오늘 갈고, 내일 갈면, 쇠막대기는 점점 가늘어져서 언젠가는 바늘이 될 거야."라고 말했다. 이백은 할머니의 말을 듣고 크게 감동을 받았다. 그때부터 그는 각고의 노력으로 열심히 공부하여 마침내 위대한 시인이 되었다. 성어 '마저성침'은 바로 이 이야기에서 유래했다. 이것은 우리에게 '오직 강한 의지를 갖고 열심히 노력해야만 성공할 수 있다'는 것을 말해주고 있다.

33. 老婆婆想把铁棒磨成什么？
34. 关于李白，可以知道什么？
35. 这段话主要想告诉我们什么？

33. 할머니는 쇠막대기를 갈아서 무엇을 만들려고 하는가？
34. 이백에 관하여 알 수 있는 것은 무엇인가？
35. 이 글에서 우리에게 알려주고자 하는 것은 무엇인가？

단어 用功 yònggōng 동/형 열심히 공부하다 | 不耐烦 bú nàifán 형 귀찮다. 못참다. 견디지 못하다 | 干脆 gāncuì 부 아예, 차라리 | 溪 xī 명 개울 | 老婆婆 lǎopópo 명 할머니 | 铁棒 tiěbàng 명 쇠몽둥이 | 石头 shítou 명 돌, 바위 | 磨 mó 동 갈다 | 绣花针 xiùhuāzhēn 명 자수 바늘 | 粗 cū 형 굵다 | 刻苦 kèkǔ 형 고생을 참고 노력하다 | 诗人 shīrén 명 시인 | 磨杵成针 móchǔ chéngzhēn 성 쇠공이를 갈아서 바늘을 만들다, 끈기 있게 노력하면 무슨 일이든 이루어진다 | 毅力 yìlì 명 의지 | 下功夫 xià gōngfu 공을 들이다 | 刀 dāo 명 칼 | 玩具 wánjù 명 장난감, 완구 | 乐于助人 lèyú zhùrén 다른 사람을 기꺼이 돕다 | 懂得 dǒngde 동 알다, 이해하다 | 勤奋好学 qínfèn hàoxué 부지런하고 배우는 것을 좋아한다 | 耐心 nàixīn 명 인내심 | 尊敬 zūnjìng 동 존경하다 | 实践出真知 shíjiàn chū zhēnzhī 실천에서 참된 지식에서 나온다 | 怀疑 huáiyí 동 의심하다 | 坚持不懈 jiānchí búxiè 조금도 느슨해지지 않고 끝까지 견지하다, 꾸준히 노력하다

해설 33. 쇠막대기를 갈아서 바늘을 만들 것이라고 했으므로 정답은 A 针이다.

34. 이백은 어렸을 때 책을 읽는 것을 싫어하고 노는 것을 좋아했다. 정답은 D 刚开始读书没耐心이다.

35. 주제는 항상 마지막 문장에 언급된다. 마지막 문장에 '오직 강한 의지를 가지고 열심히 노력해야만 성공할 수 있다'라는 것을 알려주고 있으므로 보기 중 이에 부합하는 정답은 D 坚持不懈才能成功이다.

문제 36-38

36. A 水
    B 冰
    C 春天
    D 冬天

37. A 很模糊
    B 很幽默
    C 缺乏逻辑
    D 充满想象力

38. A 教育需要实践
    B 教育要不断改革
    C 教育影响个人命运
    D 教育的核心是培养思考能力

36. A 물
    B 얼음
    C 봄
    D 겨울

37. A 매우 애매하다
    B 매우 유머러스하다
    C 논리가 부족하다
    D 상상력이 충만하다

38. A 교육은 실천이 필요하다
    B 교육은 끊임없이 개혁해야 한다
    C 교육은 개인의 운명에 영향을 끼친다
    D 교육의 핵심은 사고능력을 배양하는 것이다

"雪融化了是什么?" 老师在课堂上问, 一个小学生回答道: "春天。" 然而墨守成规的老师却说 "他错了。" 并让学生们记住标准答案是水。雪融化后变成水, 这是常识。但孩子的回答就错了吗? 至今我们的记忆中还有 "冰雪融化种子发芽, 果树开花" 这样令人心动的句子, 这难道不是指美丽的春天吗? 然而机械的标准答案却将想象的翅膀 "喀嚓" 一声剪断了, 有位学者说过: "教育的最终目的在于发展个人天赋, 使人经过锻炼能充分发挥自己的才能。" 很大程度上, 一个人的命运取决于他所受的教育, 而不同的教育会培养出不同的人。雪融化了是水, 但雪融化了也可以是春天。

36. 那个问题的标准答案是什么?
37. 说话人认为那个学生的回答怎么样?
38. 说话人对教育有什么看法?

"눈이 녹으면 무엇일까?" 교실에서 선생님이 물었다. 학생 한 명이 대답했다. "봄이요." 하지만 기존의 관념을 고수하는 선생님은 "틀렸어요."라고 말했고, 학생들에게 기억하도록 한 표준 답안은 물이었다. 눈이 녹으면 물로 변한다는 것은 상식이다. 그러나 아이의 대답이 틀린 것일까? 지금까지도 우리의 기억 속에는 "눈이 녹으면 새싹이 자라고, 과실 나무가 꽃을 피운다."처럼 사람의 마음을 움직이는 글귀가 있는데, 이것이 설마 아름다운 봄을 가리키는 것이 아니라고 할 수 있을까? 그러나 기계적인 표준 답안은 오히려 상상의 날개를 '뚝' 하는 소리와 함께 부러뜨린다. 한 학자가 말하길, "교육의 최종 목표는 사람의 타고난 자질을 발전시키는 데 있고, 사람이 단련을 통해서 자신의 재능을 충분히 발휘할 수 있게 하는 것에 있다"라고 했다. 대체로 한 사람의 운명은 그가 받은 교육에 달려있고, 다른 교육은 다른 사람을 양성한다. 눈이 녹으면 물이 되지만, 눈이 녹으면 봄이 될 수도 있다.

36. 그 문제의 표준적(일반적)인 답안은 무엇인가?
37. 화자가 생각하기에 그 학생의 대답은 어떠한가?
38. 화자는 교육에 대하여 어떠한 견해를 가지고 있는가?

단어 融化 rónghuà 동 녹다, 융해되다 | 课堂 kètáng 명 교실 | 墨守成规 mòshǒu chéngguī 성 틀에 얽매이다, 기존의 관례를 고수하다 | 标准 biāozhǔn 명 표준, 기준 | 常识 chángshí 명 상식, 일반 지식 | 至今 zhìjīn 부 지금까지 | 种子 zhǒngzi 명 종자, 열매 | 发芽 fāyá 동 싹이 나다 | 难道 nándào 부 설마 ~란 말인가, 설마 ~하겠는가 | 机械 jīxiè 명 기계, 기계 장치 | 想象 xiǎngxiàng 명 상상 동 상상하다 | 翅膀 chìbǎng 명 날개 | 喀嚓 kāchā 의성 우지직, 우지끈, 뚝 | 剪断 jiǎnduàn 동 자르다, 잘라 끊다, 전단하다 | 天赋 tiānfù 명 천부적인 자질 동 타고나다 | 教育 jiàoyù 명 교육 | 充分 chōngfèn 부 충분히, 힘껏 | 命运 mìngyùn 명 운명 | 取决于 qǔjuéyú 동 ~에 달리다 | 培养 péiyǎng 동 배양하다 | 模糊 móhu 형 모호하다, 애매하다 | 缺乏 quēfá 동 부족하다 | 逻辑 luójí 명 논리 | 实践 shíjiàn 명 실천 동 실천하다 | 核心 héxīn 명 핵심

해설 36. 지문에서 표준적인 답안이자 상식은 얼음이 녹으면 물이 된다고 했으므로 정답은 A 水이다.

37. 화자는 그 학생의 견해를 상상의 날개에 빗대어 표현했다. 이와 같은 의미를 가진 D 充满想象力가 정답이다.

38. 화자는 대체로 사람의 운명은 그가 받은 교육에 의해 달려있고, 다른 교육은 다른 사람을 양성하게 된다고 했다. 정답은 C 教育影响个人命运이다.

문제 39-41

39. A 竞争激烈
    B 人手不够
    C 生意不好
    D 装修费用高

40. A 太抽象
    B 很奇怪
    C 不合理
    D 值得一试

41. A 买铃铛
    B 指出错误
    C 询问价格
    D 打听路线

39. A 경쟁이 치열해서
    B 인력이 부족해서
    C 장사가 안 돼서
    D 인테리어 비용이 비싸서

40. A 너무 추상적이다
    B 매우 이상하다
    C 합리적이지 않다
    D 시도할만한 가치가 있다

41. A 방울을 사려고
    B 잘못을 지적하려고
    C 가격을 물어보려고
    D 노선을 알아보려고

有个人开了一家旅店，为了吸引顾客，他把旅店布置得很温馨，并竭尽全力为客人们提供优质的服务，收费也很公道。但不知为何，前来住店的人还是很少，他非常苦恼，于是向一位朋友求助。朋友说："我有个主意，你把旅店的名字改成'五个铃铛'，然后在门口挂上六个铃铛。""这样做太奇怪了，能有用吗？""你试试就知道了。"朋友微笑着说。无奈之下，他只好照办。结果，很多路过旅店的人都会走进店里，给他指出这个错误。而当人们走进旅店时，便会被里面的设施和服务吸引，就会留下来歇息，这样就给店主带来了不少生意。

어떤 사람이 여관을 개업했다. 손님을 끌기 위하여 그는 여관을 편안하고 아늑하게 꾸미고, 손님에게 최선을 다하여 양질의 서비스를 제공하며, 요금도 합리적으로 했다. 그러나 어떠한 이유에서인지 여관에 오는 손님이 적어서 그는 매우 골머리를 앓았다. 그래서 친구에게 도움을 청했다. 친구가 말하길, "나에게 좋은 아이디어가 있어. 여관의 이름을 '방울 5개'로 고치고, 그 후에 입구에 '방울 6개'를 걸어.""그렇게 하면 너무 이상할 것 같은데, 효과가 있을까?""해보면 알 수 있을 거야." 친구는 미소를 지으며 말했다. 어쩔 수 없이 그는 그대로 따랐다. 그 결과, 여관을 지나가는 많은 사람들이 모두 여관으로 들어와 그에게 이 실수를 지적했다. 그리고 사람들이 들어왔을 때, 안쪽의 시설과 서비스에 끌려 머물러 쉬었다. 이렇게 하여 주인에게 적잖은 고객들을 끌어왔다.

39. 店主为什么很苦恼？
40. 店主觉得朋友的建议怎么样？
41. 后来很多人走进店里是要做什么？

39. 여관 주인은 왜 골머리를 앓았는가?
40. 여관 주인은 친구의 제안을 어떻게 여겼는가?
41. 후에 많은 사람들이 여관에 무엇을 하려고 들어왔는가?

단어 旅店 lǚdiàn 몡 여관 | 吸引 xīyǐn 동 흡인하다. 끌어당기다 | 布置 bùzhì 동 배치하다. 배열하다 | 温馨 wēnxīn 형 따스하다. 아늑하다 | 竭尽全力 jiéjìn quánlì 전력을 다하다. 온 힘을 다 기울이다 | 收费 shōufèi 몡 요금 | 公道 gōngdao 형 합리적이다. 공정하다 | 苦恼 kǔnǎo 동 고민하다 형 몹시 괴롭다 | 求助 qiúzhù 동 도움을 청하다 | 铃铛 língdang 몡 방울 | 挂 guà 동 걸다 | 无奈 wúnài 동 어찌 해볼 도리가 없다. 방법이 없다 | 之下 zhī xià ~의 아래 | 照办 zhàobàn 동 그대로 처리하다 | 错误 cuòwù 몡 실수. 잘못 | 设施 shèshī 몡 시설 | 歇息 xiēxi 동 쉬다. 휴식하다 | 人手 rénshǒu 몡 인력. 사람 손 | 装修 zhuāngxiū 동 장식하고 꾸미다(인테리어) | 抽象 chōuxiàng 형 추상적이다 | 合理 hélǐ 형 합리적이다 | 值得 zhídé 동 ~할만한 가치가 있다 | 询问 xúnwèn 동 물어보다. 자문하다 | 打听 dǎting 동 물어보다. 알아보다

해설 39. 여관을 개업하고 정성을 들였지만 여관을 찾는 손님이 매우 적어 주인은 골머리를 앓았다. 정답은 C 生意不好이다.

40. 여관 주인은 친구의 제안을 듣고, 이상하게 여기며 과연 효과가 있을지 되물었다. 정답은 B 很奇怪이다.

41. 많은 사람들이 여관의 이름은 '방울 5개'인데, 입구에 방울이 6개가 걸려있어서 이름과 다르다고 지적하러 들어온 것이다. 그러므로 정답은 B 指出错误이다.

문제 42-43

42. A 待遇差
    B 失业了
    C 干得多得到的少
    D 组长总是批评他

43. A 要把握机会
    B 要善于总结经验
    C 努力比抱怨更重要
    D 表扬比批评更有效

42. A 대우가 안 좋아서
    B 직업을 잃어서
    C 일은 많이 하고, 얻는 것은 적어서
    D 팀장님이 늘 그를 비평해서

43. A 기회를 잡아야 한다
    B 경험을 총결하는 데 능숙해야 한다
    C 노력이 불평보다 더욱 중요하다
    D 칭찬은 비평보다 더욱 효과적이다

一个工人向他的朋友抱怨。活儿是我们干的，受表扬的却是组长，最后的成果又都变成经理的了，这不公平。朋友微笑着说，"你看手表的时候，是不是先看时针，再看分针，可是运转最多的秒针，你却看都不看。所以做得多不一定得到的多。但是这种不公平正是你向前的动力。常抱怨的人必然得不到什么，只有努力成为了时针，才会有人注意到你。"

42. 工人为什么抱怨？
43. 根据这段话，下列哪项正确？

한 직원이 자신의 친구에게 불평을 늘어놓았다. 일은 우리가 하는데, 칭찬받는 사람은 팀장이고, 최후의 성과도 모두 사장의 것이 되니 정말 불공평하다는 것이다. 친구가 웃으며 말했다. "넌 손목시계를 볼 때, 먼저 시침부터 보지 않니? 다음에 분침을 보지. 하지만 제일 많이 움직이는 건 초침이야. 넌 거들떠보지도 않았을 거야. 그러니까 일을 많이 한다고 해서 반드시 얻는 게 많은 것은 아니야. 하지만 이런 불공평이 바로 네가 앞을 향해 나아갈 수 있는 원동력이 되지. 늘 불평만 하는 사람은 아무것도 얻을 수 없어. 오직 열심히 노력해서 시침이 되어야만 다른 사람들이 너를 알아차릴 수 있어."

42. 직원은 왜 불평하는가?
43. 이 글에 근거하여 다음 중 옳은 것은?

단어 抱怨 bàoyuàn 동 원망하다, 불평하다 | 干活儿 gànhuór 동 일을 하다 | 表扬 biǎoyáng 동 칭찬하다, 표창하다 | 组长 zǔzhǎng 명 조장, 팀장 | 微笑 wēixiào 명 미소 동 미소를 짓다 | 时针 shízhēn 명 시침 | 分针 fēnzhēn 명 분침 | 秒针 miǎozhēn 명 초침 | 运转 yùnzhuǎn 동 운전하다, 돌아가다 | 动力 dònglì 명 동력, 원동력 | 必然 bìrán 부 분명히, 반드시, 꼭, 필연적으로 | 待遇 dàiyù 명 대우, 대접 동 대우하다 | 失业 shīyè 동 실업하다 | 批评 pīpíng 동 비평하다, 혼내다 | 把握 bǎwò 명 믿음, 자신감 동 움켜잡다 | 善于 shànyú 동 ~를 잘하다, ~에 능하다

해설 42. 직원은 일은 많이 하는데, 성과는 모두 팀장님이나 사장님 것이 된다고 불평하고 있으므로 정답은 C 干得多得到的少 이 된다.

43. 친구의 조언에 따르면, 불평만 해서는 아무것도 얻을 수 없고, 열심히 노력해야 좋은 결과가 있을 것이라고 했으므로 정답은 C 努力比抱怨更重要 이다.

문제 44-45

44. A 没效果
　　B 使羊受伤了
　　C 在逃避问题
　　D 不利于羊的成长

45. A 冲出门外
　　B 躲了起来
　　C 抢着去吃
　　D 一直打喷嚏

44. A 효과가 없다
　　B 양을 다치게 했다
　　C 문제에서 도망치고 있다
　　D 양의 성장에 이롭지 않다

45. A 문을 뛰쳐나갔다
　　B 숨어버렸다
　　C 서둘러 먹으러 갔다
　　D 줄곧 재채기를 했다

院子里有两只羊正在打架。它们头顶着头，角对着角，就像两个小孩似的，谁也不肯让谁。主人使劲儿把它们往后拉，却怎么也拉不开。如果你在旁边会怎么做呢？有个人很聪明，他采来两把鲜嫩的青草，放在那两只羊的两侧。那两只羊一见到青草，就立刻抢着去吃了，哪还有心思打架呢。

44. 关于主人的方法可以知道什么？
45. 那两只羊看见青草后是什么反应？

정원 안에서 두 마리의 양이 싸우고 있었다. 그들은 머리에 머리를 맞대고, 뿔에 뿔을 맞대고서 마치 아이들처럼 어느 누구도 양보하지 않았다. 주인은 있는 힘을 다해서 그것들을 뒤쪽으로 밀었지만, 어떻게 해도 떨어뜨리지 못했다. 만약 당신이 옆에 있었다면 어떻게 할 것인가? 어떤 총명한 사람이 부드러운 풀을 가져와 그 두 마리의 양 옆에 놓았다. 두 마리의 양은 풀을 보자마자 바로 앞을 다투어 가서 풀을 먹었다. 어디 싸울 마음이 있겠는가.

44. 주인의 방법에 관하여 알 수 있는 것은 무엇인가?
45. 두 마리의 양이 풀을 본 후에 어떤 반응을 보였는가?

[단어] **打架** dǎjià 동 다투다, 싸우다 | **顶着** dǐngzhe 동 받치다, 머리로 이다 | **不肯** bùkěn 동 원하지 않다, ~하려 하지 않다 | **让** ràng 동 양보하다 | **采** cǎi 동 따다, 뜯다, 꺾다 | **鲜嫩** xiānnèn 형 연하고 부드럽다 | **青草** qīngcǎo 명 푸른 풀, 싱싱한 풀 | **两侧** liǎngcè 명 양쪽, 양측 | **抢** qiǎng 동 서두르다, 앞을 다투다 | **逃避** táobì 동 도피하다, 도망치다 | **不利于** búlìyú ~에 이롭지 않다 | **冲出** chōngchū 동 뛰쳐나가다, 뚫고 나가다 | **躲** duǒ 동 숨다 | **打喷嚏** dǎ pēntì 동 재채기하다

[해설] 44. 주인이 있는 힘을 다해서 떨어뜨리려고 했지만 아무 소용이 없었으므로 정답은 A 没效果이다.

45. 양이 계속 싸우다가 풀을 보고는 즉시 서둘러 먹으러 갔으므로 정답은 C 抢着去吃이다.

실전 모의고사 1회 - 독해

문제 46-48

　　智慧是头脑的智能，是迅速、正确地理解事物的能力，是一种洞察力和 __46__ 力。有勇气能改变可以改变的事情，有胸怀能 __47__ 不可改变的事情，而有智慧就能知道何时能改变，何时不能改变，并且知道什么时候"为"，什么时候"不为"。知道自己喜欢做什么样的事，知道自己在做什么事，知道自己能把事情做到何种 __48__ ，这就是智慧。

　　지혜는 두뇌의 지능이고, 신속하고 정확하게 사물을 이해하는 능력이며, 일종의 통찰력과 __46__ 이다. 용기가 있으면 바꿀 수 있는 일을 바꿀 수 있고, 포부가 있으면 바꿀 수 없는 일을 __47__ 일 수 있다. 또한 지혜가 있으면 언제 바꿀 수 있고, 언제 바꿀 수 없는지를 알 수 있으며, 나아가 언제 '할 것인지', 언제 '하지 않을 것인지'를 알 수 있다. 본인이 어떤 일을 하는 것을 좋아하는지, 본인이 무슨 일을 하고 있는지, 본인이 그 일을 어떤 __48__ 까지 해낼 수 있는지 아는 것이 바로 지혜이다.

46. A 感想　　B 感动　　C 判断　　D 成果
47. A 从事　　B 接受　　C 担任　　D 接待
48. A 性质　　B 程度　　C 规格　　D 角度

46. A 감상　　B 감동　　C 판단　　D 성과
47. A 종사하다　B 받아들이다　C 맡다　D 접대하다
48. A 성질　　B 정도　　C 표준　　D 각도

단어 智慧 zhìhuì 몡 지혜 | 头脑 tóunǎo 몡 두뇌 | 智能 zhìnéng 몡 지능 | 迅速 xùnsù 혱 신속하다 | 洞察力 dòngchálì 몡 통찰력 | 判断力 pànduànlì 몡 판단력 | 胸怀 xiōnghuái 몡 포부, 도량 | 感想 gǎnxiǎng 몡 감상 | 判断 pànduàn 동 판단하다 | 从事 cóngshì 동 종사하다 | 接待 jiēdài 동 접대하다 | 性质 xìngzhì 몡 성질 | 规格 guīgé 몡 규격 | 角度 jiǎodù 몡 각도

해설 46. 빈칸 앞뒤의 내용이 '지혜는 일종의 통찰력과 ~이다'라고 언급하며 지혜에 대한 설명을 하고 있다. 이에 부합하는 정답은 C 判断이다.

47. 빈칸 앞의 주어가 포부(도량)이다. '포부가 있다면 바꿀 수 없는 일들은 ~할 수 있다' 라는 표현으로 보기 중 가장 적합한 정답은 B 接受이다.

48. 빈칸 앞의 내용이 '본인이 그 일을 어떤 ~까지 이르게 할 수 있는지(해낼 수 있는지) 아는 것이 바로 지혜이다.'라고 했으므로, 수준, 정도의 의미를 나타내는 B 程度가 정답이다.

문제 49-52

列车行驶在曲线轨道上时，容易产生离心力而偏离轨道。为保证安全，此时列车行驶速度会受到一定的 __49__ 。为此，一些国家的铁路部门运用高科技术，采取让列车车体倾斜等一系列措施，使列车以较快的速度通过轨道曲线区段， __50__ 。

摆式列车就是这样一种具备自动控制等高新技术的高速列车。 __51__ 它经过曲线轨道时，车厢会自动倾斜，抵消离心力的作用；行驶在直线轨道上时，车厢又会 __52__ 原状。运行实践表明，摆式列车通过曲线轨道时速度可比以前提高20%-40%，最高可达50%。

곡선 궤도 위에서 열차를 운전할 때, 쉽게 원심력이 작용하여 궤도에서 벗어나게 된다. 안전을 보장하기 위해 이때 열차의 운전 속도는 일정한 __49__ 을 받게 된다. 이 때문에 일부 국가의 철도 부서는 첨단기술을 운용하여 열차 차체가 기울어지도록 일련의 조치를 취했으며, 열차가 비교적 빠른 속도로 곡선 궤도를 통과하게 하여 __50__ .

틸팅열차는 이렇게 자동 제어를 갖춘 신기술의 고속열차이다. 열차가 곡선 궤도를 통과 __51__ , 차체가 저절로 기울어져 원심력의 작용을 낮춘다. 직선 궤도를 달릴 때는 차체는 다시 원상태로 __52__ . 실제 운행에서 틸팅열차가 곡선 궤도를 지날 때, 속도가 이전보다 20~40% 향상되었고, 최대 50%까지 도달했음을 알 수 있었다.

49. A 损失　　B 刺激　　C 限制　　D 记录
50. A 以实现铁路高速化
    B 提高车内舒适度
    C 保证了乘客的财产安全
    D 阻止对面列车相撞
51. A 当　　B 凭　　C 由　　D 与
52. A 修改　　B 集中　　C 交换　　D 恢复

49. A 손실　　B 자극　　C 제한　　D 기록
50. A 철도의 고속화를 실현했다
    B 열차 내의 승차감을 향상시켰다
    C 승객의 재산 안전을 보장했다
    D 맞은편 열차의 충돌을 저지했다
51. A ~할 당시에　　B ~근거하여
    C ~로부터　　D ~과
52. A 수정하다　　B 집중하다
    C 교환하다　　D 회복되다

단어 列车 lièchē 명 열차 | 行驶 xíngshǐ 동 운행하다 | 曲线轨道 qūxiàn guǐdào 곡선 궤도 | 离心力 líxīnlì 명 원심력 | 偏离 piānlí 동 벗어나다, 빗나가다, 일탈하다 | 保证 bǎozhèng 동 보장하다 | 限制 xiànzhì 명 제한, 한계 | 铁路部门 tiělù bùmén 철도 부문 | 运用 yùnyòng 동 운용하다 | 采取措施 cǎiqǔ cuòshī 조치를 취하다, 대책을 취하다 | 倾斜 qīngxié 형 기울다, 치중되다, 치우치다 | 一系列 yíxìliè 일련의, 연속의 | 区段 qūduàn 명 구간 | 摆式列车 bǎishì lièchē 명 틸팅열차 | 具备 jùbèi 동 갖추다, 구비하다, 완비하다 | 控制 kòngzhì 동 통제하다, 제어하다 | 抵消 dǐxiāo 동 줄이다, 상쇄하다, 차감하다 | 直线 zhíxiàn 명 직선 | 恢复 huīfù 동 돌아오다, 회복하다 | 原状 yuánzhuàng 명 원래 상태 | 损失 sǔnshī 명 손실 | 刺激 cìjī 명 자극 | 舒适度 shūshìdù 착감감, 편안함, 쾌적도, 승차감 | 乘客 chéngkè 명 승객 | 阻止 zǔzhǐ 동 저지하다, 막다 | 相撞 xiāngzhuàng 동 충돌하다, 부딪히다 | 修改 xiūgǎi 동 고치다, 수정하다 | 集中 jízhōng 동 집중하다

해설 49. 빈칸 앞에 동사 受到가 있다. 빈칸이 있는 문장을 해석하면, '안전을 보장하기 위해 열차의 운전속도는 일정한 ~을 받는다'이다. 이에 적합한 표현은 C 限制이다.

50. 빈칸 앞의 내용에서 빠른 속도로 곡선 궤도를 통과하게 한다고 했으므로 이에 따른 결과로 적합한 정답은 A 以实现铁路高速化 이다.

51. 빈칸 뒤에 나오는 …时를 주목하자. 고정 표현 当…时이므로 A 当가 정답이다.
    TIP 当…时 : ~할 당시에

52. 빈칸이 있는 문장의 내용이 곡선 궤도에서는 속도를 줄였다가 직선 궤도를 달릴 때에는 '원상태로 ~한다'이다. 빈칸에 어울리는 정답은 D 恢复 이다.

문제 53-56

　　一项研究表明：交通事故的发生，与汽车颜色有着 __53__ 的联系。其中，黑色汽车是最容易发生事故的。灰色和银色汽车的 __54__ 性仅次于黑色汽车，然后是红色、蓝色和绿色汽车，再其次是黄色汽车，而白色汽车最安全。白色汽车出车祸的概率最小，__55__，这可能与白色对光线的反射率较高、易于识别有关。不过，如果进行 __56__ 的色彩搭配，也可以提高某些暗色的视觉效果，比如蓝色或者绿色和白色相配就比较醒目，被不少国家用于警车上。总的来说，颜色浅淡鲜亮的车比深色车要安全一些。

한 연구 결과에 의하면, 교통사고의 발생은 차량의 색과 __53__ 관계가 있다. 그중 검은색 차량이 가장 쉽게 사고가 발생한다. 회색과 은색 차량의 __54__ 성은 검은색 차량에 버금가며, 그 다음은 붉은색, 파란색과 녹색 차량, 그 다음은 노란색 차량이고, 흰색 차량이 제일 안전하다. 흰색 차량이 교통사고가 발생할 확률이 가장 낮으므로 __55__. 이것은 아마도 흰색이 빛의 반사율이 더 높고, 식별하기 쉬운 것과 관련이 있을 것이다. 그러나 만약 __56__ 색채 배합을 진행한다면, 어두운 색의 시각적 효과도 향상될 수 있다. 예를 들어 파란색 또는 녹색과 흰색을 배합하면 비교적 눈에 띄기 때문에 많은 국가에서 경찰차에 사용하고 있다. 종합하여 말하자면, 색상이 밝고 선명한 색의 차가 비교적 어두운 색의 차량보다 더 안전하다.

53. A 唯一　　　　B 全面
　　C 密切　　　　D 紧急
54. A 相似　　　　B 危险
　　C 保险　　　　D 规律
55. A 白色使人感觉凉快
　　B 黄色与白色比较接近
　　C 白色成为汽车的安全色
　　D 但很多人不喜欢买白色汽车
56. A 合理　　　　B 可靠
　　C 合法　　　　D 实用

53. A 유일하다　　B 전반적이다
　　C 밀접하다　　D 긴급하다
54. A 유사하다　　B 위험하다
　　C 안전하다　　D 규칙적이다
55. A 흰색은 사람이 시원함을 느끼게 한다
　　B 노란색과 흰색은 비교적 비슷하다
　　C 흰색은 차량의 안전한 색이 되었다
　　D 그러나 많은 사람들이 흰색 차량을 사는 것을 좋아하지 않는다
56. A 합리적이다　　B 의존적이다
　　C 합법적이다　　D 실용적이다

[단어] 危险性 wēixiǎnxing [명] 위험성 | 仅次于 jǐncìyú ~에 버금가다 | 车祸 chēhuò [명] 차 사고, 교통 사고 | 概率 gàilǜ [명] 확률 | 光线 guāngxiàn [명] 빛, 광선 | 反射率 fǎnshèlǜ [명] 반사율 | 易于 yìyú ~하기 쉽다 | 识别 shíbié [동] 식별하다, 분별하다 | 搭配 dāpèi [동] 배합하다, 조합하다 | 暗色 ànsè [명] 어두운 색 | 视觉效果 shìjué xiàoguǒ 시각 효과 | 相配 xiāngpèi [동] 서로 어울리다, 짝이 맞다 | 醒目 xǐngmù [형] 눈에 뜨이다, 두드러지다 | 警车 jǐngchē [명] 경찰차 | 总的来说 zǒngde láishuō 전반적으로 말해서, 총체적으로 말하면 | 浅淡 qiǎndàn [형] 색이 연하다 | 鲜亮 xiānliang [형] 선명하다 | 唯一 wéiyī [형] 유일하다 | 紧急 jǐnjí [형] 긴급하다 | 相似 xiāngsì [형] 유사하다, 비슷하다 | 保险 bǎoxiǎn [명] 보험 [형] 안전하다 | 规律 guīlǜ [명] 규칙적이다 | 可靠 kěkào [형] 의존적이다 | 合法 héfǎ [형] 합법적이다

[해설] 53. 빈칸 뒤에 명사 联系가 있다. 联系를 수식하는 표현을 찾는 것이 핵심이다. 联系와 함께 쓰이는 표현은 C 密切이다.

54. 빈칸 앞의 내용에서 검은색 차량이 차 사고가 가장 쉽게 발생한다고 했다. 그러므로 빈칸에 회색과 은색 차량의 ~성이 검은색 차량에 버금간다는 의미로 알맞은 정답은 B 危险이다.

55. 빈칸 앞에 흰색 차량이 차 사고가 날 확률이 가장 적다고 했으므로 그에 따른 결과로 올바른 정답은 C 白色成为汽车的安全色이다.

56. 색깔을 배합하는 목적이 사람들로 하여금 시각효과를 향상시키고 교통사고를 줄이고자 하는 것이므로, 빈칸의 수식어로 적합한 것은 A 合理이다.

문제 57-60

　　古时候，有个叫张三的人，费了好大的劲儿，才 __57__ 了300两银子，心里很高兴。但他总是怕银子被别人偷去，就找了一个箱子，把银子放在箱中，然后埋在屋后地下。__58__，怕别人到这儿来挖，于是就想了一个"__59__"的办法，在一张纸上写了"此地无银三百两"7个字，贴在墙角边，这才放心地走了。谁知道他的举动被隔壁的王二看到了。__60__，王二把300两银子全偷走了。为了不让张三知道，他在一张纸上写了"隔壁王二不曾偷"7个字，也贴在墙上。

옛날에 장싼이라 불리는 사람이 있었다. 가까스로 애를 쓴 끝에 은 300냥을 __57__, 마음속으로 매우 기뻐했다. 하지만 그는 항상 은을 다른 사람에게 도둑맞을까 봐 염려하여 상자 하나를 구해서 그 상자 안에 은화를 넣은 후에 집 뒤 땅 밑에 묻었다. __58__. 다른 사람이 이곳에 와서 파낼까 봐 걱정했다. 그래서 '__59__' 방법을 하나 생각했다. 한 장의 종이 위에 "이 땅에는 은 삼백 냥이 없음"이라는 뜻의 일곱 글자를 써서 벽 모퉁이에 붙이고서는 그제야 안심하고 돌아갔다. 그의 행동을 옆집의 왕얼이 본 것을 누가 알았을까. __60__ 왕얼은 은 300냥을 전부 훔쳐갔다. 장싼이 알지 못하게 하려고 그는 한 장의 종이 위에 "옆집 왕얼이 일찍이 훔쳐간 적 없음"이라는 뜻의 일곱 글자를 써서 역시 벽에 붙였다.

57. A 摘　　B 欠　　C 钓　　D 存
58. A 他越来越着急
    B 可是他还是不放心
    C 最后就回屋里睡觉了
    D 他觉得这回总算安全了
59. A 巧妙　　B 幸运　　C 繁荣　　D 沉默
60. A 从前　　B 目前　　C 暂时　　D 半夜

57. A 꺾다　　B 빚지다　　C 낚시하다　　D 모으다
58. A 그는 갈수록 조급해졌다
    B 그러나 그는 여전히 마음이 놓이지 않았다
    C 마지막에 집에 돌아가 잠을 잤다
    D 그는 이번에는 전체적으로 안전하다고 생각했다
59. A 교묘하다　　B 운이 좋다
    C 번영하다　　D 과묵하다
60. A 예전　　B 현재　　C 잠시　　D 한밤중

단어 费劲儿 [동] fèijìnr 힘을 들이다, 애를 쓰다 | 银子 yínzi [명] 은, 은화 | 埋 mái [동] 묻다 | 挖 wā [동] 파다 | 巧妙 qiǎomiào [형] 교묘하다 | 此地无银三百两 cǐdì wú yín sānbǎi liǎng [성] 이곳에 은 300냥을 안 묻었다, 눈 가리고 아웅 하다 | 墙角 qiángjiǎo [명] 벽 모서리 | 举动 jǔdòng [명] 거동, 행동 | 隔壁 gébì [명] 이웃, 이웃집 | 半夜 bànyè [명] 한밤중 | 不曾 bùcéng [부] 일찍이 ~하지 않다 | 摘 zhāi [동] 따다, 꺾다, 뜯다 | 欠 qiàn [동] 빚지다 | 钓 diào [동] 낚시하다 | 总算 zǒngsuàn [부] 결국은 ~한 셈이다 | 幸运 xìngyùn [형] 운이 좋다 | 繁荣 fánróng [형] 번영하다 | 沉默 chénmò [형] 과묵하다 [동] 침묵하다 | 暂时 zànshí [명] 잠시, 잠깐

해설
57. 빈칸이 있는 문장의 내용에서 '은 300냥을 ~해서 매우 기뻐했다'고 했으므로 정답은 D 存이다.
58. 빈칸 뒤의 내용을 보면 다른 사람이 와서 파낼까 봐 걱정이 된다고 했으므로 마음이 안정되지 않았다는 것을 알 수 있다. 그러므로 정답은 B 可是他还是不放心이다.
59. 빈칸 뒤의 명사가 办法이므로 어울리는 수식어를 고르는 것이 핵심이다. 정답은 A 巧妙이다.
60. 빈칸 뒤에 왕얼이 300냥을 훔쳐갔다는 내용이 나온다. 300냥을 훔쳐가기에 적합한 시간을 고르면 정답은 D 半夜이다.

문제 61

在捕鱼业中，大多数捕捞者乐于捕捞金枪鱼等经济价值高的深海鱼。这些鱼通常低污染、高营养，且肉质鲜美。但是，它们生长速度缓慢、繁殖困难。一旦过度捕捞，很容易导致这些鱼类的数量急剧下降，甚至灭绝。	어업에 종사하는 대다수의 어부들은 참치 등 경제적 가치가 높은 심해어를 잡는다. 이런 어류는 보통 오염이 낮고 영양이 높은 데다가 육질도 맛있다. 하지만 그들의 성장 속도는 느리고 번식이 어렵다. 만약 과도하게 포획할 경우, 이런 어류의 수량은 급격히 줄어들어, 심지어 멸종을 초래할 수 있다.
A 深海鱼营养丰富 B 过度捕捞情况很少见 C 海洋污染日益严重 D 深海鱼繁殖速度快	A 심해어는 영양이 풍부하다 B 과도한 어획 상황은 보기 드물다 C 바다 오염은 나날이 심각해진다 D 심해어는 번식 속도가 빠르다

단어 捕鱼业 bǔyúyè 명 어업 | 捕捞者 bǔlāozhě 명 조업자, 어부 | 乐于 lèyú 동 기꺼이 ~을 하다 | 捕捞 bǔlāo 동 어획하다, 물고기를 잡다 | 金枪鱼 jīnqiāngyú 명 참치, 다랑어 | 深海鱼 shēnhǎiyú 명 심해어 | 通常 tōngcháng 명 보통, 통상 형 일반적으로 | 污染 wūrǎn 명 오염 | 营养 yíngyǎng 명 영양 | 肉质 ròuzhì 명 육질, 살 | 鲜美 xiānměi 형 맛이 좋다 | 缓慢 huǎnmàn 형 느리다, 완만하다 | 繁殖 fánzhí 명 번식 동 번식하다 | 过度 guòdù 형 지나치다, 과도하다 | 导致 dǎozhì 동 야기하다, 초래하다 | 急剧 jíjù 부 급격히, 급속히 | 灭绝 mièjué 동 전멸하다, 멸절되다 | 日益 rìyì 부 날로, 나날이

해설 참치 등 경제적 가치가 높은 심해어는 오염이 낮고 영양이 높다고 했으므로 정답은 A 深海鱼营养丰富이다.

문제 62

被誉为"长江门户"的上海崇明岛是中国第三大岛，现有面积1200平方公里，海拔3.5-4.5米。该岛地势平坦，土壤肥沃，林木茂盛，物产富饶，是著名的"鱼米之乡"。	'장강 문호'라 칭하는 상하이의 충밍 섬은 중국에서 세 번째로 큰 섬이다. 현재 면적은 1,200km²이고, 해발 고도는 3.5m~4.5m이다. 이 섬은 지세가 평평하고 토양이 비옥하며, 수풀이 무성하고 생산물이 풍부하여 유명한 '어미지향(물고기와 쌀이 많이 생산되는 고장)'이다.
A 崇明岛物产丰富 B 崇明岛目前无人居住 C 崇明岛有上万平方公里 D 崇明岛位于黄河出口	A 충밍 섬은 생산물이 풍부하다 B 충밍 섬은 현재 거주하는 사람이 없다 C 충밍 섬은 만 제곱킬로미터이다 D 충밍 섬은 황허강 출구쪽에 있다

단어 誉为 yùwéi 동 ~라고 불리다, ~라고 칭송되다 | 长江 Cháng jiāng 지명 창장 | 门户 ménhù 명 입구, 길목 | 崇明岛 Chóngmíng dǎo 지명 충밍섬 | 面积 miànjī 명 면적 | 平方公里 píngfāng gōnglǐ 양 제곱킬로미터 | 海拔 hǎibá 명 해발 | 地势 dìshì 명 지세, 땅의 형세 | 平坦 píngtǎn 동 평평하다 | 土壤 tǔrǎng 명 토양 | 肥沃 féiwò 형 비옥하다 | 林木 línmù 명 숲, 삼림 | 茂盛 màoshèng 형 무성하다, 우거지다 | 物产 wùchǎn 명 생산물 | 富饶 fùráo 형 풍족하다, 풍요롭다 | 鱼米之乡 yúmǐ zhī xiāng 성 물고기와 쌀이 많이 나는 곳, 자원이 풍부한 살기 좋은 지역 | 黄河 Huáng hé 지명 황허, 황허강 | 出口 chūkǒu 명 출구

해설 충밍섬은 지세가 평평하고 토양이 비옥하며, 수풀이 무성하고 생산물이 풍부하다고 했으므로, 보기 중 올바른 정답은 A 崇明岛物产丰富이다.

문제 63

心理医生所做的工作其实并不比治疗身体疾病简单。心理医生需要深入了解病人的内心，他们必须对人性有着深刻的洞察力，并能解析人的灵魂。只有这样，他们才能给病人带去希望。

A 心理医生的工作很无趣
B 心理医生要能了解病人的内心
C 身体疾病带给病人的痛苦更大
D 心理疾病越来越常见

정신과 의사의 일은 사실 신체 질병을 치료하는 것보다 절대 간단하지 않다. 정신과 의사는 환자의 내면을 깊이 해석할 필요가 있다. 그들은 반드시 인성에 대한 깊은 통찰력을 가지고 있어야 하고, 게다가 사람의 영혼도 해석할 수 있어야 한다. 오직 그렇게 해야만 그들은 비로소 환자에게 희망을 품어줄 수 있다.

A 정신과 의사의 일은 재미없다
B 정신과 의사는 환자의 마음을 이해할 수 있어야 한다
C 신체 질병이 환자에게 주는 고통이 더욱 크다
D 심리 질병은 갈수록 흔히 볼 수 있다

단어 治疗 zhìliáo 동 치료하다 | 疾病 jíbìng 명 질병, 병 | 深入 shēnrù 형 깊다 | 人性 rénxìng 명 인성 | 深刻 shēnkè 형 깊다, 깊이가 있다 | 洞察力 dòngchálì 명 통찰력 | 解析 jiěxī 동 해석하다, 상세히 분석하다 | 灵魂 línghún 명 마음, 정신, 영혼 | 无趣 wúqù 형 재미 없다, 흥미 없다 | 痛苦 tòngkǔ 명 고통 형 고통스럽다, 괴롭다 | 常见 chángjiàn 동형 흔히 보다, 흔하다

해설 정신과 의사는 환자의 마음을 깊이 해석할 필요가 있고, 반드시 인성에 대한 깊은 통찰력도 가지고 있어야 한다고 했다. 그러므로 정답은 B 心理医生要能了解病人的内心이다.

문제 64

植物枝叶每天都要蒸发大量的水分，水分在蒸发的过程中会吸收周围空气中的热量，从而起到降温的作用，因此植物又被称为"绿色空调"。据科学测定，绿化率高的街区，夏季气温比绿化面积少的街区平均低2-4℃。

A 绿化率低的街区温度更低
B 绿色空调用电少
C 植物吸水能力相对较弱
D 植物具有降温功能

식물의 가지와 잎은 매일 다량의 수분을 증발한다. 수분이 증발하는 과정에서 주변 공기의 열량을 흡수할 수 있고, 그렇게 함으로써 온도를 내리는 역할을 한다. 그렇기 때문에 식물은 '친환경 에어컨'이라고도 불린다. 과학적 측정에 따르면, 녹지율이 높은 구역은 여름 기온이 녹지화 면적이 적은 구역보다 평균 2~4도 정도가 낮다.

A 녹지율이 낮은 구역이 온도가 더 낮다.
B 친환경 에어컨은 전기 사용이 적다.
C 식물의 물 흡수 능력은 상대적으로 비교적 약하다.
D 식물은 온도를 내리는 기능을 가지고 있다.

단어 植物 zhíwù 명 식물 | 枝叶 zhīyè 명 가지와 잎 | 蒸发 zhēngfā 동 증발하다 | 吸收 xīshōu 동 흡수하다, 받아들이다 | 热量 rèliàng 명 열량 | 从而 cóng'ér 접 그리하여, 그렇게 함으로써 | 降温 jiàngwēn 동 온도를 내리다(떨어뜨리다) | 绿色空调 lǜsè kōngtiáo 친환경 에어컨 | 据 jù 전 ~에 따르면, ~에 의거하여 | 绿化率 lǜhuàlǜ 명 녹지율, 조경률 | 街区 jiēqū 명 구역 | 平均 píngjūn 명 평균 형 평균적으로

해설 식물은 수분을 증발하면서 주변 공기의 열량을 흡수하고, 온도를 내리는 역할을 할 수 있다. 이와 같은 의미를 지니는 D 植物具有降温功能가 정답이 된다.

문제 65

很多人认为事先做计划会很浪费时间，事实上，提前做好计划可以减少工作所用的总时间。行动之前先进行头脑热身，构想好要做之事的每个细节，梳理清楚思路，这样当我们行动时，便会得心应手。

많은 사람들이 미리 계획을 세우는 것은 시간을 낭비하는 것이라고 생각하지만, 실제로 미리 계획을 세우는 것은 업무에 소요되는 전체 시간을 절약할 수 있다. 행동하기 전에 머리와 몸을 준비시키고, 해야 할 업무의 세부 사항까지 구상하여 생각을 명확하게 정리해 놓으면 우리가 실행할 때 훨씬 순조롭게 진행할 수 있다.

A 细节决定成败
B 考虑问题要周到
C 行动离不开理论的指导
D 事先做好计划可提高工作效率

A 세부 사항이 성패를 결정한다
B 문제를 생각할 때 세심해야 한다
C 행동할 때 이론의 지도가 없어서는 안 된다
D 미리 계획을 세우는 것은 업무의 효율을 높일 수 있다

[단어] 事先 shìxiān 명 사전에, 미리 | 计划 jìhuà 명 계획 동 계획하다 | 浪费 làngfèi 동 낭비하다 | 提前 tíqián 동 앞당기다 | 减少 jiǎnshǎo 동 감소하다, 줄이다, 축소하다 | 热身 rèshēn 동 워밍업하다, 준비운동을 하다 | 构想 gòuxiǎng 동 구상하다 | 细节 xìjié 명 세부 사항, 세세한 부분 | 梳理 shūlǐ 동 정리하다, 분석하다 | 思路 sīlù 명 사고의 맥락, 생각의 방향 | 得心应手 déxīn yìngshǒu 성 마음먹은 대로 되다, 순조롭게 진행되다, 뜻대로 되다 | 成败 chéngbài 명 성공과 실패, 성패 | 周到 zhōudào 동 세심하다, 꼼꼼하다 | 离不开 líbukāi 동 벗어날 수 없다, 없어서는 안 된다 | 理论 lǐlùn 명 이론 | 指导 zhǐdǎo 동 지도하다, 이끌다

[해설] 미리 계획을 세우는 것은 업무에 소요되는 전체 시간을 절약할 수 있다고 했다. 정답은 D 事先做好计划可提高工作效率이다.

문제 66

什么东西都想得到的人，到最后往往什么都得不到。人的生命有限，精力有限，这决定了我们应当有所取舍。该取时，要毫不犹豫，勇往直前；该舍时，也要做到干脆果断，绝不可惜。任何患得患失的行为，都只会加重心理负担，无形之中成为我们前进的绊脚石。

모든 것을 다 가지려는 사람은 결국 종종 아무것도 가질 수 없다. 사람의 생명은 유한하고 정신과 체력도 유한하므로, 이것은 우리가 어느 정도 취사선택을 해야 하도록 했다. 취해야 할 때, 망설이지 말고 용감하게 앞으로 나아가고, 버려야 할 때에도 과감하고 결단력 있게 해야 하며, 절대 아쉬워 하지 말아야 한다. 이해득실만 따지는 그 어떠한 행위도 모두 심리적 부담을 가중하고, 어느 새 우리가 앞으로 나아가는 데 장애물이 될 것이다.

A 要学会取舍
B 目标要明确
C 不要轻易放弃
D 选择多不见得好

A 취사선택하는 것을 배워야 한다
B 목표는 명확해야 한다
C 함부로 포기해서는 안 된다
D 선택이 많은 것이 반드시 좋은 것은 아니다

[단어] 有限 yǒuxiàn 형 유한하다, 한계가 있다 | 精力 jīnglì 명 정력, 정신과 체력 | 应当 yīngdāng 동 반드시 ~해야 한다, ~하는 것이 마땅하다 | 有所 yǒusuǒ 동 다소 ~하다, 어느 정도 ~하다 | 取舍 qǔshě 동 취사선택하다 | 毫不犹豫 háobùyóuyù 성 조금도 주저하지 않다, 대단히 결단력이 있다, 단호하다 | 勇往直前 yǒngwǎng zhíqián 성 용감하게 앞으로 나아가다 | 干脆 gāncuì 명 명쾌하다, 시원스럽다 | 果断 guǒduàn 형 결단력이 있다 | 绝不 juébù 부 결코 ~이 아니다, 조금도 ~이 아니다 | 可惜 kěxī 형 아쉽다, 애석하다, 아깝다 | 任何 rènhé 명 어떠한, 무슨 | 患得患失 huàndé huànshī 성 개인의 이해득실만 따지다 | 加重 jiāzhòng 동 가중하다, 늘리다, 심해지다 | 负担 fùdān 명 부담 | 无形之中 wúxíng zhī zhōng 무형 중에, 모르는 사이에, 어느 새, 어느 틈에 | 前进 qiánjìn 동 앞으로 나아가다, 발전하다 | 绊脚石 bànjiǎoshí 명 장애물, 방해물, 걸림돌 | 明确 míngquè 형 명확하다 동 명확하게 하다 | 轻易 qīngyì 형 제멋대로이다, 함부로 하다 | 放弃 fàngqì 동 버리다, 포기하다 | 选择 xuǎnzé 명 선택 동 선택하다 | 不见得 bújiàndé 반드시 ~한 것은 아니다, 반드시 ~라고 할 수 없다

[해설] 지문은 취사선택하는 것의 방법과 중요성에 대해서 설명하고 있다. 그러므로 올바른 정답은 A 要学会取舍이다.

156 해설

문제 67

为什么绝大多数运动品牌店都是在商场的地下或者高层呢？这是因为运动品牌的消费群体较为固定。顾客在进入商场前，对要买哪个运动品牌的哪款商品、价格大概是多少等问题，心中一般有数。至于它们位于商场的什么位置，对顾客影响并不大。因此，运动品牌自然会选在租金相对便宜的地下或是较高楼层来营业。	왜 절대 다수의 스포츠 브랜드 상점은 모두 쇼핑몰의 지하에 있거나 혹은 고층에 있을까? 이는 스포츠 브랜드의 소비집단(단체)이 비교적 고정적이기 때문이다. 고객들은 쇼핑몰에 들어오기 전에 어느 스포츠 브랜드의 어떤 스타일의 상품을 살 것인지 가격은 어느 정도인지 등의 문제는 마음속에 보통 정해둔다. 그 상점들이 쇼핑몰의 어느 위치에 있는가는 고객들에게 결코 큰 영향을 미치지 않는다. 그렇게 때문에 스포츠 브랜드 상점은 자연스럽게 임대료가 상대적으로 저렴한 지하 혹은 비교적 고층에서의 영업을 선택한다.
A 运动品牌店的租金较贵 B 商场高层更容易招来顾客 C 顾客更看重商品的样式而非品牌 D 运动品牌有相对固定的消费群体	A 스포츠 브랜드 상점은 임대료가 비교적 비싸다 B 상점의 고층은 더욱 손님을 끌어오기 쉽다 C 고객은 브랜드가 아닌 상품의 스타일을 더욱 중요시한다 D 스포츠 브랜드는 상대적으로 고정적인 소비집단이 있다

[단어] 品牌 pǐnpái 명 상표, 브랜드 | 消费群体 xiāofèi qúntǐ 소비집단, 소비단체 | 较为 jiàowéi 부 비교적 | 固定 gùdìng 형 고정적이다, 불변하다 | 顾客 gùkè 명 고객 | 商品 shāngpǐn 명 상품 | 有数 yǒushù 동 (나름대로) 속셈이 있다, 생각이 있다 | 至于 zhìyú 전 ~으로 말하면, ~에 관해서는 | 位于 wèiyú 동 ~에 위치하다 | 位置 wèizhi 명 위치 | 自然 zìrán 형 자연스럽다 | 租金 zūjīn 명 임대료 | 相对 xiāngduì 부 상대적으로 | 营业 yíngyè 동 영업하다 | 招来 zhāolái 동 끌어오다, 데려오다 | 样式 yàngshì 명 스타일, 디자인

[해설] 스포츠 브랜드는 소비집단이 비교적 고정적이기 때문에 위치가 상관없다는 내용을 찾아볼 수 있다. 이와 일치하는 정답은 D 运动品牌有相对固定的消费群体이다.

문제 68

在许多商品的外包装上，都有一组黑白相间的条形图，这就是条形码。条形码是一种特殊的图形，里面包含了一些和商品有关的信息，如生产国代码、生产厂商代码和商品名称代码等，这些图形只有计算机才能"看"得懂。	많은 상품의 바깥 포장에는 모두 흑백이 서로 엇갈려 있는 일련의 막대 그래프를 갖고 있는데, 이것이 바로 바코드이다. 바코드는 일종의 특수한 도형으로 그 내부에는 상품에 관련된 정보를 포함하고 있다. 예를 들면 생산국가 코드, 생산공장 코드, 그리고 상품명칭 코드 등 이 도형은 오직 컴퓨터만이 '해독'할 수 있다.
A 条形码多为彩色 B 电脑无法识别条形码 C 条形码提供了很多信息 D 条形码可以贴在任意位置上	A 바코드는 색깔이 다양하다 B 컴퓨터는 바코드를 식별할 방법이 없다 C 바코드는 많은 정보를 제공한다 D 바코드는 어디에나 붙일 수 있다

[단어] 包装 bāozhuāng 명 포장 동 포장하다 | 黑白相间 hēibái xiāngjiàn 흑백이 엇갈려 있다 | 条形图 tiáoxíngtú 명 막대 그래프 | 条形码 tiáoxíngmǎ 명 바코드 | 特殊 tèshū 형 특수하다, 특별하다 | 图形 túxíng 명 도형 | 包含 bāohán 동 포함하다 | 如 rú 동 예를 들면, 예컨대 | 生产国 shēngchǎnguó 명 생산국 | 代码 dàimǎ 명 코드 | 厂商 chǎngshāng 명 공장 | 名称 míngchēng 명 명칭, 이름 | 彩色 cǎisè 명 색채, 컬러 | 识别 shíbié 동 식별하다, 분별하다, 변별하다 | 任意 rènyì 부 마음대로, 제멋대로, 아무나

[해설] 바코드는 상품에 관련된 정보를 포함하고 있으므로 정답은 C 条形码提供了很多信息이다.

문제 69

活字印刷术是宋朝一个叫毕升的普通老百姓发明的。这一发明用可以移动的胶泥字块儿代替传统的手工抄写，大大地节省了人们的时间和精力，为知识和文化的传播与交流创造了条件，称得上是人类历史上最伟大的发明之一。

활자 인쇄술은 송대 비성이라 불리는 일반 서민이 발명한 것이다. 이 발명품은 이동이 가능한 찰흙 활자 조각으로 전통적 수공예 필사를 대체했고, 사람들의 시간과 에너지를 크게 절약했다. 지식, 문화의 전파와 교류를 위한 여건을 만들었으므로 인류 역사상 가장 위대한 발명 중 하나라고 칭할만 하다.

A 活字印刷术已经失传
B 活字印刷术成本较高
C 活字印刷术提高了印刷效率
D 活字印刷术是现代最伟大的发明

A 활자 인쇄술은 이미 전해지지 않고 있다
B 활자 인쇄술은 원가가 비교적 비싸다
C 활자 인쇄술은 인쇄 효율을 향상했다
D 활자 인쇄술은 현대에서 가장 위대한 발명이다

[단어] 活字印刷术 huózì yìnshuāshù 명 활자 인쇄술 | 宋朝 sòngcháo 명 송대, 송조 | 老百姓 lǎobǎixìng 명 백성 | 发明 fāmíng 명 발명 동 발명하다 | 移动 yídòng 동 이동하다, 옮기다 | 胶泥 jiāoní 명 찰흙 | 块儿 kuàir 명 조각, 덩어리 | 代替 dàitì 동 대체하다, 대신하다 | 传统 chuántǒng 명 전통 형 전통적이다 | 手工 shǒugōng 명 수공 동 손으로 만들다 | 抄写 chāoxiě 명 필사 동 베껴쓰다 | 节省 jiéshěng 동 아끼다, 절약하다 | 传播 chuánbō 명 전파 동 전파하다 | 交流 jiāoliú 명 교류 동 교류하다 | 创造 chuàngzào 명 창조 동 창조하다 | 称得上 chēngdeshàng 동 ~라고 불릴 자격이 있다, ~라고 할 만하다 | 人类 rénlèi 명 인류 | 伟大 wěidà 형 위대하다 | 之一 zhīyī 명 ~중의 하나 | 失传 shīchuán 동 실전하다, 전해지지 않다 | 成本 chéngběn 명 원가 | 效率 xiàolǜ 명 효율, 능률

[해설] A와 B는 지문에서 언급하지 않았고, D는 가장 위대한 발명이라고 단정짓지 않고 여러 가지 중 하나라고 했으므로 답이 될 수 없다. 지문의 내용은 활자 인쇄술의 발명으로 인한 그 효율성에 대해 설명하고 있다. 정답은 C 活字印刷术提高了印刷效率이다.

문제 70

生命是一段旅程，而不是一场竞赛。走得一帆风顺固然值得庆幸，但多走几段弯路也未必不是一种收获。多欣赏几段风景，就会多一些生活体验。人生之旅是否有意义、有价值，不在于起点或终点的输赢，也不在于途中的你追我赶，而在于沿途所见的风景，以及内心的那份感受与领悟。

생명(삶)은 하나의 여정이지, 하나의 경기가 아니다. 순조롭게 걸어가는 것은 물론 기뻐할 만하지만, 그러나 길을 돌아서 가는 것도 아무런 수확이 없는 것은 아니다. 많은 풍경을 감상하면서 더 많은 생활의 체험을 할 수 있다. 인생이라는 여행이 의의가 있는지, 가치가 있는지는 시작과 끝의 승패에 달린 것도 아니고, 도중에 앞서거니 뒤서거니 경쟁하는 것에 있는 것도 아니라, 길을 따라 보이는 풍경 및 내면의 감정과 깨달음에 있다.

A 要多走弯路
B 常旅行的人心胸开阔
C 只赢不输的人生才精彩
D 人生的意义在于经历与感悟

A 많은 시행착오를 겪어야 한다
B 자주 여행하는 사람은 마음이 넓다
C 이기기만 하고 지지 않는 인생이 아름답다
D 인생의 의의는 경험과 깨달음에 있다

[단어] 旅程 lǚchéng 명 여정, 여행 | 竞赛 jìngsài 동 경쟁하다, 시합하다 | 一帆风顺 yìfān fēngshùn 성 순풍에 돛을 올리다, 일이 순조롭게 진행되다 | 固然A, 但B gùrán A, dàn B 접 물론 A이지만, 그러나 B하다 | 值得 zhídé 동 ~할 만 하다, ~할만한 가치가 있다 | 庆幸 qìngxìng 동 축하할 만하다, 기뻐할 만하다 | 走弯路 zǒu wānlù 길을 돌아서 가다, 시행착오가 있다 | 未必 wèibì 부 반드시 ~한 것은 아니다 | 收获 shōuhuò 명 소득, 수확, 성과 | 欣赏 xīnshǎng 동 감상하다 | 体验 tǐyàn 명 체험 동 체험하다 | 在于 zàiyú 동 ~에 있다, ~에 달려 있다 | 起点 qǐdiǎn 명 시작점 | 终点 zhōngdiǎn 명 종착점 | 输赢 shūyíng 명 승패, 승부 | 途中 túzhōng 명 도중 | 你追我赶 nǐzhuī wǒgǎn 성 서로 뒤처지지 않으려 하다, 앞서거니 뒤서거니 하다 | 沿途 yántú 부 길을 따라 | 以及 yǐjí 접 그리고, 아울러 | 领悟 lǐngwù 명 이해, 깨달음, 체득 | 心胸 xīnxiōng 명 도량, 마음 | 开阔 kāikuò 형 넓다, 광활하다 | 感悟 gǎnwù 동 깨닫다

[해설] 지문 전체를 통해 인생의 의의와 가치는 내면의 체험과 깨달음에 있다고 말하고 있다. 정답은 D 人生的意义在于经历与感悟이다.

有个农夫想为女儿买一匹马。他在马市上逛了很久，只找到两匹适合女儿骑的小马。他比较了一下那两匹马，发现除了价钱不一样外，其他没有什么区别。

商人甲的小马卖3000块，付了钱可以直接牵走。商人乙则要价3600块，但他告诉农夫：他可以让农夫的女儿先试骑小马一个月，而且会免费为小马准备一个月的草料，并会让自己的驯马师每周去一次农夫家，教农夫的女儿如何照顾小马。一个月后，如果农夫的女儿仍然不喜欢那匹小马，那他会亲自去农夫家将小马牵回来，并负责清扫马舍。要是农夫的女儿喜欢小马，那他将以3600块的价格把它卖给农夫。

农夫最后决定先将商人乙的马牵回家让女儿试骑。一个月后，<u>不出商人乙所料</u>，农夫果然买下了他的马。

商人如果想要成功地将自己的商品推销出去，就必须站在顾客的角度，减少其购买商品后可能会遇到的麻烦并尽量为其提供便利。商人乙正是明白这个道理，所以顺利地做成了这笔生意。

71. 根据第1段，那两匹马：
    A 毛色都是白的
    B 奔跑速度很慢
    C 售价相差近万元
    D 区别不大

72. 试骑期间，商人乙会提供什么服务？
    A 教农夫的女儿怎么照顾马
    B 允许农夫随时换马
    C 每天安排人打扫马舍
    D 教农夫骑马

73. 第3段中画线的句子是什么意思？
    A 商人甲事后很后悔
    B 商人乙感觉很可惜
    C 和商人乙想的一样
    D 商人甲没遵守规定

74. 根据上文,可以知道:
    A 马匹买卖不赚钱
    B 农夫的女儿不爱骑马
    C 商人乙的生意不如商人甲
    D 农夫买了3600块的那匹马

74. 윗글에 근거하여 알 수 있는 것은?
    A 말 장사는 돈벌이가 안 된다
    B 농부의 딸은 말을 좋아하지 않는다
    C 상인 을의 장사는 상인 갑보다 못하다
    D 농부는 3,600위안의 말을 구매했다

단어 农夫 nóngfū 명 농부 | 牵走 qiānzǒu 동 끌고 가다 | 免费 miǎnfèi 동 무료로 하다 | 草料 cǎoliào 명 (가축의) 사료, 여물, 꼴 | 驯马师 xùnmǎshī 명 말 조련사 | 亲自 qīnzì 부 직접, 손수, 친히 | 清扫 qīngsǎo 동 청소하다 | 马舍 mǎshè 명 마구간 | 不出所料 bùchū suǒliào 성 예측대로, 예측을 벗어나지 않다 | 果然 guǒrán 부 과연, 생각한 대로 | 推销 tuīxiāo 동 마케팅 하다, 내다 팔다 | 角度 jiǎodù 명 각도, 관점, 입장 | 尽量 jǐnliàng 부 가능한 한, 되도록 | 允许 yǔnxǔ 동 허락하다, 동의하다 | 随时 suíshí 부 수시로, 언제나, 아무 때나 | 赚钱 zhuànqián 동 이윤을 남기다, 돈을 벌다 | A不如B A bùrú B A는 B만 못하다

해설
71. 두 마리의 말은 가격 외에 다른 차이가 없다고 했으므로 보기 중 이와 같은 의미를 가진 D 区别不大가 정답이다.

72. 말 조련사를 매 주 한 번씩 농부의 집으로 보내 농부의 딸에게 말을 어떻게 돌봐야 하는지 가르쳐주겠다고 했으므로 정답은 A 教农夫的女儿怎么照顾马이다.

73. 不出所料는 '짐작한 바를 벗어나지 않다', '예상이 맞다'라는 의미이다. 不出商人乙所料는 '상인 을의 예상대로'라는 의미이므로 정답은 C 和商人乙想的一样이다.

74. 농부가 구매한 상인 을의 조랑말 가격은 3,600위안으로 지문과 일치하는 것은 D 农夫买了3600块的那匹马이다.

문제 75-78

　　从前,有个叫公孙仪的人,非常善于弹琴。从他的琴声中能听出泉水涓涓,也能听出大海的怒涛;能听出秋虫的低鸣,也能听出小鸟婉转的歌唱。他弹奏欢快的曲调,会让人眉开眼笑;而悲哀的曲调,又使人心酸不已,甚至跟着琴声呜咽。凡是听过他弹琴的人,没有不被他的琴声打动的。

　　一次,公孙仪在弹琴时,看见有几头牛在不远处吃草,不由得突发奇想:"我的琴声,听了的人都说好,牛会不会也觉得好呢?"

　　于是,公孙仪就坐到牛旁边,弹了他最拿手的曲子《清角》。他的琴声美妙极了,任何人听了都会发出"此曲只应天上有,人间能得几回闻"的感慨。可是那些牛还是静静地低着头吃草,丝毫没有反应,就好像它们什么都没听到一样。

　　公孙仪想了想,又重新弹了一曲。这一次曲调变了,音不成音、调不成调,听上去实在不怎么样,像是一群蚊子扇动翅膀发出的"嗡嗡"声,中间似乎还夹杂着小牛"哞哞"的叫声。

　　这回牛总算有了反应,纷纷竖起耳朵、甩着尾巴听了起来。琴声最终引起了牛的注意,是因为这个声音接近它所熟悉的东西。

옛날에 공손의라고 불리는 사람이 거문고를 매우 잘 탔다. 그의 거문고 소리에서는 샘물이 졸졸 흐르는 소리를 들을 수 있고, 또한 바다의 성난 파도 소리도 들을 수 있었다. 가을 곤충의 낮게 우는 소리를 들을 수 있고, 작은 새가 부드럽게 노래하는 소리도 들을 수 있었다. 그는 유쾌한 곡조를 연주하여 사람들을 웃게 할 수도 있었고, 슬픈 곡조를 통해서 마음이 시리도록 했고, 심지어 연주 소리에 따라 흐느끼게 했다. 그의 연주를 들은 사람이라면, 그의 연주 소리에 감동하지 않는 이가 없었다.

한 번은 공손의가 거문고를 연주할 때 멀지 않는 곳에서 풀을 먹고 있는 몇 마리의 소를 보고 돌연 기발한 생각이 났다. "나의 연주 소리를 들은 사람들은 모두 좋다고 했는데, 소도 좋다고 느낄까?" 그래서 공손의는 바로 소 옆에 앉아서 그가 가장 자신 있는 곡인 「청각」을 치기 시작했다. 그의 연주 소리는 매우 아름다웠고, 모든 사람들은 "이 곡은 오직 천상에서만 들을 수 있는 노래이거늘, 인간 세계에서 이런 소리를 몇 번이나 들어볼 수 있겠는가"라며 감개무량해 했다. 그러나 그 소들은 여전히 조용히 고개를 숙이고 풀을 먹었고, 전혀 반응이 없었으며, 마치 어떤 것도 듣지 않은 것처럼 보였다.

공손의는 생각을 해보더니, 다시 처음부터 곡을 연주했다. 이번에는 곡조가 바뀌었는데, 소리도 어긋나고, 가락도 맞지 않아 듣기에 정말 별로였다. 마치 모기떼가 날갯짓을 하며 내는 '윙윙' 소리와 같았고, 중간에 송아지 소리 '음매'를 섞어 놓은 것 같았다.

이번에는 소가 마침내 반응했다. 귀를 세우고, 꼬리를 흔들며 듣기 시작했다. 거문고 소리가 결국 소의 주의를 끈 것은 이 소리가 그들에게 익숙한 소리와 비슷했기 때문이다.

后来，人们就用"对牛弹琴"这个成语来比喻有些人说话不看对象，对外行人说内行话，白白浪费了时间。	이후에 사람들은 '쇠귀에 경 읽기'라는 이 성어를 어떠한 사람이 대상을 안 보고 말하거나, 비전문가에게 전문적인 말을 하거나, 또는 시간을 헛되이 낭비하는 사람을 비유할 때 사용한다.

75. 第1段主要谈的是公孙仪：
    A 琴声动人
    B 喜欢养牛
    C 歌声很美
    D 热爱大自然

75. 첫 번째 단락에서 말하는 공손의는 어떠한가?
    A 거문고 소리가 감동적이다
    B 소를 기르는 것을 좋아한다
    C 노랫소리가 아름답다
    D 대자연을 사랑한다

76. 为什么公孙仪弹第二支曲子时才引起了牛的注意？
    A 牛正好饿了
    B 他换了一把琴
    C 牛听得更清楚了
    D 琴声像牛熟悉的声音

76. 왜 공손의가 두 번째 곡조를 연주했을 때에서야 소의 주의를 끌었는가?
    A 소가 마침 배가 고팠다
    B 그는 거문고를 바꿨다
    C 소가 더욱 명확하게 들었다
    D 거문고 소리가 마치 소에게 익숙한 소리와 같았다

77. 根据上文，下列哪项正确？
    A 公孙仪太骄傲了
    B 公孙仪十分伤心
    C 牛的耳朵受伤了
    D 牛不会欣赏优美的琴声

77. 윗글에 근거하여 다음 중 옳은 것은?
    A 공손의는 너무 거만하다
    B 공손의는 매우 상심했다
    C 소의 귀에 상처를 입었다
    D 소는 아름다운 거문고 소리를 감상할 줄 모른다

78. 上文主要想告诉我们什么？
    A 要勤学苦练
    B 不要不懂装懂
    C 具体问题具体分析
    D 兴趣是最好的老师

78. 윗글에서 우리에게 알려주고자 하는 것은 무엇인가?
    A 부지런히 배우고 힘을 들여 연마해야 한다
    B 모르면서 아는 척하지 말라
    C 구체적인 문제는 구체적으로 분석해야 한다
    D 흥미는 가장 좋은 선생님이다

단어 弹琴 tánqín 동 거문고를 타다 | 泉水 quánshuǐ 명 온천 물, 샘물 | 涓涓 juānjuān 형 물이 졸졸 흐르는 모양 | 怒涛 nùtāo 명 성난 파도 | 婉转 wǎnzhuǎn 형 완곡하다, 감미롭다 | 弹奏 tánzòu 동 연주하다 | 曲调 qǔdiào 명 곡조 | 眉开眼笑 méikāi yǎnxiào 성 싱글벙글하다, 몹시 좋아하다 | 悲哀 bēiāi 명 비애, 슬픔 형 슬프고 애통하다 | 心酸 xīnsuān 형 마음이 쓰리다, 슬프다 | 不已 bùyǐ 동 ~해 마지않다 | 呜咽 wūyè 동 흐느껴 울다 | 打动 dǎdòng 동 감동시키다, 마음을 움직이다 | 不由得 bùyóude 부 저절로, 자연히, 자기도 모르게 | 突发 tūfā 동 돌발하다, 갑자기 발생하다 | 奇想 qíxiǎng 명 기발한 생각 | 拿手 náshǒu 형 자신있다 | 美妙 měimiào 형 아름답다, 훌륭하다 | 感慨 gǎnkǎi 동 감격하다, 감개무량하다 | 丝毫 sīháo 부 조금도, 털끝만큼도 | 反应 fǎnyìng 명 반응 | 蚊子 wénzi 명 모기 | 扇动 shāndòng 동 부치다, 팔랑거리다 | 翅膀 chìbǎng 명 날개 | 嗡嗡 wēngwēng 의성 '윙윙'거리는 소리 | 夹杂 jiāzá 동 혼합하다 | 哞哞 mōumōu 의성 '음매'하는 소리 | 纷纷 fēnfēn 부 잇달아, 연달아 | 竖起 shùqǐ 동 세우다 | 甩 shuǎi 동 휘두르다, 뿌리치다 | 尾巴 wěiba 명 꼬리 | 熟悉 shúxī 형 잘 알다, 익숙하다 | 对牛弹琴 duìniú tánqín 성 쇠귀에 거문고 타기, 쇠귀에 경 읽기 | 比喻 bǐyù 동 비유하다 | 外行 wàiháng 명 문외한, 비전문가, 풋내기 | 白白 báibái 부 헛되이, 공연히 | 骄傲 jiāoào 형 오만하다, 거만하다 | 勤学苦练 qínxué kǔliàn 성 부지런히 배우고 힘들여 연마하다

해설 75. 공손의는 거문고를 굉장히 잘 타서 그의 연주 소리에 감동받지 않은 사람이 없었다고 했으므로 정답은 A 琴声动人이다.

76. 소는 훌륭한 음악 소리보다는 소에게 익숙한 소리에 반응을 보였다. 정답은 D 琴声像牛熟悉的声音이다.

77. 76번과 마찬가지로 소는 훌륭한 음악 소리를 들을 줄 모르고 반응하지 않았다고 했다. 그러므로 정답은 D 牛不会欣赏优美的琴声이다.

78. 공손의는 사람과 소를 각각 분석하여 그에 알맞는 연주로 모두를 만족시켰다. 정답은 C 具体问题具体分析이다.

문제 79-82

人类习惯躺着睡觉，即使在某些特殊情况下能坐着入睡，但也总会睡得东倒西歪的。与人类不同，鸟类大都是以双足紧扣树枝的方式"坐"在数米高的树上睡觉的，而且从不会跌落下来。这是为什么呢？

一位鸟类学家解释说，人类和鸟类的肌肉作用方式有很大的区别，尤其是在进行"抓"这一动作时，更是完全相反。两者相比较，人类是主动地去抓，鸟类则是被动地去抓。当人类想要抓住某样东西的时候，需要用力使肌肉紧张起来。而鸟类只有在要松开所抓的物体时，肌肉才会紧张起来。也就是说，当鸟类飞离树枝时，其爪子的肌肉呈紧张状态，而当它"坐"稳之后，肌肉便松弛下来，爪子就自然地抓住树枝了。

这位鸟类学家还介绍说，不同的鸟睡眠时间也不大相同。鸫属的鸟基本上一天只睡一到三个小时；啄木鸟等穴洞孵卵鸟类睡眠时间最长，大约要睡6个小时。另外，他还指出，同人类相比，鸟类没有"深度睡眠"这一阶段，它们所谓的睡眠只是进入了一种"安静的状态"而已，因为它们必须警惕随时可能出现的天敌，以便及时地飞走逃生。

인류는 누워서 자는 것에 습관이 되어있다. 설령 몇몇 특별한 상황에 앉아서 잠들 수 있을지라도, 그러나 결국에는 비틀거리게 된다. 인류와 달리, 조류는 대다수 양발로 나뭇가지를 꽉 잡는 방식으로 '앉아서' 높은 나무 위에서 잠을 자고, 게다가 떨어지지 않는다. 이것은 왜 그런 것일까?

한 조류학자가 설명하여 말하길, 인류와 조류의 근육 작용 방식에는 큰 차이가 있는데, 특히 '쥐어잡는' 이 행동을 할 때가 완전히 상반된다. 둘을 비교하자면, 인류는 주동적으로 쥐고, 조류는 수동적으로 쥔다. 인류는 어떤 물건을 쥘 때, 힘을 사용해서 근육을 긴장시킨다. 그러나 조류는 쥐고 있던 물체를 가볍게 놓을 때 근육이 긴장하게 된다. 다시 말하면, 조류는 나뭇가지에서 떠날 때 발의 근육이 긴장 상태가 된다. 그리고 안정적으로 '앉은' 후에는 근육이 이완되어 자연스럽게 나뭇가지를 쥐게 된다.

이 조류학자는 또한 서로 다른 새는 수면 시간도 서로 다르다고 소개했다. 지빠귀 종류는 하루에 단지 1~3시간을 자고, 딱따구리 종류의 동굴에서 알을 낳는 새들은 수면 시간이 6시간으로 가장 길다. 그 밖에 사람과 비교할 때 조류는 '깊은 수면' 상태가 없다고 한다. 그들이 소위 말하는 수면은 단지 안정적인 상태로 접어든 것을 말한다. 그들은 언제나 수시로 출현하는 천적을 경계하여 제때에 날아올라 위험을 피해야 하기 때문이다.

79. 鸟类大多是怎样睡觉的?
　A 躲在洞里
　B 倒挂在树枝上
　C "坐"在树枝上
　D 东倒西歪地躺着

79. 조류는 대다수 어떻게 잠을 자는가?
　A 구멍에 숨어서
　B 나뭇가지에 거꾸로 매달려서
　C 나뭇가지 위에 '앉아서'
　D 비틀거리며 누워서

80. 人类和鸟类的睡眠方式不同，是因为:
　A 饮食习惯不同
　B 骨骼构成不同
　C 大脑结构不同
　D 肌肉作用方式不同

80. 인류와 조류의 수면 방식이 다른 것은 무엇 때문인가?
　A 식습관이 달라서
　B 골격 형성이 달라서
　C 대뇌 구조가 달라서
　D 근육 작용 방식이 달라서

81. 根据第3段，下列哪项正确?
　A 很多鸟喜欢在白天睡觉
　B 啄木鸟的睡眠时间很长
　C 鸫属的鸟每天要睡6小时
　D 鸟类的睡眠时间和季节有关

81. 세 번째 단락에서 다음 중 옳은 것은?
　A 많은 새는 낮에 자는 것을 좋아한다
　B 딱따구리 종류의 새는 수면 시간이 길다
　C 지빠귀 종류의 새는 매일 6시간을 잔다
　D 조류의 수면시간은 계절과 관련이 있다

82. 鸟类为什么没有"深度睡眠"?	82. 조류는 어째서 '깊은 수면'이 없는가?
A 为了保存体力 B 为了保持警觉 C 周围环境太吵 D 怕错过捕食时间	A 체력을 보존하기 위해서 B 경계를 유지하기 위해서 C 주변 환경이 너무 시끄러워서 D 먹이를 잡는 시간을 놓칠까 봐 걱정돼서

단어   躺 tǎng 동 눕다 | 即使 jíshǐ 접 설령 ~라 할지라도 | 鸟类 niǎolèi 명 조류 | 东倒西歪 dōngdǎo xīwāi 성 이리저리 비틀거리다, 중심을 잡지 못해 쓰러질 듯하다 | 紧扣 jǐnkòu 동 꽉 잡다 | 树枝 shùzhī 명 나뭇가지 | 跌落 diēluò 동 떨어지다 | 肌肉 jīròu 명 근육 | 尤其 yóuqí 부 더욱이, 특히 | 抓 zhuā 동 꽉 쥐다 | 主动 zhǔdòng 형 주동적이다(↔被动) | 松开 sōngkāi 동 풀다, 놓다 | 爪子 zhuǎzi 명 짐승의 발톱 | 松 sōng 동 풀다, 놓다 | 鸫属 dōngshǔ 명 지빠귀 | 啄木鸟 zhuómùniǎo 명 딱따구리 | 穴洞 xuédòng 명 동굴 | 孵卵 fūluǎn 동 알을 부화시키다 | 警惕 jǐngtì 동 경계하다 | 天敌 tiāndí 명 천적 | 逃生 táoshēng 동 목숨을 건지다, 위험에서 빠져 나오다 | 倒挂 dàoguà 동 거꾸로 걸려 있다, 거꾸로 매달려 있다 | 骨骼 gǔgé 명 골격 | 警觉 jǐngjué 명 경계, 경각심 | 捕食 bǔshí 동 먹이를 잡다

해설   79. 조류는 양 발로 나뭇가지를 잡고 앉아서 잠을 잔다고 했으므로 정답은 C "坐"在树枝上이다.

80. 인류와 조류는 근육 작용 방식에 큰 차이가 있다고 직접적으로 언급하고 있다. 그러므로 보기 중 올바른 정답은 D 肌肉作用方式不同이다.

81. 딱따구리 종류의 동굴에서 알을 낳는 새는 수면 시간이 6시간으로 가장 길다고 했으므로 정답은 B 啄木鸟的睡眠时间很长이다.

82. 조류는 수시로 출현하는 천적을 경계하여 제때에 날아올라 위험을 피해야 하므로 깊은 수면이 없다고 했다. 정답은 B 为了保持警觉이다.

문제 83-86

一张透明的玻璃桌上摆着三瓶饮料，分别是茶、可乐和咖啡。魔术师随便从观众席上找了一个男孩儿、一个女孩儿。他拿出一个文件袋，交给男孩儿保管，里面也装着三瓶饮料，但大家都不知道是什么。他告诉女孩儿："桌上有三瓶不同的饮料，你可以随便选择一种，选中之后，请把它举过头顶。"然后，魔术师大声说："现在我已经知道她会选择什么，你们信吗？"当然不信！魔术师拿出一块硬纸板，立在桌面上，不大不小，恰好挡住三瓶饮料。魔术师请女孩儿开始。女孩儿几乎没怎么思考，便随手拿起一瓶高举过头，是可乐。这时，魔术师让男孩儿打开文件袋，里面装的竟然是三瓶可乐，与女孩儿的选择分毫不差。

这时，魔术师问大家："想不想学？"当然想学。于是他又拿出那块硬纸板，翻过来给大家看。台下顿时哄堂大笑，硬纸板背面写着："拜托，请选择可乐。"当魔术师用硬纸板挡住饮料时，观众看到的是空白面，而女孩儿看到了背面的字，于是她配合了魔术师，就这么简单。"如果偏不选可乐，你怎么办？"台下有人喊。魔术师微微一笑，走到玻璃桌前，分别握住桌上的茶和咖啡，却怎么也提不动。原来，这两瓶饮料已被粘在桌面上，外表根本看不出来，想把它们举过头顶绝对不可能。除了可乐，你别无选择。

魔术一旦被揭秘，大多数人会说："原来不过如此，我也行啊。"可是为什么我们没想到？或许每个人心里都有过一个魔法世界，梦想自己无所不能。而魔师让我们相信，幻想其实可以通向现实。所有的魔法都来自创意，只有想不到，没有做不到。

한 투명한 유리 탁자 위에 세 병의 음료수가 있다. 각각 차, 콜라 그리고 커피이다. 마술사는 관중석에서 한 남자아이와 한 여자아이를 데려왔다. 그는 하나의 서류봉투를 꺼내어 남자아이에게 보관하라고 건네주었다. 안에는 역시 세 병의 음료수가 있었지만, 모두 그것이 무엇인지는 알 수 없었다. 그는 여자아이에게 말했다. "탁자 위에 세 병의 각각 다른 음료수가 있으니, 네 마음대로 한 종류를 고르고, 고른 후에, 그것을 머리 위로 들어 올려 줌." 그런 다음, 마술사는 큰 소리로 말했다. "지금 저는 이미 그녀가 무엇을 선택할지 알고 있다면, 믿겠습니까?" 당연히 못 믿는다! 마술사는 판지 하나를 꺼내어 탁자 앞에 세워두었다, 크지도 않고 작지도 않고, 딱 세 병의 음료수를 가려주었다. 마술사는 여자아이에게 시작하라고 했다. 여자아이는 거의 어떠한 생각조차 하지 않고, 하나의 병을 집어 머리 위로 올렸다. 그것은 콜라였다. 이번에 마술사는 남자아이에게 그 서류봉투를 열게 했고, 안에는 놀랍게도 세 병의 콜라가 있었다. 여자아이의 선택과 조금도 다르지 않았다.

이때, 마술사가 모두에게 물었다. "배우고 싶지 않나요?" 당연히 배우고 싶어했다. 그리하여 그는 그 판지를 꺼내어 뒤집어서 모두에게 보여주었다. 무대 아래서 갑자기 크게 한바탕 웃기 시작했고, 판지의 뒷면에 "부탁해요. 콜라를 선택하세요."라고 쓰여 있었다. 마술사가 판지를 사용하여 음료를 가렸을 때, 관중이 본 것은 빈 흰 면이었지만, 여자아이가 본 것은 뒷면의 글자였다. 그래서 그녀는 마술사에게 협조했고, 이렇게 간단한 일이었다. "만약 예상치 못하게 콜라를 선택하지 않았다면 당신은 어떻게 했을까요?" 무대 아래에서 어떤 사람이 소리쳤다. 마술사가 살짝 웃으며 유리 탁자 앞으로 걸어갔고, 탁자 위에 차와 커피를 따로따로 잡았지만, 도무지 들 수 없었다. 알고보니, 그 두 병의 음료는 이미 탁자 위에 붙여져 있었다. 겉으로는 전혀 볼 수 없지만, 그것들을 머리 위로 들어 올리는 것은 절대적으로 불가능했다. 콜라를 제외하고는 다른 선택을 할 수 없었던 것이다.

마술이란 일단 비밀이 들춰지면 많은 사람들은 "알고 보니 별거 아니군. 나도 할 수 있겠어!"라고 말할 것이다. 그러나 왜 우리는 생각하지 못했을까? 어쩌면 모든 사람들이 마음속에 하나의 마법 세계를 가졌던 적이 있었고, 자신이 뭐든지 다 할 수 있기를 간절히 바랐을 것이다. 그리고 마술사는 우리에게 환상은 현실과 통할 수 있다는 것을 믿게 해주었다. 모든 마법은 창의적인 것에서 오는 것이며, 다만 생각하지 못할 뿐, 할 수 없는 것은 없다.

83. 女孩儿为什么选择了可乐?
    A 想学习魔术
    B 可乐离她最近
    C 要配合魔术师
    D 男孩儿提醒了她

84. 文件袋里装的是什么?
    A 茶
    B 可乐
    C 咖啡
    D 可乐和咖啡

85. 魔术师为什么相信女孩儿一定会配合?
    A 女孩儿是他的学生
    B 他可以将饮料换掉
    C 观众已经知道答案了
    D 其他两瓶饮料被粘住了

86. 上文主要想告诉我们:
    A 要学会配合他人
    B 幻想可以通向现实
    C 要坚持自己的梦想
    D 耳听为虚,眼见为实

83. 여자아이는 어째서 콜라를 선택했는가?
    A 마술을 배우고 싶어서
    B 콜라가 그녀에게 가장 가까워서
    C 마술사에게 협력하려고
    D 남자아이가 그녀에게 일깨워줘서

84. 문서 봉투 안에 담겨있던 것은 무엇인가?
    A 차
    B 콜라
    C 커피
    D 콜라와 커피

85. 마술사는 어째서 여자아이가 반드시 협력할 것이라고 믿었는가?
    A 여자아이가 그의 학생이라서
    B 그가 음료를 바꿔버릴 수 있어서
    C 관중들이 이미 답을 알고 있어서
    D 다른 두 병의 음료가 붙어 있어서

86. 윗글에서 우리에게 알려주고자 하는 것은?
    A 타인에게 협력하는 것을 배워야 한다
    B 환상은 현실과 통할 수 있다
    C 자신의 꿈을 견지해야 한다
    D 귀로 듣는 것보다 눈으로 직접 보는 것을 믿는다

[단어] 透明 tòumíng [형] 투명하다 | 玻璃 bōli [명] 유리 | 摆 bǎi [동] 놓다, 진열하다, 벌여놓다 | 魔术师 móshùshī [명] 마술사 | 观众席 guānzhòngxí [명] 관중석 | 文件袋 wénjiàndài [명] 종이 봉투, 문건을 담는 봉투 | 保管 bǎoguǎn [동] 보관하다 | 硬纸板 yìngzhǐbǎn [명] 판지, 하드보드지 | 恰好 qiàhǎo [부] 마침, 바로 | 挡 dǎng [동] 가로 막다 | 翻 fān [동] 회전하다, 뒤집다, 넘기다 | 顿时 dùnshí [부] 갑자기 | 哄堂大笑 hōngtáng dàxiào [성] 크게 웃다 | 拜托 bàituō [동] 부탁하다, 부탁드리다 | 配合 pèihé [동] 협조하다 | 偏 piān [부] 공교롭게, 뜻밖에 | 粘 zhān [동] 붙다, 끈끈하다 | 一旦 yídàn [부] 일단 ~하면 | 揭秘 jiēmì [동] 비밀을 들추다 | 魔法 mófǎ [명] 마법 | 无所不能 wúsuǒ bùnéng 못하는 것이 없다 | 幻想 huànxiǎng [명] 환상, 상상 | 创意 chuàngyì [명] 창조적 의견, 독창적인 견해 | 提醒 tíxǐng [동] 일깨우다, 상기시키다 | 耳听为虚,眼见为实 ěrtīng wéixū, yǎnjiàn wéishí 귀로 듣는 것보다 직접 눈으로 보는 것을 믿는다

[해설] 83. 마술사는 판지에 콜라를 선택해달라고 부탁하는 글을 썼다. 그것을 보고 여자아이는 마술사의 부탁대로 콜라를 선택했으므로 정답은 C 要配合魔术师이다.

84. 지문에서 문서 봉투에 담겨있던 음료수 세 병이 모두 콜라라고 직접적으로 언급했으므로 정답은 B 可乐이다.

85. 지문에서 마술사가 다른 두 병의 음료는 탁자에 붙여놓았기 때문에 절대로 들어올릴 수 없다고 했다. 그러므로 보기 중 이와 같은 의미인 D 其他两瓶饮料被粘住了가 정답이다.

86. 마지막 부분에서 마술사는 우리로 하여금 환상은 사실과 현실과 통할 수 있다는 것을 믿게 해주었다고 했으므로 정답은 B 幻想可以通向现实이다.

문제 87-90

在日常生活中，谁都有不小心打碎东西的时候，但极少有人会去研究这些碎片中的学问。有位物理学家却从花瓶的碎片中发现了这样一个规律：将打碎后的物体碎片按重量级的数量分类，不同的重量级间会表现出统一的倍数关系。例如，被打碎的花瓶，最大的碎片与次大的碎片重量比是16:1，次大的与第三大的碎片间的重量比也是16:1，以此类推。这就是著名的"碎花瓶理论"。

物理学家进一步研究发现，不同形状的物体，这个重量比是不同的。对于花瓶或茶杯状的物体，这个倍数约为16，棒状物体约为11，球状物体则约为40。更重要的是，这个倍数与物体的材料无关，即使是一块儿冻豆腐摔碎了，也会遵循这个规律。

由此可知，只要有同一物体的部分碎片就能求出这个倍数，从而可以推测出物体破碎前的大概形状。目前，"碎花瓶理论"在恢复文物原貌、推测陨石形状等工作中有特别的用处，它给这些原来全凭经验和想象的工作提供了理论依据。

일상생활 가운데 누구나 조심하지 않아 물건을 깨뜨릴 때가 있다. 그런데 극소수의 어떤 사람들은 그 조각들의 법칙을 연구하기도 한다. 어떤 물리학자는 꽃병의 조각으로부터 이런 규칙 하나를 발견했다. 부서진 후의 물체 조각은 중량급의 수량에 따라 나뉘고, 같지 않은 중량급 사이에는 통일된 배수 관계가 나타난다. 예를 들면, 깨진 화병은 가장 큰 조각과 그 다음 크기의 조각의 중량비가 16:1이고, 두 번째 큰 조각과 세 번째 큰 조각 사이의 중량비 또한 16:1로 이러한 방식으로 유추한다. 이것이 유명한 '깨진 꽃병 이론'이다.

물리학자는 한층 더 연구하여 다른 형상의 물체는 이 중량비가 같지 않다는 것을 발견했다. 꽃병 또는 찻잔 형태의 물체에 대해서는 그 배수가 약 16배이고, 막대 모양의 물체는 대략 11배, 구형의 물체는 대략 40배이다. 더욱 중요한 것은 이 배수는 물체의 재료와 무관하다는 것이다. 설령 한 덩이의 얼린 두부가 깨졌다 할지라도 이 법칙에 따를 수 있다.

이로부터 알 수 있는 것은 같은 물체의 부분 조각만 있다면, 이 배수를 구해 낼 수 있다. 그래서 물체가 깨지기 이전의 대략적인 형상을 추측할 수 있다. 현재 '깨진 꽃병 이론'은 문물의 원래 모습을 회복시키고, 운석의 형상을 추측하는 등의 작업에서 특별한 용도로 쓰인다. 그것은 원래부터 전적으로 경험과 상상에 의지해야 했던 작업에 이론적 근거를 제공했다.

87. 根据第1段，最大的花瓶碎片：
 A 数量最多
 B 用处不大
 C 形状最特别
 D 重量是第二大的16倍

88. 第2段中，举"冻豆腐"的例子是为了说明：
 A 食物碎片很难统计
 B 重量比不受材料影响
 C 碎片形状和重量比有关
 D 重量比与温度有一定关系

89. 关于碎花瓶理论，下列哪项正确？
 A 缺少理论支持
 B 对实验室条件要求高
 C 很多人提出反对意见
 D 球状物体重量比约为40:1

87. 첫 단락에 근거하여 가장 큰 꽃병 조각은?
 A 수량이 가장 많다
 B 용도가 크지 않다
 C 형상이 가장 특별하다
 D 중량이 두 번째 큰 것의 16배이다

88. 두 번째 단락에 '얼린 두부'를 예로 든 것은 무엇을 설명하기 위해서인가?
 A 음식 조각은 통계를 내기 어렵다
 B 중량비는 재료의 영향을 받지 않는다
 C 조각 형상은 중량비와 관련이 있다
 D 중량비는 온도와 일정한 관련이 있다

89. 깨진 꽃병 이론에 관하여 다음 중 옳은 것은?
 A 이론적 지지가 부족하다
 B 실험실 조건에 대한 요구가 높다
 C 많은 사람들이 반대 의견을 제기했다
 D 구형 물체의 중량비는 대략 40 : 1이다

90. 第3段主要介绍的是碎花瓶理论的:
A 应用价值
B 实验步骤
C 历史背景
D 理论依据

90. 세 번째 단락에서 깨진 꽃병 이론에 대하여 알려주고자 하는 것은?
A 응용 가치
B 실험 절차
C 역사적 배경
D 이론적 근거

단어 打碎 dǎsuì 동 깨뜨리다 | 碎片 suìpiàn 명 부스러기, 파편 | 极少 jíshǎo 형 극히 적다 | 研究学问 yánjiū xuéwèn 학문을 연구하다 | 物理 wùlǐ 명 물리 | 规律 guīlǜ 명 규율, 법칙 | 分类 fēnlèi 명 분류 동 분류하다 | 倍数 bèishù 명 배수 | 次 cì 형 두 번째의, 다음의 | 以此类推 yǐ cǐ lèi tuī 이러한 방식으로 유추하다 | 形状 xíngzhuàng 명 형상, 물체의 외관 | 约为 yuēwéi 대략 ~이 되다 | 棒状 bàngzhuàng 명 몽둥이 형태 | 冻豆腐 dòng dòufu 얼린 두부 | 摔碎 shuāisuì 동 떨어져서 깨지다, 깨뜨리다 | 遵循 zūnxún 동 따르다 | 由此可知 yóucǐ kězhī 이것으로부터 알 수 있다 | 推测 tuīcè 동 추측하다, 헤아리다 | 恢复 huīfù 동 회복하다, 회복되다 | 文物 wénwù 명 문물, 문화재 | 原貌 yuánmào 명 원래의 면모 | 陨石 yǔnshí 명 운석 | 用处 yòngchu 명 용도 | 全凭 quánpíng 동 전적으로 ~에 의지하다 | 提供 tígōng 동 제공하다, 공급하다 | 依据 yījù 명 근거 동 의거하다, 근거하다 | 统计 tǒngjì 명 통계 동 통계하다 | 缺少 quēshǎo 동 부족하다, 모자라다 | 支持 zhīchí 동 지지하다 | 实验室 shíyànshì 명 실험실 | 应用价值 yìngyòng jiàzhí 명 응용 가치 | 步骤 bùzhòu 명 (일이 진행되는) 순서, 절차, 차례 | 背景 bèijǐng 명 배경

해설 87. 깨진 꽃병에서 발견한 규칙에 따르면, 가장 큰 조각과 그다음 크기의 조각의 중량 대비가 16:1이라고 했으므로 정답은 D 重量是第二大的16倍이다.

88. 배수는 물체의 재료와 무관하다는 것을 설명하며 재료의 한 종류로 두부를 언급했다. 그러므로 보기 중 올바른 정답은 B 重量比不受材料影响이다.

89. 꽃병 또는 찻잔 형태의 물체에 대해서는 그 배수가 약 16배이고, 막대 모양의 물체는 대략 11배, 구형의 물체는 대략 40배라고 설명했으므로 정답은 D 球状物体重量比约为40:1이다.

90. 원래부터 전적으로 경험과 상상에 의지해야 했던 작업에 깨진 꽃병 이론은 이론적 근거를 제공해 주었으므로 정답은 D 理论依据이다.

실전 모의고사 1회 - 쓰기

문제 91

确定　　决赛的　　还没　　时间

해설 [품사분석] 确定 동 확정되다, 확정하다 / 决赛 명 결승 / 还 부 아직, 여전히 / 没 부 ~않다 / 时间 명 시간
[문장구조] [관형어(决赛的) + 주어 + 부사어(还没) + 술어]
① 술어에 确定를 배치한다.
② 관형어+주어는 决赛的时间, 부사어는 还没이다.
③ 决赛的时间还没确定。 결승전 시간은 아직 확정되지 않았다.

문제 92

怎么　　绳子　　断了　　这根

해설 [품사분석] 怎么 대 어떻게, 어째서, 왜 / 绳子 명 밧줄 / 断 동 끊다 / 根 양 개, 가닥(길고 가느다란 것을 세는 단위)
[문장구조] [관형어(这根) + 주어 + 부사어(怎么) + 술어(了)]
① 술어에 断了를 배치한다.
② 관형어+주어는 这根绳子, 부사어는 怎么이다.
③ 这根绳子怎么断了？ 이 밧줄이 어째서 끊어졌지?

문제 93

渐渐   活跃起来   严肃的   变得   气氛

해설 [품사분석] 渐渐 튄 점점, 점차 / 活跃 匓 활기 있다, 활기를 띠다 / 起来 톤 (동사나 형용사 뒤에 쓰여 어떤 동작이 시작됨을 나타냄) / 严肃 匓 엄숙하다, 근엄하다 / 气氛 匓 분위기
[문장구조] [관형어(严肃的) + 주어 + 부사어(渐渐) + 술어 + 得 + 정도보어]
① 술어 + 得에 变得를 배치한다.
② 관형어 + 주어는 严肃的气氛, 정도보어는 活跃起来, 부사어는 渐渐이다.
③ 严肃的气氛渐渐变得活跃起来。 엄숙한 분위기는 점차 활기를 띠기 시작했다.

문제 94

打交道   他很   与人   善于

해설 [품사분석] 打交道 匓 교류하다 / 与 즌 ~와(과) / 人 匓 사람, 타인 / 善于 匓 ~에 능숙하다, ~을 잘하다
[문장구조] [주어 + 술어(善于) + 목적어]
① 부사어 + 술어에 很善于를 배치한다.
② 관형어 + 주어는 他, 목적어는 与人打交道이다.
③ 他很善于与人打交道。 그는 사람들과 교류하는 것에 능하다

문제 95

非常   技术   熟练   这位工人的

해설 [품사분석] 非常 튄 매우, 무척, 대단히 / 技术 匓 기술 / 熟练 匓 능숙하다, 숙련되다 / 工人 匓 직원, 노동자
[문장구조] [관형어(这位工人的) + 주어 + 부사어(非常) + 술어]
① 술어에 熟练를 배치한다.
② 관형어 + 주어는 这位工人的技术, 부사어는 非常이다.
③ 这位工人的技术非常熟练。 이 직원의 기술은 매우 숙련되어 있다.

문제 96

被   独特的地理环境   吸引了   她   这里

해설 [품사분석] 被 즌 ~에 의해 / 独特 匓 독특하다, 특별하다 / 地理环境 匓 지리 환경 / 吸引 匓 매료시키다, 유인하다 / 这里 대 이곳, 여기
[문장구조] [주어 + [被 +명사(목적어-행위자)] + 술어 + 기타성분(了)]
① 술어 + 기타성분에 吸引了를 배치한다.
② 주어는 她, 被 + 명사(목적어-행위자)는 被这里独特的地理环境이다.
③ 她被这里独特的地理环境吸引了。 그녀는 이곳의 독특한 지리 환경에 매료되었다.

문제 97

承受了   心理压力   巨大的   他

해설 [품사분석] 承受 匓 이겨내다, 감당하다, 견뎌내다 / 心理压力 匓 심리적 압박(스트레스) / 巨大 匓 아주 크다, 거대하다
[문장구조] [주어 + 술어(了) + 관형어(巨大的)+목적어]
① 술어에 承受了를 배치한다.
② 주어는 他, 관형어+목적어는 巨大的心理压力이다.
③ 他承受了巨大的心理压力。 그는 매우 큰 심리적 압박을 견뎌냈다.

문제 98

已经   辞职手续了   她   办理

해설   [품사분석] 已经 뷔 이미 / 辞职 동 사직하다, 직장을 그만두다 / 手续 명 수속, 절차 / 办理 동 (수속을) 밟다, 처리하다, 해결하다
[문장구조] [주어 + 부사어(已经) + 술어 + 목적어(了)]
① 술어에 办理를 배치한다.
② 주어는 她, 목적어는 辞职手续(了), 부사어는 已经이다.
③ 她已经办理辞职手续了。 그녀는 이미 사직 수속을 처리했다.

문제 99

历史   值得   讲解员   参观   保存

해설   [품사분석] 历史 명 역사 / 值得 동 ~할 가치가 있다 / 讲解员 명 해설사, 안내원 / 参观 동 관람하다 / 保存 동 보존하다
[스토리구상] ▶ 줄거리 : ① 去了历史博物馆   역사 박물관에 갔다
② 保存着丰富的文物   풍부한 문물이 보존되어 있다
③ 讲解员讲解了知识   해설사가 지식을 설명했다
▶ 중심내용 : 博物馆值得学生们去参观学习   박물관은 학생들이 참관할만한 가치가 있다

원고지 작성

		上	个	星	期	,	我	和	朋	友	一	起	去	了	历
史	博	物	馆	。	那	里	保	存	着	丰	富	的	历	史	文
物	。	讲	解	员	为	我	们	仔	细	地	讲	解	了	那	些
文	物	的	知	识	。	我	们	学	到	了	很	多	。	我	和
朋	友	都	认	为	,	博	物	馆	值	得	学	生	们	去	参
观	学	习	。												

해석   지난주에 나는 친구와 함께 역사 박물관에 갔다. 그곳에는 풍부한 역사 문물이 보존되어 있었다. 해설자(안내원)는 우리에게 그 문물의 지식을 자세하게 설명해주었다. 우리는 많은 것을 배웠다. 나와 친구는 박물관이 학생들이 가서 참관할만한 가치가 있다고 생각했다.

문제 100

해설　[사진파악] 두 남자가 TV 앞 쇼파에 앉아 스포츠 경기를 보며 열광하는 모습이다.
　　　[스토리구상] ▶ 줄거리 : ① 我是一个足球迷　나는 축구 팬이다
　　　　　　　　　　　　　　② 今天有世界杯决赛　오늘 월드컵 결승전이 있다
　　　　　　　　　　　　　　③ 我和朋友们约好了，一起看足球比赛　나는 친구들과 함께 축구 시합을 보기로 약속했다
　　　　　　　　　　▶ 중심내용 : 我们打算一边吃喝，一边为我喜欢的球队加油
　　　　　　　　　　　　　　　　우리는 먹고 마시면서 내가 좋아하는 축구팀을 응원할 것이다

원고지 작성

	我	是	一	个	足	球	迷	，	特	别	喜	欢	踢	足
球	，	也	喜	欢	看	足	球	比	赛	。	今	天	晚	上	有
世	界	杯	的	决	赛	，	所	以	我	早	就	和	朋	友	们
约	好	了	，	下	班	以	后	来	我	家	一	起	看	足	球
比	赛	。	我	还	买	了	啤	酒	和	零	食	，	打	算	一
边	吃	喝	，	一	边	为	我	喜	欢	的	球	队	加	油	。

해석　나는 축구 팬이다. 축구하는 것을 굉장히 좋아하고, 축구 시합을 보는 것도 좋아한다. 오늘 저녁에 월드컵 결승전이 있다. 그래서 나는 일찍이 친구와 퇴근 후에 우리집에 와서 함께 축구시합을 보기로 약속했다. 나는 맥주와 간식도 샀다. 먹고 마시면서 내가 좋아하는 축구팀을 응원할 것이다.

실전 모의고사 2회

听力

第一部分

1. A 2. B 3. A 4. C 5. A 6. B 7. A 8. B 9. C 10. B
11. A 12. A 13. D 14. C 15. B 16. C 17. C 18. C 19. A 20. A

第二部分

21. C 22. B 23. A 24. C 25. A 26. A 27. B 28. C 29. B 30. B
31. C 32. A 33. B 34. B 35. C 36. D 37. C 38. D 39. A 40. D
41. D 42. A 43. D 44. C 45. D

阅读

第一部分

46. B 47. D 48. A 49. A 50. C 51. D 52. C 53. D 54. A 55. A
56. B 57. C 58. B 59. D 60. A

第二部分

61. A 62. A 63. A 64. B 65. D 66. C 67. C 68. B 69. B 70. B

第三部分

71. B 72. D 73. D 74. C 75. C 76. A 77. C 78. C 79. B 80. B
81. A 82. D 83. D 84. A 85. C 86. B 87. D 88. C 89. D 90. C

书写

第一部分

91. 他退休前在海关部门工作。
92. 树上的果实已经成熟了。
93. 大雨导致了该地区粮食产量的下降。
94. 抱怨根本不能解决任何问题。
95. 要养成孩子正确的消费观念。
96. 印刷术是一项十分了不起的发明。
97. 地震造成的损失要比想象的严重。
98. 我会尽快把合影发给你们。

第二部分

99. 现代人的压力很大，不仅大人，孩子们也是。所以每一个人都会有适合自己的，缓解压力的方法。我是个乐观的人，我也有自己的方法——听广播。其实，我也是一次偶然的机会，坐出租车时，发现了听广播的好处的。

100. 智能手机的出现是一件好的事情，还是一件坏的事情？虽然智能手机有许多功能，这些功能可以使我们的生活更方便。但是有许多人过分使用手机，带来很多不好的结果。甚至朋友见面时也不聊天，只看手机。

실전 모의고사 2회 - 듣기

문제 1

A 连续两次夺冠	B 比同龄人调皮	A 연속 두 번 우승하다	B 또래 보다 장난이 심하다
C 想当科学家	D 有很多新发明	C 과학자가 되고 싶다	D 새로운 발명품이 많다

男：这届青少年科技大赛的冠军是谁?
女：来自上海的一个小男孩儿。他已连续两年获得这个比赛的冠军了。
问：关于那个男孩儿，可以知道什么?

남 : 이번 청소년 과학기술대회 우승자가 누구예요?
여 : 상하이에서 온 한 남자아이에요. 그는 이미 2년 연속 이 대회의 1등이에요.
질문 : 그 남자아이에 관하여 알 수 있는 것은 무엇인가?

단어 大赛 dàsài 명 대회, 시합, 경기 | 科技 kējì 명 과학기술 | 冠军 guànjūn 명 우승, 챔피언 | 连续 liánxù 명 연속, 계속 동 연속하다, 계속하다 | 夺冠 duóguàn 동 우승을 쟁취하다 | 同龄人 tónglíngrén 명 동년배, 동갑, 같은 또래 | 调皮 tiáopí 형 장난이 심하다, 짓궂다 | 发明 fāmíng 명 발명 동 발명하다

해설 여자가 그 남자아이가 이미 2년 연속 이 대회의 1등이라고 했으므로 이와 같은 의미를 가진 A 连续两次夺冠가 정답이다.

문제 2

A 房东不让养	A 집주인이 기르지 못하게 했다
B 没空儿照顾	B 보살필 시간이 없다
C 对兔毛过敏	C 토끼털에 알레르기 반응을 보인다
D 没有耐心养	D 키울 끈기가 없다

女：你好像很喜欢小动物，家里养宠物了吗?
男：以前养过一只兔子。后来因为工作太忙，没时间照顾，就送人了。
问：男的为什么把兔子送给别人?

여 : 당신 동물을 좋아하는 것 같은데, 집에 애완동물을 키우셨나요?
남 : 예전에 토끼를 키운 적 있어요. 후에 일이 너무 바쁘고 보살필 시간이 없어서 다른 사람한테 보냈어요.
질문 : 남자는 왜 토끼를 다른 사람에게 보냈는가?

단어 养 yǎng 동 기르다 | 宠物 chǒngwù 명 애완동물 | 兔子 tùzi 명 토끼 | 房东 fángdōng 명 집주인 | 空儿 kòngr 명 시간, 짬(=时间) | 兔毛 tùmáo 명 토끼털 | 过敏 guòmǐn 명 알레르기 반응을 보이다 | 耐心 nàixīn 명 인내심, 참을성, 끈기

해설 대화에서 没时间照顾과 같은 의미를 나타내는 표현은 B 没空儿照顾이다.

문제 3

A 看电视	B 听广播	A TV를 본다	B 라디오를 듣는다
C 主持节目	D 做采访	C 프로그램을 진행한다	D 인터뷰를 한다

男：这个综艺节目换主持人了?
女：这个月中旬就换了，你也一起看吧。很有意思的!
问：女的可能在做什么?

남 : 이 예능 프로그램 진행자가 바뀌었어요?
여 : 이번 달 중순에 바뀌었어요. 당신도 같이 봐요. 엄청 재미있어요!
질문 : 여자는 무엇을 하고 있는가?

단어 综艺节目 zōngyì jiémù 명 예능 프로그램, 버라이어티쇼 | 主持人 zhǔchírén 명 사회자, 진행자 | 中旬 zhōngxún 명 중순 | 广播 guǎngbō 명 방송 프로그램, 라디오 | 采访 cǎifǎng 명 인터뷰, 취재 동 인터뷰하다, 취재하다

해설 여자가 무엇을 하고 있는지 상황을 알 수 있는 몇 가지 주요 단어들을 잘 짚어야 한다. 남자의 말에서 综艺节目(예능 프로그램), 主持人(진행자) 등의 단어와 여자의 말에서 一起看吧(같이 보자)라는 말을 통해 정답 A 看电视라는 것을 알 수 있다.

문제 4

| A 看开幕式 | B 听演讲 | A 개막식을 본다 | B 강연을 듣는다 |
| C 看话剧 | D 学太极拳 | C 연극을 본다 | D 태극권을 배운다 |

女: 你不是和朋友去看话剧了吗？这么早回来啦？
男: 别提了！排了半天队，结果快到我们时，居然没票了。
问: 男的本来打算做什么？

여: 당신 친구와 연극 보러 간다고 하지 않았어요? 왜 일찍 왔어요?
남: 말도 말아요! 한참을 줄을 서서 우리 차례가 됐을 때, 생각지 못하게 표가 매진됐어요.
질문: 남자는 원래 무엇을 할 계획이었는가?

단어 话剧 huàjù 명 연극 | 别提了 bié tí le 말도 마라, 말도 꺼내지 마라(불만) | 半天 bàntiān 명 한참, 한나절 | 排队 páiduì 동 줄을 서다 | 居然 jūrán 부 뜻밖에, 예상 외로, 생각 밖으로 | 开幕式 kāimùshì 명 개막식 | 演讲 yǎnjiǎng 명 강연 | 太极拳 tàijíquán 명 태극권

해설 여자가 남자에게 친구와 연극 보러 간다고 하지 않았냐고 물었으므로 이를 통해 알 수 있는 정답은 C 看话剧이다.

문제 5

| A 在餐厅工作过 | B 是校友 | A 음식점에서 일한 적이 있다 | B 학교 친구이다 |
| C 一起做过兼职 | D 现在是同事 | C 함께 아르바이트를 한 적 있다 | D 지금 회사 동료이다 |

女: 你和这家餐厅的老板很熟吗？
男: 对。我大学期间，在这儿打过工。
问: 男的为什么认识餐厅的老板？

여: 당신 이 음식점의 사장님과 잘 알아요?
남: 네. 제가 대학에 다닐 때 여기에서 아르바이트를 한 적이 있어요.
질문: 남자는 어떻게 음식점의 사장님을 알고 있는가?

단어 餐厅 cāntīng 명 음식점 | 老板 lǎobǎn 명 사장님 | 熟 shú 형 익숙하다, 잘 알다 | 兼职 jiānzhí 동 겸직하다, 아르바이트 하다(=打工)

해설 남자는 대학에 다닐 때 이 음식점에서 아르바이트를 했다고 했으므로 정답은 A 在餐厅工作过이다.

문제 6

| A 洗窗帘 | B 浇花 | A 커튼을 세탁하다 | B 꽃에 물을 주다 |
| C 扫地 | D 洗澡 | C 바닥청소를 하다 | D 목욕을 하다 |

男: 这双鞋怎么湿了？
女: 我刚刚浇花时，不小心把水洒上面了。
问: 女的刚才做什么了？

남: 이 신발은 왜 젖었어요?
여: 제가 방금 꽃에 물을 주다가 실수로 물을 뿌렸어요.
질문: 여자는 방금 무엇을 했는가?

단어 湿 shī 형 습하다, 축축하다, 질퍽하다 | 浇花 jiāohuā 동 꽃에 물을 주다 | 洒 sǎ 동 뿌리다, 흩뜨리다 | 窗帘 chuānglián 명 커튼 | 扫地 sǎodì 동 바닥을 청소하다

해설 여자의 대답에서 방금 꽃에 물을 주었다고 했다. 정답은 B 浇花이다.

문제 7

A 太忙	B 要出差	A 너무 바빠서	B 출장을 가야 해서
C 不感兴趣	D 准备不充分	C 관심이 없어서	D 준비가 부족해서

女：王总，下周的贸易交流会您参加吗？ 男：最近公司事情比较多，还是让刘秘书去吧。 问：男的为什么不参加交流会？	여 : 왕 대표님, 다음 주 무역 교류회에 참가하십니까? 남 : 요즘 회사에 일이 좀 많아서 리우 비서에게 가라고 하는 것이 좋겠어요. 질문 : 남자는 왜 교류회에 참가하지 않는가?

단어 贸易 màoyì 명 무역 | 秘书 mìshū 명 비서 | 充分 chōngfèn 형 충분하다

해설 남자는 회사에 일이 많아서 갈 수 없다고 했다. 일이 많다는 것은 바쁘다는 것과 같은 의미로 정답은 A 太忙가 된다.

문제 8

A 周末加班	A 주말에 초과근무를 한다
B 同意去钓鱼	B 낚시 가는 것에 동의한다
C 对海鲜过敏	C 해산물에 알레르기 반응을 보인다
D 不想去郊外	D 교외로 나가고 싶지 않다

男：礼拜天跟我们去钓鱼吧。 女：好啊，我正打算去郊外转转呢。 问：女的是什么意思？	남 : 일요일에 우리 낚시하러 갑시다. 여 : 좋아요. 마침 교외로 드라이브 갈 계획이었어요. 질문 : 여자의 의미는 무엇인가?

단어 钓鱼 diàoyú 동 낚시하다 | 郊外 jiāowài 명 교외 | 转 zhuàn 동 구경하다, 둘러보다 | 海鲜 hǎixiān 명 해산물, 해물 | 过敏 guòmǐn 동 알레르기 반응을 보이다

해설 남자가 낚시하러 가자고 제안했고, 여자가 좋다고 대답했으므로 보기 중 이와 부합하는 정답은 B 同意去钓鱼이다.

문제 9

A 字数多	B 结构太乱	A 글자 수가 많다	B 구조가 엉망이다
C 再检查一下	D 有语法问题	C 재검사(검토)를 하다	D 어법에 문제가 있다

女：编辑说让你再检查一下。上面还有标点错误。 男：好的，我现在就看。 问：编辑是什么意见？	여 : 편집자가 다시 검토해달라고 했어요. 문장 부호에 오류가 있대요. 남 : 네. 제가 지금 볼게요. 질문 : 편집자의 의견은 무엇인가?

단어 编辑 biānjí 명 편집자, 편집인 | 标点 biāodiǎn 명 문장부호, 구두점 | 错误 cuòwù 명 착오, 실수, 오류 | 结构 jiégòu 명 구조 | 乱 luàn 형 엉망이다, 어지럽다

해설 여자가 남자에게 편집자가 재검토를 요청했다고 했다. 정답은 C 再检查一下이다.

문제 10

| A 是演员 | B 学过跳舞 |
| C 第一次表演 | D 要教男的跳舞 |

| A 배우이다 | B 춤을 배운 적이 있다 |
| C 처음 공연하다 | D 남자에게 춤을 가르치려 한다 |

男：你的舞跳得真好，一定受过专业训练吧。
女：我小时候学过几年舞蹈。算是有点儿基础吧！
问：关于女的可以知道什么？

남 : 당신 춤 정말 훌륭해요. 분명히 전문가에게 트레이닝을 받은 적이 있죠?
여 : 어렸을 때 무용을 몇 년 배웠어요. 기초는 약간 있는 셈이죠!
질문 : 여자에 관하여 알 수 있는 것은 무엇인가?

단어 跳舞 tiàowǔ 동 춤을 추다 | 训练 xùnliàn 동 훈련하다, 트레이닝하다 | 舞蹈 wǔdǎo 명 무도, 무용 | 基础 jīchǔ 명 기초 | 算是 suànshì 동 ~인 셈이다, ~라고 할 수 있다 | 演员 yǎnyuán 명 배우, 연기자 | 表演 biǎoyǎn 동 공연하다, 연기하다

해설 여자는 어렸을 때 무용을 몇 년동안 배웠다고 했다. 정답은 B 学过跳舞이다. 나머지 보기는 언급하지 않았으므로 정답이 될 수 없다.

문제 11

| A 受伤了 | B 晕倒了 |
| C 腿流血了 | D 刚做完手术 |

| A 다쳤다 | B 기절하여 쓰러졌다 |
| C 다리에 피가 흐른다 | D 방금 수술이 끝났다 |

女：听说你胳膊受伤了，严重吗？
男：不要紧。只是皮外伤，上点儿药就好了。
问：男的怎么了？

여 : 당신 팔을 다쳤다면서요. 심각해요?
남 : 괜찮아요. 피부 겉에만 상처를 입었어요. 약을 바르면 나을 거예요.
질문 : 남자는 어떠한가?

단어 胳膊 gēbo 명 팔 | 皮 pí 명 살갗, 피부 | 上药 shàngyào 약을 바르다 | 受伤 shòushāng 동 부상을 입다, 상처를 입다 | 晕倒 yūndǎo 동 기절하여 쓰러지다, 졸도하다 | 流血 liúxiě 동 피가 나다 | 做手术 zuò shǒushù 수술을 하다

해설 여자는 남자의 다친 팔에 대해 묻고 있다. 여자의 말에서 정답을 바로 찾을 수 있다. 정답은 A 受伤了이다.

문제 12

| A 太酸了 | B 太咸了 |
| C 辣椒放少了 | D 土豆炒太久了 |

| A 너무 시다 | B 너무 짜다 |
| C 고추를 적게 넣었다 | D 감자를 너무 오래 볶았다 |

男：这个酸辣土豆丝你炒得不错！
女：你喜欢就好，我还担心醋放多了呢。你再尝尝这个汤。
问：女的担心什么？

남 : 이 감자볶음 잘 볶았네요!
여 : 당신이 좋아하니 됐네요. 식초를 너무 많이 넣어서 걱정했거든요. 이 탕도 다시 맛 좀 보세요.
질문 : 여자가 걱정하는 것은 무엇인가?

단어 酸辣土豆丝 suānlà tǔdòusī 명 감자볶음(중국 요리) | 炒 chǎo 동 볶다 | 醋 cù 명 식초 | 尝 cháng 동 맛보다, 시식하다 | 汤 tāng 명 국, 탕 | 辣椒 làjiāo 명 고추

해설 여자의 말에서 정답을 쉽게 찾을 수 있다. 我还担心醋放多了呢(식초를 너무 많이 넣어서 걱정했다)라고 했고, 식초는 신맛이 강하므로 알맞은 정답은 A 太酸了이다.

문제 13

A 犹豫不决 B 比较负责 C 非常干脆 D 不能坚持到底	A 결단을 내리지 못하고 망설이다 B 비교적 책임감이 강하다 C 매우 거리낌 없다 D 끝까지 견지하지 못하다
女：你知道"虎头蛇尾"这个成语是什么意思吗？ 男：知道，就是形容一个人做事情有始无终，不能坚持下去。 问："虎头蛇尾"形容人做事怎么样？	여 : 당신은 '용두사미'라는 이 성어의 의미를 알아요? 남 : 알지요. 바로 사람이 일을 할 때 시작만 하고 끝을 맺지 못한다는 뜻으로 계속해서 해 나가지 못하는 거예요. 질문 : '용두사미'는 사람이 일을 할 때 어떠하다는 것을 묘사하는가?

단어 虎头蛇尾 hǔtóu shéwěi 성 용두사미, 처음은 왕성하나 끝이 부진하다 | 形容 xíngróng 동 형용하다, 묘사하다 | 有始无终 yǒushǐ wúzhōng 성 시작만 하고 끝을 맺지 못하다 | 坚持 jiānchí 동 견지하다, 고수하다 | 犹豫不决 yóuyù bùjué 성 결단을 내리지 못하고 망설이다, 머뭇거리다 | 负责 fùzé 동 책임감이 강하다 | 干脆 gāncuì 형 명쾌하다, 시원스럽다, 솔직하다 | 到底 dàodǐ 동 끝까지 ~하다

해설 남자가 성어의 뜻을 설명하면서 언급한 不能坚持下去(계속해서 해 나가지 못하다)와 같은 의미를 나타내는 표현은 D 不能坚持到底이다.

문제 14

A 获奖了　　　B 销量不错 C 下个月出版　D 不接受预订	A 상을 탔다　　　B 판매량이 뛰어나다 C 다음 달에 출판한다　D 주문을 받지 않는다
男：听说你新书就要出版了，恭喜啊！ 女：谢谢，不过有些地方得调整一下，估计下个月才能正式出版。 问：关于那本书可以知道什么？	남 : 당신 새 책을 출판한다면서요. 축하해요! 여 : 고마워요. 근데 몇몇 부분을 수정해야 해요. 아마 다음 달에나 정식으로 출판할 수 있을 것 같아요. 질문 : 그 책에 관하여 알 수 있는 것은 무엇인가?

단어 出版 chūbǎn 동 출판하다, 출간하다 | 恭喜 gōngxǐ 동 축하하다 | 调整 tiáozhěng 동 조정하다, 조절하다 | 估计 gūjì 동 추측하다 | 正式 zhèngshì 형 정식의 | 获奖 huòjiǎng 동 상을 타다 | 销量 xiāoliàng 명 판매량 | 预订 yùdìng 명 예약, 예매 동 예약하다, 예매하다

해설 여자의 말에서 책에 대해 알 수 있다. 책에 수정할 부분이 있고, 다음 달에 정식 출판한다는 내용을 보기에서 찾으면 정답은 C 下个月 出版이다.

문제 15

A 别着凉　　　B 小心台阶 C 别抽烟了　　D 记得体检	A 감기에 걸리지 마라　B 계단을 조심하다 C 담배를 피우지 마라　D 건강 검진을 기억하다
男：姥姥，您慢点儿，小心台阶。 女：没事儿，我天天都去锻炼身体，身体好着呢。 问：男的提醒姥姥什么？	남 : 할머니, 천천히요. 계단 조심하세요. 여 : 괜찮아. 매일 운동하고 있어. 건강해. 질문 : 남자는 할머니에게 무엇을 조심하라고 하는가?

단어 姥姥 lǎolao 명 외할머니 | 台阶 táijiē 명 계단 | 提醒 tíxǐng 동 일깨우다, 경각시키다 | 着凉 zháoliáng 동 감기에 걸리다(=感冒) | 体检 tǐjiǎn 명 건강 검진, 신체 검사 동 신체 검사하다

해설 남자는 할머니에게 계단을 조심하라고 했다. 정답은 B 小心台阶이다.

문제 16

A 身体疲劳	B 穿得太少	A 몸이 피곤해서	B 옷을 너무 얇게 입어서
C 丈夫传染的	D 晚上没关空调	C 남편이 전염시켜서	D 저녁에 에어컨을 끄지 않아서

男：你是不是感冒了？一直打喷嚏。
女：是感冒了，都怪我家那口子，把感冒传染给我了。
问：女的是怎么感冒的？

남 : 당신 감기에 걸렸나요? 계속 재채기를 하네요.
여 : 감기 걸렸어요. 모두 우리 집 그 사람 탓이에요. 감기를 저에게 옮겼어요.
질문 : 여자는 왜 감기에 걸렸는가?

단어 打喷嚏 dǎ pēntì [동] 재채기하다 | 怪 guài [동] 탓하다, 나무라다 | 口子 kǒuzi [명] 배우자, 남편 혹은 아내 | 传染 chuánrǎn [동] 전염하다, 감염시키다 | 疲劳 píláo [형] 피로하다, 피곤하다

해설 여자가 우리 집 그 사람이 감기를 옮겼다고 했다. 여자가 가리키는 그 사람은 남편을 말하는 것이므로 정답은 C 丈夫传染的이다.

문제 17

A 《红楼梦》	B 《和平年代》	A 「홍루몽」	B 「화평연대」
C 《战争与和平》	D 《钢铁是怎样炼成的》	C 「전쟁과 평화」	D 「강철은 어떻게 단련되었는가」

女：《战争与和平》这本书你看过吗？
男：上大学时读过，不过现在已经没什么印象了。
问：他们在谈论哪本书？

여 : 「전쟁과 평화」라는 책을 본 적이 있어요?
남 : 대학 다닐 때 읽은 적 있어요. 근데 지금은 이미 아무 기억이 없어요.
질문 : 그들은 어느 책에 대하여 이야기하고 있는가?

단어 《战争与和平》Zhànzhēng yǔ hépíng [명] 「전쟁과 평화」 | 《红楼梦》Hónglóumèng [명] 「홍루몽」 | 《和平年代》Hépíng niándài [명] 「화평연대」 | 《钢铁是怎样炼成的》Gāngtiě shì zěnyàng liànchéng de [명] 「강철은 어떻게 단련되었는가」

해설 대화에서 언급한 책은 단 한 권뿐이므로 정답은 C 《战争与和平》이다.

문제 18

A 写作文	B 包饺子	A 작문하다	B 만두를 빚다
C 使用电脑	D 骑摩托车	C 컴퓨터를 사용하다	D 오토바이를 타다

男：你点右键，选复制，然后把它粘贴在这个文件夹里就行了。
女：原来这么简单啊。
问：女的最可能在学什么？

남 : 오른쪽 마우스를 클릭하고, 복사를 선택하세요. 그 후에 그것을 이 폴더에 붙여넣기 하면 됩니다.
여 : 알고 보니 이렇게 간단하군요.
질문 : 여자는 무엇을 배우고 있는가?

단어 点 diǎn [동] 클릭하다 | 键 jiàn [명] 키 | 复制 fùzhì [동] 복사하다 | 粘贴 zhāntiē [동] 붙이다 | 文件夹 wénjiànjiá [명] 폴더 | 摩托车 mótuōchē [명] 오토바이

해설 남자의 말에서 관련된 표현들을 통해 여자가 무엇을 배우고 있는지 알 수 있다. 点右键(오른쪽 마우스를 클릭하다), 选复制(복사를 선택하다), 粘贴在这个文件夹里(이 폴더에 붙여넣다)라는 표현이 모두 컴퓨터 관련 용어이므로 정답은 C 使用电脑이다.

문제 19

A 抽屉里	B 书架上	A 서랍 안	B 책장 위
C 电脑桌上	D 行李箱里	C 컴퓨터 책상 위	D 여행용 가방 안

男：妈，您把我的充电器放哪儿了？	남 : 엄마, 제 충전기 어디에 놓으셨어요?
女：就在电视柜下面的抽屉里。	여 : TV장 밑의 서랍 안에 있단다.
问：充电器放哪儿了？	질문 : 충전기는 어디에 있는가?

단어 充电器 chōngdiànqì 명 충전기 | 电视柜 diànshìguì 명 TV 거실장, TV장 | 抽屉 chōuti 명 서랍 | 书架 shūjià 명 책장

해설 엄마가 충전기는 TV 밑의 서랍 안에 있다고 했으므로, 보기 중 올바른 정답은 A 抽屉里이다.

문제 20

A 在实习	B 是志愿者	A 실습하고 있다	B 자원봉사이다
C 准备出国	D 论文写完了	C 출국 준비를 한다	D 논문을 다 썼다

女：最近忙什么呢，好长时间没看到你了。	여 : 요즘 뭐가 그리 바쁜가요. 오랫동안 당신을 보지 못했어요.
男：我快要毕业了，一边写论文，一边在公司实习。	남 : 제가 곧 졸업이잖아요. 논문을 쓰면서 회사에서 실습을 하고 있어요.
问：关于男的，可以知道什么？	질문 : 남자에 관하여 알 수 있는 것은 무엇인가?

단어 论文 lùnwén 명 논문 | 实习 shíxí 동 실습하다 | 志愿者 zhìyuànzhě 명 자원봉사자, 지원자

해설 남자는 지금 논문을 쓰면서 회사에서 실습을 하고 있다고 했다. 대화의 내용과 일치하는 것은 A 在实习이다.

문제 21

A 游泳馆	B 沙滩	A 수영장	B 모래사장
C 滑冰场	D 郊区	C 스케이트장	D 교외

女：高温已经持续一个多礼拜了。怎么还不下雨？	여 : 무더위가 이미 일주일째 계속되고 있어요. 왜 아직도 비가 안 오는 걸까요?
男：是啊。今年夏天格外热！	남 : 그러게요. 올해 여름이 유난히 더운 것 같아요!
女：你知道有什么避暑的好去处吗？	여 : 당신 피서하기 좋은 장소 알아요?
男：去室内滑冰场吧。里面既凉快儿，又好玩儿。	남 : 실내 스케이트장에 가요. 안이 시원하기도 하고, 놀기도 좋아요.
问：男的推荐女的去哪儿？	질문 : 남자는 여자에게 어디에 가는 것을 추천하는가?

단어 持续 chíxù 동 지속하다, 지속되다 | 格外 géwài 부 유달리, 유난히 | 避暑 bìshǔ 동 피서하다, 더위를 피하다 | 去处 qùchù 명 곳, 장소 | 滑冰场 huábīngchǎng 명 스케이트장 | 既A又B jì A yòu B A하기도 하고 B하기도 하다 | 好玩儿 hǎowánr 형 재미있다, 놀기가 좋다 | 推荐 tuījiàn 동 추천하다 | 游泳馆 yóuyǒngguǎn 명 수영장 | 沙滩 shātān 명 모래사장, 백사장 | 郊区 jiāoqū 명 교외 지역, 변두리

해설 남자는 여자에게 시원하기도 하고 놀기도 좋은 실내스케이트장에 가라고 추천하고 있다. 그러므로 보기 중 정답은 C 滑冰场 이다.

문제 22

| A 有员工想辞职 | B 销售部换领导了 | A 그만두고 싶은 직원이 있다 | B 영업부 상사가 바뀌었다 |
| C 王经理换部门了 | D 女的是销售部员工 | C 왕 팀장은 부서를 바꿨다 | D 여자는 영업부 직원이다 |

女：饮水机旁边的那个人是谁？以前在公司没见过。
男：销售部新调来的经理。
女：哦！那他们部门原来的王经理呢？
男：王经理身体状况不太好，暂时在家休养。
问：根据对话，可以知道什么？

여 : 정수기 옆에 있는 저 사람은 누구예요? 예전에 회사에서 보지 못했어요.
남 : 영업부에 새로 부임해 온 팀장이에요.
여 : 어머! 그럼 그 부서에 원래 있던 왕 팀장은요?
남 : 왕 팀장은 건강 상태가 안 좋아서 잠시 집에서 쉬고 있어요.
질문 : 대화에 근거하여 알 수 있는 것은 무엇인가?

단어 辞职 cízhí 동 사직하다, 그만두다 | 领导 lǐngdǎo 명 상사, 책임자, 대표 | 饮水机 yǐnshuǐjī 명 정수기 | 销售部 xiāoshòubù 명 영업부 | 调 diào 동 (위치·인원을) 옮기다, 이동하다 | 状况 zhuàngkuàng 명 상황, 상태, 형편 | 休养 xiūyǎng 동 휴양하다, 요양하다

해설 남자의 첫 대사 销售部新调来的经理(영업부에 새로 부임해온 팀장이에요)라는 말을 잘 들었다면 정답 B 销售部换领导了(영업부 상사가 바뀌었다)를 바로 찾을 수 있다. 전반적인 대화 내용을 잘 들어야 보기 C, D의 내용을 헷갈리지 않을 수 있다. 왕 팀장은 잠시 요양 중이며, 여자는 영업부 직원이 아니다.

문제 23

| A 手工艺 | B 农产品 | A 수공예 | B 농산품 |
| C 家具 | D 珠宝 | C 가구 | D 보석 |

男：下午博物馆有一个展览，我猜你肯定感兴趣。
女：什么主题啊？
男：现代手工艺展。
女：真的啊？几点开始？
问：那个展览是关于什么的？

남 : 오후에 박물관에서 전시회가 하나 있는데, 제가 생각하기에 당신이 분명 좋아할 거예요.
여 : 주제가 뭐데요?
남 : 현대 수공예 전시예요.
여 : 정말요? 몇 시에 시작이에요?
질문 : 그 전시회는 무엇에 관한 것인가?

단어 博物馆 bówùguǎn 명 박물관 | 展览 zhǎnlǎn 명 전시, 전시회 동 전람하다 | 现代 xiàndài 명 현대 | 手工艺 shǒugōngyì 명 수공예 | 展 zhǎn 명 전시회, 전람회 | 农产品 nóngchǎnpǐn 명 농산물, 농산품 | 珠宝 zhūbǎo 명 진주와 보석, 보석류

해설 문제의 질문과 대화 중 여자가 남자에게 한 질문이 똑같다. 남자의 대답에서 정답을 쉽게 찾을 수 있다. 정답은 A 手工艺이다.

문제 24

| A 减肥 | B 退课 | A 다이어트 하다 | B 수업을 취소하다 |
| C 学网球 | D 换教练 | C 테니스를 배우다 | D 코치를 바꾸다 |

女：请问，这期的网球班还能报名吗？
男：可以，下个星期才开课。
女：那麻烦你给我张报名表。
男：好，这里是我们所有教练的资料，你先看看。
问：女的想做什么？

여 : 실례합니다. 이번 기간의 테니스 수업을 아직 신청할 수 있나요?
남 : 가능해요. 다음 주가 개강이에요.
여 : 그럼 죄송하지만 신청표 좀 주시겠어요?
남 : 네, 이것은 저희 모든 훈련 자료예요. 먼저 보세요.
질문 : 여자는 무엇을 하려 하는가?

단어 开课 kāikè 동 개강하다 | 报名表 bàomíngbiǎo 명 신청표, 원서 | 教练 jiàoliàn 명 훈련, 코치 동 훈련하다, 코치하다 | 退课 tuìkè 동 수업을 (등록)취소하다

해설 여자가 테니스 수업이 신청 가능한지를 물었으므로 정답은 C 学网球이다.

문제 25

A 钟歪了	B 表停了
C 椅子脏了	D 柜子坏了

A 시계가 기울었다	B 시계가 멈추었다
C 의자가 더러워졌다	D 서랍 장이 망가졌다

男：墙上的钟是不是挂歪了?
女：嗯，是有点斜。
男：我去搬个椅子重新弄一下。
女：不用，你脱了鞋，踩这个柜子上就可以。
问：根据对话，下列哪项正确?

남 : 벽에 걸려 있는 시계 비스듬히 걸려있지 않나요?
여 : 네, 약간 기울었네요.
남 : 제가 의자를 가져와서 다시 걸어야겠어요.
여 : 그럴 필요 없어요. 신발을 벗고, 이 서랍장 위를 밟으면 돼요.
질문 : 대화에 근거하여 다음 중 옳은 것은?

단어 墙上 qiángshang 명 벽, 벽 위 | 钟 zhōng 명 시계 | 挂歪 guàwāi 비스듬하게 걸리다, 삐딱하게 걸리다 | 斜 xié 형 기울다, 비스듬하다, 비뚤다 | 踩 cǎi 동 밟다, 딛다, 디디다 | 表 biǎo 명 시계 | 停 tíng 동 멈추다, 정지하다 | 柜子 guìzi 명 서랍장, 캐비닛

해설 남자가 벽에 걸려 있는 시계가 기울었다고 했으므로 정답은 A 钟歪了이다.

문제 26

A 订机票	B 翻译资料
C 做会议记录	D 去机场接人

A 비행기를 예약하다	B 자료를 번역하다
C 회의 기록을 작성하다	D 공항에 사람을 마중하다

女：马经理，这是昨天的会议记录，我已经整理好了。
男：放桌上吧，我明天临时有事要去趟上海。你帮我订张机票。
女：好的，订什么时间的?
男：上午九点左右的。
问：男的让女的做什么?

여 : 마 사장님, 이것은 어제 회의 기록입니다. 이미 정리가 끝났습니다.
남 : 책상 위에 놓아주세요. 저는 내일 잠시 일이 있어서 상하이에 다녀와야 할 것 같아요. 표 좀 예약해 주세요.
여 : 알겠습니다. 몇 시로 예약할까요?
남 : 오전 9시 정도요.
질문 : 남자는 여자에게 무엇을 하라고 했는가?

단어 会议记录 huìyì jìlù 회의록, 의사록 | 临时 línshí 부 임시로, 잠시 | 订 dìng 동 예약하다

해설 남자가 상하이행 비행기표를 예약하라고 지시하고 있다. 정답은 A 订机票이다.

문제 27

A 皮鞋小了	B 裤子太大
C 裤子太短	D 裙子太肥

A 구두가 작다	B 바지가 너무 크다
C 바지가 너무 짧다	D 치마가 너무 넉넉하다

男：又在网上买东西?
女：不是，我在申请退货。
男：怎么了?
女：商家给我寄的牛仔裤尺寸太大，我根本穿不了。
问：女的为什么要退货?

남 : 또 인터넷으로 물건을 사시나요?
여 : 아니요. 반품 신청하고 있어요.
남 : 왜요?
여 : 상점에서 보낸 청바지의 사이즈가 너무 커서 전혀 입을 수가 없어요.
질문 : 여자는 왜 반품하려고 하는가?

단어 退货 tuìhuò 명 반품 동 반품하다 | 牛仔裤 niúzǎikù 명 청바지 | 尺寸 chǐcùn 명 사이즈

해설 여자가 청바지 사이즈가 너무 커서 입을 수가 없다고 했으므로 정답은 B 裤子太大이다.

문제 28

| A 很时尚 | B 很高档 | A 매우 유행하다 | B 매우 고급스럽다 |
| C 太朴素了 | D 有点儿短 | C 너무 소박하다 | D 약간 짧다 |

男：你明天就穿这身去参加弟弟的婚礼啊？
女：怎么？不合适吗？
男：这条裙子是不是太朴素了？上次买的那条呢？
女：也行，那我明天换那条。
问：男的觉得这条裙子怎么样？

남 : 당신 내일 이 옷을 입고 남동생의 결혼식에 갈 건가요?
여 : 왜요? 안 어울리나요?
남 : 이 치마는 너무 소박하지 않나요? 지난번에 샀던 그 치마는 어때요?
여 : 그것도 좋네요. 그럼 내일 그 치마로 바꿔 입어야겠어요.
질문 : 남자가 생각하기에 이 치마는 어떠한가?

단어 朴素 pǔsù 형 소박하다 | 时尚 shíshàng 명 유행 형 유행하다, 세련되다 | 高档 gāodàng 형 고급의

해설 남자는 치마가 소박하다며, 다른 치마 입기를 권유하고 있다. 그러므로 보기 중 올바른 정답은 C 太朴素了이다.

문제 29

| A 客厅 | B 销售部 | A 응접실 | B 영업부 |
| C 研发部 | D 会议室 | C 연구개발부 | D 회의실 |

女：你好，是物业吧？我们办公室的空调坏了，麻烦你们过来看一下。
男：好的，您在几楼？
女：十八层，销售部。
男：好，我们马上派人过去。
问：哪儿的空调坏了？

여 : 안녕하세요. 관리부서죠? 저희 사무실 에어컨이 고장 났어요. 죄송하지만 와서 좀 봐주세요.
남 : 알겠습니다. 몇 층이세요?
여 : 18층이요. 영업부입니다.
남 : 알겠습니다. 바로 사람을 보낼게요.
질문 : 어디의 에어컨이 고장 났는가?

단어 物业 wùyè 명 (건물) 관리부 | 销售部 xiāoshòubù 명 영업부 | 派 pài 동 파견하다 | 研发部 yánfābù 명 연구 개발부

해설 여자가 18층의 영업부 에어컨이 고장 났다고 했으므로 정답은 B 销售部이다. 나머지 보기는 대화에서 언급하지 않았으므로 정답이 될 수 없다.

문제 30

| A 是部门经理 | B 找到新工作了 | A 부서 팀장이다 | B 새로운 직업을 찾았다 |
| C 在人事部工作 | D 招聘经验丰富 | C 인사부에서 일한다 | D 모집 경험이 풍부하다 |

女：我们对你的表现很满意，你下周一能来上班吗？
男：可以，谢谢马主任！
女：不客气。下周一你直接去人事部办手续吧，我会跟他们打招呼的。
男：好的，谢谢您。
问：关于男的，可以知道什么？

여 : 우리는 당신의 태도에 굉장히 만족합니다. 다음 주 월요일부터 출근할 수 있겠어요?
남 : 가능합니다. 감사합니다. 마 주임님!
여 : 다음 주 월요일에 직접 인사부에 가서 수속을 처리하죠. 제가 그들과 인사시켜 드릴게요.
남 : 알겠습니다. 감사합니다.
질문 : 남자에 관하여 알 수 있는 것은 무엇인가?

단어 表现 biǎoxiàn 명 태도, 품행, 행동 | 打招呼 dǎ zhāohu 동 인사하다 | 人事部 rénshìbù 명 인사부 | 办 bàn 동 처리하다 | 手续 shǒuxù 명 수속, 절차 | 招聘 zhāopìn 동 모집하다 | 经验 jīngyàn 명 경험, 경력 | 丰富 fēngfù 형 풍부하다

해설 여자가 남자에게 다음 주부터 출근하라고 했으므로 남자가 회사에 취직되었음을 알 수 있다. 그러므로 보기 중 이에 부합하는 정답은 B 找到新工作了이다.

문제 31-32

31. A 在做实验	B 胆子很小
C 不会游泳	D 正在海边钓鱼
32. A 被吹翻了	B 被偷走了
C 没汽油了	D 回到了岸边

31. A 실험하고 있다	B 담이 작다(겁이 많다)
C 수영할 줄 모른다	D 해변에서 낚시 중이다
32. A 뒤집혀버렸다	B 도둑맞았다
C 기름이 없다	D 해안으로 돌아왔다

一位渔夫和一位哲学家在一条河上相遇了。哲学家问："你会外语吗？"渔夫回答："不会。"哲学家又问："你懂得历史吗？"渔夫还是回答："不懂。"哲学家对渔夫说："那你等于失去了半条生命。"突然，一阵狂风吹翻了小船，渔夫和哲学家都掉进了河里。渔夫问哲学家："你会游泳吗？"哲学家说："不会。"渔夫说："那你将失去整个生命。"

31. 关于哲学家，可以知道什么?
32. 小船最后怎么了?

한 어부와 한 철학자가 강에서 만났다. 철학자가 물었다. "당신 외국어를 할 줄 알아요?" 어부가 대답했다. "아니요." 철학자가 또 물었다. "역사는 알고 있나요?" 어부가 대답하기를 "모릅니다." 철학자가 어부에게 말하길, "그럼 당신은 삶의 반을 잃은 것과 마찬가지입니다." 갑자기 한바탕 광풍이 불어 배가 뒤집어졌고, 어부와 철학자가 강에 빠져버렸다. 어부가 철학자에게 물었다. "당신 수영할 줄 알아요?" 철학자가 말하길, "모릅니다." 어부가 말했다. "그럼 당신은 삶 전체를 잃게 될 거예요."

31. 철학자에 관하여 다음 중 알 수 있는 것은 무엇인가?
32. 배는 최후에 어떻게 되었는가?

단어 渔夫 yúfū 명 어부 | 哲学家 zhéxuéjiā 명 철학자 | 相遇 xiāngyù 동 만나다, 마주치다 | 懂得 dǒngde 동 알다, 이해하다 | 等于 děngyú 동 ~이나 다름없다, ~과 마찬가지이다 | 失去 shīqù 동 잃다 | 一阵狂风 yí zhèn kuángfēng 한차례의 광풍 | 吹 chuī 동 불다 | 翻 fān 동 뒤집히다 | 掉 diào 동 떨어지다 | 将 jiāng 부 장차 ~할 것이다 | 整个 zhěnggè 명 전체 | 实验 shíyàn 명 실험 동 실험하다 | 胆子 dǎnzi 명 담력, 용기, 배짱 | 钓鱼 diàoyú 동 낚시하다 | 汽油 qìyóu 명 휘발유, 기름 | 岸 àn 명 물가, 해안

해설 31. 어부가 철학자에게 수영을 할 수 있는지 물었고, 철학자는 할 줄 모른다고 대답했으므로 정답은 C 不会游泳 이다.
32. 갑자기 큰 바람이 불어 배가 뒤집히고, 두 사람이 강에 빠져버렸다고 했으므로 정답은 A 被吹翻了 이다.

문제 33-35

33. A 被辞退了	33. A 해고당해서
B 没得到重用	B 중용되지 못해서
C 损失了一笔钱	C 돈을 손해 봐서
D 和女朋友分手了	D 여자친구와 헤어져서
34. A 年轻人很热情	34. A 젊은이가 친절하다
B 金戒指找回来了	B 금반지를 찾아왔다
C 叔叔不打算结婚	C 삼촌은 결혼할 계획이 없다
D 叔叔把项链扔了	D 삼촌은 목걸이를 던졌다
35. A 做个普通人	35. A 평범한 사람이 되어라
B 要坚持原则	B 원칙을 고수해야 한다
C 首先要自己优秀	C 우선 스스로가 우수해야 한다
D 困难只是暂时的	D 어려움은 잠시일 뿐이다

一位自以为很有才华的年轻人因为得不到重用，非常苦恼，他去问叔叔，为什么会这样。叔叔从路边捡起一块小石头，随手扔了出去，问他："你能找到我刚才扔出去的那块石头吗？""不能。"他摇了摇头。叔叔把手指上的金戒指取下来，扔到石头堆里，又问他："你能找到我刚才扔出去的金戒指吗？""能。"果然，没多久他就找到了金戒指。"你现在明白了吗？"他犹豫了一阵儿，兴奋地回答："明白了。"其实，当一个人抱怨自己怀才不遇时，许多的情况恰恰是：他还只是一块小石头，而不是一块金子。

스스로 재능이 있다고 여기는 한 젊은이가 채용이 되지 않아 매우 괴로워했다. 그는 삼촌에게 가서 왜 그런 건지 물었다. 삼촌은 길가의 돌 하나를 주워서 아무렇게나 던지고는 그에게 물었다. "너는 방금 내가 던진 돌을 찾을 수 있겠니?" "불가능해요." 그는 고개를 저었다. 삼촌은 손가락에 끼고 있던 금반지를 빼서 돌 더미로 던지고는 다시 물었다: "너는 방금 던진 금반지를 찾을 수 있겠니?" "가능해요." 과연 그는 오래 지나지 않아 바로 금반지를 찾아냈다. "이제 알겠니?" 그는 한동안 주저하다가 흥분하며 대답했다. "이해했어요." 사실, 자신이 재능은 있으나 기회를 만나지 못했다고 원망할 때, 대부분의 상황은, 그는 아직 단지 돌일 뿐, 금이 아니기 때문이다.

33. 那个年轻人为什么苦恼？
34. 根据这段话，下列哪项正确？
35. 这段话主要想告诉我们什么道理？

33. 그 젊은이는 왜 괴로워하는가?
34. 이 글에 근거하여 다음 중 옳은 것은?
35. 이 글은 우리에게 어떤 이치를 알려주려고 하는가?

단어 才华 cáihuá 명 재능 | 重用 zhòngyòng 동 중용하다 | 苦恼 kǔnǎo 형 몹시 괴롭다 | 捡 jiǎn 동 줍다 | 随手 suíshǒu 부 손이 가는 대로 | 扔 rēng 동 던지다 | 摇头 yáotóu 동 고개를 젓다 | 手指 shǒuzhǐ 명 손가락 | 戒指 jièzhi 명 반지 | 堆 duī 양 더미 쌓다 | 果然 guǒrán 부 정말로, 과연 | 犹豫 yóuyù 형 주저하다 | 一阵儿 yízhènr 한바탕, 한차례 | 抱怨 bàoyuàn 동 원망하다 | 怀才不遇 huáicái búyù 형 재능이 있으면서 펼 기회를 만나지 못하다 | 恰恰 qiàqià 부 꼭, 바로, 마침 | 是A, 而不是B shì A, ér bú shì B B가 아니라 A이다 | 辞退 cítuì 동 해고하다, 해직시키다, 거절하다 | 损失 sǔnshī 동 손해를 보다, 잃다 | 一笔钱 yìbǐqián (한 몫의) 돈 | 分手 fēnshǒu 동 헤어지다 | 项链 xiàngliàn 명 목걸이 | 原则 yuánzé 명 원칙 | 暂时 zànshí 명 잠시, 잠깐

해설 33. 젊은이가 괴로운 이유는 스스로 재능이 있다고 생각하지만 중용이 되지 않기 때문이다. 정답은 B 没得到重用이다.
34. 삼촌은 금반지를 돌 더미에 던졌고, 조카는 그것을 쉽게 찾아왔다. 정답은 B 金戒指找回来了이다.
35. 삼촌이 조카에게 돌과 금에 비유하면서 우수한 사람이었을 경우 다른 사람의 눈에 띄었겠지만, 그렇지 않기 때문에 중용되지 않았다는 것을 알려주고 있으므로, 정답은 C 首先要自己优秀이다.

문제 36-38

36. A 工作伙伴
    B 有个性的同学
    C 最尊敬的老师
    D 最密切的朋友

37. A 爱交际的
    B 诚实开朗的
    C 与自己相似的
    D 和自己性格互补的

38. A 年轻人记忆力好
    B 第一印象很关键
    C 要信任工作伙伴
    D 朋友的肯定能带来安全感

36. A 직장 동료
    B 개성 있는 학우
    C 가장 존경하는 선생님
    D 가장 밀접한 친구

37. A 교제를 좋아하는 사람
    B 성실하고 활달한 사람
    C 자신과 비슷한 사람
    D 자신과 성격을 서로 보완하는 사람

38. A 젊은이는 기억력이 좋다
    B 첫인상이 매우 중요하다
    C 직장동료를 신임해야 한다
    D 친구의 긍정은 안도감을 가져다준다

心理学家曾做过这样一个实验。要求一些年轻人回忆一位和他们关系最密切的朋友，并列举这位朋友跟他们有哪些相同点或不同点。结果发现大多数人列举的都是相似之处。例如，我们性格内向、诚实，都喜欢古典音乐。我们都很开朗，喜欢交际等等。心理学家说这是因为人们更喜欢与自己相似的人交往。这样在交往时，就很少会产生争辩，而且容易获得对方的肯定和支持。这会给人们带来安全感。从而使彼此相处得越来越愉快。

36. 实验要求年轻人回忆谁？
37. 根据这段话人们喜欢跟什么样的人交往？
38. 根据这段话可以知道什么？

심리학자는 일찍이 이런 실험을 했다. 몇몇의 젊은이들에게 그들과 관계가 가장 밀접한 친구를 떠올려보고, 이 친구들이 그들과 어떤 공통점과 차이점이 있는지 열거하도록 했다. 그 결과, 대다수 사람들이 열거한 것은 모두 비슷한 점인 것을 발견했다. 예를 들어, 우리는 성격이 내향적이고 성실하고, 모두 고전음악을 좋아한다. 우리는 모두 활달하고, 교제하는 것을 좋아한다 등등. 심리학자는 이것이 사람들은 자기와 비슷한 사람과 교제하는 것을 좋아하기 때문이라고 말한다. 이렇게 교제를 할 때, 논쟁이 적게 발생하고, 또한 상대방의 동의와 지지를 얻기 쉽다. 이것은 사람들에게 안도감을 가져다줄 수 있다. 따라서 서로가 함께 지내면 더욱 유쾌해진다.

36. 실험은 젊은이에게 누구를 떠올리도록 요구했는가?
37. 이 글에 근거하여 사람들은 어떤 사람과 교제하는 것을 좋아하는가?
38. 이 글에 근거하여 알 수 있는 것은 무엇인가?

단어 实验 shíyàn 명 실험 동 실험하다 | 回忆 huíyì 동 회상하다, 추억하다 | 密切 mìqiè 형 밀접하다, 긴밀하다 | 列举 lièjǔ 동 열거하다 | 相似 xiāngsì 형 비슷하다, 닮다 | 内向 nèixiàng 형 내성적이다 | 古典音乐 gǔdiǎn yīnyuè 명 클래식 음악 | 开朗 kāilǎng 형 명랑하다, 활달하다 | 交际 jiāojì 명 교제 동 교제하다 | 交往 jiāowǎng 동 왕래하다 | 产生 chǎnshēng 동 발생하다, 일어나다 | 争辩 zhēngbiàn 동 논쟁하다 | 肯定 kěndìng 명 인정 동 인정하다 | 支持 zhīchí 명 지지 동 지지하다 | 从而 cóng'ér 접 따라서, 그리하여 | 彼此 bǐcǐ 대 피차, 상호, 서로 | 相处 xiāngchǔ 동 함께 지내다 | 伙伴 huǒbàn 명 동료, 친구, 동반자 | 尊敬 zūnjìng 동 존경하다 | 互补 hùbǔ 동 서로 보충하고 보완하다 | 关键 guānjiàn 형 매우 중요하다, 결정적인 작용을 한다 | 信任 xìnrèn 동 신임하다, 신뢰하다

해설 36. 몇몇 젊은이들에게 그들과 관계가 가장 밀접한 친구를 떠올려보라고 했으므로 정답은 D 最密切的朋友이다.

37. 심리학자는 사람들이 자기와 비슷한 사람과 교제하는 것을 좋아한다고 했다. 정답은 C 与自己相似的이다.

38. 자기와 비슷한 사람과 교제할 때, 상대방의 동의와 지지를 얻기 쉽고, 이것은 사람들에게 안도감을 가져온다고 했으므로 정답은 D 朋友的肯定能带来安全感이다.

문제 39-41

39. A 破了个洞
    B 面积很小
    C 从未修理过
    D 是用石头堆起来的

40. A 牧民最后抓住了狼
    B 牧民只丢了一只羊
    C 牧民怀疑邻居偷了羊
    D 牧民开始没接受邻居的建议

41. A 要信任他人
    B 做事要有主见
    C 面对问题要冷静
    D 发现问题要及时解决

39. A 구멍이 났다
    B 면적이 작다
    C 여태껏 수리한 적 없다
    D 돌을 사용하여 쌓았다

40. A 목축민이 최후에 늑대를 잡았다
    B 목축민이 오직 한 마리의 양을 잃었다
    C 목축민이 이웃이 양을 훔쳤다고 의심한다
    D 목축민은 처음에 이웃의 제안을 받아들이지 않았다

41. A 타인을 믿어야 한다
    B 일을 할 때 주견이 있어야 한다
    C 문제에 직면하면 침착해야 한다
    D 문제는 즉시 해결해야 한다는 것을 발견했다

一个牧民养了几十只羊,他白天放牧,晚上则把羊赶进一个用柴草和木桩围起来的羊圈内。一天早晨,牧民去放羊时,发现少了一只羊。原来羊圈破了个洞,夜里有狼从洞里钻了进来,把那只羊叼走了。邻居劝他赶快把羊圈修一修,堵上那个洞。可他却说:"反正羊已经丢了,再修羊圈有什么用?"谁知第二天早上他去放羊时,发现又少了一只羊。原来昨晚又有狼从那个洞钻进羊圈里,叼走了一只羊。牧民这才后悔没有听邻居的劝告,及时修补羊圈。于是,他赶紧堵上那个洞,并对整个羊圈进行了加固,把羊圈修得结结实实的。从此以后,牧民再也没有丢过羊。

39. 关于羊圈,可以知道什么?
40. 根据这段话,下列哪项正确?
41. 这段话主要想告诉我们什么?

한 목동이 몇 십 마리의 양을 길렀다. 그는 낮에 방목을 하고, 저녁에는 건초와 말뚝을 사용하여 둘러싼 우리에 양을 몰아넣었다. 하루는 새벽에 목동이 양을 방목하러 갔을 때, 양이 한 마리 줄어든 것을 발견했다. 알고 보니 양 우리에 구멍이 하나 있었고, 밤에 늑대가 구멍으로 들어와 그 양을 물어가 버린 것이었다. 이웃은 그에게 빨리 양 우리를 수리해서 그 구멍을 막으라고 조언했다. 그러나 그가 말하길, "어쨌든 양은 이미 잃었으니 다시 양 우리를 수리한다고 무슨 소용 있겠어?" 누가 알았을까? 다음 날 아침, 그가 방목하러 갔을 때, 양이 또 한 마리 줄어든 것을 발견했다. 알고 보니 어제저녁에 또 늑대가 그 구멍으로 양 우리로 들어와서 양 한 마리를 물어가 버린 것이다. 목동은 이제야 이웃의 권고를 듣지 않은 것을 후회했고, 바로 양 우리를 보수했다. 그리하여 그는 바르게 그 구멍을 막았고, 게다가 양 우리 전체를 더욱 보강하여, 양 우리를 견고하게 수리했다. 그 이후로 목동은 더 이상 양을 잃은 적이 없다.

39. 양 우리에 관하여 알 수 있는 것은 무엇인가?
40. 이 글에 근거하여 다음 중 옳은 것은?
41. 이 글이 우리에게 알려주고자 하는 것은 무엇인가?

단어 牧民 mùmín 몡 목축민 | 柴草 cháicǎo 몡 건초 | 木桩 mùzhuāng 몡 말뚝 | 赶进 gǎnjìn 통 몰아넣다, 들이몰다 | 围起来 wéiqǐlai 통 둘러 막다, 둘러싸다 | 羊圈 yángjuàn 몡 양 축사(우리) | 早晨 zǎochen 몡 아침, 오전 | 破洞 pòdòng 구멍이 나다 | 钻 zuān 통 뚫다, 들어가다 | 叼 diāo 통 입에 물다 | 劝 quàn 통 권하다, 권고하다 | 赶快 gǎnkuài 뷔 재빨리, 속히, 어서 | 反正 fǎnzhèng 뷔 어쨌든, 여하튼, 아무튼 | 劝告 quàngào 몡 권고, 충고 | 修补 xiūbǔ 통 수리하다, 보수하다 | 整个 zhěnggè 몡 전체, 모든 | 加固 jiāgù 통 단단하게 하다, 견고하게 하다 | 结实 jiēshi 혱 단단하다, 견고하다, 질기다 | 面积 miànjī 몡 면적 | 从未 cóngwèi 뷔 지금까지 ~한 적이 없다, 여태껏 ~하지 않다 | 堆 duī 통 쌓다 | 抓住 zhuāzhù 통 잡다 | 怀疑 huáiyí 통 의심하다 | 接受 jiēshòu 통 받아들이다 | 建议 jiànyì 몡 건의, 제안 통 건의하다, 제안하다

해설 39. 목동이 양 우리에 구멍이 난 것을 발견했으므로 정답은 A 破了个洞이다.
40. 이웃이 목동에게 양 우리를 보수하라고 조언했지만, 목축민은 듣지 않았다. 따라서 정답은 D 牧民开始没接受邻居的建议이다.
41. 양 우리를 보수하지 않았기 때문에 양을 한 마리 더 잃게 되었다. 목동이 처음에 양을 잃었을 때 보수할 걸 그랬다고 후회하고 있으므로 정답은 D 发现问题要及时解决이다.

문제 42-43

42. A 很开心
    B 十分愤怒
    C 哭笑不得
    D 觉得很奇怪

43. A 想娶公主
    B 想要那个大西瓜
    C 想得到国王的夸奖
    D 想换来更多好东西

42. A 매우 기쁘다
    B 매우 분노하다
    C 어쩔 줄을 모르다
    D 매우 이상하다고 생각했다

43. A 공주에게 장가가고 싶어서
    B 그 큰 수박을 갖고 싶어서
    C 국왕의 칭찬을 받고 싶어서
    D 더 많은 좋은 물건으로 바꾸고 싶어서

一个勤劳、善良的农民，收获了一个好大好大的西瓜。他把这个西瓜献给国王，国王很高兴，赏给农民一匹高大、结实的马。很快，这件事大家都知道了。有个富人心想：献个西瓜，就能得到一匹马，如果献一匹马，国王会赏给我多少金银或者美女呢？于是富人向国王进献了一匹好马。国王同样很高兴，告诉身边的人："把那个农民献的那个大西瓜，赏给这个献马的人吧。"	부지런하고, 착한 어떤 농부가 아주 커다란 수박을 수확했다. 그는 이 수박을 국왕에 바쳤고, 국왕은 매우 기뻐하며 농부에게 크고 견실한 말 한 필을 상으로 주었다. 빠르게, 이 일을 모두가 알게 되었다. 어떤 부자가 속으로 생각하기를, 수박을 바치면, 한 필의 말을 얻을 수 있으니, 만약 말 한 필을 바치면, 국왕은 나에게 많은 금은보화나 미인을 상으로 주겠지? 그리하여 부자는 국왕에게 한 필의 좋은 말을 바쳤다. 국왕은 똑같이 기뻐했고, 곁에 있던 사람에게 말했다."그 농부에게 받은 큰 수박을 이 말을 바친 자에게 주어라."
42. 收到西瓜后，国王是什么反应？	42. 수박을 받은 후, 국왕은 어떤 반응을 보였는가?
43. 富人为什么送给国王一匹马？	43. 부자는 왜 국왕에게 말 한 필을 바쳤는가?

단어 勤劳 qínláo 형 근면하다, 부지런하다 | 善良 shànliáng 형 선량하다, 착하다 | 收获 shōuhuò 동 수확하다, 추수하다 | 献给 xiàngěi 동 바치다, 드리다, 올리다 | 赏给 shǎnggěi 동 상을 주다, 포상하다 | 结实 jiēshi 형 굳다, 단단하다, 견고하다, 질기다 | 愤怒 fènnù 형 분노하다 | 哭笑不得 kūxiào bùdé 성 웃을 수도 울 수도 없다, 이러지도 저러지도 못하다 | 娶 qǔ 동 장가들다 | 夸奖 kuājiǎng 동 칭찬 동 칭찬하다

해설 42. 국왕이 수박을 받고 很高兴(매우 기쁘다)고 표현했다. 그러므로 이와 같은 의미를 지닌 A 很开心이 정답이다.

43. 부자는 '말 한 필을 바치면, 국왕은 나에게 많은 금은보화나 미인을 상으로 주겠지?'라는 망상을 하였으므로 이에 부합하는 의미를 가진 D 想换来更多好东西가 정답이다.

문제 44-45

44. A 无需电源 B 功能多样 C 种类繁多 D 设计独特	44. A 전원이 필요 없다 B 기능이 많다 C 종류가 다양하다 D 디자인이 독특하다
45. A 光线的明暗 B 声音的大小 C 人与门距离的远近 D 地毯上重量的变化	45. A 빛의 명암 B 소리의 크기 C 사람과 문의 거리의 멀고 가까움 D 카펫 위의 중량 변화
现在，自动门的种类越来越多，构造也越来越简单。目前比较常见的自动门是地毯式自动门。这种门通常门前会有一块儿地毯，地毯下面有一条电线与电源相接。当人站在地毯上时，地毯上的重量增加，电源就会被接通，门便打开了；人进去后，地毯上的重量减轻，电源就会自动断开，几秒钟后，门便关上了。	오늘날, 자동문의 종류는 점점 많아지고, 구조도 점점 간단해진다. 현재 비교적 자주 볼 수 있는 자동문은 카펫식 자동문이다. 이 종류의 자동문은 통상적으로 문 앞에 카펫 한 장이 있고, 카펫 아래에 한 줄의 전선과 전원이 연결되어 있다. 사람이 그 카펫 위에 서면, 카펫 위의 무게가 증가하고, 전원이 연결되어 문이 열린다. 사람이 들어간 후, 카펫 위의 무게가 가벼워지고, 전원이 자동으로 꺼지고 몇 초 후에 문이 닫힌다.
44. 关于自动门，下列哪项正确？	44. 자동문에 관하여 다음 중 옳은 것은?
45. 地毯式自动门通过什么来控制门的开关？	45. 카펫식 자동문은 무엇을 통하여 문의 스위치를 제어하는가?

단어 种类 zhǒnglèi 명 종류 | 构造 gòuzào 명 구조 | 地毯 dìtǎn 명 카펫, 양탄자 | 电线 diànxiàn 명 전선, 전기선 | 电源 diànyuán 명 전원 | 相接 xiāngjiē 동 연결되다, 이어지다 | 重量 zhòngliàng 명 중량, 무게 | 接通 jiētōng 동 연결되다, 통하다 | 减轻 jiǎnqīng 동 (수량·중량이) 줄다, 감소하다 | 无需 wúxū 동 ~할 필요가 없다 | 功能 gōngnéng 명 기능 | 繁多 fánduō 형 많다, 풍부하다, 다양하다 | 设计 shèjì 명 설계, 디자인 | 独特 dútè 형 독특하다 | 明暗 míng'àn 명 명암, 광명과 어둠

| 해설 | 44. 자동문의 종류는 점점 많아지고 구조도 점점 간단해진다고 했으므로 정답은 C 种类繁多라는 것을 알 수 있다.

45. 사람이 그 카펫 위에 서면 카펫 위의 무게가 증가하고, 전원이 연결되어 문이 열린다고 했으므로 카펫 위의 중량에 따라서 문이 열리고 닫힌다는 것을 알 수 있다. 그러므로 보기 중 올바른 정답은 D 地毯上重量的变化이다.

실전 모의고사 2회 - 독해

문제 46-48

　　有时候，你被人误解了，你不想解释，所以选择沉默。本来就不是所有的人都得了解你，因此你 __46__ 对全世界解释。也有时候，你被最爱的人误解，难过到不想解释，也只有选择沉默。全世界的人都可以不懂你，但他应该懂。如果连他都不能懂你，还有什么话可说? 生活中总有无法解决的问题， __47__ 不是所有的对错都能讲清楚，甚至可能 __48__ 就没有真正的对与错。那么，不想说话，就不说吧。在多说也没有什么帮助的情况下，也许沉默就是最好的解释。

　　간혹 당신이 사람들에게 오해를 받았을 때 해명하고 싶지 않아서 침묵을 선택한다. 원래 모든 사람들이 당신을 이해해야 하는 것은 아니다. 그러므로 당신도 전 세계에 해명할 __46__ . 또한 간혹 당신이 가장 좋아하는 사람에게 오해를 받아서 설명하고 싶지 않을 정도로 힘든 경우에도 침묵을 선택한다. 전 세계 사람들 모두가 당신을 이해하지 않아도 되지만, 그는 이해해야 한다. 만약 심지어 그 조차도 당신을 이해해줄 수 없다면, 무슨 말을 할 수 있겠는가? 생활 가운데 해결할 수 없는 문제가 있기 마련이다. __47__ 모든 옳고 그름을 분명하게 설명할 수 있는 것은 아니다. 심지어 진정한 옳고 그름은 __48__ 없을 것이다. 그렇다면, 말을 하고 싶지 않다면, 하지 마라. 많은 말을 해도 어떠한 도움이 안 되는 상황에서는 어쩌면 침묵이 바로 가장 좋은 설명이다.

46. A 亲自　　B 不必　　C 不免　　D 多亏
47. A 依然　　B 未必　　C 何必　　D 毕竟
48. A 根本　　B 简直　　C 彻底　　D 丝毫

46. A 직접, 손수　　B ~할 필요 없다
　　C 면할 수 없다　　D 덕택이다
47. A 여전히　　B 반드시 ~한 것은 아니다
　　C ~할 필요가 없다　　D 결국, 어디까지나
48. A 절대　　B 정말로　　C 철저하다　　D 조금도

| 단어 | 误解 wùjiě 명 오해 동 오해하다 | 沉默 chénmò 명 침묵 동 침묵하다 | 不必 búbì 부 ~할 필요 없다 | 全世界 quánshìjiè 명 전 세계 | 连A都/也 lián A dōu/yě A조차도, 심지어 A도 | 毕竟 bìjìng 부 결국, 끝내, 필경, 어디까지나 | 根本 gēnběn 부 전혀, 도무지, 아예(주로 부정형으로 쓰임) | 亲自 qīnzì 부 직접, 손수, 친히 | 不免 bùmiǎn 부 면할 수 없다, 피하지 못하다 | 多亏 duōkuī 동 은혜를 입다, 덕택이다 | 依然 yīrán 부 여전히 | 何必 hébì 부 구태여(하필) ~할 필요가 있는가, ~할 필요가 없다 | 未必 wèibì 부 반드시 ~한 것은 아니다, 꼭 ~하다고 할 수 없다 | 简直 jiǎnzhí 부 그야말로, 정말로, 참으로 | 彻底 chèdǐ 형 철저하다, 철저히 하다 | 丝毫 sīháo 부 조금도, 추호도, 털끝만치도

| 해설 | 46. 빈칸의 앞 문장에 모든 사람이 당신을 이해해야 하는 것은 아니라고 했으므로 그와 같은 견해로 상대적으로 당신 또한 전 세계에 설명할 필요는 없다는 의견이 가장 적합한다. 그러므로 정답은 B 不必이다.

47. 빈칸 뒤의 내용이 '~ 모든 옳고 그름을 분명하게 설명할 수 있는 것은 아니다'이므로 보기 중 이와 연결하여 가장 자연스러운 표현인 D 毕竟이 정답이다.

48. 빈칸 뒤에 부정부사 没와 함께 고정표현으로 쓰이는 어휘는 보기 중 A 根本이므로 정답을 쉽게 알 수 있다.

　　TIP 根本+不/没 : 전혀 ~하지 않다(주로 부정형으로 쓰임)

문제 49-52

　　10岁那年，他和父亲推着板车去镇上卖西瓜，西瓜刚推到镇上，天空就开始阴云密布，要下雨了。过往的人们纷纷往家里 __49__ 。他很沮丧，西瓜卖不出去了，还要再推回去。这时，父亲说："我们可以把瓜免费送人。"于是，父亲带着他来到沿街的门市，每家都送了两三个西瓜，人们都用诧异的目光看着他们。父亲说："要下雨了，西瓜不好卖，分给大家吃啦。"有人说："那你不是 __50__ 了吗？我拿钱给你。"父亲 __51__ 手说："不用了，西瓜送给你们，我还赚个轻松，要是推回去，明天不新鲜了，又不好卖了。"

　　那天， __52__ 。可是后来，他们再来镇上，西瓜总是第一个卖完。因为他们那次送人家西瓜，人家记着他们的好，相信他们的西瓜最新鲜。

　　10살 그 해에 그는 아버지와 수레를 끌고 마을에 가서 수박을 팔았다. 수박이 막 마을에 도착했을 때, 하늘에는 검은 구름이 빽빽하게 막을 치기 시작했고, 곧 비가 내리려 했다. 오가는 사람들은 분분히 집으로 __49__ . 그는 매우 낙담했고, 수박은 팔 수 없게 되었으며, 다시 밀고 돌아가야 했다. 이때, 아버지가 말하길, "우리 수박을 무료로 사람들에게 나눠주자." 그래서 아버지는 그를 데리고 길가의 상가로 와서 모든 집에 두세 개의 수박을 선물했다. 사람들은 모두 의아스러운 눈으로 그들을 바라보았다. 아버지는 말했다. "비가 곧 내릴 텐데, 수박을 팔 수 없게 되었으니 모두에게 먹을 수 있도록 나눠 드리겠습니다." 어떤 사람이 말했다. "그럼 당신이 __50__ 것이 아니요? 제가 돈을 드리겠소." 아버지는 손을 __51__ 말했다. "괜찮습니다. 수박은 당신들께 선물로 드리는 거예요. 저 또한 가벼움을 벌었습니다. 만약 밀고 돌아가면 내일 신선하지 않아 또 잘 팔리지 않을 겁니다."

　　그날, __52__ . 그러나 후에, 그들이 다시 마을에 왔을 때 수박은 언제나 첫 번째로 다 팔렸다. 왜냐하면 그들이 그때 사람들에게 수박을 선물했고, 사람들은 그들의 호의를 기억하여 그들의 수박이 가장 신선하다고 믿게 되었기 때문이다.

49. A 赶　　　B 派　　　C 挡　　　D 拦
50. A 操心　　B 退步　　C 吃亏　　D 上当
51. A 递递　　B 翻翻　　C 踩踩　　D 摆摆
52. A 他们赚了一大笔钱
　　B 邻居把他们送回了家
　　C 他们一无所获地回去了
　　D 他们拉着一车西瓜回去了

49. A 뒤쫓다　　B 파견하다　　C 막다　　D 저지하다
50. A 걱정하다　　B 퇴보하다　　C 손해 보다　　D 속다
51. A 건네다　　B 뒤집다　　C 밟다　　D 흔들다
52. A 그들은 큰 돈을 벌었다
　　B 이웃은 그들을 집에 배웅해주었다
　　C 그들은 아무 소득 없이 돌아갔다
　　D 그들은 수박을 끌며 집으로 돌아갔다

단어 板车 bǎnchē 몡 큰 짐마차 | 镇 zhèn 몡 도시(읍) | 阴云密布 yīnyún mìbù 젱 검은 구름이 빽빽하게 퍼져있다 | 过往 guòwǎng 동 왕래하다. 오고 가다 | 纷纷 fēnfēn 부 잇달아. 계속하여. 분분하다 | 赶 gǎn 동 서두르다. 재촉하다 | 沮丧 jǔsàng 형 기가 꺾이다. 실망하다. 낙담하다 | 沿街 yánjiē 몡 길가. 도로변 | 门市 ménshì 몡 매장. 매점. 상가 | 诧异 chàyì 동 의아해하다 | 吃亏 chīkuī 동 손해보다 | 摆 bǎi 동 놓다. 진열하다 | 赚 zhuàn 동 벌다. 이익을 보다 | 一无所获 yìwú suǒhuò 젱 전혀 얻는 것이 없다 | 派 pài 동 파견하다 | 挡 dǎng 동 막다. 가리다 | 拦 lán 동 막다. 저지하다 | 操心 cāoxīn 동 걱정하다 | 退步 tuìbù 동 퇴보하다 | 上当 shàngdàng 동 속임수에 걸리다 | 递 dì 동 건네다 | 翻 fān 동 뒤지다. 뒤집히다 | 踩 cǎi 동 밟다

해설 49. 빈칸 앞에 비가 곧 내릴 것이라고 했다. 사람들은 비를 피하기 위해 서둘러 집으로 발길을 재촉한다는 의미를 나타내야 하므로 보기 중 올바른 정답은 A 赶이다.

50. 빈칸 뒤에 이어지는 내용이 '돈을 주겠다'고 했으므로 돈과 관련하여 이에 어울리는 표현은 정답 C 吃亏이다.

51. 빈칸 관련 문장에 누군가 돈을 지불한다고 했을 때, 아버지가 한 행동으로 어울리는 것을 찾는 것이 핵심이다. 그러므로 올바른 정답은 D 摆摆이다.

52. 빈칸 앞 문장에서 아버지는 수박을 사람들에게 무료로 나눠주었으므로 아무런 소득을 얻지 못했다는 것을 알 수 있다. 그러므로 보기 중 정답은 C 他们一无所获地回去了이다.

문제 53-56

一家机械制造公司接到了一个钢板订单。照惯例，这种钢板应做5毫米厚，但 __53__ 为节约成本要求做到三毫米。

交货那天，经理给客户送去的依旧是5毫米厚的钢板，并对客户说："如果按您的要求做，钢板的使用寿命就会缩短，这样不但不能节省成本， __54__ 。所以我们还是按5毫米标准做的，但仍然以三毫米的价格卖给您！"客户一听，先是一愣，然后非常 __55__ 。

公司员工议论纷纷，认为经理在做吃亏的买卖。可就在这时，那位客户又订了一批价值上千万的产品。原来，他被经理维护客户利益的做法打动了，决定与这家公司建立长期的 __56__ 关系。

기계 제조 회사는 강판 주문서 한 장을 받았다. 관례대로 이 강판은 마땅히 5밀리미터 두께로 해야 한다. 그러나 __53__ 은 원가를 절약하기 위해 3밀리미터로 만들어달라고 요구했다.

납품하는 날, 사장이 바이어에게 보낸 것은 여전히 5밀리미터 두께의 강판이었다. 바이어에게 말하길, "만약 당신의 요구에 따라 만들면, 강판의 사용 수명은 곧 단축될 것입니다. 원가를 줄일 수 없을 뿐만 아니라, __54__ . 그래서 우리는 여전히 5밀리미터의 기준에 따라 만들었습니다. 그러나 원래대로 3밀리미터의 가격으로 당신에게 판매하겠습니다!" 바이어는 이를 듣고 처음에는 어리둥절하더니 다음에는 매우 __55__ .

회사 직원들의 의견이 분분했다. 사장이 손해를 보고 매매했다고 생각했다. 그러나 바로 이때, 그 바이어는 또 엄청난 가치의 상품을 주문했다. 알고 보니, 그는 사장이 바이어의 이익을 지키려는 방법에 감동하여, 이 회사와 장기적인 __56__ 관계를 맺기로 결정한 것이다.

53. A 人员   B 双方   C 对象   D 对方
54. A 反而会造成更大的浪费
    B 不如放弃这个决定
    C 甚至让人难以拒绝
    D 而且极大地提高了质量
55. A 感激   B 信任   C 操心   D 轻视
56. A 谈判   B 合作   C 改革   D 纪念

53. A 인원   B 쌍방   C 대상   D 상대방
54. A 오히려 더 큰 낭비를 초래할 것이다
    B 이 결정을 포기한 것만 못하다
    C 심지어 사람을 거절하기 어렵게 하다
    D 게다가 막대하게 품질이 향상되었다
55. A 감격하다   B 신임하다   C 걱정하다   D 무시하다
56. A 협상하다   B 협력하다   C 개혁하다   D 기념하다

단어 机械制造 jīxiè zhìzào 기계 제조 | 钢板 gāngbǎn 명 강판 | 订单 dìngdān 명 주문, 주문서 | 惯例 guànlì 명 관례, 관행, 상규 | 毫米 háomǐ 양 밀리미터(mm) | 节约成本 jiéyuē chéngběn 원가절약, 원가를 절약하다 | 交货 jiāohuò 동 물품을 인도하다, 납품하다 | 客户 kèhù 명 거래처, 바이어 | 依旧 yījiù 부 여전히 | 寿命 shòumìng 명 수명 | 缩短 suōduǎn 동 (원래의 거리·시간·길이 등을) 단축하다, 줄이다 | 造成 zàochéng 동 (좋지 않은 결과를) 초래하다, 야기하다 | 标准 biāozhǔn 명 표준, 기준, 잣대 | 一愣 yīlèng 동 놀라 멍하다, 깜짝 놀라다 | 感激 gǎnjī 동 감격하다 | 议论纷纷 yìlùn fēnfēn 성 의견이 분분하다, 왈가왈부하다 | 吃亏 chīkuī 동 손해를 보다, 손실을 입다 | 价值 jiàzhí 명 가치 | 利益 lìyì 명 이익, 이득 | 打动 dǎdòng 동 감동시키다, 마음을 움직이다 | 对象 duìxiàng 명 (연애·결혼) 상대, 대상 | 不如 bùrú ~만 못하다 | 轻视 qīngshì 동 경시하다, 무시하다, 가볍게 보다 | 谈判 tánpàn 동 회담하다, 교섭하다, 협상하다 | 改革 gǎigé 동 개혁하다 | 纪念 jìniàn 동 기념하다

해설 53. 빈칸은 거래처에 대해서 언급하고 있으므로, 이와 같은 의미를 부여하는 D 对方가 정답이다.

54. 빈칸 앞에 접속사 不但(不)이 나왔으므로 이와 어울리는 고정 표현인 反而이 있는 A가 정답이라는 것을 쉽게 알 수 있다.

55. 빈칸 앞 내용이 상대방을 위해 가격은 저렴하게 하고, 물건의 질은 그대로 해주겠다고 사장이 말했으므로, 바이어가 그에 대해 느끼는 감정으로 알맞은 정답은 A 感激이다.

56. 빈칸 앞 내용이 감동받았다는 내용이므로 빈칸에 들어갈 알맞은 내용은 서로가 좋은 감정으로 좋은 관계를 맺었다는 결론이 적당하다. 이에 부합하는 정답은 B 合作이다.

문제 57-60

"欲速则不达"，人生不能一味追求速度，其实，"慢"也是一种生活的艺术。"慢工出细活"，这里的"慢"并不意味着低 __57__ ，而是指按计划逐步进行工作，才能达到好的效果。说话也要学会"慢"。有的人好发议论，不善于克制自己，很多话不经 __58__ 脱口而出，带来不必要的麻烦。

现代人工作忙碌，生活节奏快， __59__ 。应该试着让生活节奏放慢些，吃饭要慢慢吃，开车不要超速，不要每件事都跟别人竞争，也不必每日加班。现代人要想 __60__ 身心健康，要学会"慢"这个养生之道。

'일을 너무 서두르면 도리어 그르친다.' 인생은 무작정 속도를 추구할 수는 없다. 사실 '느림'도 생활의 예술이다. '오랫동안 꼼꼼하게 해야 정교한 작품이 나온다' 여기서 '느림'이란 결코 낮은 __57__ 을 의미하는 것이 아니라, 계획에 따라 점차 일을 진행해야 좋은 효과에 도달할 수 있다는 것을 가리킨다. 말하는 것에서도 '느림'을 배워야 한다. 어떤 사람은 의견을 말하는 것은 좋아하지만, 자신을 통제하는데 익숙지 않아서, 많은 말을 __58__ 을 거치지 않고 나오는 대로 말을 하여 불필요한 번거로움을 가져온다.

현대인들은 일이 바쁘고 생활리듬이 빠르기 때문에, __59__ . 생활리듬으로 하여금 천천히 풀어주는 것을 시도해야 한다. 밥을 먹을 때 천천히 먹어야 하고, 운전할 때 속도를 초과해서는 안되고, 모든 일에 다른 사람과 경쟁해서는 안되고, 매일 초과 근무를 할 필요도 없다. 현대인들이 심신 건강을 __60__ 하고 싶다면, '느림' 이것의 양생의 도를 배워야 한다.

57. A 程度　　B 信息　　C 效率　　D 优势
58. A 计算　　B 思考　　C 记录　　D 预防
59. A 喜欢回忆过去
　　B 人们都十分乐观
　　C 沟通变得更加容易
　　D 由此带来很多压力
60. A 保持　　B 传播　　C 存在　　D 避免

57. A 정도　　B 정보　　C 효율　　D 우세
58. A 계산하다　　　　B 깊이 생각하다
　　C 기록하다　　　　D 예방하다
59. A 과거를 추억하는 것을 좋아한다
　　B 사람들은 모두 매우 낙관적이다
　　C 소통이 더욱 쉬워졌다
　　D 그로 인해 많은 스트레스를 가져왔다
60. A 유지하다　B 전파하다　C 존재하다　D 피하다

[단어] 欲速则不达 yùsù zé bùdá 성 일을 너무 서두르면 도리어 그르친다 | 一味 yíwèi 부 단순히, 무턱대고, 맹목적으로 | 追求 zhuīqiú 동 추구하다, 탐구하다 | 慢工出细活 màngōng chū xìhuó 성 오랫동안 꼼꼼하게 해야 정교한 작품이 나온다 | 意味 yìwèi 동 의미하다, 뜻하다, 나타내다 | 效率 xiàolǜ 명 효율 | 逐步 zhúbù 부 한 걸음 한 걸음, 점차 | 发 fā 동 발생하다, 생기다 | 议论 yìlùn 명 의견 동 의논하다, 논의하다 | 善于 shànyú 동 ~를 잘하다, ~에 능하다 | 克制 kèzhì 동 억제하다, 자제하다, 억누르다 | 不经 bùjīng 동 겪지 않다 | 思考 sīkǎo 동 사고하다, 깊이 생각하다 | 脱口而出 tuōkǒu érchū 깊이 생각하지 않고 나오는 대로 말하다 | 忙碌 mánglù 형 바쁘다, 눈코 뜰 새 없다 | 节奏 jiézòu 명 리듬, 박자 | 超速 chāosù 동 규정 속도를 위반하다, 과속하다 | 保持 bǎochí 동 (지속적으로) 유지하다, 지키다 | 养生 yǎngshēng 동 기르다, 키우다, 양생하다 | 程度 chéngdù 명 정도, (지식, 문화, 교육 등의) 수준 | 优势 yōushì 명 우세 | 记录 jìlù 동 기록하다 명 기록, 서기 | 预防 yùfáng 동 예방하다 | 沟通 gōutōng 명 소통 동 소통하다 | 传播 chuánbō 동 전파하다, 널리 퍼뜨리다, 유포하다 | 避免 bìmiǎn 동 피하다, 모면하다

[해설] 57. 빈칸 뒤에서 '느림'이란, 계획에 따라 점차 일을 진행해야 좋은 효과에 도달할 수 있다고 했다. 일과 효과에 관련하여 어울리는 표현인 C 效率가 정답이다.

58. 빈칸 뒤에 '~을 거치지 않고 나오는 대로 말하다'라는 표현이 나오므로 이와 같은 맥락에서 쓸 수 있는 표현으로는 B 思考가 적합하다.

59. 빈칸 앞의 내용에 일이 바쁘고 생활 리듬이 빠르다는 다소 부정적인 의견이 언급되었으므로 빈칸에 어울리는 결과로 알맞은 것은 D 由此带来很多压力이다.

60. 빈칸 뒤에 나오는 목적어 '심신 건강'과 어울리는 동사로 알맞은 표현은 A 保持이다.

문제 61

一般而言，企业家是为了获取利润才创办企业的。而有些企业家创办企业却以解决社会问题为出发点，这些人被称为"社会企业家"。社会企业家为理想所驱动，肩负着企业责任、行业责任与社会责任，为建设一个更好的社会而努力。

A 社会企业家以建设美好社会为目的
B 企业家应多捐助贫困家庭
C 很多企业家的创新能力有待提高
D 小型企业成长空间有限

일반적으로 말하길, 기업가는 이윤을 획득하기 위해서 기업을 창설한다고 한다. 하지만 몇몇 기업가들의 기업창설은 오히려 사회문제 해결하는 출발점으로 여긴다. 이러한 기업가들은 '사회 기업가'라고 불린다. 사회 기업가는 이상을 위해 움직이고, 기업 책임, 직업적 책임과, 사회의 책임 등을 짊어지고 있으며, 더 나은 사회를 건설하기 위해서 노력한다.

A 사회 기업가는 아름다운 사회를 건설하는 것을 목적으로 삼는다
B 기업가는 마땅히 빈곤한 가정을 도와야 한다
C 많은 기업가의 창조적 능력이 향상될 것으로 기대된다
D 소형기업의 성장은 한계가 있다

단어 企业家 qǐyèjiā 명 기업가 | 获取 huòqǔ 동 얻다, 취득하다 | 利润 lìrùn 명 이윤 | 创办 chuàngbàn 동 창설하다, 창립하다 | 以A为B yǐ A wéi B A를 B로 여기다 | 驱动 qūdòng 동 추진하다, 시동을 걸다 | 肩负 jiānfù 동 맡다, 짊어지다 | 行业 hángyè 명 직업, 직종, 업종 | 建设 jiànshè 동 (새로운 사업을) 창립하다, 건설하다 | 捐助 juānzhù 동 재물을 원조하다, 재물을 기부하여 돕다 | 贫困家庭 pínkùn jiātíng 빈곤한 가정, 가난한 집 | 创新能力 chuàngxīn nénglì 명 창의력, 창조적 능력 | 有待 yǒudài 동 ~할 필요가 있다, ~가 기대되다 | 小型企业 xiǎoxíng qǐyè 소형 기업, 소규모 기업

해설 사회적 기업가는 더 나은 사회를 건설하기 위해서 노력한다고 언급했으므로 보기 중 이와 같은 의미를 지니는 A 社会企业家以建设美好社会为目的가 정답이다.

문제 62

孔子，春秋末期鲁国人，儒家学派的创始人，是中国古代著名的思想家、教育家。相传他有弟子3000，其中又有72个特别优秀的弟子。孔子曾经带着弟子周游列国14年，他的思想及学说对后世产生了极其深远的影响。

A 孔子是大教育家
B 孔子留下很多作品
C 孔子的弟子都很出色
D 孔子对军事很有研究

공자는 춘추 말기의 노나라 사람이고, 유가학파의 창시자이며, 중국 고대의 저명한 사상가이자 교육가이다. 그는 3,000여 명의 제자가 있다고 전해지는데, 그중 72명의 특별히 우수한 제자가 있었다. 공자는 일찍이 제자들을 데리고 열국들을 14년간 돌아다녔으며, 그의 사상과 학문은 후대에 있어 아주 깊은 영향을 끼쳤다.

A 공자는 큰 교육자이다
B 공자는 많은 작품을 남겼다
C 공자의 제자는 모두 매우 훌륭하다
D 공자는 군사에 대하여 조예가 깊다

단어 春秋末期 Chūnqiū mòqī 명 춘추 말기 | 鲁国 Lǔguó 명 노나라 | 儒家 Rújiā 명 유가 | 创始 chuàngshǐ 동 창시하다 | 著名 zhùmíng 형 저명하다, 유명하다 | 思想家 sīxiǎngjiā 명 사상가 | 教育家 jiàoyùjiā 명 교육가 | 相传 xiāngchuán 동 ~라고 전해지다, ~라고 전해오다 | 曾经 céngjīng 부 일찍이 | 周游列国 zhōuyóu lièguó 성 열국을 두루 돌아다니다 | 学说 xuéshuō 명 학설 | 后世 hòushì 명 후대, 후세 | 极其 jíqí 부 지극히, 몹시, 매우 | 深远 shēnyuǎn 형 (의의나 영향 등이) 심원하다, 깊고 크다 | 作品 zuòpǐn 명 작품 | 出色 chūsè 형 훌륭하다, 뛰어나다 | 军事 jūnshì 명 군사

해설 지문의 첫 번째 줄에 공자는 중국 고대의 저명한 사상가이자 교육자라고 했으므로 정답은 A 孔子是大教育家이다.

문제 63

网上博物馆兴起于20世纪90年代。它是建立在实体博物馆丰富藏品的基础之上的，其巨大的信息量能满足人们对过去的好奇和对未来的向往。网上博物馆具有使用便捷、应用广泛等优势，因而受到了人们极大的关注。	전자 박물관은 20세기 90년대에 발전하기 시작했다. 그것은 실제 박물관의 풍부한 소장품을 기반으로 만들어졌다. 그것은의 방대한 정보량은 사람들의 과거에 대한 호기심과 미래에 대한 열망을 만족시킬 수 있다. 전자 박물관은 사용이 간편하고, 응용이 광범위한 등의 장점을 가지고 있다. 이에 따라 사람들의 지대한 관심을 받았다.
A 网上博物馆使用方便 B 网上博物馆信息量小 C 人们更爱参观实体博物馆 D 网上博物馆出现于19世纪初	A 전자 박물관은 사용이 편리하다 B 전자 박물관의 정보량은 적다 C 사람들은 실제 박물관에 참관하는 것을 좋아한다. D 전자 박물관은 19세기초에 출현하였다

단어 网上博物馆 wǎngshàng bówùguǎn 명 전자박물관 | 兴起于 xīngqǐyú 동 ~에 일어나기 시작하다. ~에 발전하기 시작하다 | 年代 niándài 명 시대, 시기, 연대 | 藏品 cángpǐn 명 소장품 | 巨大 jùdà 형 (규모·수량 등이) 크다, 많다 | 信息量 xìnxīliàng 명 정보량 | 满足 mǎnzú 동 만족시키다 | 好奇 hàoqí 형 호기심을 갖다 | 未来 wèilái 명 미래 | 向往 xiàngwǎng 명 갈망, 동경 동 갈망하다, 동경하다 | 便捷 biànjié 형 간편하다, 빠르고 편리하다 | 应用广泛 yìngyòng guǎngfàn 응용(사용)이 광범위하다 | 关注 guānzhù 명 관심, 중시

해설 전자박물관은 사용이 간편하고, 응용이 광범위한 것 등의 장점을 가지고 있다고 했으므로 A 网上博物馆使用方便가 정답이다.

문제 64

黄山位于安徽南部，是中国十大风景名胜之一。黄山著名的景观有云海、奇松、怪石和温泉，被称为"四绝"。黄山多云雾天、阴雨天，年均气温7.8°C。黄山游客最多的季节是夏季，特别是七八月间。但许多游客认为冬季是黄山最美的季节。	황산은 안후이성 남부에 위치한 중국 10대 풍경 명소 중의 하나이다. 황산의 유명한 경관으로는 운해, 기송, 기암, 그리고 온천이 있는데, 이것은 '4대 절경'이라고 불린다. 황산은 구름이 많고 안개가 짙으며, 흐리고 비가 오는 날이 많고, 연평균 기온은 7.8°C이다. 황산에 여행객이 가장 많은 계절은 여름인데, 특히 7-8월이 그렇다. 그러나 많은 여행객들이 황산의 가장 아름다운 계절은 겨울이라고 여긴다.
A 黄山离海边很近 B 黄山阴雨天气较多 C 安徽金属资源丰富 D 冬季去黄山的人最多	A 황산은 해변으로부터 가깝다 B 황산은 흐리고 비가 오는 날이 비교적 많다 C 안후이성의 금속자원은 풍부하다 D 겨울에 황산에 가는 사람이 가장 많다

단어 黄山 Huángshān 지명 황산 | 安徽 Ānhuī 지명 안후이성 | 风景名胜 fēngjǐng míngshèng 명 풍경 명소 | 景观 jǐngguān 명 경관 | 云海 yúnhǎi 명 운해, 구름바다 | 奇松 qísōng 명 기송 | 怪石 guàishí 명 기암 | 温泉 wēnquán 명 온천 | 年均 niánjūn 명 연평균 | 游客 yóukè 명 여행객, 관광객 | 金属资源 jīnshǔ zīyuán 금속 자원

해설 황산은 구름과 안개, 흐리고 비가 오는 날이 많고 연평균 기온은 7.8°C이라고 했으므로 정답은 B 黄山阴雨天气较多이다.

문제 65

四合木是一种较低矮的小灌木，起源于1.4亿年前的古地中海植物区系。因其极为古老且稀有，所以有着植物界的"大熊猫"与"活化石"之称。同时，它也是研究古生物、古地理及全球变化的宝贵材料。	사합목은 비교적 작고 낮은 소관목이다. 기원은 1.4억 년 전의 고대 지중해 식물군이다. 굉장히 오래되었고, 희소하기 때문에 '판다' 혹은 '활화석'이라는 명칭을 가지고 있다. 동시에 그것은 고생물, 고대 지리 및 지구의 변화를 연구하는 데 귀중한 자료이다.
A 四合木的枝干粗壮 B 四合木于公元1400年被发现 C 四合木的花期很长 D 四合木相当珍贵	A 사합목은 가지와 줄기가 굵고 견실하다 B 사합목은 서기 1400년에 발견되었다 C 사합목은 개화기간이 매우 길다 D 사합목은 상당히 진귀하다.

단어 低矮 dīǎi 형 낮다 | 灌木 guànmù 명 관목 | 起源于 qǐyuányú 동 ~에 기원하다 | 古老 gǔlǎo 형 오래되다 | 稀有 xīyǒu 형 희소하다, 드물다 | 古生物 gǔshēngwù 명 고생물 | 古地理 gǔdìlǐ 명 고대 지리 | 宝贵 bǎoguì 형 진귀한, 귀중한, 소중한 | 枝干 zhīgàn 명 가지와 줄기 | 粗壮 cūzhuàng 형 굵고 견실하다 | 公元 gōngyuán 명 서기 | 珍贵 zhēnguì 형 진귀하다, 귀중하다

해설 마지막에 사합목이 귀중한 자료라고 언급했으므로 정답이 D 四合木相当珍贵라는 것을 쉽게 알 수 있다.

문제 66

经常会有人疑惑，上海不产茶叶，怎么会连续举办十八届国际茶文化节？若您有时间，在上海闸北区逛一逛，相信就会找到答案。无论是步行还是坐车，到处都可以找到您心仪的茶叶。上海不产茶叶，却是中国最大的茶叶消费与流通城市。	사람들이 종종 의혹을 품기를, 상하이는 찻잎을 생산하지 않는데, 어떻게 연속으로 18회의 국제 차 문화제를 개최하는 것일까? 만약 시간이 있을 때, 상하이 자베이 지역을 거닐어 본다면 그 답을 찾을 것이라 믿는다. 걸어서든 차를 타든, 곳곳에서 당신이 좋아할만한 찻잎을 찾을 수 있다. 상하이는 찻잎을 생산하지 않지만, 중국 최대의 찻잎을 유통하고 소비하는 도시이다.
A 上海的茶多销往国外 B 上海闸北区种植茶叶 C 上海的茶叶消费量很大 D 上海是中国最大的茶叶产地	A 상하이의 차는 해외로 많이 팔린다(수출된다) B 상하이 자베이구는 찻잎을 재배한다 C 상하이의 찻잎 소비량은 매우 크다 D 상하이는 중국 최대의 찻잎 생산지이다

단어 疑惑 yíhuò 명 의심, 의혹 동 의심하다 | 连续 liánxù 형 끊임없는, 계속되는 | 若 ruò 접 만약 | 闸北区 Zháběi qū 지명 자베이 지역 (상하이의 지역 이름) | 步行 bùxíng 동 보행하다, 걸어가다 | 心仪 xīnyí 동 마음속으로 흠모하다 | 流通 liútōng 동 유통하다 | 销 xiāo 동 팔다 | 种植 zhòngzhí 동 심다, 재배하다 | 产地 chǎndì 명 원산지, 생산지

해설 마지막에 상하이는 찻잎을 생산하지 않지만, 중국 최대의 찻잎을 유통하고 소비하는 도시라고 언급했으므로, 정답은 C 上海的茶叶消费量很大이다.

문제 67

张衡是中国东汉时期著名的科学家。他观测记录了2500颗恒星，并发明了世界上第一台能较准确预测地震的仪器——地动仪。此外，他还有哲学、文学等著作32篇，有历史学家称赞他为世上罕见的"全面发展的人物"。

장형은 중국 동한 시기의 저명한 과학자다. 그는 2,500개의 항성을 관측 및 기록했고, 또한 세계 최초로 보다 정확하게 예측이 가능한 지진 측정기계-지동의-를 발명했다. 이 밖에도 그는 철학, 문학 등 32편의 작품을 저술하여 역사학자들은 그를 세상에서 흔치 않은 "모든 분야에 발달한 인물"이라고 칭송한다.

A 张衡著有32篇哲学著作
B 地动仪主要用于观测星星
C 张衡在科学方面成就突出
D 历史学家对张衡评价不高

A 장형은 32편의 철학 작품을 저술하였다
B 지동의는 주로 별을 관측하는 데 사용한다
C 장형은 과학 방면에서 업적이 뛰어나다
D 역사학자의 장형에 대한 평가는 높지 않다

단어 张衡 Zhāng Héng [인명] 장형(학자) | 东汉 Dōng Hàn [명] 동한 | 观测 guāncè [동] 관측하다 | 恒星 héngxīng [명] 항성 | 发明 fāmíng [동] 발명하다 | 预测 yùcè [동] 예측하다 | 地震 dìzhèn [명] 지진 | 仪器 yíqì [명] 측정기, 계측기 | 地动仪 dìdòngyí [명] 지동의, 지진계 | 此外 cǐwài [이 외에, 이 밖에 | 哲学 zhéxué [명] 철학 | 著作 zhùzuò [명] 저서, 저작, 작품 | 称赞 chēngzàn [동] 칭찬하다, 찬양하다 | 罕见 hǎnjiàn [형] 보기 드물다 | 突出 tūchū 뛰어나다 | 评价 píngjià [명] 평가 [동] 평가하다

해설 장형은 과학적 발명품인 지진측정기계인 지동의를 발명했으므로 업적이 뛰어남을 알 수 있다. 정답은 C 张衡在科学方面成就突出이다.

문제 68

"一天一苹果，医生远离我。"一本杂志介绍了10种对健康最有利的水果，其中苹果排名第一。因为苹果可以预防疾病，还可以减肥，增强记忆力。苹果泥加温后食用，更适合孩子与老年人。

"하루에 한 개의 사과를 먹을 경우 의사가 필요 없다." 한 잡지에서 건강에 가장 좋은 10가지의 과일을 소개했다. 그중 사과는 1위였다. 왜냐하면 사과는 질병을 예방할 수 있고, 다이어트가 가능하며, 기억력을 강화할 수 있다. 사과잼은 가온하여 먹을 경우, 노인과 아이들에게 더욱 적합하다.

A 应该少吃肉
B 常吃苹果有利健康
C 吃苹果能缓解疲劳
D 常吃苹果的人更能干

A 마땅히 고기를 적게 먹어야 한다
B 사과를 자주 먹는 것은 건강에 이롭다
C 사과를 먹는 것은 피로를 해소할 수 있다
D 사과를 자주 먹는 사람은 더욱 유능하다

단어 远离 yuǎnlí [동] 멀리 떠나다 | 有利 yǒulì [형] 유리하다, 이롭다 | 排名 páimíng [명] 석차 [동] 순위를 매기다 | 预防 yùfáng [동] 예방하다 | 疾病 jíbìng [명] 질병 | 减肥 jiǎnféi [동] 다이어트 하다 | 记忆力 jìyìlì [명] 기억력 | 苹果泥 píngguǒní [명] 사과잼 | 食用 shíyòng [명] 식용 [동] 먹다 | 缓解 huǎnjiě [동] 완화시키다 | 疲劳 píláo [명] 피로 [형] 피로하다 | 能干 nénggàn [형] 유능하다, 솜씨 있다

해설 사과가 건강에 가장 좋은 과일 1위라고 언급했으므로, 정답은 B 常吃苹果有利健康이다.

문제 69

心理学家发现，性格热情的人的社交圈子通常是其他人的一倍甚至数倍，他们的生活也比其他人更丰富多彩。无论何时何地，他们总能成为交际圈中的焦点和中心。热情不但可以提升人们自身的魅力指数，就连身边的朋友也能感受到他们带来的福利，跟着一起享受生活的乐趣。

심리학자는 열정적인 성격을 가진 사람의 교제 범위는 보통 다른 사람의 두 배, 심지어 몇 배에 달하고, 그들의 생활은 다른 사람들보다 더욱 풍부하고 다채롭다는 점을 발견했다. 언제 어디든 상관없이 그들은 항상 교제 집단의 화제 또는 중심이 될 수 있다. 열정은 자신의 매력 지수를 올려 줄 뿐만 아니라, 곁에 있는 친구도 그들이 가져오는 행복과 이로움을 느낄 수 있고, 함께 생활의 기쁨을 누릴 수 있게 한다.

A 性格热情的人更成熟
B 性格热情的人交际圈广
C 性格热情的人不爱表现自己
D 性格热情的人会使其他人感到惭愧

A 성격이 열정적인 사람은 더욱 성숙하다
B 성격이 열정적인 사람은 교제 범위가 광범위하다
C 성격이 열정적인 사람은 자신을 내세우는 것을 좋아하지 않는다
D 성격이 열정적인 사람은 다른 사람으로 하여금 창피함을 느끼게 만든다

단어 心理学家 xīnlǐxuéjiā 명 심리학자, 심리전문가 | 社交圈子 shèjiāo quānzi 명 사교계, 교제 범위 | 通常 tōngcháng 형 보통이다, 일반적이다 | 丰富多彩 fēngfù duōcǎi 성 풍부하고 다채롭다, 내용이 알차고 형식이 다양하다 | 何时何地 héshí hédì 언제 어디서나 | 焦点 jiāodiǎn 명 집중, 초점, 포커스 | 中心 zhōngxīn 명 중심, 핵심 | 提升 tíshēng 동 높이다, 향상시키다 | 魅力指数 mèilì zhǐshù 명 매력지수 | 感受 gǎnshòu 동 느끼다 | 福利 fúlì 명 복지, 행복과 이로움 | 享受 xiǎngshòu 동 누리다, 향유하다, 즐기다 | 乐趣 lèqù 명 즐거움, 기쁨, 재미 | 成熟 chéngshú 형 성숙하다 | 惭愧 cánkuì 형 부끄럽다, 창피하다

해설 열정적인 성격을 가진 사람의 교제 범위는 보통 다른 사람의 2배 심지어 몇 배에 달한다고 언급했으므로 보기 중 올바른 정답은 B 性格热情的人交际圈广이다.

문제 70

古时候，有个年轻人叫匡衡。他十分好学，但家里很穷，买不起蜡烛，到晚上就不能读书。他见邻居家有烛光，就在墙壁上凿了个小孔，让微光透过小洞照在书上。就这样他常常学习到深夜。当地有个大户人家，有很多藏书。匡衡就到他家去打工，却不要工钱。主人很奇怪，问他要什么，他说："只要能读遍你家藏书，我就满足了。"

옛날에 쾅헝이라고 불리는 한 젊은이가 있었다. 그는 공부하는 것을 좋아했지만, 집안이 매우 가난하여 양초를 살 수 없어 밤에 책을 읽을 수 없었다. 그는 이웃집에 불빛이 있는 것을 보고, 바로 벽 위에 작은 구멍을 뚫어 미미한 빛으로 하여금 작은 구멍을 통과하여 책 위를 비추게 했다. 이렇게 하여 그는 자주 깊은 밤까지 공부했다. 그 지역에는 큰 부잣집이 있었고, 많은 책을 소장하고 있었다. 쾅헝은 바로 그 집에 가서 일을 했다. 하지만 월급을 요구하지 않았다. 주인은 의아하여 그에게 무엇을 원하는지 물었다. 그가 말했다. "당신 집에 소장된 책을 읽을 수만 있다면 저는 만족합니다."

A 邻居答应借书给匡衡
B 匡衡打工是为了读书
C 晚上读书对眼睛不好
D 匡衡家的墙壁上有很多小孔

A 이웃은 쾅헝에게 책을 빌려주는 것을 허락했다
B 쾅헝이 일을 한 것은 책을 읽기 위해서이다
C 저녁에 책을 읽는 것은 눈에 안 좋다
D 쾅헝 집의 벽 위에는 여러 개의 작은 구멍이 있다

단어 好学 hàoxué 동 배우는 것을 좋아하다 | 穷 qióng 형 궁핍하다, 가난하다 | 蜡烛 làzhú 명 초 | 烛光 zhúguāng 명 촛불의 빛 | 墙壁 qiángbì 명 벽 | 凿孔 záokǒng 동 구멍을 뚫다 | 微光 wēiguāng 명 미미한 빛 | 透过 tòuguo 동 (액체·빛이) 통과하다 | 大户人家 dàhù rénjiā 명 대부호, 부잣집 | 藏书 cángshū 동 책을 소장하다 | 工钱 gōngqian 명 월급, 임금 | 满足 mǎnzú 동 만족하다 | 答应 dāying 동 동의하다, 허락하다, 승낙하다

해설 쾅헝은 부잣집에 소장된 책을 읽을 수만 있다면, 월급은 필요 없다고 했으므로 이와 같은 의미를 나타내는 B 匡衡打工是为了读书가 정답이다.

문제 71-74

沈括小时候上学时，老师在课堂上给同学们朗读了一首白居易的诗。当读到"人间四月芳菲尽，山寺桃花始盛开"这句时，沈括的眉头拧成了一个结，"为什么4月其他地方的花都谢了，山上的桃花才开始盛开呢？"这个问题一直萦绕在沈括的心头，后来他找其他同学讨论，但谁都说不出个所以然来。

第二天，沈括一行人就前往山里寻找答案。4月的山上，乍暖还寒，凉风袭来，冻得人瑟瑟发抖，沈括茅塞顿开，原来山上的温度要比山下低很多，花季也比山下来得晚，所以山下的桃花都谢了，而山上的桃花还在盛开呢。

正是有了这种"打破砂锅问到底"的精神，沈括的学问才得以不断地增长。凭借这种求索和实证的精神，长大后的沈括写出了被誉为"中国古代百科全书"的《梦溪笔谈》。

심괄이 어렸을 적 학교에 다닐 때, 선생님이 교실에서 학생들에게 백거이의 시 한 편을 낭독했다. "4월 마을에는 이미 봄이 가고 꽃이 졌는데, 산사의 복숭아꽃은 이제 피어 한창이구나."라는 구절을 읽고 있을 때, 심괄이 미간을 찌푸렸다. "왜 4월에 다른 지방의 꽃은 모두 떨어졌는데, 산 위의 복숭아꽃만이 만발한 것일까?" 문제는 계속 심괄이 마음속에서 맴돌았고, 그 후에 그는 다른 학생과 토론을 했지만, 그러나 그 누구도 그렇게 된 까닭을 말할 수 없었다.

둘째 날, 심괄과 일행은 산에 가서 해답을 찾았다. 4월의 산 위는 추위가 완전히 가시지 않았고, 냉풍이 엄습해서 사람들이 추워서 오들오들 떨고 있었는데, 심괄은 그때 문득 깨달았다. 원래 산 위의 온도는 산 아래보다 훨씬 낮아서 꽃이 만발하는 계절 또한 산 아래보다 늦게 온다. 그래서 산 아래의 복숭아꽃은 모두 떨어졌지만 도리어 산 위의 복숭아꽃은 여전히 만발했던 것이었다.

바로 이 같은 "질그릇을 깨뜨리면 잔금이 바닥까지 간다(사건의 진상을 끝까지 캐고 따지다)"의 정신이 있었기 때문에 심괄의 학문은 끊임없이 성장할 수 있었다. 이와 같이 탐색하고 실증하는 정신에 근거하여, 성장한 후의 심괄은 "중국 고대 백과사전"이라고 칭송되는 「몽계필담」을 집필했다.

71. "眉头拧成了一个结"是形容沈括：
 A 很委屈
 B 心存疑问
 C 十分发愁
 D 极不耐烦

71. "미간을 찌푸렸다"라는 심괄의 무엇을 묘사한 것인가?
 A 억울하다
 B 의문을 품다
 C 매우 걱정하다
 D 매우 귀찮다

72. 沈括一行人上山是为了：
 A 采摘桃子
 B 体验生活
 C 寻找诗中所描写的美景
 D 找出山上开花晚的原因

72. 심괄과 일행이 산을 오른 것은?
 A 복숭아를 따다
 B 생활을 체험하다
 C 시에 묘사된 아름다운 풍경을 찾다
 D 산 위에 꽃이 늦게 피는 원인을 찾다

73. 关于沈括，可以知道什么？
 A 喜欢冒险
 B 是一位诗人
 C 小时候很淘气
 D 是《梦溪笔谈》的作者

73. 심괄에 관하여 알 수 있는 것은 무엇인가?
 A 모험을 좋아한다
 B 시인이다
 C 어렸을 때 매우 장난이 심했다
 D 몽계필담의 저자이다

74. 上文主要想告诉我们：
 A 要懂得合作
 B 要学会欣赏
 C 要有求知精神
 D 考虑问题要全面

74. 윗글에서 우리에게 알려주고자 하는 것은 무엇인가?
 A 협력할 줄 알아야 한다
 B 감상하는 것을 배워야 한다
 C 지식을 탐구하는 정신이 있어야 한다
 D 문제를 고려할 때는 전면적으로 해야 한다

단어 | 朗读 lǎngdú 동 낭독하다, 읽다 | 白居易 Bái Jūyì 명 백거이(당나라의 저명한 시인) | 眉头 méitóu 명 미간 | 拧 nǐng 동 틀다, 비틀다 | 谢 xiè 동 (꽃·잎 등이) 지다, 떨어지다 | 盛开 shèngkāi 동 (꽃이) 활짝 피다, 만발하다 | 萦绕 yíngrào 동 감돌다, 맴돌다 | 所以然 suǒyǐrán 그렇게 된 까닭 | 寻找 xúnzhǎo 동 찾다 | 乍暖还寒 zhànuǎn huánhán 성 늦겨울이나 초봄에 날씨가 갑자기 따뜻해졌다가 다시 추워지다, 추위가 완전히 가시지 않다 | 凉风袭来 liángfēng xílái 서늘한 바람이 엄습하다 | 瑟瑟发抖 sèsè fādǒu 오들오들 떨다 | 茅塞顿开 máosè dùnkāi 성 막힌 것 같던 마음이 한순간에 뚫리다, 문득 깨치다 | 打破砂锅问到底 dǎpò shāguō wèn dàodǐ 질그릇을 깨뜨리면 잔금이 바닥까지 간다, 사건의 진상을 끝까지 캐고 따지다 | 得以 déyǐ 동 (기회를 빌어서) ~할 수 있다, ~(하게) 되다 | 凭借 píngjiè 전 ~에 의거하여, ~에 근거하여 | 求索 qiúsuǒ 동 탐색하다 | 实证 shízhèng 동 실증하다 | 誉为 yùwéi ~이라고 칭송되다, ~이라고 불리다 | 委屈 wěiqū 형 억울하다 | 疑问 yíwèn 명 의문 | 发愁 fāchóu 동 걱정하다 | 不耐烦 búnàifán 형 귀찮다, 성가시다 | 采摘 cǎizhāi 동 따다 | 淘气 táoqì 형 장난이 심하다 | 《梦溪笔谈》 mèngxī bǐtán 명 「몽계필담」 | 欣赏 xīnshǎng 동 감상하다 | 求知 qiúzhī 동 지식을 탐구하다

해설 | 71. 심괄은 4월에 다른 지방의 꽃은 모두 떨어지는데, 왜 산 위의 복숭아 꽃은 만발하는지 계속 생각했다. 이와 관련된 올바른 정답은 B 心存疑问이다.

72. 심괄과 일행은 호기심을 해결하기 위해 직접 산으로 올라갔다. 정답은 D 找出山上开花晚的原因라는 것을 알 수 있다.

73. 심괄은 성장한 후 중국의 백과사전인 몽계필담을 집필했다고 언급했으므로, 보기 중 올바른 정답은 D 是《梦溪笔谈》的作者이다.

74. 마지막 단락을 보면, '밀그릇을 깨뜨리면 잔금이 바닥까지 간다(사건의 진상을 끝까지 캐고 따지다)'의 정신이 있었기 때문에 심괄의 학문은 끊임없이 성장할 수 있었다고 했다. 보기 중 이와 부합하는 의미를 가진 C 要有求知精神가 정답이 된다.

문제 75-78

有个人在一家夜总会里吹萨克斯，收入不高，然而，他却总是乐呵呵的，对什么事都表现出乐观的态度。他常说："太阳落了，还会升起来，太阳升起来，也会落下去，这就是生活。"

他很爱车，但是凭他的收入想买车是不可能的。与朋友们在一起的时候，他总是说："要是有一部车该多好啊！"眼中充满了无限向往。有人逗他说："你去买彩票吧，中了奖就有车了"于是他买了两块钱的彩票。可能是上天优待于他，他凭着两块钱的一张体育彩票，果真中了个大奖。他终于如愿以偿，用奖金买了一辆车，整天开着车兜风，夜总会也去得少了，人们经常看见他吹着口哨在林荫道上行驶，车也总是擦得一尘不染的。

然而有一天，他把车泊在楼下，半小时后下楼时，发现车被盗了。朋友们得知消息，想到他爱车如命，几万块钱买的车眨眼工夫就没了，都担心他受不了这个打击，便相约来安慰他："车丢了，你千万不要太悲伤啊。"他大笑起来，说道："嘿，我为什么要悲伤啊？"朋友们疑惑地互相望着。"如果你们谁不小心丢了两块钱，会悲伤吗？"他接着说。"当然不会有人说。""是啊，我丢的就是两块钱啊！"他笑道。

어떤 사람이 나이트클럽에서 색소폰을 불었다. 수입은 높지 않았지만 그는 항상 유쾌했고, 모든 일에 낙관적인 태도를 보였다. 그는 자주 "태양이 지면 다시 떠오르듯이 태양이 떠오르면 다시 질 수도 있어. 이것이 인생이야."라고 말했다.

그는 차를 매우 좋아했다. 그러나 그의 수입으로 차를 사는 것은 불가능했다. 친구들과 같이 있을 때 그는 항상 말했다. "만약 차가 한 대 있다면 얼마나 좋을까!" 눈에는 무한한 열망이 가득했다. 한 친구가 그를 놀리며 말했다. "가서 복권을 사 봐. 당첨되면 바로 차를 가질 수 있어." 그래서 그는 2위안짜리 복권을 샀다. 하늘이 도왔는지 그는 2위안짜리 스포츠 복권으로 정말 크게 당첨되었다. 그는 마침내 소원을 성취했다. 상금을 이용하여 차 한 대를 샀고, 온종일 차를 몰며 드라이브했다. 나이트클럽도 가끔 갔다. 사람들은 그가 휘파람을 불며 가로수가 우거진 길을 운전하는 것을 자주 보았다. 차도 항상 먼지 하나 없이 깨끗하게 닦여 있었다.

그러나 어느 날 그가 차를 건물 아래 주차하고, 30분 후 내려왔을 때, 도난당한 것을 발견했다. 친구들은 소식을 듣고 그가 차를 목숨과도 같이 사랑하는 것을 생각하며 몇 만 위안짜리 차가 눈 깜짝할 사이에 없어졌는데, 그가 이 충격을 견딜 수 없을까 봐 걱정하며, 그를 위로하기로 약속했다. "차를 잃어버렸어도 부디 너무 슬퍼하지 마." 그는 크게 웃으며 말했다. "내가 왜 슬퍼해?" 친구들은 의아해하며 서로를 쳐다보았다. "만약 너희가 실수로 2위안을 잃어버렸다면 슬프겠니?" 그는 이어서 말했다. "당연히 아니지." 어떤 친구가 말했다. "그래. 내가 잃어버린 것은 2위안일 뿐이야." 그는 웃으며 말했다.

75. 关于那辆车，可以知道什么?
    A 价值千万
    B 是贷款买的
    C 花了他好几万块
    D 是比赛得到的奖品

75. 그 차에 관하여 알 수 있는 것은 무엇인가?
    A 가치가 엄청나다
    B 대출해서 구매한 것이다
    C 그가 비싼 돈을 주고 산 것이다
    D 시합에서 얻은 상품이다

76. 朋友们为什么来安慰他?
    A 他的车被偷了
    B 他的腿受伤了
    C 他的心情不好
    D 他失去了工作

76. 친구들은 왜 그를 위로했는가?
    A 그의 차를 도둑맞아서
    B 그의 다리가 부상을 입어서
    C 그의 마음이 안 좋아서
    D 그가 직장을 잃어서

77. "如愿以偿"最可能是什么意思?
    A 非常节约
    B 抓住了机会
    C 愿望得到实现
    D 运气变得很好

77. '소원을 성취하다'는 무슨 의미인가?
    A 매우 절약하다
    B 기회를 잡다
    C 소원(희망)을 실현하다
    D 운이 좋아지다

78. 上文主要想告诉我们:
    A 投资有风险
    B 看问题要全面
    C 要乐观对待生活
    D 要善待身边的人

78. 윗글에서 우리에게 알려주고자 하는 것은 무엇인가?
    A 투자는 위험(리스크)이 있다
    B 문제를 볼 때 전면적으로 봐야 한다
    C 낙관적으로 살아야 한다
    D 주변 사람에게 잘 대접해야 한다

단어 夜总会 yèzǒnghuì 명 나이트클럽 | 萨克斯 sàkèsī 명 색소폰 | 乐呵呵 lèhēhē 형 유쾌한 모양, 싱글벙글 | 充满 chōngmǎn 동 충만하다, 가득차다 | 无限 wúxiàn 형 무한하다, 끝이 없다 | 向往 xiàngwǎng 동 동경, 갈망, 동경하다, 갈망하다 | 逗 dòu 동 놀리다, 골리다 | 彩票 cǎipiào 명 복권 | 中奖 zhòngjiǎng 동 당첨되다 | 优待 yōudài 동 우대하다, 특별 대우하다 | 果真 guǒzhēn 부 과연, 정말, 진실로 | 如愿以偿 rúyuàn yǐcháng 성 희망이 이루어지다, 소원을 성취하다 | 兜风 dōufēng 동 바람 쐬다 | 口哨 kǒushào 명 휘파람 | 林荫道 línyīndào 명 가로수가 우거진 길 | 行驶 xíngshǐ 동 (교통수단이) 운행하다, 달리다 | 一尘不染 yìchén bùrǎn 성 매우 청결하다, 티끌하나 없다 | 泊 bó 동 정박하다, (차를) 세워 두다 | 盗 dào 동 훔치다(=偷) | 眨眼工夫 zhǎyǎn gōngfu 눈 깜짝할 사이, 별안간 | 悲伤 bēishāng 형 몹시 슬퍼하다, 상심하다 | 贷款 dàikuǎn 동 대출하다 | 奖品 jiǎngpǐn 명 상품, 포상, 트로피 | 受伤 shòushāng 동 부상당하다, 상처를 입다 | 抓住 zhuāzhù 동 잡다 | 善待 shàndài 동 잘 대접하다, 우대하다

해설 75. 그가 복권에 당첨되어, 당첨된 돈으로 차를 구매했다고 언급했으므로, 정답은 C 花了他好几万块라는 것을 알 수 있다.

76. 그가 차를 눈 깜짝할 사이에 도둑맞았다고 언급했으므로 정답은 A 他的车被偷了이다.

77. "如愿以偿"과 같은 의미를 가진 표현을 찾는 것이 핵심이므로, 보기 중 이에 부합하는 정답은 C 愿望得到实现이다.

78. 그는 차를 잃어버렸지만 낙담하지 않고, 긍정적으로 생각하는 모습을 보여주고 있다. 그러므로 보기 중 이에 부합하는 정답은 C 要乐观对待生活라는 것을 알 수 있다.

小时候学骑自行车，总是低着头，两眼死盯着车前轮。结果总是骑得歪歪扭扭，还经常摔倒。

　　父亲说："抬起头来，往前看。"我试着采用父亲教的办法，抬起头来目视前方，结果很快就能自如笔直地前进了。

　　头一次参加麦收是在我上初中的时候。当时，还没有收割机，收割小麦全凭双手和镰刀。开始，我还挺有兴趣，可不一会儿就累了，频繁地站起来看看还有多远：才能割到头。每次看，总感觉没有前进，好像在原地打转，地头也好像永远那么远。我心里烦躁得很，自言自语地抱怨：还有那么远啊！父亲回过头来说："低下头，不要往前看。"还真奇怪，我不再抬头往前看了，只管一个劲儿地割，却不知不觉就到了地头。

　　当时，我不懂得为什么，父亲也讲不出很深的道理。随着年龄的增长，我才懂得：目光太近，找不准方向；目光太远，容易失去信心。抬起头，是为了向前；低下头，也是为了向前。

어렸을 적 자전거를 배울 때, 항상 고개를 숙이고 두 눈은 자전거의 앞 바퀴를 응시했다. 결국 언제나 비틀거리며, 자주 넘어졌다.

아버지께서 말씀하시길, "고개를 들어라. 앞을 보거라." 나는 아버지가 가르쳐준 방법으로 시도하여, 고개를 들어 앞을 보았고, 결국 매우 빠르게 자유자재로 똑바로 앞으로 나갈 수 있었다.

처음으로 밀을 수확한 것은 내가 중학교를 다닐 때였다. 당시에는 밀을 수확하는 기계가 없어서 밀 수확은 전부 두 손과 낫으로 해야 했다. 처음에는 매우 재미있었다. 그러나 곧 피곤해졌고, 자주 일어나서 끝까지 수확하려면 얼마나 남았는지 보곤 했다. 매번 볼 때마다, 앞으로 나아가지 않는 것 같았고, 원래 자리에서 돌고 있는 것 같았다. 끝도 하염없이 그렇게 멀게만 느껴졌다. 나는 속으로 매우 초조했고, 혼잣말로 불평했다. "어쩜 아직도 저렇게 멀었다니!" 아버지께서 고개를 돌려 말씀하시길, "고개를 숙이고, 앞을 보지 마라." 매우 이상했지만, 나는 더 이상 고개를 들어 앞을 보지 않았고, 오직 끊임없이 베는 일에만 집중했더니 오히려 어느새 끝에 도달했다.

당시에 나는 왜 그런지 알지 못했다. 아버지 역시 깊은 이치를 말씀하려던 것은 아니었다. 나이가 들면서 나는 알게 되었다. 시선이 매우 가까우면 정확한 방향을 찾을 수 없고, 시선이 너무 멀면 자신감을 잃어버리기 쉽다. 고개를 드는 것은 앞으로 나아가기 위해서이고, 고개를 숙이는 것도 앞으로 나아가기 위해서이다.

79. 学骑自行车，作者：
　　A 没有摔倒过
　　B 刚开始方法不对
　　C 没有听父亲的建议
　　D 花了一个月才学会

80. 开始时，作者觉得割麦：
　　A 很无聊
　　B 很有趣
　　C 不需要别人帮助
　　D 应该用收割机来收割

81. 关于父亲的建议，下列哪项正确？
　　A 都很有效
　　B 都有风险
　　C 有些自私
　　D 没发挥什么作用

79. 자전거 타는 것을 배울 때, 작가는 어떠했는가?
　　A 넘어져 본적이 없다
　　B 처음 시작할 때 방법이 틀렸다
　　C 아버지의 조언을 듣지 않았다
　　D 한 달을 배워야 습득했다

80. 처음에 작가의 밀 수확에 대한 생각은?
　　A 매우 지루하다
　　B 매우 재미있다
　　C 다른 사람의 도움이 필요 없다
　　D 마땅히 밀 수확하는 기계를 사용해서 수확해야 한다

81. 아버지의 조언에 관하여 다음 중 옳은 것은?
　　A 모두 효과적이다
　　B 모두 위험하다
　　C 약간 이기적이다
　　D 어떠한 작용도 발휘하지 않았다

82. 根据上文，下列哪项正确?
   A 不要轻信他人
   B 虚心使人进步
   C 兴趣是最好的老师
   D 调整目光是为了向前

82. 윗글에 근거하여 다음 중 옳은 것은?
   A 타인을 쉽게 믿지 말라
   B 겸손은 사람으로 하여금 진보하게 한다
   C 흥미는 가장 좋은 선생님이다
   D 시선을 조정하는 것은 앞을 향하기 위해서 이다

단어 低头 dītóu 동 머리를 숙이다(↔抬头) | 死盯 sǐdīng 동 가만히 주시하다, 응시하다 | 前轮 qiánlún 명 앞바퀴 | 歪扭 wāiniǔ 형 뒤틀리다 | 摔倒 shuāidǎo 동 넘어지다 | 目视前方 mùshì qiánfāng 앞을 보다 | 自如 zìrú 형 자유자재로 하다, 능숙하다 | 笔直 bǐzhí 형 아주 똑바르다, 매우 곧다 | 麦收 màishōu 동 밀을 수확하다 | 收割 shōugē 동 수확하다 | 小麦 xiǎomài 명 밀 | 镰刀 liándāo 명 낫 | 频繁 pínfán 형 잦다, 빈번하다 | 打转 dǎzhuàn 동 돌다, 회전하다 | 到头 dàotóu 동 정점에 이르다, 맨 끝에 이르다 | 烦躁 fánzào 형 초조하다, 안달하다, 안절부절못하다 | 自言自语 zìyán zìyǔ 성 중얼거리다, 혼잣말을 하다 | 抱怨 bàoyuàn 동 원망하다, 불평하다 | 一个劲儿 yígejìnr 부 끊임없이, 시종일관, 줄곧 | 懂得 dǒngde 동 (뜻·방법 등을) 알다, 이해하다 | 发挥 fāhuī 동 발휘하다 | 虚心 xūxīn 형 겸손하다 | 调整 tiáozhěng 동 조정하다 | 向前 xiàngqián 동 앞으로 나아가다, 전진하다

해설 79. 그는 처음에 자전거를 배울 때, 앞 바퀴를 보면서 탔기 때문에 언제나 비틀거리며 넘어졌다고 했으므로 정답은 B 刚开始方法不对이다.

80. 작가는 밀 수확할 때 처음에는 재미있었지만, 잠시 후 피곤해졌다고 했으므로 정답은 B 很有趣이다.

81. 자전거를 탈 때와 밀을 수확할 때 모두 아버지의 조언으로 방법을 습득했으므로 이로 인해 알 수 있는 정답은 A 都很有效이다.

82. 자전거를 탈 때는 시선을 멀리 두고, 밀을 수확할 때는 시선을 가까이 두어야 앞을 향해 나아갈 수 있다고 했으므로 정답은 D 调整目光是为了向前이다.

문제 83-86

晚上我给孩子讲故事，故事是这样的：

有一天晚上，小红的妈妈端来两碗面条，一碗上面有个鸡蛋，一碗上面什么也没有，然后让小红选择，小红不假思索地选择了有鸡蛋的那一碗。等她吃的时候，才发现妈妈的那碗面下面居然藏着两个鸡蛋。

第二天晚上，小红的妈妈又端来了两碗面，仍然是一碗上面有个鸡蛋，一碗上面什么也没有，然后让她选择。小红吸取教训，选择了没有鸡蛋的那一碗，但是<u>出乎意料</u>，这碗面里没有像第一天晚上那样藏着鸡蛋，只是一碗面。小红迷惑地看着妈妈，妈妈告诉她："想占便宜的人，往往什么都得不到。"

第三天晚上，妈妈端来了两碗表面都没有鸡蛋的面条，让小红选择，小红却说："妈妈累了一天，妈妈先选。"妈妈笑了，随手拿起一碗。小红端起了另一碗。这一次，她们俩的碗里都藏着两个鸡蛋。妈妈告诉小红："不想占便宜的人，生活也不会让他吃亏的。"

讲完这个故事，我问儿子："如果你是小红，你会如何来选择呢？"儿子说："如果是我，我就把两碗面条倒进一个大盆里，搅拌匀了，再和妈妈分，这样才公平，才不会打架。"我没想到儿子会这样说。

那晚，我本来是想给儿子上一节道德教育课，没想到他却给我讲了一个看似平常却意义深刻的道理。面条的确是该公平地吃，其他的什么都不用考虑，生活中我们至少应该努力这样做。

저녁에 나는 아이에게 옛날 이야기를 해주었다. 그 이야기는 이러하다.

어느 날 저녁, 샤오홍의 어머니가 국수 두 그릇을 들고 왔다. 한 그릇에는 계란이 있었고, 한 그릇에는 아무것도 없었다. 어머니가 샤오홍에게 선택하라고 하자, 샤오홍은 깊이 생각하지 않고, 계란이 있는 국수를 선택했다. 그녀가 먹을 때, 어머니의 국수 밑에 계란 두 개가 숨겨져 있었다는 것을 발견했다.

이튿날 저녁, 샤오홍의 어머니는 또 국수 두 그릇을 가져왔다. 여전히 한 그릇 위에는 계란이 있었고, 한 그릇에는 아무것도 없었다. 그리고 어머니는 샤오홍이 선택하게 했다. 샤오홍은 교훈을 받아들여 계란이 없는 국수를 선택했다. 그러나 예상치 못하게 그 그릇 안에는 첫째 날 저녁처럼 계란이 숨겨져 있지 않았다. 그저 한 그릇의 국수일 뿐이었다. 샤오홍은 어리둥절하며 어머니를 바라봤고, 어머니는 그녀에게 말했다. "자신의 이익만을 취하려고 하는 사람은 흔히 아무것도 얻을 수 없단다."

셋째 날 저녁, 어머니는 겉으로 보기에는 모두 계란이 없는 국수 두 그릇을 들고 왔고, 샤오홍에게 선택하라고 했다. 샤오홍은 도리어 말했다. "어머니가 하루 종일 힘드셨을 텐데, 먼저 선택하세요." 어머니는 웃으며, 아무렇게 한 그릇을 들었다. 샤오홍은 나머지 한 그릇을 들었다. 이번에는 그녀 둘의 그릇 안에 모두 두 개의 계란이 들어 있었다. 어머니가 샤오홍에게 알려주었다. "자신의 이익만을 취하지 않는 사람은 삶에서 그것으로 하여금 손해를 볼 일이 없을 거란다."

이야기를 끝낸 후, 나는 아들에게 물었다. "만약 네가 샤오홍이라면 어떤 선택을 하겠니?" 아들이 말했다. "만약 저라면 두 그릇의 국수를 하나의 큰 그릇에 부어 잘 섞어서 다시 어머니와 나눠 먹을 거예요. 그래야 공정하고, 싸우지 않을 거예요." 아들이 이렇게 말할 거라고는 예상하지 못했다.

그날 밤, 나는 아들에게 도덕교육 수업을 하려 했으나, 생각지 못하게 그가 오히려 나에게 평범하지만 깊은 이치를 알려주었다. 국수는 확실히 공평하게 먹어야 한다. 다른 것은 아무것도 생각할 필요 없다. 그저 생활 가운데 우리는 최소한 이렇게 되도록 노력해야 한다.

83. 第二天晚上的两碗面条：
   A 都没有鸡蛋
   B 都有两个鸡蛋
   C 都有一个鸡蛋
   D 只有一碗有鸡蛋

84. 第3段中"出乎意料"的意思最可能是：
   A 完全没有想到
   B 还有很多疑问
   C 一切都在计划之中
   D 事情发生得太突然

85. 通过两碗面条，小红的妈妈想告诉她：
   A 要节约粮食
   B 不可忽视细节
   C 不要总想着占便宜
   D 打架解决不了问题

86. 儿子的回答说明了什么道理？
   A 别不懂装懂
   B 做事情首先要公平
   C 要避免犯同样的错
   D 要善于总结经验教训

83. 이튿날 저녁에 두 그릇의 국수에는?
   A 모두 계란이 없었다
   B 모두 두 개의 계란이 있었다
   C 모두 한 개의 계란이 있었다
   D 오직 한 그릇에만 계란이 있었다

84. 세 번째 단락에 "예상이 빗나가다"의 의미는?
   A 전혀 생각하지 못하다
   B 많은 의문이 있다
   C 모든 것이 계획 중에 있었다
   D 일이 매우 갑작스럽게 발생했다

85. 두 그릇의 국수를 통하여 샤오홍의 어머니가 그녀에게 알려주고자 한 것은?
   A 양식을 아껴야 한다
   B 세부 사항을 소홀히 해서는 안 된다
   C 언제나 자신의 이익만을 취하려고 하지 마라
   D 싸우는 것은 문제를 해결할 수 없다

86. 아들의 대답은 어떠한 이치를 설명하는가?
   A 모르면서 아는 척하지 말라
   B 일을 할 때 먼저 공평해야 한다
   C 같은 실수를 하는 것을 피해야 한다
   D 경험과 교훈을 총결하는 데 능숙해야 한다

단어 端来 duānlái 동 받쳐오다, 들고오다 | 不假思索 bùjiǎ sīsuǒ 성 생각할 필요 없이 곧장 반응하다, 깊이 고려하지 않다 | 居然 jūrán 부 놀랍게도, 뜻밖에, 의외로 | 藏 cáng 동 숨기다, 저장하다 | 仍然 réngrán 부 여전히 | 吸取 xīqǔ 동 흡수하다, 섭취하다 | 教训 jiàoxùn 명 교훈 | 出乎意料 chūhū yìliào 예상이 빗나가다, 뜻밖이다(=没有想到) | 迷惑 míhuò 형 당황하다, 어리둥절하다 | 占便宜 zhàn piányi 유리한 조건을 가지다, 부당한 이득을 차지하다 | 吃亏 chīkuī 동 손해를 보다 | 搅拌匀 jiǎobànyún 동 고르게 뒤섞다 | 公平 gōngpíng 형 공평하다 | 道德教育 dàodé jiàoyù 명 도덕교육 | 平常 píngcháng 형 평소, 보통, 평범하다 | 至少 zhìshǎo 부 적어도 | 疑问 yíwèn 명 의문, 의혹 | 粮食 liángshi 명 양식, 식량 | 忽视 hūshì 동 소홀히 하다 | 细节 xìjié 명 세부사항 | 装 zhuāng 동 ~인 체하다, ~인 척하다 | 避免 bìmiǎn 동 피하다, 면하다, 방지하다 | 犯错 fàncuò 실수하다 | 总结 zǒngjié 동 총결하다, 총정리하다

해설 83. 샤오홍이 선택한 국수에는 계란이 없었고, 엄마의 국수에만 계란이 있었으므로 정답은 D 只有一碗有鸡蛋라는 것을 알 수 있다.

84. "出乎意料"와 같은 의미를 가진 표현을 찾으면 보기 중 이에 부합하는 정답은 A 完全没有想到이다

85. 어머니는 샤오홍에게 자신의 이익만 취하려고 하지 말라며 조언했으므로 지문의 내용과 일치하는 C 不要总想着占便宜가 정답이다.

86. 아들은 두 그릇의 국수를 하나의 큰 그릇에 부어 공평하게 나누어 먹어야 옳다고 언급했으므로, 이를 통해 알 수 있는 정답은 B 做事情首先要公平이다.

坐在你身旁的同事是否总是不停地抱怨工作环境不好或是工作压力太大？在他们抱怨时，你是否会耐心地倾听呢？如果是，那你可不只是在听别人讲而已。事实上，在倾听的过程中，你也会不知不觉地被他们的压力所"传染"。

心理学家发现，压力就像感冒一样会传染，这种"二手"的压力和焦虑情绪可以在工作场所迅速蔓延。因为人们能够以惊人的速度模仿他人的面部表情、声音和姿势，从而对他人的情绪感同身受。我们其实都是"海绵"，可以吸收周围人散发出的感染性的情绪。而在吸收他人压力的同时，我们自己也开始感受到压力，并会不自觉地去关注那些可能会困扰我们的问题。

为什么别人的压力会传染给我们？这是因为，一方面，我们吸收朋友或同事的压力是为了和他们打成一片；另一方面，持续灌进我们耳中的不满的声音，也会让我们开始产生消极的想法。

研究者发现，我们不仅会接受他人消极的思维模式，还会下意识地模仿他们在压力下的身体语言，这导致我们在交谈时会与他们一样弓起背、皱起眉。另外，女性遭遇"二手压力"的风险更大，因为她们往往更容易与他人产生共鸣。

87. 为什么说"我们其实都是'海绵'"？
   A 抗压性强
   B 学习能力强
   C 有很强的适应性
   D 会吸收别人的情绪

88. 第3段中的"打成一片"，是什么意思？
   A 争论
   B 打架
   C 搞好关系
   D 相互支持

89. 根据第4段，下列哪项正确？
   A 女性喜欢模仿
   B 身体语言与年龄有关
   C 人的思维方式很难改变
   D 女性更容易受他人影响

90. 最适合做上文标题的是:
A 海绵效应
B 倾诉的力量
C 会传染的压力
D 你能读懂表情吗

90. 윗글의 제목으로 가장 적합한 것은?
A 스펀지 효과
B 경청의 힘
C 전염될 수 있는 스트레스
D 당신은 표정을 읽을 수 있는가

단어 抱怨 bàoyuàn 동 불평하다, 원망하다 | 耐心 nàixīn 형 인내성이 있다, 참을성이 있다 | 传染 chuánrǎn 동 (분위기·기분 등이) 전염하다, 전염시키다 | 二手 èrshǒu 형 간접적인, 다른 사람이나 장소를 거친 | 焦虑情绪 jiāolǜ qíngxù 초조한 마음, 근심스러운 마음 | 蔓延 mànyán 동 만연하다, 널리 퍼지다 | 模仿 mófǎng 동 모방하다, 흉내내다 | 面部表情 miànbùbiǎoqíng 명 표정 | 姿势 zīshì 명 자세 | 感同身受 gǎntóng shēnshòu 감정이입하다, 공감하다 | 海绵 hǎimián 명 스펀지 | 散发 sànfā 동 발산하다, 퍼지다, 내뿜다 | 感染性 gǎnrǎnxìng 명 감염성 | 困扰 kùnrǎo 동 귀찮게 굴다, 괴롭히다, 성가시게 하다 | 打成一片 dǎchéng yípiàn 성 (주로 생각·감정이) 하나가 되다(=搞好关系) | 持续 chíxù 동 지속하다 | 灌 guàn 동 주입하다, 쏟아 붓다 | 消极 xiāojí 형 부정적이다, 소극적이다 | 思维模式 sīwéi móshì 명 사유방식, 사고방식 | 下意识 xià yìshí 명 잠재 의식 | 身体语言 shēntǐ yǔyán 명 신체 언어, 바디랭귀지 | 交谈 jiāotán 동 이야기를 나누다 | 弓起背 gōngqǐbèi 등을 구부리다 | 皱起眉 zhòuqǐ méi 눈썹을 찡그리다, 인상을 쓰다 | 遭遇 zāoyù 동 조우하다, 만나다, 맞닥뜨리다 | 风险 fēngxiǎn 명 위험 | 产生共鸣 chǎnshēng gòngmíng 공감이 생기다 | 抗压 kàngyā 압축 | 争论 zhēnglùn 동 논쟁하다, 변론하다

해설 87. 우리는 다른 사람의 감염성 있는 정서를 흡수할 수 있다고 했으므로 보기 중 이와 일치하는 정답은 D 会吸收别人的情绪이다.

88. "打成一片"과 같은 의미를 가진 표현을 찾는 것이 핵심이므로 정답은 C 搞好关系이다

89. 여성은 다른 사람들과 공감을 일으키기 훨씬 쉽기 때문에 스트레스로 인한 위험이 크다고 했으므로 정답은 D 女性更容易受他人影响이다

90. 지문의 전체적인 내용은 사람은 다른 사람의 신체언어를 통해 감정을 공감할 수 있고, 그에 따라 부정적인 감정이나 스트레스가 전염될 수 있다고 했으므로 이에 부합하는 제목으로 알맞은 정답은 C 会传染的压力이다.

실전 모의고사 2회 - 쓰기

문제 91

工作　　在　　他退休前　　海关部门

해설　[품사분석] 工作 동 일하다, 근무하다 / 在 전 ~에 / 退休 동 퇴직하다, 은퇴하다 / 前 명 앞, 이전 동 이전의 / 海关部门 명 세관부서

[문장구조] [주어 + 부사어(退休前在海关部门) + 술어]
① 술어에 工作를 배치한다.
② 주어는 他, 부사어는 退休前在海关部门이다.
③ 他退休前在海关部门工作。 그는 퇴직하기 전에 세관부서에서 일했다.

문제 92

树上的　　成熟了　　已经　　果实

해설　[품사분석] 树 명 나무 / 上 명 위, ~위에 / 成熟 형 (식물의 열매 등이) 익다, 여물다 / 成熟 형 (식물의 열매 등이) 익다, 여물다 / 已经 부 이미, 벌써 / 果实 명 과실

[문장구조] [관형어(树上的) +주어 + 부사어(已经) + 술어]
① 술어에 成熟了를 배치한다.
② 관형어+주어는 树上的果实, 부사어는 已经이다.
③ 树上的果实已经成熟了。 나무 위의 과실이 이미 잘 여물었다.

문제 93

大雨　　下降　　导致了　　该地区　　粮食产量的

해설　[품사분석] 大雨 명 폭우 / 下降 명 하락, 감소 / 导致 동 (어떤 사태를) 야기하다, 초래하다 / 该 대 이, 그, 저 / 地区 명 지역, 지구 / 粮食 명 식량 / 产量 명 생산량

[문장구조] [주어 + 술어 + 관형어(该地区粮食产量的)+목적어]
① 술어에 导致了를 배치한다.
② 주어는 大雨, 관형어+목적어는 该地区粮食产量的下降이다.
③ 大雨导致了该地区粮食产量的下降。 폭우는 그 지역의 식량 생산량의 감소를 야기했다.

문제 94

根本　　解决　　任何问题　　不能　　抱怨

해설　[품사분석] 根本 부 결코, 전혀 / 解决 동 해결하다 / 任何 대 어떠한, 무슨 / 问题 명 문제 / 抱怨 명 불평, 원망 동 불평하다, 원망하다

[문장구조] [주어 + 부사어(根本不能) + 술어+ 관형어(任何)+목적어]
① 술어에 解决를 배치한다.
② 주어는 抱怨, 관형어+목적어는 任何问题, 부사어는 根本不이다.
③ 抱怨根本不能解决任何问题。 불평하는 것은 결코 어떠한 문제도 해결할 수 없다.

문제 95

消费观念　　孩子正确的　　养成　　要

해설　[품사분석] 消费观念 명 소비 관념 / 孩子 명 아이, 자녀 / 正确 형 정확하다, 올바르다 / 养成 동 양성하다, 기르다 / 要 동 ~해야 한다

[문장구조] [주어 + 부사어(要) + 술어 + 관형어孩子正确的)+목적어]
① 술어에 养成를 배치한다.
② 관형어+목적어는 孩子正确的消费观念, 부사어는 要이다.
③ 要养成孩子正确的消费观念。 아이의 정확한 소비관념을 양성해야 한다.

문제 96

印刷术是   一项   了不起的   十分   发明

[해설] [품사분석] 印刷术 명 인쇄술 / 项 양 가지, 항목, 조항 / 了不起 형 뛰어나다, 대단하다 / 十分 부 매우, 아주 / 发明 명 발명품
[문장구조] [주어 + 술어 + 관형어(一项十分了不起的)+목적어]
① 술어에 是를 배치한다.
② 주어는 印刷术, 관형어+목적어는 一项十分了不起的发明이다.
③ 印刷术是一项十分了不起的发明。 인쇄술은 하나의 매우 훌륭한 발명품이다.

문제 97

想象的   损失   严重   地震造成的   要比

[해설] [품사분석] 想象 명 상상 동 상상하다 / 损失 명 손실, 손해 동 손해보다 / 严重 형 심각하다 / 地震 명 지진 / 造成 동 (좋지 않은 결과를) 초래하다, 야기하다 / 比 전 ~보다, ~에 비해
[문장구조] [관형어(地震造成的)+A(주어) + 부사어(要) +比 + B(비교대상) + 술어]
① 술어에 严重를 배치한다.
② 관형어+주어는 地震造成的损失, 比+B(비교대상)에 比想象的, 부사어는 要이다.
③ 地震造成的损失要比想象的严重。 지진이 초래한 손실은 상상한 것 보다 심각하다.
TIP 要는 비교문에서 강조의 뜻을 나타낸다.

문제 98

我会尽快   发给   把   合影   你们

[해설] [품사분석] 会 동 ~할 것이다 / 尽快 부 되도록 빨리 / 发 동 보내다, 전송하다 / 给 전 ~에게 / 把 전 ~을(를) / 合影 명 단체 사진, 함께 찍은 사진
[문장구조] [주어 + 부사어(会尽快) + 把/将 +명사(목적어) + 술어 + 기타성분(给 +대상)]
① 술어 + 기타성분에 发给你们를 배치한다.
② 주어는 我, 把+명사(목적어)는 把合影, 부사어는 会尽快이다.
③ 我会尽快把合影发给你们。 제가 되도록 빨리 단체 사진을 여러분께 보낼게요.

문제 99

现代   机会   缓解   其实   压力

[해설] [품사분석] 现代 명 현대 / 机会 명 기회 / 缓解 동 완화하다, 해소하다 / 其实 부 사실은 / 压力 명 스트레스, 부담
[스토리구상] ▶ 줄거리 : ① 现代人的压力很大 현대인의 스트레스는 매우 크다
② 我有缓解方法 나는 해소 방법이 있다
③ 那就是听广播 바로 라디오를 듣는 것이다
▶ 중심내용 : 每一个人都会有缓解压力的方法 사람마다 모두 스트레스를 해소하는 방법이 있다

원고지 작성

		现	代	人	的	压	力	很	大	，	不	仅	大	人	，
孩	子	们	也	是	。	所	以	每	个	人	都	会	有	适	合
自	己	的	，	缓	解	压	力	的	方	法	。	我	是	个	乐
观	的	人	，	我	也	有	自	己	的	方	法	—	听	广	播 。
其	实	，	我	也	是	一	次	偶	然	的	机	会	，	坐	出
租	车	时	，	发	现	了	听	广	播	的	好	处	的	。	

해설 현대인들의 스트레스는 매우 크다. 어른 뿐만 아니라, 아이들도 그렇다. 그래서 모든 사람들은 자신에게 적합한 스트레스를 해소하는 방법이 있다. 나는 낙관적인 사람이다. 나도 나만의 방법이 있는데, 바로 라디오를 듣는 것이다. 사실, 나도 한 번의 우연한 기회였다. 택시를 탔을 때 라디오를 듣는 것의 좋은 점을 발견했다.

문제 100

해설 [사진파악] 사진 속 인물이 스마트폰을 들고 뭔가 하는 모습이다.
[스토리구상] ▶ 줄거리 : ① 大多数人开始使用智能手机了 　대다수의 사람들이 스마트폰을 사용하기 시작했다
② 许多人过分使用手机 　많은 사람들은 지나치게 스마트폰을 사용한다
③ 朋友见面时也不聊天，只看手机 　친구를 만날 때, 이야기를 나누지 않고, 스마트폰만 본다
▶ 중심내용 : 智能手机既可以使我们的生活更方便，又可以带来不好的结果
　스마트폰은 우리의 생활을 더욱 편리하게 할 수도 있고, 안 좋은 결과를 가져올 수도 있다

원고지 작성

		智	能	手	机	的	出	现	是	一	件	好	的	事	情，
还	是	一	件	坏	的	事	情	？	虽	然	智	能	手	机	有
许	多	功	能	，	这	些	功	能	可	以	使	我	们	的	生
活	更	方	便	。	但	是	有	许	多	人	过	分	使	用	手

| 机 | , | 带 | 来 | 很 | 多 | 不 | 好 | 的 | 结 | 果 | 。 | 甚 | 至 | 朋 | 友 |
| 见 | 面 | 时 | 也 | 不 | 聊 | 天 | , | 只 | 看 | 手 | 机 | 。 | | | |

해설 스마트폰의 출현은 좋은 일일까? 아니면 나쁜 일일까? 비록 스마트폰이 많은 기능을 갖고 있고, 이러한 기능은 우리의 생활을 더욱 편리하게 해줄 수 있지만, 수많은 사람들이 지나치게 스마트폰을 사용하여 많은 나쁜 결과를 가져 왔다. 심지어 친구를 만났을 때에도 이야기를 나누지 않고 스마트폰만 본다.